GUO XUE

國學

第五集

四川省社會科學院
四川省人民政府文史研究館
主辦

巴蜀書社

圖書在版編目（CIP）數據

國學．第五集/四川省社會科學院，四川省人民政府文史研究館主辦．—成都：巴蜀書社，2017.12

ISBN 978-7-5531-0913-8

Ⅰ.①國…　Ⅱ.①四…②四…　Ⅲ.①社會科學—中國—叢刊　Ⅳ.①C55

中國版本圖書館 CIP 數據核字（2017）第 299874 號

GUOXUE

國　學（第五集）

四川省社會科學院
四川省人民政府文史研究館　主辦

責任編輯　王　雷
封面設計　張迪茗
出　　版　巴蜀書社
　　　　　成都市槐樹街 2 號　郵編 610031
　　　　　總編室電話：（028）86259397
網　　址　www.bsbook.com
發　　行　巴蜀書社
　　　　　發行科電話：（028）86259422　86259423
經　　銷　新華書店
印　　刷　成都蜀通印務有限責任公司
　　　　　（電話：028—64715762）
版　　次　2017 年 12 月第 1 版
印　　次　2017 年 12 月第 1 次印刷
成品尺寸　260mm×185mm
插　　頁　2
印　　張　33.75
字　　數　700 千字
印　　數　1300 册
書　　號　ISBN 978-7-5531-0913-8
定　　價　76.00 圓

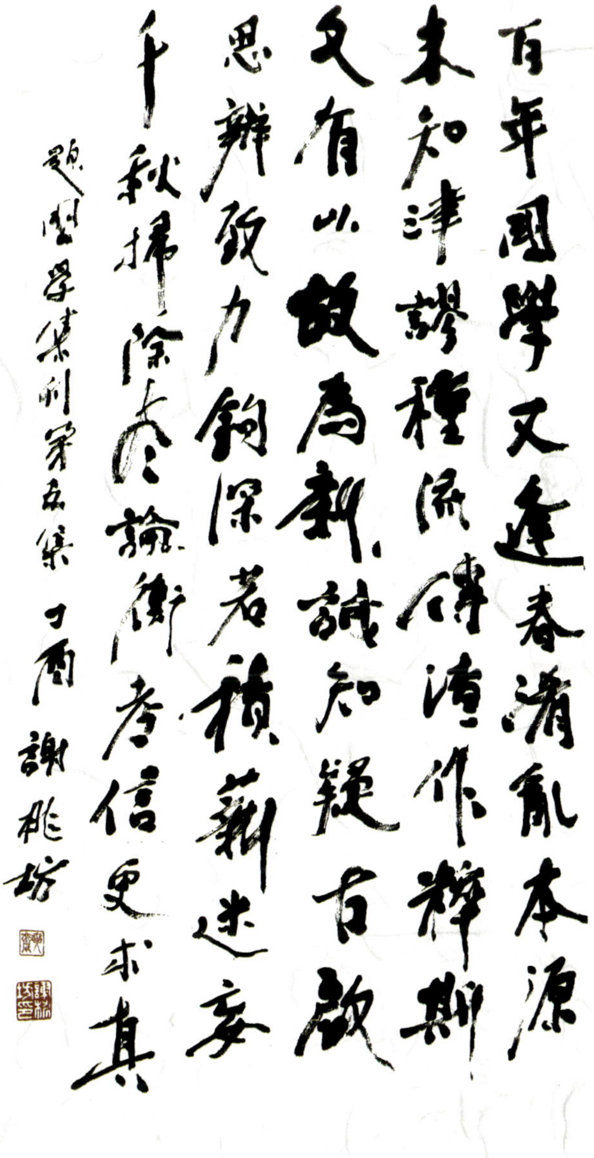

四川省社會科學院研究員、四川省人民政府文史研究館館員謝桃坊先生題詞

四川省人民政府文史研究館館員王明月先生畫作《古道雄關》(78cm*148cm)

目　録

稿 約

CONTENTS

試論儒家始基觀念的形成

謝桃坊

在人類進入文明社會以後，隨著文明的進步，人們嘗試對社會和自然界進行理性的認識，以適應自然和推動社會的發展而建立基本的理論，從而指導人們的社會實踐。人們要探究的是：人類是怎樣產生的，萬物是怎樣產生的，天地宇宙是怎樣形成的，是否存在一種超自然的偉大的力量促使宇宙萬物產生，宇宙萬物是怎樣變化的，它們是永恆的和無限的嗎？這在哲學史上屬於自然哲學探討的問題，即哲學的本體論。這一本體即是始基，人們由對宇宙本體的認識而形成始基觀念。西方自古希臘以來的哲學家們很重視自然哲學問題的探討，形成了極豐富的始基觀念。古希臘哲學家亞里士多德認為，“任何一件東西，若不是始基，就是從另一個始基裏產生出來的”，始基“包容萬物，並且支配萬物”[①]。這即是說始基是萬物之本，任何其他的東西都源出於此，而且它包容萬物和支配萬物。具體的始基是什麽呢？這正是需要哲學家們探討的。不僅西方和中國的哲學家和學者們對它的認識是不盡相同的，而且這種探討似乎難有止境。

中國道家崇尚自然，對自然哲學問題最關注。他們以“道”作為萬物的本原，但對這一始基觀念卻表述得極為神秘和玄虛。老子說：“道可道，非常道，名可名，非常名，無名天地之始，有名萬物之母。”（《老子》第一章）這裏以為“道”是不可說的，也是不可命名的，即是不可名狀、不可確知的一個形而上的東西。莊子解釋說：“道不可聞，聞而非也。道不可見，見而非也。道不可言，言而非也。……有問道而應之者，不知道也；雖問道者，亦未聞道。道無問，問無應。”（《莊子・知北游》）這裏更以為“道”是不能聽人解說的，也是不能感知的；若回應什麽是“道”的人實不知“道”，而希望瞭解什麽是“道”的人是

① 北京大學哲學系外國哲學史教研室編譯：《古希臘羅馬哲學》，北京：商務印書館，1961年，第8頁。

得不到回答的。由此可見道家故弄玄虛，避免正面解釋，僅從感悟提出一個始基觀念，卻難作確切的論述，尚未達到理性思辨的高度。中國儒家的學説實為社會政治倫理學説，它在本質上是為社會現實政治服務的。儒者注重入世，關注現實，對自然哲學問題並無多大的興趣。原始儒家受傳統文化的影響曾有淡薄的始基觀念，隨著儒學的發展而需要建立本體論以作為儒學的理論基礎時，儒者們藉助道家的某些概念而不斷提出始基觀念，最後在新儒學時代形成了較為完善的儒家本體論。兹謹對儒家始基觀念形成的過程試作粗略的考察。

一

中國社會進入文明階段後，先民們感知宇宙萬物的本原是“天”，它由日月和虛空組成，支配著寒暑晝夜和陰晴的變化，施行陽光、風雨以滋養萬物，因而受到先民的敬畏。今存古老的典籍《周易·乾》有“天行健，君子以自强不息”，《周易·坤》有“至哉坤元，萬物滋生，乃順承天”，皆以“天”為始基。古代殷商之初左相仲虺對成湯説：“惟天生民，有欲無主乃亂。惟天生聰明時乂。”（《尚書·商書·仲虺之誥》）他强調成湯滅夏，流放夏桀，這是奉“天命”行事的，故合於道義。西周初年周公處置東方叛亂時，傳達成王之命説：“我周王享天之命。”（《尚書·周書·多方》）這裹認為帝王是奉天命行事的。《詩經·大雅·文王》有“上天之載，無聲無臭”，《詩經·大雅·烝民》有“天生烝民，有物有則”，《詩經·周頌·維天之命》有“維天之命，於穆不已”：這些表明上天行事靜默而不可測度，天生衆民萬物必有法則。天命體現天道之無窮，故先民深感天所具之自然威力對於社會人事的支配作用。儒家聖人孔子曾將《周易》《尚書》和《詩經》作為教材以教授弟子，他對這些典籍深有研究，並從中承傳了“天”的始基觀念。孔子認為“天”是有意志的，體現為一種必然性，是為“天命”，人們必須順從；然而“天命”仍是神秘的，他自謂“五十而知天命”（《論語·為政》），即在中年以後對事物有了深入認識，不再受異端的迷惑，始能知天道運行的必然性與合理性。他還認為“天生德於予”（《論語·述而》），以自己所具之德性是上天所賦予的。孔子肯定宇宙間至高至大者是天，而衹有古代賢帝堯之品德能體現天道的準則：“唯天為大，唯堯則之。”（《論語·泰伯》）因此凡是在現實生活中有違天道和自然之理者便“獲罪於天，無所禱也”（《論論·八佾》）。然而這裹雖然將“天”作為宇宙萬物的本原，關於其本質——“天道”，卻是孔子避免談到的，或者尚未深究的，所以其弟子子貢説：“夫子之文章，可得而聞也；夫子之言性與天道，不可得而聞也。”（《論語·公冶長》）弟子們從未聽到孔子關於“天道”的解説。儒家亞聖孟子很少談到“天命”，但對“天道”有進一步的認識，他說：“天不言，以行與事示之而已矣。”（《孟子·萬章上》）天是自然的實體，它産生的作用是以自身的行為實施於萬物而表現出來的。這裏“天”代表一種合理性，人們應順它即是“命”。由“天道”引申出的“天命”觀念便使自然與社會事物發生聯繫，並使社會事物受到“天命”的支配。古希臘哲學家德謨克利特將“天”視為“虚空”，他説：“宇宙的始基是原子和虚空，其餘的一切都是意見的産物。”[①] 他是將原子和虚空作為宇宙的始基，並不將它們與社會事物聯繫。在孟子之後的儒者荀子專論“天道”時即否定了“天命”之説，他認為：“天行有常，不為堯存，不為桀亡。應之以治則吉，應之以亂則凶。强本而節用，則天不能貧；養備而動時，則天不能病；修道而不貳，則天不能禍。”（《荀子·天論》）天乃自然之體，它的運行自有規律，不受社會人事的干預，而社會按照合理的規則發展也不會受到天的懲罰；因此不存在“天命”，人們亦不必對它敬畏了。在古代傳統觀念和原始儒家觀念裏，“天”是宇宙的本原，然而它的自然實體性表明，它是從另一物産生的，還有比它更高的形而上的本體。

中國古代和西方古代的哲人們關於宇宙始基的探討都具有思辨的性質，難以實證，僅表示對宇宙萬物之起源作出一種假説而已，屬於形而上的認識。儒家真正的最早的始基觀念是儒者在解釋儒家經典《周易》時談到的。《周易》的經的部分是古代卜筮之書，學者們對卦辭、爻辭的解説有“彖”“象”“文言”“繫辭”“説卦”“序卦”“雜卦”，它們統稱為《易傳》。《周易·繫辭》是最富哲理意義的，自漢代以來今文經學家們以為它是儒家聖人孔子著的。北宋時歐陽修以為《易傳》乃是漢代儒家經師解卦體之説，“今上繫（《周易·繫辭上》）凡有子曰者亦皆講師之説也。然則今《易》皆出乎講師臨時之説矣”[②]。近世學者高亨認為：“《繫辭》亦當作於戰國時代。陸賈《新語·辨惑篇》：《易》曰：‘二人同心，其義斷金。’《明誡篇》：《易》曰：‘天垂象，見吉凶，聖人則之。’所引均見於《繫辭》上篇，足見《繫辭》作於兩漢以前，當時已稱之為《易》矣。”[③] 陸賈的《新書》成於西漢初年，他已引用《繫辭》，因而高亨關於它産生的時代判斷是可信的。《周易·繫辭上》：

> 是故《易》有太極，是生兩儀。兩儀生四象，四象生八卦，八卦定吉凶，吉凶生大業。是故法象莫大乎天地，變通莫大乎四時，縣象著明莫大乎日月，崇高莫大乎富貴。備物致用，立成器，以為天下利，莫大乎聖人。探賾索隱，鉤深致遠，以定天下吉凶，成天下之亹亹者，莫大乎蓍龜。

---

① ［古希臘］第歐根尼·拉爾修著，徐開來、溥林譯：《名哲言行録》，桂林：廣西師範大學出版社，2010年，第454頁。

② （宋）歐陽修：《居士外集》卷十五《傳易圖序》，《歐陽修全集》（仿古字版），上海：世界書局，1936年。

③ 高亨：《周易大傳今注》，濟南：齊魯書社，1980年，第8頁。

這裏以“太極”為宇宙的始基，由它產生“兩儀”——天地，由“兩儀”產生“四象”——四時，由“四象”產生“八卦”。八卦所象之事物，據《周易·説卦》：“乾為天，坤為地，震為雷，巽為風，坎為水，離為火，艮為山，兑為澤。”由八卦的交互相重而形成吉凶之象。古人行事相信卜筮所示的吉凶，以趨吉避凶，因而以“太極”始基觀念為《周易》的理論基礎。“極”有最高限度之意，如《詩經·大雅·崧高》：“崧高維嶽，駿極于天。”“極”又具窮盡之意，如《詩經·唐風·鴇羽》：“悠悠蒼天，曷其有極。”最高的極致是為“太極”，它自身是什麽呢？儒家經師並無解釋，直以為它就是天地之本始，即萬物之原。由天地産四時——春夏秋冬，因天地的運轉而有四時的變化，這在理論上能够成立。但太極是怎樣産生天地的呢？這裏未解釋，遂在思辨上存在缺憾。“極”之概念出自道家。《老子》第二八章有“無極”的概念。《莊子·在宥》論至道云：“彼其物無窮，而人皆以為有終；彼其物無測，而人皆以為有極。”莊子以為真正的道是無窮和不可測的，但一般卻以為有終結和極致。“太極”即“有極”之發展，以為宇宙存在一種最高的至極。顯然，“太極”是自為自在的永恆的實體，如果没有一種動因則是不會變化的，也就不可能産生他物，更無從産生天地。那麽還有比“太極”更高的範疇嗎？儒家經師没有進一步去思辨。在《繫辭》中已出現了“陰陽”的概念，如“一陰一陽之謂道”，“陽卦奇，陰卦偶”，“乾陽物也，坤陰物也”；又由陰陽而與“男女”比附，男為陽，女為陰，因而“男女構精，萬物化生”。陰與陽的對立矛盾可以産生變化，遂可成為一種動因，然而很可惜經師們尚未意識到陰陽作為動因的重要意義，故在本體論中未能引入。《易傳》的本體論還有一個嚴重的局限，它局限於《易》象的本體，所謂“《易》有太極”。這裏太極不是宇宙的本體，實為解説八卦卜筮而定社會人事吉凶的一種依據，故這種本體論是服從筮法的需要而建構的。“大衍之數五十有五”，象太極；兩儀為天地的法象，由太極分為二；筮法之少陽象春，老陽象夏，少陰象秋，老陰象冬，這四爻象四時；由四象構成八卦，八卦而定吉凶。因此“太極”僅是《易》象的本體，但它是可以作為原始的始基觀念的。在《易傳》的本體論中由八卦對應的自然界的八種元素——天、地、雷、風、水、火、山、澤，以及由它們演生的六十四種自然現象，為中國自然哲學提供了新的理論，導致後來儒家本體論引入五行之説。古希臘哲學家畢達哥拉斯在論自然哲學時認為：“在可感知的事物中有四種元素，即水、火、土、氣。元素間的結合和轉化産生出充滿生氣和理性的宇宙。”[①] 八卦所代表的八種元素顯然是更為複雜的，尤其是它們的交互變化構成紛繁的自然現象，並由它們預示人事吉凶，似乎可以以之解釋和預測社會現實的一切事物的變化，因而《易傳》的本體論又是精微與神秘的。

---

① ［古希臘］第歐根尼·拉爾修著，徐開來、溥林譯：《名哲言行録》，桂林：廣西師範大學出版社，2010年，第401頁。

二

西漢初年的大儒董仲舒對儒家經典《春秋》有極精深的研究，在其《春秋繁露》的論著裏發揮《春秋》的義法，以適應漢王朝的現實政治需要①。《春秋》自漢代以來被視為儒家最重要的經典，因孟子曾以為它是聖人孔子著的，他説："世道衰微，邪説暴行有作，臣弒其君者有之，子弒其父者有之。孔子懼，作《春秋》。《春秋》，天子之事也。是故孔子曰：'知我者其惟《春秋》乎？罪我者其惟《春秋》乎？'"（《孟子·滕文公下》）《春秋》記魯國史事，自從被認為是孔子之著，遂具有神聖的意義。《春秋》記事始於周平王四十九年（前722）即魯隱公一年，但書寫為"元年"。《公羊傳·魯隱公元年》："元年者何，君之始年也。"《説文·一部》："元，始也。"漢代治《春秋》的儒者以為孔子之所書"元年"，乃體現義法所在。董仲舒尤其誇大了"元"之奧義，以為它是始基，他説："《春秋》何貴乎元而言之？元者，始也，言本正也。道，王道也。王者，人之始也。"（《春秋繁露·王道》）他又説："謂一元者，大始也。知元年志者，大人之所重，小人之所輕。是故治國之端在正名。"（《春秋繁露·玉英》）這裏將帝王即位的始年看得特別重要，意味著改元，體現王道之正的開始。董仲舒繼而發揮"元"之意義：

> 唯聖人能屬萬物於一，而繫之元也，終不及本所從來而承之，不能遂其功。是以《春秋》變一謂之元。元猶原也，其義以隨天地始終也。故人惟有始終也，而生不必應四時之變。故元者為萬物之本，而人之元在焉。安在乎？乃在乎天地之前。故人雖生，天氣，及奉天氣者，不得與天元、本天元命，而共違其所為也。故春正月者，承天地之所為也，繼天之所為而終之也。其道相與共功持業，安容言乃天地之元？天地之元，奚為於此，惡施於人？大其貫承意之理矣。（《春秋繁露·重政》）

《春秋》書"一"為"元"，其實並無深義。"元"之概念本出自春秋道家鶡冠子所説的"天始於元"（《鶡冠子·王鈇》）②。董仲舒從今文經學的觀點探求聖人的微言大義，遂將"元"作為宇宙之始基，這必然存在學理的矛盾。他認為衹有聖人能將萬物統屬於一，雖歸萬物於初始狀態，但未究其本原。《春秋》不稱"一"而變為"元"，可使"一"之義彰顯。

---

① （漢）董仲舒：《春秋繁露》，光緒鴻文書局本。

② 《鶡冠子》，光緒鴻文書局本。

"元"為萬物之本，它隨天地始終；這樣，它既有始終，便非永恆的。"元"僅具初始之義，表示萬物之始；這樣，它尚不是確定的最高的始基。董仲舒以"元"為萬物之本，它也即是人之本原，在天地之前即已存在；這樣，又否定了"元""隨天地相始終"之說，陷入自我矛盾的境地。董仲舒既以"元"在於天地之前，而又言"元本天"，遂再次陷入自我矛盾。他意在以"天地之元"比附社會歷史，以作為天人感應的理論基礎，由此其本體論存在諸多矛盾，理論的價值不高。然而他以《春秋》大法闡釋社會政治倫理的諸多問題時，引入先秦五行與陰陽的觀念卻是富於哲理意義的。關於"五行"，他說："天有五行，一曰木，二曰火，三曰土，四曰金，五曰水。木，五行之始也；水，五行之終也；土，五行之中也：此其天次之序也。木生火，火生土，土生金，金生水，水生木：此其父子也。木居左，金居右，火居前，水居後，土居中央：此其父子之序相受而佈。"（《春秋繁露・五行之義》）"五行"這五種自然元素在始基觀念中是很有意義的，但董仲舒未能將它納入宇宙生成的序列。關於"陰陽"，他說："天地之常，一陰一陽。陽者，天之德也；陰者，天之刑也。跡陰陽終歲之行，以觀天之所親而任，成天之功，猶謂之空。空者，之實也。故清溧之於歲也，若酸鹹之於味也，僅有而已矣。聖人之治，亦從而然。天之少陰用於功，太陰用於空。人之少陰用於嚴，而太陰用於喪。喪亦空，空亦喪也。是故天之道以三時成生，以一時喪死。死之者，謂百物枯落也。喪之者，謂陰氣悲哀也。天亦有喜怒之氣，哀樂之心，與人相副，以類合之，天人一也。"（《春秋繁露・陰陽義》）"陰陽"對立的概念在宇宙萬物生成過程裏具有重要的意義，但董仲舒未能將它用於從"元"到"萬物"的發展變化之中。因此其"元"作為始基不僅在邏輯上存在諸多矛盾，而且內容貧乏、簡單，尤其在將自然元素與社會政治倫理相聯繫時缺乏合理的演繹。然而董仲舒畢竟在探討宇宙本體時提出了"元"的始基觀念，在《周易・繫辭》之後成為一種新的學說。

西漢末年儒者揚雄在《太玄經》裏以"玄"作為宇宙的始基觀念[①]。此觀念原出自《老子》第一章："道可道，非常道，名可名，非常名。無名天地之始，有名萬物之母。故常無欲以觀其妙，常有欲以觀其徼。此兩者同出而異名，同謂之玄。玄之又玄，衆妙之門。"關於"玄"，王弼注云："玄者，冥也，默然無有也，始母之所出也，不可得而名，故不可言。同名曰玄，而言謂之玄者，取於不可得而謂之然也。謂之然，則不可以定乎一玄而已，則是名則失之遠矣，故曰玄之又玄也。衆妙皆從同而出，故曰衆妙之門也。"[②]"玄"具深奧神秘之意，乃道家之"道"，是就"道"的奧秘特性而言，因而更具形而上的性質。司馬光對《太玄經》給予了很高的評價，他說："孔子既没，知聖人之道者，非揚子而誰！孟與荀殆不足擬，況其餘乎！觀《玄》之書，昭則極於人，幽則盡於神，大則包宇宙，細則入毛髮。

① （漢）揚雄：《太玄經》，卷一至卷六司馬光注，卷七至卷十許翰注，《百子全書》，掃葉山房本。
② （三國魏）王弼注：《老子》，光緒鴻文書局本。

合天地人之道以為一，刮其根本示人所出，胎育萬物而為之母，若地履之而不可窮也，若海挹之而不可竭也。天下之道，雖有善者，其蔑以易此矣。考之於混元之初，而玄已生；察之於今，而玄非不行。窮之於天地之末而玄不可亡，叩之以萬物之情而不漏，測之以鬼神之狀而不違，概之以六經之言而不悖。藉使聖人復生，視《玄》必懌然而笑，以為得己之心矣。"[1] 這裏充分肯定《太玄經》是一部論及宇宙萬物之原，並包括天地人及萬物之理的重要經典著作。此著雖然在形式上模仿《周易》的構架，但卻是有創新意義的。揚雄以"玄"為始基的最高範疇，故稱為"太玄"。什麽是"玄"？他解釋說：

> 玄者，幽攡萬類而不見形者也。資陶虛無而生乎規，攔神明而定摹，通同古今以開類，攡措陰陽而發氣。一判一合，天地備矣。天日回形，剛柔接矣。還復其所，終始定矣。一生一死，性命瑩矣。（《太玄經》卷七《玄攡》）

這裏"玄"作為始基，它暗中生長萬物卻無形，陶冶虛無而產生規則，以明智而定法式，貫通古今而分物類，變化陰陽而產生氣體，陰陽分合而生天地，天地運轉而有氣體的剛柔，自然的往復迴環而造成生物之始終，有生有死以明人之性命。"玄"代表著一種自然，自然的運轉即是"天道"。儒家聖人孔子諱言天道，揚雄强調天道是變化的，他說："天道有因有循，有革有化。因而循之，與道神之；革而化之，與時宜之。故因而能革，天道乃得；革而能因，天道乃馴。"（《太玄經》卷七《玄瑩》）自然變化之規律有因循革化，個人或國家都得應順，以之為矩範。由此"天道"不僅是自然規律，也是社會事務的一種必然性。"天道"的這種變化，是陰陽作用的結果，揚雄說："立天之經，曰陰與陽；形地之緯，曰縱與横；表人之行，曰晦與明。陰陽曰合其判，縱横曰經其往，晦明曰別其材。陰陽該極也。"（《玄瑩》）自然中天、地、人的形成及其差異，是陰陽變化的結果，"玄"因而是天道、地道、人道之總合。在揚雄的本體論中，陰陽的變化具有非常重要的作用，這兩極的交互變化纔是萬物産生的根源。他仿《周易》的卦爻形式，每一象（符號）為一首，每一首仿卦爻分為方、州、部、家四爻，每一爻分一（—）、二（--）、三（---）以示陰陽象數[2]。這樣方、州、部、家，以陰陽交互變化的結果，衍生八十一首：中、周、礥、閑、少、戾、上、干、疏、羨、差、童、增、鋭、達、交、軟、傒、從、進、釋、格、夷、樂、爭、務、事、更、斷、毅、裝、衆、密、親、斂、疆、睟、盛、居、法、應、迎、遇、竈、大、廓、文、禮、逃、唐、常、度、永、昆、減、唫、守、翕、聚、積、飾、疑、視、沈、內、去、晦、瞢、窮、割、止、堅、成、致、失、劇、馴、將、難、勤、養。八十一"首"

---

① （宋）司馬光：《讀玄》，《太玄經》卷首。

② 黄開國：《析〈太玄〉構架形式》，《孔子研究》1989 年第 4 期。

應是八十一個範疇，賅括七百二十九種事物。由此概括自然與社會各事物變化之理，也就可以指導人們如何處理自然與社會之關係。《太玄經》以卦爻形式指導人們趨吉避凶，也就可以採用卜筮方法作行為的預測，這必然同《周易》一樣具有極偶然的性質。此種預測之不可重複，即表明它與現實社會人們的行為並無任何因果的關係，因而僅是原始數術的虚妄。揚雄以“玄”作為始基觀念，為其象數建立理論依據，試圖解釋宇宙本原及自然與社會的一切事物之理，這在中國古代思辨方面已達到高度和精微的抽象程度，體現了儒家始基觀念的巨大進步。然而“玄”畢竟是“道”的别稱，尚不够作為始基的最高範疇，因為按思辨推理，“玄”是不可能自我生成的，它應出於他物。其次由“玄”衍生的若干範疇，它們皆是以近似卦爻方式表示的，而卦爻變化的根據是數的作用。老子以為“道生一，一生二，二生三，三生萬物”（《老子》第四十二章），揚雄繼以為“極一為二，極二為三，極三為推，推三為贏贊。贊贏入表，表贏入家，家贏入部，部贏入州，州贏入方，方贏則玄”（《太玄經》卷八《玄數》），可見其卦象變化是以數理為基礎的。單純的數是不可能產生運動和變化的。《周易》與《太玄經》的象數屬於一種簡單的數的虚構。古希臘畢達哥拉斯學派即以數字為始基，而且以為它就是一切存在物的本原。亞里士多德批評説：“他們所提出的始基原因，是用來引導他們達到一種更高級的實在的，而且的確比較適於用來解釋這種更高級的實在，而比較不適於用來解釋自然；可是他們所假定的前提，衹是有限和無限，奇和偶，究竟運動是從哪一個原因產生出來的，他們卻没有論到，他們也没有告訴我們，在運動和變化之外，怎樣可能會有生、滅或天體運動。”[①] 同樣揚雄也没有回答象數變化運動的原因，而且這是象數本身不能回答的。南宋學者葉適批評《太玄經》説：“夫《玄》之有八十一也，其所以名‘首’者何也？豈將以助天下後世之用，使之若用《易》之六十四者也？抑徒以自記其陰陽之候而已者也？為曆則無以其義，為義則無以其曆。且其名也，雜取於文字之餘而非其要，則天下之人有不能用也。”[②] 他指責《太玄經》不具實用意義，特别是用之於曆法尤其不合而更無意義。《太玄經》的價值不在於實用，而在於博大精深的思辨，不僅嘗試以一種理論闡釋萬物，更主要的是提出了一種新的始基觀念。

三

北宋中期新儒學創始者之一的邵雍繼揚雄之後將《周易》象數直接用於曆法，將象數

---

① 《古希臘羅馬哲學》，第 39 頁。

② （宋）葉適：《揚雄〈太玄〉》，《葉適集》，北京：中華書局，1983 年，第 715 頁。

與曆法結合，以逆推五代至上古帝王世運之盛衰升降，而按其方法並可預測後世之世運。他的《皇極經世書》雖不如《太玄經》之精深宏博，卻更為精密細緻，於曆運的排列是非常巧妙的。邵雍之子邵伯温解釋“皇極經世”云：“至大之謂皇，至中之謂極，至正之謂經，至變之謂世。大中至正，應變無方之謂道。”① 這並未説明“皇極”的出處，也未揭示“皇極經世”的真正含義。《尚書・洪範》是周武王克殷後訪問箕子，箕子述説大禹得天所賜之“洪範九疇”的治國之方。九疇之五為“皇極”：“皇建其有極。斂時五福，用敷錫厥庶民。惟時厥庶民於汝極。錫汝保極。”宋人蔡沈注云：“皇，君。建，立也。極，猶北極之極，至極之義，標準之名，中立而四方之所取正焉者也。……極者福之本，福者極之效。極之所建，福之所集也。人君集福於上，非厚其身而已，用敷其福以與庶民，使人人觀感而化，所謂敷錫也。”② 君主建立道德標準，目的在於給人民帶來福祉，這是“皇極”之本義。“經世”乃治理國家世事之意。邵雍以為其著可為帝王建極經世之用，因而具有非常重要的政治意義。然而他以術數推測治道世運，試圖將社會的發展納入簡單的術數變化的循環系統之中，從而造成先天的宿命觀念。社會的進化與歷史的發展是由每個時代社會政治經濟結構起主導作用，還有國家民族的地理環境及周邊國家民族等多種因素所起作用而構成一種發展規律的，絶不可能是主觀擬構的術數可以支配的。《皇極經世書》的數理是由“元”“會”“運”“世”構架而成的：“日主乾為元，月主兑為會，星主離為運，辰主震為世。”③ 一元十二會，為三百六十運；一會三十運，為三百六十世；一運十二世，為三百六十年。按此計算，一會為一萬八百年，一運為三百六十年，一世為三十年。這皆是整數計算，難以處理曆法中閏年閏月的問題。邵雍詳細列出遠古堯帝以來的日曆年表，以干支附會八卦陰陽，推測世運之治亂吉凶。例如，秦始皇“當困之訟，入井之需，而蹇而坎”，漢高祖“變而井之升，井九五變六，坤母用事，而有井、坎血傷之慘，其應人彘乎”④。清初學者黄宗羲見到邵雍於術數之精，以為“《皇極》包羅甚富，百家之學，無不可資以為用，而其要領在推數之無窮”；但他指出“然推求其説，多有可疑”。他最後説：“其意總括古今之曆學，盡歸於《易》，奈《易》之於曆，本不相通，硬相牽合；所以其説愈煩，其法愈巧，終成一部鶻突曆書而不可用也。”⑤《皇極經世書》確是一部不可用的曆書，然而其價值在於邵雍由此構建的本體論體系。《皇極經世書》卷首有《八卦方點陣圖》《六十四卦方點陣圖》《經世天地四象圖》《經世六十四卦之數圖》（先天圖）、《六十四卦錯綜之圖》。邵雍

---

① （宋）邵伯温：《經世四象體用之數圖説》，（宋）邵雍：《皇極經世書》附録，鄭州：中州古籍出版社，1992 年，第 463 頁。

② （宋）蔡沈：《書經集傳》卷四，《四書五經》，世界書局影印本，中國書店 1985 年重印。

③ （宋）邵雍：《皇極經世書》卷一，鄭州：中州古籍出版社，1992 年。

④ 《皇極經世書》卷二。

⑤ （清）黄宗羲：《宋元學案》卷十，北京：中華書局，1981 年。

的本體論同《周易・繫辭》一樣，乃以之解釋八卦之本原，亦即萬物之本原。他說：

> 是知道為天地之本，天地為萬物之本。以天地觀萬物，則萬物為萬物；以道觀天地，則天地亦為萬物。道之道，盡之於天矣；天之道，盡之於地矣；天地之道，盡之於萬物矣；天地萬物之道，盡之於人矣。（《皇極經世書》卷五《觀物內篇》之三）

這是邵雍本體論之總綱，他對其中涉及的諸多概念，分別有解釋。“道”為天地之本，亦即宇宙的始基，它究竟是什麼呢？邵雍没有因襲道家的觀念，他解釋說：“道為太極。”（《皇極經世書》卷七《觀物外篇上》）他雖然以“道”為“太極”，卻不同於《周易・繫辭》以“太極”為始基，似乎“太極”是絕對靜止的本體，而“道”是會發展變化的。邵雍說：“一陰一陽之謂道，道無聲無形，不可得而見者也，故假道路之道而為名。人之有行，必由於道。一陰一陽，天地之道也，物由是生，由是而成也。”（《皇極經世書》卷七《觀物外篇上》）他以“太極”僅具“始”之意義，其性是“不動”的，而“道”則為萬物生之本：“元有二：有生天地之始者，太極也；有萬物之中各有始者，生之本也。”（《皇極經世書》卷八《觀物外篇下》）這一萬物生之本，亦即萬物“出入、有無、生死”之本及規律的“道”。“道”是形而上的，包含陰和陽。“道”產生天地，天地產生萬物。天地是怎樣產生萬物的呢？這就是“道”所含的陰陽發生的作用了。邵雍說：“天生於動者也，地生於靜者也，一動一靜交，交而天地之道盡矣。動之始則陽生焉，動之極則陰生焉。一陰一陽交，而天下之用盡之矣。”（《皇極經世書》卷五《觀物內篇》之一）邵雍的本體論是用以作八卦理論基礎的，因此他說：“太極既分，兩儀立矣。陽上交於陰，陰下交於陽，四象生矣。陽交於陰，陰交於陽，而生天之四象；剛交於柔，柔交於剛，而生地之四象：於是八卦成矣。”（《皇極經世書》卷七《觀物外篇上》）他基本上重複《周易・繫辭》的觀念，但新添加了“剛柔”之說，以之比附陰陽，由此而與社會人事相聯繫。因而“天之大陰陽盡之矣，地之大剛柔盡之矣。陰陽盡而四時成焉，剛柔盡而四維成焉。夫四時、四維者，天地至大之謂也，凡言大者無得而過之也”（《皇極經世書》卷五《觀物內篇》之一）。天地是人們可感知的最大的實體。邵雍於此所理解的“天”即自然，自然之道由陰陽以行而產生四時——春、夏、秋、冬；“地”即是人類社會，人類社會之道是由人性剛柔之交互而確立四維——禮、義、廉、耻。這樣四時為自然的規律，四維則為社會倫理道德準則：它們皆是“道”的體現。我們不難發現《周易》之陰陽觀念自董仲舒用於本體論以來，經揚雄的發揮，至邵雍將它在宇宙生成過程中的作用和意義作了最精要與合理的論述，而其淵源則是來自莊子之説。《莊子・田子方》擬托老子之言：“至陰肅肅，至陽赫赫。肅肅出乎天，赫赫發乎地，兩者交通成和而物生焉。或為之紀，而莫見其形。消息滿虛，一晦一明，日改月化，日有所為，而莫見其功。生有所乎萌，死有所乎歸，始終相反乎無端，而莫知乎其所窮。”邵雍吸收了道家的觀念，用陰陽闡釋宇宙萬物發展變化的原因，同時採用“道”作為始基，而論述得更為合理。然而其對以“地”之剛柔而生“四維”則在理論上缺乏解釋。此外，其以“道”為始基雖然借用道家之説，也是存在缺陷的。“道”在邵雍看來是包含陰陽之體，由陰陽變化而生天地，顯然“道”尚非最高的範疇，因為老子說：“人法地，地法天，天法道，道法自然。”王弼注云：“法，謂法則也。……自然者，無稱之言，窮極之辭也。”[①] 可見“道”是以“自然”為法則的，它尚非宇宙的始基。

儒家對始基觀念的認識，至北宋新儒學家們從義理的思辨而得以完善。邵雍（1011－1070）和周敦頤（1017－1073）是同時代的新儒學創始人。周敦頤的學説發展為濂洛之學而成為新儒學的正宗，這主要是因他最後完善了儒家本體論，並給予深刻而合理的闡釋，為新儒學建立了理論基礎。邵雍和周敦頤雖然同時代，但他們一活動於北方，一活動於南方，並無交往。邵雍的本體論固有合理的系統，卻用以附會曆法而推測世運，因而難以廣泛用於儒家理論。周敦頤建構的本體論則具有普遍的學理意識，所以他被譽為新儒學的真正的創始者。邵雍和周敦頤關於本體論均以圖表示。邵雍的《先天卦點陣圖》之次序，太極位於下方，由下而上：太極——陽儀、陰儀——太陽、少陰——少陽、太陰——八卦。周敦頤《太極圖》之次序，無極位於上方，自上而下：無極——太極——水、火、金、木、土——坤女、乾男——萬物化生。此兩圖的產生基本上同時，但宋人關於二者的來源的傳聞卻較複雜，而且成為疑案。宋人以為《太極圖》是由宋初道士陳摶傳出的。《宋史》卷四三一《李之才傳》：“李之才字挺之，青社人也。天聖八年（1030）同進士出身，為人樸且率，自信，無少矯厲。師河南穆修，修性卞嚴寡合，雖之才亦頻在訶怒中。之才事之益謹，率能受《易》。時蘇舜欽輩亦從修學《易》，其專授者惟之才爾。修之《易》受之种放，放受之陳摶，源流最遠。其圖書象數變通之妙，秦漢以來鮮有知者。之才初為衛州獲嘉主簿，權共城令，時邵雍居母優，於蘇門山百源之上……雍再拜受業，於是先示之以陸淳《春秋》，意欲以《春秋》表儀《五經》，既可語《五經》大旨，則授《易》而終焉。其後雍卒以《易》名世。”據此邵雍之圖的傳承關係為：陳摶—种放—穆修—李之才—邵雍。穆修在此關係中是很重要的人物，但他以提倡古文著稱，《宋史》卷四二〇《穆修傳》及《穆參軍集》（今存三卷）並無他傳《易》的記載，而且相傳的陳摶所繪的《太極圖》亦不可考。邵雍的《先天卦點陣圖》（《太極圖》）應出自古代道家所傳。南宋初年朱震在其《漢上易解序》中云：“陳摶以《先天圖》傳种放，放傳穆修，穆修傳李之才，之才傳邵雍。……穆修以《太極圖》傳周敦頤，周敦頤傳程顥、程頤。”《宋史》卷四三五《朱震傳》引述了此序

---

① （三國魏）王弼注：《老子》第二十五章，光緒鴻文書局本。

後以為朱震所言是缺乏事實依據的："其論《圖》《書》（《河圖》《洛書》《太極圖》）授受源委如此，蓋莫知其所自云。"朱震所言《易》之傳受自陳摶至邵雍，乃出自傳聞，如《李之才傳》所述，而所言"穆修以《太極圖》傳周敦頤"則屬於編造了。穆修於明道元年（1032）去世，時周敦頤十五歲，而且周敦頤在南方，他們素無交往關係，更不可能從之受圖。周敦頤的《太極圖》與道家所傳《先天卦點陣圖》是不相同的。

四

周敦頤製《太極圖》，又著《太極圖説》以闡明圖意，其《通書》又是對《太極圖説》義理之發揮。周氏友人潘興嗣在《濂溪先生墓志銘》裏最初言及周氏著述："尤善談名理，深於《易》學，作《太極圖》《易説》（《太極圖説》）《易通》（《通書》）數十篇，詩十卷，今藏於家。"[①] 這裏肯定《太極圖》為周敦頤作。南宋嘉定九年（1216）朝廷為周敦頤賜謚，臧格議曰："濂溪先生……學問淵懿，超然自得，特出於萬物之表。而其最深切者，《太極》有圖，所以發其理之幽秘；《易通》有書，所以闡其圖之精微。圖有無窮之義，書有不盡之言，如是可以見中正仁義之本，如是可以識神物動靜之别。語其概則廣大高深，究其歸則不外乎日常飲食之常，斷斷乎有其功於斯世也，蓋嘗深探道之所由來矣。或謂得之先天，先天得之龍紀（伏羲時代），其説近於迂誕而不可考。又云，其圖實出於穆修，修傳之於陳摶。摶，老子之學也，焉能統盟斯道！"[②] 這裏對於《太極圖》的傳聞作了認真的辨析。周敦頤根據自己所擬之圖作《太極圖説》：

> 無極而太極。太極動而生陽，動極而靜；靜而生陰，靜極復動。一動一靜，互為其根。分陰分陽，兩儀立焉。陽變陰合，而生水火木金土，五氣順佈，四時行焉。五行，一陰陽也；陰陽，一太極也。太極本無極也。五行之生也，各一其性。無極之真，二五之精，妙合而凝。乾道成男，坤道成女。二氣交感，化生萬物，萬物生生而變化無窮焉。惟人也得其秀而最靈。形既生矣，神發知矣。五性感動而善惡分，萬事出矣。聖人定之以中正仁義而主靜（自注：無欲故靜），立人極焉[③]。

---

① 《周濂溪先生全集》卷十附，北京：學苑出版社，1990年影印本。
② 《周濂溪集》卷十三附録，《叢書集成初編》本。
③ 周敦頤：《太極圖説》，《宋元學案》卷十二，北京：中華書局，1986年。

這是儒家本體論集大成之說。此說以“無極”為始基，乃借用道家的概念。《老子》：“知其雄，守其雌，為天下谿。為天下谿，常德不離，復歸於嬰兒。知其白，守其黑，為天下式。為天下式，常德不忒，復歸於無極。”關於“無極”，王弼注云：“不可窮也。”①《莊子·在宥》擬廣成子語：“入無窮之門，以游無極之野。”此處“無極”與“無窮”互文同義，皆為無限之意。莊子所謂的“無極”乃“道”之本原，他說：“至道之精，窈窈冥冥，至道之極，昏昏默默。”郭象注云：“窈冥昏默，皆了無也。夫莊、老之所以屢稱無者，何哉？明生物者無物，而物自生耳。自生耳，非為生也，又何有為於已生乎!”② 道家之“道”的極至是“無”。周敦頤以“無極”為宇宙之本原，南宋時陸九淵極力反對，並與朱熹往復辯論。朱熹解釋說：“‘無極而太極’，衹是無形而有理。周子恐人於太極之外更尋太極，故以無極言之。既謂之無極，則不可以‘有’底道理强搜尋也。”③ 這是從思辨的邏輯而言，“無極”的範疇高於“太極”，它是一種合理的存在，此外没有其他的範疇可以超越了。明代學者曹端對“無極”作為最高範疇的意義闡釋說：“無，謂無形象，無聲氣，無方所。極，謂至極，理之别名也。太者，大無以加之稱。天地間凡有形象、聲氣、方所者，皆不甚大，如此‘極’者，雖無聲氣，而有形象、方所焉。惟理則無形象之可見，無聲氣之可聞，無方所之可指，而實充塞天地，貫徹古今，大孰加焉!”④ 古希臘米利都學派阿那克西羅以“無限”為始基，亞里士多德表述此派的觀點：“任何一件東西，有史以來，若不是始基，就是從一個始基産生出來的；然而‘無限’没有它的始基，因為説‘無限’有它的始基，就是説它有限。‘無限’之為始基，是不生不滅的。凡是産生出來的東西都要消滅，而一切消滅都是有限的。因此‘無限’没有始基，而它本身就是其他事物的始基。它包容萬物，並且支配萬物。”⑤ 此“無限”實與中國的“無極”相同，然而米利都學派最後是將“無限”歸結為萬能的“神”，而中國儒家在談始基觀念時卻是建立在無神論的基礎之上的。始基是宇宙永恆的實體，亞里士多德斷言：“必然有一個永恆不動的實體。因為實體是存在物的基礎，所以如果實體是全部都可以毁滅的，則所有的東西都可以毁滅。但是運動是不可能産生出來和停止存在的——因為它必須永遠存在。”⑥ 中國的“無極”即是這樣一個宇宙的永恆的實體。

“無極”與“太極”的關係，周敦頤表述為“無極而太極”。這裏“而”是連詞，表示承接或因循相繼，因此“太極”是繼“無極”之後而出現的範疇，僅是承接而非生成的關

① （三國魏）王弼注：《老子》第二十八章，光緒鴻文書局本。

② （晉）郭象注：《莊子·在宥》，光緒鴻文書局本。

③ （宋）黎靖德編：《朱子語類》卷九十四，北京：中華書局，1981年。

④ （明）曹端：《太極圖説述解》，《四庫全書》本。

⑤ 《古希臘羅馬哲學》，第8頁。

⑥ 同上，第259頁。

係。明末理學家劉宗周解釋説："'一陰一陽之謂道'，即太極也。天地之間，一氣而已，非有理而後有氣，乃氣立而理因之寓也。就形下之中而指其形而上者，不得不推高一層，以立至尊之位，故謂之太極，而實無太極可言，所謂'無極而太極也'。使實有是太極之理為此氣從出之母，則亦一物而已，又何以生生不息，妙萬物而無窮乎？今曰理本無形，故謂之無極，無乃轉落注腳。"[①] 他見出"無極"是"太極"的一種理性的推演，由形下推理至形而上的必然結果。黄宗羲進而發揮，以為宇宙萬物與自然的發生、運轉、發展、變化皆是自然而然的，這即是"理"，也即是"太極"。他説："識得此理，則知'一陰一陽'即是'為物不貳'也。其曰無極者，初非别有一物依於氣而立，附於氣而行。或曰因'《易》有太極'一言，遂疑陰陽之變易，類有一物主宰乎其間者，是不然矣，故不得不加'無極'二字。"[②] 為了强調"太極"是唯一無二的實體，為了説明"太極"之上還有一個最高的主宰陰陽變易的實體，因而不得不在邏輯上加以"無極"。從劉宗周和黄宗羲的解釋，我們可見"無極而太極"並不神秘，它是儒者探討宇宙本體的一種合理的假定而已。

在周敦頤看來，"太極"自身存在運動和産生變化，它的動與静之極致而産生陰陽，由陰陽而産生五行，由五行而産生萬物。這意味著"太極"是一個包含陰與陽的相互對立的複合體。"太極"雖然包含陰與陽，但是什麽促成它動，第一推動力是什麽，周敦頤於此未加説明。朱熹解釋説："太極無方所，無形體，無地位可頓放。若以未發時言之，未發卻祇是静；動静陰陽，皆祇是形而下者。然動亦太極之動，静亦太極之静，但動静非太極耳，故周子祇以無極言之。"[③] 這表明太極的陰與陽的變動，其推動力是來自"無極"的。古希臘哲人伊壁鳩魯談到始基的本性説："物體中有些是複合體，有些是構成複合體的東西。構成複合體的東西是不可分和不變的，如果不是萬物毁滅成無，而是在複合體之分解中有某些堅實的東西留下來，那麽這些東西的本性是堅固的，絶不可能再分解。因此在諸有形的物體中，始基的本性必定是不可分的。"[④] 中國的"太極"是複合體，而"無極"即是構成複合體的東西。因此，"無極"是不可分的始基，而"太極"中也有一種本性是不可分解和變動的，因為它是陰陽對立的統一體。

儒家的本體論是作為社會政治倫理的理論基礎的。周敦頤以"五行"各有其性，在萬物生成過程中，由陰陽的交互而有男女，人受"五性"——仁義禮智信的影響而有善惡之分。儒家聖人以中正仁義作為政治倫理的準則，從而提倡主静無欲，以復人所禀賦之天理。這樣就使人性與自然聯繫起來了。劉宗周説："太極之妙，生生不息而已矣。生陽生陰，而

① 《宋元學案》卷十二引。

② （清）黄宗羲：《太極圖講義》，《宋元學案》卷十二附録。

③ 《朱子語類》卷九十四。

④ 《古希臘羅馬哲學》，第504—505頁。

生水火木金土，而生萬物，皆一氣自然之變化，而合之祇是一個生意，此造化之蘊也。惟人得之以為人，則太極為靈秀之鍾，而一陽一陰分見於形神之際，由是殺之為五性，而感應之塗出，善惡之介分，人事之所以萬有不齊也。惟聖人深悟無極之理，而得其所謂靜者言之，乃在中正仁義之間，循理為靜是也。”① 宋代新儒學家們由此將“無極”作為一種普遍的公理，它具有自然的屬性，因而是“天理”。這個“天理”也即“天道”，它為人所稟賦的“性”，表現為五常——仁義禮智信，循著此行踐則是“道”。然而人雖賦有天然之性，但氣質有異，聖人用禮法以節制不善之行便是“教”。這樣儒家的始基觀念遂與儒家之道結合，成為新儒學的基礎理論。

近世蜀中學者劉咸炘比較中國與西方的本體論後，他認為：

> 道家宗旨曰自然。自然者，莫使無故之謂也。此乃中華唯一之本體論。歐洲哲學之本體論，每於現象之後，追求其最終之主使與所以使現象如此者是何原因。目的、機械之爭由是而起。中華聖哲則無此爭，其視現象惟曰即是如此，本來如此而已。即所謂自然，更無主使，亦無原因，雖有天與道之名，即指一氣，不過一切現象之總體，非別有一物。《易》曰：“一陰一陽之謂道。”老（子）曰：“道法自然。”一陰一陽即是一氣也，即此為本體，不更追其後②。

劉咸炘以道家本體論為中華唯一之本體論，這是他未遑考察儒家本體論所致。他所指出的道家本體論的自然特點，其實也是儒家本體論所具的。然而西方的本體論，重視現象之後的原因之辨析，各派之間反復爭論，以致使其理論達到精密的程度。我們通過對儒家始基觀的形成的考察，可見孔子接受古代傳統的思想以“天”、戰國儒者以“太極”、西漢董仲舒以“元”、西漢末揚雄以“玄”、北宋邵雍以“道”作為始基，至新儒學的創始者周敦頤以“無極”為始基而使儒家的本體論得以真正的建立。我們縱觀儒家學者相繼建立的本體論，它們具有一些共同的特點：

一、儒家的始基觀念“太極”“元”“玄”“道”和“無極”皆是借助於道家的概念，但它們雖出自道家卻不斷發展，最終形成具有儒家特色的本體論。

二、儒家的始基觀念具有自然的特色，是純粹思辨的結果，力求作形而上的邏輯的推演，形成各自的系統。它們不具物質性、純數性、神秘性，没有“神”的觀念。

三、儒家的本體論通過對始基的探求而與社會發生聯繫，其目的在為社會政治倫理建立合理的理論基礎，具有强烈的現實意義。

---

① 《宋元學案》卷十二引。

② 劉咸炘：《莊子釋滯》，《推十書》，成都：成都古籍書店影印本，1986 年，第 1100 頁。

從對儒家始基觀念形成過程的考察，我們還可見到，在很長的時期裏儒者因受道家學説的影響，使本體論局限於用以解釋《易》理或《春秋》之義，或與曆法和世運聯繫。新儒學的創始者周敦頤突破了以上的局限與束縛，他的本體論不僅為新儒學建立了理論基礎，而且具有普遍的學理意義，體現了儒家本體論的最高成就，亦是中國古代本體論的最高成就。

（作者單位：四川省社會科學院文學所
四川省人民政府文史研究館）

黃帝神話與《山海經》昆侖丘敘事

尹榮方

雖然司馬遷《史記·五帝本紀》將黃帝作為五帝之首加以敘録，黃帝從此作為中華民族的共同祖先得到普遍認可，但司馬遷所接觸到的黃帝資料，似乎連他也覺得問題多多，是不能作為信史看的。他說："學者多稱五帝，尚矣。然《尚書》獨載堯以來；而百家言黃帝，其文不雅馴，薦紳先生難言之，孔子所傳宰予問《五帝德》及《帝系姓》，儒者或不傳。余嘗西至空桐，北過涿鹿，東漸於海，南浮江淮矣，至長老皆各往往稱黃帝、堯、舜之處，風教固殊焉，總之不離古文者近是。予觀《春秋》《國語》，其發明《五帝德》《帝系姓》章矣，顧弟弗深考，其所表見皆不虛。《書》缺有間矣，其軼乃時時見於他說。非好學深思，心知其意，固難為淺見寡聞道也。"①

從先秦一些典籍所記載的黃帝故事看，黃帝身上肯定留有很多神話、傳說的痕跡，如《大戴禮記·五帝德》所載：

> 宰予問於孔子曰："昔者予聞諸榮伊，言黃帝三百年。請問黃帝者人邪？抑非人邪？何以至於三百年乎？"孔子曰："予！禹、湯、文、武、成王、周公，可勝觀也。夫黃帝尚矣，女何以為？先生難言之。"宰予曰："上世之傳，隱微之説，卒業之辨，闇昏忽之，意非君子之道也，則予之問也固矣。"

孔子時代已有人懷疑黃帝是不是人了，説黃帝活了三百年，當然是傳説，也就是宰予所説的"上世之傳，隱微之説"，但這樣的傳説卻被予以理性的改造，《五帝德》中借用孔

---

① （漢）司馬遷：《史記》，北京：中華書局，1982年，第46頁。

子的話對“黄帝三百年”的解釋是：“孔子曰：黄帝……生而民得其利百年，死而民畏其神百年，亡而民用其數百年，故曰三百年。”① 明明是傳説，卻變成了有理可講的歷史了。另一則黄帝的神話故事的被改造，同樣可以説明黄帝的歷史究竟是如何産生的，《太平御覽》卷七九引《尸子》：“子貢云：古者黄帝四面，信乎？”孔子的回答是：“黄帝取合己者四人，使治四方，不計而耦，不約而成，此之謂四面。”四張面孔的怪物變為黄帝嚮四方派出使者，神話、傳説一變而成了歷史。

一、《山海經》中的黄帝與軒轅丘

黄帝是我國神話、傳説中的重要人物，《國語·魯語上》：“黄帝能成命百物，以明民共財，故有虞氏禘黄帝而祖顓頊。”據《易·繫辭》《世本·作篇》《大戴禮記·帝系》等書所記，黄帝穿井、作杵臼、作弓矢、服牛、乘馬、作駕、作舟。黄帝的名號軒轅，反映了製作車輛。關於生活方面的製作有製衣服、旃冕、鞋履、醫藥等。另外，還有作甲子、占日月、算數、作笙竽、作文字等文化創造。《淮南子·説林訓》云：“黄帝生陰陽。”高誘注：“黄帝，古天神也，始造人之時，化生陰陽。”② 明指黄帝是開闢、創造大神。神話中的開闢大神往往也是創造大神，從這裏也可以看出黄帝的原始神格③。所以丁山要説：

> 黄帝簡直成了中國一切文物的創造者，自天空的安排直至人類的衣履，都是黄帝命令他的官吏分别製作的。這樣，黄帝不就等於創世紀所謂耶和華上帝嗎？因此，我纔明白《魯語》所謂“成命百物”，就是創造萬物④。

---

① 方嚮東：《〈大戴禮記〉彙校集解》，北京：中華書局，2008年，第690頁。

② 何寧：《淮南子集釋》，北京：中華書局，2006年，第1186頁。

③ 關於黄帝是神話、傳説中人物，顧頡剛、丁山、楊寬、龐朴等學者都有論述。常玉芝先生在《由商代的“帝”看所謂“黄帝”》一文中，從甲骨文和金文中“帝”字的用法，發現商王不稱帝，論證黄帝不可能是人王。他説：“既然在三千年前的商王朝，商王都不稱帝，那麽，所謂生活在四五千年前的黄帝，又怎麽會是指人帝呢？又從傳説中可以看出，所謂黄帝生活的時代，還處於父系氏族社會的原始部落時期，原始部落時期的首領又怎麽會稱帝呢？本文的論證至少可以證明，在三千年前的商王朝以前，是根本不可能發生有人王稱帝的現象的，這也就是説，傳説中四五千年前的所謂人帝——黄帝是根本不存在的。”顧頡剛、胡適先生已指出黄帝本是西北秦民族的天神和神話人物，到了戰國時期卻變成了人帝，“作《世本》的又拿古帝王的世系一個個牽引上去，於是黄帝就成了中國人公共的祖先了”。黄帝一成人間之共祖，就廣為民間所接納，其原因正如顧先生所説：“當時各國以疆土之開拓，交通之頻繁，經濟之聯繫，人民心胸開廣，皆欲泯除舊日種姓之成見而醞釀民族統一運動，故假黄帝之大神為人間之共祖，此固我國民族史上一佳話矣。”（《史林雜識初編·黄帝》）筆者還推測，戰國晚期之人之所以選擇秦民族的天神黄帝作為人間之共祖，很有可能是因為在那時的列國中以秦國最為强大的緣故（常玉芝文載《文史哲》2008年第6期）。

④ 丁山：《中國古代宗教與神話考》，上海：上海文藝出版社，1988年，第426頁。

關於黄帝的神話與傳説，其源頭應該在《山海經》，顧頡剛曾説："今所可見之古代神話萃集於《山海經》，吾人欲知黄帝傳説之初相亦惟有於此求之。"[①] 《山海經·西次三經》云：

> 不周之山……又西北四百二十里，曰峚山，其上多丹木，員葉而赤莖，黄華而赤實，其味如飴，食之不饑。丹水出焉，西流注於稷澤，其中多白玉，是有玉膏，其原沸沸湯湯，黄帝是食是饗。是生玄玉。玉膏所出，以灌丹木。丹木五歲，五色乃清，五味乃馨。黄帝乃取峚山之玉榮而投之鍾山之陽。

峚山，又作密山[②]，其地在昆侖之西。黄帝號軒轅氏，《楚辭·遠游》："軒轅不可攀援兮。"王逸注："軒轅，黄帝號也；始作車服，天下號之為軒轅氏也。"[③]

軒轅已見《山海經》，為"丘""山"或"國"名，《西次三經》：

> 玉山，是西王母所居也。……又西四百八十里，曰軒轅之丘，無草木。
>
> 洵水出焉，南流注於黑水，其中多丹粟，多青雄黄。又西三百里，曰積石之山，其下有石門，河水冒以西流。是山也，萬物無不有焉。

郭璞注："黄帝居此丘，娶西陵氏女，因號軒轅丘。"

《大荒西經》：

> 有軒轅之臺，射者不敢西嚮射，畏軒轅之臺。……有軒轅之國。江山之南棲為吉。不壽者乃八百歲。

《海外西經》則稱為"軒轅之國"：

> 軒轅之國在此窮山之際，其不壽者八百歲。在女子國北。人面蛇身，尾交首上。窮山在其北，不敢西射，畏軒轅之丘。在軒轅國北。其丘方，四蛇相繞。

---

① 顧頡剛：《史林雜識》，北京：中華書局，2005 年，第 178 頁。

② 清郝懿行云："郭注《穆天子傳》及李善注《南都賦》《天台山賦》引此經俱作密山，蓋峚、密古字通也。"轉引自袁珂：《山海經校注》，上海：上海古籍出版社，1980 年，第 41 頁。

③ （宋）洪興祖撰，白化文等點校：《楚辭補注》，北京：中華書局，2002 年，第 166 頁。

關於軒轅國人“人面蛇身，尾交首上”的怪異形象，袁珂先生謂：

古天神多為人面蛇身，舉其著者，如伏羲、女媧、共工、相柳、窫窳、貳負等是矣；或龍身人頭，如雷神、燭龍、鼓等是矣，亦人面蛇身之同型也。此言軒轅國人人面蛇身，固是神子之態，推而言之，古傳黃帝或亦當作此形貌也①。

《山海經》原本是圖，黃帝是與軒轅丘或者説軒轅臺有關的神人（像）。從軒轅臺“無草木”“其丘方”的記載看，這是一個人工建築的方臺。這樣的方臺，乃是上古時期測天祭天的祭壇。古人在這樣的壇上樹表測日，制定曆法，並祭祀天地神靈，這是上古時代人們心目中的神聖之所。關於軒轅之丘的測天功能，《山海經》其實已經指明，譬如上面所引《西山經》一段文字之後，緊接著説：

又西二百里，曰長留之山，其神白帝少昊居之。其獸皆文尾，其鳥皆文首。是多文玉石。實惟員神磈氏之宫。是神也，主司反景。

長留之山當然不是軒轅丘，白帝少昊當然也不是黃帝，但少昊所居之長留之山有專門的“主司反景”，即主管觀測日景的人，那麼我們可以知道軒轅之臺一定具有同樣的功能。軒轅就是黃帝，軒轅之丘原是上古測天之臺的名稱，與這個測天臺相應的神像“人面蛇身，尾交首上”應該是黃帝的原型了。

黃帝之與測天之臺、測天之事有關，《山海經》中多有道及，如《海内經》：“有九丘，以水絡之，名曰陶唐之丘、叔得之丘、孟盈之丘、昆吾之丘、黑之丘、赤望之丘、參衛之丘、武夫之丘、神民之丘。有木，青葉紫莖，玄華黃實，名曰建木，百仞無枝，有九欘，下有九枸，其實如麻，其葉如芒，大皞爰過，黃帝所為。”從建木的“青葉紫莖，玄華黃實”及“百仞無枝”等特徵看，它是古代測天的“表木”，然此表木是黃帝所作，這裏透露的顯然是黃帝與測天明曆有關的資訊。

在今本《山海經》中，“軒轅丘”“軒轅山”彷佛是獨立於作為“帝之下都”的“昆侖丘”“昆侖虚”之外的，但我們要指出，“軒轅丘”“軒轅山”與“昆侖丘”“昆侖虚”一樣，處於《山海經》的“西次三經”，處於“西次三經”的山，除了昆侖丘、軒轅丘之外，還有鍾山、槐江山、玉山、長留山、嬴母山、符惕山、天山、泑山等。在《大荒經》和《海外經》中，“軒轅丘”與“昆侖丘”也處於相同的方位。《海外南經》謂“昆侖虚四方”，此四

① 袁珂：《山海經校注》，上海：上海古籍出版社，1980年，第469頁。

方之墟，明為人工建成的壇臺①。《海内西經》中的開明獸“東嚮立”，有人懷疑是石獸，顯然也是人工之物。《爾雅·釋地》：“三成為昆侖丘。”似也能説明昆侖丘的人工性。《山海經·海内經》記載昆侖山有一棵巨大無比的“建木”。《山海經》的“昆侖之丘”“昆侖之虚”，與良渚文化及紅山文化“祭壇”的形制大體相同。從《山海經》昆侖之神“司天之九部及帝之囿時”的記載看，“昆侖之丘”“昆侖之虚”這種人工的壇臺也具有“測天”的功能，古人同時把它作為祭祀天地的場所而使它具有了神聖意義，成為神話學上的“神聖中心”。軒轅之丘與昆侖丘的内涵一致。“西次三經”中的有些山，其地望有時與昆侖丘相混，如在《大荒西經》中，西王母所處的玉山就成了昆侖之丘了：

> 西海之南，流沙之濱，赤水之後，黑水之前，有大山，名曰昆侖之丘。
>
> 有神人面虎身，有文有尾，皆白，處之。其下有若水之淵環峙，其外有炎火之山，投物輒然。有人，戴勝，虎齒，有豹尾，穴處，名曰西王母。此山萬物盡有。

西王母所居之處，即在昆侖若水之外的“炎火之山”，所以郭璞注引《河圖玉版》云：“西王母居昆侖之山。”② 玉山、炎火之山是挨著昆侖山的神山，軒轅山同樣。有意思的是《大荒西經》説西王母所住之山“萬物盡有”，當然這也有可能説的是昆侖山；而在《西山經》中，“軒轅之丘”鄰接“積石之山”，同樣是“是山也，萬物無不有焉”。軒轅丘同樣與昆侖丘鄰接，所以，軒轅丘同樣可以以昆侖丘稱之。居住於軒轅之丘的黄帝，後人常將他與昆侖丘而非軒轅丘聯繫在一起，如《莊子·至樂》云“黄帝游於昆侖之丘”，實不是偶然的。

在後來的《月令》系統中，黄帝具有中央之帝的地位，這大約與古代“天道多在西北”的觀念有關，《楚辭·天問》云：

> 昆侖縣圃，其居安在？增城九重，其高幾里？四方之門，其誰從焉？西北辟啓，何氣通焉？

昆侖縣圃在西北方，西北方是天門所在的地方，群帝就從這裏出入上下。這種觀念的産生與古代天文學的蓋天説有關。昆侖丘是天門所在的西北方的神山，那麽它實際上也就

---

① 關於昆侖的原型，由於歷時綿遠，記載有闕，古今學者各執一見，聚訟不已：有祁連山説、于闐南山説、巴顔喀拉山説、天山説、泰山説、今日之昆侖山説、岡底斯山説、印度之須彌山説、古代巴比倫方型祭壇説、黑色墓丘説、社丘説、昆侖無定所説等，讓人有不辨東西、目眩神迷之感。一般認為它是人工壇臺，用於測天、祭祀，是上古的“神聖中心”。

② 袁珂：《山海經校注》，上海：上海古籍出版社，1980年，第409頁。

是處於天下之中，後來的傳説稱昆侖山是“天柱”，如《太平御覽》引《河圖》云“昆侖山，天中柱也”正是基於它作為中央之山的性質的。昆侖丘其實就是神話中常見的“宇宙山”或“世界山”，這一點，神話學者的意見早已定於一尊。宇宙山上所住的神靈，自然會取得中央之帝或中央之神的地位。

《山海經》中的四方神和四方天帝，大約是後世《月令》中“五方帝”“五方神”的雛形，《山海經》的《海外經》有南方祝融、西方蓐收、北方禺强與東方句芒這些主季節與方位的神像。而帝，《大荒北經》《海内經》中已出現黄帝；《大荒南經》《大荒東經》《海内經》屢次提到帝俊；《海外北經》《海内東經》《大荒東經》有帝顓頊；《海内北經》有“帝堯臺、帝嚳臺、帝丹朱臺、帝舜臺，臺四方，在昆侖東北”，《大荒南經》也有“帝堯、帝嚳、帝舜葬於嶽山”。另外，炎帝之名在《海内經》中也已出現。

《左傳·昭公二十九年》：“社稷五祀，是尊是奉。木正曰勾芒，火正曰祝融，金正曰蓐收，水正曰玄冥，土正曰后土。”所用名稱除北方玄冥，與《海外經》一致。《山海經》中的天帝之名，後世亦多有沿用。《吕氏春秋·十二月》及《禮記·月令》的“五帝”“五神”為：

> 春，其帝太昊，其神勾芒。治東方。
> 夏，其帝炎帝，其神祝融。治南方。
> 中央，其帝黄帝，其神后土。
> 秋，其帝少昊，其神蓐收。治西方。
> 冬，其帝顓頊，其神玄冥。治北方。

此五帝、五神之名，在《山海經》中皆能找到，惟《山海經》之帝似未明確其方位與季節。但如黄帝，可以肯定是與昆侖丘這個“帝之下都”有關的天神，是中央大神、中央之帝，後人明確將其列為中央之帝，與后土相配，是淵源有自、順理成章的。

二、黄帝伐蚩尤與天地開闢神話

在《山海經》中，有黄帝伐蚩尤的故事，這個故事的寓意，説者甚多，應該關乎天地開闢，包括宇宙方位及時節曆法等的確定，與“神聖中心”的原始測天功能相應。黄帝伐蚩尤的故事，在《山海經》中，正是被置於“共工之臺”這樣的壇臺也就是神聖中心之上展開的，《大荒北經》：

> 有係昆之山者，有共工之臺，射者不敢北嚮。有人衣青衣，名曰黄帝女魃。蚩尤作兵伐黄帝，黄帝乃令應龍攻之冀州之野。應龍畜水，蚩尤請風伯雨師，縱大風雨。黄帝乃下天女曰魃，雨止，遂殺蚩尤。魃不得復上，所居不雨。叔均言之帝，後置之赤水之北。叔均乃為田祖。魃時亡之。所欲逐之者，令曰："神北行！"先除水道，決通溝瀆。

這段似乎非常離奇富於戲劇性的文字，是研究黄帝與蚩尤神話的人們無法回避的，也正因為這段文字的存在，使研究者按照各自的理解對蚩尤是神是人、是什麽神什麽人、其"原型"到底是什麽作出了五花八門甚至是大相徑庭的回答。正像魯迅先生評論不同的人對《紅樓夢》的看法時説的：經學家看見《易》，道學家看見淫，才子看見纏綿，革命家看見排滿，流言家看見宫闈秘事……而各種不同學術背景的人看蚩尤作兵代黄帝的神話，似乎也是歷史學者看到部落戰爭；民族學者看到了某民族祖先的身影；文學家看到了奇偉的想象；而神話學者呢，也由於所依據的理論的不同而對它有不同的回答。破解這段文字，的確成了理解有關蚩尤的原型以及蚩尤神話的關鍵。同時，它也可以成為檢驗某種神話理論的正確性、適用度的一種例型。

如果從古人在社壇測天以治曆明時這個背景著眼，則這則故事似乎也並不難破解。蚩尤之"請風伯雨師，縱大風雨"，乃是曆法産生前或曆法乖亂之時天地無序、蒙昧混茫現象的喻指。蚩尤正是混沌與黑暗的象徵，將渾沌力量妖魔化，在神話中極為常見。鬥爭勝利後，由神話英雄建立起天地秩序，也是神話的題中應有之義。此黄帝，顯然也是這樣的神話英雄。在我們先民的眼中，"黄帝""天帝""天"應是主時氣生育的天神。作為昆侖山中央之帝的黄帝，更是具有開闢神的性格。《淮南子·説林訓》云："黄帝生陰陽。"明指黄帝是開闢、創造大神。

應龍，應該是指天上的大火星，大火星也叫龍星，它是上古用以記時的著名辰星，由於它在建立上古曆法體系以及在農業生産中的重要作用，所以它在戰勝黑暗、開闢天地、建立天上人間秩序的神話中會佔有如此重要的地位。

應龍攻蚩尤所在的"冀州之野"，不是後來九州概念形成後的冀州，而是具有特定含義的表示"中土"的一個概念。《左傳·哀公六年》引《夏書》曰："惟彼陶唐，帥彼天常，在此冀方。"《山海經·大荒北經》郭璞注："冀州，中土也。"《楚辭·雲中君》："覽冀州兮有餘，横四海兮焉窮。"將四海與冀州對舉，冀州謂中土。《淮南子·墜形訓》："正中冀州，曰中土。"高誘注："冀，大也。四方之主，故曰中土也。"又《淮南子·覽冥訓》："女媧煉五色石以補蒼天，斷鼇足以立四極，殺黑龍以濟冀州。"高誘注云："冀，九州中，謂今四海之內。”《逸周書·嘗麥解》也説：“黄帝執蚩尤，殺之於中冀。”[1] 可見這是個非常古老的傳説。天下之中，與古人在測時明曆、構建天地結構時對相關的“壇臺”的認識有關，這已是不爭的事實。神話傳説中，當得起天下之中的地方是昆侖山，然則黄帝伐蚩尤的神話，自是一種昆侖神話，是古人因在昆侖山測天而衍生的建立天地秩序的神話。黄帝在上古傳説中正是昆侖山上的神靈，這一點，前面已有論證，這裏再作補充。郭璞注《山海經·西山經》“帝之下都”云：“天帝都邑之在下者。”袁珂云：“郭注天帝即黄帝。”[2]《穆天子傳》卷二：“吉日辛酉，天子升於昆侖之丘，以觀黄帝之宫，而封豐隆之葬，以詔後世。”《莊子·至樂》：“昆侖之虚，黄帝之所休。”《莊子·天地》也有：“黄帝游乎赤水之北，登乎昆侖之丘而南望。”此段文字中提到的“赤水”，正是昆侖山的一條神水。

治曆明時對於農業生産具有重要意義，所以黄帝征蚩尤的故事中包含不少與農業生産有關的内容。這個神話故事中的“叔均”即與農業生産關係密切。研究者討論“蚩尤戰黄帝”時往往略去叔均不論，這是不明白黄帝之戰勝蚩尤對農業生産的巨大意義。叔均在《山海經》裏曾多次出現。先讓我們看《大荒西經》的一段文字：

> 有西周之國，姬姓，食穀。有人方耕，名曰叔均。帝俊生后稷，稷降以百穀。稷之弟曰臺璽，生叔均。叔均是代其父及稷播百穀，始作耕。

《海内經》：

> 后稷是播百穀，稷之孫曰叔均，始作牛耕，大比赤陰，是始為國。禹鯀是始佈土，均定九州。

一會兒説叔均是帝俊之孫，一會兒又説是稷之孫，神話傳説雖分歧無定，但既然叔均“始作耕”，與農神后稷關係密切，它應該是與耕作的農事活動有關的物件。《大荒北經》裏説“叔均乃為田祖”。“田祖”，《周禮·春官·籥章》：“凡國祈年於田祖”。鄭玄《注》：“田祖，始耕田者，謂神農也。”[3] 將田祖等同神農。有的則將田祖解釋成“先嗇”“田主”，意思相同，就是田神的意思。而有關傳説稱神農是“始教民為耒、耜以興農業，嘗百草為醫藥以治疾病”者。“田祖”與“神農”兩者都具有農神的神格。

神農有作耒、耜等農具的傳承，無獨有偶，叔均似乎也具有造作農具的功業，《海内

---

① 黄懷信等：《逸周書彙校集注》，上海：上海古籍出版社，2007 年，第 731 頁。

② 袁珂：《山海經校注》，上海：上海古籍出版社，1980 年，第 48 頁。

③ 《十三經注疏·周禮注疏》，上海：上海古籍出版社，2010 年，第 908 頁。

經》說："義均是始為巧倕，是始作下民百巧。后稷是播百穀……" 這個 "義均"，袁珂先生謂：

> 此義均即《大荒南經》與舜同葬蒼梧之舜子叔均（商均），亦即《大荒西經》"稷之弟臺璽生叔均" 之叔均及此經下文稷之孫叔均：均傳聞不同而異辭也[①]。

而關於這個義均作為像 "巧倕" 那樣的製作者，"始作下民百巧"，又製作了什麽東西呢？袁珂先生又謂：

> "百巧" 者，主要蓋指耒、耜、銚、耨等農具也。故云 "后稷是播百穀，稷之孫曰叔均，始作牛耕"[②]。

袁珂先生的這種推斷是合乎邏輯的，然則蚩尤作兵伐黃帝、蚩尤被黃帝所殺的神話故事不僅與氏族戰爭無關，也並非一些研究者所認為的是去旱求雨儀式的象徵等，而是演述了人們理智地通過設立社壇以測天明曆、發展農業、造福人民之舉。這是我們的先民生產、生活歷史上的重大事件，所以我們的先民要鄭重地加以記載。

很多民族的開闢神話，天地開闢總與農業生產緊密聯繫在一起，如在巴比倫的創世神話中，瑪律杜克殺死了代表混沌之神的提阿馬特，並用它的身體創造出大地及人類。而在最古老的瑪律杜克畫像中，他被描繪成手持三角鏵或鋤的神靈[③]。有的神話表述說，第一片土地被開墾出來，就意味著混沌狀態的結束。我們在《山海經》中看到了相同的情況，黃帝戰敗蚩尤以後，登場的 "人物" 就是作為農業的象徵的 "后稷神"，而且 "后稷" 所在的地方是一個人間樂園。

黃帝在昆侖臺或曰 "共工之臺" 這個天下之中的臺上戰勝蚩尤的故事，有儀式的意味，這並不奇怪。在特定的時日（一般是冬至與夏至日）、地點（一般在祭臺）舉行祭祀儀式，在祭儀中用特定的儀式、舞蹈、詩歌等 "講述" 創世故事，這在各民族的早期都極為常見，有些甚至流傳至今，如納西縣拉哈村納西族在火把節必唱 "阿來" 歌，必跳 "阿來磋" 舞，此歌此舞，據說是其他納西地區都已失傳的古老的曆算歌舞。"阿來" 是位傳說中的人物，他改變了納西人的游牧生活，使他們走上農耕定居之路，後來被尊為 "五穀神"[④]。彝族畢

---

① 袁珂：《山海經校注》，上海：上海古籍出版社，1980 年，第 469 頁。

② 同上。

③ 見朱狄：《信仰時代的文明》，武漢：武漢大學出版社，2008 年，第 3 頁。

④ 式嘯：《納西族民歌與神話》，《民族音樂》1986 年第 4 期。

摩（彝族巫師或祭師）在重大節祭活動中，常用樹枝插出一個複雜的星圖，吟唱有關天地開闢、節令劃分、天象變化及物候運作等方面的古歌，跳一些與天象對應的象徵性的舞蹈[①]。這就是所謂的“儀式曆法”。黄帝在“共工之臺”戰勝蚩尤也是這樣的“儀式曆法”，從中我們可以窺見黄帝的真正身份。

《山海經》中的黄帝在“共工之臺”戰敗蚩尤，而這個“共工之臺”又是“禹殺相柳”之處。《海外北經》：

> 共工之臣曰相柳氏，九首，以食於九山。相柳之所抵，厥為澤谿。禹殺相柳，其血腥，不可以樹五穀種。禹厥之，三仞三沮，乃以為衆帝之臺。在昆侖之北，柔利之東。相柳者，九首人面，蛇身而青。不敢北射，畏共工之臺。臺在其東。臺四方，隅有一蛇，虎色，首衝南方。

《大荒北經》所載略同，但相柳作“相繇”。禹是社神，禹殺共工及相柳的故事乃是通過“社壇”建立天地秩序的喻指。禹的最偉大的業績是治理洪水，對此我們決不能坐實理解。很多論者指出，堯舜時代，絶無可能也無必要這樣大規模地治水。禹之治水，如很多民族所存在的洪水神話一樣，也具有天地開闢特別是大地開闢的創世神話性質。關於洪水象徵天地開闢前的混沌狀態，古代蘇美爾神話説，大地漂浮原初鹹海庫爾（kur）中，原水升出地表之上，四處橫流，全部疆土一無所生。神尼努爾塔（ninurta）就在庫爾之上堆積石塊。石堆阻遏聲勢浩大的洪水，庫爾的水再也無法升上地面。至於橫流全國的水，尼努爾塔則加以挹集，導入底格里斯河。

景頗族的《寧冠哇》神話説：遠古時，大地上一片混沌。没有平地，没有河流，没有海洋，没有草，没有樹，也没有風，衹有石頭和水混在一起。天上的太陽神有一對兒女，男的叫寧冠知恁，女的叫瑪璋維舜，他們倆結為夫妻後，生了一個獨生子，名叫寧冠哇摩甘。寧冠哇摩甘長大成人了，他告别父母，來到大地上，決心治理好大地，創造出山川河流。他用麻繩做量地的尺子，邊量邊用石錘一錘一錘地敲打大地，大地就變得凹凸不平了。他又用石錘開出了很多深溝，水就順著這些深溝流了出去，成了大地上的河流。這些河水流到最低處，滙集在寧冠哇摩甘敲得最重的地方，就成了壩子和平地。凸出來的地方，成了大大小小高矮不平的群山[②]。

流傳在鶴慶縣的西山區和平壩地區的白、彝、漢族群衆中的《刀簿勞穀與刀簿勞胎》（又名《人類萬物的起源》），其第一支歌《天分地現》説，古時天和地連在一起，天地間衹

① 周凱模：《祭舞神樂》，昆明：雲南人民出版社，2000年，第43頁。
② 谷德明編：《中國少數民族神話》，北京：中國民間文藝出版社，1987年，第465頁。

有混沌的雲霧。雲層貼著海面在翻，霧氣裹著海面在滾。一天大海突然發生海嘯，狂濤把雲層往上托，黑浪把霧氣往下壓，雲在海上空變成天，霧在海下面變成地。海中升起一座大山，就是支天柱螺峰山，天上落下三個圓球，一是太陽，一是月亮，一是金球。

一則埃及神話説，宇宙在被創造前是一片混沌狀態，洪水覆蓋著大地，世界漆黑一團，也不存在任何神祇。後來，一個泥島出現在水中，這也就是第一個神龕的所在地，巨匠造物主（Demi－Gods）在黑暗中出現，他揀起一根蘆葦插在水邊的泥土中，這裏變成一道由蘆葦圍成的牆，它就是埃及最早的神廟。它既是創世活動的發源地，又是生命的發源地，混沌狀態從此結束[①]。布里亞特薩滿教認為，世界之初衹有水，神在水中大龜的肚子上建立了世界。古印度梵天創世神話説，創世之時，什麽也没有，没有太陽，没有月亮，也没有星辰，衹有那煙波浩淼、無邊無際的水。混沌初開，水是最先創造出來的。而後，水生火。由於火的熱力，水中冒出一個金黄色的蛋。這個蛋，在水裏漂流了很久很久，最後從中誕生萬物的始祖——大梵天。這位始祖在水中開闢了大陸，確定了東南西北的方嚮，奠定了年月日時的概念。宇宙就這麽形成了。

世界各民族開闢神話都有的“原始初海”“原初之水”，為我們認識堯時的大洪水及禹治洪水神話提供了有益的參照。郭店楚簡《太一生水》篇的發現，也為上古中國宇宙開闢論提供了類似的但更具哲學意味的解説模式：

> 太一生水，水反輔太一，是以成天。天反輔太一，是以成地。天地（復相輔）也，是以成神明。神明復相輔也，是以成陰陽。陰陽復相輔也，是以成四時。……是故太一藏於水，行於時，周而又（始，以己為）萬物母；一缺一盈，以己為萬物經[②]。

無疑，這段文字包涵了宇宙萬物起源於混沌大水的神話時代的觀念。《山海經·海内經》記載：

> 禹、鯀是始佈土，均定九州……洪水滔天，鯀竊帝之息壤以堙洪水，不待帝命，帝令祝融殺鯀於羽郊。鯀復生禹。帝乃命禹卒佈土以定九州。

《海内經》又説：

> 共工生后土，后土生噎鳴，噎鳴生歲十有二。

---

① 朱狄：《信仰時代的文明》，武漢：武漢大學出版社，2008年，第7頁。

② 李零：《郭店楚簡校讀記》，北京：北京大學出版社，2002年，第32頁。

后土不就是社嗎？后土所生之噎鳴“生歲十有二”，不就是說他制定了一年為十二個月的曆法嗎？古代文獻中，對禹從事“測天”活動的記載極多，這應該是上古時代人們通過“社壇”（四方壇臺，也即神聖中心）以開天闢地、制定曆法的曲折或者說神話反映。當然，《山海經》中，禹主要還是一個闢地大神，《山海經》神話系統中，“開天”之神與“闢地”之神還是有所區別分工的。《山海經·海外東經》：

帝命豎亥步，自東極至於西極，五億十萬九千八百步。豎亥右手把算，左手指青丘北。一曰禹令豎亥。一曰五億十萬九千八百步。

類似的記載又見《淮南子·墬形訓》：

禹乃使太章步自東極至於西極，二億三萬三千五百里七十五步；使豎亥步自北極至於南極，二億三萬三千五百里七十五步。凡鴻水淵藪自三百仞以上二億三萬三千五百五十里有九淵。禹乃以息土填洪水，以為名山。掘昆侖虛以下地，中有增城九重，其高萬一千里百一十四步二尺六寸……旁有四百四十門……旁有九井，玉橫維其西北之隅。北門開，以內不周之風。傾宮、旋室、縣圃、涼風、樊桐，在昆侖閶闔之中。

這說的就是禹完成了大地的測量工作，大地的混沌狀態從此也就結束了。鯀、禹的某些故事用開闢神話去解釋，幾乎都可迎刃而解。如鯀是被堯、舜處死的凶人，其實鯀在語源上就具有黑暗、開始等意。鯀字古作“鮌”，或解作一種黑色的魚。但其字從“玄”，玄之本意乃黑色。《後漢書》卷四十下《班固傳·典引》：“肇命人主，五德初始，同於草昧，玄混之中。”李賢注：“幽玄混沌之中，謂三皇初起之時也。”[①] 玄與元是一字，元字，《說文·一部》：“始也。”段玉裁注引《九家易》云：“元者，氣之始也。”[②]《墨子·尚賢》：“昔者伯鯀，帝之元子，廢帝之德庸，既乃刑之於羽之郊。”鯀之被當作帝之元子，可謂意味深長，它透露出鯀作為“氣之始”，也即混沌、黑暗時代的象徵的真正蘊意之所在。又鯀音與“渾”音同，“渾渾”“渾沌”“渾茫”等，都是形容天地未開闢時的蒙昧狀態。鯀作為禹的父親的傳承，也不難闡釋，從渺茫的黑暗、混沌的元氣之中創造、分離出四方、四季等，這是社，也即是禹的功績。也就是說，禹（四方臺社）是從渺茫的黑暗、混沌的元氣之中孕育出天地秩序的，“鯀復生禹”作為一種“神話語言”，表述的就是這種現象。《國語·周語上》曰：“共工氏之霸九有也，其子曰后土，能平九土，故祀以為社。”這裏說的共工氏

① （南朝宋）范曄：《後漢書》，北京：中華書局，1996年，第1376頁。
② （清）段玉裁：《說文解字注》，南京：鳳凰出版社，2007年，第1頁。

統治天下的時候，應該也是指的没有曆法的黑暗、混沌時期，而共工的兒子叫后土（即禹）的，“能平九土”，“故祀以為社”。這其實正是“社”能平九土的一種曲折傳承。

然則黃帝之在“共工之臺”戰敗蚩尤，其内涵應該是一致的了。“相繇”之於“蚩尤”，丁山即認為是一人①。

黃帝殺蚩尤有應龍的幫助，同樣，禹治洪水也離不開應龍的參與。《楚辭·天問》：“河海應龍，何畫何曆？王逸注：或曰禹治水時，有神龍以尾畫地，導水所注當決者，因而治之也。”② 晉王嘉《拾遺記》卷二：“禹盡力溝洫，導川夷嶽，黃龍拽尾於前，玄龜負青泥於後”。這裏所言之黃龍，論者一般以為即是應龍。

黃帝伐蚩尤與禹之殺共工、相柳的内涵相同。黃帝與禹的區别，不過一個是天帝，另一個是地祇罷了。《月令》系統中“中央，其帝黃帝，其神后土”的説法與此也一致。

黃帝伐蚩尤的故事後來被歷史化，《尚書·吕刑》的作者已經將這個神話當作真實的歷史：

> 王曰：“若古有訓，蚩尤惟始作亂，延及於平民。罔不寇賊，鴟義奸宄，奪攘矯虔。苗民弗用靈制以刑，惟作五虐之刑曰法。……皇帝哀矜庶戮之不辜，報虐以威，遏絶苗民，無世在下。乃命重黎絶地天通。”

這裏的“皇帝”，楊寬及顧頡剛等先生曾舉大量例子説明“黃”與“皇”古通用，黃帝即皇帝，也即皇天上帝③。雖説《尚書·吕刑》的作者是從歷史的角度談“皇帝”遏絶蚩尤及“苗民”的故事的，但“若古有訓”一語清楚地道出這是古代的傳説。我們今天用神話學的眼光，完全可以將這段所謂的歷史作神話學的還原。蚩尤被看成是三苗的首領，他是一個魔鬼式的人物，這從蚩尤之名的含義就可看出。從語義看，《方言》：“蚩，悖也。”《廣雅·釋詁》：“蚩，亂也。”尤，《廣雅》釋為“異”也。所以王孝廉先生據此謂“蚩尤的文

---

① 丁山：《中國古代宗教與神話考》，上海：上海文藝出版社，1988年，第402頁。

② （宋）洪興祖撰，白化文等點校：《楚辭補注》，北京：中華書局，2002年，第91頁。

③ 楊寬説：“古‘皇帝’本指上帝……《吕刑》以‘皇帝’‘上帝’為互文，均可證。（康有為已見及此，法人馬伯樂亦云然。）東西民族之上帝本有專名，及春秋戰國之世，既皆一變而為人世之古帝，上帝無專名以稱之，於是泛稱為皇帝，後乃字變而為‘黃帝’，亦轉演而為人間之古帝矣。”（楊寬：《中國上古史導論》，載顧頡剛編著：《古史辨七》（上），上海：上海古籍出版社，1982年，第198頁。）顧頡剛云：“按《春秋經》昭二十三年：‘王室亂，劉子、單子以王猛居于皇。’而杜注：‘河南鞏縣西南有黃亭。’是‘黃’即‘皇’也。《水經注·雒水篇》云：‘又東，濁水注之，即古黃水也。’而《後漢書·郡國志》云：‘鞏縣：有黃亭，有湟水。’是‘黃水’即‘湟水’也。‘皇’與‘黃’既可通作，斯‘黃帝’即‘皇帝’，亦即‘皇天上帝’。在‘五德終始説’發生以前，黃帝本為獨尊之上帝。及‘五德終始説’出，以五色配五方而有五天帝，黃帝乃與赤、白、青、黑四帝並立而為中央之帝。以其往日獨尊之久，故於五帝中聲望為最高。”（見顧頡剛：《史林雜識》，北京：中華書局，2005年，第184頁。）

字意思正是悖亂、怪異"①。神話中的"混沌"往往就是以魔鬼的形象出現。"皇帝"的意思為皇天上帝，皇天上帝"乃命重黎絶地天通"，關乎曆法的制定，有好的曆法，纔有天地的秩序，這正是説的開闢神話。

與《山海經》中蚩尤被逐後叔均登場、農業生産得到發展的敘述一樣，《尚書·吕刑》載皇帝在"遏絶苗民""絶地天通"之後，乃命"三后恤功於民：伯夷降典，折民惟刑；禹平水土，主名山川；稷降播種，農殖佳穀。三后成功，惟殷於民"。可見，《吕刑》所載傳説，其源出於《山海經》黄帝及禹稷等的神話。

黄帝之遏絶蚩尤，在《尚書》中另有一種説法，《史證·殷本紀》記述湯作《湯誥》，其中謂："昔蚩尤與其大夫作亂百姓，帝乃弗予，有狀。先王言不可不勉。"這段話，唐司馬貞《索隱》解為："帝，天也。謂蚩尤作亂，上天乃不佑之，是為弗予。有狀，言其罪大而有形狀，故黄帝滅之。"② 都是説的天帝罰滅蚩尤，透露出這個故事的神話意蘊。

三、涿鹿之戰的實質

黄帝在昆侖臺或曰"共工之臺"這個天下之中的靈臺上遏絶蚩尤、苗民的故事後來演變成黄帝與蚩尤的涿鹿之戰，最早記載涿鹿之戰的是《逸周書·嘗麥解》：

> 昔天之初，誕作二后，乃設建典，命赤帝分正二卿，命蚩尤於宇少昊，以臨四方，司□□上天未成之慶。蚩尤乃逐帝，爭於涿鹿之阿，九隅無遺。赤帝大懾，乃説於黄帝，執蚩尤殺之於中冀，以甲兵釋怒。用大正順天思序，紀於大帝。用名之曰絶轡之野。乃命少昊清司馬、鳥師，以正五帝之官，故名曰質。天用大成，至於今不亂。

殺蚩尤後，"正五帝之官"，使"天用大成，至於今不亂"，説的顯然是曆法制定後天地次序化之事。關於涿鹿之戰，《逸周書·史記解》則謂：

> 武不止者亡。昔阪泉氏用兵無已，誅戰不休，並兼無親，文無所立，智士寒心，徙居至於獨鹿，諸侯畔之，阪泉以亡。

---

① 王孝廉：《亂神蚩尤與楓木信仰》，載《中國民間文化》第三集，上海：學林出版社，第220頁。

② （漢）司馬遷：《史記》，北京：中華書局，1987年，第97頁。

涿鹿又叫獨鹿。阪泉氏，自然就是蚩尤。《太平御覽》卷十五引晉虞喜《志林》：“黄帝與蚩尤乃戰於涿鹿之野，蚩尤作大霧彌三日，軍人皆惑。黄帝乃命風后法斗機以别四方，遂擒蚩尤。”蚩尤之“作大霧”正喻指它的混沌的身份所造成的混沌的天象，而黄帝命風后法斗機，也就是通過北斗星來辨别四方與時節，於是戰勝了蚩尤，這正是曆法制定後黑暗混沌世界得到克服的喻指。《通典·樂典》云：“蚩尤氏帥魑魅以與黄帝戰於涿鹿，帝命吹角作龍吟以禦之。”其内蘊我們相信是一樣的。《戰國策·秦策》：“昔者黄帝伐涿鹿，而擒蚩尤。”《莊子·盜跖》云：“黄帝不能致德，與蚩尤戰於涿鹿之野，流血百里。”《鹽鐵論·結和篇》云：“黄帝戰涿鹿，殺兩皞、蚩尤而為帝。”

黄帝與蚩尤的涿鹿之戰，後來訛傳為黄帝與炎帝之戰，《大戴禮記·五帝德》：“黄帝治五氣，設五量，撫萬民，度四方，教熊羆貔豹虎以與赤帝戰於阪泉之野，三戰然後得行其志。”《論衡·率性》：“黄帝與炎帝爭為天子，教熊羆貔虎，以戰於阪泉之野。三戰得志，炎帝敗績。”“治五氣”云云，自是治曆之事。教化熊羆虎豹這些野獸與敵方作戰，則是絶不可能的事。這是一種神話語言，大約是指黄帝用熊羆貔豹虎等作為“圖像”符號，以表示時節，從而作成一種曆法圖，於是混沌得以克服。從後來象徵四季、四方的神像多為獸形看來，這是完全有可能的。

黄帝之戰勝蚩尤，原是在天下之中的昆侖丘制定曆法的影射，後來其寓意湮没不聞，黄帝之戰蚩尤因此成為所謂的歷史，於是黄帝戰勝蚩尤的地方就有種種附會出現。因為上古有“黄帝執蚩尤，殺之於中冀”，後人不知“中冀”是天下之中的意思，以為是漢以後所名的冀州，於是或將涿鹿的地望置於今河北省境内①。《史記·五帝本紀》《集解》云：“服虔曰：涿鹿，山名。在涿郡。張晏曰：涿鹿在上谷。”《索引》云：“或作濁鹿，古今字異耳。按《地理志》上谷有涿鹿縣，然則服虔云在涿郡者誤也。”這種説法，吕思勉早就指出：“届以漢世郡縣名相附會，不足據。”② 古籍或載涿鹿在彭城，《世本》：“涿鹿在彭城。”顔師古注《漢書》引鄭玄之説曰：“涿鹿在彭城南。”《史記·五帝本紀》《集解》又引《皇覽》云：“蚩尤塚在東平郡壽張縣闞鄉城中，高七丈，民常十月祀之，有赤氣出如匹絳帛，民名為蚩尤旗。肩髀塚在山陽郡鉅野縣重聚，大小與闞塚等。傳言黄帝與蚩尤戰於涿鹿之野，黄帝殺之，身體異處，故别葬之。”

又《漢書·地理志》東郡壽良縣條云：“蚩尤祠在西北涑上。”“涑”為“沛”之誤。沛水就是濟水，壽良與壽張皆指現在的山東東平縣。傳説中黄帝殺蚩尤的地方還有“青丘”

---

① 《水經·漯水注》：涿水出涿鹿山。東北流，逕涿鹿縣故城南。黄帝與蚩尤戰於涿鹿之野，留其民於涿鹿之阿，即於是也。其水又東北與阪泉合。水道源縣之東泉。泉水東北流與蚩尤泉會。水出蚩尤城，泉水淵而不流。霖雨並則流注阪泉，亂流東北入涿水。《魏土地記》曰：下洛城東南六十里有涿鹿城。城東一里有阪泉，泉上有黄帝祠。涿鹿城東南六里有蚩尤城。《晉太康地理記》曰：“阪泉亦地名也。”大體都是後世附會之詞。

② 吕思勉：《吕思勉讀史札記》，上海：上海古籍出版社，1982年，第12頁。

“凶犁土丘”等地，《初學記》卷九引《歸藏·啓筮》：“蚩尤出自羊水，八肱八趾疏首，登九淖以伐空桑，黄帝殺之於青丘。”《山海經·大荒東經》：“有山名曰凶犁土丘，應龍處南極，殺蚩尤與夸父，不得復上。”“青丘”“凶犁土丘”等皆是“臺壇”，都可以説明蚩尤神話原關乎古人在靈壇制曆明時。

黄帝故事中與制曆明時有關的還有很多，《管子·五行》：

昔者黄帝得蚩尤而明於天道，故使為當時；得太常即察於地利，故使為廩者；得奢龍而辨乎東方，故使為土師；得祝融而辨乎南方，故使為司徒；得大封而辨乎西方，故使為司馬；得后土而辨乎北方，故使為李。是故春者，土師也；夏者，司徒也；秋者，司馬也；冬者，李也。黄帝得六相而天地治神明至。

《吕氏春秋·古樂》云：

昔黄帝令伶倫作為律。伶倫自大夏之西，乃之阮隃之陰，取竹於嶰谿之谷，以生空竅厚鈞者，斷兩節間，其長三寸九分而吹之，以為黄鐘之宫，吹曰“舍少”。次製十二筒，以之阮隃之下，聽鳳皇之鳴，以别十二律。其雄鳴為六，雌鳴亦六，以比黄鐘之宫，適合。

“阮隃”，《漢書·律曆志》作昆侖，上古文化，每將音律與曆法挂鉤，所謂在昆侖山下“聽鳳皇之鳴，以别十二律。其雄鳴為六，雌鳴亦六”，其實可指制定分一年為十二個月的曆法。《國語·周語下》云：

伶州鳩曰：“律，所以立均出度也。古之神瞽，考中聲而量之以制，度律均鐘，百官軌儀，紀之以三，平之以六，成於十二，天之道也。”

把樂律與天道、曆法結合一體，是古代的傳承。後代有黄帝“造曆得仙”之説出現，《史記·曆書》載漢武帝詔書云：“蓋聞昔者黄帝合而不死，名察度驗，定清濁，起五部，建氣物分數。”《集解》引應劭之言曰：“言黄帝造曆得仙，名節會，察寒暑，致啓、閉、分、至。定清濁，起五部，五部：金、木、水、火、土也。建氣物分數，皆敘曆之義也。”①

① （漢）司馬遷：《史記》，北京：中華書局，1987年，第1261頁。

傳説中，黄帝的功業決不限於曆法、樂律等的制定，他的創造幾乎及於人們生産、生活的所有重要方面，因為他的神格是天神、創世大神。黄帝的原型為天神、創造神既明，則有關黄帝的“家世”之類的上古記載，很多就不一定是史實，而與他作為天神、創造神的性質有關了，如《國語·晉語》云：

> 同姓為兄弟。黄帝之子二十五人，其同姓者二人而已。唯青陽與夷鼓皆為己姓。青陽，方雷氏之甥也。夷鼓，彤魚之甥也。其同生而異姓者，四母之子，别為十二姓。凡黄帝之子二十五宗，其得姓者十四人，為十二姓。

《國語》的這種説法，很難找到史實的根據，所以丁山説：

> 《晉語》所傳黄帝四妻乃隱射四時，“二十五子”隱射五行天數，“别為十二姓”則隱射歲次十二宫與十二月，完全是天空神話。《管子》所傳黄帝六相，當然也可論定即調曆的“六術”，也都不是史實[①]。

黄帝神話關乎天地開闢、曆法創制，而天地開闢、曆法創制又離不開對日月星辰的認識，所以黄帝神話也就不可避免地更多地與天象曆法緊密相連。

四、《山海經》反映了殷人的文化，黄帝神話源於殷人

《山海經》這部古代典籍，《漢書·藝文志》不言作者，漢人劉歆、趙曄、王充等皆謂禹、益所作，近代以來，對它的作者或整理者，爭論不休。自朱熹以來，不少學者認為是楚人所作，也有學者認為是東方方士所作或整理而成，也有人認為出於西北方人之傳説[②]。但有跡象表明，《山海經》，嚴格説是它的前身《山海圖》，説的都是殷代之事，應該是殷人的作品。《山海圖》的古老性，很有可能被一些學者低估了。胡應麟《少室山房筆叢》説：

> 《山海經》，古今語怪之祖。劉歆謂夏后伯翳撰，無論其事，即其文與典、謨、《禹貢》迥不類也。余嘗疑戰國好奇之士本《穆天子傳》之文與事而侈大博極之，雜傳以

---

① 丁山：《中國古代宗教與神話考》，上海：上海文藝出版社，1988年，第427頁。
② 參見陳連山：《〈山海經〉學術史考論》第一章，北京：北京大學出版社，2012年。

汲塚《紀年》之異聞，《周書王會》之詭物，《離騷》、《天問》之遐旨，《南華》、鄭圃之寓言，以成此書。而其敘述高簡、詞義淳質、名號倬詭，絶自成家，故本薈萃衆書，而讀之反若諸書之取證乎此者，而實弗然也[①]。

胡應麟認為《山海經》薈萃《周書王會》《離騷》《天問》包括《莊子》等書而成，這是一種錯誤的判斷。恰恰相反，《山海經》的古老在《周書・王會》《離騷》《天問》《莊子》等書之上，諸書實是取證於《山海經》而成者，雖然今本《山海經》有不少後世羼入的內容，但《山海經》的古老毋庸置疑。

第一，甲骨文的發現在很大程度上可以證明此書與殷人的聯繫。《山海經・大荒經》有“俊”“夸”“韋”等“四方風”。胡厚宣在其名文《甲骨文四方風名考證》中發現甲骨文“四方風”名與《山海經・大荒經》之“四方風”名一致，説明兩者之間具有緊密的關聯性。

第二，從殷人“亞”字形的廟宇結構看，與《山海經》的編排亦一致。甲骨文多次出現“亞”字，學者或釋為“巫”，有學者讀為“方”，甲骨文中的“四亞”可以讀為“四方”，確定方位與時間在彼時具有遠為重要的意義，因此，“亞”字初義為四方、四極的説法為更多人所認同。“亞”形所象徵的大地可以分成五部分：中央和四方。《山海經》的《山經》包括“南山經”“西山經”“北山經”“東山經”“中山經”五經，這自然表示世界分為五部分，與“亞”形結構一致。《海內經》《海外經》《大荒經》，都按東、南、西、北的方位編排，也是按照“亞”形結構處理的[②]。

第三，《詩・商頌・長發》有“洪水芒芒，禹敷下土方”，《殷武》有“天命多辟，設都于禹之績”，以及《玄鳥》中“奄有九有”等説法，都可以肯定是與禹神話中治水以及開闢“九州”的內容有關，禹的開闢神話在《山海經》中佔有重要地位。過去有人覺得奇怪：怎麼殷人將夏人的開國“宗神”作為自已的“宗神”來頌揚？不知禹的神話本來就是殷人的神話。

《左傳・襄公四年》載周武王太史辛甲，命百官，箴王闕，於《虞人之箴》曰：

芒芒禹跡，畫為九州，經啓九道。民有寢廟，獸有茂草，各有攸處，德用不擾。在帝夷羿，冒於原獸，忘其國恤，而思其麀牡。武不可重，用不恢於夏家。獸臣司原，敢告僕夫。

① （明）胡應麟：《少室山房筆叢》，上海：上海書店，2009 年，第 314 頁。
② 參見［美］艾蘭著，楊民等譯：《早期中國歷史、思想與文化》第四章，瀋陽：遼寧教育出版社，1999 年。

辛甲是殷故臣，紂不道，去紂投奔周文王[①]。《虞人之箴》是周初的作品，辛甲於周初所傳禹治水“畫為九州，經啓九道”的傳説，自然非周人的造作而源於殷人。丁山引《虞人之箴》後説：

> 牝牡之牝，不從牛而從鹿作麀，正與卜辭所見牡或從鹿符契，此《虞人之箴》可確定為周初作品。而《箴》首言“芒芒禹跡，畫為九州”，可知禹平水土，別九州，其故事流傳，不始宗周，當數典於殷商以前[②]。

第四，舜的故事中，有所謂“服象”，即對他弟弟“象”的感化。《堯典》説舜“瞽子，父頑，母嚚，象傲，克諧，以孝烝烝，乂不格奸”。後世有關舜感化其父母、弟弟的傳説，大約即源於《堯典》的上述説法。《孟子·萬章上》云：

> 父母使舜完廩捐階，瞽瞍焚廩。使浚井，出，從而揜之。象曰：“謨蓋都君，咸我績，牛羊父母，倉廩父母，干戈朕，琴朕，弤朕，二嫂使治朕棲。”
>
> 象往入舜宫，舜在牀琴。象曰：“郁陶思君爾。”忸怩。舜曰：“惟兹臣庶，汝其于予治。”

關於舜的弟弟象，傳説封於“有庳”，或作“有鼻”。庳、鼻，古代原是一字。人們於此發現象乃現實中動物“象”的人格化，舜與其弟象的故事原是神話，由馴服野象之事附會而成。而馴服野象，正是殷人的勳績。此在甲骨文“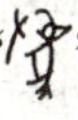”（為）字猶見其跡。“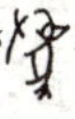”之一字，正是人牽象之形，徐中舒先生論之甚詳[③]。然則舜之神話，原是殷人所傳也。《山海經》多處説及舜事，則《山海經》亦當為殷人之物。丁山先生亦曾通過甲骨文有關“舜”的記録指出：“凡有關於堯舜的‘創造神話’，該是傳説自殷商時代，不盡是春秋士大夫憑空歌頌的。”[④]

第五，《山海經》原本是圖，稱《山海圖》，《山海圖》與傳説中的九鼎有非常密切的關係。《左傳·宣公三年》云：

---

① 關於辛甲，《史記·周本紀》集解引劉向《別録》云：“辛甲，故殷之臣，事紂，蓋七十五諫，而不聽。去至周。召公與語，賢之，告文王。文王親自迎之，以為公卿，封長子。”

② 丁山：《古代神話與民族》，北京：商務印書館，2006年，第184頁。

③ 徐中舒：《殷人服象及象之南遷》，《史語所集刊》第二本。

④ 丁山：《中國上古宗教與神話考》，上海：上海文藝出版社，1988年，第310頁。

楚子伐陸渾之戎，遂至于雒，觀兵于周疆。定王使王孫滿勞楚子。楚子問鼎之大小、輕重焉。對曰："在德不在鼎。昔夏之有方也，遠方圖物，貢金九牧，鑄鼎象物，百物為之備，使民知神、奸。故民入川澤、山林，不逢不若。魑魅魍魎，莫能逢之。用能協于上下，以承天休。桀有昏德，鼎遷于商，載祀六百。商紂暴虐，鼎遷于周。德之休明，雖小，重也。其奸回昏亂，雖大，輕也。天祚明德，有所底止。成王定鼎于郟鄏，卜世三十，卜年七百，天所命也。周德雖衰，天命未改。鼎之輕重，未可問也。"

《山海圖》的載體，我們從《左傳》王孫滿的關於九鼎的對話可知，早期可能是鼎。也就是說，古人可能將表示抽象意義的圖像刻於鼎上成為鼎圖，鼎圖描摹的就是《山海圖》的神靈怪獸。於是這樣的鼎就成了不凡之物。《吕氏春秋·先識覽》云："周鼎著饕餮，有首無身，食人未咽，害及其身，以言報更也。"這裹的周鼎，一般認為就是《左傳》所説的夏鼎。按《吕氏春秋》作者的看法，鼎上的圖像有饕餮，類似於獸而有首無身，是貪的象徵，周人之所以將這樣的形象鑄於鼎上，置於宗廟，是為了告誡、警醒當政者以及他們的後世子孫。這我們且不説，九鼎上的圖像，古今很多學者認為與《山海經》有關，是夏代的禹所鑄。明代楊慎《山海經補注序》云：

夏后氏之世，雖曰尚忠，而文反過於成周。太史終古藏古今之圖，至桀焚黄圖，終古乃抱之以歸殷。又史官孔甲，於黄帝姚姒盤盂之銘，皆緝之以為書。則九鼎之圖，其傳固出於終古、孔甲之流也，謂之曰《山海圖》，其文則謂之《山海經》。至秦而九鼎亡，獨圖與經存，晉陶淵明詩"流觀《山海圖》"，阮氏《七録》有張僧繇《山海圖》可證已。今則經存而圖亡，後人因其義例而推廣之，益以秦漢郡縣地名，故讀者疑信相半①。

從近代以來的考古實際看，鑄造像九鼎這樣的神器，也衹是殷代纔開始有的事，顧頡剛論九鼎時謂：

殷代固鑄有大器，若今中國歷史博物館所藏司母戊鼎，出於安陽小屯西北岡，鼎高及人腹部，重至一千七百市斤，可以烹牛。武王克商，所得重器必多，成王營洛邑，擇尤移存之，以鎮撫社稷，於事皆可能。謂之"九"者，示其衆也，非謂實數之確為

① 王文才、張錫厚輯：《升庵著述序跋》，昆明：雲南人民出版社，1985年，第38—39頁。

九器，其實數亦必不止於九也[①]。

若《山海圖》確與九鼎圖相關，鼎為殷人所鑄，則《山海圖》亦必殷人之物了。九鼎的傳説似乎都關乎殷人。《漢書・郊祀志》："禹收九牧之金，鑄九鼎，象九州。……夏德衰，鼎遷於殷；殷德衰，鼎遷於周；周德衰，鼎遷於秦；秦德衰，宋之社亡，鼎乃淪伏而不見。"傳説稱宋太丘社亡，淪没於泗水，《史記・封禪書》及《水經注》等古書都有記載，恐怕不是没來由的。這裏是否蘊含著這樣的一個資訊：九鼎原來就是殷人神社中的神器，宋亡，九鼎也就隱淪不見了。

我們説《山海經》極為古老，主要就是説的《山海圖》十分古老，《山海經》之《海經》，除了圖，還包括述圖之作，述圖之作，自然較為後起。而用圖像記録古代神話和英雄傳説，這在很多民族的早期歷史階段都能見到，如納西東巴經中就能見到這樣的圖畫。東巴教用圖畫文字寫經書，但並不把記誦的内容全寫下，寥寥幾字的一段，卻要讀幾句。他們的圖像符號衹説明記憶，省略很多。苗寨歌師傳授本族歷史，授學習者歌棒，學習者憑藉棒上的刻痕，可得本族歷史之大體提示，這大約也是一種古老的傳承。蘇兹（Sioux）印第安人曾創造出一種編年圖畫史録來記録部落歷史。上世紀在湖南長沙子彈庫出土的楚帛書，有十二月神像，象徵一年的十二個月，神像全為怪獸形。帛書又有文字，所述乃禹、契等人"步歲"，也就是制定曆法等的創世故事。《公羊傳・襄公二十九年》引孔子云："三皇設言民不違，五帝畫像世順機。"[②]《白虎通義・五刑》："傳曰三皇無文，五帝畫像。"神話時代用圖像表意，是實有之事。《山海經》原為圖，這裏圖可以理解為圖畫文字，圖畫不多，蘊含的意思卻很多，它們不僅能够表達概念，也能陳述事情，還能表達判斷，甚至推理等。《山海圖》的圖像完全可能也具有東巴經那樣的性質，但由於它太為古老，傳承過程中有些圖像的意義已不為人知，於是圍繞這些圖像就會出現種種傳聞，這是造成這些傳聞光怪陸離的根本原因。今本《山海經》的文字材料自然是對《山海圖》的解釋，我們不知道它們是誰解讀的。這些解讀，有些或許符合或接近原意，有的則可能根本是臆説，需要我們作仔細的甄别。這些材料的存在尤其是楚帛書作為創世神話與《月令》圖像結合的材料的存在，對我們認識《山海經》圖及文字的創世神話性質提供了極好的幫助，它們對我們進一步解開《山海經》之謎也是極為有益的。

創世神話除了用圖像的形式，還會以口耳相傳的方式傳承，但考慮到《山海圖》所傳的神話故事是從開闢到一般認為的夏朝的前期，體系化的可以記録語言的文字大約在商代的中後期纔出現，所以《山海經》古圖雖不可能如傳説認為的是禹、益所做的，但它是極

① 顧頡剛:《史林雜識》，北京：中華書局，2005年，第158頁 。
② 《十三經注疏・春秋公羊傳注疏》，北京：北京大學出版社，1999年，第462頁。

為古老的書是可以認定的。從《山海經》古圖即為鼎圖的古代傳承，也大致可以推斷《山海經》古圖包括它所講述的創世神話，關乎殷人的文化，應該是殷人的作品。然則《山海經》中的“黄帝”神話，無疑也是殷人的神話了。

（作者單位：上海海關學院）

子，天下第一姓

洛　地

編者按：本刊第二集發表解玉峰先生《從洛地先生問學散記》，文章在排印期間，洛地先生辭世。我刊曾約請洛地先生寫為學自述之文，先生未能如願，特委托解玉峰先生將其遺稿寄與我刊。茲謹將先生遺文刊出，以表悼念。洛地先生為中國戲劇史家，並對中國古代音樂及詞學有獨特精深之研究。今發表此文，愈見先生治學範圍之深廣矣。

商，“鳥”之族。商，源出於以“鳥”為形象標志的部族。

雖説我國文字形成極早，有説三千年的，有説四五千年的，而後世即現今的人們能讀到的，最早不過是東周春秋時期傳留的文籍，關於夏、商、周三代的始原史料包括傳説神話，其實極少。周，當然是比較齊全的，《詩・大雅》中有周的自傳性史詩——《生民》《公劉》《綿》《大明》等；後世又有從“黄帝”到“文、武”的許多神話鬼話。夏，其傳説的種種已模糊、訛變。商呢？有最確鑿的文物性的舉世無雙的甲骨文，可惜我看不懂它，有《商頌》五篇，再就是周人對它的“追記”了。

一、有關商的始原的材料

古籍中關於商的始原的材料，大約有以下一些：

1.《詩·商頌·長發》：

浚哲維商，長發其祥。洪水芒芒，禹敷下土方。外大國是疆，幅隕既長。有娀方將，帝立子生商。

玄王桓撥，受小國是達，受大國是達。……帝命不違，至于湯齊。……

昔在中葉，有震且業。允也天子，降予卿士。實維阿衡，實左右商王。

《詩·商頌·玄鳥》：

天命玄鳥，降而生商。宅殷土芒芒。古帝命武湯。正域彼四方。

2.《天問》：

簡狄在臺，嚳何宜。玄鳥致貽，女何喜（嘉）。

3.《吕氏春秋·音初》：

有娀氏有二佚女，為之九成之臺，飲食必以鼓。帝令燕往視之，鳴若謚隘。二女愛而爭搏之，覆以玉筐。少選，發而視之，燕遺二卵，北飛，遂不反。

4.《淮南子·墬形訓》：

有娀在不周之北，長女簡翟。

5.《帝王世纪》：

简翟浴玄丘之水。燕遗卵，吞之。剖背生契。

6.《左傳·文公二年》：

祀，國之大事也。……故禹不先鯀，湯不先契，文、武不先不窋。

7.《禮記·禮運》：

杞之郊也，禹也。宋之郊也，契也。是天子之事守也。

8.《尚書·虞書·舜典》：

帝曰："契，百姓不親，五品不遜。汝作司徒，敬敷五教，在寬。"

《尚書·夏書·胤征》：

自契至於成湯八遷，湯始居亳，從先王居。作《帝告》《釐沃》。

9.《國語·周語下》：

玄王勤商，十有四世而興。

《國語·魯語上》：

故有虞氏禘黃帝而祖顓頊，郊堯而宗舜；夏后氏禘黃帝而祖顓頊，郊鯀而宗禹；商人禘舜而祖契，郊冥而宗湯；周人禘嚳而郊稷，祖文王而宗武王。……自玄王以及主癸莫若湯，自稷以及王季莫若文、武。

10.《大戴禮記・帝系》：

帝嚳卜其四妃之子，而皆有天下。上妃，有郃氏之女也，曰姜嫄氏，產后稷；次妃，有娀氏之女也，曰簡狄氏，產契；次妃，曰陳豐氏，產帝堯；次妃，曰娵訾氏，產帝摯。

11. 再下來，就是司馬公的《史記・殷本紀》了，文字不長，影響不小，亦録於下：

殷契，母曰簡狄，有娀氏之女，為帝嚳次妃。三人行浴，見玄鳥墮其卵，簡狄取吞之，因孕生契。契長而佐禹治水有功。帝舜乃命契曰："百姓不親，五品不訓，汝為司徒而敬敷五教，五教在寬。"封於商，賜姓子氏。契興於唐、虞、大禹之際，功業著於百姓，百姓以平。

商的始原有許多説法。我這個讀書極少、陋見寡識的業餘史籍讀者，但以自家的思維邏輯，對上引材料依事探其實，據理求其是，自説自話，申述於下。

二、有娀—簡翟・帝—玄鳥

依事探其實，據理求其是，大致可以探索到怎麼樣的景象呢？

曾讀到《中國史研究》1997 年第 4 期楊升南先生的《商代的王權和對王權的神化》，其中有一段話，説到簡翟"吞玄鳥卵"：

任何時期治理一個國家，祇靠武力是不能長久的，必須要有一種思想把廣大的民衆統一起來，在商代，這種思想就是神道。"聖人以神道設教而天下服……""殷人尊神，率民以事神，先鬼而後禮，先罰而後賞……"商族的首領是把自己與神，而且還是天上的最高神聯繫起來。商族的始祖契是其母簡狄吞了玄鳥蛋而懷孕生下來的，而這個玄鳥蛋是上天所下的命令，讓玄鳥給簡狄一個蛋，是神通過玄鳥卵轉化為人的，所謂"天命玄鳥，降而生商"者。

讀後，覺得我的理解與楊先生所説有些差異。雖然我一直以為今傳的所謂《周易》必襲自商《易》；但是，讀《商頌・玄鳥》"天命玄鳥，降而生商"等，我感覺這些詩篇原來也許並不是為統治天下而編出來的"神道"或宗教，而是商人述説本族始原的史詩，並且是很“現實主義”的，没有多少神話的成分；如果它有所“神化”“鬼化”，應當是後世的事。

商，顯然是要比周早許多世紀進入父系時代，進入文明時代。但没有類似《生民》《綿》等史詩留傳於今。這有兩個可能：一個可能是本來就没有這類史詩；另一個可能是本來是有的，被周人删落了。坐擁至少五百年天下的商，其文化遠高於西鄙蕞爾小部落周，這是周人也不得不承認的："惟殷先人，有册有典。"（《尚書·周書·多士》）周之有周，受惠於商，是見諸周的史詩的：姜嫄産“子”，“不康禋祀”，“誕寘之隘巷，牛羊腓字之。誕寘之平林，會伐平林。誕寘之寒冰，鳥覆翼之”。是（早）已進入父系的“鳥”之族——商，收養了（對女系部落是“不康禋祀”的）這個“棄”男，教他稼穡，“棄”纔成了“稷”，纔有後世的周。周之大，在（王）季嗣古公而傳昌（文王），而季之有昌，在“摯仲氏任，自彼殷商，來嫁于周，曰嬪於京。乃及王季，維德之行。大任有身，生此文王”（《詩·大雅·大明》）。而周在克商之後，對商的迫害、對商文化的殘掠，也是無可諱言的。在周王朝八百年統治、教育、薰陶下，如太史公最崇拜的、説起來本是商裔的孔夫子就下决心“從周”了（《論語》至少有四處記載了他表示“吾從周”的忠心）。他編的《詩》，收了令後世難覓其實的小國之作，卻不收詩歌音樂最為先進發達的“宋風”。《詩》號稱“詩三百”，實際是三百〇五篇，靠不住那五篇《商頌》原是不在内的，所以放在最後，好比賣魚人饒送你幾棵葱的搭頭。商文化留給我們後人的是殘破淩亂的一些片屑，而且這些殘破淩亂的片屑不斷地由從周、宗周、崇周、頌周的君子們歪曲地釋説着。這種對商文化的殘掠、偏見，就連從周、宗周、崇周、頌周的古人也早已見過。如據《禮記·樂記·子貢問樂》，可知“詩”之有“風、雅（小雅、大雅）、頌”，皆源自商，而《詩》中却無商（宋）之“風”、“雅”。針對“邇及商王，不《風》不《雅》”，《詩譜序》有云：

> 湯以諸侯行化卒為天子。《商頌》：成湯“命于下國，封建厥福”。明其政教漸興，亦有《風》《雅》。商周相接，年月無多，今無商《風》《雅》，唯有其《頌》，是周世棄而不録，故云“近及商王，不《風》不《雅》”，言有而不取之。

但是，即使這樣，就以上引留到如今的一些殘破、淩亂、歪曲了的材料來看，也足已讓我們大致勾畫出比周的始原更為豐富的商的始原景象了。

上引古籍材料，説的是商源起的“有娀—簡翟·玄鳥·契”及商出現後的“契—玄王·商·子”。這裏先説前者。

（一）有娀

浚哲維商，長發其祥。洪水芒芒，禹敷下土方。外大國是疆。幅隕既長。有娀方將，帝立子生商。（《商頌·長發》）

本文一開始説：後世即現今的人們能讀到的古籍，最早不過是春秋時期傳留的文籍。業餘史籍讀者洛地，有一個感覺：先秦古籍，（一般視為）春秋時期的《易》《詩》《書》《春秋》《論語》（或及《禮》）與戰國以後的如《國語》《國策》及《諸子》等有相當大的差異，總體來説，前者可信性要强些。"娀"在春秋古籍中衹有一處，就是上引的《商頌·長發》。

據《商頌·長發》，"商"之"生"之"發"，與相傳治洪水的"禹"約略同時或稍後。"外大國是疆，幅隕既長。"看來，"娀"是一個很殷實興旺的地區或部落（群）。下面還要説到。

（二）簡翟

簡翟在臺，嚳何宜。玄鳥致貽，女何喜（嘉）。（《天問》）

天命玄鳥，降而生商。宅殷土芒芒。（《商頌·玄鳥》）

1. "簡翟"

古籍有三種寫法："簡翟"、"簡狄"、"簡易"（又，《漢書·古今人表》作"簡逷"，是第四種寫法）。翟、狄、易三字，據説可互通，我衹取"簡翟"。原因很明確："翟"，雉也。能與"玄鳥"相匹配的，當然是"翟雉"。

2. "契"母"簡翟"

簡，大也（《爾雅·釋詁、釋訓》）；簡翟，大翟也。按洛地的理解，"翟"當係以"鳥"為部族標志的大部落群中的以"翟（雉）"為部落標志的翟雉部落。從上引古籍材料，可以確知，商始祖"契"，是"知母（簡翟）而不知父"的。簡翟之時，"翟（雉）"當然是女系部落。"簡翟"宜解為翟雉部落的代表或象徵。如果把"簡翟"作為"一個個人"解，則當係翟雉部落中當婚群女中的女兄即大母；或者因為産了商始祖契，從而被契的後裔商人尊為"簡翟"。

"簡翟"的"翟"，是以翟雉為部落標志的翟雉部落。這，大概是我與（古今）學者們看法的第一個差異。古人多循周人稱“簡翟”為“簡狄”，視“娀”為“戎”，從而“簡翟”被視為“一個‘戎狄’女子”，完全忽視“翟”——“鳥”部落群中“翟（雉）”部落的存在。以致注意到商與“鳥”有關聯的今學者，在説到所謂“商的‘鳥圖騰’”① 時亦往往衹見“玄鳥”而不見“翟雉”。

3.“簡翟—翟雉”

《左傳·昭公十七年》：“郯子來朝，公與之宴。昭子問焉，曰：‘少皞氏鳥名官，何故也?’郯子曰：‘吾祖也，我知之。……我高祖少皞摯之立也，鳳鳥適至，故紀于鳥，為鳥師而鳥名。……五雉為五工正。’”孔穎達《疏》引賈逵曰：“西方曰鷷雉，東方曰鶅雉，南方曰翟雉，北方曰鵗雉，伊洛而南曰翬雉。”

在遭劫掠之後殘存的一些殘破、淩亂的片屑中，從各個角度猶可折射、透視出“商”發源於一個“幅隕既長”的豐實宏大的地域或部落群“有娀”，以及其始祖“契”母“簡翟”及其“翟雉”部落正當其時的盛美景象。不妨將《大雅·生民》與之對看。周之始原止於其母“姜嫄”而無傳其部落、宗屬。“姜嫄”的部落與“簡翟”的部落相去是很遠的了。“姜嫄”遠遲於“簡翟”，“棄”因“鳥覆翼之”方得存活，更是明證。謂“姜嫄，帝嚳元妃。簡狄，帝嚳次妃”云云，難道不是對周的諂媚？真是既拙劣又愚蠢。

（三）帝—玄鳥

> 有娀方將，帝立子生商。（《商頌·長發》）
> 天命玄鳥，降而生商。宅殷土芒芒。（《商頌·玄鳥》）
> 簡狄在臺，嚳何宜。玄鳥致貽，女何喜（嘉）。（《天問》）

上面説了，雖然商的資料很零碎，但就現今可知的材料，為我們提供了比周更豐富的有關商的始原景象。“簡翟”為其一，“玄鳥”則更加重要。

1.“帝”

這裏的“帝”，按洛地理解，既可指“天帝”，也可指“祖先”，更是“帝者，諦也；言其能行天道也”（《尚書》《白虎通》《後漢書》等）。“行天道”，在這裏具體的意思就是“生育”；故曰：“因其生育之功，謂之帝。”（《〈禮記·郊〉疏》）説得直接點，就是婚姻中的男性。

“有娀方將，帝立子生商”，“天命玄鳥，降而生商”，其中的“帝”，就是“降”於“翟

① 近現代我國學界多以舶來的“圖騰”稱我國先民的部落標志。竊以為二者並不全同。故我一般不以“圖騰”稱，寧可多寫兩個字，稱“部落標志”。

雉”來“行天道”的“玄鳥”男性。

2. “降”

“天命玄鳥，降而生商”，非常明確地寫明了，是“玄鳥”部落的男子“降”到“簡翟”所在的“翟雉”部落來成婚的（而不是簡翟“于歸”玄鳥）。説明什麽？説明“有娀方將”“天命玄鳥，降而生商”的當時，“翟雉”“玄鳥”都是女系部落。

3. “玄鳥”

“天命玄鳥，降而生商”的當時，“玄鳥”和“翟雉”一樣，也是女系部落。

“太古知母不知父。”（《莊子》《吕氏春秋》等）知母，是説子女知道具體的哪一位婦女是自己的生身母親，“契”知道“簡翟”是他的生母，“棄”知道“姜嫄”是他的生母。不知父，是説子女不知道具體的哪一個男子是自己的生身父親。

這裏，把商的始原材料與周始原的《大雅·生民》對比，可以看到一個明顯的差異。雖然“契”和“棄”同樣地不知具體的哪一個男子是自己的生身父親，但是二者有大差異。“棄”及其後人包括無數從周、頌周的君子們對“‘棄’之父”是真正地一無所知；而“契”，則從他出生之日起就非常之明確地“知其父”——“玄鳥”。“玄鳥”當然是部落，是以玄鳥為標志的玄鳥部落。“翟雉”和“玄鳥”是以“鳥”為標志的大部落群内的兩個女系聯姻部落[①]。

“玄鳥”，是以玄鳥為標志的玄鳥部落。這，大概是我與（古今）學者們看法的第二個差異。學界既指“（簡）狄”為“麋”、“犬”（《爾雅》、《説文》），便將“天命玄鳥，降而生商”的“玄鳥”，視為自然界中的一種禽鳥，以後世的《禮記·月令》所謂“仲春之月，玄鳥至”去解“降而生商”的“玄鳥”了。

4. 契—玄王

“簡翟”女和“來降”的“玄鳥”男結合，産子“契”。這個“契”做了“玄王”。“玄王”，當然是“玄鳥之王”。關於“契”為“玄（鳥之）王”的種種，下一段講。這裏先説一點，即先提出一個問題：“契”當然是出生在“簡翟”（所在的“翟雉”部落）之處的。如此，他做“王”，為什麽不是做“翟（雉之）王”，而會去做了“玄（鳥之）王”呢？

這個問題，好像也從未有人提出過。按戰國以後的（古今）學界之解《商頌》，如《吕覽》《大戴禮記》《史記》、衆《緯書》及《帝王本紀》等的説法，那“玄鳥‘遺卵’”之後（看來這隻“玄鳥”還是一隻雌鳥），還没等“簡翟‘吞卵’”，已經不知飛到哪裏去了。“契”到哪裏去做“玄（鳥之）王”去？！

---

① 一般地説，凡存在時日較長的部落都會有其獨具的形象性的部落標志，從原部落派生的新部落一般也會另設其獨特的部族標志。如以“鳥”為部落標志的大部落群，有雉、玄鳥、鳳（風）、鵡、鷙、鳩、伯趙、鷩鷸、鳫等部落，“鳩”又派分有“五鳩”，“雉”派分有“五雉”，“鳫”派分有“九鳫”等部落。

在我，則以為是非常明白的事。這個“契”，在長大到婚齡時，與他父輩“天命玄鳥，降而生商”相應，離開他母族“簡翟”的（“翟雉”）部落“降”到“玄鳥”部落去了嘛。也就是，“契”之為“玄（鳥之）王”，更可確定地證明了“翟雉”和“玄鳥”（原）是以“鳥”為標志的大部落群内的兩個女系聯姻部落。

[附]“女系姻親部落對應世代婚姻”——“女系姻族婚姻”

竊以為，我國上古“女系”時代，有一種“部落聯姻”的婚姻關係（習俗）：一部落的一代婚齡男子離開其本部落“降”於其聯姻部落去和聯姻部落中與其相應的一代婚齡女性結合為夫妻。

（一）具有這種婚姻習俗的聯姻部落各部落内的婚姻情況，似乎應當是（這一節的親際關係的稱呼按現今即“父系”關係表述）：

1. 部落所有的女性留在本部落，組成本部落“（外）祖母、母、女、（外）孫女”等各輩即各代，為本部落的基本成員。

2. 部落一代（所有）女性和從聯姻部落“來降”的同一代（所有）男子結姻。每一代夫妻為一夫妻層。

3. 部落由本部落女性和從聯姻部落“來降”的男性（即本部落女性的丈夫）以及她們的幼小的子女們組成。

4. 子女長成，女性留在本部族，和從聯姻部落“來降”的（與其同一代的）男子結合，成為本部落又一代夫妻層。

5. 成年的子男（必須）離開本部落，“降”於聯姻部落去為人夫——從而排斥了母子輩之間的“血親婚”，亦排斥了同代兄弟姊妹間的“血親婚”（雖然，事實上恐怕不大可能絶對純粹、完全整齊劃一）。

6. 每一代所有女性，視比其高一輩的所有女性為（群）母；視群母的丈夫即比其高一輩的所有（從聯姻部落“來降”的）男性為（衆）父。

7. 每一代所有女性，視比其低一輩的所有女性為（群）女；視群女的丈夫即比其低一輩的所有（從聯姻部落“來降”的）男性為（衆）婿。

8. 每一代所有女性，視比其高兩輩的所有女性為（群外）祖母；視群（外）祖母的丈夫即比其高兩輩的所有（從聯姻部落“來降”的）男性為（衆外）祖父。

9. 每一代的所有女性，視比其低兩輩的所有女性為（群外）孫女；視群（外）孫女的丈夫即比其低兩輩的所有（從聯姻部落“來降”的）男性為（衆外）孫婿。

（二）（具有這種婚姻習俗的）“女系”部落 —— 人們通常稱之為“母系”，我稱之為“女系”。理由是：

1.“母系”，其指義為“生母→親生女→親生（外）孫女”。在原始先民“女系”部落時代，是不是有可能（因“知母”而）產生“親生母女承繼”的“個人血緣家庭家族”，從而使先民“女系”部落以“某一個女子血統”構成的“母系家庭家族系統”作為“母系部族”呢？完全不知道，因為没有資料。但是，按我想象過去，似乎並不一定有這種需要和可能[①]。説這話的意思是，我覺得在那生産水平極低、死亡率極高、以同一代女子為“群母”或“群女”的原始部落中，出現“個人血統”的“‘母系’家族”似乎很難，要建立“體制性的‘母系家族’統治”恐怕更難。也就是，我想，人們通常説的“母系”，似不宜理解為由某一個具體女子按其個人血統構成的“生母→親生女→親生（外）孫女”的家庭家族世系（統治），而宜理解為以女性世代相遞接的“部落性”的女性世代系統。所以，我稱之為“女系”，而不稱“母系”。

2. 雖然“女系”部落之成為“女系”部落，與其（如上述的）婚姻習俗有着很大的直接關係，但是，二者並不是一回事。“女系”部落的女性首領的遞接，可以因各種條件和情況如年齡、健康、體魄、才幹等，或意外事件如死亡以及占卜、天象等而發生，如在現今尚存的某些“女系”部落中以“群母”中年長者為首領（“大母”），部落首領在最年長的一代姊妹即“群母”間遞接的情況多有所見，並不以“生母→親生女”世代遞接（為制）。而聯姻部落間的婚姻則必以對應的同一代婚齡男女相結姻為“（一）輩”。所以，原始部落多有且很重“成人禮”，如我國的男“冠”女“笄”。因此，我想用“女系姻親部落對應世代婚姻”來稱呼它（簡稱“女系姻族婚姻”[②]），雖然囉嗦了一些，但似乎比較明確些。

（三）在這種“女系姻族婚姻”中男性的情況。

“女系”部落中女性代傳的情況，想象過去，似乎比較容易明白：“群（外）祖母 → 群母 → 群女 → 群（外）孫女 ……”聚而組成其部落。“女系”部落中的男性的情況要複雜得多。

1. 部落中男性，在其本部落：

(1) 每一代所有男性，視本部落即母族部落內與自己同一代的所有女性為（群）姊妹；與自己同一代的所有男性為（衆）兄弟。

---

① 我覺得，所謂“太古先民知母不知父”，是後世父系時代的人們以父系觀念説的話。對於太古先民，無論是女性還是男性，“知母不知父”似乎並不一定具有像後世的我們想象的社會發展階段的意義。

② 我這裏説的“女系姻族婚姻”與恩格斯《家庭、私有制和國家的起源》中所説的“普那路亞家庭”看起來似相近。但是，一則，我説的這種婚姻關係是“部落”性質的，而不是“家庭”性質的，二者性質上不同。二則，恩格斯這部名著我讀了許多遍，許多地方就是讀不懂。三則，“普那路亞”這個詞語至少在漢文無指義。故不用。

(2) 每一代所有男性，視本部落内比自己高一輩的所有女性為（群）母；視群母的丈夫即比自己高一輩的所有（從聯姻部落“來降”的）男性為（衆）父。

(3) 每一代所有男性，視本部落内比自己低一輩的所有女性為其姊妹之女；視比自己低一輩的所有（從聯姻部落“來降”的）男性為其姊妹之女婿。

(4) 每一代所有男性，視本部落内比自己高兩輩的所有女性為（外）祖母，視群（外）祖母之夫即比自己高兩輩的所有（從聯姻部落“來降”的）男性為（外）祖父。

(5) 每一代所有男性，視本部落内比自己低兩輩的所有女性皆為其姊妹之（外）孫女；視比自己低兩輩的所有（從聯姻部落“來降”的）男性為其姊妹的（外）孫女婿。

遙想過去，“女系”時代的男性，和他本部落的關係恐怕不會很密切，男性幼年時，和其“母、群母、衆父”和“群（外）祖母、衆（外）祖父”可能較親密，與其“姊妹”關係恐怕就不會很親密，與其姊妹的女、婿輩以及姊妹的（外）孫女、（外）孫女婿輩大約就更不能有多大關係了。

2. 部族中所有男性成年了，必須離開本部落“降”於聯姻部落去為人夫。

(1) “降”於姻族的每一代所有男性，和該姻族相應的一代所有女性結合。同一代夫妻為一夫妻層。

(2) “降”於姻族的每一代男性，視該姻族中比自己高一輩的所有女性為妻之群母；視妻母的丈夫即比自己高一輩的所有男性為妻之衆父①。

(3) “降”於姻族的每一代男性，視該姻族中比自己低一輩的所有女性為（群）女；視群女的（衆）夫即比自己低一輩的所有男性為衆婿②。

(4) “降”於姻族的每一代男性，視該姻族中比自己高兩輩的所有女性皆為其妻的（群外）祖母；視其妻的群外祖母之夫即比自己高兩輩的所有男性為其妻的（衆外）祖父③。

(5) “降”於姻族的每一代男性，視該姻族中比自己低兩輩的所有女性皆為其（外）孫女；視群（外）孫女的丈夫即比自己低兩輩所有男性為其（外）孫女婿④。

（四）在這種“女系姻族婚姻”中男性“代傳”的情況。

“女系”部族“姻族婚姻”，女性以“群（外）祖母→群母→群女→群（外）孫女”世系“代傳”著。在“女系”部落的“姻族婚姻”中，男性也是“代傳”的，但不成世系——在（兩個）聯姻部落中隔輩“代傳”著。説來也有意思，“女系”時代，其部落中“女系世代相傳”的情形無有蹤跡可尋；而（由於周人念念不忘歌頌其古公大王、王季、文

① “女系姻族婚姻”中，男性的妻之衆父即其群母之兄弟。
② “女系姻族婚姻”中，男性的（衆）婿即其姊妹之子男。
③ “女系姻族婚姻”中，男性的妻之（衆）外祖父按“男系”即其（衆）祖父。
④ “女系姻族婚姻”中，男性的（外）孫女婿按“男系”即其衆孫。

王、武王，）“女系代傳”的“婣族婚姻”中的“男性代傳”情形卻似有所透露。最簡單的情況：譬如，有兩個聯姻部落，相當長時期内如連續維持四代以上互相結姻，在先民思維中或許會有可能出現某種“男系”的意識，即在“女系”的“婣族對應世代婚”的過程中，出現一種感覺：逐漸地或依稀地意識到“男性”在兩婣親部落間曲折地、斷續地出現一種“世系”的存在。

（五）設有連續結婣四代以上的兩個聯婣部落為 A、B。

各代女性留於本部落，即（按部落標志標示女性）：

A 部族各代女性為：A1 → A2 → A3 → A4 → A5 ……

B 部族各代女性為：B1 → B2 → B3 → B4 → B5 ……

以 X、Y 標示 A、B 兩女系部落中的男性系統。兩部落每一代男子互“降”於聯婣的對方部落。兩部落的聯婣情形如下：

Ⅰ A 部落第一代女性在 A 部落為 A1。

B 部落第一代女性在 B 部落為 B1。

A 部落第一代男性（X1）降 B 部落，與 B1 組成 B 部落的第一輩夫妻 B1X1。

B 部落第一代男性（Y1）降 A 部落，與 A1 組成 A 部落的第一輩夫妻 A1Y1。

Ⅱ A 部落第一輩夫妻（A1Y1）的女兒即 A 部落第二代女性留在 A 部落為 A2。

B 部落第一輩夫妻（B1X1）的女兒即 B 部落第二代女性留在 B 部落為 B2。

A 部落第一輩夫妻（A1Y1）的子男即由 Y1 在 A 部落所生的第二代男性 Y2 降 B 部落，與 B2 組成 B 部落第二輩夫妻 B2Y2 —— Y2 與 Y1“父子分離”。

B 部落第一輩夫妻（B1X1）的子男即由 X1 在 B 部落所生的第二代男性 X2 降 A 部落，與 A2 組成 A 部落第二輩夫妻 A2X2 —— X2 與 X1“父子分離”。

Ⅲ A 部落第二輩夫妻（A2X2）的女兒即 A 部落第三代女性留在 A 部落為 A3。

B 部落第二輩夫妻（B2Y2）的女兒即 B 部落第三代女性留在 B 部落為 B3。

A 部落第二輩夫妻（A2X2）的子男即由 X2 在 A 部落所生的第三代男性 X3 降 B 部落，與 B3 組成 B 部落第三輩夫妻 B3X3 —— X3 與 X2“父子分離”，而與 X1“祖孫相會”。

B 部落第二輩夫妻（B2Y2）的子男即由 Y2 在 B 部落所生的第三代男性 Y3 降 A 部落，與 A3 組成 A 部落第三輩夫妻 A3Y3 —— Y3 與 Y2“父子分離”，而與 Y1“祖孫相會”。

Ⅳ A 部落第三輩夫妻（A3Y3）的女兒即 A 部落第四代女性留在 A 部落為 A4。

B 部落第三輩夫妻（B3X3）的女兒即 B 部落第四代女性留在 B 部落為 B4。

A 部落第三輩夫妻（A3Y3）的子男即由 Y3 在 A 部落所生的第四代男性 Y4 降 B 部落，與 B4 組成 B 部落第四輩夫妻 B4Y4 —— Y4 與 Y3 “父子分離”，而與 Y2 “祖孫相會”。

B 部落第三輩夫妻（B3X3）的子男即由 X3 在 B 部落所生的第四代男性 X4 降 A 部落，與 A4 組成 A 部落第四輩夫妻 A4X4 —— X4 與 X3 “父子分離”，而與 X2 “祖孫相會”。

V A 部落第四輩夫妻（A4X4）的女兒即 A 部落第五代女性留在 A 部落為 A5。

B 部落第四輩夫妻（B4Y4）的女兒即 B 部落第五代女性留在 B 部落為 B5。

A 部落第四輩夫妻（A4X4）的子男即由 X4 在 A 部落所生的第五代男性 X5 降 B 部落，與 B5 組成 B 部族第五輩夫妻 B5X5 —— X5 與 X4 “父子分離”，而與 X3 “祖孫相會”。

B 部落第四輩夫妻（B4Y4）的子男即由 Y4 在 B 部落所生的第五代男性 Y5 降 A 部落，與 A5 組成 A 部落第五輩夫妻 A5Y5 —— Y5 與 Y4 “父子分離”，而與 Y3 “祖孫相會”。

試以圖示：

女系部落A				女系部落B	
女系	昭	聯姻部族		穆	女系
第一代女 A1	Y1	B一代男	每	A一代男(大王)X1	B1 第一代女
↓			代		↓
第二代女 A2	X2(王季)	A二代男	男	B二代男 Y2	B2 第二代女
↓			子		↓
第三代女 A3	Y3	B三代男	互	A三代男(文王)X3	B3 第三代女
↓			降		↓
第四代女 A4	X4(武王)	A四代男	聯	B四代男 Y4	B4 第四代女
↓			姻		↓
第五代女 A5	Y5	B五代男	部	A五代男(成王)X5	B5 第五代女
↓			族		↓
……				……	

以上就是周人所說的“昭穆”——“大王之昭”“王季之穆”“文王之昭”“武王之穆”，及《禮記・中庸》“宗廟之禮，所以序昭穆也”，《禮記・祭統》“祭有昭穆。昭穆者，所以別父子遠近長幼親疏之序而無亂也”。《禮記・曲禮上》曰：“禮曰：‘君子抱孫不抱子’，此言孫可以為王父尸，子不可以為王父尸。”（鄭注：“以孫與祖昭穆同。”）“昭穆制度”——周人的“昭穆”不论是“男系”的还是“父系”的，至少在初期，應當是按“代”即以

“輩”為昭穆，而不是“個人父子”相傳。但不論是“代傳”還是“個人傳”，都衹有在“女系代傳姻族婚姻”中纔能出現（如上圖）①。

以上，是洛地業餘閱讀史籍時產生的個人想法。讀書極少，不知道是否有前賢已經指出這個關係。如果有，洛地固非存心掠美，亦在此致歉謝過。

三、契——玄王·商·子

說了“有娀”“簡翟”和“玄鳥”在“女系”時代的情況，可以說“契”了。

（一）契—玄王

自契至於成湯八遷。（《夏書·胤征》）

祀……湯不先契。（《左傳·文公二年》）

玄王勤商，十有四世而興。（《國語·周語下》）

有娀方將，帝立子生商。玄王桓撥，受小國是達，受大國是達。（《商頌·長發》）

這裏是兩件事：先是女性的“簡翟”和“玄鳥”男子結合而產男兒稱“契”；然後，“契”長大了成了“玄王”。兩件事合起來說是一句話：女性的“簡翟”和“玄鳥”族男子所產的男子“契”做了部族首領“玄王”。

1.“娀”——“契”

“翟雉”部落的女性“簡翟”和“玄鳥”部落的男子結姻，生的一個男子，被稱為“契”。為什麼稱“契”？不知道。

據郭錫良先生《漢字古音手册》（北京大學出版社，1986年。本文涉及古讀皆循該書，以下不注），“娀”，古讀為［心冬 sǐwəm］（第287頁）；“契”，古讀為［心月 sǐăt］（第41頁），即近於“娀”的入聲。（戰國以後的古今）學界一致認為，“簡翟”是“有娀氏之女”，即“有娀”是“簡翟”的氏族（見上引）。然而，“娀”在春秋古籍僅見於《商頌·長發》：“浚哲維商。……有娀方將。帝立子生商。玄王桓撥……”據此，與“娀”相關聯的是

① 必須補說幾點：（1）先秦古籍中對周昭穆的具體記述，就是大王（古公）之昭、王季之穆、文之昭、武之穆。大王之前，沒提；武王之後，也不提了。（2）當然不能以此認為“大王—武王”時，周還是“女系”。古公建周之後，大致可以確定是“男（父）系”的了。所以，周之昭穆衹在“宗廟祭禮”，似乎也就到“文、武”為止（武→成→康→昭→穆，名義上，周之昭穆或終於穆王）。（3）然而，既保留有此“昭穆”之序以及有如媵制，如相當普遍的報、烝、盜、通等，不能不使人想象古公建周其去“女系”或尚未遠。所以我說：在“棄一稷”之後，還有相當長的一段時期，“稷”的部族保留著“女系”的因素。在周武之後，“父系”絕對確立，帶有“女系”痕跡的“昭穆”就難以存繼了。

“子·商·玄王——契”（而非“簡翟”）。“契”既是“簡翟”和“玄鳥”共同的兒子，又與“娀”讀音如此相近或可通。我疑心是不是有可能“娀”是包含“玄鳥”和“翟雉”兩個女系姻親的部落，或者主要是指“玄王——商”的地域或部落的名稱呢？

“契”，“有‘娀’方將，立子生商”之“帝”也。

2. “玄王”

“玄王”是何“王”？《毛詩正義》謂“承黑帝而立子，故謂契為玄王”，今有學者謂“玄王”為“玄武之王”等。竊以為這些解釋或許是在畫蛇添足。按我的理解，“玄王”完全不必解釋，明明白白地，當然就是“玄鳥（部）之王”——甲骨文有“王隹亥、王鳥亥”，可確證①。

3. “王”

“王”，大、大、天、王，頂天立地者也。什麽意思？王，不論這個字的本義或引申義是什麽，對於部族來説，“王”，就是一位“行天道”者——能率領部族“豐年穰穰”（《商頌·烈祖》），“兆民允殖”（《商書·湯誥》），即“種植繁盛，部族得以維繫生命；種殖繁盛，部族得以延續生命”（請參看拙文《樂——商之祭》）的首領，也就是“帝”。

在“簡翟”成婚之時，“天命玄鸟，（來）降”的“帝”應該是“玄鳥”部落的一代男性。現在，長大了的“契”做了“玄王”。“玄王”是“玄鳥”部落之“王”。而部落衹能有一位首領，“玄王”就是玄鳥部落的這一位首領即這一個男子“帝”！自“契”之為“玄王”始，商人觀念中的“帝”，就是他們一代代的先祖一個個的具體的男性的“王”。“王”即“帝”。

（二）玄王——男（父）系部族的出現

“玄王——契”是一個男子。以“契”為“玄（鳥之）王”的這個部族是一個“男（父）系”部族。

1. “契”成為“玄（鳥之）王”了，是不是“玄鳥”部落一下子就變成以“契”為始祖——由“契→契子→契孫……”家庭家族組成的“父系”血統部族了呢？我覺得似乎不大可能。與上文講到的“女系”“母系”關係相應，按我想象過去，“契”為“玄王”當時發生的變化，似乎應當是：由“部落性女系”轉化為“部落性男系”——“部落性”的男性世代相遞接的系統，而非“父系”，即並非按某一男子個人血統構成的家庭家族宗室世系。

---

① 徐中舒主編《甲骨文字典》，以下簡稱徐《字典》，四川辭書出版社，2003年，第1612頁。崔恒昇《簡明甲骨文詞典（增訂本）》，以下簡稱崔《詞典》，安徽教育出版社，2001年，第83、491頁。

竊以為，商代的“兄終弟及”，也許就是這種“部落性男系世代遞接制”的反映（其中似乎不必一定有“嫡”、“庶”的問題）。

然而“男系”的玄鳥部族當然非常自然也非常樂意地把他們的英雄首領“王契”奉為始祖，也就是在名義上即輿論和書面上，“玄鳥”部族成為以第一位“玄王”契為始祖的“父系”部族。

2.“男（父）系”取代“女系”，這一“人類所經歷的最激進的革命之一”是人類文明史的開始。真正是劃時代啊！中國文明時代實際是從“商”即從“玄王”開始的。

3.“契”怎麽成為“玄王”完成這一革命的，實在毫無所知，但它確實發生過。

恩格斯在其《家庭、私有制和國家的起源》中對這個“人類所經歷的最激進的革命之一”有一段話（着重號原有）：

> ……隨著財富的增加（據前文，財富包含食物、勞動工具、牲畜和奴隸等），它便一方面使丈夫在家庭中佔据比妻子更重要的地位；另一方面，又產生了利用這個增强了的地位來改變傳統的繼承制度使之有利於子女的意圖。但是，當世系還是以母權制來確定的時候，這是不可能的。因此，必須廢除母權制，而它也就被廢除了。這並不像我們現在所想象的那樣困難，因為這一革命——人類所經歷的最激進的革命之一——並不需要侵害到任何一個活著的氏族成員。氏族的全體成員都仍然能够保留下來，和以前一樣。祇要有一個簡單的決定，規定以後氏族男性成員的子女應該留在本氏族內，而女性成員的子女應該離開本氏族[①]，而轉到他們父親的氏族中去，就行了。這樣就廢黜了按女系計算世系的辦法和母系的繼承權，而確立了按男系計算世系的辦法和父系的繼承權。
>
> 這一革命在文化民族中是怎樣和在何時發生的，我們毫無所知。它完全屬於史前時代的事。不過這一革命確實發生過……[②]

按我想象過去：

（1）恩格斯說：“女系”的廢黜、“男系”的確立，“祇要有一個簡單的決定，規定以後氏族男性成員的子女應該留在本氏族內，而女性成員的子女應該離開本氏族，而轉到他們父親的氏族中去，就行了”。這段話，我讀了許多遍，覺得極為費解。我的理解：不論是女系的還是男系的部落（氏族），任何時候，都絕不可能祇由“本氏族男性成員及其子女”或

---

① 如果不是翻譯有誤，恩格斯“氏族男性成員的子女應該留在本氏族內，而女性成員的子女應該離開本氏族”此說，無論怎麽也都是解釋不通，也就是不可能出現的。

② 《馬克思恩格斯選集》第四卷，人民出版社，1972年，第51頁。

祇由“本氏族女性成員及其子女”組成。

在“女系”部落中，必定祇有“本部落的女性成員和從他部落來‘降’的男性即她們的丈夫（以及她們的女兒）”——她們的子男成年後必要“降”於其他女系部落去做她們的夫。在“男系”部族中，必定祇有“本部落的男性成員和從他部落‘于歸’的婦女即他們的妻（以及他們的子男）”——他們的女兒成年後必要“于歸”其他男系部落去做他們的妻。也就是，女（母）系轉移為男（父）系，應當是“以後，部落中成年男性成員應該留在本部落内，而成年女性成員應該離開本部落，轉到她們丈夫的部落中去。這樣就廢黜了按女性計算世系的辦法，而確立了按男性計算世系的辦法”。

（2）恩格斯基於“根據唯物主義的觀點，歷史中的決定性因素，歸根結蒂是直接生活（生活資料和人類自己）的生產和再生產”的認識，所以，著重在“生產”“財產”方面闡述“女系”嚮“男系”演化的過程。從上文《詩・大雅・生民》關於農作的描寫，“棄”之所以為“稷”，從而創建男系部族，似乎與恩格斯所説的較為相近。恩格斯没有説到在“女系”時代為爭奪食物、奴隸或土地而發生的並不罕見的部落間的戰伐（好像《家庭、私有制和國家的起源》整部書裏都没有説到戰伐，以及這些戰伐對社會的影響）。

説上面這句話的意思，是對“契”之為“玄王”的情况的揣測。遙想過去，從《商頌》的屢言“戰伐”“靡不勝”，“有虔秉鉞。如火烈烈，則莫我敢曷”，“正域彼四方”；從卜辭反映的商人頻繁的征伐和對戰俘的大量殺戮，奴隸的大量作犧牲等情況，我覺得，似乎不排除“契”之成為“玄王”、其部族從“女系”嚮“男（父）系”的轉化、“商”這個“男（父）系”族國的産生，是在戰爭征伐情況下發生的可能。也就是，是不是有可能：

女系的“翟雉”“玄鳥”這兩個聯姻“鳥”部落，在“天命多辟，設都于禹之績。歲事來辟，勿予禍適，稼穡匪解”（《商頌・殷武》）的同時，為掠奪食物、奴隸或擴展土地、征伐他部落而發生了戰爭，或發生較長時間不間歇的激烈的戰爭。在這種時候，男性，尤其是年青力壯的婚齡男性，作為戰鬥的主力，很可能無法離開其本部落（母部）；同時，戰伐又是男性在部落中權力急劇增强擴張之時，尤其是如果出現了某位“英雄”的時候，部落自“女系”嚮“男（父）系”的轉化也許會自然地發生，或者甚至是由（女系）部落的女性方面（甚至女性首領）首先主動提出這樣的要求——“部落婚齡男性成員留在本部落内，婚齡女性成員離開本部落‘于歸’到姻親部落中去為人妻”，從而完成“這一革命”，也不是完全没有可能的。當然，如果不是由於戰爭而是其他原因，“這一革命”遲早也必定會發生。

（3）如果是這樣，我想，也許一開始並不一定是像恩格斯所説的（從財産和子女的繼承權提出要求）作出“規定”那麼體制化，而是更為簡單地適應其當時的需要，採取了一個（小小的）變動：聯姻部落（譬如“翟雉”“玄鳥”兩部落），由原先的婚齡男性“降”

於對方姻親部落轉變為婚齡女性“于歸”對方姻親部落。這點（小小的）變動，當然不會侵害兩部落的任何一個成員，也許還會受到兩姻親部落中所有成員的歡迎，甚至看起來彷彿連原先“姻族世代婚姻”的關係和形式都没有變化。然而，這個（小小的）變動，卻使“克禋克祀，以弗無‘子’”這一婚姻的根本目的和世代傳承，從女性轉移到了男性方面——從“女系姻族世代婚姻”轉移為“男（父）系姻族世代婚姻”，“女系”嚮“男（父）系”的轉移“這一人類所經歷的最激進的革命”也就完成了。

（三）玄王

前面說到，“簡翟”所產的“契”，長成到婚齡時，離開其出生的“翟雉”部落“降”於“玄鳥”部落，纔有可能並事實地做了“玄（鳥之）王”。

從上文説下來，我甚至想象，在某種特殊情況下，譬如上面說的出現了激烈且長久的戰爭，“契”作為一位異常英勇且能幹的英雄出現了，兩個部族都擁戴他；在這樣特殊的情況下，“玄鳥”和“翟雉”兩個聯姻部族竟“合二為一”；這位英雄帥哥成了两個聯姻部落合併為一“男（父）系”部族的首領“王”，也不是一定不可能的。正因如此，他被稱為“契”。

“契”，合也，約也，盟也。

（四）商

天命玄鳥，降而生商。（《商頌·玄鳥》）

有娀方將，帝立子生商。（《商頌·長發》）

“契”，“有娀方將，帝立子生商”之“帝”也。

“契”為“玄王”的部族，是與其所出的“翟雉”和“玄鳥”完全不同的部族——嶄新的男（父）系部族。這個部族有國名“商”。

為什麼“契－玄王”創始的這個部族之國稱“商”呢？“商”，有許許多多種說法，都是很有意思可資想象的——我以為最不可取的是最通行的《史記》的說法：“帝舜乃命契……封於商”。從所有材料可見，“商”，是由其自身出現的，有完整的“自成”性，根本不是誰個能“賜”“封”得出來的。那麼，為什麼稱“商”呢？我不敢有見，但標注有關名詞的讀音，不知是否可供參考：

“玄”，古讀為［匣真 ɣiwen］（第 225 頁）；

“王”，古讀為［匣陽 ɣǐwɑŋ］（第 260 頁）；

“商”，古讀為［書陽 ɕǐɑŋ］（第 251 頁），或即“玄王”的合音。

上文已經説到，“娀”古讀為［心冬 sǐwəm］，“契”古讀為［心月 sǐăt］，即近“娀”的入聲。如此，“有娀方將，帝立子生商”——“玄王≌商≌娀≌契”。自“契”為“玄王”，其子、其孫世世代代為“玄王”亦即“商王”，是不是呢？

（五）子

有娀方將，帝立子生商。（《商頌・長發》）

本文有比周《生民》更豐實、更重要，且我以為最有意義的一個方面，即對“姓”的討論。

姓，我不清楚是不是我國所特有。姓，對於我們中國人來説極其重要是沒有問題的。

子，姓也。

四、商，子姓

（一）子——鳥卵

拙文《〈生民〉我解》中曾説道，《詩》乃春秋時從周、宗周者所編，最普遍的説法是由孔老夫子編的。然而，無論在述其始原的《生民》以及《公劉》《綿》中，還是包括專門頌周、述周的《小雅》《大雅》《周頌》《魯頌》等總計 140 篇、幾佔“《詩》三百”之半的篇幅中，都沒有説到周的“姬”姓，甚至連一個“姬”字都沒有；在 160 篇《風》中，真正可以確認指義為周族姓的“姬”，也就衹是《召南・何彼襛矣》中的“王姬”一例。據此及周的“昭穆”遺留等，我疑心“姬”之為周姓是不是可能會相當遲？

商，則非常之明確。其《商頌・長發》云：“有娀方將，帝立子生商。”在“契”做了“玄王”建“商”的差不多時候吧，就有了姓——“子”姓！

商之以“子”為姓，首先非常明確地説明其為“鳥之族”。

古代文籍中對“簡翟”產“契”最普遍的釋説是“玄鳥遺卵於娀，簡翟吞之生契”。這是古人對“天生玄鳥，降而生商”的一種釋説。這種釋説完全可以理解，而且很有意思。這裏雖然沒有直接説到商的“子”姓，但不曾離棄其本。許多傳説都令人泛起悠遠的遐想。

事物的特徵在事物自身之中。

商之以“子”為姓，什麽意思?“子”：廣義，凡生物所産都可稱“子”；狹義，動物所産皆可稱“子”；最狹義，就是禽鳥所産卵稱“子”，直到現今還有不少地方猶稱雞蛋為“雞子”、稱鴨蛋為“鴨子”。“翟雉”與“玄鳥”同為“鳥”部，所以其所産者為“鳥卵”即“子”。這實在是再清楚明白不過的了，也實在是很“現實主義”的：不是“簡翟吞鳥卵而生契”，而是“簡翟”産的就是“鳥卵”即“子”——“簡翟”，鳥也；“玄鳥”，鳥也；“簡翟”與“玄鳥”結合（“契”）而産的當然就是“鳥卵”也就是“子”。

（二）子——姓，父系血統種族的標志

“簡翟”與“玄鳥”結合（“契”），産“鳥卵——子‘契’”。“契”，“帝立子生商”——以“子”為姓，建國名“商”。

並不是所有的“鳥”所産鳥卵都是“子”。如果不是出了個“玄鳥”和“簡翟”所産的子男“契”做了“玄王”，女系“翟雉”部落所産就是“翟雉”，女系“玄鳥”部落所産就是“玄鳥”。“契”為“玄王”，“立子生商”，“契——玄王”這個“鳥卵”成了“子”了，其子孫、子子孫孫纔成為“子”，衹有“玄王——契”的子孫、子子孫孫纔是“子”。

“玄王”子子孫孫的一群，特稱“子族”①。

玄王（商王）子孫為“子”，用後世的説法就是王子，“子”即“王子”的省稱，如“子不、子仄”② 等即“王子不、王子仄”。如此“子族”即“王子之族”，對不對呢？也對也不對。説對：在甲骨文，“王”衹是商王即玄王，所以，“子族”即商“王子之族”。説不對：姑不論那時獨立的部落的首領皆可自稱“王”，如“夏王”（《夏書》《商書》《周書》皆有見）等，“子族”的指義，不衹是“王子一群”，更有一層是“‘玄王子孫’一族”——以玄王為始祖的父系血統為紐帶而組合的一族。

至此，父系血統種族的概念——“姓”出現了！其標志，在商，為“子”。

玄王（商王），其子孫皆為王子，其王子之族皆玄王（商王）子孫之族——“子族”——以“子”為姓的“族”——“子”姓“族”也。

商以“子”為姓。“子”，是以玄王為始祖的父系血統種族的標志。這裏足證“姓”的出現，始於父系——姓，是父系的産物，是父系血統種族的標志。這一點在我的思想認識中，是絶對的，也是我與當今學者看法的又一差異，也許是最大的差異。今天學界多有持

① 徐《字典》1572，崔《詞典》65。崔《詞典》第65頁：“子族，族名。一種軍事組織。係由殷王同姓家族組織而成。”

② 據崔《詞典》録其前冠“子”的“子不、子仄、子戈、子欠”等五十八名、70見；另，中國社會科學院考古研究所編輯的《甲骨文編》（中華書局，2005年）有合文“子丁”4見、“子庚”1見、“子癸”1見。

“姓，起於母系”説者，不在此處詳辯[1]。

雖然，“姓”的起源、產生，與“部落標志”有極大的關係，尋索衆“姓”之所以各各有異，其源頭可追溯到（原始）部落各各不同的“部落標志”，但是，“姓”與“部落（標志）”是性質完全不同的兩種事物。

“部落”與“姓”的差異，按我粗淺的理解，大致是：

其一，部落，是由部落成員組成的實存的社會單位。一部落内不容有他部落成員。

部落標志，是該部落實際存在時的標志。部落不存在（滅亡或演化）了，部落成員也就没有了，原先作為標志的形象即失去其作為部落標志的意義。如“麇（麋）”部被滅，其殘存者入他部落即為他部落成員，麇（麋）便失去作為部落標志的意義；“玄鳥”部演化為“商”國了，其成員即為“商”國成員，玄鳥便不復具有部落標志的意義。

姓，是以某一男子為始祖的父系血統種族系統的標志。同一父系血統的子孫為一姓。同姓之人組成姓族。任何姓族中人，不論其身在何國何處，即使在他姓的國内為臣為奴，也不管人數多少，哪怕衹有一人，其姓絶不變易。如孔丘，出自（商）宋，“子”姓，其曾祖父被殺，其祖奔“姬”姓國魯，至孔丘居魯已三世，其為“子”姓不（可）易。

其二，部落由部落成員構成，一部落内不容有他部落成員，但可以接納（離其原部落來）投順者即接納“來降”者為本部族成員。“麇（麋）”部、“夔”部為“荆楚”所滅，“荆楚”可接納兩部殘存者為“荆楚”成員。“玄鳥”部男子“降”於“翟雉”部，即為“翟雉”部落成員（想象過去，大概會用翟雉的五彩羽毛裝飾其腦袋以示）。“翟雉”部男子“降”於“玄鳥”部，即為“玄鳥”部落成員（想象過去，大概會用玄鳥的青黑長羽裝飾其腦袋以示）。所以，出生於“翟雉”部落的“契”，“降”於“玄鳥”部落（即為“玄鳥”部落成員），可以並事實地成了“玄（鳥部落之）王”——也就是説，部落成員是單一的；部落成員的來源並不一定是單一的。人們的部落歸屬是可以改變的。

姓，由同姓成員組成姓族，一姓族内絶不容混雜他姓成員。雖然，較大的姓國（以某姓為君的國）内，一般包含有他部或他姓成員為該姓國的臣、奴（妻即奴，見下文），但臣、奴絶不（可）入其國姓。如“子”姓的商國内有“任”臣、“姬”奴等（見下文），“任”、“姬”等絶不（可）入“子”姓。同時，一姓人的後裔，無論其為何輩在何處，絶不（能）更易其本姓（而入他姓），如春秋時的孔丘，居“姬”姓的魯已數世而不易其“子”姓。上文已及：一姓國内，可容不同姓族之人；一姓之人，可生活於不同姓國。而任何人

[1] 姓，父系的產物，父系血統種族的標志。在我的思想認識中，是絶對的，不在此處詳辯。關於“姓”的起源、性質等，請參看拙文《姓・姓族・姓族制》等；關於所謂“女子稱姓”説，請參看拙文《先秦姓國資料之一：示女以姓》等拙文，關於所謂“女生為姓”説，請參看拙文《“女生為姓”辯誤》等拙文，並請見下文。至於“男系”“父系”及二者關係，上文已説，無須復贅。

的姓屬是絕不可改變的。

姓，標志其父系血統。所以，“姓”對於其子子孫孫，“百代不變，萬世不易”。

其三，似乎有必要對“‘姓’與女性的關係”作一辯說。

“姓”對於男子，是標志其父系血統，子子孫孫“百代不變，萬世不易”。對於女性呢？在《春秋經傳》《國語》等古籍中記録（公元前722年魯隱公元年～公元前468年魯哀公二十七年）先秦帶有姓、國稱謂的女子二百，其稱謂中的第一標志就是該女子的父族的“姓”（請參看拙文《先秦姓國資料之一・示女以姓》）。如“子”姓的宋國君襄公，其夫人被稱為“王姬”——“姬”姓族周王之女（《左傳・文公八年》）。如“姜”姓的齊國君桓公的一位如夫人被稱為“宋華子”——“子”姓族宋國的華氏之女（《左傳・僖公十七年》）。凡（其父族有姓的）女子，對她們的稱謂中必標記其父族的姓，説明“姓”的父系血統性質、意義亦及其女兒，以致在後世（南宋）出現了一個似是而實非的説法——“女子稱姓”。

姓，對於女姓是怎麼樣的關係呢？

(1) 女子的稱謂中標記的“姓”，是誰家的姓？是女子父族的姓，她們從父族所得的“姓”，並不因其“于歸”不同姓族的夫家而有所改變。例見上。這是一。

(2) 女子“于歸”不同姓族的夫家，對她的稱謂中或者可以有其夫及其夫國的標記，但絕無（即絕不能有）其夫的姓族標記。如“王姬”的稱謂中絕無（即絕不能有）其夫族的“子”標記，“宋華子”的稱謂中絕無（即絕不能有）其夫族的“姜”標記。“嬴”姓的秦國君穆公，其夫人被稱“秦穆姬”——秦國君穆公所娶“姬”姓的晉國女——必標記其父族之姓“姬”，又有其夫（穆公）、其夫國（秦）的標記，而絕不能有其夫姓族的“嬴”標記。

(3) 女子，她個人稱謂中標記着其父系的“姓”，但女子絕不傳其父系之“姓”。所謂“不孝有三，無後為大”的“無後”，是指“斷子絕孫”，“後”並不包括女兒。“姓”是父系的，所以至女而絕——根本不是什麼“女子稱姓”，而是“女子絕姓”。

(4) 女子所産子女，必依父系而屬於其子女的父系姓族。宋襄公的夫人“王姬”之子女為“子”姓（絕不能為“姬”姓）。齊桓公的如夫人“宋華子”所産公子雍為“姜”姓（絕不能為“子”姓）。“嬴”姓的秦穆公和其夫人“秦穆姬”所生的女兒嫁給了她母親的哥哥“姬”姓的晉文公，從而被稱為“文嬴”——“文嬴”，其指義是：晉文公所娶的是“嬴”姓女子，完全没有他娶了他“妹妹的女兒”的含義——這裏，完全没有即完全不是後世“‘姬’舅取‘嬴’甥”的觀念。恰恰相反，這裏的“舅甥”關係是“‘嬴’舅‘姬’甥”——“嬴”姓族（的秦國）是“姬”姓族（的晉國）之“舅”，“姬”姓族（的晉國）是“嬴”姓族（的秦國）之“甥”。“婚姻，合二姓之好也”，“姬”姓族的晉文娶“嬴”姓族的秦女，結“秦晉之好”，“禮也”。

“姓”，自產生始，三千餘年，“示女以（父）姓”“姓至女而絶”，無數事實確確鑿鑿地説明了“姓，父系血統種族的標志”的這個性質。因此，我怎麽也無法理解，現今學者怎麽會以南宋鄭樵似是而實非的“女子稱姓”一句話為根據，引出“姓，起於女系”的結論的呢？

其四，子——貴也，尊也。

“人”，“天地之性最貴者”。“人”中之“子”，貴中之最尊者也。上面説了，“子”，是商的最高統治者商王父系血統的子孫，當然是貴族，而且是第一貴族。

（1）“契”為“玄（鳥之）王”。“玄王勤商，十有四世而興。”商克夏做了天子（至少五百年）。天子者，“天”的子男也。

商人以其王祖在“天”為“帝”。帝紂嘗言：“我生不有命在天?!”（《書・商书・西伯戡黎》）看來，商人以為“天”亦有姓，“天”的姓也就是商的“子”姓。

（2）自契而天乙成湯到紂，幾百年或千年的玄王（商王）的子孫萬千“子”姓族人皆為至尊至貴的王子。

周代，商王遜而為宋公。“子”，由“王子”的省稱成了“公子”的省稱，其高貴至尊的影響延留，而為天下“百‘姓’”萬國“公子”所普遍稱用。

春秋時期，子姓的宋自不必説，有“子皮、子魚、子靈、子罕”等，姬姓族諸國，魯有“子家、子羽、子反”等，衛有“子貢、子嘉、子適”等，鄭有“子都、子儀、子華、子產”等，姜姓之齊有“子之、子息、子雅”等，嬀姓之陳有“子夏、子黄、子招”等，包括“蠻夷”的芈姓之楚亦有“子木、子重、子囊”等。

（3）“子”，其姓族之尊、血統之貴、文明之高，成為對道德、言論、行為高尚男子“君子”的標記——即“某氏之君子”的省稱而置於其氏稱後。於是，乃有如：孔子、老子、莊子、惠子、管子、晏子、孟子、墨子、楊子……至於女性，則無論何姓何國何族，女子出嫁，概美之曰“之‘子’于歸”。

“子”，為“男子之通稱”，“男子之美稱”。對照其他有些“姓”，如禹後裔之“巳”姓之為“妃”、其“姒”姓之為“妯娌”，周王族之“姬”姓之為“賤妾”等（見下文），“子”姓其尊、其貴、其高，其為“男子之美稱”，是獨一無二的。套用《毛詩正義》慣用的頌語：“可美大矣”哉！

總結以上所述——

洛地的基本觀念（之一）：事物就是事物自身，事物的特徵在事物自身之中。上面所説的一切及每一步，都是按這個原則對事物試作探索、考察。説這話是什麽意思呢？我的意思是，本文上面所説的：

1. 有娀·簡翟·玄鳥·降·契 —— 有娀的翟雉部落女子簡翟與來降的玄鳥部落男子結合，產子男契。

2. 契·玄鳥·玄王 —— 契（等在翟雉部落出生的男子降於玄鳥部落）在玄鳥部建有大功，為玄鳥部人擁立為“玄（鳥族之）王”。

3. 契·玄王·商 ——契為部族首領玄王，創立了男系的商國；契之子孫世世代代為玄王即商王。

4. 契·子·商—— 契創立了以他為始祖的父系血統種族（姓，曰）子；子姓族為商國的最高貴族，統治商國及其後的商朝。

以上，洛地自我思忖，並未越出古人提供的比較可信的材料，可以說沒有越出《商頌》的範圍，衹是對其中一些詞語的指義作了理解。我讀書甚少，没有看到過學界曾有與我類似角度的看法，譬如（在我覺得根本無須解釋的）“玄王”（當然即）為“玄鳥之王”也未見曾明確作此解者（為什麽？不清楚）。

學界對“商 ——子”似乎着重於對其“婚姻制度”的注意。

其五，（商）宋的婚姻“制度”。

對於“子”姓族，今天學界所注意的，似乎比較着重其婚姻，尤其是其“婚姻制度”。學界提出的問題是：商宋是“内婚制”還是“外婚制”問題。

1. 關於這個問題，我是一點看法都没有 ——我以為根本不存在這個問題。

(1) 社會現象、社會習俗、社會制度，固然密切相關，但三者為三事。如漢初（武帝時）有個寡婦卓文君跟着一個窮小子司馬相如私奔了，這是現象，不能據此可以認為漢代有寡婦可以自擇對象再嫁的習俗和制度。文君父親卓王孫氣極了：“女至不材!”這是觀念，不能據此就認為漢代有寡婦不得再嫁的制度。制度呢?“女子，出家從夫”纔是制度，迫使卓王孫不得不（默）認了卓文君跟司馬相如的結合。商，没有任何資料可以説明其婚姻制度，也不清楚當時的社會習俗，衹能從現在可能得到的資料探索其可能的婚姻現象。

(2) 商王及其子裔“子”姓族，在一個長達幾百年的時期内，是天下最尊最貴最有權力的貴族。如果有制度的話，就是“莫敢不來享，莫敢不來王。曰商是常”，用後世的説法，就是“溥天之下，莫非王土。率土之濱，莫非王臣”①。那麽其婚姻呢？難道不是“天下之女，莫非王奴”嗎？據現有資料，我們没有證據可以證明“子”姓族男子（一定）不娶其本“子”姓族之女，也没有確鑿的證據可以證明“子”姓族男子（一定）不娶其他部落部族之女。

① 此處按《毛詩正義》解，用為：普天之下皆王土，率土之濱皆王臣。

因此，對商宋的婚姻制度，衹能説不知道 —— 不知道其是否有（婚姻）制度，更談不上其是否“内婚制”抑或“外婚制”。

2. 有人説：“殷人在王朝未滅亡前行内婚制，學者多無異議。”（按洛地有疑議，見下文）而對在周代的“宋的内婚，後儒出於維護禮制的需要，而不承認，以為是不經之事[①]。但《公羊傳》借不書大夫之名而揭示了一個鮮為人知的秘密，其史料的珍貴是不言而喻的”——這個“鮮為人知的秘密”是什麼呢？“‘内婚制’指部族内的‘同姓相婚’。……這對周族來説，是絶對不允許的[②]。但在殷人中，卻是曾經實行過的婚制。並且在春秋時期，宋國國君和卿大夫階層中仍然行此婚制。”[③]

如此，且看看《公羊傳》借“不書大夫之名”揭示了什麼？

所謂“借不書大夫之名而揭示”，是《公羊》之傳《春秋》“宋殺其大夫”及八百年後的東漢何休的《解詁》。試考察之。

《春秋》“宋殺其大夫”及《公羊》傳《經》“宋殺其大夫”有兩處（為便於討論，《左氏》《穀梁》之傳見下文）：

一處在公元前 635 年《春秋・僖公二十五年》（宋成公二年）：“宋殺其大夫。”《公羊》：“何以不名？宋三世無大夫，三世内娶也。”何休《解詁》：三世謂慈父、王臣、處臼也。内娶，大夫女也。言無大夫者，“禮”不臣妻之父母，國内皆臣，無娶道，故絶去其大夫名，正其義也。外小惡正之者？宋以内娶故公族以弱，妃黨益彊，威權下流，政分三門，卒生篡弒，親親出奔。疾其末故正其本。

一處在公元前 620 年《春秋・文公七年》（宋昭公元年）：“宋人殺其大夫。”《公羊》：“何以不名？宋三世無大夫，三世内娶也。”（與《僖公二十五年》全同）何休《解詁》：“故使無大夫。”（僅此一句）

唐人徐彦之《疏》全録《僖公二十五年》的何《解》。

（1）《公羊》謂“宋三世内娶”，何休指實“三世謂：慈父、王臣、處臼”。按慈（兹）父，襄公；王（壬）臣，襄公子成公；處（杵）臼，成公子昭公。即宋襄、成、昭三世。

宋襄公，公元前 651 年（魯僖公九年）登基，公元前 637 年（魯僖公二十三年）卒。子成公嗣，公元前 620 年（魯文公七年）卒。子昭公嗣，公元前 611 年（魯文公十六年）被弒。

（2）子姓族的宋，其君臣、子民婚姻的具體材料非常之少。以宋昭公卒之年前推一百

---

① 所謂“禮制”是周的，也是宗周、頌周的儒生們最引以為榮的。無論“先儒”還是“後儒”（除在劉宋、趙宋兩朝外），會“出於維護禮制的需要”為商——宋諱，是絶對没有的事。不枝蔓。

② “同姓相婚，對周族，是絶對不允許的。”完全没有這回事。《三傳》中至少有 20 例。不枝蔓。

③ 蔡鋒：《春秋時期宋國“内婚制”考察》，《河北師範學院學報》第 27 卷第 3 期（2004 年 5 月）。

年（公元前710年莊～公元前692年閔～公元前682年桓～公元前651年襄～公元前637年成～公元前620年昭～公元前611年文），以現今可見的古籍之所録，僅“三男一女”四例（請參看《先秦姓國資料之一·稱女以姓》）：

宋華子于歸“姜”姓族齊桓公為其如夫人（公元前643年《左氏·僖公十七年》）；

宋大夫蕩取“姬”姓族魯女伯姬為其夫人（公元前635年《春秋·僖公二十五年》）；

宋大夫蕩之子取“姬”姓族魯女為其夫人（公元前635年《春秋·僖公二十五年》）；

宋襄公取“姬”姓族周襄王之姊為其夫人（公元前619年《左氏·文公八年》）。

以上俱非“同姓相婚”，尤其是宋襄娶周襄王姊，足證宋襄非“同姓相婚”。是不是宋成、宋昭“内娶”？没有材料，不知。

（3）上引《經》兩書“宋（人）殺其大夫”，兩次的情況不大一樣。《左氏》《穀梁》之傳與《公羊》大異；《左氏》《穀梁》二傳亦大異：

公元前635年《春秋·僖公二十五年》（宋成公二年）：“宋殺其大夫。”《左氏》無傳。《穀梁》：“宋杀其大夫。”其不称名姓，以其在祖之位，尊之也。

公元前620年《春秋·文公七年》（宋昭公元年）：“宋人殺其大夫。”《左氏》：“宋成公卒。……昭公將去群公子，樂豫曰：‘不可……’不聽。穆、襄之族率國人以攻……書曰：‘宋人殺其大夫。’不稱名，衆也，且言非其罪也。”《穀梁》：“宋公壬臣卒。宋人殺其大夫。”稱人以殺，誅有罪也。

可見，以上皆與“三世”無涉，與《公羊》所謂“内娶”全然無涉。至於何休《解詁》的“三世”為襄、成、昭，“以内娶故公族以弱，妃黨益彊，威權下流，政分三門，卒生篡弑，親親出奔”云云，更是不見蹤影。

（4）這裏問題是明顯的：

《春秋》書“宋殺其大夫”。《左氏》不傳其事之所以而論“何以不名”已是旁顧。《公羊》竟以“不名”而傳《經》之“宋殺其大夫”為“宋三世無大夫”，直斥《經》為不經，更謂“宋三世無大夫”係因國君“内娶”。就算按何休之《解詁》“國内皆臣，無娶道，故絶去其大夫名，正其義也”，難道宋襄、成、昭三世國君把宋國所有的大夫家的女子全娶了嗎？否則何致“宋三世（舉國）無大夫”呢？《公羊》此傳難道不有點怪異嗎？

史籍中並無宋襄、成、昭“三世内娶”之記載，固然不能據此就認為《公羊》所傳“宋三世内娶”之言一定不可信。但，八百年後的東漢何休《解詁》“三世”為襄、成、昭及等等云云，難道也一定確然不可疑議嗎?

(5) 或者有可能《公羊》説的“三世内娶”，並非(如何休之《解詁》) 專指宋襄、成、昭。如此，據現今可見的古籍材料，將春秋時期宋國男女婚姻情況全部謄録於下，計二十八例(十男十八女)：

宋桓公取“姬”姓族衛昭伯女為夫人(《左氏·閔公二年》)；
宋大夫蕩取“姬”姓族魯伯姬為夫人(《春秋·僖公二十五年》)；
宋大夫蕩之子取“姬”姓族魯女為夫人(《春秋·僖公二十五年》)；
宋襄公取“姬”姓族周襄王姊為夫人(《左氏·文公十六年》)；
宋共公取“姬”姓族魯女伯姬為夫人，稱共姬(《左氏·成公八年》等)；
宋共公取“姬”姓族衛女為共姬之媵(《左氏·成公八年》)；
宋平公取“姬”姓族宋大夫芮司徒女弃(《左氏·襄公二十六年》)；
宋元公取“曹”姓族小邾公女景曹為夫人(《左氏·昭公二十五年》等)；
宋大夫朝通於“子”姓族衛靈公夫人宋南子(《左氏·定公十四年》)；
宋子仲取“姒”姓族杞女為妾(《左氏·哀公十七年》)；
孟子于歸“姬”姓族魯惠公為其元妃(隱公元年前)；
聲子于歸“姬”姓族魯惠公為其繼室(隱公元年前)；
仲子于歸“姬”姓族魯惠公為其妃(隱公元年前)；
小戎子于歸“姬”姓族晋獻公為其妻(《左氏·莊公二十八年》)；
宋華子于歸“姜”姓族齊桓公為其如夫人(《左氏·僖公十七年》)；
蕭同叔子于歸“姜”姓族齊惠公為其夫人(《左氏·成公二年》)；
聲孟子于歸“姜”姓族齊頃公為其夫人(《左氏·成公十六年》)；
仲子于歸“姜”姓族齊靈公為其夫人(《左氏·襄公十九年》)；
宋子于歸“姬”姓族鄭人，生子孔(《左氏·襄公十九年》)；
戎子于歸“姜”姓族齊靈公為其妻(《左氏·襄公十九年》)；
宋嚮戌女于歸“妘”姓族鄅國君為其夫人(《左氏·昭公十九年》)；
宋元公女于歸“姬”姓族魯季平子為其夫人(《左氏·昭公二十五年》)；
姚子于歸“姬”姓族鄭穆公為其少妃(《左氏·昭公二十八年》)；
南子于歸“姬”姓族衛靈公為其夫人；宋子朝通之(《左氏·定公十四年》)；
南孺子于歸“姬”姓族魯季桓子為其夫人(《左氏·哀公三年》)；
(仕衛之) 宋子朝女于歸“姬”姓族衛大叔疾為其妻(《左氏·哀公十一年》)；
(仕衛之) 宋子朝女娣于歸“姬”姓族衛大叔疾為其妻(《左氏·哀公十一年》)；
宋女于歸“姬”姓族魯孝公為夫人(《左氏·哀公二十四年》)。

除宋子朝與南子相“通”一例外，俱非“内”者。

今論家所謂“揭示了一個鮮為人知的秘密”在哪裏啊？

以上材料並不能證明（商）宋必無“内娶”之事，但足可確證（商）宋必無“内婚”的制度。同樣，以上材料足可確證商（宋）有“外婚”的事實，但並不能證明（商）宋必有“外婚”的制度。

事情一定要弄得如此複雜嗎？既然既有“内婚”現象又有“外婚”事實，也就根本無所謂“内婚、外婚”。難道不是這樣嗎？

其六，商代的婚姻情況擬探。

既已説到這裏，被論家以為“學者多無異議”的“殷人在王朝未滅亡前行‘内婚制’”的情況怎麼樣呢？

還是要重複一句：現象、觀念、制度是三事。根本就没有任何根據或理由，見先民部族有“内婚”現象，就判定該部族一定就是排斥“外婚”的“内婚‘制度’”；見有“外婚”現象，就判定該部族一定是有排斥“内婚”的“外婚‘制度’”。

譬如“子”姓 —— 這裏（當然）是説“子”姓商。根據“天命玄鳥，降”與“簡翟”産子“契”為“玄王勤商”等，竊以為可以引出翟雉、玄鳥可能原本是兩個女系姻親部落的推想。但是翟雉、玄鳥這兩個姻親部落是不是就必定有體制性的“互婚‘制度’”，排斥與其他部落成員結姻呢？不知道。因為没有這方面的材料。

1. 我不懂甲骨文，但從崔恒昇《簡明甲骨文詞典》中檢看與女性有關的字，計有①：

○女　一例 3 見；○雌　一例 1 見；○冥　一例 4 見；○五毓　一例 2 見。

○匕×　二十八例 88 見：匕甲 8、妾匕甲 1、高匕丙 3、匕丙 2、匕戊 5、高匕己 3、毓匕己 2、匕己 7、己匕 3、妾匕己 2、高匕庚 3、匕庚 10、庚匕 3、妾庚 1、匕辛 6、女匕辛 1、毓匕辛 2、匕辛㛿 1、匕壬 6、匕癸 6、毓匕癸 1、高匕 2、匕丹 1、三匕 1、五匕 1、多匕 3、毓匕 3、妾匕 1。

○比×　二例 3 見：比己 1、比庚 2。

○女、女×七例 19 見：女 3、女戊 2、女己 2、女庚 3、女辛 5、女癸 3；女娸 1。

○母　十例 15 見：母庚 3、母辛 2、辛母 1、母壬 1、母癸 1、母兮 1、母萑 1、母雀 1、多母 3、我母 1。

○每　五例 10 見：每 1、每戊 3、每己 2、每辛 2、每癸 2。

○子　據徐《字典》和崔《詞典》，亦有將“子”冠於婦女稱謂之前者，二例 4 見：

---

① 説明：(1) 文後數字為該詞在崔《詞典》見數，如“匕己 7”為“匕己”在崔《詞典》中 7 見；(2) 一詞多義如“匕己”7 見或非一人，多詞同義如“妹”或即“帚妹”，皆不計，但以一詞為一例；(3) 字後有“*”者，為某部落或某地之女，如“妗*、帚良*”為“今、良”部落或地方之女 。

子目3、子女正（女乏）1。

〇帚（今人［王］婦） 九十七例163見：

帚4、𦟝1、帚寢1＊、帚子2、帚好6、帚娀1＊、帚女2＊、帚妓3＊、帚汝2＊、帚妊3、帚古1、帚禾1＊、帚石1、帚巡1、帚白3、帚妹1＊、帚寐1＊、帚己1、帚芑1、帚楷1、帚杞1、帚先1＊、帚六3＊、帚妗3＊、帚杏1、帚希2＊、帚妥1＊、帚良3＊、帚來2＊、帚索1、帚啓1＊、帚娠1＊、帚婡2＊、帚康1＊、帚娶1＊、帚尚2、帚㚤1＊、帚周2、帚妠2＊、帚相1、帚衍1＊、帚多3、多帚2、帚䫉2、帚妁1、帚井3＊、帚姘5＊、姘帚1＊、帚龍1、帚鼠3＊、帚魯2＊、帚羊1、帚姅3、帚姜1、帚宅1＊、帚姍1、帚斧1、帚果1＊、帚婐2＊、帚奏2、帚婈1、帚壴1、帚鼓1、帚喜2、帚嘉1＊、帚葉1＊、帚嫌3＊、帚言同2、帚洎1、帚澡1、帚眉1＊、帚媚2＊、帚弄3＊、帚姓2＊、帚姪2、帚楚3、帚亞1、帚曌1＊、帚豐2、帚嫚1、帚爵1＊、角帚1＊、帚寶2、帚𡚱1、帚妿2＊、帚姐1、帚婀3、帚枢2、帚媎1＊、帚笑1、帚籥1、帚娶1＊、帚婇2＊、帚龏1＊、帚婞3＊、帚嬣2＊、帚娅（妸）1。

〇妃 一例3見：霝妃3；〇妻 二例4見：妻3、妻妠1。

〇奻（今人［王］妾）十六例18見：

妾帆1、妹2＊、娶1＊、姜1、嫛1＊、娸2＊、妶1、㚤1、

娟1＊、婋1、婛1、媬1、㜇1＊、嬇1、嫞1、嬳1。

〇女、奻（奴、俘、犧牲）二十例31見：女3、卑女1、婢1、㜝1、

每1＊、姜1、娥5、婖1、娙1、姬1＊、嬖3、妇3、姑1、

妃1、婘2、婞1、婞1＊、嬅1、媔1、曌1＊。

〇（女）巫 三例5見：巫妝1、巫妹1＊、婞3。

2. 以上共計一十八字、一百九十七例、369見，或可大略歸為四類：

(1)“女性”，有“女、雌、冥（娩）、毓”，計四例10見：

女 一3；雌 一1；冥 一4；五毓 一2。

(2)“妣”，包括“匕、比、母、每”，（同天干合併，五十二例合併）為二十二例135見：

甲二9，丙二5，戊三10，己八23，庚七25，辛八20，壬二7，癸四13。

外，無天干標記者十四23。

(3)“今商人（王）妻”，包括“子、帚、妃、妻、妾、奻”，（一數不書。其中同義異寫者合併，一百一十八例合併）為八十五例188見：

妻3，妾，子目3，子娅（妸）1，帚（4、寢、𦟝）6，子（2、好6）8，女(2、妓3)5，娀，妊3，己（妃、芑、杞、楷）4，霝3，古，禾，石，巡，白3，妹（3、寐）4，先，六3，

妗3，杏，希2，妥，良3，來2，索，啓，娠，婡，康，娶2，尚2，㚸，周2，妠2，相，衍，多（3、多2、㚉2）7，妫，井（3、姘5、姘）9，龍，鼠3，魯2，羊（姘3、姜2）6，宅，妣（斉）2、果（婐2）3，奏（2、婑）3，葉（媟3）4，壴（鼓、喜2、嘉）5，訶2，洎（㵒）2，眉（媚2）3，弄3，姓2，姪2，楚3，豐（2、𡣍）3，亞（婭）2，爵（角）2，竇2，姍（汝）2，奵2，妲，婀3，柜2，㚯，妄（𩰲）2，娶，婇2，㚻，婞3，嫭，需3，㚥，嫛，娸2，妶，戏，娟，婋，婛，媬，嫊，嫃，嫞，嬂。

(4)“女奴、俘、犧牲”及“巫”，包括“女、婢、奻、巫”等，（一數不書。其中同義異寫者合併，二十三例合併）為二十例36見：

女3，卑女（婢）2，㜷，每，姜（媄、婞3）5，娥5，嫀，婭，姬，嬖3，妿3，姑，妵，娇2，婞，婞，媪，婴，巫妝，巫妹，為四類、一百三十一例、369見。其中或者還有相重的（如“羊、姘、姜”與“婞、媄”等），檢録婦女約有一百餘之數。

衹緣讀書太少，没有看到過有哪位先賢學者曾梳理、彙集過所有甲骨文中婦女材料，衹得自己弄。花了好幾天時間檢録的上面這些當然是極其不完整的、難免有誤的“清單”——對於本文，衹是為了探索商朝婚姻關係與其“子”姓族的關係，更主要是探索（子）“姓”與婚姻的關係。

3. 從上面這張（也許勉强可用的）“清單”能看到什麼呢？

(1) 極端的男性意識，反映為男性世界的現象。上面説到，在甲骨文“”“”象形為“人”。“女”字呢？“”，“象屈膝交手之人形”（徐《字典》第1299頁）“母”即“女”。“妻”，從“彐（又，手）”從“女”，象手執女，“‘妻’字即此掠奪婚姻之反映”（徐《字典》第1321頁）。按甲骨文合文“左右、上下無别”，“妻”即“奴”。而“奴”，當然是男子的奴。“女牲”，當然為男系部族邦國祭祀所用之犧牲。“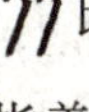比（妣、从無别）”，女，從人者也。如此，反過來證明了在商（甲骨文）時代，“人”指義主要是男性。如“羊”，其為部落標志當可無疑，其“人”即其男性為“美”即“羌”，而其女性則為“姜”、為“姘”、為“媄”、為“婞”——“羊”部之“女”、“羌（羊人）”之“女”。如“井”，為部落標志或地名（甲骨文中有“井方”），其“人”即其男性為“井人”、為“井白（伯）”（徐《字典》第555頁、崔《詞典》第84頁）；而其女性則為“姘”——意思很明白：“井”方之“女”、“井人”之“女”等[①]。

(2) 按崔《詞典》釋文，約有六十個特稱係部落或某地之女。如“帚六”為“‘六’方

---

① 崔《詞典》第385頁：“帚姘，姘地的女子……”崔《詞典》皆如此寫法。按“井”，地名，商稱之曰“井方”；其首領，商稱之為“井白”。如此，“井”當為“姘”之本字，“姘”當為合字，其義為“井”方之女，不當為“‘姘’地的女子”。崔《詞典》寫法不妥。

國的女子，進奉給殷王族做后妃”（崔《詞典》第379頁）；如“帚禾”為“‘禾’地的女子，進奉給殷王做后妃”（崔《詞典》第380頁）。“‘某’地的女子，進奉給殷王族做后妃”，在崔《詞典》67例“帚”字下有“六、禾、井、嘉、先、宅、今、彡、女、川、弄、希、爪、來、冉、生（姓）、葉、垚、口口、衍、眉、至、戎、缶、啓、辰、束、康、取、果、寧、食、录、彝、桒、鼠、率、魯、爵、寧”（崔《詞典》第379～396頁）40例！當然，崔《詞典》没有指釋為部落或地名的，大約大多也是部落或地名。

如此，足可以證明商王等男子既娶外部落婦女亦娶本國族婦女，即“天下之女，莫非王奴”就是了，根本無所謂“内婚制”“外婚制”。

一方面認定“商人實行的是‘内婚制’”，一方面宣稱“姓，絶對是‘外婚制’的産物”。笨拙如洛地覺得怎麽也理解不過來。

其七，甲骨文中的“姓”。

這是本文本節真正想要探索的。

1.“子”，以男子“契”為始祖的父系血統種族的標志——“子”姓。

本文已詳述其過程，無須復贅。

事物就是事物自身，事物的特徵在事物自身之中。所以，我説了“玄（鳥）王”——“商”之為“子”姓——有其明確而且完整的自成的性質。

2.檢看甲骨文中的情形，參看上面那張“清單”和後世（可確定）的十九姓，除“子”而外（在“子”姓出現之後），在殷商之時或已為姓者，或有二：

(1)“任”(周世有薛、黨等“任”姓之國氏)。

甲骨文有“任”字（本節内甲骨文中有見之字以楷體標出）。“任”本字為“壬”。

壬：①天干之一。②商先公、先王、先妣之廟號（徐《字典》1566、崔《詞典》109）。③殷商時地名（有“任方”，崔《詞典》109）。

任：①人名。②爵名，殷代封建之侯、甸、男、衛四服之男（徐《字典》889～890、崔《詞典》223）。

帚妊：婦名（徐《字典》1306、崔《詞典》385）。

——周有《詩·大雅·大明》：“摯仲氏任，自彼殷商。……大任有身，生此文王。”《詩·大雅·思齊》：“思齊大任，文王之母。”可與相證。

如此，妊是商人對“任”族之女歸於商者的稱呼。

任，當為受殷封爵的商之臣族。殷商之時，任或已為姓族——姓，父系血統種族之標志，以任為姓，甚是。

(2)“己”(周世有“己”姓之莒國)。

甲骨文有“己”字。

己：①天干之一。②商先公、先王、先妣之廟號（徐《字典》1556、崔《詞典》57）。

杞：地名（徐《字典》642、崔《詞典》273）。

帚杞：婦名（崔《詞典》384）。即帚巷，婦名（崔《詞典》392）。

帚芑：婦名（崔《詞典》198）——崔《詞典》收三婦名内文作巳。徐《字典》作己。

妃：從女從己，妃匹，即《説文》中之改字（徐《字典》1305，崔《詞典》57 無釋）。霝妃：婦名（徐《字典》1305、崔《詞典》665。按霝亦人名。徐《字典》1244、崔《詞典》664）。

妃，當為商人對“己”族之女歸於商者的稱呼。

己，殷商之時或已為姓族。洛地以為，杞或為己姓族“木主”即社稷之地。

——按周代，杞國為“姒”姓。姒，妃之異寫。其為姓，由己所派生者（請參看拙文《己・姒・姬》)。“姒”字，甲骨文中無見。兄弟之妻相稱曰姒娣（《爾雅》)。以男子的妻妾際關係稱呼以為姓，是所謂姓，非“自成”者；是“姒”於商時似尚未為姓。

3. 殷商之時，尚未為姓者：

(1)“姬”(周世天子之族“姬”姓)。

甲骨文有“姬”字。姬：其本字當為“𦣞”——“甲骨文𦣞｜字不單出”（徐《字典》第 1302 頁)。

姬：于省吾謂，𦣞象梳篦之形。于説可從（徐《字典》1302)。①祭名。②疑為神祇名（徐《字典》1302，崔《詞典》506)。③胡厚宜以為是女奴（崔《詞典》506)。

如此，姬，“甲骨文𦣞字不單出”，是“𦣞”似非部落、方邦。“姬，從𦣞從女”，按徐《字典》所從于解，似為商人對“奉梳篦之女”的稱呼。宜乎胡厚宜以姬為商之“女奴”也。

姬，妾也。《國策・趙三》魯仲連以“讒妾”稱“妃姬”，《趙四》之紀姬，《中山》之陰姬、江姬，皆可與相證。上面注中“姒”的情況亦可參照。至於《説文》：“黄帝居姬水，以為姓。”不可信。段玉裁注：“姜、姬蓋後所製。”甚是。按洛地對“姬”之為姓的看法，請參看拙文《己・姒・姬》。

據此，周以商人對“奉梳篦之女”的稱呼“姬”為姓，周在殷商時的地位可以想知。料想殷商之時，或周昌為“西伯”之前，姬尚未為姓。

(2)“姜”(周世有“姜”姓之齊、紀等國)。

甲骨文有“姜”字。姜，本字為“羊”。

羊：①動物名，用為祭牲（徐《字典》413、崔《詞典》253)。②地名（有“羊方”，徐《字典》413，崔《詞典》253)。③人名（有“羊白（伯)”，崔《詞典》254)。

羌：從羊從人，或從象繩縛之形，或又從火，或省人形等，皆羌之異構。殷代羌與商為敵國，故卜辭中多有伐羌、逐羌、獲羌等記載，且每用羌為人牲，以供祭祀，甲骨文羌字從繩縛從火諸形，是為人牲慘況之實録（徐《字典》416～417。崔《詞典》369 較簡略）。

姜：①羌女之為奴隸者（徐《字典》1301）。指女性的羌，為祭祀用牲（崔《詞典》439）。②疑為人名（徐《字典》1301，崔《詞典》439）。

帚羊、帚姜、帚姘：婦名（徐《字典》1323，崔《詞典》381、389、390）。

㛶：①女奴。人牲。②疑先妣名（崔《詞典》642）。

婞：女巫名（崔《詞典》577）。

如此，羊，當為部落標志。羌，商人對“羊”部人的稱呼。姜、姘、㛶、婞，商對“羊”部“羌”人之女的稱呼。“羌”人以商對其部之女的稱呼“姜”為姓，則似殷商之時，“羌”人尚未有姓。

至此，對學界所稱“姓起於女系”的又一條依據“古姓如姒、姬、姜等皆從‘女’”之說不能没有疑議了。竊以為，根據我國最早的文字甲骨文：①商以“子”為姓。②“己”、“任”在殷代或已為姓。③凡“從×從女”都是合字（而非本字），意思都是“×部之女”或“×人之女”的意思，如“姜”，“羊”部女；“姬”，“叵｜｜”女等。可以説明：①“古姓”並不“從女”。②以“從女”的合字為姓的乃後起的姓族。③“姓起於女系”說不（能）成立。

其他，“風”“歸”“曹”“曼”“庸”“羋”，殷代似未為姓。“嫣”“姚”“姞”“妘”“嬴”“隗”“祁”，甲骨文中無見，殷代當無這些姓。為省篇幅，不贅述。

五、子，天下第一姓

至此，可以把我的一個念頭説了。以上種種，使我產生一個念頭：很有可能，子是天下第一姓。祇有這樣，纔能解釋本文所説的所有一切 —— 所有現象和一切問題。商之為“子”姓，具有自成、完整、獨立的性質。其自成性：“子”之為“姓”，完全由“娀・簡翟・玄鳥・契・玄王・商・子”自身因素所完成；其完整姓：“子”之為“姓”，其源起、轉捩、過程、完成有完整的軌跡可尋；其獨立性：“子”之為“姓”，其出現之時，没有天下已有“姓”的任何跡象。

不能説“商”一定是我國第一個男（父）系部族，但是，“子”是我國第一個“姓”，我覺得是可以考慮的。

商，作為以“子”姓族為核心的最先進的父系奴隸制邦國，迅速地强盛起來，“正域彼四方”，直至滅了最强大的夏。商，其武力之强、其財富之豐、其文化之高、其影響即其勢力之大，及於“天下”，乃為“萬邦”之“王”。正是在這樣的情況下，“天下”衆多（女系）部落部族紛紛迅速地轉嚮父系，並以各種方式取“姓”。

待到天下萬國（大）都進入父系時代，各父系血統種族都以“姓”為其標志的時候，“姓”，其父系血統種族的性質，為天下所有“姓族”所共守，直至如今，以致“熟視而無睹”。而不同“姓族”之間“别男女以明婚姻”的意義突顯出來，成了“姓”在社會生活中的主要功能。如果不是本末倒置，可以明白地看到：不是“外婚制”産生了“姓”，而是“姓”提供了“外婚”的規範。

對於商的始原的探索，是大致地説完了。主要根據衹是《商頌》。所以説《商頌》“天命玄鳥，降而生商”並非神話，更非為統治天下而編出來的“神道”“宗教”。不衹是《商頌》，排除掉那些“三皇五帝”之類的無稽之談，所有關於商始原的傳説，我覺得都是非常之“現實主義”的，而且蘊含了極其豐富的史實内容。

且將《商頌》中文字、文句，作些調整、綜合，杜撰一段關於商的始原的俚歌《立子生商》，結束本文：

昊天堂堂，玄鳥其降。有娀方將，宅殷土芒芒。
簡翟在臺，玄鳥致貽。帝命不違，居然産契。
契既受命，玄鳥之王。玄王桓撥，長發其祥。
申錫無疆，立子生商。嬴孠無斁，保我後生。
受小國是達，受大國是達。設都於禹之績，正域彼四方之極。
大族天子[1]，殷武成湯。唯商是常，萬邦之王。

勉强還可以嗎？

（作者單位：浙江藝術研究院）

① “大族”“嬴孠”“無斁”，皆商鐘律名，見拙文《六律名義》，《中國音樂》2006年第2期。

八卦起源占卜論分析

王先勝

八卦起源於占卜或數卜是學術界最普遍和流行的一種觀點，或可謂主流認識。如：馮友蘭認為八卦由模仿占卜的龜兆而來，是標準化的“兆”；高亨認為八卦中的陰陽爻象徵占筮用的兩種竹棍，八卦是有節和無節兩種竹棍的不同排列方式；李鏡池認為陰爻和陽爻象徵古代結繩記事中的小結和大結，古人用結繩方法記録占筮之數，後來衍化為八卦；郭沫若認為八卦中的陰陽爻源自男女生殖器，陽爻取象於男根，陰爻取象於女陰。由於“諸種假設均缺乏文物驗證”①，所以它們現在主要是作為一種歷史記憶和資料，或可懸而不論。

在當代，由於殷周數字卦的發現和破譯，以及一些研究數字卦的歷史學者、考古學者在此基礎上進行的某些並不恰當的推測和判斷，使得“八卦起源於占卜”的觀點似乎有了考古依據和綫索，所以無論易學界還是非易學界的學者，在認識上大都更加傾嚮於“八卦起源卜筮論”。如：唐明邦先生認為張政烺 1980 年提出的“八卦由古代數卜記録符號演化而來”“這一發現為探討八卦起源、筮數同卦象的關係，打開了新思路”②。鄭萬耕先生認為馮友蘭、高亨、李鏡池等人的“卜筮説”乃至章太炎、錢玄同、郭沫若等人主張的“八卦起源生殖器説”“都是無從確證的猜測”，而張政烺的理解雖“仍屬猜測，但它具有相當的考古文獻上的根據，為我們探討卦爻畫的起源，開闢了新的途徑”③。陳詠明先生一方面認為張政烺對殷周數字卦的破譯與朱自清關於“八卦符號源於數卜（數目）”的推想相印證，同時又説，“八卦的形成、發展和運用，都是為了占筮，須從占筮的角度去把握，方不致偏

---

① 唐明邦：《周易評注》，北京：中華書局，1995 年，第 15 頁。

② 同上，第 15 頁。

③ 鄭萬耕：《易學源流》，瀋陽：瀋陽出版社，1997 年，第 13－14 頁。

離方嚮"，"由於人類社會的發展，生活內容日趨複雜，即使可以增加內涵，八種卦象也不足以包括所占之事和事物的變化了，於是加以推衍，成為六十四卦、三百八十四爻，於是卦象涵蓋的內容加多，應付的事變也加多"[①]。朱伯崑先生在四卷本《易學哲學史》中有類似的說法："……八卦所以演為六十四卦，看來是出於占筮的需要。隨著占筮的發展，八種卦象不足以包括所占之事，於是加以推演，成為六十四卦、三百八十四爻，便可以應付無窮事變了。"[②] 周山先生認為張政烺先生研究的數字卦"實際上就是《易經》卦體的前身"，"《易經》卦體中的陰陽爻畫源於數位，是可以確定的"，" 陰陽爻畫源於數位，應是歷史的真實"[③]。李零先生說，"從近年來古文字學家對一種所謂'奇'字的破譯，我們已瞭解到《周易》的易卦本是來源於一種用十進數位表示的數字卦，不但原先未見用橫畫斷綫表示的陰陽二爻，而且就連這種陰陽二爻最初也是用數字表示"，認為"我們要想理解古代易學，有兩點必須抓住，一是'數'，即卦如何由數而變成，這是筮法的關鍵……"[④]。樓宇烈先生更是專門撰文論述道："根據現有考古發現的文物資料，可以肯定地回答：作為易卦卦畫的基本爻象'--'與'—'是由原始筮法中的筮數演變而來的，它的原始形式和意義是'數'，而且是某個有具體數值的'數'。……當具體筮數演變為抽象的奇偶數代表後，人們纔會從卦畫爻象中認識到一切筮數最後都衹歸結為兩種爻象（--和—），以後的八卦和六十四卦則正是從這裏出發，推演出來的。"[⑤]

在此，我們有必要看看有可能支持"八卦起源占卜論"的考古材料以及學者們的相關認識，試對它們作些檢討和進一步的思考與分析，以求得對八卦起源問題特別是對有關考古材料與"占卜論"之間關係（即考古材料是否支持"占卜論"）的進一步明晰。由於相關論述較多，其結論又類同，而且主要來自於早期研究數位卦的歷史學者、考古學者尤其是張政烺先生的認識，因此我們衹需選取一些關鍵環節和典型認識進行分析，如有疏漏、例外以及異議，歡迎補充、批評與指正。

在《試釋周初青銅器銘文中的易卦》一文中，張政烺先生所統計的周初 32 例數位卦中共有 168 個數位，涉及一至八字，其出現次數分別為：一，36 次；二，0 次；三，0 次；四，0 次；五，11 次；六，64 次；七，33 次；八，24 次。其中以六、一兩字出現次數最多，分別為 64 次和 36 次，而二、三、四都是 0 次。他認為這是個必須注意的現象："易以道陰陽，陰陽不成對還有什麼易理可講?" 但是將所有奇數出現的次數加起來，其和為 80（36＋0＋11＋33）；將所有偶數出現的次數加起來，其和為 88（0＋0＋64＋24）：二者大體

---

① 朱伯崑：《周易知識通覽》，濟南：齊魯書社，1993 年，第 32－36 頁。
② 朱伯崑：《易學哲學史》第 1 卷，北京：華夏出版社，1995 年，第 13 頁。
③ 周山：《解讀周易》，上海：上海書店出版社，2002 年，第 6、9、11 頁。
④ 李零：《中國方術正考》，北京：中華書局，2006 年，第 199、206 頁。
⑤ 樓宇烈：《易卦爻象原始》，《北京大學學報》（哲學社會科學版）1986 年第 1 期。

平衡。所以他認為二、三、四這三個數字雖未見，但實際上還是存在的，推測應是二、四併入六，三併入一所致。古人為什麼要這樣做呢？因為古漢字的數字從一到四都是積橫畫為之，一、二、三、亖自上而下書寫起來容易彼此混淆、極難區分，因此將二、三、四從字面上去掉，歸併到相鄰的偶數或奇數之中，“所以我們看到六字和一字出現偏多，而六字尤占絶對多數的現象”。於是他推論：“占卦實際使用的是八個數位，而記録出來的衹有五個數字，説明當時觀象重視陰陽，那些具體數目並不重要。這是初步簡化，衹取消二、三、四，把它們分別嚮一和六集中，還没有陰爻（--）、陽爻（—）的符號。”① 後來在《帛書〈六十四卦〉跋》一文中，他更明確地得出結論：“在百十來個古筮考古資料中，一和六出現頻繁，一是奇數也是陽數，六是偶數也是陰數，使人很自然地感覺到一、六就是陽爻（—）、陰爻（--）的前身。”② 張先生這些分析是很細緻的，但關鍵問題就出在最後的結論上。在 1980 年的《試釋周初青銅器銘文中的易卦》一文中，他並没有明確肯定陰陽爻畫來自數字卦的六（∧）、一兩數，而是就考古材料和張先生當時所見陰陽爻畫存在的年代（即在數字卦之前没有發現陰陽爻畫的八卦符號）就事論事，是符合實際的。四年後他在《帛書〈六十四卦〉跋》一文中的結論也是就事論事的敘述，但是它可能意味著張先生對“八卦符號源於數位卦的一、六”在認識上更加明確了。客觀地講，如果不做深入的研究尤其是嚴密的學理分析、論證，商周數位卦的存在是可以有兩種解釋的：一種是，它們可能是古人利用八卦進行占筮而得到的卦象（即早已有陰陽爻畫八卦六十四卦的存在），就像自《周易》産生至今用八卦六十四卦進行占筮一樣，所謂“數字卦”即是用筮數記寫的卦象即占筮結果；另一種即張先生最終認可和持“八卦起源占卜論”者所主張的——數位卦的數位由於存在嚮一、六兩數歸併的現象，導致陰陽爻畫八卦六十四卦的産生。為什麼張政烺先生在《試釋周初青銅器銘文中的易卦》一文中更為謹慎，没有明確肯定八卦源於數字卦，而四年後這種傾嚮性認識卻更為明確了呢？筆者推測它可能與兩個因素有關：一是當時没有發現年代早於數字卦的陰陽爻畫八卦六十四卦符號（如果有，也許張先生不會主張八卦符號源於數位卦的一、六）；二是張先生在《試釋周初青銅器銘文中的易卦》一文中提到，江蘇海安青墩出土有崧澤文化時期的八個六爻數字卦，其年代距今 5500 年左右——如果這一證據確鑿，那麼數字卦嚮爻畫卦演化就多了一點需要給出解釋的麻煩。不過據李零先生《中國方術考》説，承張先生相告，所謂崧澤文化數位卦是依據了錯誤的資訊，故放棄③。早於商周數字卦兩三千年的崧澤文化數字卦是不存在的，這可能是張政烺先生在《帛書〈六十四卦〉跋》一文中更加傾嚮於“八卦源於數位卦”的原因之一。但是，陰陽爻畫的八

① 張政烺：《試釋周初青銅器銘文中的易卦》，《考古學報》1980 年第 4 期。

② 張政烺：《帛書〈六十四卦〉跋》，《文物》1984 年第 3 期。

③ 李零：《中國方術正考》，北京：中華書局，2006 年，第 203 頁。

卦、六十四卦符號源於商周數位卦在學理上是講不通的。

張政烺先生在《試釋周初青銅器銘文中的易卦》一文中指出："易以道陰陽，陰陽不成對還有什麽易理可講？……説明當時觀象重視陰陽，那些具體數目並不重要。"[①] 這些論述的大前提是：數位卦中所有的數位都被區分為陰陽二性，是陰陽的象徵和代表，没有這個前提，便不會有數字卦釋讀的成功，亦即不會有"數字卦"的成立和存在。即那些"數字卦"不會被釋讀為數字卦，不會被認為是與八卦六十四卦相關的"卦"（或者更簡單一點説，張先生對商周數字卦的釋讀本身就是以八卦六十四卦的存在為前提，是以八卦六十四卦的基本知識和原理去理解和認識"數位卦"的）。張先生對 32 例數位卦 168 個數位的統計、分析也證明這個思路和理解是正確的、合理的。所有數字被區分為陰陽二性的三爻數位卦、六爻數位卦（即張先生和學界所論商周數字卦）必然意味著陰陽爻畫的三爻八卦、六爻六十四卦的存在，而且它們是先於數位卦的存在而存在；數字卦衹是用陰陽爻畫的八卦、六十四卦進行占筮而得到的結果，即用數字記下的卦象。雖然，當時或現在我們還没有看到陰陽爻畫的八卦、六十四卦符號在商、周時期的存在或普遍存在——實際陰陽爻畫的八卦、六十四卦符號在商周之前是存在的，如新石器時代馬家窑文化、大河村文化均有豐富的相關資料出土[②]，衹是由於考古學者大多不識或者没有引起注意和重視，而對易學有所研究的學者又都没有全面、深入、細緻地瞭解史前出土材料，更談不上研究，甚至也没有這方面的意識，導致整個學界還處於沉睡之中。簡言之，認為八卦符號源於數位卦，陰爻（--）、陽爻（—）來自商周數字卦的六（∧）、一兩個數字[③]，這完全是顛倒了二者的關係，倒果為因。如果没有陰陽爻畫八卦、六十四卦的存在，張政烺先生對 32 例數字卦 168 個數字的分析、理解又從何談起？迄今為止所發現的商周以及春秋戰國時的數字卦不管出

---

① 張政烺：《試釋周初青銅器銘文中的易卦》，《考古學報》1980 年第 4 期。

② 如青海柳灣出土Ⅱ3 式 46：15 彩陶盆外壁畫的是復卦，柳灣Ⅱ3 式 214：4 彩陶盆外壁畫的是頤卦，柳灣Ⅱ1 式 760：31 侈口雙耳陶罐外壁畫的是臨卦，柳灣Ⅱ4 式 902：23 彩陶盆外壁畫的是三爻離卦，青海柳灣所列馬廠類型彩陶單獨紋樣之 487 號是剥卦和復卦的組合（均見青海省文物管理處考古隊、中國社會科學院考古研究所編《青海柳灣——樂都柳灣原始社會墓地發掘報告》，北京：文物出版社，1984 年）。又如甘肅海石灣下海石出土半山類型或馬廠類型雙耳彩陶罐外壁畫有三爻的坤卦、六爻的復卦等（甘肅省文物考古研究所：《甘肅海石灣下海石半山、馬廠類型遺址調查簡報》，《考古與文物》2004 年第 1 期，封三彩圖 3、4。前者在雙大耳罐的腹中部畫一道弦紋，下接雙綫倒三角紋作二方連續圖案分佈一周，上畫兩個三爻坤卦符號在雙耳之間對稱分佈（圖一）；後者在雙大耳罐的腹中部偏下畫一道弦紋，下接雙綫半月形紋飾（考古學者一般稱為垂帳紋）作二方連續圖案分佈一周，上畫兩個六爻復卦符號在雙耳之間對稱分佈——為了將復卦的初九爻與其下的弦紋區分開，畫者特意將弦紋畫成弧綫形，使其中部遠遠地離開復卦的初九爻，以免二者混淆使人誤會（圖二）。坤卦象徵地、土，復卦寓意冬至過後"一陽來復"，為一年之始，這些象徵和寓意在當時可能已經存在）。鄭州大河村遺址出土仰紹文化第三期白衣彩陶鉢上有一周三組六個六爻坤卦符號，而且其數量關係完全吻合古天文曆法之曆數（王先勝：《考古學家應嚴謹對待器物紋飾》，《社會科學評論》2007 年第 3 期）。考古學者一直把它們稱為"綫段"或者"平行條紋"之類，而且往往忽視它們的條數、數量關係和實際面貌可能採用寫意的畫法，致使辨認和研究要非常認真細緻並且嚴格對照器物本身的刻畫纔行。

③ 徐錫臺：《〈周易〉探源》，《人文雜志》1992 年第 3 期。

現多少個不同的數字，它們都是由三個數位或六個數位組成，即衹有三爻的八單卦符號與六爻的六十四卦重卦符號，而没有人們意想中的其他爻數的“卦”[①]，證明它們全都是利用八卦、六十四卦占筮所得（至於具體用到或出現哪些數字各有差别，衹是因為占筮方法不同而已。如李學勤先生的研究：“淳化陶罐、扶風和灃西卜骨筮數所代表的揲蓍法，最容易出現一，其次六、八，少見五、九，没有七，可暫稱為揲蓍法乙；殷墟甲骨、陶器、岐山卜甲和西周金文筮數所代表的揲蓍法，最容易出現六，其次七、八，少見一、五、九，可暫稱為揲蓍法甲。有没有七，是區别甲、乙兩種揲蓍法的標志。”[②]），其中六、一兩數特别多（或者再加上“八”），張政烺先生指出是為了避免書寫和認讀的誤會而將二、三、四按陰陽原理歸併到六、一之中（或將偶數歸併到“八”中，與歸併到“六”中意義是一樣的），這個認識非常正確；而年代更晚的上海博物館購藏戰國竹書、馬王堆漢墓帛書以及阜陽漢簡等上面的卦畫實際是陰陽爻畫八卦符號，而不能視為數位卦（陰爻作“∧”而不作“--”，顯然與陽爻“—”更容易區分，而不致因兩條斷綫連在一起或過於接近而讓人誤識為陽爻“—”）。所以，“由於商周數字卦歸併二、三、四到六、一，再由六（“∧”）、一變成陰爻、陽爻”這個發展程式實際上是不存在的。關於戰國中期楚國卜筮簡如天星觀簡、包山簡和新蔡簡上的筮卦，有的學者認為它們是用陰陽兩爻組成的卦象[③]，有的學者認為它們還是數字卦[④]，乃是因為對其中的筆畫認讀有分歧，而無論它們是數位卦還是爻畫卦，都不影響本文這裏的分析和認識。甚至無論將來發現年代多早、多晚，用哪些不同的數位記録的卦象，衹要它們都是規律性的衹有三個數位或六個數位組成一個卦象，而具體記寫中出現的數位歸併都是按照陰陽原理進行的，那麽，它們就一定是用八卦、六十四卦占筮所得的結果，而不是其他占筮所得的便於計算、推算以及變卦的數字卦象之類。所以出於需要或者可以保留原樣，但將偶數、奇數組成的卦象换成通常的陰陽爻畫八卦符號更為簡潔和便於記憶；如果衹需要簡單的卦象寓意和記憶，就不必保留數位卦象而可以直接寫成陰陽爻畫卦，或者任意兩個偶數、奇數都可以代替和表示。

---

① 目前見諸報導和釋讀的商周以來的數字卦在100例左右，其中僅有少數幾例卦符不是三爻或六爻。這幾個例外的四爻卦、五爻卦可能是因為器物殘損或者是因為銅器銹蝕而尚未完全“剔出”的原因所致，如《續殷文存》卷上第7頁載“八八六八”鼎文（張政烺：《試釋周初青銅器銘文中的易卦》，《考古學報》1980年第4期）。古器物上另有幾例非三爻、六爻的爻畫卦，即殷墟出土易卦卜甲上的一個五爻卦、《吴愙齋尺牘·吴清卿學使金文考·讀古陶文記》第七册所載的一個四爻卦以及傳世商周青銅器上用連綫“——”斷綫“---”組成的四個四爻或五爻卦，但據張政烺、馮時等先生研究，認為它們是六爻爻畫卦的一種簡省畫法，而且有內在的規律性（略當於後世易家所説的“互體”），簡省得很科學（張政烺：《殷墟甲骨文中所見的一種筮卦》，《文史》第二十四輯，北京：中華書局，1985年；馮時：《中國天文考古學》，北京：社會科學文獻出版社，2001年，第394—398頁）。

② 李學勤：《周易溯源》，成都：巴蜀書社，2006年，第231頁。

③ 同上，第277、283頁。

④ 宋華强：《楚簡數字卦的再討論》，武漢大學簡帛研究中心簡帛網，2006年8月23日，http://www.bsm.org.cn/show_article.php?id=406，2008年3月16日。

張亞初、劉雨先生在張政烺研究之後，也蒐集了36例商周數字卦材料（其中包含幾例用三條斷綫和一條連綫組成的四爻、五爻卦符，他們認為是與揚雄《太玄經》有關的資料，如有的可釋為《太玄經》的“争首”“鋭首”，同時也是“我國目前所見的最早的卦畫”[圖三]。張政烺、馮時先生認為它們應是六爻卦符的簡省，略當後世易家所講的“互體”①），並説，“上述36條材料有一個共同點：它們都是數目字的組合，而且都是由三個或六個數位構成的組合。這不能不使我們與導源於數卜的我國古代占筮法——八卦聯繫起來。八卦的每個卦由三個爻（單卦）或六個爻（重卦）組成，每個爻也都是可以用數字來表示的”。至於當時“是否有卦畫，尚不得而知”②。張亞初、劉雨兩位先生是直接認為或判斷八卦符號“導源於數卜”，並未作論證。而所謂“每個爻也都是可以用數字來表示的”僅僅是利用八卦六十四卦占卜記寫占卦筮數時纔成立的，所以不能倒果為因用於論證八卦起源。關於“導源於數卜”，他們作注曰：“《左傳》僖公十五年：‘龜，象也；筮，數也。’説明龜卜，吉凶表現在龜甲裂紋所成的象上；用蓍草來筮，吉凶表現在蓍草成卦所得的數上。《考古》1976年第4期，汪寧生同志在《八卦起源》一文中，又從民族學的角度找到了數卜的例證。”這段話是否證明或説明八卦起源或“導源於數卜”呢？答案當然是否定的。“筮，數也”説的是八卦筮法，是根據占筮所得的卦象及據以畫出卦爻的筮數（分陰陽，並可以設計規則進行計算、推算，等等）來判斷吉凶，如《周易·繫辭》“大衍筮法”即如此，所以《左傳》這段話並不表示八卦“導源於數卜”，更談不上證明。汪寧生先生《八卦起源》一文中談到的有關數卜之民族學資料，有的與八卦無關，有些則與八卦相關：如西盟佤族“司帥報克”占卜法，“其法是用小木棒在地上隨便劃許多短綫條，然後計其總數，看是奇數還是偶數，奇數主凶，偶數主吉”，這種方法與八卦没有關係。汪寧生認為與古代筮法最相似的要算四川涼山彝族的“雷夫孜”占法。其方法是：“畢摩（彝族巫師）取細竹或草稈一束握於左手，右手隨便分去一部分，看左手所餘之數是奇是偶。如此共行三次，即可得三個數字。有時亦可不用細竹或草稈，而用一根木片，以小刀在上隨便劃上許多刻痕，再將木片分為三個相等部分，看每一部分刻痕共有多少，亦可得出三個數字。然後畢摩根據這三個數是奇是偶及其先後排列，判斷打冤家（過去彝族奴隸主操縱下的一種械鬥）、出行、婚喪等事。”汪先生以為數分二種而卜必三次，故有八種可能的排列和組合；用一畫代表奇數、二畫代表偶數，此即陽爻（—）、陰爻（--）的由來；把奇數和偶數八種可能的排列情況，分别用這兩種符號畫出來，這就是八卦的由來。汪先生據此認為八卦起源於數卜，其實也是倒果為因：無論細竹（草稈）法或小刀刻木法，得到的都是陰陽爻畫的八卦（如

---

① 張政烺：《殷墟甲骨文中所見的一種筮卦》，《文史》第二十四輯，北京：中華書局，1985年；馮時：《中國天文考古學》，北京：社會科學文獻出版社，2001年，第394—398頁。

② 張亞初、劉雨：《從商周八卦數位記號談筮法的幾個問題》，《考古》1981年第2期。

果記下三個數，則是數字卦；但“畢摩根據這三個數是奇是偶及其先後排列”，即按奇偶把三個數歸類，它就衹能是陰陽爻畫的八卦，衹是没有或不一定要畫出八卦符號），而非數位卦（如前所述，即使數字卦，其存在的前提也是陰陽爻畫八卦、六十四卦的存在），它講述和表明的衹是一個起卦方法和過程，即利用八卦符號進行占筮的過程，而不能證明八卦起源於數卜。正如“大衍筮法”一樣，它是對八卦（六十四卦）的利用，而不能説明八卦起源於“大衍筮法”。汪先生文中對四川阿壩地區藏族用牛毛繩八根打結、羌族數麥稈、雲南傈僳族數竹竿33根等占法語焉不詳，但以占卜三次而數分奇偶論，其法都應該是對八卦的利用，而不能説明或證明八卦的起源。這裏還有必要指出，汪先生“八卦原不過是古代巫師舉行筮法時所用的一種表數符號”的説法是錯誤的：“雷夫孜”等占法按操作程式一次得出或奇或偶之數，如用陽爻（—）或陰爻（--）表示，或可認為這時的陽爻、陰爻乃是“表數符號”，但操作三次所得之八卦符號（如用“奇奇奇”代表乾卦、“偶偶偶”代表坤卦等）卻不是“表數符號”，八卦並非數（雖然起卦過程中要用到數，並産生一些數）。汪先生文中也説到古人占筮時“感到八種卦象太少，於是將八卦相重衍變為六十四卦，揲蓍之法也愈演愈繁，要經過‘四營而成易’‘十有八變而成卦’”，意即六十四卦亦“導源於數卜”，這當然也是不足為訓的。崧澤文化數字卦不可靠，撇開不論。有學者認為陶寺遺址出土的龍山時代陶壺上有一個三爻數字卦[①]，這個結論我覺得也難以確定。但是排除陶寺這個不確定的數字卦，筆者發現馬家窑文化馬廠類型陶器刻畫中，有兩個並列在一起的確鑿無誤的六爻數字卦，均是一五六五五六巽卦（有一個也可能是一六六五五六蠱卦），而且在這兩個數字卦的下端還夾了兩個重疊的數字“六六”[②]，它們應該是在起卦過程中廢棄的卦爻（圖四）。按汪寧生先生的邏輯推測，至少陰陽爻畫的三爻八卦在馬廠類型中已産生（否則不必或不可能有六爻數位卦），而如前所述，馬家窑文化的確有不少三爻乃至六爻的爻畫卦，這自然也否定了“八卦符號起源於商周數位卦（數卜）”的説法。

樓宇烈先生作有《易卦爻象原始》一文，專門論證陰陽爻畫八卦符號與陰爻（--）、陽爻（—）起源於商周數字卦[③]。該文主要從三個方面對其觀點做了論述：其一，樓先生依據張政烺先生《試釋周初青銅器銘文中的易卦》一文，説海安縣青墩遺址出土的數字卦“所使用的數目字有二、三、四”，説明“在易卦的發展過程中，最原始的形式是直接記録占筮時所得的筮數，從一到八，八個數目字都用”，而到商周時就“從字面上把二、三、四去掉，而用一、五、六、七、八這五個數目字”。這是嚮八卦符號轉變的第一個“簡易的步

---

① 蔡運章：《遠古刻畫符號與中國文字的起源》，《中原文物》2001年第4期。

② 青海省文物管理處考古隊、中國社會科學院考古研究所：《青海柳灣——樂都柳灣原始社會墓地》，北京：文物出版社，1984年，第154頁單獨紋樣第470號。

③ 樓宇烈：《易卦爻象原始》，《北京大學學報》（哲學社會科學版）1986年第1期。

驟”。由於海安縣青墩遺址出土的是否是數字卦没有確定下來，因此樓先生的這第一步論證就失去了依托。其二，樓文仍然依據張先生上文《補記》所列湖北江陵天星觀戰國楚墓出土竹簡上的易卦，並依據張先生所説“二、三、四、五、七已被取消，集中到一、六兩項下。這裏的八、九似是再生的，九從一分化出，筆跡可辨，八或許是從六分化出來的。這便成為《周易》的前身，稍加修正即是《周易》了”作了進一步的發揮。實際上張先生這個説法似是而非，它在易理和邏輯上是講不通的：數位卦中出現的數位衹是與占筮（起卦以及運算、推測吉凶）的方法有關，而與是否是三爻卦、六爻卦或者其他爻數的卦没有關係，比如用一到九、一到十或者其他的幾個數或者衹用可分陰陽（偶數、奇數各一）的兩個數，但它仍然是三個一組、六個一組，它們就仍然是而且衹能是三爻的單卦或者六爻的重卦（事實上，迄今為止，我們發現的所有數字卦都是這樣，包括史前數字卦），根本不存在易卦性質、結構、爻數上的改變或者演變，即用多少個數位、用哪些數位占筮都與八卦六十四卦的本源、起源没有關係。不同的人各自都可以設計自己與衆不同的占筮方法，從而可以得到各種不同的數位卦，確如張先生所説“那些具體數目並不重要”，重要的是它們是幾個數字組成一組，那些數字又是否按陰陽原理運用和存在。其三，樓文一方面説“從現有考古材料中，我們還没有發現僅用一、六兩個數位構成的卦畫”，一方面又説“但現存易卦爻象確是由一、六兩個數字演變而來，且其原始含義即是一、六，這也是無可懷疑的”，表明其牽强附會、强行“論證”的特點。樓文用馬王堆漢墓帛書《周易》和阜陽雙古堆漢簡《周易》中的易卦符號來證明其觀點，也屬牽强附會。帛書《周易》陰爻近於“八”形，阜陽漢簡《周易》陰爻作“∧”形，二者均不作“--”形，當是“由於竹簡或者帛書上的行欄很窄”，為避免模糊混淆而“有所變通”[①]，而不證明它們由商周數位卦的六（“∧”）演變而來。照樓文的邏輯，這三個符號“演變”的順序應該是：阜陽漢簡“∧”最早，帛書《周易》“八”其次，最後是“--”。但實際上阜陽漢簡《周易》晚於帛書《周易》三年[②]，而且上海博物館所購藏楚簡易卦陰爻也作“八”形，其年代在戰國中期[③]，遠早於阜陽漢簡“∧”，樓文的論證如何能够成立？更不用説史前時代已有陰（--）陽（—）爻畫的八卦符號。樓文又説“一、六兩個數雖已由具體筮數演變為筮數中一切奇偶數的代表，且進而抽象化為符號式的爻象，然而在易卦中它的數值稱呼並未消失”，以“直至今本《易經》卦畫中的‘--’還是以‘六’來稱呼它”證明“爻象‘--’是由‘六’這個數目字演變而來的，它的原始意義就是筮數六，以後成為筮數中一切偶數的代表，因而它的名稱叫‘六’，是‘用六’”。但是由數字卦的“一”演變而來的陽爻在《周易》中為什麼又不稱

① 李學勤：《周易溯源》，成都：巴蜀書社，2006年，第327頁。
② 同上。
③ 李零：《中國方術續考》，北京：中華書局，2006年，第238頁。

"一""用一",而要稱"九""用九"呢?樓文衹得説:"由於史料的間缺,目前對這個問題確實很難作出令人滿意的解釋",又發揮主觀想象説,"一和九作為數的始和終,從終始的相對意義(或終則復始的循環往復)上講,存在著變换其稱謂的可行性。筮人在筮法中充分運用數變的神妙,以使其筮占變化莫測,其中呼一為九可能就是這種强調和運用數變的結果"。這個想象的解釋當然不能説是論證,所以樓文自己也説"當然,這也衹是一種假設的解釋,稱一為九的原因,未必就由此而來"。其實,《周易》九、六問題衹是《周易》學裹面的一個常識問題:《周易》"大衍筮法"設計筮數用六、七、八、九,分别代表和象徵四象之老陰、少陽、少陰、老陽,其中六為老陰、九為老陽,分别代表和象徵陰陽"兩儀、兩極",也就是代表陰陽,所以《周易》八卦符號裹面的陰爻稱"六"、陽爻稱"九",又有"用六""用九"之説,所以《周易》占筮講六、九可變,七、八不變(六、九分别代表老陰、老陽,陽極生陰,陰極生陽,故可變)。違背常識常理將其生搬硬套拿去證明陰爻來源於數字卦的六怎麽能够講得通順呢?樓文三個方面的論述没有一個方面是可靠的,所以其説"通過以上對考古文物資料的梳理,我們對於易卦爻象'--''—'的原始意義及其演變的主要過程,基本上是清楚了",實在言過其實。筆者還想指出,樓文的論述存在問題較多,違背易學常識常理以及想象、想當然的東西較多,當然該文自身也列出一串一串的問題不能回答,限於篇幅和主旨,這裹就不繼續分析和討論了。

徐錫臺先生在張政烺研究的基礎上作了進一步的發揮。他説:早在原始社會崧澤文化中已出現數字卦,由一、二、三、四、五、六這六位元數字排列組合而成。這種數字卦經過千年的使用,進入商周時期人們省去積畫二、三、四這三個數字,增補了七、八、九這三個數字,即用一、五、六、七、八、九這六位奇偶數字排列組合成重卦;進入戰國中期又省去五、七等兩位元數字,衹剩下一、六、八、九四位元數字;至西漢文帝十五年又省去八、九兩數衹剩下一、六,如安徽阜陽雙古堆一號漢墓竹簡上的易卦;至漢武帝時期,由於篆字改為楷字,故將"∧"垂直成陰爻符號,實際上陰陽符號仍是一、六兩位奇偶數[①]。上已言及,崧澤文化數字卦是没有明確和肯定的,這當然要影響到徐先生的論證。但是我們假設張政烺先生前文所介紹的崧澤文化數字卦是成立的,考察徐先生這裹的論述和認識,也有許多似是而非之處:其一,崧澤文化數字卦出現一、二、三、四、五、六這六位元數字是僅就張政烺先生列舉的兩個數字卦而言,並不能確定原始社會的數字卦就衹使用這六個數字,所以認為由原始社會使用一、二、三、四、五、六這六個數字發展到商周時期使用一、五、六、七、八、九這六個數字没有確定可靠的基礎和依據。其二,商周數字卦中出現一、五、六、七、八、九這六個數字並不意味著占筮時不使用或不出現二、三、

① 徐錫臺:《〈周易〉探源》,《人文雜志》1992年第3期。

四這三個數字。如前所述，這三個數字仍然是要出現和使用的，衹是因為這三個數字與一都是積橫畫而為之，畫數字卦時上下重疊容易互相混淆發生混亂，故占筮後記筮數時將二、三、四分别歸併到六、一兩數之中。所以徐先生認為的原始社會占筮用一、二、三、四、五、六這六位元數字，發展至商周用一、五、六、七、八、九這六位元數字，至戰國中期僅用一、六、八、九這四個數，至西漢文帝僅用一、六兩個數字，這種占筮所用數位的發展演變順序是不成立的。其三，徐先生認為戰國中期數字卦省去五、七，僅用一、六、八、九四個數，依據的材料是湖北江陵天星觀楚墓竹簡。據張政烺先生統計、分析，天星觀楚墓竹簡上的易卦共有八組十六卦，所用數目字為：一，37 次；六，49 次；八，5 次；九，4 次；殘缺，1 次[①]。由此可知，天星觀楚墓竹簡易卦其占筮過程中並非衹用一、六、八、九這四個數，而仍然應該如其他商周數位卦一樣，也使用了二、三、四、五、七等數位，衹是在畫數位卦時將後者按奇偶分别歸併入一、六兩個數字而已。故徐先生擬構的占筮用數從原始社會至商周至戰國中期的發展演變順序是不成立的。其四，張政烺先生提到四川理番縣出土的雙耳陶罐上有兩個易卦，一個秦代的為一八七一八九（離下，離上，離），一個漢代的為一六十（艮）[②]。這條資料同樣不支援徐錫臺先生擬構的占筮所用數位發展演變順序，徐先生文中引理番縣雙耳陶罐易卦資料（且錯為“九八七一八九”）以證其占筮數位發展演變順序[③]，當然也是不足為訓的。總而言之，無論商周數字卦或是湖北江陵天星觀楚墓竹簡上的數位卦，其產生和存在的前提必然是陰陽爻畫八卦、六十四卦的存在，那些數字衹是利用八卦、六十四卦進行占筮而產生，而非八卦之源。當然，崧澤文化中的數字卦（假使張政烺先生論文介紹的資料是成立的）與四川理番縣出土的數字卦也不例外——前文已指出，易卦中使用或出現不同的數字應該與占筮方法及對數字的歸併方法有關。而安徽阜陽雙古堆漢墓竹簡上僅用一、六（∧）兩數字的易卦與長沙馬王堆漢墓帛書《周易》一樣，它們實際是陰陽爻畫卦的另一種寫法，而非數位卦，更不是來源於數位卦的一、六。

徐錫臺先生認為商周時期人們以一、五、六、七、八、九這六位奇偶數排列組合成二百一十六個單卦，四萬六千六百五十六個重卦，二十七萬九千九百三十六爻，而六十四卦是在秦漢時纔出現，在商周時期是不存在的[④]。這個認識是否正確呢？我們認為它是不正確的：其一，商周數字卦出現一、五、六、七、八、九這六個數字，並不意味著占筮時衹出現和使用了這六個數字，而是一至九這九個數字都有出現和使用，衹是在畫卦時將二、三、四這三個數字歸併入六、一兩數之中。這個事實證明，商周數字卦所反映的占筮方法是將

---

① 張政烺：《試釋周初青銅器銘文中的易卦》，《考古學報》1980 年第 4 期。
② 同上。
③ 徐錫臺：《〈周易〉探源》，《人文雜志》1992 年第 3 期。
④ 同上。

其中的數字按照陰陽歸類後呈現的卦象（即八卦、六十四卦卦象）來判斷吉凶的，而不是按照可以出現的兩百多三爻數位卦、幾萬個重卦數字卦、二十多萬個數字爻象來判斷吉凶的（如前所述，保留原始數字也可能與用三爻、六爻的三個數、六個數進行計算、推算以幫助判斷吉凶有關），否則就不能也不應該對二、三、四這些數字按陰陽進行歸併。進一步而言，衹要歸併現象存在，商周數字卦就一定是按陰陽兩個因素（可以用任何兩個不同的符號代替）排列組合成的三爻八卦、六爻重卦來判斷吉凶的。其二，按徐先生的邏輯，商周數位卦應是由一至九這九個數字排列組合而成，當遠不止二百一十六個單卦、四萬六千六百五十六個重卦以及二十七萬九千九百三十六爻。同理，距今約 5500 年的原始社會崧澤文化中也當如此，因為其數字卦據公開的兩條資料已出現一、二、三、四、五、六計六個數位，而且還可能使用了其他數位（崧澤文化數位卦不成立，但還有馬家窑文化數位卦以及可能存在的其他史前考古學文化中的數位卦）。同理，《周易》“大衍筮法”筮數用六、七、八、九，其判斷依據也應該是這四個數排列組合成的 4^3 即 64 個單卦、4^6 即 4096 個重卦以及 24396 個數位爻象。我們都知道，“大衍筮法”不是這樣一回事，更不意味著《周易》有 4096 個重卦而不是六十四個重卦（按照徐先生的邏輯推理，六十四卦在《周易》中也還没有産生，還需要繼續“演化”）。可見按筮法用數、數位卦中出現的數位來推斷八卦的産生和演化是荒謬的。其三，根據《周易》“大衍筮法”可以對商周數位卦做一些合理的推測：“大衍筮法”用六、七、八、九四個數，占筮得到的六爻卦其六個筮數之和最小為 36（六爻皆為六）、最大為 54（六爻皆為九），求爻象是用天地數 55 去減，前者相減得差 19，據六爻卦自下而上又自上而下反復數到 19 得“上六”爻；後者相減得 1，據六爻卦自下而上數到 1 得“初九”爻，它們就是占筮所得用於判斷吉凶的爻象。如果按照同樣的方法去看商周數字卦，筮數為一至九，得出的六爻卦其六個筮數之和最小為 6（六爻皆為一）、最大為 54（六爻皆為九），按同樣方法求爻象也是很簡單的事。而且，即使是史前數字卦，可能也是用同樣或類似的求卦求爻方法。總之，商周數字卦用了一至九 9 個數位，根本不意味著它應該或可能存在以及使用了數萬個重卦、數十萬個爻象（因為存在按陰陽歸併筮數現象，所以這種連“可能”都没有），所以徐先生所論完全是没有理據的。其四，如上一段所述，徐先生所論占筮用數從崧澤文化至漢代的發展“演變”順序是不成立、不存在的，它們不支持也無法支持徐先生所論商周時期有四萬多個重卦、二十多萬卦爻到秦漢纔有六十四卦這個歷程。其五，安徽阜陽雙古堆漢墓竹簡及長沙馬王堆漢墓帛書上的易卦僅用一、六兩數（實際是兩個符號）排列組合成六爻卦，實際即陰陽爻畫的重卦六十四卦，與商周數字卦、天星觀楚墓竹簡數字卦、馬家窑文化（或者崧澤文化）數字卦等有著根本區別：前者是陰陽爻畫卦的另一種寫法（用其他任何兩個不同的符號或者數位分别代表陰、陽爻，排列組合成六十四卦，其卦爻象、含義完全不變），後者是利用六十四卦占筮所得卦象及爻象。兩者完全没有什麼"演化"關係，連邊都沾不上，根本不能用於證明和支持"今本《周易》絶不是商周時期的作品，而是秦漢時代纔出現的"。

李零先生在《跳出〈周易〉看〈周易〉》[①] 一文中列舉了自數字卦研究興起以來學者關於八卦符號與數位卦關係的兩種認識。他不同意金景芳和李學勤先生主張的"八卦起源與數字卦無關"，而堅持傾嚮於張政烺先生和多數學者主張的"《周易》卦爻來源於商周數字卦"的觀點。其理由有三："因為第一，至今我們還没有發現任何早於古本《周易》（戰國一種，西漢兩種）而與今本卦爻相似的材料；第二，與這些古本年代相近的簡本《歸藏》，其陽爻作'一'，陰爻作'六'或'八'，形式也非常相似；第三，這樣理解也便於和早期的'數字卦'相互銜接。"李零先生説的古本《周易》是指上海博物館購藏楚簡易卦和阜陽漢簡及馬王堆漢墓帛書上的易卦，它們都是用"八"（或者"∧"）表示陰爻、用"一"表示陽爻，所以"《周易》的卦爻從戰國到西漢一脈相承"。前面已經指出，學界至今"没有發現"與商周數字卦年代一致或者年代更早的陰陽爻畫八卦符號，並不等於它們是不存在的，不等於"没有"。所謂"没有發現"衹是與學者們的視野和研究範圍、程度有關，與部分考古學者不懂、不關心、不重視有關，與易學界不熟悉和瞭解史前考古材料、罕有人全面深入瞭解和研究史前刻畫圖案、紋飾有關。這個問題類似於數字卦研究在張政烺先生以前的情形，没有發現和認出"數字卦"不等於它們是不存在的。所以李零先生的第一個理由不能成其為一個理由。李零先生説的"《歸藏》"是指湖北江陵王家臺出土的秦簡易卦，學界公認它們屬於陰陽爻畫的六十四卦系統，其抄寫年代大約在戰國晚期，所以李零先生説它們"與這些古本年代相近……形式也非常相似"，不能讓他改變"《周易》卦爻來源於商周數位卦"的流行認識。其第二個理由與第一個理由大體上是一回事，第一個理由不能成其為理由，第二個理由當然也不能成其為一個理由。李零先生的第三個理由"這樣理解也便於和早期的'數字卦'相互銜接"就更不是一個"理由"了，所謂"銜接"衹是時間上的"銜接"而不是也没有什麼其他"銜接"，上面已作分析。王家臺秦簡《歸藏》，其陽爻作"一"，陰爻作"六"（即"∧"）或"八"，但它們不是數字卦，正説明"陰陽爻畫"八卦六十四卦不是一定要用斷綫"--"、連綫"一"的方式纔可表達，任意兩個可以區分或象徵陰陽二性的符號、數位（"∧""八"形近，又都是偶數，故混用一點不影響卦爻的性質、意義；雖然"一""六"或"八"都表示數，但是在王家臺秦簡《歸藏》中不是作為需要計算數量關係的數來使用的，故其衹象徵或代表陰陽）都可借用，當然它們也佐證了上海博物館購藏楚簡易卦和阜陽漢簡及馬王堆漢墓帛書上的易卦即陰陽爻畫卦是正確的，相反後者不能視為數字卦。

① 李零：《跳出〈周易〉看〈周易〉》，《中國方術續考》，北京：中華書局，2006年。

由於 1993 年後又發現一些新的商周數字卦，其中有“十”這個數字，李零先生在前文中便稱商周數字卦為“十位元數字卦”，而且這種“十位元數位卦”在戰國時期仍在使用（見於楚簡），所以他説“就目前能够掌握的材料而言，我們認為，最好還是按直觀特徵把它們分為兩大類，一類是‘十位元數位卦’（是否可以稱“易”還有待證明），一類是‘兩位元數字卦’（“三易”）”，而“兩位元數字卦”《連山》《歸藏》《周易》（指王家臺秦簡《歸藏》、上博楚簡、阜陽漢簡、馬王堆帛書等易卦）“當然有可能是從‘十位元數字卦’簡化而來”。他還認為“我們不能簡單説在‘十位元數字卦’中，一與五、七、九無别，六、八也是一樣（否則何必還要不憚其煩地把這麽多的數位全部都寫出來呢）。況且，按通常理解的‘大衍之數’，我們也不可能得到‘十位元數字卦’”。李先生這些理解和認識存在一些混亂、誤解和似是而非的地方，也有理解不够深入透徹之處：其一，所謂“十位元數字卦”是什麽？還不是三爻卦、六爻卦（李先生據以論述的安陽殷墟出土卜骨《小屯南地甲骨》4352 上的數字卦“十五六”和岐山鳳雛甲組宫殿基址出土卜甲 H11：235 上的數字卦“六六十”都是三爻數字卦），衹是筮數中有一個“十”而已，並非十個數字組成一個卦。一般可以把三爻、六爻的數位卦稱為三位元、六位元數字卦，李先生“十位元數字卦”的説法很容易讓人誤以為它們是十個數位組成的一個卦即十爻卦，可見“十位元數位卦”一説不妥、不通、不對。其二，衹要是三爻數位卦、六爻數位卦而且數分陰陽，它們就一定是用八卦六十四卦占筮所得的筮數卦象，對此前文已經闡明不再贅述；數位卦中出現“十”衹是與占斷方法（即起卦以及判斷吉凶的方法）有關，如同數字卦中出現“八”或“九”一樣，其中的學理前文已經闡明亦不再贅述。其三，王家臺秦簡《歸藏》、上博楚簡、阜陽漢簡、馬王堆帛書等易卦屬於《連山》《歸藏》《周易》系統（李零先生也承認這點），即陰陽爻畫的六十四卦系統，其中的一、六或八不是用來供筮人計算以推斷吉凶的，而是陰陽爻畫的另一種畫法（六或八即陰爻，前面已經述及），所以把它們稱為“兩位元數字卦”真是冤哉枉也。其四，《周易》“大衍筮法”用六、七、八、九四個數，我們起卦占斷得到的三爻卦、六爻卦旁邊都要寫上這些數（以便計算求爻象、推斷吉凶以及變卦等）——如果對六十四卦卦象很熟悉，就不需要畫出陰陽爻那種卦畫，而衹要按規則寫出六爻的數位就行（比如商周數字卦就應該是這樣），按李零先生的説法它們即“四位元數位卦”。照李先生以及其他“八卦起源於數位卦”論者的邏輯，不是八卦六十四卦符號現在都還没有産生、《周易》一書這兩三千年都不該存在了嗎？其五，“大衍筮法”衹是古代筮法中的一種，我們没有必要要求古人都用這一種筮法，没必要要求商周數位卦都按照“大衍筮法”産生（前面已經談到商周數位卦中已反映出兩種不同的筮法，雖然具體怎麽操作我們還無從知曉）。要得出卦爻數位在一至十之間的數位卦衹是一個技術和程式設計問題（張政烺在《試釋周初青銅器銘文中的易卦》中設計了一種得到筮數在一至八之間的六爻數位卦的方法），數位卦中有“十”並不構成八卦六十四卦在商周或者史前時期存在的障礙。比如將一把蓍草或竹棍（可固定為64根或100根等）隨意取出若干根不用，然後揲之以九或揲之以十記録餘數（餘數為十便不再繼續揲蓍，而作為筮數記録），重複六次便得到筮數在一至九或一至十之間的六爻數字卦。所以李零先生大可不必為古人擔憂。其六，無論商周數字卦還是戰國楚簡數字卦，在畫卦時按陰陽、偶奇作了歸併是事實，李零先生也承認這一點。為什麼没有完全歸併為六、一或其他兩個奇偶數組成的易卦，我覺得那正是因為它們是“數字卦”的原因，否則它們就不是數位卦，不能叫數位卦，而應該是陰陽爻畫的八卦六十四卦（衹是用兩個不同的數位代替了陰陽爻畫之斷綫、連綫而已）。按理，既已將二、三、四嚮一、六（或八）作了歸併，那這些數字就不是用於計算的，如李零先生説的那樣“何必還要不憚其煩地把這麼多的數位全部都寫出來呢”？我覺得數字卦可能是這樣産生的：所有筮數都是有用的（比如用於計算和推求爻象），占筮活動結束之後刻寫數字卦時為避免某些混淆，纔將二、三、四按陰陽作了歸併，而筮人（一般都是專業工作者）對卦象又非常熟悉，他們不需要畫出陰陽爻畫的八卦符號，而衹需或者習慣於記下各爻的筮數即可（甚至也可能是一種行規），於是得到我們現在看到的數字卦的樣子。

張亞初、劉雨先生已注意到商周數字卦雖然出現一、五、六、七、八五個數，其中奇數有三個，“但在每一個卦中，最多衹同時出現其中的兩個數，也就是説，嚴格地遵循著兩奇兩偶（也就是後世所説的兩陰兩陽規律）”[①]。管燮初先生分析了42例商周數字卦，發現每卦均為六爻，一個卦的爻文至多四種没有例外，因而認為數字卦爻不僅分陰陽，而且還分老陰、老陽、少陰、少陽[②]。張政烺先生曾經釋讀西周中方鼎上兩個左右並列刻在一起的六爻數字卦“七八六六六六”（剥卦）與“八七六六六六”（比卦），依據《左傳》《國語》之例可稱為“遇剥之比”或者“遇比之剥”，二者的關係屬於卦變[③]。2001年，陝西省考古研究所在長安縣黄良鄉西仁村西周遺址採集到陶拍4件，其中有兩件上面都有成組的數字卦：一件（CHX採集：1）左右並列兩個六爻數字卦“六一六一六一”（既濟）與“一六一六一六”（未濟），按《周易》卦例二者也屬卦變關係，一個是本卦一個是之卦（圖五）；另一件陶拍（CHX採集：2）上刻著四個數字卦“八八六八一八”（師）、“八一六六六六”（比）、“一一六一一一”（小畜）、“一一一六一一”（履）（圖六）[④]。李學勤先生説：“從易學的觀點來講，這樣的發現應當説是驚人的……兩件陶拍上的筮數，轉化為《周易》的卦，全然與傳世《周易》卦序相合。師、比、小畜、履四卦是《周易》第七、八、九、十卦；

① 張亞初、劉雨：《從商周八卦數位記號談筮法的幾個問題》，《考古》1981年第2期。

② 管燮初：《數字易卦探討兩則》，《考古》1991年第2期。

③ 張政烺：《試釋周初青銅器銘文中的易卦》、《易辨》，《中國哲學》第14輯。轉引自李學勤：《周易溯源》，成都：巴蜀書社，2006年，第216頁。

④ 曹瑋：《陶拍上的數位卦研究》，《文物》2002年第11期。

既濟、未濟二卦，是《周易》第六十三、六十四卦。這樣的順序排列，很難説出於偶然。尤其值得注意的是，師、比、小畜、履四卦在上經十八卦中自成一組。師與比互覆，為五陰一陽之卦，小畜、履互覆，為五陽一陰之卦。既濟、未濟也是互覆，為三陽三陰之卦，在下經十八卦末自成一組。”他推斷 CHX 採集：2 上的“筮數‘八八六八一八’師卦是實占結果，其餘則是依《周易》續配，因為實占如此幾乎是不可能的”，而且“可以看出當時已存在六十四卦‘非覆即變’錯綜關係的概念”①。據于茀先生研究，包山楚簡中有 6 組數位卦，把每組數位卦轉換成相對應的周易卦，則每組數字卦由本卦和之卦組成，以本卦、之卦特别是互卦卦爻辭的占斷結果與包山楚簡相對應的占辭相比較，基本相合，説明包山楚簡中的數字卦應當是周易卦，而且已包含互卦的觀念②。這些材料和研究證明，迄今發現的所有數字卦無疑都是利用八卦六十四卦占筮所得的卦象筮數，而絶不是陰陽爻畫的八卦六十四卦還没有産生。如果説前面我們主要是從學理、易理上分析八卦六十四卦不是來自和起源於數字卦並輔以史前數字卦、爻畫卦材料來佐證的話，那麽這些材料、現象和研究正是數字卦乃利用八卦六十四卦占筮所得卦象筮數的内證。而且這些材料和研究還證明，商周、春秋戰國時期筮人占筮以及畫卦都習慣於僅僅畫出筮數卦象（如前所述，也可能是行規、職業、專業導致的習慣和傳統），而不需要畫出陰陽爻畫卦（迄今為止我們没有發現例外），這也應該是迄今我們没有看到和發現同時期陰陽爻畫卦的主要原因。而且商周數字卦現象還説明，先秦時期（甚至史前）八卦六十四卦及其利用、筮占的相關知識已經非常成熟，筮人對它們非常熟悉。由於我們至今没有發現商周時期用斷綫（--）連綫（—）這種我們熟悉和視為正統的陰陽爻畫的八卦符號，又對史前考古材料尤其是紋飾瞭解、研究不够，導致一個本來比較簡潔、比較容易解决的問題變得異常複雜、困難，出現了不少不合邏輯、學理、易理的研究、猜測。

自張政烺先生破譯和研究商周數位卦以來，“八卦起源於占卜”的認識在學界得到了强化。“八卦起源占卜論”長期流行於中國學界，但大多數人都不想一想，也不問一問：為什麽衹有三爻、六爻的數字卦，而没有四爻、五爻、七爻、八爻的數字卦？為什麽八卦符號衹有 8 個三爻卦、64 個六爻卦，而没有邵雍和朱熹所推測的那種 16 個四爻卦、32 個五爻卦以及 128 個七爻卦等等？數字卦又如何推演出“太極生兩儀，兩儀生四象，四象生八卦，八卦生六十四卦”這種《周易》宇宙生成觀？八卦的根本乃是由陰陽二性的三數或六陣列成的八個三爻卦和六十四個六爻卦，這是確定不移的。任何“數卜論”要在方法與結果上與八卦、六十四卦建立起聯繫都衹能靠人為設定，而無法從學理上、邏輯的必然性上進行

① 李尚信：《今本〈周易〉六十四卦卦序研究》，濟南：山東大學出版社，1999 年；李學勤：《周易溯源》，成都：巴蜀書社，2006 年，第 236—237 頁。

② 于茀：《包山楚簡中的數位卦》，《北方論叢》2005 年第 2 期。

推導或證明。就數卜的本質而論，它產生的“卦”可以是兩爻卦、三爻卦、四爻卦、五爻卦、六爻卦、七爻卦、八爻卦、九爻卦、十爻卦甚至更多，而且其方法和程式亦可多種多樣，古人如何為那些幾萬、幾十萬乃至更多的卦、爻設定具體的占卜範圍、吉凶內容？這種設定又有什麽必要？“占卜論”的一個不言而喻的前提是：原始人類很愚昧，没有理性和抽象思維能力，没有明晰的數的概念與認識，不可能有繁複的數學知識，他們對世界和事物的認識是朦朧的、混沌的、没有理性的，這樣的人類如何能够以及為什麽要把世界萬事萬物細分成幾十萬乃至更多的類别，又用幾十萬乃至更多的卦爻象去對應它們？如果不能，數字卦就不是什麽“數卜”，而是八卦六十四卦占卜之卦象筮數（或筮數卦象）；如果能，其前提便失真失據，“八卦起源占卜論”也無法立足。又，古人如何以及為什麽從那些可能多達數十萬數百萬的兩爻卦、三爻卦、四爻卦、五爻卦、六爻卦、七爻卦、八爻卦、九爻卦、十爻卦甚至更多爻數的占卜數位組合中選定三爻卦、六爻卦（而不是其他爻數的卦），用於占卜以及表達他們對大自然和人類社會萬象的認識與理解？他們依憑的是什麽？如果能回答出這個問題，那也就等於說八卦六十四卦在“數字卦”之前便早已産生了。

除了數字卦問題，還有不少學者推測和認為占筮源於龜卜、八卦起源於龜卜，這裏也需要分析一下。

鄭萬耕先生説：“據近人研究，占筮源於龜卜。《周易》卦畫自下而上與後來成為通例的甲骨刻辭的順序相一致，而六段爻辭與卜句契辭六句之數尤合。《周易》中斷定吉凶的辭句同甲骨卜辭相比，許多字也是相同的……這説明，《周易》六爻成卦和其中的占辭是脱胎於或模仿卜辭的。”① 究竟八卦怎樣從龜卜發展而來，這段話語焉不詳。朱淵青先生認為龜卜序數與筮數有著密切的聯繫，如《周易·繫辭》占法説“挂一以象三”，《屯乙》三二八七、三四七五兩甲所刻序數左右都是一至七，而“一”為左右兩組共用，《老子》又説“一生二，二生三，三生萬物”，卜甲序數左右共用“一”有“一以統始”之意，故“挂一”不用，來自龜卜數。再如《周易·繫辭》説“分而為二以象兩”，合於龜甲卜辭左右對貞，數、兆、辭相隨，數的刻記、貞辭語法均習慣左右相對、一正一反。又如易數以五為生數、十為成數，而龜甲序數由一至十而止，卜用多龜至“五”而止，“五”為本數加倍而為十，故序數至十止。又引孔穎達《左傳正義·僖公四年》“龜以本象金木水火土之兆以示人，故為長；筮以末數七八九六之策以示人，故為短”，認為“龜卜兆象的序數由一至十，而卜用多龜則至五而止。一二三四五是為本數，易筮以七八九六為數，故稱末數。末數引申本數而來”②。這些聯繫即使成立，也未能説明龜卜序數怎樣變成了數字卦，而且為什麽又不能是龜卜序數、兆辭的刻記方法模擬和演繹了陰陽八卦的原理、觀念呢？如前所述，距今四

① 鄭萬耕：《易學源流》，瀋陽：瀋陽出版社，1997年，第8頁。

② 朱淵清：《周易探秘》，上海：上海古籍出版社，1995年，第27—29頁。

千多年的馬家窑文化數字卦中已有一、五、六等筮數，它們又怎麼可能自商周龜卜序數一二三四五“引申”而來呢？所以朱先生説的“當記録兆象的序數的數理邏輯被應用起來時，符號化的筮數便逐漸替代了形象化的卜兆，於是商人便開始通過數去解釋、預卜自然萬象；當商人發明筮數時，他們就開始尋求各種演繹數的方法，最終八卦六十四卦出現了”① 不僅與考古材料不合（如馬家窑文化中數字卦、筮數），而且也是用一種抽象的、含混的、含義不能確指的説法代替了論證。有些論著推測“最古老、最簡單的數卜，應是用兩個相同的能够標明正、反兩面的物體，抛擲落下後看其正、反面的數目，抛擲的結果可能兩正或兩反，或一正一反。如果把兩正定為吉兆，那麼兩反就是凶兆，一正一反是中間狀態”，而且“這個時期卜的最好用具是蚌殼”，但“隨著人類社會活動範圍的增大，這種簡單的占卜，不能適應越來越複雜化了的社會生活的需要。特别是在決定重大問題時，人們不想草率從事，必然要進行多次‘卜’，卜具也自然會從衹有表示兩個數目的物體，發展成為數量較多的物體，把卜的結果用數位記録下來，就産生了‘數字卜’——筮。組成卦的數位，已經不再表示物體的數量，而是某種趨嚮的象徵”②。這裏仍然是用假設、含義不明確的説法在卜與筮（數字卦）之間建立了虚假的聯繫：用蚌殼或其他物體抛擲看其正、反面，實際得到的是“象”而不是“數”，如一反一正、兩反兩正、三反三正，衹能各自規定為“陰”“陽”，而不能都記數為一、二、三。商周數字卦中一至十這十個數都有，“卜具”應該有十個而且必須規定每卜衹記正面或反面數，這樣卜六次纔能得到商周那種數字卦。但商周數字卦衹有三位元、六位卦而且存在按奇偶、陰陽對二、三、四進行歸併，故此種“卜”法如存在實即求卦法，是以八卦六十四卦的存在為前提，而不證明八卦六十四卦源於數卜。

屈萬里先生認為《易》卦因襲龜卜，他對二者作了多方面的比較：“（一）卦畫上下和順序合甲骨刻辭的順序；（二）《易》卦反對的順序合甲骨的左右對貞；（三）《易》卦爻位的陽奇陰偶合甲骨刻辭的相間為文；（四）《易》卦九六之數合龜紋，那些意境雷同的情形，都不會是偶合。”所謂“九六之數合龜紋”是指：由於龜殼是雙層的，外為盾板，裏為骨殼即龜甲，盾板由一條中綫（千里路）一分為二，再由五條横綫分為相疊的六排，而腹甲被紋路割為左右四排，上部中央又有一小塊“内腹甲”，屈萬里先生認為腹甲有中，其數為九，盾板無中，其數為六，有中是陽，無中是陰③。屈萬里先生的研究除九六之數與龜殼紋路的比附較為牽强外，頗有道理，但亦未能説明八卦符號及陰陽爻畫怎樣據龜卜産生，也與商周數位卦無涉。李大用先生又據五塊西周甲骨論證八卦起源於龜卜，認為甲骨灼後基

---

① 朱淵清：《周易探秘》，上海：上海古籍出版社，1995年，第29—30頁。

② 郭志成、李郅高、劉英傑：《中國術數概觀·卜筮卷》，北京：中國書籍出版社，1991年，第108—109頁。

③ 屈萬里：《易卦源於龜卜考》，黄壽祺、張善文編：《周易研究論文集》第一輯，北京：北京師範大學出版社，1987年。

本上有“--”、“—”兩種形式，甲骨卜兆多以三條裂紋為一組即一事三卜，於是有八種可能即八卦之產生，在殷人“卜用三骨”“習卜”的基礎上，周人通過“卜用三兆”“重卜三兆”而得到八卦、六爻、六十四卦、三百八十四爻①。雖然李先生指明了八卦符號陰陽爻來自於龜卜裂紋，但僅據五塊西周甲骨論證八卦起源，顯然並無説服力。事實上甲骨兆紋是没有規律的。《史記・龜策列傳》説：“灼龜觀兆，變化無窮。”有學者分析認為：“兆之所以為兆，就因為它變化無窮。殷代的甲骨卜和歐洲的肝臟卜在形式上相距甚遠，而有一點卻是非常相近的，那就是甲骨卜的裂紋和肝臟上的經絡有相同之處：它們都是無規則的，就像一座森林，仿佛到處都是路，又仿佛一團亂麻，一條路都没有。而神意就隱藏在這種有路和無路之間。這種特殊的紋路本身並不是神意，但它能把你引嚮神意，神意就從那裏被引申出來。”② 總之，雖然不少學者都在説占筮或八卦起源於龜卜，但迄今未能説明八卦符號和占筮與龜卜之間的內在、必然聯繫，而衹有一些似是而非的東西。關於甲骨刻辭與陰陽八卦象數的吻合之處，筆者認為應是前者模擬後者，而不是後者源於前者，因為遠在商周之前的史前時代已有六位元數字卦、八卦六十四卦的存在。如前所述，馬家窑文化馬廠類型那兩個並列在一起的六位元數位卦下端還夾了兩個重疊的數位“六六”，它們很可能佐證史前時代畫卦也是自下而上。故商周甲骨刻辭自下而上的順序應該是模仿和類比了八卦符號的畫法。不僅如此，由於卜筮並用至少在殷代武丁、康丁時代就“有案可查”了，占筮所得之數字卦與占卜所得之兆紋、筮辭與卜辭見於同一甲骨也不奇怪，甚至卜辭中還“應該區分出一部分卦辭”來③。

1984—1987年河南舞陽賈湖遺址出土了一批墓葬龜甲，其年代為距今9000—7800年。在清理出的349座墓葬中，有23座高規格墓葬出土了龜甲，其中14座隨葬成組的完整龜甲，每組個數不等但均為偶數，或二或四或六或八，1座隨葬一個完整龜甲，其餘隨葬龜甲碎片④。大部分完整龜甲和部分龜甲碎片中均伴有數量不等的小石子或水晶子，多者八龜殼中共有173顆，最少者為3顆，而且有些墓葬龜甲石子有黑白或顏色深淺之分。負責賈湖遺址發掘的考古學家張居中與宋會群先生合作研究，認為賈湖出土這些龜甲和“龜腹石子”與數卜和八卦起源有關，並對其卜法、筮法作了一些推測⑤。下面我們對其研究作一些分析。

張、宋兩先生推測的第一種占卜法為“奇偶占斷法”，即“把裝有若干石子的龜甲握於

① 李大用：《周易新探・後記》，北京：學苑出版社，1990年，第25頁。

② 朱狄：《信仰時代的文明》，北京：中國青年出版社，1999年，第153頁。

③ 張政烺：《試釋周初青銅器銘文中的易卦》，《考古學報》1980年第4期；張亞初、劉雨：《從商周八卦數位記號談筮法的幾個問題》，《考古》1981年第2期；曹定雲：《新發現的殷周“易卦”及其意義》，《考古與文物》1994年第1期。

④ 河南省文物考古研究所：《舞陽賈湖》下册，北京：科學出版社，1999年，第978頁。

⑤ 宋會群、張居中：《龜象與數卜——從賈湖遺址的“龜腹石子”論象數思維的源流》，劉大鈞主編：《大易集述》，成都：巴蜀書社，1998年。

手中，反復摇動，利用晃動之力，振出若干石子，然後查驗振出石子（或留於龜殼内的石子）數目，據其奇偶數目以斷吉凶”。這種方法與數位卦無關，若衹進行一次得不出八卦，若重複進行三次、六次可得陰陽爻畫之八卦六十四卦，但它衹是對八卦六十四卦的利用而非起源。張、宋所舉民族學資料即流行於臺灣的“文王龜卜法”（用三枚銅錢置於龜殼，重複進行六次振動，排出六爻卦）也是對六十四卦的利用，而與起源問題無涉。张、宋兩先生推測的第二種占卜法為“陰陽筮卦法”：把若干黑白石子混合置於龜腹，利用龜靈祈禱，摇動龜甲振出若干石子，按次序排列位置，先數奇偶再看黑白（陰陽），據奇偶和黑白之“象”定吉凶。此法同“奇偶占斷法”一樣，也與數字卦無關，若求三爻八卦、四爻十六卦、六爻六十四卦仍然意味著它是以八卦、十六卦、六十四卦的存在為前提，而與起源無涉。张、宋兩先生推測的第三種占卜法為“奇偶排卦法”：利用一龜（内裝石子）多次振動操作或多龜同時振動操作可得一組奇偶數以斷吉凶。這種方法也與數字卦無涉，因為一墓八龜殼石子可達 173 顆，僅白色石子即有 138 顆，平均每個龜甲在 17 顆以上，僅用白色石子振出石子（或留存於龜甲内石子）數目範圍也在 1—17 顆之間，與我們所知數字卦無關，衹能求得陰陽符號表示的卦。由於到賈湖三期時，一墓四、六、八龜的現象完全消失，代之以一龜和二龜，而年代更晚的下王崗、青蓮崗、大汶口文化時期，基本上是一墓一龜，少部分一墓兩龜，兩龜以上者極少見，所以他們認為“賈湖早、中期的奇偶排卦法尚處於摸索階段，較少的吉凶斷詞數目和較多的得卦數目具有明顯的矛盾，人們還無法把握 4—8 個奇偶全排列所帶來的數百種卦的結果”，因此墓葬占卜用龜嚮一龜、兩龜的方嚮發展，這就是八卦、六十四卦的來源。我們認為，這個推測仍然是不成立的：其一，它與我們所知的數字卦無涉。其二，它不可能是徐錫臺先生所論筮數不分奇偶、陰陽的“數字卦”，因為一墓八龜各占一次可能得到的卦爻將遠比六位奇偶數排列組合得到的四萬多個重卦、二十多萬爻多得多。其三，即使占卜結果按奇偶、陰陽成卦，二爻（兩龜）四卦、四爻（四龜）十六卦、六爻（六龜）六十四卦、八爻（八龜）二百五十六卦也是無據，因為迄今我們所知秦漢以前的易卦衹有三爻八卦、六爻六十四卦而無其他品類。其四，要得到四爻十六卦、六爻六十四卦、八爻二百五十六卦均可衹用一龜（分别占卜四次、六次、八次）、二龜（分别占卜兩次、三次、四次）而不必一墓葬四、六、八龜。其五，若説八龜得八爻二百五十六卦數目太多没有必要或“無法把握”，那麼賈湖人自始至終都不必要一墓葬六龜乃至八龜，即葬八龜的現象本就不該出現和存在。其六，由葬二、四、六、八龜嚮葬一、二龜方嚮發展是化繁為簡，至商周數字卦時代由三爻八卦嚮六爻六十四卦發展是因為“不敷日用”由簡趨繁，二者同為“八卦起源卜筮論”，出發點和理論、觀念相同但推論互相矛盾，證明“八卦起源於數卜（卜筮）”這個前提不可靠。其七，按張、宋兩先生推論，八卦六十四卦在賈湖三期及後來的下王崗、青蓮崗、大汶口等文化中應已産生、定型，這與八卦六十四卦據商周數字卦而來也是互相矛盾的，也證明“八卦起源於數卜（卜筮）”這個前提不可靠。總之，賈湖龜腹石子及史前墓葬龜甲這些現象和葬俗不説明也不證明八卦起源於數卜、龜卜。

按筆者的理解，賈湖遺址葬二、四、六、八龜的習俗應是對陰陽八卦的崇拜所致，用偶數（成對）龜以象陰陽，最多止於八數是對八的崇拜，而對八數的崇拜當源於四時八節、四方八位，亦即八卦（按陳久金先生研究，八卦起源於曆法即八節[①]，而在中國古代文化和古人的思想觀念中，四時八節與四方八位又是相對應的，如商代四方風名所蘊含的意義[②]，其緣由當與古人的天文觀測、天象觀測有關，而且八卦統一時空這種傳統觀念至今依然影響深遠）。即依據易學的象數觀念和思想，賈湖的葬俗本身即意味著八卦早已産生，它是對陰陽八卦的一種形象演繹，就像當代彝族等少數民族仍用八角形圖案表示八卦一樣。八卦在賈湖時代已經産生尚無更直接的考古證據，但據筆者對中國新石器時代器物紋飾的分析、研究，至少在仰韶時代（前 5000—前 3000 年），中國古人已用圖形和數量關係將八卦六十四卦、十月太陽曆、河圖洛書的數關係非常熟練、巧妙地結合在一起[③]。至於葬一龜、二龜，應是用它們象徵和表達太極、陰陽之義。葬二、四、六、八龜嚮葬一、二龜方嚮的發展，並不意味著占卜或筮卦的由繁至簡，而衹是對太極、陰陽、八卦崇拜的不同表達方式所致（如果用龜腹石子占卜，一龜、二龜均可求得八卦六十四卦）。當然，在賈湖文化中，葬二、四、六、八龜的區别可能也有身份、地位之别。另外，賈湖遺址第一次發掘發現 M16 葬龜殼碎片三堆（為四個個體）、M17 葬龜殼七堆（為六個個體），且二者均置於墓主脛骨上[④]，筆者認為它們與仰韶文化濮陽西水坡 45 號墓脛骨與蚌殼組成的北斗[⑤]應有相近的含義，即脛骨是立竿測影的象徵，三堆龜殼可能象徵心宿三星或參宿三星，七堆龜殼則象徵北斗七星（四個個體刻意破碎作三堆、六個個體刻意破碎作七堆處置，可以視為内證）。所有這些理解從易學的角度去看，從中國傳統文化和傳統思維的角度去看，都是順理成章、極其妥帖的。

考古學家在論證八卦起源於商周數字卦或數卜、龜卜、筮占時有不少似是而非的認識和表述，易學界的專家在涉及這個問題時也同樣如此。如：余敦康先生認為八卦起源於新石器時代晚期的占卜，説“龜卜、筮占以及其他一些古老的占卜形式，都是這個時期的産

① 陳久金：《陰陽五行八卦起源新説》，《自然科學史研究》第 5 卷第 2 期，1986 年；陳久金、張敬國：《含山出土玉片圖形試考》，《文物》1989 年第 4 期。

② 連劭名：《商代的四方風名與八卦》，《文物》1988 年第 11 期。

③ 王先勝：《考古學家應嚴謹對待器物紋飾》，《社會科學評論》2007 年第 3 期；王先勝：《紅山文化勾雲形玉器内涵探討——兼及古代紋飾的釋讀及其方法問題》，楊伯達、郭大順、雷廣臻主編：《古玉今韻——2007 朝陽牛河梁紅山玉文化國際論壇文集》，北京：中國文史出版社，2008 年。

④ 河南省文物考古研究所：《舞陽賈湖遺址的試掘》，《華夏考古》1988 年第 2 期；河南省文物考古研究所：《舞陽賈湖》上册，北京：科學出版社，1999 年，第 457 頁。

⑤ 馮時：《河南濮陽西水坡 45 號墓的天文學研究》，《文物》1990 年第 3 期。

物。由於筮占的特點是根據蓍草排列所顯示的數與形的變化來預測吉凶，所以與其他的占卜形式相比，具有一種潛在的優越性，可以通過無數次的排列，逐漸把數與形的變化推演成一個整齊有序而又穩定規範的符號體系”。“拿《易經》來與原始的筮占相比，最顯著的差別就是《易經》除了那套並無高深意義的抽象的卦爻符號以外，又增加了一套由卦辭和爻辭所組成的文字表意系統，其卦爻符號是繼承了原始的筮占而來的……”① 按我們平常所說以及一般意義上的理解，“筮占”就是指用蓍草或竹棍等起卦、排卦，如《周易》“大衍筮法”、彝族“雷夫孜”占法等，都是以八卦六十四卦的存在為前提，而像汪寧生先生所舉西盟佤族“司帥報克”占法，僅據一次性所得的奇偶數斷吉凶，則與八卦無關。余敦康先生所說“根據蓍草排列所顯示的數與形的變化來預測吉凶”僅是一種猜想，而且對於它怎樣與數字卦、與陰陽爻畫的八卦符號發生聯繫，並沒有給出一個明確、具體的說法和模式；接下來“逐漸把數與形的變化推演成一個整齊有序而又穩定規範的符號體系”同樣是一種猜想，而且也沒有給出一個“推演”模式，沒有具體說明“穩定規範的符號體系”（八卦六十四卦）是怎樣從蓍草的“數與形的變化”中得來的。這樣的猜想怎麼就證明卦爻符號“是繼承了原始的筮占而來”而且“並無高深意義”呢？又如，周山先生認為，在三個或六個一組的數字卦時期，尚沒有卦名，即便有，也不可能與後來的八卦或六十四卦卦名相同，因為三個數字能組成 10^3 個卦，六個數字能組成 10^6 個卦，因此作為爻畫卦的八卦、六十四卦衹能在數字卦之後，即“八卦、六十四卦衹是到了僅有陰陽二種符號的時候，纔能應運而生”②。這裏也存在著錯誤和似是而非的認識：三個數字如組成三爻卦有 27（3^3）卦，其重卦應有 729（3^6）卦，六個數字如組成三爻卦有 216（6^3）卦，其重卦應有 46656（6^6）個，如前述徐錫臺先生所理解的，而非 10^3 或 10^6 個。但商周數字卦和馬家窑文化中的數字卦等並非這種數不分奇偶的“數字卦”，相反它們是以八卦六十四卦的存在為前提的，前已述及。因為徐錫臺先生所論數不分奇偶的“數字卦”是不存在的，也與考古材料不合，所以認為八卦六十四卦來自於那種數不分奇偶的“數字卦”衹是一種空想。周先生“作為爻畫卦的八卦、六十四卦衹能在數字卦之後”既無學理支持，也與迄今所見數字卦無涉。易學界更普遍的現象則是直接援引和接受了考古界的認識，如潘雨廷先生所言“約至東周起，正在由‘數位卦’逐步發展成為今日所用的‘陰陽符號卦’”③ 以及本文開始所引陳詠明、朱伯崑先生所述，不必贅言。

總結：“八卦起源於占卜（或稱數卜、龜卜、卜筮）”是一種無根無據的觀念和認識，既沒有學理支援，更沒有考古證據。八卦並非由數字卦發展而來，更非源於龜卜、數卜。數字

① 余敦康：《易學今昔》，北京：新華出版社，1993 年，第 3 頁。

② 周山：《周易文化論》，上海：上海社會科學院出版社，1994 年，第 10 頁。

③ 潘雨廷：《周易表解》自序，上海：上海社會科學院出版社，1993 年。

卦的存在是以八卦六十四卦的存在為前提，它們衹是利用八卦六十四卦進行占筮而得到的一種結果，而商周龜甲及史前墓葬龜甲也都與數位卦的產生無關，更與八卦六十四卦的產生無關。本文列舉了史前數字卦、爻畫卦材料，前者也衹能是利用後者占筮而得到的卦象、筮數，至於八卦六十四卦以及爻畫的起源，需要另行研究，已非本文主旨，無須贅言。

後記：本文有些部分（如與徐錫臺先生的論述相關者）是以崧澤文化數字卦的存在為前提，若崧澤文化數字卦是不存在的，不影響本文的分析和結論。

本文初稿作於 2005 年，最近修改時偶然發現李學勤先生的一篇文章：《談淮陽平糧臺紡輪“易卦”符號》（《光明日報》2007 年 4 月 12 日）。其文介紹淮陽平糧臺古城遺址發現的八卦符號，可能是三爻“離”卦。到底是數字卦還是爻畫卦，李先生没有定論。其文先説“今天看到這個‘’形符號的學者，恐怕都會覺得可能是易卦，不過組成這一卦象的筆畫應該怎樣認識，大家會有不同意見。我們可以將之看作卦畫，以兩種符號表示陰爻、陽爻，也可以將之看作筮數，即所謂‘數位卦’，由兩種數位合成。這個問題，容下文仔細討論，不過無論怎樣，‘’總是三爻的卦象，就是離卦”，後面又説“把‘∧’看作卦畫，意味著它是陰爻‘--’的前身”。説明李先生傾嚮於認為這個八卦符號是陰陽爻畫卦。根據其行文推斷，平糧臺這個八卦符號中有一個筆畫應該是“一”，另一個筆劃應該是“∧”即李先生所説“陰爻‘--’的前身”（查《文物》2007 年第 3 期相關簡報，的確如此）；依據本文所介紹馬家窑文化數字卦以及其他史前考古學文化中爻畫卦的畫法，筆者認為平糧臺發現的這個八卦符號還是數位卦（即“∧”應該是數位六），其結構為“一六一”。無論如何，都是對本文論述的一個佐證。

圖一　下海石三爻坤卦陶罐

圖二　下海石六爻復卦陶罐

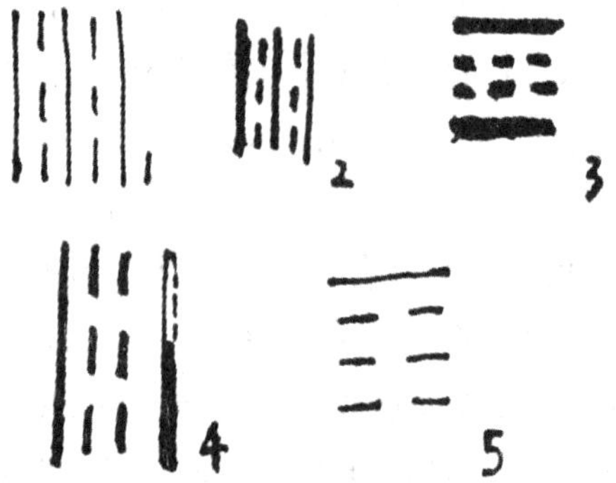

圖三　商周異形卦爻符號

圖四　馬家窑文化數字卦

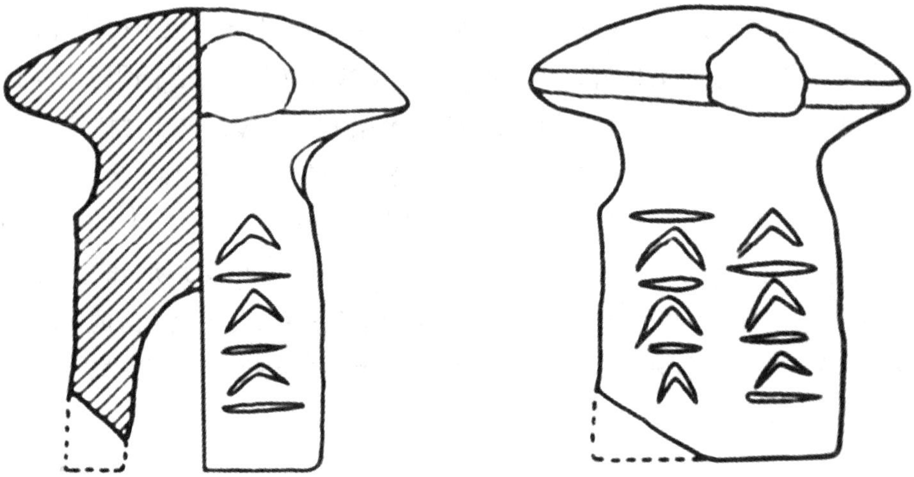

圖五　長安西仁村陶拍數字卦（CHX 採集：1）

圖六　長安西仁村陶拍數字卦（CHX 採集：2）

（作者單位：重慶市人文社科重點研究基地、重慶文理學院非物質文化遺産研究中心）

《尚書》成書年代考析

朱建亮

《尚書》是一部非常重要的歷史文獻，中華優秀傳統文化的很多基本精神蘊含其中。但是，這部書到底創作於何時，無人論定，一直是個謎。

《尚書》原本不叫《尚書》，而以《書》名之。《荀子·勸學》說："書者，政事之紀也。"東漢王充《論衡·正説》說："《尚書》者，以為上古帝王之書。"它記載的上古帝王之言行自堯舜一直到西周。據周秉鈞譯注《白話尚書》，《書》"相傳有幾千篇，孔子删為百篇"。"孔子為什麽删《書》呢？章太炎先生說：'蓋《尚書》過多，以之教士，恐人未能畢讀，不得不加以删節，亦如後之作史者，不能不將前人實録字字録之也。删節之故，不過如此。'章先生把删《書》的原因説得非常清楚。"① 孔子首先是個學者，是個藏書家。他"述而不作，信而好古"，帶著學生到處求書。《公羊傳注》稱：孔子得"百二十國寶書"而作《春秋》。孔穎達《尚書正義》引《尚書緯》說："孔子求書，得黄帝玄孫帝魁之書，迄於秦穆公，凡三千二百四十篇。"② 這些寶書，顯然就是幾千篇零散的各諸侯國治國實録。這就是孔子以前的《書》即後來所稱的《尚書》。現存《尚書》共54篇，包括被清代閻若璩斥為僞書的25篇。根據字頻統計法等多種方法分析，這25篇與西漢伏生回憶的29篇一樣是相同時期的作品。

《尚書》是何時的作品？根據各種資料分析，本人認為，應當就是商代中後期或西周時代的作品。

---

① 周秉鈞：《白話尚書》，長沙：嶽麓書社，1990年，第1—2頁。

② https：//www. zhihu. com/question/20518721？sort=created.

一、從孔子收集史書來看,《尚書》是早就有的治國實録

從孔子為作《春秋》收集史書來看,《書》不是春秋末期的作品,因為那時已經存在《書》並被當做"經"即經典了,同時還用作教材。《禮記·經解》記載孔子言:"入其國,其教可知也。其為人也,温柔敦厚,《詩》教也;疏通知遠,《書》教也。……《詩》之失愚,《書》之失誣。"後兩句意思是,《詩》的缺點是含有愚昧,《書》的缺點是有假話甚至説别人的壞話。他説:"温柔敦厚而不愚,則深於《詩》者也;疏通知遠而不誣,則深於《書》者也。"[①] 這説明《書》早就有了,而且裏面有不少玩弄權術的東西,孔子删《書》恐怕不衹是因文篇太多,而與政治觀點也有關係,其中有些他認為不太實在或者作秀的文篇被删了。《書》早就産生,而且,存在不真實的情況完全可能,孔子的學生子貢就説過:"紂之不善,不如是之甚也。是以君子惡居下流,天下之惡皆歸焉。"[②] 意思是,紂王之壞,没有人們説得那麽嚴重。之所以君子不願居於下流,因為天下的壞事都會推到下流。"人們説的",正是指史書即《書》所載。

據《論語》記載,孔子説過:"夏禮吾能言之,杞不足徵也;殷禮吾能言之,宋不足徵也。文獻不足故也。足,則吾能徵之矣。"[③] 他為考證夏禮、殷禮,去杞、宋兩地做過考察和搜集過資料,可惜,文獻不足。他説:"周監於二代,郁郁乎文哉!吾從周。"[④] 由此可見,周代有關禮制的資料就比較豐富。事實也是《尚書》中的周書部分要多得多。

胡治洪先生研究也認為"先秦時期的諸多典籍都曾引述《尚書》,由此表明《尚書》古已有之"。他説得頗有道理:秦朝禁毁詩書,致使《尚書》失傳二十餘年。西漢時期重出的《尚書》有伏生今文本、孔安國整理並傳注的孔壁古文本(孔傳本)……孔傳本在西晉末年也曾短暫消失,但不久便由梅賾獻出而流傳至今,彌足珍貴。但自南宋開始,梅賾所獻孔傳本卻被疑為"僞書",疑《書》者們認為該文本的風格"平緩卑弱,殊不類先漢以前之文",並認為其傳承脈絡茫昧無稽,由此構成懷疑的前提;又以"吹毛索瘢"的方式尋找該文本的"破綻",由此構成懷疑的證據;進而,確指或泛指某人拼湊綴合古籍中的引《書》文句以作成僞書,由此構成懷疑的結論。"然而,梅賾所獻孔傳本的風格不足以成為懷疑的前提,其傳承脈絡並非茫昧無稽,所謂'作僞'的證據没有可信度,被指控的諸多'作僞

① 陳戍國:《周禮儀禮禮記》,長沙:嶽麓書社,1989年,第478頁。
② 孔丘:《論語》,北京:北京出版社,2006年,第155—156頁。
③ 朱建亮:《論孔子"文獻"一語的標點問題》,《湘潭大學學報》(社會科學版)1989年第3期。
④ 孔丘:《論語》,北京:北京出版社,2006年,第18頁。

者'一概没有作偽的必要和可能；梅賾所獻孔傳本就是孔子後人為避秦火而藏於舊宅壁中的百篇遺存，也就是孔子親手删定的先聖教言和華夏古史。"[①] 他所説的被指控的諸多"作偽者"，最初是指梅頤本人；後來是指三國王肅；再後來覺得没有證據，就指嚮西漢劉歆。我們衹要從字頻統計、禮儀和語言習慣等幾個方面進行一下比較分析，就能判斷梅賾所獻《尚書》並非偽書，而且可知《尚書》部分地為西周時代作品，部分地至少為商末作品。

二、從文字的發展和孔子引用看，《尚書》不是虞夏、前商時代的作品

據流傳至今的《尚書》來看，其所述歷史跨時近兩千年，即公元前四千多年至前兩千六百年。可是，堯舜時代並無文字，故不可能是當時的作品。它也不可能作於夏代。郭泳説："《尚書》不可能作於夏代，因為那時候還没有文字，就是有人要創作也不可能記録下來傳給後代。王國維等學者認為它的成書至遲不會晚於西周，因為孔子已經看到了這本書，並在閱讀的基礎上加以整理了。"[②] 説夏代還没文字不很準確，那時文字已經在陸續造出，但那很少的文字確實不可能記録那些史料。

《漢書·藝文志》説："《書》之所起遠矣，至孔子纂焉。上斷於堯，下訖於秦，凡百篇為之序。"這是説，孔子删定以後又按時代做了排序。從"上斷於堯，下訖於秦"看，堯，是指堯帝；秦，是指秦穆公。虞夏、前商時代的文字發展都不可能滿足《尚書》文字記載之所需，因此，反映那時的歷史文篇，都衹能是後人對傳聞的記載。既然如此，堯以前和秦穆公之後的部分文篇也有可能被删掉了。之所以可以説是傳聞的記載，從孔子在《論語·八佾》裹説的"夏禮吾能言之，杞不足徵也；殷禮吾能言之，宋不足徵也。文獻不足故也。足，則吾能徵之矣"一語可以看出。他説，夏代的禮法，我可以説出來；殷商的禮法，我可以説出來。他為什麽能够説出來？就是因為他出身貴族，青少年時期當過禮儀工作者，一生喜歡禮法，甚至到周皇室學習過禮儀，即司馬遷説的"適周問禮"，他嚮周國家圖書館館長老子請教過禮法制度。《史記·孔子世家》就有記載：魯南宫敬叔言魯君曰："請與孔子適周。""魯君與之一乘車，兩馬，一豎子俱，適周問禮，蓋見老子云。辭去，而老子送之曰：'吾聞富貴者送人以財，仁義者送人以言。吾不能富貴，竊仁人之號，送子以言，曰：聰明深察而近於死者，好議人者也。……為人子者毋以有己，為人臣者毋以有

---

① 胡治洪：《〈尚書〉真偽問題之由來與重辨》，《蘇州師範大學學報》（哲學社會科學版）2014年第1期。
② 郭泳：《夏史》，上海：上海人民出版社，2015年，第192頁。

己。”“孔子自周反於魯，弟子稍益進焉。”這是他未得到百二十國寶書之前的事情。

在得到百二十國寶書之後，他對這些歷史實録進行了整理和排序，並且讀了、引用了。這在《論語》和《禮記》中多有反映，其中不乏對《書》的所謂“僞書”部分的引用。他對學生講學引用最多的就是《詩》和《書》。當然，其中引《書》最多的是西周初年及其以後的内容。他大倡德治，主張中道以及民本思想，主要來自“僞書”部分的《大禹謨》《五子之歌》等。《禮記·中庸》載，孔子贊揚舜帝“其大知也與”，“用中於民”，這種贊揚除了看《大禹謨》外别無其他資料來源。《大禹謨》有“惟精惟一，允執厥中”句[①]，“中”即“中道”。《説苑·政理》記載：“子貢問治民於孔子，孔子曰：‘懔懔焉，如以腐索御奔馬。’子貢曰：‘何其畏也！’孔子曰：‘夫通達之國皆人也，以道導之，則吾畜也；不以道導之，則吾讎也，若何而毋畏？’”這裏“以腐索御奔馬”就直接來自《五子之歌》，衹是“腐”字原為“朽”，“奔”字原為“六”，《咸有一德》《説命》《太甲》《君陳》等都曾引用。

正因為收集了那麽多《書》，他説：“文武之道，佈在方策。”[②] 不過，幾千篇實録中最多是周代的，他最遵循的也是周代的禮法，故有言：“郁郁乎文哉，吾從周。”但是，不能排除部分《書》至少是殷商末年的作品，是口耳相傳而記録下來的。理由之一是《尚書·多士》有一句話記載：“惟殷先人，有册有典。”即那時已經有成册的文獻了，可能寫下包括傳聞的唐虞、夏代及前商時期的政治言行。理由之二是甲骨文是殷商的文字，據考證，其中已經有四千多字了，《尚書》衹用了一千七百多字，説明當時的文字够作《書》之用，因此，至少商末有可能産生這些記録。理由之三是商末政治腐敗，史官們有可能有意記下此前的一些政治傳聞以挽救時局，正如孔子在《周易·繫辭下傳》説的：“《易》之興也，其於中古乎？作《易》者，其有憂患乎？”理由之四是商末文王所演《周易》記載：“上古結繩而治，後世聖人易之以書契，百官以治，萬民以察，蓋取諸《夬》。”這段話的原意是：上古用結繩記事以治理天下，後世聖人改以契刻圖書，百官藉以治理政事，萬民藉以稽考國事，這大概取象於《夬》卦。理由之五是周初新政權剛建立，文王、武王親眼看到紂王垮臺的根本原因，為了永保其江山，自然要為吸取歷史的教訓和宣傳德治的價值而公開殷商《書》中某些政治傳聞和古代的治道。制作周禮也要利用夏、商的《書》，孔子説的“周監於二代，郁郁乎文哉”，就透露了周以前有《書》存在。

---

① 周秉鈞：《白話尚書》，長沙：嶽麓書社，1990年，第258頁。
② 陳戍國：《周禮儀禮禮記》，長沙：嶽麓書社，1989年，第497頁。

三、從禮儀的用語習慣看,《尚書》應是商中後期及西周作品

從禮儀語言情況看,《尚書》有一個重要用語習慣有著明顯的殷商及西周的時代特徵,這就是關於行跪拜禮的用語習慣,一般叫"拜",如果還要叩頭就叫"拜稽首"或"拜手稽首"。這在對虞夏的歷史記録和對商周的歷史記録裏都是如此,不過"拜手稽首"屬西周所有,"拜稽首"則屬於此前。

《舜典》記載:"帝曰:'俞,咨!禹,予平水土,惟時懋哉!'禹拜稽首,讓於稷、契暨皋陶。""帝曰:'俞,咨!垂,汝共工。'垂拜稽首,讓於殳斨暨伯與。""帝曰:'俞,咨!益,汝作朕虞'。益拜稽首,讓于朱虎、熊羆。"這裏的"帝"是指舜帝,舜帝和大臣在討論誰來接班的問題時,大禹、垂、伯益都作了謙讓,並嚮舜帝行了跪拜禮即"拜稽首",拜了而且叩了頭。在所謂"僞書"部分的《説命》裏同樣如此:"説拜稽首,曰:'敢對揚天子之休命!",“説”是指傅説。這説明《舜典》和《説命》是同時代或前後相去不遠的作品,也説明《尚書》的所謂"僞書"部分並非僞書。

《尚書·召誥》記載:"太保乃以庶邦冢君出取幣,乃復入錫周公。曰:'拜手稽首旅王,若公,誥告庶殷,越自乃御事。'"引文是太保跪拜叩頭報告我王的意思。"拜手稽首"與"拜稽首"意思是一樣的,手都要著地。《召誥》是記載周公代成王理政七年時召公率各諸侯拜見成王時講話的事情,即周初時的事情。接下來的《洛誥》《立政》等就用得更多了。《洛誥》開頭一句就是"周公拜手稽首曰",然後就有"王拜手稽首曰:'……拜手稽首誨言。'"這是指成王跪拜磕頭並説要跪拜磕頭接受我公的教誨。下面還有兩處用到"拜手稽首"。其中,周公説"明禋拜手稽首休享"是傳達王命:明潔地舉行祭祀,要跪拜磕頭慶倖地獻給文王和武王。這就説明,"拜手稽首"是周代初年就有的禮制。在《立政》裏也有兩處用"拜手稽首"。其中一句是"拜手稽首後矣",即周公宣佈:"跪拜磕頭,諸侯們!"進一步説明周初有此禮法。後來的《顧命》則有"拜",有"拜手稽首"兩處,都説明"拜""拜手稽首"是早已確定了的禮制。

這個早已確定了的禮制是否在殷商時代就有了?像這種與政治關係不大的禮節應當不是周代突然創造出來的,完全可能沿襲舊制,即"鑒於二代",鑒於夏商之禮。王進鋒《殷商史》第四章《商代的金文》引《漢書·郊祀志》説:"是時,美陽得鼎,獻之。……今鼎出於岐東,中有刻書曰:'王命尸臣:官此栒邑,賜爾旗鸞黼黻雕戈。尸臣拜手稽首曰:敢

對揚天子丕顯休命。'"[①] 因鼎出於岐東即周初故地，故認為是周初的鼎。其中記載"拜手稽首"進一步説明周初有此禮法。

另外，"尸臣拜手稽首曰：敢對揚天子丕顯休命"句與《説命》"説拜稽首，曰：'敢對揚天子之休命。'"思想内容一致。

這些都説明《尚書》包括所謂"僞書"部分都是史上前後不遠的作品，也進一步説明"僞書"部分並非後人僞造。

周初鼎刻"尸臣拜手稽首曰：敢對揚天子丕顯休命"句與商書《説命》"説拜稽首，曰：'敢對揚天子之休命。'"思想内容雖然一致，但商代比周初的要簡略一些，"丕顯"是對天子或上帝的尊稱，有此二字更顯尊敬；周初鼎刻"拜手稽首"與商書《説命》"拜稽首"雖然基本相同，但商代比周初也要簡略一些。"拜稽首"雙手著地可以不規範，但周初明確有一個"手"字。有一個"手"字，這樣讀起來很彆扭，為什麽要加一個"手"字？一定有其深意。據考，原來雖然都是雙手著地拜而且叩頭，即頭著地，或叫"磕頭"，但是，"拜手稽首"就不是隨便地頭手著地拜，而要求叩頭時額頭必須與手齊平。《周禮・春官・大祝》稱："辨九拜，一曰稽首，二曰頓首，三曰空首，四曰振動，五曰吉拜，六曰凶拜，七曰奇拜，八曰褒拜，九曰肅拜。"清初的顧炎武在《日知録》中寫道："古人席地而坐，引身而起則為長跪；首至手則為拜手；手至地則為拜；首至地則為稽首。此禮之等也。"[②] 據漢鄭玄註，稽首拜，頭至地也。賈公彦《疏》稱，稽首是"臣拜君之禮"。周代《儀禮》還有"再拜稽首"，其《少牢饋食禮》有"主人再拜稽首""主人又再拜稽首"[③]。據胡新生研究，後來還有"三拜"、"四拜"和"升成拜"等禮節。這些微妙的差别，都是時代的印記。他認為，理清從拜手稽首到再拜稽首 、"升成拜"的演變脈絡 ，可以為相關文獻的歷史斷代提供一條新的標準 。

"再拜稽首""又再拜稽首"，比"拜手稽首"就更進一步地嚴格了。早期道教的《太平經》中有句稱"真人稽首再拜"，以稽首專指對神的禮拜。這正如齊梁道士陶弘景的《登真隱訣》"稽首三禮"："先一拜，額叩地；次再禮，合為三拜。若言再拜稽首者，即先兩禮，後額叩地，一禮合為三禮，稽首三禮是其義也。"[④] 就是説，"再拜稽首"要求完成三次"拜手稽首"，在禮儀上有發展，更加嚴格了。周代是等級森嚴禮法繁複的時代，但其發展不是没有前人的禮法作基礎的。因此，殷商及其以前的一些相對簡單的禮法在西周文獻中應當不會絶跡，更會在西周以前的文獻中保存。

---

① 王進鋒：《殷商史》，上海：上海人民出版社，2015 年，第 59 頁。

② http：//wenda. haosou. com/q/1384283875060146.

③ 陳戍國：《周禮儀禮禮記》，長沙：嶽麓書社，1989 年，第 260—265 頁。

④ http：//wenda. haosou. com/q/1373850417064007.

這些説明《舜典》《説命》與上述《召誥》等有可能不是同時代的作品。如果都是周初作品，就應當都用“拜手稽首”。《召誥》等與確認為周初的上述鼎文全部用了“拜手稽首”，説明這些是同時代的作品，《儀禮》因有“再拜稽首”則應是春秋時期對周代禮法的記載，而《舜典》《説命》則可能是周初以前的作品，甚至不是商末作品，而應是商代中期稍後的作品。《説命》記載的是武丁時期的事情，與周初相去兩百年。這雖然不能説明《説命》就是武丁時期的當時記述，但至少不是周初而是更早一些的記述。

胡新生認為，西周的最高禮是“拜手稽首”，或簡稱“拜稽首”；春秋時期的最高禮是“再拜稽首”，其餘屬戰國時期。他認為，拜手禮與稽首禮不同：“最為詳細系統的解釋是鄭玄對《大祝》‘九拜’所作的如下注解：稽首，拜頭至地也。”[①] 其實，據他所引，應理解為拜手禮與拜稽首禮不同。拜稽首是手頭都要著地，但對手的動作規定不明確，應是更早一些的禮節。“拜手稽首”就嚴格了，屬於西周没錯。西周初金文等出現“拜稽首”也不足以證明“拜稽首”就是西周的禮節，如前所述沿襲舊禮是可能的。這説明《舜典》《説命》有可能是商代作品，因為生活在商末的少年文王就讀過《書》，而且學過殷禮。《禮記・文王世子》記載説：“文王之為世子……冬讀《書》，典書者詔之。禮在瞽宗，《書》在上庠。”[②] 所謂“瞽宗”，據《禮記・名堂位》：“瞽宗，殷學也。”[③] 即殷商的大學。這説明，史、禮等文化資料都是有書載的。至於戰國時期，則有“拜稽顙”“再拜稽顙”“稽顙成踴”。如《禮記・雜記上》記載弔喪時，“子拜稽顙，弔者降，反位”，“含者人，升堂，致命。再拜稽顙”。《儀禮・士喪禮》：“弔者致命，主人哭拜，稽顙成踴。”顙，即額。這就不是一般的磕頭，而明確要求額角著地。“稽顙成踴”是指額角著地拜完了又捶胸頓足，表示極度悲哀。《禮記》《儀禮》是孔子之後的戰國時期的作品，反映的禮制也更複雜，而《僞古文尚書》不用“拜稽顙”“再拜稽顙”“稽顙成踴”，説明其與 29 篇所謂真《尚書》一樣都是春秋戰國以前的作品。又，成熟於戰國時期的《管子・小稱》為管仲門人記載的齊桓公與管仲的對話，其中有兩處記載“桓公辟席再拜”，這個禮節為什麽没有西周那麽複雜了？一是因為法家是從道家蜕變出來的，道家是反對繁瑣的禮節的，《老子》第三十八章就有“禮煩則亂”的看法；二是因為繁瑣的禮節在制度發生巨變的時期已經逐步簡化了。這也説明《尚書》成書不會在戰國時期或更晚。

---

① 胡新生：《周代拜禮的演進》，《文史哲》2011 年第 3 期。
② 陳戍國：《周禮儀禮禮記》，長沙：嶽麓書社，1989 年，第 362 頁。
③ 同上，第 407 頁。

四、從字頻規律看，《尚書》也應是商代及西周作品

關於商周金文字頻統計，劉志基運用數位化手段，分步進行了如下工作：

首先，以各種材料整理者的釋文為基礎，綜合後出的相關考釋研究成果，以確定所有文獻用字的釋讀。其次，按照數位化處理的要求，完成所有文獻用字的唯一性確定，進而進行集外字造字，生成字體，實現所有釋文的全文檢索等數位化處理功能。同時，釋文中的每個字形都可與原拓字形及其詳細出處資訊對應，進而形成了一個完整的商周金文數位化平臺——《商周金文數位化處理系統》（升級版）。依據該平臺的統計，我們得到迄今公佈的商周金文的系統文字資料。其中，字頭 5502 個，用字總量為 129397 個，器數為 13178①。因此，我們在統計中並不刪除用法中的屬於殷商和戰國銘文的部分。統計結果如下：

我們把在殷商和西周金文中一些常用字按平均每一萬字的頻率來與《尚書》進行比對，看是否接近。這些常用字，平均在每一萬字中出現的次數＝（各字出現的總次數÷總字數 75166）×10000。

例如，“乃”，（181÷75166）×10000＝24，24 就是“乃”在每一萬字中出現的頻率。根據張巖的統計研究，“乃”在全部《尚書》中的每萬字含量是 146 字，在參照文獻（如《詩經》《周禮》等共 55 種）中平均每萬字含量是 19 字，這與 24 字頻率接近。而在《尚書》古文和今文篇章即所謂真偽篇章之間萬字含量的比例是：141 字：150 字②。“乃”在《尚書》中使用的頻率比在殷商和西周金文中要高得多，比在《詩經》《周禮》等共 55 種文獻中的頻率更高。換句話說，“乃”的使用在按時代依次減少。這說明《尚書》成書年代要早。

又如，“于”，（656÷75166）×10000＝87，即在殷商和西周金文中的萬字含量是 87，在春秋金文中為 90 字，兩者比較接近，與參照文獻 110 字也比較接近。而在《尚書》中萬字含量是 237 字，《尚書》古今文篇章之間萬字含量比例是：244 字：236 字［20］。這就是說，“于”在《尚書》中使用的頻率比在殷商和西周金文中要高得多，比在《詩經》《周禮》等共 55 種文獻中的頻率也高得多。這說明《尚書》成書年代要早。

又如，“之”，在《尚書》中每萬字含量是 138 字，在古文和今文篇章之間萬字含量比

---

① 劉志基：《西周金文字頻特點成因初探》，《語言科學》2010 年第 1 期。

② 張巖：《審核古文〈尚書〉案》，北京：中華書局，2006 年，第 334 頁。

例是：140字：136字[①]。在參照文獻中萬字含量是421字，多50%以上。另外，查劉志基有關研究，在西周金文中“之”的萬字含量更多：763字，多400%以上[②]。這是因為西周文化發展了，語言也發展了，用“之”多了起來。這説明《尚書》總的説來其年代要比西周早。

再如“唯”在殷商和西周金文中的萬字含量是15。而在《尚書》中没有這個“唯”，而是用“惟”，“唯”“維”是“惟”的發展，三個不同寫法雖然可以通假，但“唯”“維”是後造的。“惟”在《尚書》裏萬字含量是260字，在參照文獻裏平均萬字含量是2字（包括“維”和“唯”，其中很大一部分出現於《尚書》引文中），《尚書》古今文篇章之間萬字含量比例是：328字：233字[③]。這説明，“惟”在《尚書》中萬字含量遠遠高出在商末和西周金文以及《詩經》《周禮》等共55種文獻中的頻率，可見《尚書》年代要早。

僅此幾例就足以説明：第一，《尚書》包括所謂“僞書”，有一部分是同一個時代的作品。第二，《尚書》有一部分作品即記載周代以前歷史的作品應是比西周金文要早的作品。當然，劉志基先生的“殷商”顯然指殷商末期。經過這番推算，《尚書》之虞夏書和商書成書有可能在殷商中後期，而周書當然是周代作品。

至於《金縢》等某些作品被懷疑為東周甚至漢代以後作品，李鋭認為那是“同源異流”的問題。因此，《魯世家》《蒙恬傳》《易林》等所載的周公以身代成王之事，當是《金縢》故事的“族本”系統，衹是看起來關係更遠一些，另成一系統。清華簡《傅説之命》三篇，恐怕不是所謂孔子修訂的《尚書》中的那三篇《説命》，而衹是一些“族本”。李鋭説：“對於清華簡《金縢》和今傳本《金縢》的關係，李學勤曾指出兩者‘應分屬於不同的傳流系統’，但没有展開論述。”他認為“族本”是用來談論某些特殊文本的。每一個寫成文字的文本便成為此一流傳系統的“祖本”，每個系統之下是同源異流的文本流傳系統。同源異流的文本流傳系統之中，最極端的是源流一綫傳遞的文本流傳系統。“族本”之間、同源異流的文本之間，雖然可以用詞彙法等判斷早晚，但這衹是文本寫定時代的早晚，衹具有參考意義，並不是文本來源的早晚；衹有源流一綫傳遞的文本流傳系統内的文本，判定其早晚纔是可靠的[④]。因此，懷疑《尚書》某些作品為東周甚至東漢以後的作品，都是根據不足的。

現在很多古籍被斥為“僞書”都屬無稽之談，這些書正在逐一恢復名譽。《尚書》中的所謂“僞書”問題也是如此，不過是一個版本問題。不過它是屬於“源流一綫傳遞的文本

---

① 張巖：《審核古文〈尚書〉案》，北京：中華書局，2006年，第327頁。

② 同上。

③ 同上。

④ 李鋭：《先秦古書年代問題初論——以〈尚書〉〈墨子〉為中心》，《學術月刊》2015年第3期。

流傳系統内的文本”，是經過歷代政府圖書館的校書官校對過的，梅獻《古文尚書》之所以被東晉及以後國家圖書館收藏，也是因為與原藏孔安國所獻《古文尚書》做過校對的。據《隋書・經籍志》，孔安國所獻《古文尚書》後來一直流傳到唐代，以後之所以失傳，也許因為梅獻本更好一些。

（作者單位：廣東外語外貿大學南國商學院）

中國文學自然美的類型、演進及其哲學意蘊

孫尚勇

一、引　言

1985年，德國學者顧彬對中國文學自然美作了較為系統全面的研究。他參考日本學者青本正兒、小尾郊一、小川環樹、前野直彬等的研究成果，分“自然作為標志”“自然當作外在世界”和“轉嚮内心世界的自然”三章，討論了先秦兩漢、魏晉南朝和唐代詩文中的自然描寫，並一般性地分析了中國自然觀在不同階段呈現不同特性的社會學緣由[①]。此書中譯本出版同一年，劉小楓撰文對顧彬提出了含蓄的批評。劉小楓認為，在中國，“‘自然’一詞更多地與精神行為相關，而不是與作為實體的客體相關”[②]，古代中國人很少將自然視為與“主體”相對的“客體”來看待，故對中國文學自然美進行分別主客的討論並不合適。然而，事實並非如此。中國曾經將人的思維之外的一切事物，包括外在的自然物、社會和人的軀體，都視作相對獨立的客體來看待。中國文學自然美的問題，反映在古典詩學領域，即唐宋以來詩家常常討論的情景交融問題。它發端於南朝劉勰《文心雕龍·物色》，至盛唐，王昌齡在《詩格》中明確提出了包括“物境”“情境”“意境”在内的“詩有三境”說[③]。就近代以來的學術史來看，中國文學自然美的問題同樣是可以討論的。較早時候，王國維、朱光潛、錢鍾書等已經先後借鑒西方哲學、美學的思想方法，提出了中國文學自然

---

① ［德］顧彬（Wolfgang Kubin）：《空山：中國文人的自然觀》（*Der Durchsichtige Berg*：*Die Entwicklung der Naturanschauung in der Chinesischer Literatur*，Stuttgart：F. Steiner Verlag Wiesbaden，1985.）。此書中譯本題作《中國文人的自然觀》，馬樹德譯，上海：上海人民出版社，1990年。

② 劉小楓：《空山有人跡——讀〈中國文人的自然觀〉斷想》，《讀書》1990年第12期。

③ 張伯偉：《全唐五代詩格彙考》，南京：江蘇古籍出版社，2002年，第172頁。

美的重大論題。

王國維《屈子之文學精神》説：

人類之興味，實先人生，而後自然。故純粹之模山範水、流連光景之作，自建安以前，殆未之見。而詩歌之題目，皆以描寫自己之感情為主。其寫景物也，亦必以自己深邃之感情為之素地，而始得於特別之境遇中，用特別之眼觀之。故古代之詩，所描寫者，特人生之主觀的方面；而對於人生之客觀的方面，及純處於客觀界之自然，斷不能以全力注之也①。

朱光潛《山水詩與自然美》説：

早期詩歌在各民族中大半都是從叙述動作開始（史詩、民歌等），偶爾涉及自然事物，大半衹把它作為背景、陪襯或比喻。到了山水詩，自然便由次要的地位提升到主要的地位，繪畫的發展也有類似的情形。在中國，山水詩是從晉宋時代陶潛、謝靈運等詩人纔形成詩歌的一種特定類型。到了唐朝王維、孟浩然、韋應物等詩人，山水詩就達到了它的成熟期，在詩歌中成為一種强有力的傳統，由唐宋一直到明清，幾乎没有一位重要的詩人没有寫過大量的山水詩②。

錢鍾書《管錐編》説：

參之仲長統欲卜居山涯水畔，頗徵山水方滋，當在漢季。荀（爽）以“悦山樂水”，緣“不容於時”；統以“背山臨流”，换“不受時責”，又可窺山水之好，初不盡出於逸興野趣，遠致閑情，而為不得已之慰藉。……詩文之及山水者，始則陳其形勢産品，如京都之賦，或喻諸心性德行，如山川之頌，未嘗玩物審美。繼乃山水依傍田園，若蔦蘿之施松柏，其趣明而未融，謝靈運《山居賦》所謂“仲長願言”“應璩作書”“銅陵卓氏”“金谷石子”，皆“徒形域之薈蔚，惜事異於棲盤”，即指此也。終則附庸蔚為大國，殆在東晉乎③。

① 王國維：《静安文集續集》，《王國維遺書》第五册，上海：上海古籍書店，1983年影印本，第32頁。謝維揚、房鑫亮主編：《王國維全集》（第十四卷），杭州：浙江教育出版社，2009年，第98—99頁。

② 朱光潛：《山水詩與自然美》，《文學評論》1960年第6期。引據《朱光潛全集》（第十卷），合肥：安徽教育出版社，1993年，第229頁。

③ 錢鍾書：《管錐編》（第三册），北京：中華書局，1979年，第1036、1037頁。

1980年之後，中國學術界對文學中自然山水題材的系統研究逐漸興盛起來[①]，這些論著或著力於自然山水文學史的構建，或側重於從哲學層面探討中國文學自然美及其演進的緣由。與顧彬等人關注中國文學自然美問題相先後，在1980年代文化熱大潮的引領下，中國學術界出現了一次有關古典詩歌情景關係的大討論。這一討論一直延續到21世紀初，具有總結性質的是王德明的《中國古代詩歌情景關係研究》、郁沅的《心物感應與情景交融》。王德明考察了遠古至漢、魏晉期間文學自然景物描寫的演變，指出自然景物的情感特徵在漢末開始明顯起來，認為此種轉變“一方面與人們對於自然的哲學看法有關，另一方面也與詩人們自己的創作感受有密切的關係”[②]。郁沅從歷時角度將情景交融分為“情景組合與情景互融兩個階段”，並視前者為“低級階段”[③]。

本文擬在相關研究成果的基礎上，對中國文學自然美的類型、演進及其哲學意蘊作較為系統全面的考察和分析。

二、中國文學自然美的類型及演進

參照上引王國維等人的研究，可以明確，建安時代、謝靈運的時代、王維和李白的時代是中國文學自然美演進歷程中三個重要的轉捩點。以下依時代次序，簡略看看中國文學自然美的基本歷史進程。

遠古神話傳說時代，人們一方面對自然進行著具象化的觀察和思考[④]；另一方面，人們在想象中賦予自然以神格，並在功利心態的驅動下，嘗試以巫術驅使、儀式乞求等手段改變和利用自然。隨著時間的推移和人群的發展以及對自然規律的大致掌握，中國人選擇了依存於自然的生命態度。在這樣的背景下，作為崇拜物和生存空間的自然在《詩經》中獲得了普遍的文學表現。

《詩·卷阿》：“鳳凰鳴矣，于彼高岡。梧桐生矣，于彼朝陽。菶菶萋萋，雝雝喈喈。”在朝陽照耀下，東邊的山岡上梧桐枝葉茂盛，棲於梧桐之上的鳳凰鳴聲和諧。自然物之欣

---

① 其中代表性成果主要有丁成泉：《中國山水詩史》，武漢：華中師範大學出版社，1990年；李文初：《中國山水詩史》，廣州：廣東高等教育出版社，1991年；陶文鵬、韋鳳娟主編：《中國古代山水詩史》，南京：鳳凰出版社，2004年；章啓群：《論魏晉自然觀：中國藝術自覺的哲學考察》，北京：北京大學出版社，2000年。

② 王德明：《中國古代詩歌情景關係研究》，南寧：廣西民族出版社，2005年，第226頁。

③ 郁沅：《心物感應與情景交融》，南昌：百花洲文藝出版社，2006年，第48、63頁。

④ 許慎《說文解字敘》：“古者，庖犧氏之王天下也，仰則觀象於天，俯則觀法於地。視鳥獸之文，與地之宜，近取諸身，遠取諸物，於是始作易八卦，以垂憲象。”見（漢）許慎撰，（清）段玉裁注：《說文解字注》，上海：上海古籍出版社，1981年，第753頁。

欣嚮榮，與天子、賢臣相得的景況相類，故詩人將二者相比。《詩·摽有梅》："摽有梅，其實七兮。求我庶士，迨其吉兮。"春天過去，夏天來臨，梅子成熟了，掉落在地上，樹上還有七成未落，年輕女子看到梅子落地，便對追求她的男子説，趁著吉祥的日子，趕快娶我吧。《詩·雄雉》："瞻彼日月，悠悠我思。"看到太陽和月亮升起落下，落下又升起，這讓人不由得想念起遠方的親人或朋友，為什麽别離這麽長時間，他還不回來呢？上引以梅子掉落、日月運行來起興的例子，都是自然帶給人的情緒感受：梅子從樹上掉落下來與青春容易衰老的感受是相通的；日月有規律的運行與人對遠方親戚朋友的思念也是相通的。

《論語·子罕》："子在川上曰：'逝者如斯夫，不舍晝夜。'"這是由河水的流動激發而出的生命感受。《莊子·秋水》記載了莊子與惠子游於濠梁的故事，這則故事的哲學内涵是，莊子主張自然與我在生命情態與生存心理上相通相融，惠子則從概念和邏輯的角度予以否定。在莊子看來，如同他從容地在濠梁之上游玩一樣，"出游從容"的魚在濠水之中也從容地游著，莊子的從容便是魚的從容。

上舉各例當中，梧桐如何茂密，詩人所看到梅子落地的情態如何，詩人所觀望的日月情態如何，我們不得而知。孔子所見水流的狀貌如何，莊子眼中的魚究竟是怎樣從容地游著呢？我們也不得而知。明人徐渭説："詩之興體起句，絶無意味……此真天機自動，觸物發聲，以啓其下段欲寫之情，默會亦自有妙處，決不可以意義説者。"[①] 即便被後人稱作具有"華麗的意境"的《卷阿》"鳳凰鳴矣"數句[②]，其實也屬於"不著色相"的"鏤空之筆"[③]。也就是説，早期文學中的自然衹是人的一個敘述起點和情感象徵物，自然本身的"意義"是"不可説"的。

《詩經》比興的表現手法，古代以山水玉石比喻人之道德的比德思維，都是早期中國人與自然之間依存關係的反映。比興與比德説直接影響了後來的楚辭。小尾郊一説："在《詩經》《楚辭》中，也不是没有對於自然美的吟詠，但這種吟詠是非常簡單的，其所描繪的也衹是樸素的自然。而且，這種吟詠不是為了吟詠自然美本身，而是為了引起其他事物，是一種比興式的吟詠方法。"[④] 雖然"由狀物進而寫景"[⑤]，但"《楚辭》中，自然山水的美在大多數情況下也是作為道德精神的比擬、象徵而出現的"[⑥]。因此可以説，先秦文學中，自然並不是獨立的，它是人表達思想感情的起點和依托，它還遠没有成為獨立的審美對象。

---

① （明）徐渭：《奉師季先生書》其三，《徐渭集》，北京：中華書局，1983年，第458頁。

② 程俊英、蔣見元：《詩經注析》，北京：中華書局，1991年，第832頁。

③ 姚際恒：《詩經通論》，北京：中華書局，1958年，第293頁。

④ ［日］小尾郊一著，邵毅平譯：《中國文學中所表現的自然與自然觀》（1962），上海：上海古籍出版社，1989年，第367—368頁。

⑤ 錢鍾書：《管錐編》（第二册），北京：中華書局，1979年，第613頁。

⑥ 李澤厚、劉綱紀主編：《中國美學史》（第二卷），北京：中國社會科學出版社，1987年，第501—502頁。

孔子“智者樂水，仁者樂山”的說法表明，在先秦時期，“一定的自然物件之所以引起人們喜愛，是因為它具有某種和人的精神品質相似的形式結構的緣故。智者之所以樂水，是因為水具有川流不息的動的特點，而智者不惑，捷於應對，敏於事功，同樣具有動的特點。仁者之所以樂山，是因為長育萬物的山具有闊大寬厚、巍然不動的靜的特點”。“不論山、水、北斗、松柏或其他自然現象，衹要它同人的某種精神、品質、情操有同形同構之處，都可能為君子所樂。”①

漢代的代表文體是賦。大賦家司馬相如曾說過：“賦家之心，苞括宇宙，總覽人物。”相如《子虛賦》雲夢澤一段描述了雲夢澤中的山，雲夢澤東南西北的地貌物產，極盡誇張，而相如《上林賦》對天子上林苑的山川物產的描寫則更加誇張。顯然，這種“視通萬里”的寫法，目的不在於紀實，而在於鼓吹淮揚大一統的漢文化精神。在漢賦的這種極力誇張式的描寫中，自然雖因其闊大而獨立於人之外，但它仍然服從於人的目的，服務於人的行動。顧彬將漢賦中的自然描寫視為“與朝廷和宗教意圖的密切關聯”，並認為“賦作者是朝廷指派的官吏並依附於朝廷，因此便不能隨心所欲地觀察自然，也感受不到自然之美。這樣自然就成了雙重統治的象徵，一方面被限制在苑囿之內，另一方面又代表被征服或尚未被征服的世界各地”②。此論將漢賦自然美觀念解釋為皇帝和賦作者個人的局限，有一定見識，但似乎未能深刻認知以司馬相如為代表的漢大賦創作的深層自覺及文化精神。這一點程世和有非常透徹的分析③。更重要的是，這種描寫過於宏大，很難引發一般人的審美感受和情感體驗，故司馬遷明確指出相如賦“多虛辭濫說”④，左思《三都賦序》則直接批評說：“相如賦上林，而引盧橘夏熟；揚雄賦甘泉，而陳玉樹青葱；班固賦西都，而嘆以出比目；張衡賦西京，而述以游海若。假稱珍怪，以為潤色。若斯之類，匪啻於兹。考之果木，則生非其壤；校之神物，則出非其所。於辭則易為藻飾，於義則虛而無徵。”⑤劉勰《文心雕龍・誇飾》亦批評漢代大賦“莫不因誇以成狀，沿飾而得奇”，“虛用濫形，不其疏乎”。也就是說，漢代大賦中的自然不是自然而然的自然，不是自然秩序當中的自然，而是超自然的政治秩序當中藻飾想象的自然。到了東漢中後期，短篇小賦開始流行。張衡《歸田賦》寫了仲春原野之景，仲長統《樂志論》亦寫了他理想的居處環境。然而借用前引錢鍾書的話來說，東漢的這類作品，乃“喻諸心性德行”，實“未嘗玩物審美”。葉維廉指出：“我們必須瞭解，不是所有具有山水的描寫的便是山水詩。詩中的山水和山水詩是有別的。譬如

① 李澤厚、劉綱紀主編：《中國美學史》（第一卷），北京：中國社會科學出版社，1984年，第144頁。

② ［德］顧彬著，馬樹德譯：《中國文人的自然觀》，上海：上海人民出版社，1990年，第62頁。

③ 程世和：《代天子立言：司馬相如文本的精神解讀》，陝西師範大學文學院編：《長安學術》第二輯，北京：商務印書館，2011年。

④ （漢）司馬遷：《史記・司馬相如列傳》“太史公曰”，北京：中華書局，1959年，第3073頁。

⑤ （南朝梁）蕭統編，（唐）李善注：《文選》，上海：上海古籍出版社，1986年，第173頁。

《荷馬史詩》裏大幅山川的描寫，《詩經》中的溱洧，《楚辭》中的草木，賦中的上林，或羅馬帝國時期叙事詩中的大幅自然景物的排敘，都是用自然山水景物作為其他題旨（歷史事件，人類活動行為）的背景；山水景物在這些詩中衹居次要的位置，是一種襯托的作用：就是説，它們還没有成為美感觀照的主位元對象。我們稱某一首詩為山水詩，是因為山水解脱其襯托的次要的作用而成為詩中美學的主位元對象，本樣自存。"① 中國文學中的自然由"襯托的次要的作用"到成為作品中"美學的主位元對象"的轉變是從建安時期開始的。

建安文學中，經過擬人化處理，山水自然逐漸由作為人的情感發端、生存背景和政治道德比附，發展成為用以訴説人的思想感情的載體。如王粲《七哀詩》"荆蠻非我鄉"，"展現了人類境遇和自然景觀之間廣泛的聯繫……大自然和旅行者的心境完全相符：日暮，猿猴吟啼。而沾濕衣襟的白露隱含淚水之意"②。這首詩中的自然純粹是人情感的投射物，並未獲得獨立的審美地位。王粲的名作《登樓賦》可視作《七哀詩》的另一種文體顯現，賦中的自然景物同樣是作者情感的代言。與王粲同時代，另外一首為我們熟知的描寫自然景物的詩是曹操的《觀滄海》。王國維以為"純粹之模山範水，留連光景之作"始出現於建安時期，當主要就此類作品立論。但《觀滄海》詩中壯麗的自然景象事實上是作者宏大氣魄的代言，作者明確告訴讀者，其核心意旨在"歌以詠志"。也就是説，在《觀滄海》詩中，"志"是核心，自然物則僅僅是一個輔助。

東晉南朝時期，自然逐漸獲得了較為獨立的審美地位。首先表現出來的是，文學作品中自然與人的感情呈現出一定程度的分離。自詡"一吟一詠"的孫綽的《秋日》詩可以作為代表：

> 蕭瑟仲秋月，飂戾風雲高。山居感時變，遠客興長謠。疏林積涼風，虚岫結凝霄。湛露灑庭林，密葉辭榮條。撫葉悲先落，攀松羨後凋。垂綸在林野，交情遠市朝。澹然古懷心，濠上豈伊遥。

詩中情、理、景的割裂表明③，與清談家口中山水即玄理不同，在以孫綽為代表的東晉玄言詩人的筆下，山水不再是"玄"本身，山水景物的獨立審美品格已經逐漸得到體認。

---

① 葉維廉：《中國古典詩和英美詩中山水美感意識的演變》，《比較詩學》，臺北：東大圖書股份有限公司，1983年，第137頁。

② ［美］傅漢思著，王蓓譯：《梅花與宮闈佳麗》，北京：生活·讀書·新知三聯書店，2010年，第56—57頁。

③ 孫尚勇：《〈維摩詰經〉與中古山水詩觀物方式的演進》，《西北大學學報》2008年第2期。

其次有慧遠佛教集團的山水游記散文創作，既描摹山水之美，亦暢敘佛玄理趣①。再次是謝靈運，他努力表現自然物之間的動態關係，自然逐漸成為文人筆下獨立的審美對象。人們常常批評謝詩情景不能統一，這恰恰說明，謝詩中自然是作為獨立的審美對象而存在的。齊梁陳隋時期，在謝靈運的影響下，出現了不少純粹描摹自然的詩文，在這類作品中，我們輕易看不到作者的主觀情思。如隋煬帝《春江花月夜》："暮江平不動，春花滿正開。流波將月去，潮水帶星來。"此詩中各種自然物之間純粹是動態的和諧共生關係，而人則完全是一個觀察者②。

李澤厚等一方面籠統地說："在中國歷史上，把自然美作為獨立的欣賞對象和藝術的表現對象，是從魏晉南北朝時期開始的。"③ 另一方面又明確說："魏晉對自然山水美的認識，就大的方面說，經歷了一個由'以玄對山水'到'以佛對山水'的發展過程。"④ 兩處表述可以幫助我們理解本文開端所引王國維、朱光潛、錢鍾書等觀點差異的緣由。這一緣由是，在經歷作為感情起點到感情載體之後，自然在魏晉時期經歷了作為玄理載體和佛理載體的變化之後，逐漸表現出獨立的審美品格。

到了唐代，詩歌逐漸强調追求客體自然之景與主體感情的交融和諧。總體來看，中國文學自然美的四大類型：以自然為發端、以自然擬情、以自然為獨立的審美對象、自然與人的感情抒發和諧相融，在唐代文學中，都得到了反映。這極大地影響了宋以後的詩文。顧彬說："唐代文學以自然嚮内心世界的轉化，標志著到公元1911年為止的中國傳統文學中自然觀發展的終結。在後世的幾百年間，自然觀基本上没有新的發展，衹是在細部及通俗過程中，'唐代傾嚮'表現得更加明朗、更加强烈罷了。"⑤ 顧彬的判斷大致合乎中國文學自然美的實際狀況。王德明認為，宋代是中國文學"再次走嚮情景分離"的時期⑥。然而，北宋梅堯臣《東溪》"野鳧眠岸有閑意，老樹著花無醜枝"兩句，以經濟的筆墨描繪了自然物及其帶給人的審美感受，作者衹是用"有閑意"和"無醜枝"點明了自然物本有的那種意味，情景結合得很完美妥帖，並未分離。更重要的是，梅堯臣提出"必能狀難寫之景，如在目前，含不盡之意，見於言外，然後為至矣"的主張⑦，這一主張分明是在强調"難寫之景"與"不盡之意"的兼顧，二者不能偏廢。又比如南宋四大中興詩人之一楊萬里的誠

① ［日］小尾郊一著，邵毅平譯：《中國文學中所表現的自然與自然觀》（1962），上海：上海古籍出版社，1989年，第221—232頁。李澤厚、劉綱紀主編：《中國美學史》（第二卷），北京：中國社會科學出版社，1987年，第507—509頁。

② 孫尚勇：《〈維摩詰經〉與中古山水詩觀物方式的演進》，《西北大學學報》2008年第2期。

③ 李澤厚、劉綱紀主編：《中國美學史》（第一卷），北京：中國社會科學出版社，1984年，第144頁。

④ 李澤厚、劉綱紀主編：《中國美學史》（第二卷），北京：中國社會科學出版社，1987年，第509頁。

⑤ ［德］顧彬著，馬樹德譯：《中國文人的自然觀》，上海：上海人民出版社，1990年，第227頁。

⑥ 王德明：《中國古代詩歌情景關係研究》，南寧：廣西民族出版社，2005年，第190—202頁。

⑦ （宋）歐陽修：《六一詩話》，何文煥輯：《歷代詩話》，北京：中華書局，1981年，第267頁。

齋體便在自然審美和情感兩個方面都作出了極大的開拓。如《凍蠅》："隔窗偶見負暄蠅，雙腳挼挲弄曉晴。日影欲移先會得，忽然飛落別窗聲。"《鴉》："稚子相看衹笑渠，老夫亦復小胡盧。一鴉飛立鉤欄角，子細看來還有鬚。"《觀蟻》："一騎初來隻又雙，全軍突出陣成行。策勳急報千夫長，渡水還爭一葦杭。"《宿孔鎮觀雨中蛛絲》："空中仰面卻飛身，寂似毗耶不動尊。忽有一蚊來觸網，手忙腳亂便星奔。"這些作品表現出來的情趣是之前沒有過的，其中所展現的人與自然物之間的感情頗令讀者感動。上述足以證明宋詩追求的是情景交融而不是所謂"情景分離"，王德明的說法並不可信。

大略來說，唐代以後表現自然美作品的主體特徵是，人與自然完全實現了相互獨立又相互關聯的和諧之美。其間最重要的一項變化是，人成了與自然平等對待的審美對象。王維的名篇《山居秋暝》是其代表。王維在詩裏為我們描寫了春芳已去的初秋山居之景，這景與春日之景同樣美好，同樣值得人留戀，所以他決定仍然住在山中，而不是回到熙熙攘攘的城市。為什麼呢？因為游客漸去的初秋的"空山"，不僅有松間明月、石上清泉之美景，更有浣女、漁人歸來的人性與自然之間的和諧之美。詩中，浣女、漁夫實際上跟明月、清泉一樣，也成了審美對象，他們與自然和諧相依，他們融入了自然，成為作者描繪的山居景致的一個組成部分。

根據上面的分析，中國文學自然美大致可以歸納為以下四大類型：以自然為發端；以自然擬情；以自然為獨立的審美對象；自然與人的感情抒發和諧相融。它們大致對應人與自然關係的四個歷史階段：先秦兩漢時期，自然作為表達人的思想、觀念的起點，缺乏獨立的審美品格；建安時期開始，自然作為人感情的載體，此後作為玄理和佛理的載體，在此過程中，自然逐漸表現出相對獨立的審美品格；晉宋之際開始，自然與人平等，擁有獨立的審美品格；盛唐以後，相互獨立的自然與人的情感意志進而與人自身交融無間。

三、中國文學自然美演進的思想動因

在瞭解了中國文學自然美的類型及基本演進歷程之後，也許我們會提出這樣的疑問：從《詩經》至謝靈運的時代，為什麼經歷了一千年，中國人纔正式將自然視為獨立的審美對象？這似乎有些不可思議。更令人困惑的是，如果說古代儒家因重視社會問題而忽略對自然美的領略，這尚可理解，但是，我們不是還有與自然極為親近的道家嗎？

縱觀人類數萬年的歷史，文明以來數千年的歷史，可以說，人對自然採取純然無功利的審美態度的時間是極其短暫的。較早的時候，因為敬畏自然，人類仰視自然，不可能侈談自然之美；晚近的時候，科學昌明，人類轉而凌駕於自然之上，自以為美。這兩種態度，或仰視，或鄙視，都必然與獨立的自然審美多少存在著隔膜，與真正的自然美發生不了多少聯繫。衹有在一種情況下，這就是，人類對自身和自然達成互為主體性的平等觀念的時候，自然和人相對獨立，人纔有可能真正接近、認知進而以文學來表現作為獨立審美物件的自然的美。

葉維廉說："山水在古代詩歌裏，如《詩經》《楚辭》及賦仍是做著其他題旨的背景，其能在詩中由襯托的地位騰升為主位元的美感觀照對象，則猶待魏晉至宋間文化急劇的變化始發生。當時的變化，包括了文士對漢儒僵死的名教的反抗，道家的中興和隨之而起的清談之風，無數知識分子為追求與自然合一的隱逸與游仙，佛教透過了道家哲學的詮釋的盛行和宋時盛傳佛影在山石上顯現的故事——這些變化直接間接引發了山水意識的興起。"[①] 此論以儒教中衰、道家清談、隱逸求仙和佛教思想為影響山水詩興起的思想背景，考慮較為全面，但自然之能成為獨立的審美觀照物，有一些關鍵的推動力。事實上，在儒道二家思想之外，佛教思想對中國人的自然審美觀曾發生過重大影響[②]。討論這一問題之前，有必要先談談道家自然觀與佛教自然觀的差異問題。一句話，二家自然觀似同實異。道家說道無處不在，自然萬物無一不是道的體現。《莊子·知北游》中，莊子對東郭子說，(道)"無所不在"，道在碎石屎溺之中，碎石屎溺與人一樣都是道的體現。這典型地代表了道家萬物皆是道的體現的自然觀念。佛教則說，人人皆有佛性，人人皆可成佛。中國禪宗說，青青翠竹盡是法身，鬱鬱黄花無非般若。在佛教看來，自然萬物與人一樣均有成佛之可能性。也就是說，與存在於不同社會階層的人一樣，佛性同樣存在於翠竹、黄花當中，翠竹、黄花自身都天然具有佛性，千差萬别的自然萬物就是佛性本身。顯然，與道家萬物皆是道的體現的說法不同，佛教認為，萬物皆是道，而不必是道的體現。兩相比較可知，在佛教的觀念中，萬物自身皆具有獨立的價值並相互關聯；而在道家的觀念中，萬物皆是道的體現，因而萬物自身需要道的支撐，萬物自身並不普遍具有獨立的價值。《老子》云："人法地，地法天，天法道。"這就是說，儘管都是道的體現，但人不如天地自然與道更為接近。莊子的物我相融主客不分並不建立在物我、主客相對獨立的基礎之上。正是在這一層面上，纔有了老子强調的"雖有榮觀，燕處超然"，纔有了栩栩然的莊周蝴蝶之夢，纔有了道家主張

① 葉維廉：《中國古典詩和英美詩中山水美感意識的演變》，《比較詩學》，臺北：東大圖書股份有限公司，1983年，第145—146頁。

② 國内外相關研究約略，參見蕭馳：《大乘佛教之受容與晉宋山水詩學》，《中華文史論叢》總第七十二輯，上海：上海古籍出版社，2003年。

的人與自然的親近①。魏晉玄學家的“以玄對山水”正是在這一點上生發出來的。

可以説，老莊道家思想、以老莊道家思想為重要方法論來源的玄學都不能自為地引導中國人真正將自然視作獨立的審美對象，佛教則很好地填補了中國思想的空白。佛教對中國文學自然美的促進大致經歷了兩個階段：首先，佛教禪定的實踐，促使中國人開始對山水自然進行相對獨立的觀想；其次，佛教萬法平等的思想，對中國文學中山水自然獨立審美品格的體認，起到了至關重要的作用②。

建安時期是中國文學自然美演進的一個重要階段，這時人們擺脱了此前以山水自然作為情感發端和道德比附的思維習慣，轉而以自然擬情。這一轉變的實現，老莊思想在漢末的流傳是重要因素，東漢三國時期小乘禪學的傳播則是另外一個值得重視的影響因素。桓帝時安息人安世高翻譯了《安般守意經》《大十二門經》《小十二門經》等專門介紹禪法的經典，大力弘揚小乘禪法。安世高小乘禪法的核心是數息和觀想。僧祐《出三藏記集》卷六載康僧會《安般守意經序》論“四禪”觀想説：“自頭至足，反復微察：內體汙露，森楚毛豎，猶睹膿涕。於斯具照天地人物，其盛若衰，無存不亡。信佛三寶，衆冥皆明。謂之四禪也。”③ 漢魏流行的小乘禪法之“四禪”，重在觀想自身“不淨”，並由自身“不淨”進而觀想自然的盛衰無常，從而信佛悟道。在“四禪”中，觀想自身是主體和核心，以此為階，進而觀想“天地人物”，這在一定程度上，肯定了人的主體意義，將人與自己的軀體分離了；不過，就悟道而言，觀想自身和觀想“天地人物”同樣重要。三國康僧會、東晉釋道安等的相繼推闡，進一步擴大了安世高禪法在三國兩晉時期佛教實踐層面的影響。前引錢鍾書“玩物審美”之山水詩由“附庸蔚為大國，殆在東晉”的觀點，於此亦可獲得一定程度的理解。杜繼文等指出：“佛教禪學的開拓，顯示出人的主觀方面對於整個精神世界及

---

① 1980年迄今，《莊子》審美生存和審美接受思想研究頗為突出，《莊子》當中也的確有大量的較《老子》更為“客觀”的自然景象的描寫，這些自然景象也的確給人們帶來了一定的審美感受。史華慈説：“Yet while these images never are introduced solely for their own sakes, these poetic invocations of the phenomena of nature certainly do betray an enormous delight in the speatacle of nature as such.”（Benjamin I. Schwartz: *The World of Thought in Ancient China*, Cambridge, Mass.: Belknap Press of Harvard University Press, 1985, p. 220.）然而，正因為《莊子》中的自然“never are introduced solely for their own sakes”，即使它是“poetic invocations”，但人們感受到的衹是“an enormous delight”，而不是美。

② 佛教的萬物平等思想植根於古印度文化當中，也就是説，中國文學自然美的演進得益於佛教東傳所帶來的印度文化對中國文化的積極影響。印度自古以來便秉持人與自然萬物平等的觀念，故印度文學中更多對自然美的客觀表現。如迦梨陀娑（生活年代大致相當於中國東晉時期）的長詩《羅怙世系》對春天的描寫：“先是花生出來了，然後是嫩葉，繼而是蜜蜂和杜鵑的鳴叫；春天下凡到樹木茂密的林間，依次顯露出自己的形體。/不僅僅是無憂樹（紅綿樹）當春而發的花朵惹得愛侶調情，連新發的嫩葉也能點燃愛情的火焰，它是情人的耳飾令人心迷。/綴滿了花苞的芒果樹，被來自喜瑪拉雅山的風搖曳著樹葉，它好像在努力模仿各種手勢，讓那些已戰勝了愛與恨的人也如癡如狂。/森林邊上的藤蔓仿佛在低吟著動聽的歌曲，花兒是它們細小而潔白的牙，那是蜜蜂的吟唱；風吹動了藤蔓的嫩條，好像是舞女們變幻的手臂。/新茉莉好像是樹的嫵媚的情人，她以甜蜜的笑使人心醉；花就是她的笑靨，嬌嫩的新葉就是她的唇，那笑容帶著蜜香和酒香。”（引自段晴：《印度人的自然觀初探》，《南亞研究》1998年第1期。）

③ （南朝梁）釋僧祐撰，蘇晉仁、蕭鍊子點校：《出三藏記集》，北京：中華書局，1995年，第243頁。

其支配的實際行為可能起到的巨大作用，也有助於豐富人們對於認識主體的理解和全面估計主客雙方在認識過程中的相互作用。"[①] 這可以説明佛教禪學實踐對漢魏兩晉自然審美觀念產生積極影響的緣由。

謝靈運的時代，追求"形似"成為時代風尚，自然美"成為人們自覺的審美對象"[②]，中國文學中自然山水的獨立審美品格逐漸清晰。佛教平等思想是這一進程的重要促成因素。謝靈運與佛教平等思想有著怎樣的因緣呢？佛教平等思想，在以普度衆生為口號的大乘階段得到充分發揚，而這一思想最簡明的表述是鳩摩羅什譯《維摩詰經·入不二法門品》中所説的"入不二法門"。對這一思想作出最直接易曉的詮釋的是羅什的兩大弟子僧肇和道生。前者被譽為"秦人解空第一"，後者曾在南本《涅槃經》正式問世之前大倡"一闡提有佛性"，他們對佛教平等觀的理解集中保存在《注維摩詰經》當中（説詳下文）。晉安帝義熙六年（410），僧肇和道生對佛教平等觀的理解由長安傳到廬山慧遠僧團，此後慧遠僧團將"以玄對山水"發展成為"以佛對山水"，作為慧遠俗家弟子的謝靈運正當其時[③]。可以説，謝靈運正是在大乘佛教平等思想的影響下，以他的創作實踐推動中國山水審美走嚮新的境地。劉勰《文心雕龍·明詩》"莊老告退，而山水方滋"的説法，正强調了佛教思想對山水詩巨大的決定性影響。

同樣，正是在佛教萬法平等思想的指導下，唐代詩人王維的部分詩篇，如《鹿柴》《竹里館》《辛夷塢》《鳥鳴澗》《酬張少府》等，纔真正完全擺脱了對自然的畏懼，達成了人與自然平等的交融無間，而這在謝靈運那裏未曾實現。朱光潛論王維《鹿柴》和《辛夷塢》説："這是兩首典型的山水詩，表面上很客觀，好像衹各托出一種畫境，但是畢竟有詩人自己在裏面。這首先見於詩人對事物注意的總的傾嚮，不在於熱鬧的現實生活，而在於'世外桃源'，在於一些孤獨幽靜的景物；其次見於詩人在事物的這種'靜趣'裏，仿佛如魚得水，獨樂其樂；第三見於詩人在這類孤獨幽靜的景物裏見出他自己性格的化身，他的隱逸理想的體現。"[④] 此處將王維的佛教思想説成是隱逸思想，失之籠統。

在佛教平等思想影響下，另外一種值得注意的處理自然與人關係的做法是，賦予自然跟人一樣的生命力。如果説謝靈運的詩句"雲日相輝映"，衹是從人的角度客觀地體察自然物之間的互動關係；那麽，李白的詩句"相看兩不厭"，就是賦予敬亭山與李白一樣的人格情感了。李白此類作品還可舉出一些更加明確的，如《勞勞亭》："天下傷心處，勞勞送客

---

① 杜繼文、魏道儒：《中國禪宗通史》，南京：江蘇人民出版社，2007年，第26頁。

② 敏澤：《中國美學思想史》（第一卷），濟南：齊魯書社，1987年，第504頁。

③ 湯用彤：《漢魏兩晉南北朝佛教史》（增訂本），北京：昆侖出版社，2006年，第385頁；何劍平：《中國中古維摩詰信仰研究》，成都：巴蜀書社，2009年，第116頁。

④ 朱光潛：《山水詩與自然美》，《文學評論》1960年第6期。引據《朱光潛全集》（第十卷），合肥：安徽教育出版社，1993年，第234頁。

亭。春風知別苦，不遣柳條青。”《對酒》：“勸君莫拒杯，春風笑人來。桃李如舊識，傾花嚮我開。”《待酒不至》：“玉壺繫青絲，沽酒來何遲。山花嚮我笑，正好銜杯時。晚酌東窗下，流鶯復在兹。春風與醉客，今日乃相宜。”這種表現自然美的手法，在唐以後的文學中得到廣泛運用。當然，李白作品所表現出來的這種由與自然山水平等進而走嚮與自然山水親切交流的觀念，除了大乘佛教的影響之外，還應該同時接受了莊子自然與我相通相融相互親近的思想傳統的影響。李白詩“原無主客之關係”的特質[①]，正是佛教平等觀和道家親近自然思想綜合影響之下的産物。

四、中國文學自然美演進的哲學意藴

董仲舒最早總結的天人合一思想，是以中國人對天的敬畏，以及採取與自然和諧相處策略為背景的。如果從中國哲學傳統所關注的天人關係的角度來看，上文討論的中國文學自然美的演進歷程及其思想動因問題，就可以理解為古代中國人關於天人關係的哲學思考在文學中的交互反映。也就是説，本文關於中國文學自然美的類型、演進及其動因的探討，可以幫助我們從一個重要側面來理解中國哲學中天人關係的進程。

由天人關係的視角來看，謝靈運之前的中國文學山水自然美的特徵是“性情”與“聲色”無所分別，屬於哲學上的天人不分，這是中國文學所反映的天人關係的第一個階段；謝靈運時代的中國文學山水自然美的特徵是“性情漸隱，聲色大開”[②]，屬於哲學上的天人相分或天人對立，這是中國文學所反映的天人關係的第二個階段；王維、李白時代的中國文學自然美的特徵是“性情”與“聲色”相統一，這種統一是“性情”與“聲色”在經歷無所分別到截然分立之後重新實現的，屬於哲學上的天人合一，這是中國文學所反映的天人關係的第三個階段。

談天人關係，必須提到張世英的研究。他的《天人之際——中西哲學的困惑與選擇》一書，以天人關係為綫索，以西方哲學為參照，審視了先秦至近現代的中國哲學史，是一部追求貫通中西哲學的力作。《天人之際》認為，中國哲學長期以天人合一為主導，明清之際，中國哲學纔出現了清晰的主客二分思想。這一觀點與本文根據中國文學自然美的演進及其思想動因的探討所提出的上述見解大不相同。

拙意以為，《天人之際》關於中國哲學天人關係的結論，雖然是在對中國傳統哲學思想

---

① 羅宗强：《自然範型：李白的人格特徵》，《晚學集》，天津：南開大學出版社，2009年，第195—197頁。

② （清）沈德潛：《説詩晬語》卷上，北京：人民文學出版社，1979年，第203頁。

的透闢分析之後得出的，但其分析過程似有需要檢討的地方。其中最為關鍵的是，書中對佛教思想的認識不够充分，不够準確。這部書僅在第一章提到了佛教有關天人關係的思想，而且主要以慧遠、僧肇、玄奘、法藏、慧能等幾位中國佛教徒的單篇或單部撰述為主①，並未注意到這一時期佛教徒對佛經的注釋類撰述，尤其是忽略了《注維摩詰經》中所載羅什、道生、僧肇等人對大乘佛教平等思想的闡釋，也忽略了對唐代禪宗思想的論述。其實，《天人之際》中屢屢表彰的明中期王陽明和明末清初王夫之的天人思想，都與佛教有著千絲萬縷的聯繫②。

我們可以瞭解一下僧肇等人是如何理解和分析佛教的平等思想的。《維摩詰經・文殊師利問疾品》說："云何離我、我所？謂離二法。云何離二法？謂不念內外諸法，行於平等。"③ 此處的"我、我所"，《注維摩詰經》卷八引僧肇曰："妙主常存，我也。身及萬物，我所也。"④ 據此可知，《維摩詰經》中的"我"，乃指人及人的主觀意識；"我所"，則指"我"賴以存在的自然界和人類社會中的萬事萬物。《注維摩詰經》卷五引道生曰："內者，我也。外者，一切法也。此則相對為二矣。謂不念之，行於平等，為離也。"⑤ 按照道生的理解，"離我、我所"的"離"，指將"我"和"我所"分離，"相對為二"，這樣便實現了"我"和"我所"的"平等"。很顯然，《維摩詰經》的"我"相當於天人關係中的"人"，"我所"則相當於天人關係中的"天"；"離我我所"，即摒棄自我與外界事物之間的隔閡，以平等的態度對待自我和外界事物。由天人關係的視角看，《維摩詰經》的"離我我所"即摒棄人對天的敬畏和依賴，以平等的態度來對待天和人，這正是天人關係中的天人相分。因此，中國哲學在晉宋之際曾出現過明確的天人相分的思想，衹不過，這一思想並非本土傳統的儒家、道家和道教思想所能促成，它更多依賴於佛教的推動。

當然，上述《維摩詰經》所代表的天人平等的思想是以"離"為前提，即天與人之間仍然是有隔閡的平等。在僧肇等人發明了這種以"離"為前提的天人相分的平等觀之後，先有三論宗創始人隋釋吉藏（549—623）提出"不但衆生有佛性，草木亦有佛性"⑥，接著唐代中期天台宗大師湛然（711—782）提出"無情有性"說⑦，在更普泛的層面上肯定了

---

① 張世英：《天人之際——中西哲學的困惑與選擇》，北京：人民出版社，1995 年，第 28—31 頁。

② 潘桂明說："雖然王守仁没有停留於禪宗的心性學説，但是禪宗的思想資料和思維方式在王學建立過程中所起的重要作用，已是學界公認的事實。""王夫之對佛教也並非作簡單化處理，事實上他在批判禪學的同時，對唯識學卻表達了濃厚的興趣。"見潘桂明：《中國佛教思想史稿》第三卷下，南京：江蘇人民出版社，2009 年，第 555、700 頁。

③ （後秦）鳩摩羅什譯：《維摩詰所説經》，《大正新修大藏經》第十四卷，臺北：佛陀教育基金會，1990 年，第 545 頁。

④ （後秦）僧肇選：《注維摩詰經》，《大正新修大藏經》第三十八卷，第 376 頁。

⑤ 同上。

⑥ （隋）吉藏：《大乘玄論》卷三，《大正新修大藏經》第四十五卷，第 40 頁。

⑦ （唐）湛然：《金剛錍》，《大正新修大藏經》第四十六卷，第 782 頁。

“無情”的自然物亦有佛性。吉藏和湛然的主張反映了隋唐思想的巨大變化，這一變化的實質便是，佛教原本天人相離的平等，在佛性本質上走嚮了天人相合的平等。這既是前文所提到的禪宗翠竹黄花之説的淵源，也是王維、李白作品中“聲色”、“性情”相統一的哲學前提①。

學界一度熱衷討論的中西文學自然觀的差異，實際上正是中西哲學思想差異在文學領域的表現。瑞士學者布克哈特分析西方自然美的表現説：“在古代人中間，藝術和詩歌在盡情描寫人類關係的各個方面之後，纔轉嚮於表現大自然，而就是在表現大自然時，也總是處於局限的和從屬的地位。”西方文學對自然的關注始於但丁。西方文學對自然美的集中表現還要等到十六世初前後。“在十五世紀末和十六世紀初那時到來的意大利詩歌的第二個偉大時代，和同時期的拉丁詩歌一樣，充分顯示了自然對於人類心靈的巨大影響。”② 王一川、朱立元先後以上引布克哈特的論述為依據③，借鑑張世英哲學天人關係的思路，比較了中國和西方文學自然美表現的演進歷程，指出自然作為獨立審美對象，中國文學比西方文學早了將近一千年；進而將中西自然美表現上存在差異的原因歸結為中國奉行“天人合一”，西方推崇主客二分。根據上文的研究，王一川、朱立元對中國文學自然美歷程的概括並不全面，他們同張世英一樣没有充分考慮佛教哲學對中國天人關係的獨特貢獻。不過，朱立元又進一步分析了中西自然美表現之間細微但深層的差異：“在西方，不僅人們自然美的意識發生較晚，而且在人與自然的審美關係中，對立因素也明顯大於和諧因素，對崇高美不僅發現早於秀美，且感受、體驗的深廣度也遠遠超過秀美。”“中西兩大審美文化傳統，對自然美的態度是相反的，概而言之，西方是疏離、遮蔽的，中國則是親近、洞開的。”這可以幫助我們理解中西自然審美的差異及其原因。

綜合上面的引證分析，我們可以明確如下兩項基本事實：

首先，中西自然美觀念在年代和內涵上表現出巨大差異的原因有二：第一，由西方海洋文明與中國農耕文明的根本差異所導致的對不同群體生存能力的高下要求之分，決定了中國人早期面對自然主要採取了順應依賴的態度，而西方人面對的自然環境遠比中國人惡

① 賈晉華《皎然論大曆江南詩人辨析》（《文學評論叢刊》第二十二輯，北京：中國社會科學出版社，1984年，第144—145頁）曾簡要論及湛然“無情有性”説對盛中唐之際劉長卿、嚴維、皇甫曾等人的山水詩歌創作的影響。稍後，蔣寅《走嚮情景交融的詩史進程》（《文學評論》1991年第1期）則進一步强調天台宗的止觀和禪宗真如緣起的認識對劉長卿等人的影響更大更直接。

② ［瑞士］布克哈特著，何新譯：《意大利文藝復興時期的文化》，北京：商務印書館，1979年，第292、293—294、300頁。

③ 王一川：《中西方對自然美的發現》，《江漢論壇》1985年第6期。朱立元：《自然美：遮蔽乎？發現乎？——中西傳統審美文化比較研究之二》，《文藝理論研究》1995年第2期。

劣得多，因而，跟中國人不同，西方人對自然主要採取敵對或對抗的態度①。第二，兩漢之際，佛教輸入，數百年之後的晉宋之際，在佛教思想的影響下，中國哲學實現自然與人兩分，自然與人獲得平等對待的地位。同期的西方哲學卻不曾有這樣的機緣。法國漢學家侯思孟認為，中西之間對山水自然美領略的時代差異，受制於各自的文化傳統，中國人存在一個久遠的"走嚮大自然的傾嚮"，而歐洲人則延續了漫長的"背離大自然的傾嚮"。他從山水與真理的追求角度，比較了慧遠、謝靈運時代與歐洲的不同。那時中國人傾嚮於在自然山水中尋求領悟真理，而"在歐亞大陸的另一端，上古時代末期最偉大的作家和思想家——可能如當時的慧遠之於中國——聖奧古斯丁（354－430）教導他的弟子們要在自己心靈中——即他所謂的記憶的宮殿——尋求真理，而不要去大自然中尋求。他甚至認為當人去看山頂時就會產生錯誤的觀念，還不如内省以求得真理和永福（sȧlut）。就這樣，在古代世界的兩端，人都在尋求真理，但方式截然不同：在中國，人走嚮大自然的懷抱；在歐洲，人卻背離大自然，轉嚮自己的内心世界"②。更重要的是，西方哲學長期隸屬於宗教神學而不曾獨立，在西方宗教觀念中，人和神一樣，是高於自然的，這便是人們常説的西方的人類中心主義（Anthropocentrism）。"由於受基督教、古希臘哲學影響，人的那種特殊地位在西方真是根深蒂固。上帝造完世界後，最後告訴人，這一切都是供你享用的。"③ 故西方對自然美的思考、西方文學自然美的表現要晚於中國。

其次，中國哲學與西方哲學有很大不同，除先秦名學、初期玄學和佛教哲學之外，古代中國基本上不存在純粹的形而上的哲學，中國哲學通常與現實政治社會有著更為密切的聯繫。董仲舒正式總結的天人合一思想，可能便包含著應對現實專制政治的深刻思考。這是天人合一説在中國古代佔據統治地位的最根本的原因。北宋士大夫常常希望以董仲舒天

---

① 羅素説："希臘人最初便是在這些海上城市裹作出了對於文明的嶄新貢獻；雅典的霸權是後來纔出現的，而當它出現的時候也同樣地是和海權結合在一起的。希臘大陸是多山地區，而且大部分是荒瘠不毛的。但是它有許多肥沃的山谷，通海便利，而彼此間方便的陸地交通則為群山所阻隔。在這些山谷裹，小小的各自分立的區域社會就成長起來，它們都以農業為生，通常環繞著一個靠近海的城市。在這種情況之下很自然的，任何區域社會人口衹要是增長太大而國内資源不敷時，在陸地上無法謀生的人就會去從事航海。""（希臘）也有純粹農鄉的地區，例如膾炙人口的阿加底亞，城市人都把它想象為牧歌式的，但它實際上卻充滿了古代的野蠻恐慌。"（［英］羅素著，何兆武、李約瑟譯：《西方哲學史》（上卷），北京：商務印書館，1963年，第30、36頁。）據羅素的意見，作為西方思想發源地的古希臘並非以農業為依托，其發展受到自然資源的嚴重制約，在本質上它屬於海洋文明。而中國地處東亞次大陸，屬於與以農業為主的大陸文明。中西思想的差異，在本源上是海洋文明與大陸文明的差異。錢穆從"源頭處"將人類文化分別為游牧、商業和農耕文化三型，游牧、商業文化為一類，農耕文化為一類。游牧和商業文化，"無論其為世界觀或人生觀，皆有一種强烈之'對立感'。其自然則為'天''人'對立，對人類則為'敵''我'對立，因此而形成其哲學心理上之必然理論則為'内''外'對立"（錢穆：《中國文化史導論》（修訂本）弁言，北京：商務印書館，1994年，第2—3頁）。

② ［法］侯思孟撰，武佩榮譯：《山水在中國思想史上的作用》（提要），收入臧維熙主編：《中國山水的藝術精神》，上海：學林出版社，1994年，第261頁。

③ 張祥龍：《現象學導論七講——從原著闡發原意》（修訂新版），北京：中國人民大學出版社，2011年，第292頁。

人感應的災異思想來控制君權，但效用已經大不如前。富弼企圖以災異警戒宋神宗，但是有人對神宗説："災異皆天數，非關人事得失所致者。"富弼聽説之後感嘆道："人君所畏惟天，若不畏天，何事不可為者！"① 此外，"蘇軾駁斥否定天人相關論的言論，也是擔心失去那種能制止人君的恣意行為的東西"②。類似事例足以説明，至遲在北宋中期，天人相分的思想已經極其流行。出身於士大夫階層的哲學家們仍極力主張天人相合，並不是他們單純在哲學層面思考所作出的選擇，而是經過審時度勢、權衡利弊之後作出的現實選擇，這一選擇有著明確的現實政治目的。這雖充分體現了中國人的智慧，但同時也完全暴露了秦漢君主專制政體完全確立以後中國本土思想整體的懦弱習性。因而，討論中國哲學問題時，不能以哲學家的著作為單一依據，還應該結合古代社會政治的實際狀況來綜合考察，更應該考慮到佛教思想對中國哲學的貢獻。就後一點來説，中國文學史是中國哲學史研究不應忽視的資料。

五、結　論

中國古代文學自然美大致包括四大類型，經歷四個階段：先秦時期，自然作為表達人的思想、觀念的起點，没有獨立的審美品格；魏晉以後，自然作為人的感情載體，此後作為玄理和佛理的載體，在此過程中，自然逐漸表現出其獨立的審美品格；謝靈運以後，自然獲得了與人平等的審美地位，擁有了獨立的審美品格；王維、李白以後，相互獨立的自然與人的情感意志進而與人自身交融無間。這中間，大乘佛教"離我我所"的平等思想是中國文學中自然獨立審美品格實現的最直接的推動力。這彰顯了佛教哲學對中國文學自然美演進的巨大意義。

由天人關係的視角看，謝靈運之前的中國文學自然美的特徵是"性情"與"聲色"無所分别，這對應於哲學上的天人不分或原始的天人合一；謝靈運時代的中國文學自然美的特徵是"性情漸隱，聲色大開"，這對應於哲學上的天人相分或天人對立；王維、李白時代的中國文學自然美的特徵是"性情"與"聲色"相統一，這種統一是"性情"與"聲色"在經歷無所分别到截然分立之後重新實現的，對應於哲學上的天人合一。中國文學自然美的演進歷程表明，中國哲學曾有過清晰的天人相分或天人對立的思想，其出現年代在公元5

① （元）脱脱等：《宋史》卷三一三《富弼傳》，北京：中華書局，1985年，第10255頁。參看葛兆光：《洛陽與汴梁》，《中國宗教、學術與思想散論》，上海：復旦大學出版社，2010年，第41—42頁。

② ［日］小島毅：《宋代天譴論的政治理念》，［日］溝口雄三、［日］小島毅主編，孫歌譯：《中國的思維世界》，南京：江蘇人民出版社，2006年，第325頁。

世紀初謝靈運的時代；中國哲學也曾有過經歷天人相分之後的天人合一思想，其最初出現的年代在公元8世紀盛唐王維、李白的時代。

本文“引言”部分所提到的古典詩學情景關係的研究，事實上應該從中國文學自然美之類型與演進的角度來進行宏觀把握。與中國文學自然美的四大類型相一致，情景交融至少也可以被區别為相近的四大類型，即以景發端，以景擬情，以景為獨立的審美對象，景與情和諧相融。因此，本文關於中國文學自然美的演進歷程、思想動因及其哲學意蘊的考察，對進一步研究情景交融理論及與之相關的意境、境界、意象等古典審美範疇的歷史内涵當有重要參考價值。

（作者單位：四川大學文學與新聞學院）

形似的起源：對中國中古文學的再思考[①]

作者：孔旭榮　翻譯：張豔紅

對文學評論家來説，形似[②]是用來定義詩歌的描述性特徵的，而描述性特徵是很多文學和繪畫作品所共有的。然而，到目前為止，尚未有人嘗試去闡釋這個重要概念的發展和演變。本文試圖填補這個空白，並勾勒一幅更為完整的中古文學早期的面貌。

現代研究形似的學者通常會把形似風格和宋齊梁時期（420－557）或詩歌體裁聯繫起來[③]。現代學者林英德甚至建議把形似定義為形似體，算作是元嘉體一種（元嘉時期指424－454年；林英德，2006b：119－122）。該學者還認為，就西晉時期（265－317）形似風格的發展而言，張協（卒於307年）的功勞是不言而喻的，儘管他生活的那個時期形似還處在萌芽狀態（林英德：2005：132）。當代學者較一致地認可呼應了南宋（420－589）

---

① 原文發表在《美國東方學會學報》，詳細資訊如下：Xurong Kong，"Origins of Verisimilitude：A Reconsideration of Medieval Chinese Literary Thought"，*Journal of American Oriental Society* 131. 2（2011）：267－288.

② "形似"或"似形"指"自然景物中外貌或形狀上的相似"。英語中"verisimilitude"一詞來自拉丁語，同樣應用於文學手法裏，比如像愛倫坡這些作家對細節的展現（參考 Holman 1981：459），是對"形"的合適的傳遞。這個術語會在整篇文章中使用。中古漢語詩歌把"形似"作為一種風格或手法，為的是通過描述可觸摸的物體達到對宇宙真理的認識。Sheldon Lu 也把"verisimilitude"這個詞解釋為"逼真""肖像"和"傳神"，參看 Sheldon Lu 1994：11 和 129－150。一些學者還用別的詞來翻譯"形似"。比如，约翰·马尼（John Marney）在《梁陳問題》（波士顿，1976年，第108頁）中稱之為"引起感官反應的文字"。孫康宜（Kang－i Sun）把它翻譯為"描述性的近似"（ Kang－i Sun. *Description of Landscape in Early Six Dynasties Poetry*. In The Vitality of the Lyric Voice：Shih Poetry from the Late Han to the T'ang，ed. Lin Shuen－fu and Stephen Owen. pp. 105－29. Princeton：Princeton Univ. Press. 1986.），Charles Egan（2008：202）採用了該翻譯。儘管劉翔飛（Liu Hsiang－fei）在她的論文中通篇使用了羅馬字母表現，但是她把"形似"描述為"一種形式上的相似"，來和"神似"做比照（Liu Hsiang－fei. *The "hsing－ssu" Mode in Six Dynasties Poetry：Changing Approaches to Imag－ istic Language*. Ph. D. diss.，Princeton Univ. 1988.）。

③ 進一步的討論參考陳建農和苗貴松 2006：46－49 和 104；林英德 2006a：93－95；張為平和陶小幸 2006：66－69；陳洪和屈方方 2004：57－61. 在 Liu Hsiang－fei 1988 年關於形似的博士論文中，她主要談到的是詩歌，不是辭賦。即使她提到了張燮，她的研究重點是後晉時代，不是晉朝。這些研究者都把這種風格和後宋時代聯繫起來了。

文藝評論者對形似這個術語的使用。

沈約（441－513）是第一個把形似用作文藝評論術語的學者。在《宋書》的《謝靈運傳》一章的結尾部分，沈約這樣評論道：

> 自漢至魏，四百餘年，辭人才子，文體三變。相如工為形似之言，二班長於情理之説，二班，叔皮、孟堅也。子建仲宣以氣質為體①。

根據沈約的説法，形似這個詞捕捉到了司馬相如作品的關鍵特徵。他的作品以表現物體為主，而此前的中國文學缺少一種可與此相比的描寫性的寫作風格②。上面所引用的段落也表明，在沈約看來，形似在司馬相如之後就不再是創作的主要特徵了。

在評論宋朝文學作品時，劉勰（約 465－522）在他的名著《文心雕龍》的《物色》一章中也使用了這個詞：

> 自近代以來，文貴形似。窺情風景之上，鑽貌草木之中……故巧言切狀，如印之印泥，不加雕削，而曲寫毫芥③。

但是，要充分理解劉勰的這段話，我們必須知道“近代”在這兒確切地指什麼。在“明詩”一章，劉勰再次對他所謂的“近代”文學作品做了如下評論：

> 宋初文詠，體有因革……情必極貌以寫物，辭必窮力以追新，此近世之所競也④。

很明確，劉勰的“近代”指的是從宋朝起到劉勰自己所處的時代。也就是説，劉勰用形似這個術語來描述六朝時期的文體風格，而不是西晉。

鍾嶸（約 465－518）在《詩品》一書裏也四次使用了形似這個概念（見曹 1994：149，160，270 和 290）：

> 張協其源出於王粲……又巧構形似之言。

---

① （南朝梁）沈約：《宋書》，北京：中華書局，2006 年，第六十七卷，第 1778 頁。（南朝梁）蕭統編：《文選》，上海：上海古籍出版社，2007 年，第五十卷，第 2218 頁。

② 更多關於司馬相如作品中描寫性特徵的重要性的討論請參考孫晶：《漢代辭賦研究》，濟南：齊魯書社，2007 年，第 132－133 頁。

③ 范文瀾：《文心雕龍注》，北京：人民文學出版社，1958 年，第 694 頁。Owen 1992：282.

④ 同上，第 67 頁。Shih 1959：71.

宋謝靈運其源出於陳思，雜有景陽之體。故尚巧似。

宋顏延之其源出於陸機。尚巧似。

宋鮑照其源出於二張，善制形狀寫物之詞……

基於該語境，“巧似”即“巧構形似之言”。鍾嶸在這兒勾畫了形似的發展過程，並指出是宋朝的三位詩人使形似這一風格達到鼎盛時期。

南宋最後一位使用形似這個術語的文藝評論家是顏之推（生於531）。在《顏氏家訓》的“文章”一節，他說：“何遜詩實為清巧，多形似之言。”（王利器 1980：276；Teng 1968：106）

總之，這些文藝評論家提出了兩點。第一，形似是描寫自然景物的修辭技巧。而且，他們一致認為這種風格起始於漢賦，在張協的詩歌裹得到發展，並於宋齊梁時期的詩歌裹得以成熟。這樣理解的話，文學史的空白期就出現了。當沈約使用這個術語描述司馬相如的寫作特徵時，他從來没有提到任何魏晉詩人。也就是説，曹魏作家未被提及，而且整個魏晉辭賦也被文學史遺忘 。

形似是如何從漢賦直接發展到晉之後的詩歌的呢？如果這樣的軌跡是正確的，就意味著形似風格從一種體裁跳轉到另一種，而在這個跳躍的過程中，兩晉被跳過去了。兩晉統一了全國，結束了近乎一個世紀的分裂，並於264年至420年統治中國近兩百年。它吸引了很多三國時期的人才，以及全國的人才，因此這個時期的文學有長足進展並對後世創作有很大的影響。由此可見，兩晉創作在文學史上的地位不容忽視 。

少數現代學者認識到了兩晉文學，尤其是辭賦作品，在形似體的轉型和演變中發揮了及其重要的作用。饒宗頤（1975：10）在《選堂賦話》裹説：

西晉之賦，重於事形，而減於情義，蓋一反建安以情緯文之旨，亦時代使然。

儘管“重物貌”衹是對形似論的一種延伸性的描述，饒宗頤的確把形似和西晉的辭賦連接起來了。現代學者武懷軍（2000：35）也認為“早從晉代開始人們就確立了賦作的形似理論，此後直至梁陳時期這一理論一直處於不斷的發展完善之中”。同樣地，陳洪和屈方方（2004：59）也寫道：“興起於西晉的‘尚形似’的詩歌思潮，發展到南朝初期走嚮了極端，即把描寫手段當成了描寫目的。”

儘管這些學者都肯定西晉辭賦在形似的發展過程中起了重要的作用，但是没有人對那個時代的辭賦作品做過任何分析或者對這種看法做出詳盡闡述。研究西晉文學的學者也没做到這點。他們意識到晉文學企圖切實描寫現實，但是對此特徵衹做過簡短的、負面的評論。比如，羅宗强就曾斷言："西晉作者則完全轉嚮現實生活了"，"讀西晉人之作，總有平庸的感覺……没有激情的一代士人，創造了缺乏激情的華美的文學"[①]。廖國棟，魏晉辭賦的專家，在他對西晉"詠物賦"（1990：399－499）的特徵做綜合表述時，甚至没有提到形似。

本文旨在將兩晉時期形似的演變發展和兩晉文學研究結合起來，集中分析西晉時期三位有影響的辭賦作家的代表作：傅玄、張載和左思，因為正是他們為形似從漢賦到南宋詩歌的發展起到了橋梁作用。

一、傅玄和儒家詩歌

三國鼎立的末年，傅玄從魏走到了晉，當時他已經是聲名顯赫的官員和多産作家。他任職於河南温縣，此處是司馬宗族的老家，由此傅玄和司馬家族建立起很好的關係，並為傅玄後來的顯赫仕途鋪平了道路。司馬炎受禪建立西晉，進封傅玄為鶉觚子，封他為駙馬都尉，後來又屢屢遷官，266 年任侍中，268 年任御史中丞，269 年任太僕，275 年官至司隸校尉[②]。

傅玄是一個多産的作家。根據《晉書》記載，他所著的《傅子》"合百四十首，數十萬言，並文集百餘卷行於世"[③]（晉書，2008：47.1323）。傅玄的文學創作，體裁豐富，數量衆多：九十九篇樂府，三十三首詩歌，五十九篇賦，二十二篇銘文。他在文學和政治方面的成就不僅保證了他在晉文學史上的重要地位，而且也保證了他獨具特色的形似風格在晉朝時期得以流傳。依據現存資料，傅玄創作了三十九篇詠物賦，多於魏晉時期任何别的詩人。傅玄的作品是研究形似的絶佳例證。

傅玄在詠物賦的作品中使用了四種寫作技巧。第一個特徵是選擇具體的事物，用三段式結構對它們進行描寫，並外加一個序言。第二個是從多角度描寫物體的各個部分，包括顔色、大小、形狀和聲音。第三是提供額外的背景知識，比如植物的生長習慣。最後是在創作中採用修辭方式，比如誇張、枚舉和典故。祇有具體的事物纔能被如此生動地展現，

① 羅 2004：63. 類似的討論也可參考王澧華 2005：19－20；Tang 1999：20；聶石樵. 2007：71；徐公持 1999：259；261.

② 《晉書》1970：53. 房玄齡等. 2008：47.1317－1323. 一些資訊來自王繪絜的，"傅玄生平簡表"，（1997：255－260）。

③ 基於逯欽立 1998 和 嚴可均 1958。

以至於詩歌形象能與現實一較高下；衹有三段式結構可以允許辭賦作者通過靜態或動態的描寫把注意力集中在物體上。傅玄所有的詠物賦描寫的物件都是可觸摸物體，而且超過百分之九十的作品採用的是這種三段式結構。

這種三段式結構的每一部分都有不同的功能。不管描述的物件是什麼，每篇賦的最後一部分總是在贊美物體的優點或美德。取決於賦的物件是動物、植物還是人造器物，前兩部分側重點略有不同。如果是動物賦，傅玄經常會集中描寫動物的形態和動作：第一部分會介紹起源或種類，並常常描寫動物的體態；第二部分常常描寫動物的活動。如果是植物賦，傅玄偏嚮於採用植物學式的分析：第一部分描寫植物的起源或組成部分；第二部分介紹它的生長過程。如果是人造物，描寫集中在它的構成和用途上：第一部分講述它是如何製造出來的；第二部分講人們如何使用它。但是不管是植物、動物或是人造物，賦的結構概念是相同的：第一個部分討論起源和形態；第二部分解釋該物的存在價值。瞭解了一個物體的起源、形態和價值以後，讀者就更容易接受作者對該物的贊頌了。三段式結構的重點是描寫或贊頌物體，而不是抒發由物體產生的個人情感。另外，三段式結構通常借助序言闡釋寫作背景或目的，通過正文先靜態後動態地描寫。遵循這種三段式結構，作家逐漸將對物體的贊美推嚮至高點[①]。

序言的內容很少會在三段式的正文中再現[②]，而是準確地為全詩的主題定位，並提供與該物體相關的重要資訊。正如劉勰在《文心雕龍》一書的《詮賦》中說：

> 既履端於唱序，亦歸餘於總亂。序以建言，首引情本，亂以理篇，寫送文勢[③]。

例如，在《乘輿馬賦》(嚴可均 1958：46.1720）中，傅玄講了兩個涉及劉備和馬超的車馬故事。這兩人在荆州戰役和渭南戰役中獲勝，主要原因是他們選擇了別人不喜歡的戰馬。通過講述具有教誨意義的故事，傅玄確立了一個鮮明主題，就是告誡大家不可以貌取人 。同樣地，在《琵琶賦》(嚴可均 1958：45.1716）中，他提到王細君遠嫁胡人烏孫王而懷念故土的故事；他還參考了杜摯關於琵琶起源的說法，為修築長城而歷經艱險的人們發明創造了這種樂器。因為這兩個苦澀的故事，傅玄筆下的琵琶象徵了痛苦。在《芸香賦》(嚴可均 1958：45.1717）的序言中，他痛訴人們無情地遺棄芳香不再的花草。

在用形似的方式來描寫物體的時候，傅玄採用的第二個技巧是不遺餘力地刻畫形體，

---

① 別的一些學者也注意到這種結構。廖蔚卿（1997：539）指出“有三個部分：開始的接觸、描寫和反省”。Liu Hsiang－fei (1988：17) 指出這種三段式結構使得整篇詩凝固、緊湊。

② 二十八篇缺少序言，可能因為序的部分遺失了。

③ 范文瀾《文心雕龍》1958：135；Shih 1959：91－92.

突出强調物體獨到的特徵。我們以鬥雞為例。在《鬥雞與中國文化》中，高德耀觀察到傅玄對鬥雞做了最雄心壯志的詩歌式的描寫，而這段描寫可以和德拉庫爾在科技文獻中對鳥類羽毛的描寫相媲美（高德耀 1989）。下面我將分別引用傅玄和德拉庫爾的描寫：

玄羽黝而含曜兮，
素毛頹而揚精。
紅縹廁於黴黄兮，
翠彩蔚而流青。
五色錯而成文兮……

——傅玄《鬥雞賦》

鳥冠和脖頸的羽毛長而尖，呈火紅色，雜有一根深褐色的斜綫，大的更顯金黄色；背部上方覆蓋著更大的羽翼，底部的飛羽呈帶有光澤的藍緑色；上方覆蓋的羽翼和背部中間的條紋呈濃郁的暗紅色；背部下方由深褐紅到鳥尾後濃郁的橘黄並雜帶淺紅色；鳥身是黑褐色的；尾巴和覆蓋的鳥羽是金屬色的深緑並露有白色的底部；下面是黑色。

Cochin－Chinese Red Jungle Fowl (*Gallus gallus gallus*) (Delacour 1951：109)

跟德拉庫爾一樣，傅玄描寫色彩斑斕的部分主要是為了體現事實。儘管明亮色調的描寫可以為詩增添美感，但是請注意，在這個例子中，傅玄是在精心選擇色彩鮮豔的物體，而不是人為地把顔色强加到所描寫的物體上。有些學者認為辭賦中色彩斑斕的描寫是不真實的，由此來看他們的結論是不準確的。比如盧勝江（2002：181）稱此類色澤絢麗的描寫為“丹榮朱草”，還指出這樣做是不確切的，“不是不美，而是不真實”。

傅玄的刻畫細緻到物體的每一個部分，比如《走狗賦》

足懸鉤爪，口含素牙。
首類驤螭，尾如騰蛇。
修頸闊腋，廣前捎後。
豐顱促耳，長叉緩口。
舒節急筋，豹耳龍形。
蹄如結鈴，五魚體成。

在這十二行詩中，傅玄描繪了狗的爪子、牙齒、頭、尾巴、脖子、前腿、體型、額頭、耳朵、關節、筋和爪，共十二個部分。通過描繪走狗的體貌形狀，傅玄極其生動地刻畫出了走狗的形象。

除了採用三段式結構和細緻入微的體貌描寫之外，傅玄也重視提供與物體相關的資訊。比如，在《筆賦》裏，讀者可以學到工匠們是如何做筆的："纏以素臬，納以元漆。"。（嚴可均 1958：45.1716）從傅玄的其他賦裏，讀者瞭解到芸香在仲春時節發芽；蜀葵在次年成形；蓍在春天、夏天和秋天都可以成長；石榴在二月份出芽、長葉子；蟬會在盛夏"化生"（分別引自嚴可均 1958：45.1717－1718 和 46.1721）。閱讀傅玄關於梅子和棗的辭賦，讀者會知道世上有兩種頗負盛名的梅子——"河沂黄建，房陵縹青"；以及三種棗：脆的、甜的和來自東海的（嚴可均 1958：45.1718）。如果不逐一描寫事物的各個部分，他就會介紹它們的生長。比如《蓍賦》就没有對蓍的描寫，但是對它在四季的成長過程做了敘述（嚴可均 1958：45.1718－1719）。《柳賦》是另一個例子。傅玄重點强調楊柳的兩個特徵：一是隨處可長，二是即使折斷後還能存活。因此在辭賦中楊柳代表了忍耐和慷慨。

傅玄也使用修辭技巧更準確地描寫物體。他常常使用誇張、比較和典故，這樣他可以把更多的信息、想象和思想容納進詩歌有限的空間裏。我們先看一下誇張的例子。他寫到"有棗若瓜"，描寫棗不同尋常的大（嚴可均 1958：45.1718）；當他贊揚毛筆的寫作功能時，他説"動應手而從心，焕流光而星佈"（嚴可均 1958：45.1716）.

比較是很常見的修辭手法，就是通過與别的物體相比較來突出該物體的特徵。比如，傅玄描寫梅子的味道，他説"美逾蜜房"（嚴可均 1958：45.1718）；介紹薑黄的香味時，他説"淩蘇合之殊珍，豈艾綱之足方"[1]；當介紹獵犬的時候，他先表揚老虎和老鷹，然後説這隻獵犬結合了兩者最優秀的特徵，所以他説没有任何狗可以比得過這隻獵犬，即使歷史上有名的晉獒和韓盧都不及它（Yan 1958：46.1720）。

典故一般是在講述物體的文化價值的時候使用的，因為典故往往來源於歷史，並和歷史上重要的人物有關。在典故的使用中，傅玄會由桃子聯想到吴王，因為吴王執政時代有過和平强大的國家。他用野雞作為祥瑞隱喻周公政績的成功（嚴可均 1958：45.1718－1719）。傅玄贊美西瓜，他説"雖貍首之甘美兮，未若東野之奇偉"[2]，用"東方之國"暗指召平。秦東陵侯，因為他曾在秦國被打敗後在長安東門種甜瓜（司馬遷 1998：53.2017），後來，人們開始用東陵瓜或東門瓜或召平瓜來代指甜瓜，也借指那些從政治漩渦中退出來過隱居生活的人。借助這些典故，傅玄不僅描寫了瓜的甜，而且還稱贊對生活泰然自若的態度。

傅玄描述物體的時候，極力表現它們的真實狀態。但是他如此描寫的動力是什麽呢?

---

① 蘇合和艾綱是兩種香水的名字，參看嚴可均 1958：45.1717.

② 狸手也叫貍頭瓜，是瓜的一種。嚴可均 1958：46.1718.

通過這樣形象生動的描述，他要達到什麽效果、什麽目的呢？仔細考察，我們發現傅玄的詠物賦對事物的描寫都與知識有關。首先，他對主題的選擇就表明形似是與獲取知識相關的，通過引入新的形象資訊，人們就會獲得知識。比如，他的賦裏大部分的物件是外來的，奇異的，罕見的，他對這些物的描寫就是把它們介紹給大家。紫花原産現在的四川，棗來自渤海區，葡萄來自西域，獵犬也是來自西域（分别引自嚴可均 1958：45.1717－18，46.1720），在傅玄的時代它們都是稀有物件。就現存資料而言，傅玄是第一位對下面十一種物體賦予詩歌形象的詩人：相風、蜀葵、鬥雞、李、桑葚、蓍、桃 、棗、硯、紫華和走狗。此外，傅玄用辭賦界定的是單個事物，而不是像百科全書那樣以介紹種類為主。他使用的三段式結構使事物成為寫作中心，因此事物變成了一種管道，一個符號。

這種既有實用性又有教育意義的寫作方式，可以追溯到孔子時代。孔子評論《詩經》時説讀詩可以讓我們"多識於草木鳥獸之名"（論語，17.9）。後來的漢大賦也可以讓讀者學到許多動植物的名稱。學者們稱此類辭賦作品為"字典"，認為"大賦"是百科全書。後來隨著漢大賦的逐漸消失，南北朝時期便出現了很多百科全書（仇兆鰲 2001：194）。衆所周知，傅玄是一個堅定而忠實的儒家學者，所以他創作儒家式的詩歌不足為奇。他的富含政治哲學内容的《傅子》就是基於儒家思想創作的[①]。他尊崇儒家教義為大道。"仲尼於中古，而知夫小道者之足羞也。"（如果你尊敬中古時的孔子，你會覺得那些遵循小道義的人應該感到羞恥）（嚴可均 1958：47.6；Paper 1970：43）對他來説，孔子的教導不僅是每一個人應該遵循的，而且應該是"王教之首也"[②]。

作為一個忠實的儒者，他重視教育。傅玄以形似的方式描寫事物主要是為了教化，這是他詠物賦的重要目標之一，如果不是唯一目標。他現存的三十九首詠物賦不僅為生動傳神地體物做了模本，而且促進了形似從詩歌的表達到傳遞儒家道德思想詩歌的轉變，正如羅宗强所説，他是第一個在文學創作中實踐儒家詩學的人，由此，"他為西晉開創了新的風格"（羅宗强 2004：63）。

---

① 王沈，和傅玄一樣，曾參與著作《魏書》，擔任司空一職，是掌管文化禮儀祭祀等的官職。他也提到傅子很重視孔子的教義，可參看嚴可均 1958：46.5b，和關於傅玄官方自傳的記載，在 Paper1970：77. 魏徵（580－643）編寫了《隋書》《周書》《梁書》《陳書》和《齊書》，並肯定了《傅子》書中傳遞的儒家思想的價值，魏徵從《傅子》中選取一些關於政府、政治的章節收録在《群書治要》裏（參看魏徵 1985：10.857－875.）。《四庫全書》純粹認為《傅子》是關於儒家思想的著作，《傅子》在《四庫全書》中列在"子部"下的儒家作品裏，參見永瑢等. 1933：12.1884。後來大約在 1875 年，錢保塘在編寫《傅子》的合集時也稱該書主要是關於儒家教義的。參考嚴可均 1958：47.6；Paper 1970：43.

② 參考嚴可均 1958：46.5b 和 Paper 1970：77. 中傅玄的官方自傳。

二、張載和漢大賦

在275年到278年間，張載（約250—約310）創作了《濛汜池賦》並呈給傅玄[①]。傅玄對張載的作品很欣賞，並把張載引薦進了官場（房玄齡等. 2008：55.1518）：

……載又為《蒙汜池賦》，司隸校尉傅玄見而嗟嘆，以車迎之，言談盡日，為之延譽，遂知名。

西晉時期以"文學創作活動大爆發"而聞名[②]，也以"詩歌體裁得到重要發展和創新，而且那時候文壇是由一圈才子統領並且才子之間相互欣賞"（高耀德2001：54）而著稱。現在來分析《濛汜池賦》以便探究傅玄欣賞它的原因，從而發掘傅玄和張載在辭賦領域共用的技巧和風格。

濛汜池賦 張載

麗華池之湛淡，開重壤以停源。
激通渠於千金，承瀍洛之長川[③]。
挹洪流之汪濊，包素瀨之寒泉。 6［元］
既乃北通醴泉，東入紫宮，
左面九市[④]，右帶閶風。
周墉建乎其表，洋波迴乎其中。 12［冬］
幽瀆傍集，潛流獨注。
仰承河漢，吐納雲霧。
緣以采石，殖以嘉樹。
水禽育而萬品，珍魚産而無數。 20［魚］
蒼苔汎濫，修條垂幹。
緑葉覆水，玄蔭珍岸。

---

① 在275年，傅玄被任命為司隸校尉，278年被罷黜，參看陸侃如1985：666.
② David Knechtges（2001：202）提到了漢時的情形，但這個傳統一直延續到魏晉時期。
③ 瀍河和洛河是流經洛陽的兩條河流。
④ 九市指皇宮裏的市場。

紅蓮煒而秀出，繁葩艳以焕爛。
游龍躍翼而上征，翔鳳因儀而下觀。
想白日之納光，睹洪暉之皓旰。　　30［寒］
於是天子乘玉輦，時遨游。
排金門，出千秋。
造緑池，鏡清流。
翳華蓋以逍遥，攬魚釣之所收。
纖緒挂而鱣鮪來，芳餌沉而鰋鯉浮。
豊夥踰於巨壑，信可樂以忘憂。　　42［幽］①

這首賦為張載赢得了同時代文人和後來文學評論家的推崇。劉勰評論張載所取得的成就是“結藻清英，流韻綺靡”②。

現代評論家對《濛汜池賦》的反應包括“對偶精工，詞藻豐富”（廖國棟 1990：141）、“詞藻富麗，綺靡瀏亮”（姜劍雲 2003：36）、“顯示較强文字描述功力”（徐公持 1999：417）、“氣象博大，辭采絢麗”（Ye 2006：242），讓學者們驚嘆的是張載在遣詞構思方面的説服力和有效力。

但是這首讓作者得以揚名的賦僅僅是因為它卓越的語言和修辭特徵嗎？我不相信。是傅玄發掘了該作品的美麗和力量。大家都知道傅玄注重内容勝過形式。作為一個有影響力的高官，傅玄是以一種實用的風格走進文壇的，正如他曾經在“連珠”裏説的（嚴可均 1958：46.9a）：“必假喻以達其旨，而賢者微悟，合於古詩勸興之義。”此處他宣稱，文學必須是對社會有用和有益的。他的創作實踐也都和他的哲學思想吻合。劉勰提到：“傅玄篇章，意多規諫”。③ 也正如我們已經看到過的，傅玄的詠物賦傳遞出很清晰的資訊：文學應該是對教育或學習有益的。基於他純粹儒家的哲學思想，他欣賞張載的《濛汜池賦》主要是因為張載的政治思想或潛力。那麼接下來的問題是，這首作品有什麽政治意義？要找到答案，我們要看一下這部作品的結構特點。

在韻律方面，《濛汜池賦》由五部分組成。前六行是“元”韻部，屬第一部分，主要是為讀者提供一幅池塘的全景：一個連接著洛陽西部兩條河流的人工湖，也充作水庫使用，可能為洛陽市供水。

---

① 本文作者的翻譯是基於嚴可均《全晉文》裏的文本内容，85.1a—1b。

② 劉勰對晉朝八大作者（應貞、傅玄、張載、張協、張亢、孫楚、贄虞、成公綏）作了評論，參見范《詩序》1958：674。英文資訊參考 Shih 1959：241。

③ 參看范文瀾：《文心雕龍注·才略》，北京：人民文學出版社，1958 年，第 701 頁；也可參考 Shih 文 1959：256。

第二部分從第 7 行到第 12 行，是“冬”韻部，講池子的地理位置。它處在洛陽西部，但是和洛陽城内的皇宫相連接。賦的第 9 到 10 行寫到“左面九市，右帶閶風”。九市在洛陽城内，而池塘在城市的西邊，所以市場一定是在池子的東邊。“閶風”這個詞指由西刮來的清爽的風。觀賞者的右邊是風，左邊是市場，所以，他面朝南。因為面南的位置傳統意義上衹和統治者相關，所以這個觀景一定是從皇帝的視角而言的，並非寫作者的角度。這句顯然預示皇帝即將駕到。

第三部分，第 13—20 行，押“魚”韻，集中描寫池塘的表面。水傾瀉而來的時候，水霧彌漫在池子的表面，使池子看起來像銀河。五顏六色的鵝卵石和珍貴的植物環繞著池塘，水裏有成千上萬的動物。

第四部分，第 21—30 行，屬“寒”韻，描寫池塘周圍的景象。前面已經對池子周圍做了遠景描寫，這是對池子做近距離的觀察：有苔蘚，小樹枝，樹葉，影子和花兒。第四部分的最後四行是為讀者接受第五部分的新主題做鋪墊。張載也喚起讀者對傳說中的龍和鳳的聯想。這兩種吉祥的動物在水裏或岸邊玩樂，意味著這個地方是美妙的、寧靜的。因為游龍和翔鳳與明智的統治者相關，所以這四行是為天子駕到打的第二個伏筆。

最後一部分是總結全文的 。一個統治者的形象出現了。有了前面的兩個伏筆，他的出現並不意外。統治者離開王宫，參觀池塘，在池塘邊或垂釣或徜徉。對於統治者來説，池塘代表著普通人的正常的、現世的生活，與犧牲、戰爭或狩獵等國家大事無關。作者在這裏贊美統治者為民衆帶來和平的日子，頌揚統治者置和平和生命於戰爭之上。《濛汜池賦》不僅歌頌了當政者，還委婉地建議當政者要和平為尚。這一切都是在對現實中的人造池塘的描繪中完成的。

廖國棟（1990：139）聲稱這是一部想象之日落之作，描繪了一個衹存在於作者心中的地方，理由是張載提到了很多傳説中的地方。但是批評家忽略了一個事實，和此前的辭賦作者比，張載不是單純採用傳説，而是對其加以變形來比照現實。更重要的是，除了傳説中的地方，他還描繪了若干真實的地方，借助它們表達政治情懷。

根據傳説，濛汜是日落之地①，但是史料表明這個池塘是真實存在的。《魏書》裏提到魏明帝（226—239 年在位）在他的宫殿以西建了護城河（魏收 2006：114. 3029）。《太平寰宇記》有相似的記載，但是它的解釋是這個池是用來連接皇家護城河的。皇帝之所以把它叫做“濛汜”是因為它和太陽落下的方嚮一致（《樂史》1980：3. 10b）。《歷代帝王宅京記》稱在晉朝時期有一個叫濛汜的池塘坐落在寺廟的北邊（顧炎武 1970：9. 17a）。在魏晉時期，池塘是王宫的一部分。

① 更多的内容參看張衡的《西京賦》，李善 2007：2. 65—66。David Knechtges（1982：211）把它翻譯為“Murky Shore”。

《濛汜池賦》的第7－12行為池塘的存在提供了更多的證據。廖國棟（1990：141）説紫宮和閶風象徵神仙居住的地方，富有超自然的色彩。紫宮，這個名字源於紫微星，據傳是天帝住的宮殿，但是漢朝王宮便仿此而造，所以紫宮就和世間統治者的宮殿有關（高維德1982：116）。張衡（78－139）在他的《西京賦》裏，曾用紫宮來指稱統治者王宮的所在地（李善 2007：2.52）。閶風是傳説中昆侖山的頂峰，但是從字面上看，它是“清亮”的意思①。儘管這是兩個神話出現的地方，但是長期在詩歌中被用來指稱真實的地方，特别是宮廷和宮殿。

還有證據表明張載試圖描寫的是一個真實存在的而不是虛幻的地方。比如，九市指王宮裏的市場或王宮。班固（32－92）和張衡也分别在《西都賦》和《西京賦》中有過類似的用法（李善 2007：1.7 和 2.61）。李善引證《漢宮闕賦》説漢王宮裏有九市。《初學記》裏也提到市場的幾個名字，比如九市、四市和三市（徐堅等 2005：24.592）。

正如司馬相如（前179－前117）在《上林賦》裏用“醴泉”這個詞指吉祥的水：“醴泉湧於清室，通川過於中庭”（李善 2007：8.368；Knechtges 1987：91），在張載的作品裏，這個詞或者指第四行提到的瀍河或者借指金谷澗，這條河流由西北嚮東南流動然後進入皇宮北部的瀍河。

除了借用漢大賦裏的四個地方之外，張載還寫了另外三個真實的地方：千金、金門和千秋。千金是曹魏時代建成的堤岸。晉戴延之（戴祚，活躍在公元416年）在他的《西征記》裏記載了曹植曾興建千金壩用以灌溉東邊的田地②。之所以叫做千金，是因為“計其水利，日益千金”③。在271年，即《濛汜池賦》寫成的五年或八年前，曾發過水災（趙一清1970：16.6b）。金門指金馬門，是漢宮門之一，是學者們等待文告的地方。有鑑於此，金門也可代指翰林院④。曹植（192－232）曾表達過自己想為朝廷效力的想法，他説“願得一奉朝覲，排金門，蹈玉陛，列有職之一臣”（陳壽 1973：19.573）。在這兒，金門和走嚮王位的玉階指朝廷。杜甫（712－770）在《鵰賦並進表》中也有相似的用法：“今賈馬之徒得排金門上玉堂著甚衆矣。”（仇兆鼇 1979：2172）千秋指洛陽的一個宮門。魏文帝在西游園建了淩雲臺，這個游園在千秋門裏面（楊勇 2008：48）。酈道元（約466或472－527）也曾提到千秋是古代的一個宮門（趙一清 1970：16.14a）。

濛汜池是一個曾經真實存在過的地方，並且還發揮過實際效用。這個公園不是為游玩而建，而是為洛陽居民服務的水利工程。如我們前面所説的，千金壩建在洛陽城西邊長分

---

① 參看洪文1972年49頁關於屈原《離騷》的點評。

② 這本書遺失了，但這一資訊在《太平寰宇記》裏有記載（樂史 1980：3卷，10頁上）。

③ 楊衒之曾記有“長分橋西有千金堰，計其水利，日益千金，因以為名”，參考楊勇 2008：201.

④ 參看李善 2007：45.2006；Beijing 1977：67；康達維 1976：135 n. 19. 文中關於揚雄“解嘲”的評論。

橋以西。這個橋名應讀作 zhǎng fēn 而不是 cháng fēn，因為當轂水氾濫的時候，這座橋可以控制流量並把一些水導入洛河，所以橋的名字應基於“漲則分入洛”[①] 來理解更確切。根據楊衒之所説，轂河在西晉時期頻繁氾濫，於是建了石橋用以調節洪水[②]。濛氾池很有可能也是為控水並儲水的目的而建。

此外，根據《洛陽伽藍記》，西晉統治時期王宮旁邊的金市有一個寺廟叫長秋，濛氾池在寺廟的北邊，據説夏天池塘水很滿，冬天則是乾涸的（楊勇 2008：44）。這些記載也可用來證明濛氾池主要是做蓄水用的。

顯然，《濛氾池賦》不像漢大賦裏常見的那樣，描述作者心中幻想出來的地方，這部作品利用漢大賦裏幻想虛構的元素來傳遞作者的政治思想：描繪一個美麗和平的現實來歌頌當時的政權。作品中的現實是由真實的地理位置構成的，並同最後出現的當政者連在一起，用來歌頌統治者的英明管理。

這首詩的中心是天子的行程，“有意味的代表和象徵”（葉風宇 2006：242）。統治者在這個美麗又實用的地方出現，不打擾那田園式的原始之美，而是嚮世人展示一個祥和幸福的時刻。正如姜劍雲所觀察到的（2003：36）：

> 此賦的誘人之處……還表現在其以畫家眼光繪成的迷人圖卷中，突出了景中之人。儘管是玉輦天子……這是一種……人人憧憬嚮往的美好境界。這不同平庸的歌功頌德……很巧妙地表現出了西晉武帝之初，社會穩定繁榮、熙然而樂的社會景象。

如果這種理解是對的，那麼除非張載對他所處的社會不滿意，他會借用不真實或虛幻的世界批評時政，否則他描寫這樣一個真實的地方衹可能是在大聲地歌頌它。

雖然他的作品傳承了漢大賦的形似風格，但是張載儘量避免使用漢大賦中不真實的、虛幻的元素 。這些虛幻的元素就像康達維陳述的，“没有確切的地理記載，這些地名也無從考究”[③]。但是在這首賦裏，每一個地點都確切地指嚮池塘的某一方位，都能幫助讀者確認池塘的位置，並和現實中的地方聯繫起來。張載把漢大賦的莊嚴恢弘的氣勢和逼真形似的風格結合起來，如此一來，他便能以一種自然的令人信服的語調美化這個新的王朝。令傅玄及其他學者驚豔的正是張載把文學和政治複雜卻有效地結合在一起的風格和才華。

---

① 參考楊衒之 2008：201 的解釋和楊勇 205 n. 38. 的注解。

② 楊勇 2008：201. “中朝時以轂水浚急，注於城下，多壞民家，立石橋以限之，長則分入洛，故名長分橋。”“中朝”指西晉，也被稱為四朝，指晉朝的四位皇帝：武惠懷湣，以洛陽為首都統治了五十四年，參考楊勇 2008：19 and n. 13。

③ 康達維 1976：36. 他參考了 Hervouet's *Un Poète de cour sous les Han*：*Sseu—ma Siang—jou*（巴黎：Presses Universitaires de France，1964），第 260—262 頁。

三、左思和《詩經》

左思的《三都賦》是形似手法應用的頂峰。在 303 年，左思（約 250— 約 305）在多年的辛苦創作後完成了這部豐碑式的偉大作品[①]。一經出版，引起了廣泛的社會波動，出現了"洛陽紙貴"的文學軼事[②]。左思在完成這部著作以前，曾嚮張載詢問有關蜀都的資訊，蜀都是賦裏描述的三都之一[③]。但是這還不是故事的全部。在左思完成這部作品之後，張載提供了注解，這些都保存在《文選》裏[④]。

左思是西晉時代最傑出的文學創作者之一。劉勰把他歸入"晉世群才"中的一員（范文瀾 1958：67）。在他現存的十五首詩歌和三篇賦裏（逯欽立 1998：732—736；嚴可均 1958：1883—1890），《三都賦》是最有名的。《晉書》中左思的傳記重點就是這部作品。因篇幅有限，這裏著重考察左思的序言部分，以及後人對該作品的評論。

左思宣稱他在作這三篇賦的時候，對每一個物，都非常側重描寫的精確性：

> ……山川城邑則稽之地圖，鳥獸草木則驗之方志，風謠歌舞，各附其俗，魁梧長者，莫非其舊[⑤]。

左思企圖把現實融入到文學作品中，這種精神對他同時代的人影響很大。皇甫謐（215—282）在給左思寫的序言裏曾這樣評價："其物土所出，可得彼圖而校；體國經制，可得按記而驗。"[⑥]衛權（生於 220 年）贊揚左思在賦裏如實逼真的描寫態度："品物殊類，稟之圖籍。"[⑦] 劉逵（大約活躍在 295 年）甚至以指控的口吻稱左思的賦裏有太多的知識資訊，讀者得有廣博的背景知識並且有嚴謹的求知態度纔可能理解這些。他說："非夫研覆者不能練其旨，非夫博物者不能統其異。"（房玄齡等 2008：92.2376）這些評價呼應了左思的

① 關於出版的日期依舊存有異議。學者們提出的年代有 281、290、295、303 等等。更為詳盡的討論可參考姜亮夫 1957：53—54；姜劍雲 2002：145—148；Mou 1992：68—78；陸侃如．1963：803。

② 參考房玄齡等．2008：92.2377"文苑"一章。

③ "謁著作郎張載訪岷邛事"（Fang et al. 2008：92.2376）。左思和張載會面的年代有爭議，但是徐傳武認為其發生在 283 年或 284 年，參考徐傳武 1998：314—318。

④ 參考房玄齡等 2008：92.2376.《晉書》記載"張載為注《魏都》"（房玄齡等．2008：92.9b）。李善沒有説張載為哪部分作注，但是在《三都賦》的序裏，他説"三都賦成，張載為注《魏都》"（李善 2007：4.172）。

⑤ 李善 2007：4.172—173；高耀德 1982：337—339。

⑥ 李善 2007：45.2040. 皇甫謐是否為他作序是很有爭議的。陸侃如（1985：804）對此持懷疑態度，但是一些學者對這篇序言的真實性持肯定態度（參考顧農 2005：45—46）。

⑦ 參考柯慶明和曾永義 1978：203."左思三都賦略解序"。

文學理念，那就是，重視形似逼真的描寫，强調寫作的程式化和格式化 。

有趣的是，這種曾經風行一時的寫作風格並不被後世文學家所接受。詩人和文學評論家袁枚是《隨園詩話》的作者，他堅稱“洛陽紙貴”的現象是因為當時人們想把《三都賦》作為一本百科全書來保留（雷瑾 1974：13－14）：

> 古無類書，無志書，又無字彙。故《三都》《兩京》賦，言木則若干，言鳥則若干，必待搜輯群書，廣採風土，然後成文……洛陽所以紙貴者，直是家置一本，當類書、郡志讀耳，故成之亦須十年、五年。今類書、字彙，無所不備；使左思生於今日，必不作此種賦。

這種風格也失寵於現代學者。陸侃如（1963：54）就説過“三都賦衹能為讀者提供一些歷史的或地理的材料”。相似的意見在有關研究晉文學的很多書裹也能看到①。

儘管左思和他同時代評論家及其重視的這種風格不被後世所看重，但是兩晉文學家認為形似至高無上地重要。左思曾明確地説他這種以形似為主的寫作是在模仿《詩經》，是“先王採焉，以觀土風”（李善 2007：4.173；高耀德 1982：337－39）。確實，他模仿《詩經》收集和編寫了王朝統治的現狀，他認為這些資訊可以説明統治者更好地治理國家。皇甫謐在他為《三都賦》所作的序裹也表達出同樣的想法，説文學作品應該“紐之王教，本乎勸戒”②。

對於左思，如此重視形似也是為了矯正《漢大賦》等過度渲染誇張的風格。在序言裹，他批評如司馬相如、揚雄、班固和張衡等賦作者喜歡編造的寫作技巧。他説：

> 考之果木，則生非其壤；校之種物，則出非其所；於辭則易為藻飾，於義則虛而無㣼③。

漢賦作者們不按事、物的真相來描寫，所以左思把考證地點、事物和習俗作為自己的使命。馬積高很認同左思對漢賦過度夸張風格的批評，他説：“文學創作，本以趨新為尚，一味誇飾，則久而生厭，加以限制，使情事與文采相稱，亦趨勢所必然。”（馬積高 2005：87－88）

---

① 持類似見解的例子有：“從文學角度來看，此賦仍是可有可無的作品”（中國科學院文學所 1963：223）；“其‘貴本’‘宜實’宗旨……實無益於文學，反而使其作品與辭書訓詁之作相混淆”（徐公持．1999：271）；“讓一部文學作品承載了太多的功利目的，模糊了文學與非文學作品的界限”（葉楓宇 2006：215）。

② 參考皇甫謐為《三都賦》所作的序言，李善 2007：45.2037.

③ 李善 2007：4.172－173；高維德 1982：337－339.

左思的這種追求形似的寫作方法在他那個時代很受歡迎，因為晉朝的文學追求的是實用的、政治的價值，而不是以審美娛樂為主要目的。左思運用形似手法，把《詩經》求實的文風應用於賦的寫作上，從而開創出一種講求實用性的詩風。

結　論

通過對形似論創造性地重新定義並小心實踐，我們的三位作者結合傳統，把賦從簡單的娛樂工具轉換為一種富於表達、擁有豐富資訊並講求功能性、實用性的文體。在詠物賦的創作中，傅玄引入儒家的教學主張，張載巧妙傳承漢大賦炫麗的詞藻，左思推崇《詩經》的採風求實傳統 。

這些詩人的努力模糊了詩歌和辭賦的界限，所以後世作家能够把辭賦中的形似手法運用於詩歌的寫作中。這樣產生的結果是文學評論家，無論是古代的還是現代的，往往把這種形似手法和晉以後的詩歌聯繫在一起，而忽視了傅玄三人把形似法引入詩歌的影響。曾經屬於辭賦獨有的形似手法，在三方面影響了中國詩歌的創作：使事物的本質能用文字表現出來；豐富了文學的描寫功能；用語言表達對生活的熱愛。

傳神的描寫是真正理解物的精神的基礎。正如張戒（活躍在 1124）所言：

> 詠物者，要當高得其格致韻味，下得其形似，各相稱耳[①]。

張戒把物的外形和精神聯繫起來。他不斷地評論杜甫的詠物賦，説杜甫常常在詩中表達他的意見（“大言”）；但是當他描寫東西，比如鳥、花的時候，他卻把精力放在如實表現這些物上（字字實録）。畢萬忱也宣稱，對劉勰來説，形似這個詞也指神似的意思[②]。換句話説，形似當然能喚起人們對神似的感覺。

形似法也彌補了《詩經》和《楚辭》裏描寫的缺失（龔克昌 1990：55，66，90，113）。《詩經》和《楚辭》是抒情的，一個重於表達詩人的思想、祝願和希望，一個則滿是情感和故事的描寫。後來的樂府是以敘述性為主的。在早期詩歌中，衹有賦具有描寫的特徵。隨著大賦在漢朝的全面發展，我們有了三種各具不同目標的體裁：詩歌是抒情的，賦是描述的，樂府是敘事的。傅玄、張載和左思力圖把文學的描寫特徵和儒家、《詩經》以及漢賦裏

---

① 參考陳應鸞：《歲寒堂詩話校箋》，成都：巴蜀書社，2003 年，第二章第 12 小節，第 160 頁。

② 畢萬忱：《劉勰論兩晉賦》，《漢學研究》1996 年第 14.1 期，第 195－211 頁。Liu Hsiang－fei1988：12 指此為“神似”。

的傳統結合起來。他們建立了一個模型，便於後世文學家把形似手法應用於不同的文學體裁中。這個模型在南朝時期興盛起來，並通過山水詩、宮體詩、玄言詩、繪畫以及其他表達方式得以體現。正如萬光治所斷言的：別的體裁汲取賦裏的描寫手法去豐富該體裁的文學風格①。

藝術家通過逼真的手法描寫真實的事物，並借此來歌頌生活。傅玄在他的《詠物賦》裏很青睞有用的物件（魏民安和趙以武 1996：311），張載描寫了用作貯水的池塘，左思關注日常生活和價值觀。就如黑格爾觀察到的，是因為對生活的愛，所以十七世紀荷蘭的流派畫家悉心描繪普通的東西②。李澤厚也説過："衹有那些熱愛生活並相信生活的價值的人，纔會真正欣賞這個現實的世界並願意用藝術的手法來描寫、保留並延續它。"（李澤厚 1981：98；Gong Lizeng 1988：105）

傅玄、張載和左思均在辭賦的創作上推動了形似的發展，因為他們三人擁有相似的家庭、教育和職業背景。一個人必須具備豐富的歷史、習俗和文化的知識纔能創作，特別是辭賦這類體裁。學者們普遍都能認識到這點。章太炎在他的《國故論衡》"辯詩"一章稱"小學亡而賦不作"。葉楓宇（2006：247）也説，"作詩需有才情，作文賦更需博學"。傅玄、張載和左思都有良好的家庭教育背景，他們的家族都出了好多有名的文人。傅玄的兒子傅咸（239—294）和他的侄子傅衹（245—312）都是著名的作家和官員。張載和他的兩個弟弟張協（卒於 307）、張亢被文學評論家鍾嶸和劉勰稱為"三張"③。左思和他的妹妹左芬都因寫作能力而為人所知。那個時代有名望的家族都極其重視儒學教育④。

這三位作家都曾撰寫過史書：傅玄編寫過曹魏的歷史；張載做了很多年的史學家；左思曾應邀講授漢朝的歷史。⑤ 接受了經典的儒家教育，擔任過歷史學家，以維護傳統習俗為己任，為新建的晉王朝服務，沉浸在文學發展的各種活動中，傅玄、張載和左思很自然地共同致力於發展形似的手法，借此傳播知識，歌頌朝廷，為當權者採風。

傅玄、張載和左思不僅在寫作中採用了形似的手法，他們還重新定義了形似手法，從而彌合了漢代的辭賦和宋朝的詩歌之間的差距，起到了橋梁的作用。更重要的是，他們極力把被人遺忘的寫作傳統帶回到文學寫作中去，借此糾正此前文學創作者極端的寫作手法。

---

① 萬光治. 1989：247. Chang Kang—i Sun（1986：106—108）也認為詩歌中從情感的表達到描寫的轉變是受到了"賦"的影響。

② 參考黑格爾 1920 年："The Beauty of Art or Ideal，" chap. III，vol. one，228—230；"Discussion of the Romantic Types，" chap. III，vol. two，382—386；"Historical Development of Painting，" chap. I，vol. 3，34—37. 李澤厚（1981：98）也總結了黑格爾所觀察到的。

③ 參考曹旭：《詩品集注》，上海：上海古籍出版社，1994 年，序言，第 20 頁。另見范文瀾 1958：674 "詩序"一章。

④ 參考葉楓宇 2006：24，在他的書中有一小節是講述晉朝文學家的家庭背景的，見 285—288 頁。

⑤ 參見《晉書》裏的人物傳記：傅玄，47.1317；張載，55.1518；左思，92.2377。

他們的努力便為中古文學開創了一輪文藝復興。

參考書目

中文

（漢）司馬遷：《史記》，北京：中華書局，1998年。

（晉）陳壽：《三國志》，北京：中華書局，1973年。

（南朝梁）劉勰撰，范文瀾注：《文心雕龍注》，北京：人民文學出版社，1958年。

（南朝梁）鍾嶸著，曹旭集注：《詩品集注》，上海：上海古籍出版社，1994年。

（南朝梁）沈約：《宋書》，北京：中華書局，2006年。

（南朝梁）蕭統編，（唐）李善注：《文選》，上海：上海古籍出版社，2007年。

（北魏）楊衒之撰，楊勇校箋：《洛陽伽藍記校箋》，北京：中華書局，2008年。

（北齊）顏之推撰，王利器集解：《顏氏家訓集解》，上海：上海古籍出版社，1980年。

（北齊）魏收：《魏書》，北京：中華書局，2006年。

（唐）歐陽詢等編纂：《藝文類聚》，北京：中華書局，1965年。

（唐）杜甫著，（清）仇兆鰲注：《杜詩詳注》，北京：中華書局，1979年。

（唐）魏徵等編：《群書治要》，北京：中華書局，1985年。

（唐）徐堅等：《初學記》，北京：中華書局，2004年。

（唐）房玄齡等：《晉書》，北京：中華書局，2008年。

（宋）樂史：《太平寰宇記》，臺北：文海出版社，1963年。

（宋）張戒著，陳應鸞校箋：《歲寒堂詩話校箋》，成都：巴蜀書社，2003年。

（清）永瑢等撰：《四庫全書總目提要》，上海：商務印書館，1933年。

（清）嚴可均編纂：《全上古三代秦漢三國六朝文》，北京：中華書局，1958年。

（清）顧炎武：《歷代帝王宅京記》，臺北：廣文書局，1970年。

（清）趙一清：《水經注釋》，臺北：華文書局，1970年。

（清）袁枚撰，雷瑨箋注：《箋注隨園詩話》，臺北：鼎文書局，1974年。

（民）章太炎撰，龐俊、郭誠永疏證：《國故論衡疏證》，北京：中華書局，2008年。

姜亮夫：《陸平原年譜》，上海：古典文學出版社，1957年。

中國科學院文學研究所《中國文學史》編寫組編寫：《中國文學史》，北京：人民文學出版社，1963年。

洪興祖：《楚辭補注》，臺北：中華書局，1972年。

饒宗頤：《選堂賦話》，香港：萬有圖書公司，1975年。

何沛雄：《賦話六種》，香港：萬有圖書公司，1976年。

北京大學中國文學史研究室編：《兩漢文學史參考資料》，北京：中華書局，1977 年。

柯慶明、曾永義：《兩漢魏晉南北朝文學批評資料彙編》，臺北：成文出版社，1978 年。

李澤厚：《美的歷程》，北京：文物出版社，1981 年。

陸侃如：《中古文學繫年》，北京：人民文學出版社，1985 年。

萬光治：《漢賦通論》，成都：巴蜀書社，1989 年。

龔克昌：《漢賦研究》，濟南：山東文藝出版社，1990 年。

廖國棟：《魏晉詠物賦研究》，臺北：文史哲出版社，1990 年。

魏民安、趙以武：《傅玄評傳》，南京：南京大學出版社，1996 年。

王繪絜：《傅玄及其詩文研究》，臺北：文津出版社，1997 年。

逯欽立輯校：《先秦漢魏晉南北朝詩》，北京：中華書局，1998 年。

徐公持：《魏晉文學史》，北京：人民文學出版社，1999 年。

盧勝江：《魏晉玄學與中國文學》，南昌：百花洲文藝出版社，2002 年。

姜劍雲：《太康文學研究》，北京：中華書局，2003 年。

羅宗强：《魏晉南北朝文學思想史》，北京：中華書局，2004 年。

馬積高：《歷代辭賦研究史料概述》，北京：中華書局，2005 年。

［美］高德耀著，張振軍等譯：《鬥雞與中國文化》，北京：中華書局，2005 年。

王澧華：《西晉詩風》，上海：上海古籍出版社，2005 年。

葉楓宇：《西晉作家的人格與文風》，上海：生活·讀書·新知三聯書店，2006 年。

聶石樵：《魏晉南北朝文學史》，北京：中華書局，2007 年。

孫晶：《漢代辭賦研究》，濟南：齊魯書社，2007 年。

陸侃如：《左思評傳》，《山東文學》1963 年第 2 期，第 52—54 頁。

牟世金：《〈三都賦〉的撰年及其他》，《文史哲》1992 年第 5 期，第 68—78 頁。

廖蔚卿：《從文學現象與文學思想的關係談六朝"巧構形似之言"的詩》，《漢魏六朝文學論集》，臺北：大安出版社，1997 年，第 537—578 頁。

畢萬忱：《劉勰論兩晉賦》，《漢學研究》1996 年第 1 期，第 195－211 頁。

徐傳武：《張載入蜀之年考辨》，《文史》1999 年第 1 輯，第 314－318 頁。

唐翼明：《從建安到太康》，《古典今論》，臺北：東大圖書公司，1999 年，第 25－115 頁。

武懷軍：《漢賦與六朝文論中的"形似"論》，《中國韻文學刊》2000 年第 1 期，第 33－37 頁。

姜劍雲：《三都賦撰年疑案新斷》，《北京大學學報》（哲學社會科學版）2002 年第 6 期，第 145—148 頁。

陳洪、屈方方：《論六朝詩歌中的形似問題》，《徐州師範大學學報》（哲學社會科學版）2004 年第 1 期，第 57－61 頁。

顧農：《左思三都賦及其序注綜考》，《廣西師範大學學報》（哲學社會科學版）2005 年第 1 期，第 42—47 頁。

林英德：《論"巧構形似"》，《江淮論壇》2005 年第 4 期，第 130—135 頁。

林英德：《元嘉“形似體”論略》，《西安電子科技大學學報》（社會科學版）2006年第2期，第119—122頁。

林英德：《“形似體”論略》，《太原師範學院學報》（社會科學版）2006年第2期，第93—95頁。

陳建農、苗貴松：《“文貴形似”與東晉南朝詩學中的形神問題》，《常州工學院學報》（社會科學版）2006年第3期，第46—49頁。

張衛平、陶小幸：《中古古典山水詩“形似”論談析》，《江西社會科學》2006年第12期，第66—69頁。

英文

Kang—i Sun. Description of Landscape in Early Six Dynasties Poetry. In The Vitality of the Lyric Voice：Shih Poetry from the Late Han to the T' ang，ed. Lin Shuen—fu and Stephen Owen. pp. 105—129. Princeton：Princeton Univ. Press. 1986.

Hegel，G. W. F. The Philosophy of Fine Art. 4 vols. London：G Bell and Sons，LTC. 1920.

Holman，C. Hugh. A Handbook to Literature. Indianapolis：Bobbs—Merrill Educational Publish—ing. 1981.

Liu Hsiang—fei. The "hsing—ssu" Mode in Six Dynasties Poetry：Changing Approaches to Imag— istic Language. Ph. D. diss.，Princeton Univ. 1988.

Teng Ssu—yu，tr. Family Instructions for the Yen Clan. Leiden：E. J. Brill. 1968.

Owen，Stephen. Readings in Chinese Literary Thought. Cambridge：Harvard Univ. Press. 1992.

Marney，John. Liang Chien—wen ti. Boston：Twayne. 1976.

Lu，Sheldon Hsiao—peng. From Historicity to Fictionality：The Chinese Poetics of Narrative. Stanford：Stanford Univ. Press. 1994.

Cutter，Robert Joe. The Brush and the Spur：Chinese Culture and the Cockfight. Hong Kong：The Chinese Univ. Press. 1989.

Cutter，Robert Joe. To the Manner Born? Nature and Nurture in Early Medieval Chinese Literary Thought. In Culture and Power in the econstitution of the Chinese Realm，200—600，ed. Scott Pearce，Audrey Spiro，and Patricia Ebrey. pp. 53—71 and 261—273. Cambridge，Mass.：Harvard Univ. Asia Center. 2001.

Delacour，Jean. The Pheasants of the World. London：Country Life；New York：Charles Scrib— ner' s Sons. 1951.

Egan，Charles. "Recent—Style shi Poetry：Quatrains (Jueju)." In How to Read Chinese Poetry：A Guided Anthology，ed. Cai Zongqi. pp. 199—225. New York：Columbia Univ. Press. 2008.

（作者單位：美國肯恩大學）

（譯者單位：美國新澤西州勞倫斯威爾學校）

武周二張與詩史關係考論

何安平

二張即張易之、張昌宗，是武后的内寵，但權傾朝野，影響極大，當時著名的詩人文士多有依附者，如李嶠、崔融、蘇味道、宋之問、沈佺期等。及二張被誅，沈、宋、杜審言等人均被貶逐，被貶期間産生了不少詩歌名篇，這些詩作在唐代詩歌史上有著重要的地位。以往的研究早已經注意到這些貶謫詩，也較為深入地分析了它們的藝術特色，對於其詩史地位給予了肯定。嚴羽在《滄浪詩話・詩評》中指出："唐人好詩，多是征戍、遷謫、行旅、離别之作，往往能感動激發人意。"[①] 尚永亮主撰的《唐五代逐臣與貶謫文學研究》中以"神龍逐臣"[②] 來稱呼李嶠等人，探討了其詩歌藝術、群體心態等方面。宇文所安對於包括沈宋在内的貶謫詩的詩史貢獻充分肯定：

> 從王勃、盧照鄰的四川之逐，到宋之問、沈佺期的南荒之貶，再到王維在八世紀二十年代中葉的謫宦，貶逐詩為培養個人詩所作的貢獻超出了其他任何題材的詩，正是這類個人詩發展成為盛唐優秀的個人抒情詩。無論是否遭受過貶逐，盛唐詩人們都承襲了貶逐詩的傳統，抒寫自己内心的激情，正式從這一傳統中産生了中國文學中最偉大的個人詩——杜甫的晚年詩[③]。

---

① （宋）嚴羽著，張健校箋：《滄浪詩話校箋》，上海：上海古籍出版社，2012 年，第 667 頁。

② 據本書統計，所謂"神龍逐臣"有：沈佺期、杜審言、房融、王無競、崔神慶、閻朝隱、宋之問、韋元旦、韋承慶、劉憲、蘇味道、李嶠、崔融、韋嗣立、鄭愔、劉允濟、宋之遜、重福、王紹宗，共十九人。見尚永亮主撰：《唐五代逐臣與貶謫文學研究》，武漢：武漢大學出版社，2007 年，第 131 頁。

③ ［美］宇文所安著，賈晉華譯：《盛唐詩》，北京：生活・讀書・新知三聯書店，2004 年，第 7 頁。

然而由於文學史視野以及傳統道德觀念的限制，此一問題的討論中缺少了對二張及二張對詩歌史客觀影響的關注，故本文嘗試論之。

一、二張的政治權勢

二張的政治影響在關於皇位繼承問題上表現很突出。皇位由誰繼承在帝王之家是重中之重，武后已改唐為周，若傳武氏則為周，傳李氏則依舊為李唐，所以在立誰繼承皇位時，武后猶豫不決，武承嗣、武三思求立己為太子，而朝中大臣多未忘李氏，如狄仁傑、王方慶、王及善等都勸武后立李氏。聖曆元年（698），武后有夢，對狄仁傑説："朕夢大鸚鵡兩翼皆折，何也?"狄仁傑對曰："武者，陛下之姓，兩翼，二子也。陛下起二子，則兩翼振矣。"到此時，武后纔無立承嗣、三思之意①。但並没有最終決定，促使武后下定決心立李氏子孫的過程中，二張起了重要作用。《資治通鑑》聖曆元年（698）載：

吉頊與張易之、昌宗皆為控鶴監供奉，易之兄弟親狎之。頊從容説二人曰："公兄弟貴寵如此，非以德業取之也，天下側目切齒多矣。不有大功於天下，何以自全？竊為公憂之！"二人懼，流涕問計。頊曰："天下士庶未忘唐德，咸復思廬陵王。主上春秋高，大業須有所付；武氏諸王非所屬意。公何不從容勸上立廬陵王以係蒼生之望！如此，豈徒免禍，亦可以長保富貴矣。"二人以為然，承間屢為太后言之。太后知謀出於頊，乃召問之，頊復為太后具陳利害，太后意乃定②。

二張此舉並非為李唐國家社稷著想，純是利禄之徒為求自保的行為，但客觀上對於武后重立李氏無疑是起到了積極的作用③，也顯示出二張在當時政局中的重要性。

二張的權勢來自武后的恩寵，即使皇家宗室也要畢恭畢敬，甚至討好他們。

通天二年（697），太平公主舉薦張昌宗入侍禁中，昌宗又引入其兄張易之，二人都受

---

① （宋）司馬光編著：《資治通鑑》，北京：中華書局，1976年，第6526頁。

② 同上，第6526—6527頁。

③ 趙翼《陔餘叢考·唐中宗復位由張易之兄弟》（卷四十一）對此有論述：中宗之召還，固由狄仁傑以母子天性感動武后，世皆知之，其實乃張易之兄弟力也。《唐書·仁傑傳》："易之問自安計，仁傑勸迎廬陵王。"《吉頊傳》："易之以兄弟寵盛，謀自全之計於頊，頊曰：'公家以寵倖進，非有大功於天下，勢必危。吾有策，非惟保身，且福及後嗣：天下思唐久矣，廬陵斥外，相王幽閉，上春秋高，諸武非海内所屬意，公何不請迎立廬陵，以繫人望，易吊為賀之資也。'"易之、昌宗乘間如頊教，后意乃定，遂還中宗。是廬陵之復，仁傑與頊發其端，而成之者易之兄弟也。凶穢之朝，欲濟大事，固有非正人所能為，而反藉嬖幸以集事者。見（清）趙翼：《陔餘叢考》，上海：商務印書館，1957年，第908頁。

到武后優待，榮寵甚重，“武承嗣、三思、懿宗、宗楚客、宗晉卿候其門庭，爭執鞭轡，呼易之為五郎，昌宗為六郎”①，可見其權勢之大。《資治通鑑》長安元年（701）載：“太后春秋高，政事多委張易之兄弟。邵王重潤與其妹永泰郡主、主婿魏王武延基竊議其事。易之訴於太后，九月，壬申，太后皆逼令自殺。延基，承嗣之子也。”② 次年，由於太子、相王、太平公主兩次上表為張昌宗請封，最終賜爵鄴國公。長安四年（704）時，武后病情嚴重，宰相數月不得見，衹有二張侍側，二張則結黨營私，以備事變，桓彥範、崔玄暐、宋璟等都要求處置張昌宗，桓彥範把此事提升到了關乎社稷存亡的地步，宋璟更是指出張昌宗意圖謀反，但最終還是被武后赦免。諸如此類，都説明武后對二張的信賴，二張假此信賴就可以為所欲為。依附二張就可能高官厚禄，如若違逆，則可能貶官遠謫，性命堪憂。聖曆二年（699），置控鶴監，員半千為控鶴監内供奉，但由於員半千認為古無此官，而且其中多為輕薄之人，上疏請罷之，結果左遷水部郎中。魏元忠忠正耿直，為當朝宰相，張昌宗讒毁魏元忠與司禮丞高戩密謀“挾太子為長久”，武后震怒，把兩人下獄，“將使與昌宗廷辨之”。張昌宗密引鳳閣舍人張説，“賂以美官，使證元忠”，但張説並没有如其所言，結果是二張毫髮無損，而魏元忠貶為高要尉，高戩、張説皆流嶺表③。

二張諸兄弟也都為官，張昌儀為洛陽令，張昌期為岐州刺史，横行霸道，無人能管。《資治通鑑》載一事：“易之、昌宗競以豪侈相勝。弟昌儀為洛陽令，請屬無不從。嘗早朝，有選人姓薛，以金五十兩並狀邀其馬而賂之。昌儀受金，至朝堂，以狀授天官侍郎張錫。數日，錫失其狀，以問昌儀，昌儀駡曰：‘不了事人！我亦不記，但姓薛者即與之。’錫懼，退，索在銓姓薛者六十餘人，悉留注官。”④ 其弟就足以使官員如此畏懼，二張當更甚之。

神龍元年（705），武后病情更為嚴重，二張居中用事，張柬之等謀劃重奪李唐政權的準備也已基本完成，於是就以二張謀反、太子下令誅殺為由，發動政變。二張被殺，受此牽連而貶逐者“凡數十人”⑤。

這些史料表明，二張雖為内侍之臣，但權傾朝野，深受武后信任，皇親貴族都要附和依賴，宰相對之也無可奈何，更不用説一般的官員。加之酷吏横行，朝臣都如履薄冰⑥，依附二張以求自保，也是不得已而為之，所以與二張交往的“數十人”也就是情有可原的了，儘管其中一些人的人品確實不佳。

---

① （五代）劉昫等：《舊唐書》，北京：中華書局，1975年，第2706頁。

② （宋）司馬光編著：《資治通鑑》，北京：中華書局，1976年，第6556—6557頁。

③ 同上，第6564—6565頁。

④ 同上，第6547頁。

⑤ （五代）劉昫等：《舊唐書》，北京：中華書局，1975年，第2708頁。

⑥ 《資治通鑑》卷二百四“天授元年”：“朝士人人自危，相見莫敢交言，道路以目。或因入朝密遭掩捕，每朝，輒與家人訣曰：‘未知復相見否？’”

二、二張與文士的交往

二張僅僅“粗能屬文”[①]，但與當時在朝文士多有交往。聖曆元年（698），武后設立控鶴監，“頗用才能文學之士以參之。以司衛卿張易之為控鶴監，銀青光禄大夫張昌宗、左臺中丞吉頊、殿中監田歸道、夏官侍郎李迥秀、鳳閣舍人薛稷、正諫大夫臨汾員半千皆為控鶴監内供奉”[②]。久視元年（700）六月，“改控鶴府為奉宸府，又以易之為奉宸令，引辭人閻朝隱、薛稷、員半千並為奉宸供奉”[③]。“時諛佞者奏云，昌宗是王子晉後身。乃令被羽衣，吹簫，乘木鶴，奏樂於庭，如子晉乘空。辭人皆賦詩以美之，崔融為其絶唱。”[④] 這些人中，薛稷、閻朝隱、員半千、崔融等都有文名。張説評價道：“李嶠、崔融、薛稷、宋之問之文，如良金美玉，無施不可。富嘉謨之文，如孤峰絶岸，壁立萬仞，濃雲鬱興，震雷俱發，誠可畏也，若施於廊廟，則駭矣。閻朝隱之文，如麗服靚妝，燕歌趙舞，觀者忘疲，若類之《風》《雅》，則罪人矣。”[⑤] 李嶠與蘇味道並稱蘇李。李嶠、崔融、蘇味道、杜審言號稱“文章四友”，都與二張有交往，《舊唐書・崔融傳》：“時張易之兄弟頗召集文學之士，融與納言李嶠、鳳閣侍郎蘇味道、麟臺少監王紹宗俱以文才降節事之。”[⑥] 因此二張被誅後，四人均被貶官。而在詩史上甚為重要的沈佺期、宋之問也是一樣。“於時張易之等烝昵寵甚，之問與閻朝隱、沈佺期、劉允濟傾心媚附，易之所賦諸篇，盡之問、朝隱所為，至為易之奉溺器。”[⑦] 諂媚二張到了無恥的地步。

文士集中在二張周圍，以聖曆二年修撰《三教珠英》為最多。武后令張昌宗召集李嶠、閻朝隱、沈佺期、尹元凱、張説、劉知幾、宋之問、崔湜、富嘉謨等二十六人[⑧]，都是一時之選。大足元年（701），書修成，參與者都有遷擢，如張説遷右使，沈佺期遷考功員外郎，富嘉謨遷晉陽尉等。二張不學無術，並不能真正主持修撰工作，修書期間他們“廣引文詞之士，日夕談論，賦詩聚會，歷年未能下筆。堅獨與説構意撰録，以《文思博要》為本，更加姓氏、親族二部，漸有條流。諸人依堅等規制，俄而書成”[⑨]。二張所留意的是宴會娛樂，

① （五代）劉煦等：《舊唐書》，北京：中華書局，1975年，第2707頁。
② （宋）司馬光編著：《資治通鑑》，北京：中華書局，1976年，第6538頁。
③ （五代）劉煦等：《舊唐書》，北京：中華書局，1975年，第2706頁。
④ 同上。
⑤ 同上，第5004頁。
⑥ 同上，第3000頁。
⑦ （宋）歐陽修等：《新唐書》，北京：中華書局，1975年，第5750頁。
⑧ （宋）王溥：《唐會要》，北京：中華書局，1955年，第657頁。
⑨ （五代）劉煦等：《舊唐書》，北京：中華書局，1975年，第3157頁。

其他參撰者自然積極應和。諸位珠英學士的詩歌由崔融編集成《珠英學士集》。《新唐書·藝文志》:"《珠英學士集》五卷。崔融集武后時修《三教珠英》學士李嶠、張説等詩。"[①] 又宋晁公武《郡齋讀書志》:"《珠英學士集》五卷，右唐武后朝，嘗詔武三思等修《三教珠英》一千三百卷，預修書者四十七人，崔融編集其所賦詩，各題爵里，以官班為次，融為之序。"[②] 原書已佚，二十世紀初在敦煌發現殘卷。珠英學士群體的詩歌創作在律詩定型過程中具有重要意義[③]，而考其起因，則與二張有關。《舊唐書·張行成傳附族孫易之、昌宗傳》:"以昌宗醜聲聞於外，欲以美事掩其跡，乃詔昌宗撰《三教珠英》於內。"[④]《資治通鑑》:"太后每内殿曲宴，輒引諸武、易之及弟秘書監昌宗飲博嘲謔。太后欲掩其跡，乃命易之、昌宗與文學之士李嶠等修《三教珠英》於内殿。"[⑤] 所以修撰《三教珠英》衹是武后為袒護二張所採取的措施，但卻在客觀上對於詩歌的發展起到了推動作用。

二張與詩人的個體交往，除閻朝隱、沈、宋外，張説是較受二張信任的。前引魏元忠事，雖然張説未按照二張的意思誣證魏元忠，而且被貶嶺表，但二張起初能找張説參與此事，就説明對於張説他們是極為信任的，張説也已答應，衹不過在當日作證前，宋璟、張廷珪、劉知幾的極力勸止，也或許是自己悔悟，使得張説反戈一擊，没有指證魏元忠。此外，張説還有《和張監觀赦》詩，張監觀即張昌宗。長安三年，群臣在張昌宗園池賦詩送韋安石出為東都留守，合為一卷，張説作序[⑥]。

珠英學士幾乎是當時最有成就的一批詩人，陳子昂久視元年（700）已經去世，而孟浩然至聖曆二年時僅十歲，高適久視元年（700）生[⑦]，李白、王維長安元年（701）生，岑參直到開元七年（719）纔出生。在詩歌盛唐還未到來時，他們的創作就顯得尤為重要。

三、遠貶期間主要詩人的詩歌創作

神龍元年（705），二張被誅，受此牽連被貶者衆多，"朝官房融、崔神慶、崔融、李嶠、宋之問、杜審言、沈佺期、閻朝隱等坐二張竄逐，凡數十人"[⑧]。這一事件對詩人個人

① （宋）歐陽修等:《新唐書》，北京：中華書局，1975年，第1623頁。
② （宋）晁公武著，孫猛校正:《郡齋讀書志校正》，上海：上海古籍出版社，1990年，第1059頁。
③ 陳鐵民:《論律詩定型於初唐諸學士》，《文學遺産》2000年第1期。
④ （五代）劉煦等:《舊唐書》，北京：中華書局，1975年，第2707頁。
⑤ （宋）司馬光編著:《資治通鑑》，北京：中華書局，1976年，第6546頁。
⑥ 傅璿琮主編:《唐五代文學編年史》（初盛唐卷），瀋陽：遼海出版社，1998年，第401頁。
⑦ 高適生年有多種説法，此取周勛初先生《高適年譜》的意見。
⑧ （五代）劉煦等:《舊唐書》，北京：中華書局，1975年，第2708頁。

和詩史都有一定意義。為便於觀察，列被貶期間存詩較多的四位詩人相關情況如下：

人物	與二張關係	貶　地	貶逐期的詩作（部分）
張説被貶在長安三年（703），但也是由於二張的緣故，所以在此與沈宋等人一併論述	受二張信任 珠英學士 反證張昌宗	欽州（在今廣西欽州）	《入海二首》《端州別高六戩》《南中別蔣五岑嚮青州》《南中別陳七李十》《南中贈高六戩》《南中送北使二首》《赦歸在道中作》《喜度嶺》《廣州江中作》《欽州守歲》《嶺南送使二首》等①
宋之問	珠英學士 於時張易之等烝昵寵甚，之問與閻朝隱、沈佺期、劉允濟傾心媚附，易之所賦諸篇，盡之問、朝隱所為，至為易之奉溺器②	瀧州（今廣東羅定）	《留別之望舍弟》《途中寒食題黄梅臨江驛寄崔融》《自洪府舟行直書其事》《題大庾嶺北驛》《度大庾嶺》《早發大庾嶺》《早發始興江口至虚氏村作》《至端州驛見杜五審言沈三佺期閻五朝隱王二無競題壁慨然成詠》《入瀧州江》《初承恩旨言放歸舟》《自湘源至潭州衡山縣》《渡漢江》等③
沈佺期	参宋之問	驩州（今越南境内）	《神龍初廢逐南荒途出郴口北望蘇耽山》《遙同杜員外審言過嶺》《入鬼門關》《寄北使》《度安海入龍編》《九真山静居寺謁無礙上人》《初達驩州二首》《嶺表寒食》《三日獨坐驩州思憶舊游》《驩州南亭夜夢》《赦到不得歸題江石上》《答魑魅代書寄家人》《從驩州廨宅移住山間水亭贈蘇使君》《從崇山嚮越常》《題椰子樹》《答寧愛州報赦》《喜赦》《夜泊越州逢北使》《度貞陽峡》等④
杜審言	神龍初，坐與張易之兄弟交往，配流嶺外⑤	峰州（今越南境内）	《南海亂石山作》《登襄陽城》《旅寓安南》《度石門山》《渡湘江》等⑥

張説在長安三年（703）被遠流嶺表，神龍元年被詔回，此間留下的詩歌多憂愁悲苦之音。張説和高戩同流嶺表，兩人可能是同行南下或途中相遇，在端州與高戩分别，有《端州别高六戩》詩："南海風潮壯，西江瘴癘多"，如此惡劣的環境令張説很擔心，因為很可能就此一别即是永訣，而當再次回到端州時，張説有《還至端州驛前與高六别處》："舊館

① （清）彭定求等編：《全唐詩》，北京：中華書局，1979年。
② （宋）歐陽修等：《新唐書》，北京：中華書局，1975年，第5750頁。
③ 陶敏、易淑瓊校注：《沈佺期宋之問集校注》，北京：中華書局，2001年。
④ 同上。
⑤ （五代）劉昫等：《舊唐書》，北京：中華書局，1975年，第4999頁。
⑥ （清）彭定求等編：《全唐詩》，北京：中華書局，1979年。

分江日，淒然望落暉。相逢傳旅食，臨別換征衣。昔記山川是，今傷人代非。往來皆此路，生死不同歸。”昔日分別還依稀可見，但卻物是人非，生死異途。《唐詩鏡》評：“凡人到真處，閑言巧語自不暇及。”① 也是在點明其情感之真。在荒遠之地，自然想著能早日北歸，“願作楓林葉，隨君度洛陽。”（《南中別蔣五岑嚮青州》）“何時似春雁，雙入上林中。”（《南中別陳七李十》）長安三年（703）時，張說三十七歲，但死亡的陰影卻揮之不去，往日紅顏，今時白首，能否生還，無從知曉：“鄉關絶歸望，親戚不相求。”（《喜度嶺》）神龍元年春，張說被召回，其中的喜悦興奮自不待言。《赦歸在道中作》：“何幸光華旦，流人歸上京。”更有《喜度嶺》一詩，九死一生，終得北歸，“寧知瘴癘地，生入帝黃州”。此時，往日的憂愁逐漸忘卻，“見花便獨笑，看草即忘憂”。而且為國效力的雄心壯志也從心中再起，“誰能定禮樂，為國著功成”。（《赦歸在道中作》）張說被貶期間所作詩歌，多是五言格律詩，有五律（部分詩句平仄不合）、五絶、五排，和之前的應制唱和詩比，作者個人的情思更加濃郁，情景交融，情感真誠，為盛唐詩的到來奠定了基礎。

沈、宋都是宫廷詩人，奉和應制之作不可避免，但即使是這些詩也頗有可觀：“沈、宋應制諸作，精麗不待言，而尤在運以流宕之氣，此元自六朝風度變來，所以非後來試帖能幾及也。”② 可見其詩藝之精湛。被貶之後，得江山之助，充以情思，更增其風華。宋之問神龍元年被貶瀧州，期間的詩歌數量較多，且不乏名篇。宋之問南下，經大庾嶺有《題大庾嶺北驛》《度大庾嶺》《早發大庾嶺》三詩，都為後世所稱道。《題大庾嶺北驛》是標準的五律：“陽月南飛雁，傳聞至此回。我行殊未已，何日復歸來？江靜潮初落，林昏瘴不開。明朝望鄉處，應見隴頭梅。”大雁南飛至此而北歸，可自己卻還要繼續南行，何日歸來、能否歸來都猶未可知。五六對仗，既寫景又關情，結尾則是想象明早登山北望，或許還可見故鄉的梅花，詩句已盡，而情意無限，仿佛可見被放逐的詩人孤獨遠望的情景。《度大庾嶺》亦是佳作，並表示如果自己北歸，絶不敢像賈誼一樣有所怨恨。《早發大庾嶺》結句“生還倘非遠，誓擬酬恩德”也表達了早日北歸的心願。度過大庾嶺，見到嶺南風物作《早發始興江口至虛氏村作》，此是宋之問排律的代表作，胡應麟認為“極天下之工”“古今排律絶唱”③，“宿雲鵬際落，殘月蚌中開”一聯更是千古名句。宋之問在端州還見到了杜審言、沈佺期等人的題壁詩，自己也作有一首《至端州驛見杜五審言沈三佺期閻五朝隱王二無競題壁慨然成詠》，本希望在南中能够友朋經常相見，不料歧路太多，音信尚且難聞，更何況是見面；加之“處處山川同瘴癘”，又有幾人能生還，其淒苦之情令人生悲。神龍二年，終於被赦免，得以北歸，此時所作《初承恩旨言放歸舟》充滿喜悦之情，所謂“淚迎

① 陳伯海主編：《唐詩彙評》，杭州：浙江教育出版社，1995年，第199頁。
② （清）翁方綱：《石洲詩話》，北京：人民文學出版社，1981年，第26頁。
③ （明）胡應麟：《詩藪》，上海：上海古籍出版社，1979年，第76頁。

今日喜，夢换昨宵愁”。北歸渡漢水，所作《渡漢江》更是廣為人知，成為經典。

沈佺期與宋之問類似，同時被貶，貶地驩州。期間詩歌也較多，抒發個人情懷，情感真摯。《遙同杜員外審言過嶺》是沈佺期給杜審言的和詩，兩人同遭貶逐，境遇相似，所以詩作情真意切，非敷衍之作。《唐風定》評：“不著景物，寫送清空，初唐唯此一篇。”[①] 可把此詩和沈佺期作於久視元年（700）的《嵩山石淙侍宴應制》做一比較，以看出與被貶之前詩歌的差異。兩首詩都是完全合律的七律，《應制》辭采豔麗，如首聯“金輿旦下緑雲衢，彩殿晴臨碧澗隅”就用到“金”“緑”“彩”“碧”等色彩鮮豔的詞來形容景物，頷聯的對仗也是非常精工，照顧到了空間、聽覺、視覺等各方面。但就全詩而言，缺乏情思與生氣。《遙同杜員外審言過嶺》與此不同，起句“天長地闊嶺頭分”就境界闊大，把個人置於天地之間，没有對景物的細節描繪，而是真氣灌注，情思壯大。經過鬼門關，有《入鬼門關》：“昔傳瘴江路，今到鬼門關。土地無人老，流移幾客還？自從别京洛，頹鬢與衰顔。夕宿含沙裹，晨行岡路間。馬危千仞谷，舟險萬重灣。問我投何地？西南盡百蠻。”詩題已寓意著危險，途中所歷更是艱險異常，而詩人還要繼續行進到蠻荒之地，在已經“頹鬢與衰顔”的情形下，能否還鄉就成了疑問，所以《沈詩評》認為此詩“寒愴之甚”[②]。到達驩州後，所作《初達驩州二首》也是淒苦至極，其一言“思君無限淚，堪作日南泉”，似乎衹能流淚以度日。其二則詳細描寫了自己的處境：“流子一十八，命予偏不偶。配遠天遂窮，到遲日最後。水行儋耳國，陸行雕題藪。魂魄游鬼門，骸骨遺鯨口。夜則忍饑臥，朝則抱病走。搔首嚮南荒，拭淚看北斗。何年赦書來，重飲洛陽酒。”沈佺期對於自己貶逐最遠，稍有怨言，但個人無力改變，衹好盼望赦書早日到來，回到洛陽。幸好被貶時間不長，神龍三年就可北歸，沈佺期作《喜赦》：“去歲投荒客，今春肆眚歸。律通幽谷暖，盆舉太陽輝。喜氣迎冤氣，青衣報白衣。還將合浦葉，俱嚮洛城飛。”同樣的風物，往日的陰沉冷清一掃而去，“通首有飛舞之興”[③]。

杜審言神龍元年遠貶峰州，景龍元年（707）遇赦北歸。杜審言存詩不多，《全唐詩》編詩一卷。被貶期間所作，都堪稱經典名篇。杜審言經過湘江，作有《渡湘江》：“遲日園林悲昔游，今春花鳥作邊愁。獨憐京國人南竄，不似湘江水北流。”詩人回想昔日歡快的游宴，對照如今以戴罪之身遠流嶺外，自然悲痛難平，而花鳥似乎也同人一樣愁容不展，南貶之人又遇北流之水，愁苦中再牽出一份對故園的思念。全詩聲韻和諧，情景一體，深受後人推崇，唐汝詢《彙編唐詩十集》推為“初唐七絶之冠”[④]。在安南又作《旅寓安南》：

① 陳伯海主編：《唐詩彙評》，杭州：浙江教育出版社，1995年，第222頁。
② 同上，第224頁。
③ 同上，第218頁。
④ 同上，第123頁。

“交趾殊風候，寒遲暖復催。仲冬山果熟，正月野花開。積雨生昏霧，輕霜下震雷。故鄉逾萬里，客思倍從來。”空間的變化使得氣候與北國差異甚大，和原有的生活經驗不和，但詩人無心體驗與欣賞，這些相異的風物一次次表明自己此時是身處異鄉，充滿了孤獨感，而故鄉遠在萬里，思鄉之情就更加濃厚。此外還有《南海亂石山作》和《登襄陽城》。前者收入《唐詩歸》，在“乍將雲島極，還與星河次”二句下鍾惺評“奇語”。譚元春評：“亂中似説出整來，甚妙。”[①] 後者，《唐詩選脈會通評林》評：“真渾涵深沉、鍛煉精奇之作。”[②] 胡應麟評初唐五言律，認為《登襄陽城》是“氣象冠裳，句格鴻麗”，宜於初學者入門的作品之一，從此入，可避免落入小家窠臼[③]。

四位詩人都在被貶期間創作出了各自的名篇，用詩抒發苦悶的心情，期盼早日獲赦北歸。此時不必逢迎上級，不用作應制詩，寫作完全成為了個人化的行為，詩中充滿了真摯的情感，結合在朝時作詩的豐富經驗和技巧，此間所作詩歌和之前相比都有了變化，是他們個人詩史上的收穫期。對整個唐詩史而言，四人都是律詩發展過程中的重要人物，他們個人詩歌創作的進展同時也推動了詩史的發展，是詩歌達到高潮期的最後準備。

四、餘　論

二張與衆多詩人的交往，影響了詩人們的命運，詩人的命運又影響著詩歌史。二張被誅之前，依附者高官厚禄，如李嶠、蘇味道、宋之問等；違逆者，遠貶出京，如張説等。聚集在二張周圍的一批詩人，宴會唱和，鍛煉了寫作藝術，在形式上完善詩體。二張被誅後，這些詩人均被貶逐，貶逐期間，由於心態、環境的變化，在原有的形式中注入了充沛的情感，很多作品已真正接近兼具聲律風骨的盛唐境界。當然，二張在這過程中所起的作用衹是客觀上的，無心插柳柳成蔭而已，略去不談似乎不可取，但是也不能對其過分誇大。

由此推論，現有的文學史框架在被建構的過程中存在一些問題，有時會限制學術視野的擴展以及問題領域的開拓等，因此或許可以提倡一種“去文學史化”的思路。文學史大概而言有四個面嚮：“作為課程設置的‘文學史’，作為著述體例的‘文學史’，以及作為知識體系的‘文學史’，作為意識形態的‘文學史’。”[④]“去文學史化”並不是取消文學史，而是在清楚地認識到文學史的局限時，暫時懸置舊有文學史的敘事框架，直面歷史本身，從

① 陳伯海主編：《唐詩彙評》，杭州：浙江教育出版社，1995年，第113頁。
② 同上，第117頁。
③ （明）胡應麟：《詩藪》，上海：上海古籍出版社，1979年，第66頁。
④ 陳平原：《作為學科的文學史》，北京：北京大學出版社，2011年，第479—480頁。

中國古典學術的本身發現問題、解決問題。這就要求打破思維慣性、挑戰知識系統，反思文學史的綫性敘事模式。當然文學史無論是在學習中還是研究中都是必不可少的，有它存在的理由和合理性。所謂“去文學史化”衹是在反思固有文學史的框架下來試圖更明確地認識文學史的功績與不足，清楚文學史日用而不知的巨大影響力，從而對文學史時刻保持清醒的認知。我們在長期的文學史學習中學到了很多的知識，但文學史也遮蔽了很多，“去文學史化”旨在提醒當在文學史中待得太久時不妨探出頭來看看外面的世界，外面的世界可能很精彩，也可能很無奈，但不去看，又怎麼知道它到底怎樣。

（作者單位：上海復旦大學中文系）

唐明皇上亭聞鈴考

張仲裁

嚴耕望《唐代交通圖考》篇二三“金牛成都驛道”：“上亭驛，傳為玄宗幸蜀，雨中聞鈴聲，因作‘雨淋鈴’曲處，羅隱有詩。”其下引宋王象之《輿地紀勝》、清顧祖禹《讀史方輿紀要》《一統志》以證之①。按今四川省梓潼縣城以北二十公里之七曲山中段有上亭鋪者，其地現存“唐明皇幸蜀聞鈴處”石碑一通，據其碑文可知，建碑時間為清光緒二十年(1894)。此外尚無其他歷史文物。然則幸蜀聞鈴事是否確乎有之？此事又是如何與上亭驛發生聯繫的？

一

關於馬嵬坡楊妃死事，《舊唐書》本紀下：天寶十五載夏六月，丙辰，玄宗奔至馬嵬，國忠既誅，兵猶未解，“上令高力士詰之，回奏曰：‘諸將既誅國忠，以貴妃在宮，人情恐懼。’上即命力士賜貴妃自盡”②。餘文不及楊妃。《新唐書》本紀但云“賜貴妃楊氏死”而已③。兩《唐書》楊妃傳的記載則十分詳細。《舊傳》云：

> 既而四軍不散，玄宗遣力士宣問，對曰“賊本尚在”，蓋指貴妃也。力士復奏，帝

---

① 嚴耕望：《唐代交通圖考》，上海：上海古籍出版社，2007年，第894頁。

② 《舊唐書》，北京：中華書局，1975年，第232頁。

③ 《新唐書》，北京：中華書局，1975年，第152頁。

不獲已，與妃訣，遂縊死於佛室。時年三十八……瘞於驛西道側。……上皇自蜀還……密令中使改葬於他所。初瘞時以紫褥裹之，肌膚已壞，而香囊仍在。内官以獻，上皇視之淒惋，乃令圖其形於别殿，朝夕視之①。

《新傳》略同，惟改葬一事，但云"啓瘞，故香囊猶在，中人以獻"，削去"肌膚已壞"四字②，是則香囊之猶在與夫遺體之腐壞，兩不相干了。而新舊《本紀》、《楊妃傳》，均不載夜雨聞鈴事；《通鑑・唐紀》並香囊事亦不見載。今可考中晚唐時期夜雨聞鈴之事或"雨霖鈴"曲名見載於文獻者，主要有如下幾處：1. 崔令欽《教坊記》載大曲名"雨霖鈴"；2. 元稹《琵琶歌》；3. 白居易《長恨歌》；4. 鄭處誨《明皇雜録》；5. 張祜《雨霖鈴》。以下逐一加以辨析。

崔令欽《教坊記》"大曲名"之下，有"雨淋鈴"之目③。考《教坊記》一書，乃崔令欽在江表時追憶往昔長安聲樂之盛，疏教坊舊聞而作，成書時間至晚亦在肅宗寶應元年(762)④，此時距離玄宗幸蜀不過數年。《教坊記》"曲名"之下又載"劍閣子"之目，任半塘以為"可能出於《雨霖鈴》大曲"⑤。但崔氏並無關於曲辭以及曲名本事之記載。浦江清《詞的講解》云："《教坊記》者……難保無别人增補其材料也。故其所記曲名，甚難遽信為皆開元、天寶以前所有。"⑥ 據此，尚難斷定《雨霖鈴》之曲究竟制於何時。

不過，遲至唐德宗貞元年間，此曲已經在當時社會廣為傳唱。元稹《琵琶歌》云："因兹彈作雨霖鈴，風雨蕭條鬼神泣。"又云："自兹聽後六七年，管兒在洛我朝天。"又："今春制獄正撩亂"，"如今左遷在閑處"⑦。此詩為元和五年（810）元稹貶江陵時追憶李管兒彈琵琶而作，而詩人初聞管兒彈奏"雨霖鈴"的時間應在貞元二十年（803)⑧。關於此曲的具體情況，僅於"風雨蕭條"一句約略可知其聲情，並不能直接獲知其與明皇幸蜀聞鈴事的關係。

白居易《長恨歌》："蜀江水碧蜀山青，聖主朝朝暮暮情。行宫見月傷心色，夜雨聞鈴腸斷聲。"詩作於元和元年（806)⑨。此應為今存文獻中最早語及玄宗幸蜀夜雨聞鈴事者。與元稹詩兩相參酌，可知幸蜀聞鈴制曲事，在當時已為衆所熟知之故事，白居易於詩中化

① 《舊唐書》，北京：中華書局，1975年，第2180頁。
② 《新唐書》，北京：中華書局，1975年，第3495頁。
③ 任半塘：《教坊記箋訂》，北京：中華書局，1962年，第157頁。
④ 傅璇琮主編：《唐五代文學編年史》（中唐卷），瀋陽：遼海出版社，1998年，第115頁。
⑤ 任半塘：《教坊記箋訂》，北京：中華書局，1962年，第141頁。
⑥ 浦江清：《浦江清文選》，北京：北京大學出版社，2010年，第112頁。
⑦ （唐）元稹著，楊軍箋注：《元稹集編年箋注》（詩歌卷），西安：三秦出版社，2002年，第375頁。
⑧ 周相録：《元稹年譜新編》，上海：上海古籍出版社，2004年，第103、45頁。
⑨ （唐）白居易著，朱金城箋校：《白居易集箋校》，上海：上海古籍出版社，1988年，第661頁。

用之。而聞鈴之具體的時間、地點以及場景究竟是怎樣的？歷來注家於此句之下，皆引鄭處誨《明皇雜録補遺》。《補遺》云：

明皇既幸蜀，西南行初入斜谷，屬霖雨涉旬，於棧道雨中聞鈴，音與山相應。上既悼念貴妃，採其聲為《雨霖鈴》曲，以寄恨焉。時梨園弟子善吹觱篥者，張野狐為第一，此人從至蜀，上因以其曲授野狐。洎至德中，車駕復幸華清宮，從官嬪御多非舊人，上於望京樓下命野狐奏《雨霖鈴》曲，未半，上四顧淒涼，不覺流涕，左右感動，與之歔欷，其曲今傳於法部①。

今按，鄭處誨之前，李德裕《次柳氏舊聞》輾轉記述高力士所述玄宗事，書以大和八年（834）進獻，其中未見述及明皇聞鈴事。鄭處誨則以《次柳氏舊聞》一書載事不詳，乃更撰《明皇雜録》，時間則在稍後數年的大和開成之際，成書則在大中九年（855）②。與《次柳氏舊聞》相較，《明皇雜録》不但新增關於幸蜀聞鈴事的記述，而且所敘情景歷歷，最為詳細，甚至言及至德中玄宗復幸華清宮演奏《雨霖鈴》曲之情形。如此《教坊記》所載大曲“雨霖鈴”之制曲時間即可明確，但前提是記載不誣。

大致在此同一時期，詩人張祜（792？—853？）有多首詩詠及明皇楊妃事。張祜嘗入蜀③，其《張承吉文集》卷五見有《集靈臺二首》《阿□湯》《馬嵬歸》《馬嵬坡》《太真香囊子》《散花樓》《雨霖鈴》諸作④，疑是往來蜀地題詠之作。其中《太真香囊子》一詩即詠前引“香囊猶在”一事。《雨霖鈴》詩云：“雨霖鈴夜卻歸秦，猶是張徽一曲新。長説上皇和淚教，月明南内更無人。”⑤“歸秦”云云，或據此理解為“雨霖鈴”之制作在玄宗還京途中，非；陳寅恪已明辨云：“玄宗由蜀返長安，其行程全部在冬季，與制曲本事之氣候情狀不相符應。”⑥故此詩應為張祜自蜀歸秦之際，時值蜀天夜雨，有感而作。他如杜牧《華清宮》、羅隱《上亭驛》、韋莊《宿蓬船》、崔道融《羯鼓》諸詩，均見詠及或是化用幸蜀夜雨聞鈴事。

綜上所述，現在所能看到的關於明皇幸蜀夜雨聞鈴事的最早文獻，是白居易《長恨歌》，而在此前，《雨霖鈴》曲已在社會廣為傳唱，可知幸蜀聞鈴之事已是衆知的熟典，故中晚唐人往往詠之於詩。《教坊記》所載大曲《雨霖鈴》是否為後人增補尚難遽斷，但其制

① （唐）鄭處誨：《明皇雜録》，北京：中華書局，2006年重印，第47頁。
② 傅璇琮主編：《唐五代文學編年史》（晚唐卷），瀋陽：遼海出版社，1998年，第102頁。
③ 張仲裁：《唐五代文人入蜀編年史稿》，成都：巴蜀書社，2011年，第184頁。
④ （唐）張祜著，尹占華校注：《張祜詩集校注》，成都：巴蜀書社，2007年，第205—215頁。
⑤ 同上，第213頁。
⑥ 陳寅恪：《元白詩箋證稿》，北京：商務印書館，2015年，第35頁。

曲時間似可由《明皇雜録》的相關記載確定。問題在於，《長恨歌》所本究竟是史實還是傳聞？或者説，《明皇雜録》之記載是否真實？陳寅恪云："夫君舉必書，唐代史實，武宗以前大抵完具。"① 為何兩《唐書》及《通鑑·唐紀》無一語涉及幸蜀聞鈴事？若云此等細事不必見諸史乘，為何還京途中香囊一事又見於正史？李德裕《次柳氏見聞》得之於高力士，其中有"上始入斜谷，天尚早，煙霧甚晦"之語云云②，極似《明皇雜録》夜雨聞鈴一則所載之時間地點場景，卻偏偏没有提及玄宗聞鈴制曲事。再則，《雜録》所云"明皇既幸蜀，西南行初入斜谷"，玄宗幸蜀取道陳倉散關鳳興一綫，斜谷之説與其入蜀路綫殊不相符，前人已明辨其非。即如段安節所編《樂府雜録》"雨霖鈴"："雨淋鈴者，因唐明皇駕回至駱谷，聞雨淋鑾鈴，因令張野狐撰為曲名。"③ 其"駕回聞鈴"之説固謬，而其關於聞鈴之地點為"駱谷"，亦與玄宗幸蜀還京路綫相左④。且玄宗奔蜀之際軍情緊急，事屬機密，乃不惜"下詔親征"以欺天下，"乙未，淩晨，自延秋門出，微雨沾濕，扈從惟宰相楊國忠韋見素、内侍高力士及太子、親王、妃主，皇孫以下多從之不及"⑤，一介梨園弟子張野狐者竟得以扈從，亦較難置信。因知《明皇雜録》以筆記小説之作，假作真時真亦假，本非耳目親接，未可據以為實。前引嚴耕望所云"傳為玄宗雨中聞鈴之處"，"傳為"二字，乃史家於此明示其為傳聞，而非史實。

進而言之，此則並非歷史真實的傳聞，當然與李、楊二人密切相關，但其形成過程則無法考知，衹能付諸推測：明皇楊妃之愛情，自為曠代希逢之事，在白居易以出世之才加以潤色之前，已是當時社會的熱門話題。街頭巷尾，市井坊中，固然鮮有能詩如白居易者可以作成《長恨歌》，但不乏一二好事之徒，略施想象，杜撰一則唐明皇幸蜀夜雨聞鈴的故事來，繼後因而成"雨霖鈴"之曲。或者已有大曲"雨霖鈴"在先（其本事固不可曉），在李楊愛情為大衆熱議的大背景之下，被另行敷衍出一段夜雨聞鈴的動人故事，播於衆口。這則精彩的聞鈴傳説，其形成的時間範圍是可以劃定的，即玄宗幸蜀之後，白居易《長恨歌》作成之前的半個世紀内。

---

① 陳寅恪：《元白詩箋證稿》，北京：商務印書館，2015 年，第 41 頁。

② （唐）李德裕：《次柳氏舊聞》，載（五代）王仁裕等撰：《開元天寶遺事十種》，上海：上海古籍出版社，1985 年，第 7 頁。

③ （唐）段安節：《樂府雜録》，載《羯鼓録·樂府雜録·碧雞漫志》，北京：古典文學出版社，1957 年，第 39 頁。

④ 《舊唐書·玄宗紀》："丁卯，上皇發蜀郡。十一月丙申，次鳳翔郡。"若自駱谷道還京，越秦嶺即達盩厔縣，無須再嚮西繞行鳳翔，故玄宗還京應是原路返回。

⑤ 《舊唐書》，北京：中華書局，1975 年，第 232 頁。

二

前已述及，唐明皇幸蜀夜雨聞鈴事之所以僞，原因之一即因其故事發生的地點即與歷史不符，先言斜谷，再言駱谷，一錯再錯。但這則故事如何又與蜀地的上亭驛扯上了關係？

上亭驛其名，《元和郡縣志》不載。今存唐代文獻中，最早也是唯一提及“上亭”這個地名的，是羅隱的《上亭驛》一詩。羅隱（833－910）於咸通十三年（872）秋溯江入蜀，十四年秋北上沿金牛成都驛道出蜀，途經上亭驛有詩[①]。據此可知上亭驛為唐驛，其置驛時間則在《元和郡縣志》撰成以後，咸通十三年之前。其地在唐代屬於劍南東川節度使劍州（州治在今四川省劍閣縣普安鎮），與唐僖宗奔蜀時解劍贈神的張蛋子廟（今四川省梓潼縣七曲山大廟）相距不過十餘里。

正是羅隱這首詩，使玄宗幸蜀聞鈴這件事與上亭驛這個地點有了字面上的聯繫。按其《上亭驛》詩前四云：“細雨霏微宿上亭，雨中因感雨淋鈴。貴為天子猶魂斷，窮著荷衣好涕零。”[②] 詩謂行至上亭驛遇雨，當此細雨霏微的情景中，自然聯想起雨霖鈴之故事。這裏需要細加斟酌的是，詩人究竟是因細雨霏微之情景而產生聯想，還是因為上亭驛其地而產生聯想？“雨中因感”四字，以及詩中反復呈現的雨的意象提示我們，細雨應是產生聯想的原因；而上亭其地，是驛程遇雨留宿在此，並非唐明皇聞鈴之地在上亭。所以，兩者之間僅是字面上被置於一處而已，實無内在的必然聯繫。把幸蜀聞鈴這個本就虛無飄渺之事的發生地點確定在上亭驛，是對羅隱詩的誤讀，因而是一個錯誤。

為什麽有此誤讀？一種很大的可能是有意為之。玄宗與楊妃的愛情是“希代之事”，玄宗幸蜀夜雨聞鈴是因之而產生的一個美麗而淒惋的故事。這個故事一經產生，人們對那一段美麗愛情的深切追憶，就無法僅僅停留在聆聽“雨霖鈴”的旋律上，而必欲求一地以實之，斜谷、駱谷之說，既與幸蜀路綫相左，則羅隱詩中“聞鈴”與“上亭”之間似是而非的字面聯繫就提供了一個誤讀的機緣，上亭在七曲山中段，當金牛成都大驛道，為玄宗幸蜀所必經，同時緊臨聲名卓著的張蛋子廟，名山勝景，又為驛站，當為文人往來駐足流連題壁吟詠的好地方。於是夜雨聞鈴的上亭驛，就這樣無中生有地產生了。

我們可以在宋代文獻裏看到這一錯誤的延續。先看南宋後期的兩部地理總志。王象之《輿地紀勝》卷一八六“隆慶府古蹟”：

---

① 張仲裁：《唐五代文人入蜀編年史稿》，成都：巴蜀書社，2011年，第318頁。

② （唐）羅隱著，雍文華校輯：《羅隱集》，北京：中華書局，1983年，第185頁。

上亭驛，在梓潼、武連二縣之界。唐明皇幸蜀，聞鈴聲之地，又名琅璫驛，前輩詩什極多①。

其後還有“琅璫驛詩”條目，依次列舉王仲敏、羅隱、黄均（鈞）、楊汝為、楊子方、姚清叔等人詩②。稍後祝穆的《方輿勝覽》其卷六十七“隆慶府古蹟”的記載與此幾乎完全相同，詩列羅隱、楊子方二人③，應是因襲王象之。王氏“前輩詩什極多”的說法，粗略檢之於《全宋詩》，的確語不虚妄。今可見者，上列之外，另有張方平、文同、韋驤、王質、程公許、魏了翁、易士達諸家詩。若謂以上諸家皆以上亭驛夜雨聞鈴為史實，實難令人相信。文人行走於山程水驛間，信筆題詩，於傳聞野史之説，將錯就錯而已，何況這是一個美麗的錯誤。

還需注意的是，王象之的記載不但從地理的角度把唐代的傳聞加以坐實，而且又多出一個“琅璫驛”的别名來。琅璫驛之名又從何而來，其意義又是什麽？宋初樂史（930—1007）《楊太真外傳》：

又至斜谷口，屬霖雨涉旬，於棧道雨中聞鈴聲，隔山相應。上既悼念貴妃，因採其聲為《雨霖鈴曲》，以寄恨焉。……十一月，上（按，下脱一“皇”字）自成都還，……及移葬，肌膚已消釋矣，胸前猶有錦香囊在焉。中官葬畢以獻，上皇置之懷袖。又令畫工寫妃形於别殿，朝夕視之而欷歔焉④。

這是綜合《明皇雜録》與《舊唐書·楊妃傳》之記載而成，既未言及上亭驛，更没有提到琅璫驛。張方平《上亭驛》、韋驤《宿上亭驛》諸詩，均詠幸蜀夜雨聞鈴事，但也都看不出“琅璫”的痕跡。又南宋王灼《碧雞漫志》卷五：

雨淋鈴，《明皇雜録》及《楊妃外傳》云：……予考史及諸家説，明皇自陳倉入散關，出河池，初不由斜谷路。今劍州梓桐縣地名上亭，有古今詩刻記，明皇聞鈴之地，庶幾是也。……世傳明皇宿上亭，雨中聞牛鐸聲，悵然而起，問黄幡綽鈴作何語。曰：“謂陛下特郎當！”特郎當，俗稱不整治也。明皇一笑，遂作此曲⑤。

---

① （宋）王象之著，李勇先校點：《輿地紀勝》，成都：四川大學出版社，2005年，第5439頁。

② 同上，第5445頁。

③ （宋）祝穆撰，（宋）祝洙增订，施和金点校：《方輿勝覽》，北京：中華書局，2003年，第1168頁。

④ （宋）樂史：《楊太真外傳》，載（五代）王仁裕等撰：《開元天寶遺事十種》，上海：上海古籍出版社，1985年，第143頁。

⑤ （宋）王灼：《碧雞漫志》，載《羯鼓録·樂府雜録·碧雞漫志》，北京：古典文學出版社，1957年，第88頁。

據《碧雞漫志》序，是書之撰，時在紹興十五年（1145）。較之此前的相關文獻，這裏關於“聞鈴”的傳説明顯有了一些變化：一是所聞之“鈴”，從鄭處誨《明皇雜録》中的不知何“鈴”，到段安節《樂府雜録》中的“鑾鈴”，再到此處的“牛鐸”。“牛鐸”這一意象的出現十分有趣，細加琢磨，可知乃是由萬國來朝的煌煌京城至崎嶇蜀路的山程水驛，為適應地理環境的改變，是“鑾鈴”自會演變為“牛鐸”也。二是新出現一個前此未見的黄幡綽。黄幡綽者，玄宗之優人，侍君逾三十載，崔令欽《教坊記》、李德裕《次柳氏舊聞》、段成式《酉陽雜俎》前集卷十二、趙璘《松窗雜録》、鄭綮《開天傳信記》均有載，知其生性滑稽，思維敏捷，巧舌如簧，善作戲語，頗得玄宗歡心，時時惹得君王“大笑”[①]，但此類多為安史亂前事；亂後之事，僅《次柳氏舊聞》云，玄宗忽遽播遷，“有陷在賊中者，為禄山所脅從，而黄幡綽同在其數，幡綽亦得出入左右。及收復，賊黨就擒。幡綽被拘至行在，上素憐其敏捷，釋之”[②]，僅此而已，未見有載其隨明皇入蜀者，且以其優人身份，值玄宗倉皇入蜀之際，扈從的可能性應是很小。但是在《碧雞漫志》裏，其人被移植到入蜀的隊伍中，且在播遷避難之際，仍能作“謂陛下特郎當”之巧言以諷，而玄宗的反應則仍舊是一個“笑”字。在這裏，可以明顯地看到因襲和移植的痕跡，在此過程中，想象和虚構的成分不斷增加，故事不斷生長。陳寅恪云：“文人賦詠，本非史家紀述。故有意無意間逐漸附會修飾，歷時既久，益復曼衍滋繁，遂成極富興趣之物語小説。”[③] 用以論此，最是恰當。

至於“謂陛下特郎當”一語，則應是“琅璫驛”一名的最早由來。“特郎當”，首先模擬的是“牛鐸”所發出的金屬撞擊之聲，此義通常寫作“琅璫”；這裏不作“琅璫”而作“郎當”，意在雙關，宋代話語中“郎當”一詞意為“狼狽、糟糕、昏亂”[④]，與今之所謂“吊兒郎當”語義相近，嘲諷之意甚明。

斟酌上引《碧雞漫志》“世傳明皇宿上亭”之“世傳”二字，“謂陛下特郎當”這一典故的生成，應在此前。可證者，王仲敏《上亭驛》殘句云：“諢語銷忠骨鯁亡，此中空奏忒郎當。”[⑤]《全宋詩》小傳：“王仲敏，哲宗元祐三年（1088）通判蘇州。”[⑥] 其“諢語”“郎當”二語所指，不言可知。據此可以大概明確“郎當”之典的形成，在於北宋中後期。到了南宋，這又成為熟典。楊子方（乾道五年進士）《上亭驛》詩云：“時平總忽忠臣語，世

① 《唐五代筆記小説大觀》，上海：上海古籍出版社，2000年，第1214、1230頁。
② 同上，第470頁。
③ 陳寅恪：《元白詩箋證稿》，北京：商務印書館，2015年，第13頁。
④ 袁賓：《宋語言詞典》，上海：上海教育出版社，1997年，第175頁。
⑤ （宋）王象之著，李勇先校點：《輿地紀勝》，成都：四川大學出版社，2005年，第5445頁。
⑥ 傅璿琮等主編：《全宋詩》，北京：北京大學出版社，1995年，第13547頁。

亂仍遭弄臣侮。至今説到忒郎當，行路猶能痛千古。”① 魏了翁（1178—1237）《題上亭驛》：“弄成晚歲琅璫曲，正是三郎快活時。”自注：“三郎琅璫，即上亭驛故事。快活三郎，乃明皇自謂也。今市井猶有作土木偶人以象之者。”② 這表明當時之瓦肆勾欄已廣為表演。羅大經《鶴林玉露》卷二：“小説載，明皇自蜀還京，以駝馬載珍玩自隨。明皇聞駝馬所帶鈴聲，謂黄幡綽曰：‘鈴聲頗似人言語。’幡綽對曰：‘似言三郎郎當，三郎郎當也。’明皇愧且笑。”③ 他如楊汝為《上亭驛》：“方難蜀道郎當日，正似輪臺晚悔時。”姚清叔詩：“弄臣寧復解輸忠，偶契琅當一語中。富貴難親貧易感，西來方憶曲江公。”④ 亦疑為此一時期之作。“郎當”之説作為明皇幸蜀夜雨聞鈴這則“物語”新的生長點，成為南宋詩人創作的一個重要題材。上亭驛之異名琅璫驛，大約亦在此一時期。

從飄渺虚無的幸蜀聞鈴，到本無其事的上亭聞鈴，再到無中生有的三郎郎當，故事愈益精彩，細節愈益生動，而這一傳聞也完成了它的生長，其中一以貫之的，就是《長恨歌》所詠“蜀江水碧蜀山青，聖主朝朝暮暮情”，即地的水碧山青和人的一往深情。這一生長過程，既是經典文本不斷擴大其影響的過程，也是新的文學文本不斷産生的過程。聞鈴的傳聞之生根落地於蜀地的上亭驛，自是偶然中的必然，蓋因這種對前代風流的追憶必須借助於具體可感的地理景觀來予以寄托和加深感悟。而上亭其地，自此已不再是一處僅具自然屬性的地點，而是“人的經驗與自然位置結合的産物”，也就是人文地理學意義上的“地方(place)”⑤。

這類“無中生有”的“地方”，在吾國大地上棋佈星羅。從考證的角度去審視這些“地方”，往往會把“有”證成了“無”，比如黄鶴樓之仙人黄鶴，就是無法證明或衹能證僞的，一如本文上亭驛與唐玄宗聞鈴。但這並不能説明這類“地方”就没有意義。其意義在於，在歷史長河中，這些“地方”寄托和積澱了一代代人的心靈、情感和想象，成為了極具深度的文學地理景觀。江山留勝跡，我輩復登臨，那種情滿意溢的感受，又是何等的妙不可言。如果一定要以實證的眼光斥其虚妄，反而膠柱鼓瑟了。每一個美麗的傳説，都需要寄托在一處美麗的山水；每一個美麗的地方，也都應該有一首屬於它自己的詩。

（作者單位：西南民族大學文新學院）

---

① （宋）王象之著，李勇先校點：《輿地紀勝》，成都：四川大學出版社，2005年，第5445頁。
② 傅璿琮等主編：《全宋詩》，北京：北京大學出版社，1995年，第34928頁。
③ （宋）羅大經：《鶴林玉露》，北京：中華書局，1983年，第27頁。
④ （宋）王象之著，李勇先校點：《輿地紀勝》，成都：四川大學出版社，2005年，第5445頁。
⑤ 唐曉峰：《人文地理隨筆》，北京：三聯書店，2005年，第240頁。

從柳宗元為“韓門罪人”説看歷代文人對陳子昂的評價

孟　丹

陳子昂作為“古文運動”先驅，一度備受其同時和稍後的文學家的推崇，如盧藏用、李華、獨孤及、梁肅等都對其作品做出了肯定。盧藏用在《陳氏别傳》中説：“經史百家，罔不該覽。尤善屬文，雅有相如、子雲之風骨。”[①] 盧藏用作為陳子昂的摯友，贊賞陳子昂的作品，對其評價較高。盧藏用還在《右拾遺陳子昂文集序》中稱贊了陳子昂對於文章革新的功績，他説：“卓立千古，横制頽波，天下翕然，質文一變。”[②] 在陳子昂去世後，盧藏用廣搜其作品，並編撰成集，以便流傳，足見盧藏用對陳子昂作品的重視。李華在《揚州功曹蕭穎士文集序》中云“近日陳拾遺子昂文體最正”[③]，李華此處以“文體最正”肯定陳子昂的文體風格的價值。獨孤及在《檢校尚書吏部員外郎趙郡李公中集序》中云“陳子昂以雅易鄭，學者浸而嚮方”[④]，高度贊揚了陳子昂以《雅》革新鄭聲的不朽功績，認為在陳子昂革新的影響下文人的創作風格纔逐漸歸嚮正道。梁肅在《補闕李君前集序》中云：“唐有天下幾二百載，而文章三變。初則廣漢陳子昂，以風雅革浮侈”[⑤]，同樣肯定了陳子昂革新靡麗文風的功績，肯定了陳子昂對唐文的貢獻。以上古文家對陳子昂的評價皆是站在陳子昂對散文文風革新的角度來肯定陳子昂作為“古文運動”先驅的實踐與貢獻。

---

① （清）董誥等編：《全唐文》，北京：中華書局，1983年，第2412頁。
② 同上，第2402頁。
③ 同上，第3197頁。
④ 同上，第3946頁。
⑤ 同上，第5261頁。

日本學者筧文生、筧久美子編著的《唐宋詩文的藝術世界》中收録了筧文生的《關於陳子昂散文的評價》一文，就梁肅評陳子昂散文地位的“唐文三變説”進行了溯源，認為梁肅的説法是模仿《宋書・謝靈運傳論》。文中梳理了各代對陳子昂散文有代表性的評價，並探究盛唐古文家和柳宗元對陳文的極力推崇的緣由。文章認為，由於韓愈對陳子昂的散文態度的含糊曖昧，又因為宋以後學者多有認為柳宗元是“韓門罪人”者，因此，學術界對陳子昂的散文長期以來比較忽視：

作為散文改革者陳子昂的評價，後世不太注意，這和無視柳宗元的主張有很大關係。而且如已經看到的，韓愈關於陳子昂的散文，並没有給後世留下明確的意見①。

筧文生以小見大，主張通過作品檢討陳子昂散文的價值是極為必要的，這對一直以來人們偏重於陳子昂的詩歌、文學理論和駢文成就的研究現狀來説，無疑是一個很好的補充。然而筧文生在本篇論文中的主要觀點又是與中國學者的傳統觀點存在著差異性的，這是一個非常有意思的話題，可是目前學界尚無學者對他的觀點給與關注或討論。由於本文對陳子昂散文②的認識與之有些差異之處，故而嘗試進行簡單的商榷，以求教於大方之家。

一、韓、柳對陳子昂散文態度再辯

中唐時期，韓愈、柳宗元對陳子昂皆有評價。如唐德宗李適貞元十八年（802），韓愈在《送孟東野序》中云：

唐之有天下，陳子昂、蘇源明、元結、李白、杜甫、李觀，皆以其所能鳴。其存而在下者，孟郊東野始以其詩鳴③。

序文是韓愈在送孟郊前往溧陽赴任縣尉時而作。在文中，韓愈首先提出了“大凡物不得其平則鳴”的觀點，並把這種大自然的現象引申到文人通過自己的詩文歌賦等多樣的形

① ［日］筧文生：《關於陳子昂散文的評價》，［日］筧文生、［日］筧久美子著，盧盛江、劉春林編譯：《唐宋詩文的藝術世界》，北京：中華書局，2007年，第200頁。

② （唐）陳子昂撰，徐鵬點校：《陳子昂集》，上海：上海古籍出版社，2003年。

③ （唐）韓愈著，（民）馬其昶校注，馬茂元整理：《韓昌黎文集校注》，上海：上海古籍出版社，2014年，第262頁。

式，把個人際遇的不幸或者是生民、社會的苦難呼籲出來，以發人深思，啓人嚮善："是故，以鳥鳴春，以雷鳴夏，以蟲鳴秋，以風鳴冬。四時之相推奪，其必有不得其平者乎！其於人也亦然。""人之於言也亦然。有不得已者而後言，其歌也有思，其哭也有懷。凡出乎口而為聲者，其皆有弗平者乎！"既然人的語言也往往是心中不平的發泄，那麼"人聲之精者為言，文辭之於言，又其精也，尤擇其善鳴者而假之鳴"①。韓愈認為人的文章更是這種為個人遭際、為蒼生哀嘆的精華之言。故而他肯定古往今來的仁人志士，都是這樣敢於吶喊、敢於不平則鳴者。如唐堯、虞舜，咎陶、夏禹、夔之《韶》、夏之五子、殷之伊尹、周之周公旦、《詩》、《書》六藝、孔子之徒、莊周、屈原、臧孫辰、孟軻、荀卿、楊朱、墨翟、管夷吾、晏嬰、老聃、申不害、韓非、慎到、田駢、鄒衍、尸佼、孫武、張儀、蘇秦、李斯、司馬遷、司馬相如、揚雄等，皆為最善鳴者。即使是魏、晉氏以下，文風開始華豔，但其實鳴者亦未嘗絶。至於有唐以來，如初唐的陳子昂，盛唐蘇源明（預）、李白，中唐杜甫、元結、李觀等人，韓愈無不肯定他們為善鳴者，認為皆能够憑藉自己的才華，以詩文的形式來闡述時代問題的主題，表達自己的心聲，將對社會不公的憤慨情感訴諸筆端。則韓愈是把陳子昂放在與古往今來的盛達賢哲的並列地位而肯定的了，其態度非常鮮明，並没有含糊之處。韓愈接下來甚至認為，包括陳子昂在内的這些唐代文人，他們的詩文成就實際上"高出魏、晉"②，不僅可以及於古人，甚至可説是超越漢人。而其好友如李翱、張籍、孟郊最為出色。當然，就今天的文學史觀點來看，韓愈的這些論點當然有其誇張不實之處。然而僅就韓愈對陳子昂文章價值的態度而言，毫無疑問是肯定和欣賞的。

唐憲宗李純元和元年（806），韓愈作《薦士》，詩云：

周《詩》三百篇，雅麗理訓誥。曾經聖人手，議論安敢到。五言出漢時，蘇李首更號。東都漸彌漫，派别百川導。建安能者七，卓犖變風操。逶迤抵晉宋，氣象日凋耗。中間數鮑謝，比近最清奥。齊梁及陳隋，衆作等蟬噪。搜春摘花卉，沿襲傷剽盜。國朝盛文章，子昂始高蹈。勃興得李杜，萬類困陵暴。後來相繼生，亦各臻閫奥。有窮者孟郊，受材實雄驁。冥觀洞古今，象外逐幽好。横空盤硬語，妥帖力排奡。敷柔肆紆餘，奮猛捲海潦。榮華肖天秀，捷疾逾響報。行身踐規矩，甘辱恥媚竈。孟軻分邪正，眸子看瞭眊。杳然粹而精，可以鎮浮躁。酸寒溧陽尉，五十幾何耄？孜孜營甘旨，辛苦久所冒。俗流知者誰？指注競嘲傲。聖皇索遺逸，髦士日登造。廟堂有賢相，愛遇均覆燾。況承歸與張，二公迭嗟悼。青冥送吹噓，强箭射魯縞。胡為久無成？使

①（唐）韓愈著，（民）馬其昶校注，馬茂元整理：《韓昌黎文集校注》，上海：上海古籍出版社，2014年，第262頁。

② 同上。

以歸期告。霜風破佳菊，嘉節迫吹帽。念將決焉去，感物增戀嫪。彼微水中荇，尚煩左右芼。魯侯國至小，廟鼎猶納郜。幸當擇珸玉，寧有棄珪瑁？悠悠我之思，擾擾風中纛。上言愧無路，日夜惟心禱。鶴翎不天生，變化在啄菢。通波非難圖，尺地易可漕。善善不汲汲，後時徒悔懊。救死具八珍，不如一簞犒。微詩公勿誚，愷悌神所勞①。

《薦士》一詩是韓愈為嚮鄭餘慶舉薦孟郊而作。其詩先言《詩經》“雅麗理訓誥雅”，而五言詩出自漢代。五言詩一改《詩經》四言體的創作體式，後西漢的蘇武、李陵嘗試以五言古詩的體式創作，後世遂將這種五言古詩稱為“蘇李體”。隨著東漢五言詩的發展，在中原政權的政治中心洛陽附近，形成“派别百川導”的局面。如建安時期的三曹、七子、蔡琰們“卓犖變風操”，開始關注戰亂的民生現實，以激昂悲歌的基調，大力反映那樣的痛苦的時代。形式上，曹操既保持四言詩的傳統，又開始創製五言詩。曹丕在以五言詩為主的同時，開始嘗試七言歌詩。曹植的五言詩更是在三曹和七子中堪稱最好。七子和蔡琰等也以五言詩為主，真實地再現了時代的苦難。到晉、宋時期，詩歌的現實性發展出現了衰敗的氣象，文人在險惡的政治高壓下，轉嚮了玄言詩為主的創作階段，或者是以親情、友情、愛情等較為狹小的題材為表現内容。直至晉宋之間的謝靈運、陶淵明為首的山水詩和田園詩興起後，再到劉宋時期的鮑照、宋齊之間的謝朓，詩歌纔有了一些新鮮的活力。顯然，在韓愈的心裏，謝靈運和陶淵明的詩還在鮑照、謝朓之下，故他没有點出大謝和陶詩的意義。之後，韓愈認為整個齊、梁、陳、隋和陳子昂以前的唐代詩壇，詩歌都風格華豔浮靡，内容淺薄狹窄，形式陳陳相因。直到陳子昂，開始提倡詩歌應該追求高遠的思想境界，而盛唐的李白、杜甫的出現，纔使得“萬類困陵暴”，即人世間的各種不平之聲，都能够得到盡情的抒發。李、杜之後的作家，開始各自沿著這樣的路子，“各臻閫奥”，各具特色，繼續馳騁在詩歌的文學性和思想性並重的軌道上。直至孟郊“橫空盤硬語，妥帖力排奡”的險怪詩風形成，在韓愈看來，那樣的詩既能冥觀洞古今，也能象外逐幽；既能在形式上嚴守詩歌的格律，也能在思想上如孟軻一樣保持邪正分明的公正眼光。正因如此，所以兵部尚書歸崇敬、中興名將張建封均對他表示贊賞。韓愈認為這樣的詩歌，纔可以挽回中晚唐以來詩文華靡浮躁風氣的不良走嚮。所以，在對孟郊詩歌、人品進行舉薦後，韓愈傷其志不遂、才不彰，猶如“霜風破佳菊，嘉節迫吹帽”，希望鄭餘慶能够提拔提拔孟郊，不至於其才華被埋没。對照詩文前後，韓愈應是從《詩經》以來的詩歌史的角度進行的文學批評，在推崇孟郊詩歌的同時，也對建安七子、鮑照、謝朓、陳子昂、李、杜等文人詩歌的思想

① （唐）韓愈著，錢仲聯集釋：《韓昌黎詩繫年集釋》，上海：上海古籍出版社，1984年，第527—528頁。

内容和藝術創新，給予了熱情的肯定與推崇。尤其是他認為唐代詩歌的繁盛，正是由於陳子昂“始高蹈”①，這無疑是肯定了陳子昂對唐代詩歌的深遠影響和陳子昂在詩歌創作上先行者的地位。

因此，本文認為，韓愈對陳子昂的文章的先驅地位的肯定，態度是十分鮮明的。而且這主要反映在他對陳子昂詩文的思想性和形式上兩個方面的肯定。前者，韓愈肯定的是陳子昂不平則鳴的為蒼生為天下呼籲奔走的精神；後者，韓愈肯定的是陳子昂詩文中的不同於流俗的“齊梁及陳隋，衆作等蟬噪。搜春摘花卉，沿襲傷剽盜”的文風，以及格外倡揚、實踐的“冥觀洞古今，象外逐幽好。橫空盤硬語，妥帖力排奡。敷柔肆紆餘，奮猛捲海潦。榮華肖天秀，捷疾逾響報。行身踐規矩，甘辱恥媚竈。孟軻分邪正，眸子看瞭眊。杳然粹而精，可以鎮浮躁”② 的剛健文風。

我們再來看看柳宗元對陳子昂的具體態度。據學者們的研究和推測，大約在唐德宗李適貞元二十一年（805）③，柳宗元有《楊評事文集後序》，其文云：

> 贊曰：文之用，辭令褒貶，導揚諷諭而已。雖其言鄙野，足以備於用。然而闕其文采，固不足以竦動時聽，誇示後學。立言而朽，君子不由也。故作者抱其根源，而必由是假道焉。作於聖，故曰經；述於才，故曰文。文有二道：辭令褒貶，本乎著述者也；導揚諷諭，本乎比興者也。著述者流，蓋出於《書》之謨、訓，《易》之象、繫，《春秋》之筆削。其要在於高壯廣厚，詞正而理備，謂宜藏於簡册也。比興者流，蓋出於虞、夏之詠歌，殷、周之風雅，其要在於麗則清越，言暢而意美，謂宜流於謠誦也。兹二者，考其旨義，乖離不合。故秉筆之士，恒偏勝獨得，而罕有兼者焉。厥有能而專美，命之曰藝成。雖古文雅之盛世，不能並肩而生。
>
> 唐興以來，稱是選而不怍者，梓潼陳拾遺。其後燕文貞以著述之餘，攻比興而莫能極；張曲江以比興之隙，窮著述而不克備。其餘各探一隅，相與背馳於道者，其去彌遠。文之難兼，斯亦甚矣。若楊君者，少以篇什著聲於時，其炳耀尤異之詞，諷誦於文人，盈滿於江湖，達於京師。晚節遍悟文體，尤邃敘述。學富識遠，才湧未已，其雄傑老成之風，與時增加。既獲是，不數年而夭。其季年所作尤善，其為《鄂州新城頌》《諸葛武侯傳論》、餞送梓潼陳衆甫、汝南周顧、河東裴泰、武都符義府、泰山羊士諤、隴西李練凡六《序》，《廬山禪居記》《辭李常侍啓》《遠游賦》《七夕賦》，皆

① （唐）韓愈著，錢仲聯集釋：《韓昌黎詩繫年集釋》，上海：上海古籍出版社，1984年，第528頁。
② 同上。
③ 施子愉：《柳宗元年譜》，《武漢大學學報》（人文科學版）1957年第1期，第115頁。

人文之選已。用是陪陳君之後，其可謂具體者歟?[①]

楊君即楊淩，據柳宗元《先君石表陰先友記》載，楊氏兄弟楊憑、楊凝和楊淩，乃弘農（今河南三門峽、靈寶一帶）人，皆以孝友稱，有文章傳世。楊淩則官至大理評事，最善文[②]。本文最主要的觀點在於柳宗元認為，文章的功用在於它的辭令褒貶、導揚諷諭。所以即使是那些言語鄙陋粗野的文章，也可以因為其能褒貶、諷諭，“以備於用”。另一方面，如果文章過於缺少文采，則不能够震動當時，更不能嚮後學者誇示。這也即是孔子所謂“言而無文，行之不遠”[③] 的意思。所以君子是不能容忍“立言而朽”、毫無思想意義的作品的。故君子作文，必定緊緊抓住文章對現實的思想意義這一根本源頭以追求“立言不朽”，這是一條文章被後世認可的必由之道。所以孔聖人作文，以立意為根本，故其言論，被後世奉為經典；這些經典被後世的才子們進一步以各種文學手段進行闡述，於是形成所謂的“文采”。辭令褒貶源於孔子等人的作品，這類作品强調文章的思想性和原創性，追求高壯廣厚、詞正理備的風格，是儒家典籍成為經典的必備條件。導揚諷諭源於《詩經》，比興本屬《詩經》“六義”，這類作品重視文章的文采性，追求華麗清越、言暢意美的文風，易於廣泛傳誦。思想性與文采性相互背離，難以融合，很難有人能够調和二者在作品中的關係。唐自建國以來，作品能够兼具思想性與文學性的作家祇有陳子昂一人。燕文貞即張説，善著述；張曲江即張九齡，善比興。即使是他們的作品，其實也不能很好地調和著述與比興的關係，即立意和文采之間的關係。其他文人就更難平衡二者在作品中的關係了。柳宗元由是認為，兼具在作品中融合思想性與文學性對於作者來説是不易的。而陳子昂的作品，在柳宗元看來，則既有思想内涵，又詞美意暢、擅長比興；不僅可以成簡册保存，也可傳誦流傳，是大家之作，故具極高成就。柳宗元稱贊楊淩“用是陪陳君之後，其可謂具體者歟”。柳宗元對楊淩文章評價極高，或有過譽之嫌，然而對陳子昂的推崇則是顯而易見的。

以上的分析表明，柳宗元對陳子昂的態度也是非常肯定的。這種肯定主要是集中在對陳子昂詩文的兩個特點：1. 勇於褒貶，故詞正而理備。2. 言暢意美，故宜流謠誦。因此，他對楊淩文章之妙，其實也是從這兩個角度來肯定的，“遍悟文體，尤邃敘述。學富識遠，才湧未已，其雄傑老成之風”，並認為楊淩的這種文風，也是追隨陳子昂而來的。

綜上，本文認為韓愈和柳宗元對陳子昂的文風是充分肯定的，而且這種肯定一定是包括了對陳子昂散文的貢獻的肯定。此後唐中晚期的裴敬在為李白所做的《翰林學士李公墓碑》中云：

---

① （唐）柳宗元：《柳宗元集》，北京：中華書局，1979 年，第 578—580 頁。

② 同上，第 300 頁。

③ 同上。

唐朝以詩稱，若王江寧、宋考功、韋蘇州、王右丞、杜員外之類。以文稱者，若陳拾遺、蘇司業、元容州、蕭功曹、韓吏部之類[①]。

有意識地將詩、文分開論說，肯定了王昌齡、宋之問、韋應物、王維、杜審言等人的詩。將陳子昂歸於"以文稱者"，把他與蘇源明、元結、蕭穎士、韓愈並稱。可見中唐以後的文人，對陳子昂在散文上的貢獻，更加明確了。而晚唐人陸希聲在為李觀集子所作的《李元賓文集序》中說：

唐興，猶襲隋故態。至天后朝，陳伯玉始復古制，當世高之。雖博雅典實，猶未能全去其諧靡。至退之乃大革流弊，落落有老成之風[②]。

陸希聲認為陳子昂"始復古制"，開始去除隋之故態，實為復古之先驅，衹是其文尚未能完全去除六朝駢體的諧靡一面。這是客觀公正地看待陳子昂散文貢獻的代表者。

接下來，本文擬分析歐陽修對柳宗元的評價，以探討筧文生文章所提到的所謂歐陽修斷言柳宗元是"韓門罪人"的具體情況。

二、"韓門罪人"說非宋人論柳宗元主流

接下來我們來看筧文生所謂的歐陽修斷言柳宗元是"韓門罪人"的提法是否合理。筧文生在《關於陳子昂散文的評價》一文中，首先提到了歐陽修的《〈唐南嶽彌陀和尚碑〉跋》。在這篇跋文裏，歐陽修提到過"柳豈韓之徒哉，真韓門之罪人也"[③] 這樣驚世駭俗的判斷。然後筧文生評價說：

歐陽修這樣斷言的背景，是韓愈排斥佛教和老莊思想，以明古人之道作為己任。而柳宗元則與此相反，他容忍佛教，主張佛教的真理與《易》和《論語》是互為合一。柳宗元在政治上又加入了王叔文一黨。今天來看，歐陽修的意見明顯需要糾正。但是

① （清）董誥等編：《全唐文》，北京：中華書局，1983年，第7846頁。
② （唐）李觀撰：《李元賓文集序》，上海：商務印書館，1936年，第1頁。
③ 李之亮箋注：《歐陽修集編年箋注》第7册，成都：巴蜀書社，2007年，第527頁。

。

北宋一代文宗歐陽修的判斷，限制了後世很多人的想法①。

筧文生在這裏强調了歐陽修有關柳是韓的罪人的説法產生的原因：一則是與韓愈排佛而柳宗元佞佛有關，二則是因為柳在政治上加入了王叔文政黨的緣故。他認為，由於歐陽修對柳文的輕視和貶斥，所以北宋以後的很多人對柳文的成就評價都不高。那麽，筧文生的這種見解到底合不合理呢？欲明乎此，尚需從柳宗元的這篇《唐南嶽彌陀和尚碑》文談起。

《南嶽彌陀和尚碑》是柳宗元於唐憲宗李純元和五年（810）為承遠和尚所作的碑文，其文敘述代宗時期的國師名僧法照，曾言其師南嶽大長老承遠和尚的卓異的功德，和天子曾經對他的“南嚮而禮”“名其居曰般舟道場，用尊其位”的待遇。柳宗元深情地敘述承遠和尚始居南嶽西南巖石之下時的艱苦生活：“公始居山西南巖石之下，人遺之食則食；不遺則食土泥，茹草木。其取衣類是……羸形垢面，躬負薪樵。”② 以至於來嚮他求佛法的人路上偶遇他，還以為是一介僕役而媟慢地對待他。然而承遠和尚卻能以“中道”度化衆生，教衆生在社會上行靈活權變之法，而不是嚴格的佛門戒律。直到他病重期間，纔特意指示衆生專念“阿彌陀佛”的淨土法門，並把這個法門書之塗巷，刻於溪谷，殷勤誘掖，以援引後來之人。由於承遠和尚素日的謙卑品德，所以其道德感化之力，盛極一時：

> 不求而道備，不言而物成。人皆負布帛，斬木石，委之巖户，不拒不營。祠宇既具，以洎於德宗，申詔褒立，是為彌陀寺。施之餘，則與餓疾者，不屍其功。
>
> 公始學成都唐公，次資州詵公，詵公學於東山忍公。皆有道。至荆州，進學玉泉真公，真公授公以衡山，俾為教魁，人從而化者以萬計。初，法照居廬山，由正定趣安樂國，見蒙惡衣侍佛者。佛告曰：“此衡山承遠也。”出而求之，肖焉，乃從而學。傳教天下，由公之訓。
>
> 公為僧凡五十六年，其壽九十一，貞元十八年七月十九日終於寺。葬於寺之南岡，刻石於寺大門之右。銘曰：
>
> 一氣回薄茫無窮，其上無初下無終。離而為合蔽而通，始末或異今焉同。
>
> 虚無混冥道乃融，聖神無跡示教功。公之率衆峻以容，公之立誠教其中。
>
> 服庇草木蔽穹隆，仰攀俯取食以充。形游無極交大雄，天子稽首師順風。
>
> 四方奔走雲之從，經始尋尺成靈宫。始自蜀道至臨洪，諮謀往復窮真宗。
>
> 弟子傳教國師公，化流萬億代所崇。奉公寓形於南岡，幼曰弘願惟孝恭，

① ［日］筧文生：《關於陳子昂散文的評價》，［日］筧文生、［日］筧久美子著，盧盛江、劉春林編譯：《唐宋詩文的藝術世界》，北京：中華書局，2007年，第200頁。

② （唐）柳宗元：《柳宗元集》，北京：中華書局，1979年，第153頁。

立之茲石書玄蹤①。

可見，柳宗元的碑文是對佛教名僧大德承遠和尚事蹟的宣揚和肯定。其中後半部分更提到了僧法照和承遠和尚的一段神奇因緣：僧法照還在廬山修道時，在禪定中，得趨如阿彌陀佛的極樂世界。是時，他看見佛背後的侍者中有一衣著極為粗陋的和尚，而阿彌陀佛告訴他，此人即是衡山的承遠和尚。僧法照從禪定中出來以後，遂往衡山尋訪承遠和尚，以求教佛法。一見承遠和尚的面，發現果然與禪定中所見的那人肖似，於是拜從學習。可見，柳宗元此文的最大特色乃在於對佛門大德的德行和佛門不可思議的神通的贊頌。而歐陽修則對這篇文章，給予了嚴厲的批判。其《〈唐南嶽彌陀和尚碑〉跋》云：

右《南嶽彌陀和尚碑》，柳宗元撰並書。自唐以來，言文章者惟韓、柳，柳豈韓之徒哉？真韓門之罪人也。蓋世俗不知其所學之非，第以當時輩流言之爾。今余又俢録其文，懼益後人之惑也，故書以見余意②。

歐陽修此段嚴厲的批評，主要是針對柳宗元"所學之非"而進行的。所謂"所學之非"，當即前文韓愈所謂的文章的思想性。歐陽修和韓愈一樣，早期大力排斥佛教，晚年轉而親近佛教。歐陽修此文，寫於北宋英宗趙曙治平元年（1064）。此時的他，正處於政治生涯的高峰時期。先是在宋仁宗趙禎嘉祐二年（1057）二月，他做了禮部知貢舉的主考官，以翰林學士身份主持進士考試，提倡平實文風，先後録取蘇軾、蘇轍、曾鞏等人，對北宋古文運動的成功，起到了決定性的作用，同時對北宋險怪的"太學體"文風和歌功頌德的西昆體文風起到了徹底的扭轉作用。其後他以翰林學士身份兼龍圖閣學士權知開封府，拜樞密副使，任參知政事，任刑部尚書、兵部尚書等職，直到英宗趙曙治平二年（1065）以後再歷政治風波而漸退政壇，最後晚年自稱"六一居士"而顯示出皈依佛門的跡象。所以，治平元年（1064）的時候，應該是歐陽修轉變對佛教態度的前夕。他對柳宗元的批判，主要不是針對柳宗元的古文文法而言的，相反，是針對柳宗元對佛法的好感和信仰而說的。

無獨有偶，也是在北宋英宗趙曙治平元年（1064），歐陽修還作了《唐柳宗元〈般舟和尚碑〉跋》一文，同樣也對韓、柳並稱的文學批評現象提出異議：

---

① （唐）柳宗元：《柳宗元集》，北京：中華書局，1979年，第153—154頁。

② 李之亮箋注：《歐陽修集編年箋注》第7册，成都：巴蜀書社，2007年，第527頁。（注釋："今余又俢録其文"句原文作"今余又多録其文"，"俢録"指依照原文抄録下來，筆者不知"多録"於此是何意，故認為"俢録"更為合適。）

> 右《般舟和尚碑》，柳宗元撰並書。子厚所書碑世頗多有，書既非工，而字畫多不同，疑喜子厚者竊借其名以為重。子厚與退之，皆以文章知名一時，而後世稱為“韓、柳”者，蓋流俗之相傳也，其為道不同，猶夷夏也。然退之於文章，每極稱子厚者，豈以其名並顯於世，不欲有所貶毀，以避爭名之嫌，而其為道不同，雖不言，故後世當自知歟？不然，退之以力排釋、老為己任，於子厚不得無言也。治平元年三月廿日書①。

可見，歐陽修雖然承認韓、柳“皆以文章知名一時”，然而他並不認可後世將韓、柳並稱的説法，以為這是平庸人的俗見。歐陽修以。為二者“為道不同，猶夷夏也”。則所謂的“道”，仍然是指韓愈所宗為儒，而柳宗元乃儒、釋、道所共宗。儒、道為中國本土學説，而釋乃外來宗教。因為，柳宗元的這篇《般舟和尚碑》所稱述的，仍然是佛門大德的行跡。這篇碑文作於唐憲宗李純元和三年（808），柳宗元始敘衡山佛法的傳揚，直到津大師纔修起律教，以後其所帶出的弟子，皆被稱為得佛之正法者。津大師的大弟子日悟和尚，盡得師道，次補師處，遂為後世宗。接著，柳宗元介紹此日悟和尚，世家於零陵，俗姓蔣。又云：

> （和尚）心大而行密，體卑而道尊……執業於東林恩大師。究觀秘義，乃歸傳教。不視文字，懸判深微。登壇涖事，度比丘衆，凡歲千人者三十有七……遂服勤於紫霄遠大師。修明要奥，得以觀佛。浩入性海，洞開真源。道場專精，長跪右繞，不衡不倚，凡七日者百有二十，而志不衰②。

肅宗時代，日悟和尚擇衡山而居，亦因德行深厚故，“不命而獻力，不祈而薦貨。凡南方顓念佛三昧者，必由於是，命曰般舟臺焉”③。則歐陽修所糾結者，仍然是柳之崇佛一事，而非否定其實際上的古文成就。

由上可知，歐陽修確實在治平元年期間，對柳宗元的文章提出了鮮明的批判意見，甚至過激地認為柳是韓門的罪人。考其原因，則實皆由歐陽修不滿柳宗元的崇佛之故。然後人之所以韓柳並稱，是從韓柳二人對中唐古文運動的貢獻和影響而談的，因此歐陽修對柳宗元地位的批判顯然是偏頗的。我們從這個意義上來檢討筧文生的看法，遂不難看出，筧文生認為歐陽修有關柳是韓的罪人的説法產生的原因之一，是與韓愈排佛而柳宗元佞佛有

---

① 李之亮箋注：《歐陽修集編年箋注》第7册，成都：巴蜀書社，2007年，第526頁。

② （唐）柳宗元：《柳宗元集》，北京：中華書局，1979年，第167－168頁。

③ 同上，第168頁。

關。這顯然是正確的。至於説，歐陽修是否是因為柳在政治上加入了王叔文政黨的緣故，而否定其與韓愈的並列地位，這一點至少從文本中，難以看出來，故還應謹慎商榷。

那麽，筧文生又認為，由於歐陽修對柳文的輕視和貶斥，所以北宋以後的很多人對柳文的成就評價都不高。這個説法是否是客觀的呢？本文認為，這個説法也是不確的。

首先，歐陽修在治平元年之前或之後，均曾經高度評價過柳宗元的文章。如其在宋仁宗趙禎皇祐元年（1049）所做的《永州萬石亭》詩中云：

天於生子厚，禀予獨艱哉！超淩驟拔擢，過盛輒傷摧。苦其危慮心，常使鳴聲哀。投以空曠地，縱横放天才。山窮與水險，下上極沿洄。故其於文章，出語多崔嵬。人跡所罕到，遺蹤久荒頹。王君好奇士，後二百年來。翦薙發幽薈，搜尋得瓊瑰。威物不自貴，因人乃為材。惟知古可慕，豈免今所咍。我亦奇子厚，開編每徘徊。作詩示同好，為我銘山隈①。

歐陽修敘述了柳宗元一生艱危，仕途上因才華過人而榮升，興盛之時又遭貶謫，被流放到偏遠之地。然而“投以空曠地，縱横放天才”，柳宗元在窮山險水間游歷，反而成就其山水文章的語出驚人、不同凡響。“威物不自貴，因人乃為材”，此亦山水之美，不能自發，惟得柳宗元之才乃發之之意。所以歐陽修非常珍惜柳宗元的書寫山水的“奇才”：“我亦奇子厚，開編每徘徊。”歐陽修高度肯定了柳宗元才華過人、為文“窮而後工”的特點。又宋神宗趙頊熙寧四年（1071），也即歐陽修去世的前一年，其有《薛簡肅公文集序》云：

君子之學，或施之事業，或見於文章，而常患於難兼也。蓋遭時之士，功烈顯於朝廷，名譽光於竹帛，故其常視文章為末事，而又有不暇與不能者焉。至於失志之人，窮居隱約，苦心危慮而極於精思，與其有所感激發憤惟無所施於世者，皆一寓於文辭。故曰窮者之言易工也。如唐之劉、柳無稱於事業，而姚、宋不見於文章。彼四人者猶不能於兩得，况其下者乎！②

歐陽修在序文中論述了“窮而後工”一説，他認為“君子之學”或在事業中反映出來，或在文章中折射出來，難有人將二者兼顧。遇到好時勢的人，功勳事蹟顯見於朝廷，名垂千古，他們通常認為文章是末事，無暇顧及，如姚崇、宋璟，皆屬此類。衹有仕途上不得志的人，纔能苦心危慮，極於精思，有所感激發憤，皆一寓於文辭。歐陽修認為，劉禹錫、

① 李之亮箋注：《歐陽修集編年箋注》第7册，成都：巴蜀書社，2007年，第180頁。

② 同上，第210頁。

柳宗元正是這類文人。他們雖"無稱於事業",卻反而"見於文章"。顯然,去世前夕的歐陽修還是肯定了柳宗元的文章。

其次,歐陽修的大門生蘇軾,即對柳宗元有過非常高的評價。如其在《書柳子厚大鑒禪師碑後》評曰:"子厚南遷,始究佛法,作《曹溪》《南嶽》諸碑。絶妙古今,而南華今無刻石者,長老重辯師,儒釋兼通,道學純備,以謂自唐至今,頌述祖師者多矣,未有通亮簡正如子厚者。"① 很有意思的是,歐陽修曾經否定的柳宗元為名僧所撰的碑文文字,恰好被同樣受佛教濡染很深的蘇東坡高度贊揚,以為"絶妙古今"。其實蘇軾對柳文評價極高,我們此處再舉幾個例子,如:

> 獨韋應物、柳宗元發纖穠於簡古,寄至味於淡泊,非餘子所及也。(《書黄子思詩集後》)②
>
> 所貴乎枯淡者,謂外枯而中膏,似淡而實美,淵明、子厚是也。(《評韓柳詩》)③

以上兩則材料,顯示蘇軾把柳宗元的詩與韋應物、陶淵明歸為一類,均屬於在淡泊中含至味,在簡古中蘊纖穠者,均屬於外枯而中膏,似淡而實美者。可見蘇軾對柳詩的崇高評價。又如:

> 昔之論封建者,曹元首、陸機、劉頌及唐太宗時魏徵、李百藥、顔師古,其後劉秩、杜佑、柳宗元。宗元之論出,而諸子之論廢矣。雖聖人復起,不能易也……故吾以李斯、始皇之言,柳宗元之論,當為萬世法也。(《論封建》)④

蘇軾對柳之《封建論》一文亦是激賞不已的,甚至把它和李斯的《論廢封建》、秦始皇的《封建論》等並列,稱為萬世不改的經典之論。

再次,宋代政治改革家、古文家王安石對柳宗元政治品格也有辯護。王安石在《讀〈柳宗元傳〉》一文中云:

> 余觀八司馬,皆天下之奇材也,一為叔文所誘,遂陷於不義。至今士大夫欲為君子者,皆羞道而喜攻之。然此八人者,既困矣,無所用於世,往往能自强以求别於後

① (宋)蘇軾著,孔凡禮點校:《蘇軾文集》,北京:中華書局,1986年,第2084頁。
② 同上,第2124頁。
③ 同上,第2109—2110頁。
④ 同上,第158頁。

世，而其名卒不廢焉。而所謂欲為君子者，吾多見其初而已，要其終，能毋與世俯仰以自別於小人者少耳，復何議於彼哉?[①]

在王安石看來，柳宗元、劉禹錫等均是天下“奇才”。他們是因為被王叔文一黨利誘而陷於不義之地的。那些自以為是君子的士大夫羞於談論他們，常攻擊他們的政治品格。然而柳宗元等人雖陷於困境且不被重用，卻能够自立自强以求改變後世對自己的評價。柳宗元等人的努力確實没有白費，他們美好的名聲最終為後世所承認。而那些批判他們的所謂君子，大多數最終還是隨波逐流。因此在王安石看來，這些人没有資格去評議柳宗元等人，後世應珍視柳宗元等身上那種“自强以求别於後世”的精神。王安石對柳宗元的評價也是非常高的，認為非本時代的那些所謂自命為君子的士大夫所能比擬者。

除了歐陽修本人和其他宋代古文家，即使在宋代初年的時候，古文運動的先驅者也有充分重視柳宗元者，且以韓柳並重，並不偏頗。如穆修《唐柳先生集後序》：

至韓、柳氏起，然後能大吐古人之文，其言與仁義相華實而不雜[②]。

穆修認為韓愈和柳宗元是直接繼承唐前、先秦兩漢古文傳統者，是真正能够讓文章文采、儒家之道相合，不蕪不雜者。又如《宋史·柳開傳》云：

既就學，喜討論經義。五代文格淺弱，慕韓愈、柳宗元為文，因名肩愈，字紹先。既而改名字，以為能開聖道之塗也[③]。

北宋初年的柳開，是宋代古文運動的先驅者。他讀書頗喜義理之學，不喜五代淺弱的文風。由於追慕韓、柳的文章，還不惜改名以示志。再如宋初古文運動先驅者王禹偁多次並重韓、柳，絶不偏頗：

古文閲韓、柳，特策開晁、董[④]。(《寄題陝府南溪兼簡孫何兄弟》)

誰憐所好還同我，韓、柳文章李、杜詩[⑤]。(《贈朱嚴》)

---

① (宋)王安石著，唐武標校:《王文公文集》，上海：上海人民出版社，1974年，第396頁。

② (宋)穆修:《河南穆公集》,《四部叢刊初編》第810册，上海：上海書店，1989年。

③ (元)脱脱等:《宋史》，北京：中華書局，1985年，第13023—13024頁。

④ (宋)王禹偁撰:《小畜集》，王雲五主編:《叢書集成初編》，上海：商務印書館，1937年，第26頁。

⑤ 同上，第153頁。

其文類韓、柳，其詩類杜、甫[①]。(《薦丁謂與薛太保書》)

其詩效杜子美，深入其間；其文數章皆意不常而語不俗，若雜於韓、柳集中，使能文之士讀之，不之辨也[②]。(《送丁謂序》)

凡數十篇皆師戴六經，排斥百氏，落落然真韓、柳之徒也[③]。(《送孫何序》)

見其文有韓、柳風格，因誇於同列，薦於宰執間[④]。(《殿中丞贈户部員外郎孫府君墓志銘》)

王禹偁的古文是嚮韓、柳學習的，他把韓、柳文章的地位等同於李、杜詩歌的地位。他誇耀丁謂時也是把丁謂的文抬高到韓、柳的路數上去的，甚至認為丁謂的文章立意不同尋常，語言不隨五代俗流，故能雜於韓、柳之文中，以假亂真。他稱孫何的文章寫得好，也認為他是韓、柳的門徒，是能够遵奉儒家六經者。又如，慶曆年革新的宣導者范仲淹在《述夢詩序》中云：

劉與柳宗元、吕温數人，坐王叔文黨，貶廢不用。覽數君子之述，而禮意精密，涉道非淺。……至於柳、吕文章，皆非常之士，亦不幸之甚也[⑤]。

很明顯，范仲淹也稱柳文和吕温之文一樣，皆是非常之士的作品。可見，早在歐陽修和蘇軾之前，北宋人對柳宗元文章的風格是多有肯定的，且常是韓、柳並重的。

因此，無論是歐陽修本人，還是之前的穆修、柳開、王禹偁、范仲淹，之後的蘇軾、王安石等，這些政治改革家、古文家都曾經給予柳宗元的古文以高度的評價。從這個意義上而言，筧文生以為由於歐陽修對柳文的輕視和貶斥，所以北宋以後的很多人對柳文的成就評價都不高的説法，有欠全面和客觀，因此也是值得進一步商榷的。

三、歷代文人對陳子昂散文爭論新辯

如前文所引，筧文生以為由於歐陽修對柳宗元的批判，限制了"後世很多人的想法。

① (宋）王禹偁撰：《小畜集》，王雲五主編：《叢書集成初編》，上海：商務印書館，1937年，第246頁。
② 同上，第268頁。
③ 同上，第267頁。
④ 同上，第411頁。
⑤ (宋）范仲淹著，李勇先、王蓉貴校點：《范仲淹全集》，成都：四川大學出版社，2002年，第181頁。

就是説，作為散文改革者的陳子昂的評價，後世不太注意，這和無視柳宗元的主張有很大關係”[①]。也就是説，筧文生認為，正是由於歐陽修對柳宗元文出現過激烈的否定之詞，後世的人們對陳子昂的評價也就不高了。這個問題應該如何看呢?

唐人杜甫《陳拾遺故宅》云:“位下曷足傷，所貴者聖賢。有才繼騷雅，哲匠不比肩。”杜甫認為陳子昂有聖賢般的品格以及對《詩經》和《離騷》繼承的才華，陳子昂雖出生於司馬相如和揚雄之後，但名聲依舊可以亙古長存，並盛贊其作品云:“千古立忠義，《感遇》有遺篇。”[②] 在肯定陳子昂《感遇》詩篇的同時，亦肯定其人品。唐人白居易在《初授拾遺》一詩中云:“杜甫陳子昂，才名括天地。”[③] 白居易將陳子昂與杜甫並舉，亦是對陳子昂才華與名望的肯定。

宋仁宗趙禎嘉祐五年（1060）完成的歐陽修等編著的《新唐書·陳子昂傳》云:

> 唐興，文章承徐庾餘風，天下祖尚，子昂始變正雅……子昂所論著，當世以為法[④]。

此説完全是繼承姚鉉的説法而來，對陳子昂在唐代詩文革新運動中的先驅作用的肯定也是很明確的，且以正史使臣的身份給予贊賞。

其實，歐陽修之後，宋人肯定陳子昂者亦不乏其人。如宋文人司馬光，其撰的《資治通鑑》一書所録内容起於三家分晉，止於五代後周世宗顯德六年，前未收屈原、陶淵明之文，後未收李白、杜甫之文，卻獨引陳子昂奏議類散文六次，足見陳子昂奏議類散文的重要價值。又如宋人文同首先對《新唐書·陳子昂傳》中對陳子昂諫言武則天修明堂、立太學的指責提出批評，其在《射洪縣拾遺亭記》中云:

> 庚子秋，同被詔校《唐書》新本，見史策伯玉與傅奕，吕才同撰。謂伯玉以王者之術説武曌，故贊貶之。曰:“子昂之於言，其聾瞽歟?”嗚呼！甚哉，其不探伯玉之為政理書之深意也。明堂、太學，在昔帝王所以恢大教化之地，自非右文好治之主為之，猶愧無以稱其舉，豈淫蠱荒惑、險刻殘詖婦人之所宜與乎? 緣事警奸，立文矯潛，伯玉之言有味乎其中矣。彼傅吕者，本好歷數才技之書，但能略領大體，顓務記覽，以濟其末學，詎可引伯玉而為之等夷耶。杜子美、韓退之，唐之為人也。杜云:“終古

---

① ［日］筧文生:《關於陳子昂散文的評價》,［日］筧文生、［日］筧久美子著，盧盛江、劉春林編譯:《唐宋詩文的藝術世界》，北京: 中華書局，2007 年，第 200 頁。

② （唐）杜甫撰，（清）仇兆鼇注:《杜詩詳注》，上海: 上海古籍出版社，1992 年，第 374 頁。

③ （唐）白居易撰，謝思煒校注:《白居易詩集校注》，北京: 中華書局，2006 年，第 35 頁。

④ （宋）歐陽修、宋祁:《新唐書》，北京: 中華書局，2013 年，第 4068 頁。

立忠義，《感遇》有遺篇。"韓云："國朝盛文章，子昂始高蹈。"其推尚伯玉之功也如此。後人或以己見而遽抑之，人之材識。信夫有相絶者矣![1]

文同指出宋祁、歐陽修等人不探究陳子昂所作《諫政理書》等文章的深刻内容和現實意義，僅僅是指責他勸諫武則天修明堂、立太學之事。在文同看來，陳子昂為文"緣事警奸，立文矯潛"，即指陳子昂為文有深遠的内涵，能够對潛在的問題進行有遠見性的矯正，給奸佞之徒以警醒，陳子昂的文章是有深刻的現實性和政治遠見性的。又如晁公武《郡齋讀書志》云：

子昂少以豪俠使氣，及冠，折節為學，精究墳籍，耽愛黄、老、《易象》，尤善屬文。唐興，文章承徐、庾餘風，天下祖尚，至是始變雅正[2]。

晁公武肯定了陳子昂對古代典籍的精心研究，熱愛道家、老子、《易象》，不惟承認陳子昂在唐代詩文中的先驅者地位，還特意稱道和矚目他的散文貢獻。唐自建國以來，文章承襲梁代徐摛、徐陵父子和庾肩吾、庾信父子為代表的駢體文風和宫體詩風。至陳子昂方能追隨《詩經》以來的現實主義傳統。再如陳振孫亦説："其（陳子昂）詩文在唐初，實首起八代之衰者。"[3] 亦與姚鉉等人看法類似。

就筆者的有限視野來看，後人對陳子昂散文成就的否定主要集中在元、明二代。如元代的馬端臨就認為柳宗元對陳子昂的過高評價不當，其《文獻通考》卷二三一中駁柳宗元曰：

陳拾遺詩語高妙，絶出齊、梁，誠如先儒之論。至其他文，則不脱偶儷卑弱之體，未見其有以異於王、楊、沈、宋也。然韓吏部、柳儀曹盛有推許。韓言"國朝盛文章，子昂始高蹈"，柳言"備比興著述二者而不怍"，則不特稱其詩而已。二公非輕以文許人者，此論所未諭[4]。

在馬端臨看來，陳子昂唯有詩歌能够擺脱齊、梁文風，其他的文章則依舊沿襲偶儷卑弱的文體，並不比王勃、楊炯、沈佺期、宋之問的排偶之文更好。但是，韓、柳在盛贊陳

① （宋）文同著，胡問濤、羅琴校注：《文同全集編年校注》，成都：巴蜀書社，1999年，第745頁。
② （宋）晁公武撰：《郡齋讀書志》，臺灣：廣文書局，1967年，第996頁。
③ （宋）陳振孫：《直齋書録解題》，臺灣：廣文書局，1968年，第967頁。
④ （元）馬端臨：《文獻通考》，北京：中華書局，1986年，第1844頁。

子昂時，顯然既贊揚了他的詩，也包括了他的散文。馬端臨對此頗感遺憾，他認為雖然韓、柳從不輕易地贊許別人的文章，但就對陳子昂的評價而言，兩人的觀點並不高明。又明代的胡應麟在其《詩藪·外編四》中亦引馬端臨之語而云：

柳儀曹曰：張燕公以著述之餘，攻比興而莫能極；張曲江以比興之暇，攻著述而不克備。唐興以來，稱是選而不怍者，梓潼陳拾遺。馬端臨氏曰：拾遺詩語高妙，至他文則不脱偶儷，未見其異於王、楊、沈、宋也。按：昌黎“國朝盛文章，子昂始高蹈”，中及李、杜而未言孟郊，其意蓋專在於詩，柳言頗過。故應馬氏有異論也①。

胡應麟的態度是把韓愈與柳宗元剥離開來，他認為韓愈“國朝盛文章，子昂始高蹈”的評價，是針對陳子昂的詩，而不是針對陳子昂的文來進行的，因而是正確合理的定位。至於柳宗元對陳子昂的抬舉，則是過分的。就上所引的文獻而言，胡應麟對陳子昂的否定，乃是受馬端臨的影響，而不是受歐陽修的影響甚明。因此，筧文生所謂後世否定陳子昂的古文影響的説法，有兩層意義上的不準確：其一，馬端臨否定陳子昂的古文地位時，並沒有推稱歐陽修的話，所以不是受歐陽修的影響甚明。而胡應麟否定陳子昂時，推崇的是馬端臨的看法，因此也與歐陽修對柳宗元的評價無關。其二，現存史料中，除了馬、胡二人外，還没有太多的資料顯示元明人對陳子昂散文成就持反對意見者。相反，如明人王志堅（1576—1633）所撰的《四六法海》是一部駢文總集，收有陳子昂的《為陳御史進奉和秋景觀競渡詩表》《薛大夫上亭宴集》《送吉州杜司户審言序》《別冀侍御崔司議序》《登薊城西北樓送崔著作入都序》等文。明人張頤在《陳伯玉文集序》中説：“其文雖有六朝、唐初氣味，然其奏疏數章亦有用世之志。”② 肯定了陳子昂奏疏之文的現實作用。

清人王夫之在《讀通鑑論》中稱贊他的政治才能時云：

陳子昂以詩名於唐，非但文士之選也，使得明君以盡其才，駕馬周而頡頏姚崇，以為大臣可矣！③

而清人中明確反對陳子昂文者，當是王士禎。其《香祖筆記》云：

子昂五言詩力變齊、梁，不須言，其表、序、碑、記等作，沿襲頹波，無可觀者。

① （明）胡應麟撰：《詩藪》，北京：中華書局，1958年，第190頁。

② （明）張頤：《陳子昂文集序》，《四部叢刊初編》第103册，上海：上海書店，1989年。

③ （清）王夫之：《讀通鑑論》，北京：中華書局，1975年，第737頁。

第七卷《上大周受命頌表》一篇，《大周受命頌》四章，曰《神鳳》，曰《赤雀》《慶雲》《甿頌》，其辭諂誕不經……集中又有《請追上太原王帝號表》，太原王者，士彠也。此與揚雄《劇秦美新》無異，殆又過之，其下筆時不知世有節義廉恥事矣。子昂真無忌憚之小人哉。詩雖美，吾不欲觀之矣①。

王士禎以“節義廉恥”作為評價詩文的標準，雖然批判範圍波及到“表、序、碑、記等作”，但就下文所舉文例，則知他真正反感的是陳子昂為女主武則天所寫的歌功頌德類的文字。這種批判已經不是文學的標準，而是政治的偏見了。故稍後的康熙帝在其《評〈諫雅州討生羌書〉》中云：“言蜀用兵利害，警切動聽。”② 康熙《評〈上軍國利害事三條〉》時云：“百姓安則樂生，不安則輕生，洞達人情，可謂經國之言。”③ 都是對陳子昂政論文的現實價值和文學生動性的肯定。清人鄧繹在《藻川堂譚藝・三代篇》中也對陳子昂的文章有過較高的評價，其云：

唐人之學博而雜，豪俠有氣之士，多出於其間。磊落奇偉，猶有西漢之遺。而見諸文辭者，有陳子昂、李白、杜甫、韓愈、柳宗元之屬，堪與誼、遷、相如、揚雄輩相馳騁以上下④。

後來清代學者在《四庫全書總目提要》中再次肯定了韓、柳對陳子昂散文的評價：

唐初文章，不脱陳、隋舊習。子昂始奮發自為，追古作者。韓愈詩云：“國朝盛文章，子昂始高蹈。”柳宗元亦謂：“張説工著述，張九齡善比興，兼備者子昂而已。”馬端臨《文獻通考》乃謂子昂“惟詩語高妙，其他文則不脱偶儷卑弱之體”。韓、柳之論不專稱其詩，皆所未諭。今觀其集，惟諸表序猶沿排儷之習，若論事書疏之類，實疏樸近古，韓、柳之論未為非也⑤。

清代《四庫》館臣的意見非常明確：其一，陳子昂開始奮發自為，追古作者，脱離陳、隋華靡文風之舊習；其二，徵引韓、柳對陳子昂的評價而證明第一點；其三，批駁馬端臨説法，以為是馬端臨誤讀了韓、柳之意，因為韓、柳從未把陳子昂的詩與文分開來説過；

① （清）王士禎撰：《香祖筆記》，《四庫全書》第870冊，上海：上海古籍出版社，1987年，第410頁。
② （清）康熙：《聖祖仁皇帝御制文集》，《四庫全書》第1299冊，上海：上海古籍出版社，1987年，第268頁。
③ 同上。
④ （清）鄧繹撰：《藻川堂譚藝》，《中國詩話珍本叢書》，清刻本，第21頁。
⑤ （清）紀昀：《四庫全書總目提要》，北京：中華書局，1965年，第1278頁。

其四，肯定陳子昂的散文中，除了諸表、序猶沿排儷之習外，若論、事、書、疏之類，實則疏樸近古。所以，韓、柳對陳子昂的高度推崇，並没有錯。就選家而言，清初的徐乾學等編著的《古文淵鑒》收録陳子昂《對利害三事》和《諫雅州討生羌書》。清末的高步瀛，在其《唐宋文舉要》中亦熱情地贊美陳子昂："雄俊倜儻，韓公先導。"[①] 肯定其對韓文的啓發和先導作用。其《唐宋文舉要》分為甲乙兩編，甲編是散文，乙編是駢文。甲編收陳子昂《諫用刑書》《堂弟孜墓志銘》二文。

近人張振庸亦對陳子昂在文風上的功績持肯定意見，其云：

> 上官婉媚，沈宋靡麗，四傑亦鮮高潔之體、蒼勁之氣。惟陳子昂廁身於四傑、沈、宋之間，而特立獨行，不與同流，以高雅沖淡之氣，清勁樸質之體，抑沈、宋之新聲，掩王、盧之靡韻，奪魏晉之風骨，變齊梁之俳優，力追古意焉[②]。

張振庸認為以上官儀為代表的宫廷詩人所創作的宫體詩"綺錯婉媚"，以沈佺期、宋之問為代表的臺閣詩人文風靡麗，王勃、楊炯、盧照鄰、駱賓王的文章少有高潔之體，缺少蒼勁的風格。他認為惟有陳子昂的文風能够與"四傑"、沈佺期、宋之問等靡麗文風不同，陈子昂以高尚雅致、沖和淡泊的文風和清正剛直、質樸純真且不加文飾的體式創作文章，抑制沈佺期、宋之問、王勃、盧照鄰的靡麗文風，追求文章的古樸高雅。張振庸指出了陳子昂與初唐其他文人文風的差異，肯定了陳子昂以高雅沖淡、清新質樸的文風變革齊梁靡麗文風的功績。

因此，在本文看來，陳子昂生活在齊梁文風依然盛行的時期，他能够不隨波逐流而宣導復古革新，並在論、事、書、疏之類散文中實踐樸實流暢的文風，的確堪稱古文運動的先驅者。

綜上所述，歐陽修認為柳宗元為"韓門罪人"的説法是歐陽修在特定的歷史情境下得出的偏頗見解，並不是歐陽修本人對柳宗元散文成就的全部評價。宋代其他文人，尤其是古文家們對陳子昂的評價也並非全部受到所謂"韓門罪人"説的影響。韓、柳對陳子昂散文的態度並不如覓文生所認為的那樣模糊不清，也没有造成後世文人對陳子昂散文的負面評價。本文認為，後人少量的對陳子昂散文的負面評價，多為集中在歌頌武周政權這一點上而給予的道德評價，由於這是明顯的偏見，所以也不是主流看法。

（作者單位：成都工貿職業技術學院）

---

① （清）高步瀛：《唐宋文舉要》，上海：上海古籍出版社，1982年，第36頁。

② 張振庸：《中國文學史分論》，上海：商務印書館，1939年，第82頁。

韓偓《露》《六言三首》詩發覆與解讀

吴在慶

一

韓偓有首題為《露》的詠物詩，詩如下：

鶴飛千歲飲猶難，鶯舌偷含豈自安。光濕最宜叢菊亞，蕩搖無奈緑荷乾。
名因霈澤隨天眷，分與濃霜保歲寒。五色呈祥須得處，戛雲仙掌有金盤[①]。

在我國詩史上，詠物詩一般有兩種，一種是純粹詠物而别無寄托的，另一種是有所寄托寓意的。有所寄托寓意的詠物詩如為人稱道的初唐李義府的《詠烏》詩即是。宋人計有功《唐詩紀事》卷四《李義府》條載："義府初遇，以李大亮、劉洎之薦。太宗召令詠烏，義府曰：'日裏颺朝彩，琴中聞夜啼。上林如許樹，不借一枝棲。'帝曰：'與卿全樹，何止一枝！'"[②] 這種有所寄托寓意的詠物詩在韓偓詩集中亦不少見，這首《露》即是有所寄托寓意的詩作。

我們吟誦這首詩的八句，可謂句句緊扣露珠，從各個不同的角度描繪渲染乃至議論露珠。從純粹的詠物詩來考量，這首詩也是頗為成功的。然而當我們吟誦品味之際，覺得此詩並非僅僅是純粹的詠物詩，其中多有蘊藏於詞語詩句内，值得品味探究的寄托寓意在。

---

① （唐）韓偓著，吴在慶校注：《韓偓集繫年校注》卷二《露》，北京：中華書局，2015年，第405頁。以下引韓偓詩均見此書，容不具注。

② 計有功：《唐詩紀事》卷四，上海：上海古籍出版社，1987年，第52頁。

那麽這首詩有何寄托寓意呢？發覆解讀這種有所寄托寓意的詩作，尤其需要知人論世的説詩方法。因此要揭櫫這首詩的寄托寓意，我們就必須曉得韓偓其人以及賦此詩的時間、背景，否則我們就會墮入五里霧中而不得其解。

據清永瑢《四庫全書總目》卷一百五十一《韓内翰别集・提要》所載，我們可以略知韓偓之經歷與其人其詩："偓亦登龍紀元年進士第，昭宗時官至兵部侍郎、翰林學士承旨。忤朱全忠，貶濮州司馬，再貶榮懿尉，徙鄧州司馬。天祐二年，復故官。偓惡全忠逆節，不肯入朝，避地入閩，依王審知以卒。偓為學士時，内預秘謀，外争國是，屢觸逆臣之鋒。死生患難，百折不渝。晚節亦管寧之流亞，實為唐末完人。其詩雖局於風氣，渾厚不及前人，而忠憤之氣時時溢於語外。性情既摯，風骨自遒，慷慨激昂，迥異當時靡靡之響。其在晚唐，亦可謂文筆之鳴鳳矣!"①

瞭解了韓偓之經歷與其人其詩，要解讀這首詩還得考察詩人做這首詩的時間與背景。收有此詩的《全唐詩・韓偓集》，乃大抵按時間先後排列，而此詩編於《江岸閑步》詩後第六首。《江岸閑步》詩下小注云："此後壬申年作，在南安縣。"② 又此詩後第四首為《驛步》，其詩題下小注云："癸酉年在南安縣。"③ 此處壬申年即後梁乾化二年（912），癸酉年即後梁乾化三年（913），則此詩當作於後梁乾化二年，時詩人在南安。詩題為"露"，又有"光濕最宜叢菊亞，蕩搖無奈緑荷乾""分與濃霜保歲寒"等句，均為秋日景象，故此詩當為乾化二年秋作。此時韓偓為避後梁朱全忠政權所害，遠遁於閩王王審知治下的閩南南安縣内。從韓偓在這一時期的遭遇處境來品味這首《露》詩，我們更堅信它是有所寄托寓意的，而其各詩句所内藴的寓意亦可經過細細品味透露出來。下面即來發覆解讀各詩句，探索此詩之寓意。

詩題"露"，即露珠，甘露，詩中既是指自然界之露水，又用於比喻唐昭宗之恩澤。《新唐書・韓偓傳》載："帝反正，勵精政事，偓處可機密，率與帝意合，欲相者三四，讓不敢當。"④ 韓偓任職朝中正是如此"率與帝意合"，故獲得唐昭宗寵重，對此詩人曾在《六月十七日召對自辰及申方歸本院》詩中有"清暑簾開散異香，恩深咫尺對龍章。花應洞裏尋常發，日嚮壺中特地長"的感念皇恩的詩句，又在《錫宴日作》詩中云："臣心净比漪漣水，聖澤深於瀲灩杯。纔有異恩頒稷契，已將優禮及鄒枚。"兩詩中的"恩深""聖澤""異恩"均是表示唐昭宗對他的寵重及詩人的感戴之情，特别是"聖澤"一詞正是此詩之"露"的内在含義。因此"鶴飛千歲"句，正是以仙鶴千載尚難飲得甘露，來襯托比喻自己能獲

① （清）永瑢等：《四庫全書總目》卷一百五十一，北京：中華書局，1965年，第1302頁。
② 《全唐詩》卷六八一，北京：中華書局，1960年，第7807頁。
③ 同上，第7809頁。
④ （宋）歐陽修、（宋）宋祁等：《新唐書》卷一八三，北京：中華書局，1975年，第5389頁。

得皇恩，實在是千載難逢之隆遇。

那麼“鶯舌偷含豈自安”句又有何寓意呢？這裏關鍵在於對“鶯舌偷含”寓意的解讀，尤其是如何解讀“偷安”一詞。為了説明其含義，有必要瞭解韓偓移居南安縣前事關其身的兩件重要事情。我們知道韓偓因忠於唐室，忤逆朱全忠而貶為濮州司馬，後於“天祐二年，復故官。偓惡全忠逆節，不肯入朝，避地入閩，依王審知以卒”。考韓偓天祐二年復故官事，在其《乙丑歲九月在蕭灘鎮駐泊兩月忽得商馬楊迢員外書賀余復除戎曹依舊承旨還緘後因書四十字》詩中即可證實。其時他另有《病中初聞復官二首》，其二云：“又挂朝衣一自驚，始知天意重推誠。青雲有路通還去，白髮無私健亦生。曾避暖池將浴鳳，卻同寒谷乍遷鶯。宦途巇嶮終難測，穩泊漁舟隱姓名。”從此詩可知，韓偓是拒絶復官而情願隱遁的。實際上韓偓後來還有兩次被召復官而堅辭不赴之事。元馬端臨《文獻通考》卷二四三《經籍》七十謂：“石林葉氏曰：韓偓傳自貶濮州司馬後……其再召為學士，在天祐二年。……其後又有丁卯年正月《聞再除戎曹依前充職詩》，末句云‘豈獨鴟夷解歸去，五湖魚艇且餔糟’，天祐四年也。是嘗兩召皆辭，《唐史》止書其一。是歲四月，全忠篡，其召命自哀帝之世。自後復召，則癸酉年南安縣之作，即梁之乾化二年（慶按，“癸酉年”乃乾化三年，此謂乾化二年，誤），時全忠亦已被弒，明年梁亡。”[①] 又，明何喬遠《閩書》卷八《方域志・泉州府・南安縣・山・葵山》記韓偓：“昭宗既弒，哀帝復召為學士，還故官，偓不敢入朝，攜族依王審知，寓居南安。三年，復有前命，偓復辭，為詩曰：‘豈獨鴟夷解歸去，五湖漁艇且餔糟。’是年，全忠篡唐為梁。乾化三年，復召，亦辭不往。”[②] 據上述文獻，韓偓貶官後被召復故官凡三次，其中前兩次即在詩人遠避南安作《露》詩之前，最後一次則在賦《露》詩次年。由此可見在賦《露》詩前後，後梁朝廷一直没有放棄徵召他復故官之念；而在這種局勢下，韓偓則一直心存不仕後梁偽朝之念，一再堅辭復官，為此遠避南安。他如此堅辭復官，究其原因在於他認為後梁政權乃是弒殺唐昭宗後而立的偽政權，並且他一直感念著“聖澤深於瀲灩杯”的唐昭宗的恩澤。

與上述事有關的另一件是上文所提及的韓偓“不肯入朝，避地入閩，依王審知以卒”事。所謂的韓偓“依王審知”，據我們對韓偓的考察，這個“依”字其實是不够準確的，衹能理解為避難於王審知所管轄的閩國治下而已，而不能理解為依附於王審知政權。他終身未在王審知下任職，這就是他没有依附王審知的鐵證。儘管如此，王審知確實是有意重用他的，這衹要細味詩人《己巳年正月十二日自沙縣抵邵武軍將謀撫信之行到纔一夕為閩相急腳相召卻請赴沙縣郊外泊船偶成一篇》一詩即可明瞭（關於此事詳情容不在此處細説）。那麼詩人為何不依附王審知，不肯入仕其下為其效力呢？這是因為王審知雖然在唐亡前即

① （元）馬端臨：《文獻通考》卷二百四十三，北京：中華書局，1986 年，第 1923—1924 頁。

② （明）何喬遠編撰：《閩書》卷八，福州：福建人民出版社，1995 年。

在閩主政，但據《十國春秋》卷九十《司空世家》所載，在韓偓天祐三年（906）秋入閩後的次年，即梁開平元年（907）“五月己卯，梁加王（慶按：指王審知）兼侍中”[①]；“開平三年夏四月庚子，梁加王中書令、福州大都督長史，進封閩王”[②]。因此王審知在韓偓入閩後次年即依附朱梁政權，那麽在這種關係到政治歸屬名分的情況下，“己巳年”（即後梁開平三年，公元909年）正月韓偓不願為王審知所用，離開閩沙縣而“將謀撫信之行”，擬遠避到江西也就可以理解了。

我們提出的上述二事，又和“鶯舌偷含豈自安”詩句有何關係呢？上文提到韓偓在首次被徵召復故官時所作的《病中初聞復官二首》其二有云“曾避暖池將浴鳳，卻同寒谷乍遷鶯”。他明白此次復官是“天意重推誠”，他對復官之召的感覺是“卻同寒谷乍遷鶯”。值得注意的是這句詩字面上也與“鶯舌偷含豈自安”同用“鶯”字，且兩詩均用“鶯”以自喻。其實韓偓在《與吴子華侍郎同年玉堂同直懷恩敘懇因成長句四韻兼呈諸同年》詩中也早就有以鶯自喻的“往年鶯谷接清塵，今日鼇山作侍臣”之句。以此可見“鶯舌偷含豈自安”也是在以鶯自喻，自感如偷含了露珠（比喻唐皇之恩澤），又怎能自安呢？那麽在韓偓心中，又何謂“偷含”呢？我認為這裏的“偷含”既可指他貶謫後接受“復故官”，回到朱梁朝中官復原職，又可指依附王審知，為其效勞。在詩人心中，無論是復故官或是出自王審知的招邀，均是基於唐昭宗曾給他的寵愛恩澤，成就他的高官重位、聲名厚望。如果他接受上述兩種招邀，那就如鶯舌偷含露珠般地偷含皇恩，背負唐皇朝，這又怎能自安呢？

再試釋“光濕最宜叢菊亞，蕩搖無奈緑荷乾”兩句。從詠自然界露珠的角度來説，“光濕”乃謂露珠光澤濕潤。“叢菊亞”，亞乃低垂，謂叢菊飽承露珠之沾潤而枝葉低垂。此有如杜甫《春夜喜雨》詩之“好雨知時節，當春乃發生。隨風潛入夜，潤物細無聲。……曉看紅濕處，花重錦官城”之意。“蕩搖無奈緑荷乾”，從詠露層面上説，其意為無奈因狂風吹襲而使緑荷搖蕩，以致荷葉上的露珠滑落，荷葉也因失去甘露的滋潤而乾枯了。如此詠露，自然真實貼切，然而詩人之意並非僅止於此。蘊藏在“最宜”“無奈”神情之中的，尚有其未明説的家國興亡之間切身遭際的深沉嘆息與惋傷！因此，從政治寓托的角度品味這兩句，纔是詩人透過詠露表面所欲抒發之真意。

那麽這兩句所關涉的政治寓意各自何指呢？我以為這裏的“光濕”句，乃謂皇上隆恩曾普及自己與群臣。“光濕”，喻指皇上之恩澤；“緑荷”則喻指唐昭宗朝之衆臣。因此這一句所喻指的意思，是有詩人自身所經歷所感受的事實與情感為根據的，這可以用詩人自己的詩句以顯明之。其詠《露》之前的詩作《中秋禁直》云“長卿祗為長門賦，未識君臣際會難”；《錫宴日作》云“臣心浄比漪漣水，聖澤深於瀲灩杯。纔有異恩頒稷契，已將優禮

① （清）吴任臣撰：《十國春秋》，北京：中華書局，1983年，第1308頁。
② 同上，第1310頁。

及鄒枚”；《感事三十四韻》云“紫殿承恩歲，金鑾入直年。人歸三島路，日過八花磚。鴛鷺皆回席，皋夔亦慕膻。慶霄舒羽翼，塵世有神仙。雖遇河清聖，慚非岳降賢。皇慈容散拙，公議逼陶甄”。從上述這些盛稱隆恩的詩句，我們不難品味到詩人“光濕最宜叢菊亞”所蘊含的上述寓意。

“蕩搖無奈緑荷乾”的政治寓托又如何理解呢？此處“蕩搖”乃謂李唐政權遭到朱全忠等强蕃的叛亂攻擊，以致國家板蕩顛覆。“緑荷”則比喻李唐衆臣，“緑荷乾”乃謂因國家動亂、昭宗被弒，而使群臣無法得到皇上之雨露恩澤而蒙難。此誠如詩人《感事三十四韻》詩所言“萬乘煙塵裏，千官劍戟邊。……哀董非徒爾，師昭豈偶然。中原成劫火，東海遂桑田”。史乘也有這一動亂的真實記載，如《舊唐書·昭宗紀》天復元年載：“十月己卯朔。戊戌，全忠引四鎮之師七萬赴河中，京師聞之大恐，豪民皆亡竄山谷。十一月己酉朔。壬子，中尉韓全誨與鳳翔護駕都將李繼誨奉車駕出幸鳳翔。是日汴軍陷同州，執州將司馬鄴，華州節度使韓建遣判官李巨川送款。甲寅，汴軍駐靈口。乙卯，全忠知帝出幸，乃回兵攻華州。”① 又《資治通鑑》卷二六三天復三年記：“時鳳翔所誅宦官已七十二人，朱全忠又密令京兆搜捕致仕不從行者，誅九十人。”② 又“朱全忠以兵驅宦官第五可範等數百人於内侍省，盡殺之，冤號之聲，徹於内外”③，又同上書卷二六五天祐二年六月載“戊子朔，敕裴樞、獨孤損、崔遠、陸扆、王溥、趙崇、王贊等並所在賜自盡。時全忠聚樞等及朝士貶官者三十余人於白馬驛，一夕盡殺之，投屍於河”④。

“名因霈澤隨天眷，分與濃霜保歲寒。”解讀這兩句詩，先從語詞釋義及其句意解釋起。所謂的“名”，即名分，此謂露之名分。“霈澤”，雨水，此處又暗喻恩澤。唐李嘉佑《江湖秋思》詩：“共望漢朝多霈澤，蒼蠅早晚得先知。”⑤ 宋范仲淹《鄧州謝上表》：“乃宣霈澤，以安黎元。”“天眷”，上天的眷顧。南朝齊謝朓《三日侍華光殿曲水宴》詩：“天眷休明，且求至德。”唐任華《寄杜拾遺》詩：“英才特達承天眷，公卿無不相欽羡。”此處指唐昭宗的恩澤，亦兼謂皇帝之眷愛。“分”，職分、本分。“分與濃霜”乃謂霜乃天氣轉寒後由露水轉化而成，寒露與濃霜實共屬一體，故有“白露為霜”之説。“保歲寒”，語出《論語·子罕》：“歲寒，然後知松柏之後凋也。”《資治通鑑·陳宣帝太建十二年》：“梁主奕葉委誠朝廷，當相與共保歲寒。”此處喻忠貞不屈的節操（或品行）。因此結合韓偓當時的國家政治局勢以及詩人作為顛沛流離於閩中的故朝忠臣，他詩中的“名因”“分與”兩句，實謂雨露

① （後晉）劉昫等編：《舊唐書》，北京：中華書局，1975年，第773頁。

② 同上，第8593頁。

③ 同上，第8594—8595頁。

④ 同上，第8643頁。

⑤ 本文多涉及對詞語以及典故之詮釋，所引資料繁多，然多見於《漢語大詞典》所釋之相關條目，為免文繁，故容不一一注明資料出處。下同。

恩澤皆是唐皇所恩賜，故吾等處於局勢嚴酷之時，應保有忠貞不屈之節操，此乃人臣本分耳。

韓偓的這一詩句除了有感於自己復故官之召和王審知之邀招外，也有感於某些唐故臣接受後梁之任用而發。朱全忠篡奪李唐政權建立後梁之初即“奉唐昭宣帝為濟陰王……唐中外舊臣官爵並如故”①。當時不少李唐舊大臣如張文蔚、蘇循、張禕、楊涉、張策、薛貽矩、趙光逢等均靦顏以仕新朝。韓偓這一效忠李唐恥仕新朝的立場，也見於唐亡梁立之際所賦的《感事三十四韻》詩中：“濺血慚嵇紹，遲行笑褚淵。四夷同效順，一命敢虛捐。山嶽還青聳，穹蒼舊碧鮮。獨夫長啜泣，多士已忘筌。鬱鬱空狂叫，微微幾病癲。”後在梁開平三年（909）也有《余寓汀州沙縣病中聞前鄭左丞璘隨外鎮舉薦赴洛兼云繼有急徵旋見脂轄因作七言四韻戲以贈之或冀其感悟也》詩勸阻將入仕朱梁的唐尚書左丞鄭璘。他之所以這麼做，就在於他認為作為李唐舊臣，就不應改仕篡唐的偽梁政權，而應“分與濃霜保歲寒”。

“五色呈祥須得處，戛云仙掌有金盤。”這兩句均與露有關，後句之典見於《史記·孝武本紀》：“其後則又作柏梁、銅柱、承露仙人掌之屬矣。”索隱：“《三輔故事》曰：‘建章宮承露盤高三十丈，大七圍，以銅為之。上有仙人掌承露，和玉屑飲之。’故張衡賦曰‘立修莖之仙掌，承雲表之清露’是也。”② 金盤，即謂承露仙人掌。首句“五色”即五色露。漢郭憲《漢武帝別國洞冥記》卷二載：“東方朔曰：‘臣有吉雲草十頃，種於九景山東。二千歲一花，明年應生，臣走請刈之。得以秣馬，馬終不饑也。’朔曰：‘臣至東極，過吉雲之澤，多生此草，移於九景之山，全不如吉雲之地。’帝曰：‘何謂吉雲？’朔曰：‘其國俗以雲氣占吉凶，若樂事，則滿室雲起，五色照人，著於草樹，皆成五色露珠，甚甘。’帝曰：‘吉雲露可得乎？’朔乃東走，至夕而返，得玄露、青露，盛青琉璃，各受五合，跪以獻帝。遍賜群臣，群臣得嘗者，老者皆少，疾者皆愈。”③ “五色呈祥”亦比喻太平祥瑞之世。唐賈餗《五色露賦》：“表四方之具慶，故五色而俱出。”葛洪《西京雜記》卷五：“太平之世……雲則五色而為慶。”④ 呈祥，呈現祥瑞。得處，意為得有適當的處所。通讀“五色呈祥”兩句詩，其字面之意思乃謂欲得五色甘露，必須在有如東方朔所說之“吉雲之地”，而非“九景之山”。當然這兩句也有言外之音，實謂我欲蒙受甘露之恩澤，也需在“吉雲之地”，而非“九景之山”。其言下之意，乃需在“戛雲仙掌有金盤”之吉祥之地，亦即李唐王朝，而非朱氏梁朝或王氏閩國。於此可見詩人忠於唐昭宗，堅拒朱氏政權與王氏

---

① （宋）司馬光：《資治通鑑》，北京：中華書局，1956年，第8674頁。

② （漢）司馬遷：《史記》卷十二，北京：中華書局，1959年，第459頁。

③ （後漢）郭憲：《漢武帝別國洞冥記》卷二，《漢魏六朝筆記小說大觀》，上海：上海古籍出版社，1999年，第130頁。

④ （晉）葛洪：《西京雜記》卷五，《漢魏六朝筆記小說大觀》，上海：上海古籍出版社，1999年，第112頁。

閩國之召用，其決絶之意於此詩可見。

二

《韓偓集繫年校注》卷四有《六言三首》詩，詩如下：

一

春樓處子傾城，金陵狎客多情。朝雲暮雨會合，羅襪繡被逢迎。華山梧桐相覆，蠻江荳蔻連生。幽歡不盡告别，秋河悵望平明。

二

一燈前雨落夜，三月盡草青時。半寒半暖正好，花開花謝相思。惆悵空教夢見，懊惱多成酒悲。紅袖不乾誰會，揉損聯娟澹眉。

三

此間青草更遠，不唯空繞汀洲。那裏朝日纔出，還應先照西樓。憶淚因成恨淚，夢遊常續心遊。桃源洞口來否，絳節霓旌久留。

對於這三首詩之真僞、作年及其主旨之解讀，前輩學者已有所探討。徐復觀先生以為韓偓“另有《六言三首》。這些雜言詩有一共同的特點，即是粗率而不温婉，有似韓熙載。連上面《横塘》的詩，不妨推測這是韓熙載的大作”①。按，徐先生疑詩非韓偓作，所言不成理由，更缺乏必要的實證，不可據信，此處容不贅言。清末民初學者震鈞先生箋第一首云：“此初去國也。追憶舊恩而言，有沅芷澧蘭之慨。”箋第二首云：“此居貶所也。‘紅袖不乾誰會’，即‘自吟自淚無人會’也。‘揉損聯娟澹眉’，即‘誰適為容’意。”其箋第三首云：“此憶京師也。‘此間’，自謂也。‘那裏’，指長安也。‘西樓’，唐翰林在禁中西偏。‘朝日’，比君恩。‘桃源洞口’，指昔日錫宴之處，如曲江等處玉輦常經之所也。”② 對震鈞這一箋評，施蟄存先生《讀韓偓詞劄記》雖對“桃源洞口”之釋有所别解，但大致取贊賞態度，謂“謫仙怨三首，其一首箋云……按此諸解亦大致可從，惟桃源洞口二句，恐所擬不倫。考致光於天復三年二月被貶出關，轉徙不常，然蹤跡多在湘沅。至次年八月，朱全忠弑帝於椒殿。此詞必作於此一時期。桃源正在湘中，自是當時故實，蓋深憫帝之為朱全

① 徐復觀：《中國文學論集》，臺灣：學生書局，1976年，第283頁。

② （民）震鈞：《香奩集發微》，上海：掃葉山房，1924年，第4—5頁。

忠劫持，避秦無地，故有此語。夫曰‘來否’，可知其必非‘那裏’之事也。余以為此三章必致光有意擬《謫仙怨》而作，非偶合也。然又不欲名著其意緒，但以《六言三首》為題，遂以豔詞瞞過天下後世讀者。王國維浮槎尋源，揭著其本題，發覆抉隱，可謂快事。惜震氏未嘗經意及此，然由此亦可為震箋之佐證，《發微》之作，故未必純以意逆也。”① 上述震鈞、施蟄存之説我以為均有所誤解誤箋，此誤在三方面，即此詩是否有意擬《謫仙怨》而作；詩作年；詩作語詞、主旨之解讀。

關於詩是否有意擬謫仙怨而作問題。如上所引，施蟄存先生贊賞王國維先生將此《六言三首》題為《謫仙怨》。但現代學者任半塘先生《唐聲詩》第十《六言八句》謂“王國維跋韓偓《香奩集》，指六言八句三首云：‘比三臺多二韻，比馮延巳《壽山曲》少一韻。考唐人劉長卿、竇弘餘等皆填此，調名《謫仙怨》’”。又謂“林大椿《唐五代詞》據王説，録韓辭三首於校記中，而冠以‘謫仙怨’調名，錯誤之極！蓋韓辭次首起句云：‘一燈前、雨落後，三月盡，草青時。’作三字折腰句法，為《謫仙怨》調所絶無，一也。韓辭前二首三四兩句以平起，與本調以仄起者異，二也。韓辭末首僅葉四韻，本調概葉五韻，三也。六言八句除本調外，尚有上列之《破陣樂》（二），安見韓辭必為本調，而不為《破陣樂》（二）歟？四也。——聲詩不為近代學者所習，乖戾情況有如此者，不得謂之不嚴重”②。曾昭岷、曹濟平等編著《全唐五代詞》本亦認同任半塘之説云：以下“三首本六言詩，諸本《香奩集》俱題作《六言》。王輯本援劉長卿、竇弘餘詞例，收作《謫仙怨》詞，《唐五代詞》因之收入，《唐聲詩》下編第三二九至三三〇頁已辨其非”③。據此可見此三首《六言》詩本非《謫仙怨》詞，因此以為韓偓此三首詩乃有意擬謫仙怨而作，並以《謫仙怨》之題意解讀此三首詩，實為誤判。

此詩之作年，震鈞以為乃韓偓貶後“居貶所”時作，也就是在天復三年（903）之後作。施先生以為“桃源正在湘中”，詩乃作於韓偓貶謫至湖南的天復三四年間。總之兩位均認為是韓偓貶謫後之作，並以韓偓在此時之經歷、處所、情感等解讀此詩。按，《六言三首》見於韓偓集各種版本之《香奩集》。關於《香奩集》，陳寅恪先生《唐代政治史述論稿》中云：“韓偓以忠節著聞，其平生著述中《香奩》一集，淫豔之詞亦大抵應進士舉時所作。”④ 據我考察，陳先生所言確實可信。《香奩集》中詩多是創作於其應進士舉時，衹有《代小玉家為蕃騎所虜後寄故集賢裴公相國》《無題》《寄遠》《裹娜》《多情》《思録舊詩於卷上淒然有感因成一章》等不到十首詩為入仕後以及貶官寓居福建時所詠，而這些作於入

① 施蟄存：《讀韓偓詞劄記》，《中華文史論叢》1979年第2期，第279頁。
② 任半塘：《唐聲詩》下編，上海：上海古籍出版社，1982年，第329—330頁。
③ 曾昭岷、曹濟平等編撰：《全唐五代詞》，北京：中華書局，1999年，第1060頁。
④ 陳寅恪：《唐代政治史述論稿》，上海：上海古籍出版社，1997年，第90頁。

仕後的詩歌也是與政治寓托了不相關的。在我看來，《香奩集》中的大部分詩作多是表現男女戀情的詩歌，而其中的一部分很可能與詩人早年的一段刻骨銘心而終“一生贏得是淒涼”的未果愛情經歷有關。我們現在所論的《六言三首》並沒有作於韓偓貶後的靠得住的證據，也與政治寓托無關，因此對於這首作於早在貶謫之前的詩作，用其貶後的經歷、處所、情感等來解讀就必然失之千里。

綜上所述可知由於震鈞、施蟄存二位對《六言三首》的創作年代和詩題名的誤判，因此他們對此詩的語詞、主旨的解讀也就多有誤解了。我認為此詩三首是純粹表現男女戀情的詩歌，這從詩之字面與情感是可以領會的。為了更準確地解讀這三首詩，其中的某些語詞、句子及其典故，還需加以闡釋以明確其內涵，以便更清楚地揭櫫其主旨，證明三首詩確實是没有政治寓意的男女戀情詩。

先闡釋第一首。“春樓處子”句：春樓，此指處子所居之閨樓。陳後主《採桑》：“春樓髻梳罷，南陌競相隨。……不應歸獨早，堪為使君知。”南朝陳張正見《採桑》：“春樓曙鳥驚，蠶妾候初晴。迎風金珥落，嚮日玉釵明。”處子，猶處女，指待字閨中之女子。《莊子·逍遥游》：“藐姑射之山，有神人居焉，肌膚若冰雪，綽約若處子。”唐韓愈《送區弘南歸》詩：“處子窈窕王所妃，苟有令德隱不腓。”傾城，即傾國傾城，謂極為美麗之女子。典出《漢書·外戚傳上·李夫人》：“延年侍上起舞，歌曰：‘北方有佳人，絶世而獨立，一顧傾人城，再顧傾人國。寧不知傾城與傾國，佳人難再得！’”

“金陵狎客”句：狎客，指親昵接近常共嬉游飲宴之人。《陳書·後主沈皇后》附《張貴妃傳》：“後主每引賓客對貴妃等，游宴則使諸貴人及女學士與狎客共賦新詩，互相贈答。採其尤豔麗者以為曲詞，被以新聲，選宮女有容色者以千百數，令習而歌之。”此句暗用《陳書·江總傳》所記江總等人為“狎客”事字面：“總篤行義，寬和溫裕，好學能屬文，於五言七言尤善，然傷於浮豔，故為後主所愛幸。多有側篇，好事者相傳諷玩，於今不絶。後主之世，總當權宰，不持政務，但日與後主游宴後庭，共陳暄、孔範、王瑗等十餘人，當時謂之狎客。”值得一提的是此處“狎客”僅用其字面以影寫男方，而與出典之具體史事無影射關係。

“朝雲暮雨”典出於宋玉《高唐賦序》：“昔者楚襄王與宋玉游於雲夢之臺，望高唐之觀，其上獨有雲氣……王問玉曰：‘此何氣也？’玉對曰：‘所謂朝雲者也。’王曰：‘何謂朝雲？’玉曰：‘昔者先王嘗游高唐，怠而晝寢，夢見一婦人，曰：“妾，巫山之女也，為高唐之客。聞君游高唐，願薦枕席。”王因幸之，去而辭曰：“妾在巫山之陽，高丘之阻，旦為朝雲，暮為行雨，朝朝暮暮，陽臺之下。”’”會合，此處謂男女歡會事。

“羅襪繡被”句：羅襪，三國魏曹植《洛神賦》：“體迅飛鳧，飄忽若神。淩波微步，羅襪生塵。……華容婀娜，令我忘餐。”繡被，南朝梁吴筠《詠少年》：“董生唯巧笑，子都信美目。百萬市一言，千金買相逐。不道參差菜，誰論窈窕淑。願言捧繡被，來就越人宿。”逄迎，南朝宋謝靈運《江妃賦》：“覃曩日之敷陳，盡古來之妍媚。矧今日之逄迎，邁前世之靈異。姿非定容，服無常度。兩宜觀嚬，俱適華素。”南朝陳張正見《採桑》：“葉高知手弱，枝軟覺身輕。人多羞借問，年少怯逄迎。”“羅襪繡被”句，蓋兼取上述詩賦意以表達幽會時兩情之歡悦。

“華山梧桐”句：《孔雀東南飛》：“兩家求合葬，合葬華山傍。東西植松柏，左右種梧桐。枝枝相覆蓋，葉葉相交通。”此句即用上述詩意表示兩情之交歡。

“蠻江”句：蠻江，指四川青衣江。因自塞外流入樂山境與岷江會合，故稱。亦泛指南方少數民族聚居地帶的江水。宋蘇軾《初發嘉州》詩：“錦水細不見，蠻江清可憐。”王十朋注引林子仁曰：“蠻江，陽山與青衣江也。”查慎行注：“《太平寰宇記》：青衣水，濯衣即青，故名。至龍游縣，與汶水合，以其來自徼外，故曰蠻江。”荳蔻，亦名豆蔻，植物名。紅豆蔻生於南海諸谷中，南人取其花尚未大開者，名含胎花，言如懷妊之身。詩人或以喻未嫁少女，言其少而美。唐杜牧《贈别》：“娉娉嫋嫋十三餘，荳蔻梢頭二月初。”“蠻江荳蔻連生”句，喻男女親密交歡事。此句用梁簡文帝《和蕭侍中子顯春别四首》之一詩句意：“别觀蒲萄帶實垂，江南荳蔻生連枝。無情無意又如此，有心有恨徒别離。”

“秋河悵望”句：秋河，指銀河。南朝齊謝朓《暫使下都夜發新林至京邑贈西府同僚》詩：“秋河曙耿耿，寒渚夜蒼蒼。”南朝梁簡文帝《七勵》：“秋河曉碧，落蕙山黄。”此句乃用牛郎織女七夕鵲橋相會，翌日清晨分别故事。

從上所釋，可以明確此詩是寫男女幽會歡愛的詩作，故首兩句從“春樓處子”“金陵狎客”寫起，後又有“朝雲暮雨”“幽歡不盡”等句詠男女之幽會歡愛。

再釋第二首。此詩乃分寫女子於春三月為相思而愁泣。首二句點明在三月春末時節，女子於雨夜之燈前正陷入相思。所謂“半寒半暖正好”，乃謂此時節乃歡會之佳時也；“花開花謝相思”，乃言女子目睹花開花謝，而更感青春大好時光之流逝，以此引發相思，冀盼相會以共度華年。“惆悵”“懊惱”二句，謂因相思之惆悵而成空相見於夢中，以此反而更為懊惱，以致得以酒解愁。然飲酒不僅未能消愁，反而更為悲愁矣。“紅袖不乾”，意為女子傷心，不斷落淚，淚濕衣袖，久久未乾。“誰會”，即誰能領悟、理解。會，領悟、理解。《韓非子·解老》：“其智深則其會遠。”唐于濆《擬古諷》詩：“余心甘至愚，不會皇天意。”“聯娟”，《文選·宋玉〈神女賦〉》：“眉聯娟以蛾揚兮，朱唇的其若丹。”李善注：“聯娟，微曲貌。”曹植《洛神賦》：“雲髻峩峩，修眉聯娟。”從上所釋可見，此詩純粹是描寫女子相思之作，震鈞謂此詩“此居貶所也”，意為詩乃韓偓被貶後所作，借此詩以寫其貶中心情。所説實為誤會，不可據信。

最後闡釋第三首。這一首乃男子回應第二首女子之相思之作，以首二句以及五六兩句尤為明顯。“此間青草更遠”二句乃接第二首的“三月盡草青時”而來，且所含寓意更為豐富綿遠。它令我們聯想起古詩《飲馬長城窟行》中的“青青河畔草，綿綿生遠道。遠道不可思，宿昔夢見之。夢見在我傍，忽覺在他鄉。他鄉各異縣，輾轉不可見”，以及李煜《清平樂》的“離恨恰如春草，更行更遠還生”句的情感意緒。值得一提的是“此間”即謂詩中的“汀洲”，乃詩中男子游處之地，並與下句女子所處之地“那裏”對舉照應。震鈞解讀“那裏朝日纔出，還應先照西樓”云：“‘西樓’，唐翰林在禁中西偏。‘朝日’，比君恩。”此解未諦。其實“西樓”乃指女子所處“那裏”的居樓，而“朝日”亦指一般的旭日，兩者均別無特殊寓意。而且“朝日”在時間上乃照應並接續上首的“雨落夜”“夢見”而來，表明男子翌日清晨在“夢游”之後的他鄉，同樣也處於相思之中，揣摩想象著心中眷念的女子。“憶淚因成”二句，乃接續照應上首女子之“惆悵空教夢見，懊惱多成酒悲”之句，描狀男子昨夜也苦苦思念著心中女子之情狀。此處的“恨淚”乃因思憶之淚轉化而成，而所謂的恨，乃是思憶卻不得相見之恨；“夢游”是在接續心游之後，乃由心中苦苦相思而轉入夢境。兩者之情感均是越轉越深，日益强烈，真有“中心藏之，何日忘之”之纏綿深情。

對這首詩中“桃源洞口”的理解也有歧解。震鈞認為“‘桃源洞口’，指昔日錫宴之處，如曲江等處玉輦常經之所也”；而施蟄存則以為“桃源正在湘中”，是實指詩人所在之地。兩者的解讀均因政治化此詩而有違詩意，其實它衹是以典故寫男女戀情而已。先解釋“絳節霓旌”。絳節是傳説中上帝或仙君的一種儀仗。唐杜甫《玉臺觀》詩之一：“中天積翠玉臺遥，上帝高居絳節朝。”宋陸游《老學庵筆記》卷九：“天下神霄，皆賜威儀，設於殿帳座外。……六物：曰錦傘、曰絳節、曰寶蓋、曰珠幢、曰五明扇、曰旌。”霓旌，相傳仙人以雲霞為旗幟，故稱。《楚辭·劉向〈九嘆·遠逝〉》：“舉霓旌之墆翳兮，建黄纁之總旄。”王逸注：“揚赤霓以為旌。”唐韋莊《喜遷鶯》詞：“香滿衣，雲滿路，鸞鳳繞身飛舞。霓旌絳節一群群，引見玉華君。”再看“桃源洞”之典。我以為此典乃指劉義慶《幽明録》所載劉晨、阮肇的故事。二人共入天台山，迷不得返，“遥望山上有一桃樹，大有子實，而絶巖邃澗，永無登路。攀援藤葛，乃得至上。各啖數枚，而饑止體充”。後下山遇見“溪邊有二女子”，邀其至家中，“食畢行酒，有一群女來，各持五三桃子，笑而言：‘賀汝婿來。’酒酣作樂”。半年後，兩人方得出山回家①。詩人以此故事，寄予著期盼眷念中的女子能如仙女般降臨相見的願望。

總而言之，通過上述闡釋解讀，我以為此《六言三首》乃一組詩，均詠男女之情愛相思。首篇乃總寫，合詠男女雙方之歡愛；第二首乃分寫相思中之女子，以女子為主角；第三首則寫男子之思念女子，以男子為主角。故“此間”指男方，“那裏”指女方。“憶淚”

① 劉義慶：《幽明録》，《漢魏六朝筆記小説大觀》，第 697－698 頁。

“夢游”兩句，均寫男子之思念盼望女子。末兩句亦緊承上兩句意脈，喻女子為神仙，盼望其來臨也。震鈞所謂“此憶京師也”云云，乃失於附會，不可信。

（作者單位：廈門大學中文系）

南唐抗擊吴越的常州之役述論

楊偉立

南唐抗擊吴越的常州之役，發生在保大十四年（後周世宗顯德三年，公元 956 年）三月。這時，後周世宗柴榮發動的討伐南唐的戰爭已經進行五個月了。在這五個月的戰爭中，南唐方面屢屢失利，幾乎不能支持。在一片失敗的沮喪聲中，南唐柴克宏、陸孟俊等一舉戰勝奉世宗之命而來的吴越軍，大大地鼓舞了士氣，振奮了民心。南唐軍民乘勝反攻，取得顯著的戰果，呈現非常有利的轉機，也許南唐將從此走出困境。然而，歷史的現實所展示的圖景是：南唐在壽州決戰中全面崩潰，一蹶不振，淪為後周附庸。

常州之役，無論從什麽角度審視，對南唐來説，都有它的重要意義，是南唐史上的重要事件。而史書記載相當簡略，很不全面，又摻和著陳仁杲的幽贊，使常州之役蒙上“大君昭感”的神秘色彩，貶低了柴克宏、陸孟俊、趙仁澤、何重貴等將領與廣大戰士、民衆捍衛南唐的豐功業績。

本文試圖根據現存的有限史料，梳理事件的原委，剔除不合理的神秘成分，還它以本來面目，同時也探討導致南唐失敗的原因。

一、常州之役前，淮甸戰場的形勢

保大十三年（955）十一月一日，周世宗發兵討伐南唐，來勢迅猛，水陸齊攻，震撼南唐。世宗在《喻淮南郡縣詔》中説：“今則推輪命將，鳴鼓出師，征浙右（指吴越——筆者）之樓船，下朗陵（指楚國——筆者）之戈甲，東西合勢，水陸齊攻。”[①] 即從南唐的左中右三方發起猛攻。“周師俄至，（南唐）頹然無備，（元宗）神情委懾，若無所措。”[②] 南唐上下，一片震驚和慌亂。

戰爭從壽州（治今安徽壽縣）開始。這時，劉仁贍做清淮軍節度使（駐節壽州），“部分守禦，無異平時”[③]。倉卒之間，元宗李璟以神武統軍劉彦貞為北面行營都部署，領兵兩萬赴壽州，皇甫暉為應援使，姚鳳為應援都監，領兵三萬趨定遠（屬濠州。在州南八十里）。到保大十四年（956）正月，後周的前綫總指揮李穀攻壽州，久不能克。南唐的劉彦貞發兵三萬，又發戰艦數百艘趨正陽（在壽州西，周兵在正陽建浮橋），展開衝斷浮橋架勢。李穀畏懼，焚燒芻糧，退保正陽。“吴人以穀為懼，乃發兵三萬餘，旌旗輜重數千里，又發戰櫂二百餘艘以張斷橋之勢，列陣鼓譟而北，横佈拒馬以萬數，皆貫以利刃，維以鐵索，又刻木為戰形，立陣前，號捷馬牌，皮囊貯鐵蒺藜以佈戰地。……（周師）合勢攻之，一鼓而敗，斬首萬餘級，追奔二十餘里，殺大將劉彦貞，擒裨將盛（咸）師朗等數十人，降三千人，獲戈者三十萬。”[④] “自楊氏王吴，淮甸之人，不識干戈者二十餘年，及彦貞敗，民皆恟懼。”[⑤]

正陽之敗，南唐的應援使皇甫暉退保滁州清流關。二月，後周軍又敗南唐軍於清流關下，生擒皇甫暉、姚鳳於滁東門之外，攻下滁州，切斷了壽州與東面的聯繫。南唐元宗李璟趕緊派王知朗帶著他的書信抵徐州[⑥]。書稱：“願陳事兄，永奉鄰歡，設或俯鑒遠圖，下交小國，悉班卒乘，俾乂蒼黔，慶雞犬之相聞，奉瓊瑤以為好，必當歲陳山澤之利，少助軍旅之須。……道塗朝坦，禮幣夕行。”[⑦] 世宗不予回答。李璟懼怕亡國，又遣翰林學士、户部侍郎鍾謨，工部侍郎、文理院學士李德明奉表稱臣，見周世宗於壽州城下，請求停戰。世宗對使者説：“歸告汝主：亟來見朕，再拜謝過，則無事矣，不然，朕欲觀金陵城，借府庫以勞軍，汝君臣得無悔乎！”[⑧]

二月乙酉，後周軍進入揚州。庚寅，楚軍拔鄂州長山寨。辛卯，唐天長制置使耿謙降，獲芻糧二十餘萬，後周下泰州。

---

① （宋）薛居正等：《舊五代史》卷一百一十五《周世宗紀》，北京：中華書局，1976年，第1534頁。

② （宋）龍袞撰：《江南野史》卷二《嗣主》，《四庫全書·史部·載記類》。

③ （宋）司馬光：《資治通鑑》卷二百九十二“後周世宗顯德二年十一月”條，北京：中華書局，1956年，第9533頁。

④ （元）脱脱等：《宋史》卷四百八十四《周三臣·李重進傳》，北京：中華書局，1985年，第13976頁。

⑤ （宋）馬令：《南唐書·嗣主書》保大十三年十一月，《四庫全書·史部·載記類》。

⑥ 《舊五代史》卷一百一十六《周世宗紀》顯德三年二月“甲戌，江南國主李璟遣泗州牙將王知朗齎書一函至滁州”，滁州，誤。

⑦ （宋）薛居正等：《舊五代史》，北京：中華書局，1976年，第1542頁。

⑧ （宋）司馬光：《資治通鑑》卷二百九十二“後周世宗顯德三年二月”條，北京：中華書局，1956年，第9540頁。

三月初，南唐光州刺史逃跑，都監張承翰以城降周。周兵又攻下舒州。南唐元宗遣司空孫晟、禮部尚書王崇質入周，請比吴越、楚國，願做附庸。

李璟卑辭厚幣求和，都不能使周世宗滿意。

到三月十九日（常州戰役進入第二階段）前幾天，後周軍已經佔領泰、揚、滁、光、舒、和六州。周世宗務必要得到長江以北諸州纔甘心。他告誡李璟："淮南部内，已定六州，廬、壽、濠、黄，大軍悉集，指望克日，拉朽焚枯，其餘數城，非足介意。必若盡淮甸之土地，為大國之隄封，猶是遠圖，豈同迷複。"①

淮南形勢嚴峻，李璟感到非常危急，常州方面又出現吴越軍隊的進攻。

二、常州抗擊戰

周世宗在發動討伐南唐戰爭之初，便嚮吴越、楚國指示，要他們配合，二國自然積極回應。顯德三年（保大十四年，公元956年）正月，周世宗來到淮南，詔吴越"王以國兵分路進討"。二月，吴越王俶命丞相吴程、前衢州刺史鮑修讓等攻常州，命指揮使駱彦銖攻宣州，命都指揮使羅晟等督水軍駐紮江陰，"應王師也"②。

吴程攻常州，破常州外城，執團練使趙仁澤。何重貴率領前軍，"獨當强寇，以忠貞為甲胄，以恩信為金湯，首挫敵鋒，力全郡壘"③。這是常州抗擊戰的第一階段。

吴越軍在常州發起進攻，李璟擔心會侵逼潤州。這時，李璟的長子弘冀任宣潤大都督，駐在潤州。常、潤間的距離纔171里④。李璟知道弘冀不練軍事，打算把他調回金陵。部將趙鐸嚮弘冀進言："大王元帥，衆心所恃，逆自退歸，所部必亂。"⑤ 弘冀接受了趙鐸的意見，辭不就征，部分諸將，作戰鬥準備。

當時吴越軍在常州活動，南唐方面也在考慮派遣將官前往抵抗。但派誰去，躕躕未決。正在常州岌岌可危的時刻，柴克宏挺身而出，毅然要求赴常州，擔當抗擊吴越軍的重任。

柴克宏，楊吴名將柴再用的兒子，蔭為郎將，累官至龍武軍都虞候。柴克宏一貫為人低調，以聲酒為務，雖身為軍官，口不言軍事，一般人都認為他没有軍事才幹。關於他被

---

① （宋）薛居正等：《舊五代史》卷一百一十六《周世宗紀》，北京：中華書局，1976年，第1544頁。

② （宋）錢儼：《吴越備史》卷四，《四部叢刊續編》史部，上海：上海書店，1984年。

③ （宋）徐鉉：《徐公文集》卷十《武烈帝碑》，《四庫全書·集部·别集類》。

④ 《元豐九域志》卷五《兩浙路·潤州·地理》："東南至本州界一百二十里，自界首至常州五十一里。"（宋）王存撰：《元豐九域志》，北京：中華書局，1984年。

⑤ （宋）司馬光：《資治通鑑》卷二百九十三"後周世宗顯德三年三月"條，北京：中華書局，1956年，第9550頁。

任用，南唐朝廷中存在爭議。周應合著的《景定建康志》卷十二述其情況說：

柴母（柴克宏的母親）上表，臣妾長男克宏堪任指揮。樞密李徵古奏曰："此人雖良將之子，素無聲望，觀之乃尋常之人，請勿用。紫母又上表："……妾見克宏舉止有父風也，若用之，必能集事。如不勝任，甘受族誅。"

爭論的結果，元宗任命柴克宏為抗擊吳越的總指揮。

樞密副使李徵古不贊成任用他，元宗又憑什麽任用他呢？周應合說：

嗣主（元宗李璟——筆者）召克宏入見，詢以謀略。克宏曰："周師北入，尚隔長江，馬鞭雖長，未能及腹；越人東侵，咫尺畿甸；臣謂舉兵東嚮，先掃越人，然後北跨長江，取安淮甸。"①

柴克宏這番話，言語不多，卻概括全面，主次分明，十分精審。他指出：當時的戰場在長江以北。長江天塹，自古以來的軍事家都認為是隔斷南北的一條天然防綫。即是說，在保大十四年三月的時候，後周兵力還没有渡過長江，"馬鞭雖長，未能及腹"。後周軍隊未能逾越長江，相對來說，南唐京城金陵有天然防綫保護，還是安全的。常州就不一樣。常州地處長江以南，與金陵的距離衹有470里②，故他說"咫尺畿甸"。意思是：吳越軍出現在常州（同時，還有一支吳越軍在進攻宣州），猶如後周在長江以南開闢了第二戰場，攻下常州，直指金陵，一旦南唐政權中心被衝垮，將會是什麽局面？所以他指出"舉兵東嚮，先掃越人"，不能讓吳越軍隊在常州落足，務必要把他們掃除。這一步完成後，長江以南無戰事，再出兵"北跨長江，取安淮甸"。

柴克宏對整個形勢的分析和方略是正確的，但衹代表某方面。於是，元宗任命他為右武衛將軍，率領軍隊救常州，又任命袁州刺史陸孟俊率軍前來會同作戰。

在這間不容髮的時刻，身為樞密副使的李徵古繼續從中阻擾刁難。調撥的士兵，都是年老有病的人；鎧甲兵器，又都是朽壞傢伙，拒不更换；柴克宏到了潤州，李徵古遣人去召還，另外派人。宣潤大都督弘冀支援柴克宏，說："君但前戰，吾當論奏。"乃嚮元宗上表，稱"克宏才略，可以成功，常州危在旦暮，不宜中易主將"。克宏領兵直赴常州，李徵

① （宋）周應合撰，王曉波校點：《景定建康志》卷十二，《宋元珍稀地方志叢刊》甲編（1—3），成都：四川大學出版社，2007年。

② 《元豐九域志》卷六《江南東路·江寧府·地理》："東南至本府界二百八十五里，自界首至常州二百八十五里。（宋）王存撰：《元豐九域志》，北京：中華書局，1984年。

古又遣使召之，克宏遂斬使者①。

三月壬子（十九日。甲午為初一日），克宏來到常州，進行了激烈的抗擊。常州之役進入第二階段。經過兩天戰鬥，抗擊戰結束了，斬首萬級，俘虜吴越將佐數十人，南唐獲得全勝。

這場戰鬥無疑是激烈的，諸書記載不够全面，有的説勝利的力量來自陳仁杲的幽助，有乖事實。今所見記載中，有三種為代表。

徐鉉是當時人，應該是最得實情的人。他寫道：

丙辰歲（保大十四年——筆者），金革爰興，師徒四出，師屯細柳，火照甘泉。蠢兹越人，伺隙稱亂，焚我郊保，軼我封陲，宵災禦亭，晨圍武進。天子為之旰食，東郊於是弗開。於時令儲後以長子率師，以九命作伯，風行京口，氣懾句吴，激大意以推心，授成謀而警衆。右武衛將軍柴克宏，見危授命，臨難忘生，總帥禁兵，星夜赴援。人懷國恥，如報私仇，軍政肅而上下接和，人心感而神祇助順。若昆陽之雷電震耀，淮、淝草木之形勝，兵勢飆馳，醜類氷泮②。

其次，陳彭年《江南别録》説：

淮上用兵，錢塘乘虚圍我常州，命將軍柴克宏往救。常州有陳仁杲祠。克宏將戰，夜夢陳仁杲曰："吾遣陰兵助爾。"及戰，有黑牛二頭衝錢塘之陣，我師繼之，乃大破之，斬首萬餘，遂解常州之圍③。

第三，《通鑑》卷二百九十三"後周世宗顯德三年三月"條説：

先是，唐主遣中書舍人喬匡舜使於吴越④，壬子（三月十九日——筆者），柴克宏至常州，蒙其船以幕，匿甲士於其中，聲言迎匡舜。吴越邏者以告，程曰："兵交，使在其間，不可妄以為疑。唐兵登岸，徑薄吴越營，羅晟不力戰，縱之使趣（趨）程帳，

① （宋）司馬光：《資治通鑑》卷二百九十三"後周世宗顯德三年三月"條，北京：中華書局，1956年，第9540頁。

② （宋）徐鉉：《徐公文集》卷十《武烈帝碑》，《四庫全書·集部·别集類》。

③ 馬令《南唐書·柴克宏傳》同。陳仁杲，亦作陳果仁。兩《唐書》的《沈發興傳》均作陳果仁。關於陳果仁廟，馬令《南唐書·柴克宏傳》、陳彭年《江南别録》《常州志》《輿地紀勝》均言在常州；《寰宇記》卷八十九"潤州丹陽縣"下云："武烈帝廟在縣東南一里，隋司徒陳果人也。"《寰宇記》誤。

④ 馬令《南唐書》卷十《游簡言傳》："淮上兵起，越人背盟寇昆陵，乃除簡言中書侍郎，奉使讓越……至境，召還。"或因此有喬匡舜使吴越的事。兩《南唐書》的《喬匡舜傳》均不載匡舜使吴越事。

程僅以身免。克宏大破吴越軍，斬首萬級。

這三段文字都是説南唐抗擊吴越取得重大勝利。至於為什麽取勝、憑什麽取勝，則有不同的認識。歸納起來，有兩種解釋：（1）最根本的是神力——陳仁杲的幽助，以徐鉉、陳彭年、馬令為一方。（2）柴克宏的智慧和將士們的英勇戰鬥。主要以司馬光，還有《景定建康志》的作者周應合及陸游為一方，他們根本不提陳仁杲的幽助。《通鑑》所記，是諸家中最詳細的一條。固然神力幽助説不可信，但在柴克宏指揮的常州之役的具體情况下，又有真實的因素，把數條資料綜合起來看，這兩種説法又相得益彰。

首先，喬匡舜出使吴越未歸，柴克宏巧妙地利用了這件事。柴克宏在戰鬥前放話，他來的任務是迎接喬匡舜回南唐，用以麻痹對方，使吴越軍的指揮官喪失警惕性，“不妄以為疑”，因而南唐船隊没有遇到抵抗，就迫近岸邊，直接衝嚮吴越軍營，使吴越措手不及。

其次，黑牛助陣，假借陳仁杲幽助，大造聲勢，威懾對方。常州有隋將陳仁杲祠，柴克宏便造勢稱陳仁杲托夢，説：遣陰兵相助，先使二黑牛直突吴越軍營，吴越軍見之喪膽，這是先聲奪人的高招，正是柴克宏的智慧。“兵者，詭道也。”“此兵家之勝，不可先傳也。”①

第三，乘吴越軍將領的矛盾，集中兵力攻其指揮部——吴帳。錢俶派遣的吴程、鮑修讓、羅晟三位官員本是老搭檔。昔年，他們一同支援福州，吴程為鎮將，鮑修讓為戍將，吴程與鮑、羅有矛盾。這次，他們三人又一同領兵攻常州，“程抑挫之，二人皆怨”。“唐兵登岸，徑薄吴越營，羅晟不力戰，縱之使驅吴帳，吴程僅以身免。克宏大破吴越兵，斬首萬級。”其戰况之激烈，可想而知。

常州之役，袁州刺史陸孟俊奉命率軍會戰，立有大功。《舊五代史·周書·世宗紀》説：顯德四年四月“辛末，揚州奏：江南大將破浙軍於常州。初，兩浙錢俶承詔遣部將率兵攻常州，為江南大將陸孟俊所敗，將佐蹈没者甚衆”。

抗擊吴越軍的常州之役，在柴克宏的指揮下，大約衹有兩天，南唐軍就獲得全勝了。

吴越還有一支攻擊宣州的軍隊，由於宣州的城塹整治，器械無缺，進攻不能下。吴越軍在常州失敗的消息傳出，三月二十二日，這支吴越軍也撤退了。

三、常州之役勝利的意義

常州大捷，是周、南唐開戰以來，南唐取得的唯一一次勝利，而且是重大的勝利。自

① 《孫子兵法·計篇》。

從淮甸戰場拉開以來，南唐軍隊接連失敗，李璟不斷派遣使者嚮世宗求和，世宗務必要得長江以北十四州為目的，元宗又不甘心。正值元宗為難之際，柴克宏、陸孟俊等在常州擊敗了吳越軍，在宣州的吳越軍也隨之撤出南唐境，消除了江南有第二戰場之虞，金陵的安全有了保障，穩住了江南的局面。同時，常州大捷，大大地鼓舞了士氣，振奮了人心。“三月，柴克宏卒。諸屯田相率起義，以農器為兵，襞紙為鎧，處處保聚，號曰白甲兵。”① 而且，起義隊伍迅速擴大。“自邗溝以北，皆群聚而成團，糊紙為甲，壞鋤耰為（兵）器，因廢壘為固，官兵（指後周軍隊——筆者）與之對，則往往折北。”②

常州之役後，淮甸戰場形勢發生了根本轉變，即南唐從被動挨打，轉變為積極反攻；後周從積極進攻，不斷取勝，轉變為被動挨打，往往敗北。這個變化，是以常州抗擊戰勝利為轉捩點。南唐常州抗擊勝利的意義就在這裏。

四、元宗如何應對新形勢

常州之役後，淮甸戰場呈現新形勢，對南唐來説，是一個轉機，也是唯一的走出困境的機會。元宗又將如何應對？

第一，援救壽州。

周世宗伐南唐，戰爭從壽州開始。世宗旋命諸軍圍城，不斷發起進攻，守將劉仁贍堅持抵抗。

> 世宗攻壽州，圍之數重，以方舟載炮，自淝河中流擊其城；又束巨竹數十萬竿，上施板屋，號為“竹籠”，載甲士以攻之；又決其水砦入於淝河。攻之百端，自正月至四月不能下，而歲大暑，霖雨彌旬，周兵營寨水深數尺，淮、淝暴漲，炮舟、竹籠皆漂南岸，為璟兵所焚，周兵多死③。

但是，壽州之圍不能解，處境危急，亟待救援。

常州之役剛剛結束，元宗即任命柴克宏為奉化節度使。柴克宏不願接受這份恩榮與享受安樂，在“先掃越人”之後，要進一步實現其“安取淮甸”的預言，故而辭奉化節度使

---

① （宋）馬令：《南唐書·嗣主書》保大十三年十一月，《四庫全書·史部·載記類》。

② 《釣磯立談》第七條，《四庫全書·史部·載記類》。

③ （宋）歐陽修：《新五代史》卷三十二《死節·劉仁贍傳》，北京：中華書局，1974年。

之命，“復請將軍救壽州”[①]。柴克宏的請求與大勢一致，立即得到元宗批准，遂率兵渡長江而北，然而行至泰興，卻突然死亡[②]，美志不遂，是南唐的大不幸。

很可能就在柴克宏死亡之頃，元宗又任命“諸道兵馬元帥齊王景達將軍拒周，以陳覺為監軍使，前武安節度使邊鎬為應援都軍使”[③]。景達、陳覺率領的軍隊，到四月，纔開到六合（在揚州西北 130 里），後周將官趙匡胤先期到達。兩軍在六合發生了一場遭遇戰。《通鑑》寫道：

唐齊王景達將軍二萬自瓜步渡江，距六合二十里，設柵不進。（周軍）諸將欲擊之，太祖皇帝（趙匡胤。時從世宗征南唐——筆者）曰：“彼設柵自固，懼我也。今吾衆不足二千，若往擊，則彼見吾衆寡矣；不如俟其來而擊，破之必矣！”居數日，唐出兵趣六合，太祖皇帝奮擊，大破之，殺獲近五千人，餘衆尚萬餘，走渡江，爭舟溺者甚衆，於是唐之精卒盡矣[④]。

景達、陳覺的任務是拒周，遭遇周兵，畏縮不前，幾天後，纔發動進攻，貽誤戰機。景達是兵馬元帥，陳覺是樞密使，是軍事方面的頂級人物，以兩萬精兵對不滿二千的周兵，一擊即潰，頓時瓦解。“南唐之精卒盡矣”，又遭受一次巨大損失。

這兩次援救壽州的措施，都没有實現，毫無效果可言，元宗李璟也没有追究當事者的責任。

第二，收復失地，從泰州開始。

大約與柴克宏赴淮甸的同時，元宗任命陸孟俊從常州帶領一萬多人的軍隊進取泰州，還有柴進思[⑤]、陳德誠[⑥]前來會師，併力取泰州。後周方面由高防城守。高防不能抵禦，退

① （宋）司馬光：《資治通鑑》卷二百九十三“後周世宗顯德三年三月”條，北京：中華書局，1956 年，第 9551 頁。

② 關於柴克宏的死因：一説是“發瘍”，見《南唐書·柴克宏傳》。一説是李徵古“鴆殺”，見《景定建康志》卷十二。二説哪個可信？在没有更權威的史料參照的情況下，難以作出判斷。若聯繫南唐朋黨鬥爭來考慮，我傾嚮於“鴆殺”説。

③ “拒周”涵義模糊。馬令《南唐書》卷四《嗣主書四》保大十四年二月，“遣元帥景達帥師應壽春，陳覺為監軍使，拜邊鎬為大將，許文稹副之”。故定景達這支軍隊的任務是救援壽州。

④ （宋）司馬光：《資治通鑑》卷二百九十三“後周世宗顯德三年四月”條，第 9553 頁。馬令《南唐書·嗣主書》保大四十年“二月，遣元帥景達帥師應壽春，陳覺為監軍使，拜邊鎬為大將，許文稹副之”。

⑤ 《徐公文集》卷十三《楞嚴院新作經堂記》云：“平陽柴君諱進思，字昌美，故太尉、中書令尋陽靖王之孫也。”“會梁人入寇，我武未揚，東畿陷落，群情震駭，命君為行營應援使，率舟師二千，鼓行而東，平難濟口，復海陵郡……”海陵郡即泰州。

⑥ 《徐公文集》卷十六《唐故左右靜江軍都軍使、忠義軍節度使建州觀察處置等使留後、光禄大夫、檢校太尉、右威衛大將軍、臨潁縣開國子、食邑五百户、陳公墓志銘》：“淮上兵起，王師不振，公屢上書自奮，詔隸西北行營，以舟師趣濟難，破其屯戍，遂入海陵。”

出泰州[①]。南唐把泰州收復了。南唐收復泰州，留陳德誠戍守。陳德誠“與諸軍會，厲兵固守，强敵日益，公連戰破之，虜獲千計”[②]。

南唐諸將收復泰州後，陸孟俊、柴進思乘勝直逼揚州。揚州在長江北岸，與南岸的潤州（治今江蘇鎮江市）相對，它與南唐京城金陵的距離衹有230里；後周佔領它，對金陵必然有壓力。所以，南唐勢在必爭，後周也不願輕易放棄。

陸孟俊進攻揚州，屯於蜀岡，佔領戰略要地，後周守將韓令坤棄城逃走。世宗派張永德將兵來援救，令坤又得回到揚州；從泰州撤出的高防的軍隊也投入了揚州守備。世宗派張永德的時候，又派趙匡胤帶兵屯六合，本意是阻止韓令坤逃跑，而趙匡胤這支軍隊在客觀上卻攔截住南唐從長江南岸調來的抗周部隊，使陸孟俊、柴進思攻取揚州的部隊成了孤軍，“前矛接戰，群帥後期……破竹之勢垂成……”[③]。柴進思戰死沙場，陸孟俊被俘，旋被殺。

南唐的反攻，在揚州遇到後周軍的還擊，損兵折將，兵鋒受挫。

第三，啓用新人，繼續收復失地。

隨著反攻的開展，軍事人才缺乏的矛盾就顯現出來。保大十四年（956）三月，李璟派遣鴻臚卿潘承祐到泉州、建州招募驍勇。潘承祐便嚮他推薦前永安節度使許文稹、靜江指揮使陳德誠、建州人鄭彦華、林仁肇等。這些人都是滅閩之後進入南唐的。元宗即以許文稹為西面行營應援使，鄭彦華、林仁肇為將領。陳德誠先期進用，已投入反攻戰鬥。

六月，駕部員外郎朱元因奏事言用兵方略，元宗以為能，命他將兵收復長江以北為後周佔領的州郡。七月，朱元取舒州。後周任命的舒州刺史郭令圖棄城撤退。元宗任命朱元為舒州團練使。李平取蘄州，元宗任命他為蘄州刺史。朱元又取和州。南唐收復失地的戰鬥，又取得新的進展。

第四，放縱後周軍安全撤退。

後周軍隊初入南唐境内，“舉弔伐之義”，申明紀律，“不犯秋毫”。日子稍久，“專事俘掠，視民為土芥；民皆失望，相聚山澤，立堡壁自固”[④]。濠州李元清的父親，“聚鄉里義士，襞紙為甲，號曰白甲軍，與官軍同守濠州水寨”[⑤]。南唐民間有深厚的反佔領的群衆基礎。當其受常州之役勝利的鼓舞，自邗溝以北，白甲兵皆聚集成團，奮擊後周佔領兵，後

---

① 《宋史》卷二百七十《高防傳》云：南唐軍來攻泰州，高防“乃遷州民人牙城，分兵固守，以俟外援。俄而揚帥韓令坤馳騎召防，吴軍（即南唐軍——筆者）復至廣陵，防與令坤敗之。詔書嘉奬”。《宋史》卷二百五十一《韓令坤傳》則説：李璟乘常州之捷，“遣將陸孟俊追泰州，周師不能守……”。兩處略有差異。

② （宋）徐鉉：《徐公文集》卷十六《唐故左右靜江軍都軍使、忠義軍節度使建州觀察處置等使留後、光禄大夫、檢校太尉、右威衛大將軍、臨潁縣開國子、食邑五百户、陳公墓志銘》，《四庫全書·集部·別集類》。

③ （宋）徐鉉：《徐公文集》卷十三《楞嚴院新作經堂記》，《四庫全書·集部·別集類》。

④ （宋）司馬光：《資治通鑑》卷二百九十三“後周世宗顯德三年七月”條，北京：中華書局，1956年，第9558頁。

⑤ （宋）馬令：《南唐書》卷二十二《歸明·李元清傳》，《四庫全書·史部·載記類》。

周往往折北。當後周軍隊退出佔領郡的時候，“諸將請要（邀）其險隘擊之”[①]。這是最正確、最及時、最有效克敵制勝的理念，必須抓緊時間行動，不可須臾怠慢。宋齊丘則反是。他說：“擊之怨深，不若縱之以為德。”[②] 這是極端錯誤的主張。冥頑不靈的李璟竟然接受宋齊丘如此錯誤的主張，“誡諸將閉壁，不得要（邀）戰”[③]。於是，後周軍隊安全撤退，嚮壽州集中，把壽州圍得更加嚴實，為日後壽州決戰增添了難度。

第五，壽州決戰。

後周在轉入被動的形勢下，死死咬住壽州不放，從各州撤下的軍隊，集中在壽州，於是“壽州之圍益急”。保大十四年七月以後，被後周佔領的江北諸州（除壽州外），都為南唐收復，圍繞壽州的鬥爭就處在決戰階段了。

南唐解救壽州的方略：(1) 摧毀下蔡浮橋，切斷後周補給綫。(2) 解壽州城之圍。

林仁肇參加摧毀浮橋的戰鬥。《宋史·張永德傳》述說：“時吴人以周師在壽春，攻圍日激，又恃水戰，乃大發樓船蔽江而下，泊於濠、泗，周師頗不利。吴將林仁肇帥衆千餘，水陸齊進，又以船數艘載薪，乘風縱火，將焚周浮橋，周人憂之。俄而風反，吴人稍卻，永德進兵敗之。又夜使習水者没其船下，縻以鐵鎖，引輕舠急擊。吴人既不得進，溺者甚衆，奪其巨艦數十艘。永德……乃距浮橋數十步，以鐵索千餘尺橫截長淮，又維巨木，自是備禦益堅矣。”

陳德誠也是參加這一戰役的重要將領。他留戍泰州，擊潰再來爭奪泰州城的後周軍隊之後，“乃涉長淮，指下蔡，别率戰艦，分擊浮橋，三中流矢，神色自若。自秋徂冬，且戰且前。凡五進軍壘，皆以衆寡不敵之勢，當輕悍卒（猝）至之師，臨難忘身，每戰必捷。而元戎逗撓，逆臣攜叛，群帥失道，公全軍而退”[④]。

南唐摧毀下蔡浮橋，没有達到目的。

景達與陳覺，大約在保大十四年六月，又統領一支五萬人的大軍，任務依然是救援壽州。《通鑑》說：

> 齊王景達軍於濠州，遥為壽州聲援，軍政皆出於陳覺，景達署紙尾而已，擁兵五萬，無決戰意，將吏畏覺，無敢言者[⑤]。

---

① （宋）馬令：《南唐書·嗣主書》，《四庫全書·史部·載記類》。

② 同上。

③ 同上。

④ （宋）徐鉉：《徐公文集》卷十六《唐故左右靜江軍都軍使、忠義軍節度使建州觀察處置等使留後、光禄大夫、檢校太尉、右威衛大將軍、臨潁縣開國子、食邑五百户、陳公墓志銘》，《四庫全書·集部·别集類》。

⑤ （宋）司馬光：《資治通鑑》卷二百九十三“後周世宗顯德三年七月”條，北京：中華書局，1956年，第9559頁。

這段記事，《通鑑》繫在顯德三年（956）七月，即周唐拉開壽州決戰前夕。當時的客觀形勢，總的說，對南唐有利，反攻連連取勝，後周軍中有畏懼情緒，議論退出淮甸戰場。而景達、陳覺卻駐紮在離壽州 300 里的濠州，“遙為聲援”，“無決戰意”。挨到保大十五年（顯德四年，957 年）正月，周軍還是不能攻下壽州城，而“城中乏食”。“齊王景達自濠州遣應援使永安節度使許文稹、都軍使邊鎬、北面招討使朱元將兵數萬泝淮救之，軍於紫金山，列十餘寨如連珠，與城中烽火朝夕相應，又築甬道抵壽春，欲運糧以饋之，綿亙數十里。將及壽春，李重進邀擊，大破之，死者五千人，奪其二寨。”① 朱元的救援方略受到考驗。這時，壽州守將劉仁贍請“以邊鎬守城，自帥衆決戰；齊王景達不許，仁贍憤邑成疾”②。壽州軍情開始嚮南唐不利方面轉化。即便這樣，後周將佐對唐軍還是感到畏懼，“議者以唐援軍尚强，多請罷兵”③。世宗聽了李穀的意見，堅持進攻，三駕淮南，並將新建的水兵投入戰鬥。“三月乙丑夜，帝（世宗——筆者）渡淮，抵壽州城下。庚辰旦，躬擐甲胄，軍於紫金山南，命太祖皇帝（趙匡胤——筆者）擊唐先鋒寨及北山一寨，皆破之，斬獲三千級，斷其甬道，由是唐兵首尾不能相救。”④ 唐兵面臨嚴峻考驗。

在此關鍵時刻，監軍使陳覺挾私挑起與北面招討使朱元的鬥爭。馬令《南唐書·叛臣·朱元傳》述其緣由說：

> 元自紫金山築甬道以餉壽春，兵勢甚盛，會景達監軍使陳覺與元有私隙，召元至濠州計事，且欲害之。元不往，覺奏元不受節制，元宗遣楊守忠代元，且召還都。元憤怒……

三月庚寅夜，“賊將朱元、朱仁裕、孫璘各舉寨來降，降衆萬餘人”⑤。第二天，周軍“盡陷諸砦，殺獲甚衆，擒賊大將建州節度使許文縝（稹），前湖南節度使邊鎬，其餘黨沿流東奔”⑥。丙午日，壽州節度使劉仁贍病得不知人事，部下舉州投降。周軍佔領壽州。南唐淪為後周附庸的格局就此定下了。

總的說來，元宗應對的方略是圍繞驅逐周兵、收復失地這個主軸進行的，在四到七月的四個月內，取得顯著戰果。壽州城下決戰之初，南唐兵勢很盛，周軍畏援軍力强，又出

① （宋）司馬光：《資治通鑑》卷二百九十三“後周世宗顯德四年正月”條，北京：中華書局，1956 年，第 9563 頁。

② 同上。

③ 同上。

④ 同上，第 9565 頁。

⑤ （宋）薛居正等：《舊五代史》卷一百一十七《周書·世宗紀四》，北京：中華書局，1976 年，第 1556 頁。

⑥ 同上。

現退出淮甸戰爭之議。朱元叛變，形勢急轉，土崩之勢，一發不可收拾，南唐歸於失敗，乃是元宗存在不可克服的弱點與内部破壞所致。陸游論道："亡國之君，必先壞其綱紀，而後其國從焉。方是時，疆埸之臣，非皆不才也，敗於敵未必誅。一有成功，讒先殺之，故强者玩寇，弱者降敵，自古非一世也。有唐如陳覺、馮延魯、查文徽、邊鎬輩，喪師塗地，未嘗少正典刑。朱元取兩州於周兵將遁之時，固未為雋功，而陳覺已不能容，此元之所以降也。元降，諸將束手無策，相與為俘虜以去，而唐遂失淮甸，臣事於周，雖未即亡，而亡形成矣。欲知南唐之亡者，當於是觀之。"

（作者單位：四川省社會科學院）

論宋墓中出土宋版《邵堯夫詩集》二種的文獻價值

胡迎建

1975年7月在星子縣橫塘鄉和平村南宋墓中出土的《邵堯夫先生詩全集》《重刊邵堯夫擊壤集》，堪稱價值連城的孤本，具有極高的收藏和研究價值。多年來，星子縣文物部門克服條件簡陋、經費缺乏等困難，較完好地收藏和保存了這兩種珍貴古籍。2008年3月國務院批准頒佈的首批《國家珍貴古籍名録》中，江西省有七種古籍入選，其中即有《邵堯夫先生詩全集》與《重刊邵堯夫擊壤集》兩種。同年6月，江西五部珍貴古籍進京在國家圖書館參展，這兩部書又列其間，足可説明其珍貴程度。

邵雍（1011—1077），字堯夫，又稱安樂先生、百源先生。生於河北范陽，隨其父徙共城（今河南輝縣）。少年時，刻苦自學，博覽群書。史稱："自雄其才，慷慨欲樹功名，於書無所不讀。始為學，即堅苦刻厲，寒不爐，暑不扇，夜不就席者數年。"① 為增長見識，他游學四方，越黄河，過汾河，涉淮水，渡漢水，到過齊、魯、宋、鄭等各地，回來後説："道在是矣。"遂不復雲游，隱居蘇門山百源之上，後人稱他為百源先生。年三十，葬其親伊水上，遂於皇祐元年（1049）定居洛陽，以教授生徒為生。他淡泊名利，雖居處蓬篳環堵，不庇風雨，而怡然有所樂。

嘉祐七年（1062），西京留守王拱辰就洛陽天宫寺西天津橋南五代節度使安審琦宅故基為邵雍建屋三十間。邵雍從此過著耕種自給的生活，名其居曰"安樂窩"。"春秋時出游城中，風雨常不出。出則乘小車，一人挽之，惟意所適。士大夫家識其車音，爭相迎候，童孺廝隸皆歡相謂曰：'吾家先生至也。'不復稱其姓字。或留信宿乃去。好事者别作屋如雍所居，以候其至，名曰行窩。"可見他當時受人尊敬，遠近馳名。

---

① （元）脱脱等：《宋史》列傳第一百八十六《道學一·邵雍傳》，北京：中華書局，1985年。

他不僅學貫古今，奇才蓋世，而且其人品峻潔，待人至誠。《宋史·邵雍傳》曰：“德氣粹然，望之知其賢，然不事表襮，不設防畛，群居燕笑終日，不為甚異。與人言，樂道其善而隱其惡。有就問學則答之，未嘗强以語人。人無貴賤少長，一接以誠，故賢者悦其德，不賢者服其化。一時洛中人才特盛，而忠厚之風聞天下。”名流學士如富弼、吕公著、程頤、程顥、張載等退居洛陽時，都很敬重他，司馬光待他如兄長。嘉祐間詔求遺逸，留守王拱辰以邵雍應詔，授將作監主簿，復舉逸士，補潁州團練推官，但他都堅決推辭，甚至以有病為由不到任。

熙寧初年，王安石變法，不少官吏見新法過於苛嚴，紛紛棄職而去，但邵雍未持過於反對態度。他給一些門生、友人寫信説：“此賢者所當盡力之時，新法固嚴，能寬一分，則民受一分賜矣。投劾何益耶？”

晚年重病卧床時，司馬光、張載、程顥、程頤晨夕侍候他。臨終時，商量喪葬事，他能聽見衆人所言，召子伯温謂曰：“諸君欲葬我近城地，當從先塋爾。”熙寧十年卒，年六十七。程顥為之作墓志銘，稱頌邵雍之道“淳一不雜”。元祐間賜謚“康節”。後人尊稱“邵子”。

邵堯夫著有《皇極經世》《觀物内外篇》《漁樵問對》等。其思想淵源於陳摶道家思想，衆家皆有論述。朱震説：“陳摶以《先天圖》傳种放，放傳穆修，修傳李之才，之才傳邵雍。”① 而朱熹則認為邵雍傳自陳摶，陳摶也自有所承傳。他説：“邵子發明《先天圖》，圖傳自希夷，希夷又自有所傳。”② 從朱震、朱熹的表述看，邵雍的思想源於道家系統，而直接傳授者是李之才。需要説明的是，邵子之學雖有淵源，但更多的是自己的體悟。《宋史·邵雍傳》對此論述極為清楚：邵雍“乃事之才，受河圖、洛書、宓羲八卦六十四卦圖像。之才之傳，遠有端緒，而雍探賾索隱，妙司神契，洞徹蘊奥，汪洋浩博，多其所自得者。”

邵堯夫學問精湛，融會貫通，妙悟自得。他根據《易經》關於八卦形成的解釋，摻雜道教思想，虚構宇宙構造圖式和學説體系，成為象數之學，也叫先天學。其預言詩《梅花詩》準確率之高，超乎想象，對天地運化、陰陽消長的規律瞭若指掌。“遠而古今世變，微而走飛、草木之性情，深造曲暢，庶幾所謂不惑”，“知慮絶人，遇事能前知”。理學家程頤説他“其心虚明，自能知之”。程顥隨其父拜訪他，談論終日之後贊嘆道：“堯夫，内聖外王之學也！”

邵堯夫喜飲酒吟詩，傳説他“旦則焚香燕坐，晡時酌酒三四甌，微醺即止，常不及醉也，興至輒哦詩自詠”。著有《擊壤集》。《四庫提要》以為“邵子之詩，其源亦出白居易，而晚年絶意世事，不復以文字為長，意所欲言自抒胸臆，原脱然於詩法之外”。喜愛其詩者

---

① （宋）朱震：《漢上易傳·表》，臺北：廣文書局，1974年。

② （宋）朱熹撰：《周易參同契考異·附録》，文淵閣《四庫全書·子部·道家類》。

代不乏人。南宋大詞人辛棄疾有《讀邵堯夫詩》云："飲酒已輸陶靖節，作詩猶愛邵堯夫。若論老子胸中事，除卻溪山一事無。"元代虞集早年斗室攻讀，書"邵堯夫詩"，將書室題為"邵庵"，被人尊稱為邵庵先生。明人希古以為："體物切實，立意高古，其音純，其辭質，如茹大羹啜玄酒而有餘味焉。……即其言以味先生理趣之深，誦其詩以求先生道學之妙。"① 邵堯夫詩形成"擊壤體"，仿效者又形成"擊壤派"，是我國古代理學詩派最重要的支流，流行宋、明數百年之久，在日本也頗有影響。但也有人持貶低態度，清代王士禎說："宋人惟程、邵、朱諸子為詩好說理，在詩家謂之旁門。"（見郎廷槐《詩友詩傳續録》）當代陳延傑認為："理學詩倡自邵雍，而周敦頤、張載、程灝相繼而作，亦宋詩之一厄也。"（《宋詩之派別》）施蟄存《唐詩百話》之二提到邵堯夫的詩："還有宋代道學家的詩，特別是邵堯夫的詩，也可以說是梵志詩的苗裔，用詩的形式來宣傳道德觀念或宗教思想。"

綜觀墓中出土的《邵堯夫先生詩全集》《重刊邵堯夫擊壤集》兩種，言理學固然佔了相當一部分，他以詩言理，然不出於勉强，自然而成。"真為寄意於詩，而非刻意於詩者。"更有不少詠史詩，多為五古、七律，闡述他對歷朝興廢原因的看法，對歷史人物作用的探究。如《觀大棋吟》《經世吟》等均為詠史詩的長篇巨作，為中國詩史所罕見。也有不少詩是談他對詩學的見解，諸如詩的價值、作用等。有的是批判禪學之非，勸世人勿溺於佛教。寫景詩數量也不少，無論是出游山水還是居家的即景遣興，都可見他對四時物象觀察的細緻，當然也有部分是借景發明其理學觀。比較多的還有詠懷詩，主要寫他安貧守道，自述並描繪其生活狀態，表達安樂的情懷以及辭官不做的決心，還有對名利的鄙夷，以及對世態人心的看法。還有一部分為唱和詩，在與友人的詩歌往來中，他既表達對友人的尊敬與感謝，也有對友人的勸誡，更多的是自述心跡與行止，以自己的生活狀態告知友人。其詩集中有不少箴言，直指人心。即便在今天，對人們認識人生與社會，仍有穿透的意義，對人的修養也極有裨益。

邵雍的詩集，不僅可用來研究其人之思想、觀念，還可研究其人的生平。從文學史方面來看，其詩學觀、詩的文學價值以及"擊壤體"的形成，都大有研究的必要。

兩種詩集，其中《重刊邵堯夫擊壤集》的正文目録下標明"内集　　敬室蔡弼重編"。此集為7卷219首詩，45頁；《邵堯夫先生詩全集》為9卷328首，61頁，卷五比對目録缺2頁7首。兩種詩集共收録547首，經對比，有二十餘首重出，但詩題與文字稍有不同。

與後來的明本相比，有的詩題與明本相同而詩並不同；有的詩題不同，而其詩相同。經我反覆比勘，還有明本所無的28首佚詩。其中《邵堯夫先生詩全集》有佚詩16首，蔡弼重編《重刊邵堯夫擊壤集》有佚詩12首。稍有研究的人或許有兩個疑問：一是兩種書的

① （明）希古：《擊壤集引》，《四部叢刊初編》集部《伊川擊壤集》卷首。

詩較明代以後所刻本總量要少些，卻為何稱全集？二是為何26首詩不見於明本？

關於兩書的版本刊刻，九江市圖書館吴懌先生認為是南宋刊本，他説：

> 《邵堯夫先生詩全集》卷一《三國志》一詩中有“桓相鼎峙震雷音”，另在卷六《代書友人》中也有“尚無閑地可盤桓”詩句，這二詩中有一個共同點，就是“桓”字末筆為缺筆。這是為避宋欽宗趙桓諱的非常用法。考宋欽宗趙桓為北宋最後一位皇帝，在位期間1126—1127，歷史上的“靖康之難”，便發生在此時，北宋結束，南宋開始。可以確定《邵堯夫先生詩全集》刻版於1126—1127年或在此後。但同時我們又發現在《重刊邵堯夫擊壤集》卷一中《觀大棋吟》(《四庫》本畢亨本作《觀棋大吟》)中，“可嗟桓彦，不殺武三思”中的“桓”字，卻不避諱。這樣我們對於《重刊邵堯夫擊壤集》版本有了新的認識，《重刊邵堯夫擊壤集》應當成書早於《詩大全集》之前，也就是在1077—1126之間，而《邵堯夫先生詩全集》為1126—1127年或在此後所編刻，並將《重刊邵堯夫擊壤集》補版後，作為子集同時刊印。綜上所述，本書應為南宋時所刊刻①。

然而這一觀點還有疑處。《四庫提要補證》載《擊壤集》還有三種版本：一為毛晉本，一為元槧本，一為北宋本。云：“楊氏《楹書隅録》有北宋本十五卷，謂此本作内集十二卷，外集三卷，前有治平丙午中秋自序，編次與各本迥異，序後有蔡氏弼題語一則。蓋由公手訂二十卷本，重編為此本，《龜山語録》所稱‘須信畫前’云云一聯，此本在卷十二中。”而《增訂四庫簡明目録標注》還提供了一條綫索：“《續録》云：‘黄丕烈有不全宋本，宋蔡弼子蔡文子刊本，題《康節先生擊壤集》，分内集，與世行本迥異，十三行十二字。”這個不全宋本，與《四庫提要補證》所説的《擊壤集》三種版本，今俱不見著録於《中國善本書提要》，可能均已佚。清末葉德輝所撰《書林清話》“翻板有例禁始於宋人”一節最後有：“建安蔡子文東塾之敬室，治平丙午（三年）刻邵子《擊壤集》十五卷，見《楊録》。”《楊録》應即楊氏《楹書隅録》，蔡子文當為蔡弼之字，敬室當為齋號。如此則可推斷，《擊壤集》最早刊於邵雍在世時，為宋治平三年（1006）邵雍自定本，邵雍自序即作於此時。墓中出土書既曰“重刊”，應是蔡弼在他初刻後不久，又翻板重刊了一次，而且少量詩中他還作有校語。同時還刊刻了《邵堯夫先生詩全集》。説全集並無不妥，因為當時他所搜集的必定是他所見得到的邵雍所有的詩。其編排也與後來的明本《擊壤集》“迥異”，大不一樣。所以我推斷，墓中出土的版本應在元豐年間（1078—1085）或稍後。

---

① 吴懌：《〈邵堯夫先生詩全集〉的文獻價值》，江西省圖書館學會2010年學術年會徵文。

邵雍去世後，其子邵伯温在元祐六年（1091）又編集刊印了《邵堯夫擊壤集》二十卷，加入了蔡本之後的邵雍晚年所作，而且以其子的身份，所得最易，故共收入1118首，很多詩題均加上了“吟”字，可見重新整理的功夫。還有一種可能，此集較治平年間的蔡弼刊集，文字不同，邵雍在晚年又將早年詩作改動一些。古代詩人通常會有此之舉。邵伯温刊集由邵雍門生邢恕作序。以後明本多源出邵伯温本。這也就是明本較墓中出土的兩種書要多出五百多首的原因，也是後來明本詩題與蔡本詩題同而内容不同、詩題不同而詩相同的原因。這也是26首佚詩為邵伯温編《擊壤集》所無的原因，或邵伯温所刪，或是邵伯温所未見。如此則前所列疑問均可迎刃而解。

南宋紹興間成書的《郡齋讀書志》，著録《邵堯夫擊壤集》二十卷，並説“歌詩蓋其餘事，亦頗切理，盛行於時”①。當是指邵伯温編集本，但也説明在北宋時，邵雍詩在當時就已有不少刊本而盛行。

宋代邵伯温所編《邵堯夫擊壤集》後世不存，明本衹是陸續翻刻其書。版本主要有：明初張蓉鏡、邵淵耀刻本《伊川擊壤集》；明正統年間《道藏》太玄部，又見於《道藏輯要》星集，成化十一年畢亨刊本二十卷，《四部叢刊》集部即影印此書；至清代，還有《四庫全書》中的《伊川擊壤集》河南巡撫採進本，明版《擊壤集》還有萬曆間刻本八卷，藏美國國會圖書館。毫無疑義的是，凡二十卷本的《擊壤集》均出自邵伯温本，諸本文字差異甚少，萬曆刻本無從得窺。可以肯定的是，宋墓中出土的這兩種書，與邵伯温本系統無關，如此而兩書的版本、校勘、目録諸方面的意義也因而凸現。

這兩種詩集應是福建建陽一帶的刻本，因為蔡弼即是建安人。宋版書刻於建陽其地的甚多，坊刻本是最廉價的本子，校刻品質並不太高。詩集標榜全集，可能還有書商故意炒作的做法。還有一佐證，南宋乾道年間有大刻書家、學者蔡夢弼，字傅卿，亦建安（今福建建甌）人，刻了不少書。如乾道七年東塾刻本《史記·三皇本紀》後有“建谿蔡夢弼傅卿親校刻梓於東塾時，歲乾道七月春王正上日書”字様。蔡夢弼的東塾為南宋建陽其地的著名書肆，與敬室蔡弼東塾同名。蔡夢弼極有可能是蔡弼的後代，其名即取義於夢其先人蔡弼。此人潛心藝文，不求聞達。嘗注韓愈、柳宗元文，還撰有《杜工部草堂詩話》，為世所重。如此則可推斷，東塾為這一家族延續近百年的刻書坊。

兩書均蝴蝶裝，麻紙。《重刊邵堯夫擊壤集》書框高19—21厘米，寬13.5—14厘米，左右雙邊，半頁12行，行20字。《邵堯夫先生詩全集》板框格式行款大略如前書，唯左右單邊。字刻勾勒遒勁，有歐柳筆意，墨色清晰，刀法精良。目録中各卷頭有黑魚尾，板框之間寬3分，上下有細黑魚尾，白口。《邵堯夫先生詩全集》卷末有篆體字“德祺”印記。

① （宋）晁公武撰，孫猛校證：《郡齋讀書志校證》，上海：上海古籍出版社，1990年，第1041頁。

書原有封面，惜已毀壞。無論是從書籍的裝禎形式，還是刻工文字風格都保留了宋代文化風格，尤以《重刊邵堯夫擊壤集》前三卷最為突出。此集是經過蔡弼校勘過的本子，如《觀棋大吟》："好勝心無已。"下有雙行小注："已亦作厭。""財利激於衷"，注："激亦作蔽。"《邵堯夫先生詩全集》未經校勘，有些錯誤，與明本相比，很多詩題無吟字。《重刊邵堯夫擊壤集》卷七正文目録題為《邵堯夫先生詩全集》卷九，卷末亦相同，搞錯了書名，從這一錯誤可以看出這兩本書之間存在關聯，否則不會將兩本書名混淆，這兩本書應當是後來同時同地所刊刻。《重刊邵堯夫擊壤集》是《詩全集》中的一部分，而又不失其獨立，兩者共同構成《邵堯夫先生詩全集》整體。

關於其校勘價值，蔡本由蔡弼本人重刊時作了校記，這些校記，保留了當時底本與校本的異文，後來的明本、《四庫》本、《道藏》本均無此校記，由此可知當時邵堯夫詩集就有不同的版本，也可見古人對校記的重視，十分寶貴。今天以宋墓出土本來校後世通行本，意義也十分重大。我曾撰《宋墓出土的兩部邵堯夫詩集》[①] 一文，以明刊成化本對校，異文達三百多處。認為明本的一些刊刻錯誤，或以字形筆畫相近而誤，或增減偏旁而致誤，或更換偏旁而誤，以同音字或音近字代替而誤。還有的雙行小注，為明本所無。當然也有宋本的文字不如明本處。程千帆、徐有富著《校讎廣義·校勘編》（此套書曾獲國家圖書獎）曾引用此文三處以説明校勘價值。如 75 頁"既訛且倒"一節中云："胡迎建曾指出，宋邵雍的詩《首尾吟》：'車穩如茵草上歸。'宋本作'草嫩如茵車上歸'。明本'草'，訛為'車'，復改'嫩'為'穩'，又將'車'誤為'草'，遂致文義不通。證之以《南園晚步思亡弟》：'南園之南草如茵。'可知明本誤。"在 90 頁著者補充説："顯然，宋本這句詩中的'草''車'兩字被弄顛倒了，'嫩'字又被訛作'穩'字。"在 106 頁"因假借字而訛"一節中説："胡迎建取《邵堯夫先生全集》與今傳明刊本《擊壤集》相校，發現集中《年老逢春》詩有云：'故宅廢功除瓦礫，新畦加意種蘭薰。''廢'宋本作'費'。'費'與'加'俱為動詞，對仗。明本以同音字而誤。"[②]

再如《生子》一詩中："吾今耆年時七十。"明本作"我若壽命七十歲"。"爾正方剛二十五"，明本作"眼前見汝二十五"。似宋本較明本為優。又如《安樂窩中吟》頷聯："自知一賞有分寸，誰讓萬金無孑遺。""萬金"，明本作"黄金"，與"一賞"失對，似以宋本為是。《小圃逢春吟》："夜簷靜透花間月，書户晴生竹外煙。""書户晴生"，明本作"晝户晴生"，《道藏》本作"晝户寒生"，《四庫》本作"書户晴生"。揆之上句"夜簷"，以"晝户"為是。又如《詔三下答鄉人不起之意》其二："貧時與禄是何受，老後得官難更為。""何"，明本作"可"，依平仄，明本誤。類此者不勝枚舉。

---

① 胡迎建：《宋墓出土的兩部邵堯夫詩集》，《文獻》1988 年第 4 期，《古籍整理出版情況簡報》第 193 期。

② 程千帆、徐有富：《校讎廣義·校勘編》，濟南：齊魯書社，1998 年。

在文字學上，兩種宋版書也有其價值：一是可作避諱學的研究；二是有的異體字寫法與通常的異體字不同；三是詩集中可見在宋代就流行一些簡體字、俗體字，如“遷”作“迁”，嚮作“向”，明版仍作“嚮”；“辨”作“斗”，“覺”作“覍”，“學”作“斈”，“舉”作“夆”，“譽”作“訔”，“舞”作“儛”，“國”作“国”，“興”作“兴”，“吳”作“吴”。

宋版書出土於陶墓中。據《故陶公提幹堂長壙中記》，此墓墓主陶桂一，南康軍星子縣人。從學李燔，與余玠友好，李燔是南康軍建昌人，朱熹的大弟子。紹定二年（1228），陶桂一入太學，後任武岡軍、南康軍軍學教授，曾為白鹿洞書院堂長。卒於景定二年（1261），“其斂也，隨生平服用外，覆以深衣而已”。

此書為墓主生前所好的殉葬品，説明墓主對此書的摯愛。至於此書為何未壞，堪稱奇跡，有待文物專家研究。1975 年開溝時為一農民所獲，以草木灰吸乾水分，置於廚房煙囱旁，得以未朽。1982 年始由星子縣文物站收藏，因缺損、粘結，1985 年送北京圖書館裝裱修復。

此兩種書列入 2011 年國家古籍整理資助項目，2012 年 4 月由江西美術出版社出版。我因作兩書的校注並撰寫前言，略有體會，兹述其集的文獻價值，供博雅好古之士進一步研討。

（作者單位：江西省社會科學院）

王安石與曾鞏交疏始於熙寧初獻疑

崔　銘

王安石與曾鞏“始合終暌”，是王安石、曾鞏研究中一個引人注目的話題。一方面，從現存文集中可知，二人情親意密的詩書往來多集中於早年；另一方面，熙寧年間王安石當政，曾鞏始終外任，未得援引。“始合終暌”可謂事實俱在，為大多數學者所公認①。同時，對於二人交疏始於何時、因於何事，也已有了基本一致的看法：王、曾關係的疏遠，始自熙寧初年，起因是曾鞏以知己的身份勸阻王安石變法。然而，本人發現這一結論有諸多疑點，試加闡述，以就教於方家。

一、曾鞏《過介甫》與《過介甫歸偶成》是否可以作為熙寧初交疏的明證?

曾鞏《過介甫》與《過介甫歸偶成》二詩，學者多以為是王、曾二人熙寧初交疏的明證②。對此，本人頗有疑議。先看《過介甫》一詩：

---

① 就筆者閱覽所及，不肯承認這一事實的僅蔡上翔《王荆公年譜考略》（《王安石年譜三種》，北京：中華書局，1994年）與吴雲生《友情篇：王安石、曾鞏相互寄贈之詩作譯注》（《撫州師專學報》1983年第2期）。

② 柯昌頤《王安石評傳》（上海：商務印書館，1948年）、王河《曾鞏與王安石、歐陽修》（《曾鞏研究論文集》，南昌：江西人民出版社，1986年）、顧全芳《曾鞏與王安石變法》（《江西社會科學》1988年第5期；邱模鍇《曾鞏與王安石》（《撫州師專學報》1989年第1期）、高克勤《王安石與北宋文學研究》（上海：復旦大學出版社，2006年）等以《過介甫歸偶成》為證；王琦珍《曾鞏評傳》（南昌：江西高校出版社，1990年）、劉成國《變革中的文人與文學 王安石的生平與創作考論》（杭州：浙江大學出版社，2011年）等以為《過介甫》與《過介甫歸偶成》皆可為證。李震《曾鞏年譜》（蘇州：蘇州大學出版社，1997年）亦將《過介甫》一詩繫於熙寧元年，雖未加闡釋，但與《過介甫歸偶成》前後相屬。

日暮驅馬去，停鑣叩君門。頗諳肺腑盡，不聞可否言。淡爾非外樂，恬然忘世喧。況值秋節應，清風蕩歊煩。徘徊望星漢，更復坐前軒。

學者認為，從詩中可知，“王安石大概是以一種不置可否的方式委婉地拒絕了”曾鞏的忠告，“這使他很不愉快。他意識到他們之間出現了裂痕”①，“故有‘歊煩’、‘徘徊’等語，最終傷嘆自己的一片誠心，卻不為好友體諒”②。上述解讀似有訛誤。本人認為，此詩所敘實乃一次愉快的相聚。這是一個夏末初秋的黃昏，涼爽的秋風蕩盡了炎夏的暑熱，兩位淡然於世俗之樂的知己好友，肝膽相照，莫逆於心，一邊散步，一邊交談，直到午夜時分，璀璨的銀河橫亙天際，他們依然談興正濃，又情不自禁地在屋前的軒廊並排坐下……因此，依照本人的解讀，這首詩不僅不能作為王、曾交疏的明證，反而是他們親密友誼的寫照。導致誤讀的原因，可能是“不聞可否言”一句，與《宋史·王安石傳》“安石性强忮，遇事無可否，自信所見，執意不回”的記載偶有字詞相合。但詩歌語言是高度凝練的不完整句式，應置於整首詩的語境中加以理解。

再看《過介甫歸偶成》：

結交謂無嫌，忠告期有補。直道詎非難，盡言竟多迕。知者尚復然，悠悠誰可語。

詩歌記載了兩位朋友間一次不愉快的交談。曾鞏自謂二人結交無嫌，故坦誠相勸，没想到事與願違，王安石不僅没有接受他的忠告，而且頗有怪罪之意。詩義顯明，無可疑議。但詩中衹説“忠告”、“盡言”，並無任何文字透露具體寫作時間以及與新法的關聯。

最早引用此詩來談論王安石與曾鞏關係的是朱熹：

曾子固初與介甫極厚善。入館後，出倅會稽令。集中有詩云：“知者尚復然，悠悠誰可語！”必是曾諫介甫來，介甫不樂，故其當國不曾引用。後介甫罷相，子固方召入，又卻專一進諛辭，歸美神宗更新法度，得個中書舍人。丁艱而歸，不久遂亡。不知更活幾年，衹做如何合殺?③

這段文字包含兩個要點：第一，曾鞏曾勸諫王安石，導致了兩人友情的破裂；第二，曾鞏擁護新法，因此而得到神宗賞識。如果假之以年，恐怕會成為推行新法的得力幹將。但朱熹並未指明曾鞏“諫介甫”的具體時間和確切內容，衹是其中“又卻專一進諛辭”之

---

① 王琦珍：《曾鞏評傳》，南昌：江西高校出版社，1990年，第18頁。
② 劉成國：《變革中的文人與文學——王安石的生平與創作考論》，杭州：浙江大學出版社，2011年，第186頁。
③ （宋）黎靖德編：《朱子語類》，北京：中華書局，1986年，第3106頁。

“又卻”二字，暗示了“諫介甫”與“更新法度”之間可能存在某種關聯。可見，朱熹並未提供任何確切事例證明此詩作於熙寧初，反而留下了一個未加解釋的矛盾：假如熙寧初曾鞏確曾諫阻王安石推行新法，又該如何理解他元豐年間的言行？可是，後來的學者似乎大都無視這個問題。如：元代劉壎《隱居通義》卷十四：“《南豐續稿》有《喜似》一篇為介甫作，尊敬甚至。及其得志，則與之異。故《過王介甫歸偶成》云：‘直道詎非難，盡言竟多迕。知者尚復然，悠悠誰可語？’”又如清代何焯《義門讀書記》卷四十：“《過介甫歸偶成》，熙寧初。”無一例外地將朱熹含糊其辭的表述明確化，但仍然没有提供任何實證，朱熹文字中留下的問題則被完全忽視。曾鞏既然是新法的擁護者，為何在熙寧初卻因諫阻新法而與王安石失和？本人認為，這個問題存在兩種可能。其一，《過介甫歸偶成》並非作於熙寧初，其“忠告”與新法無涉，而是另有他事。其二，擔任了十多年地方官後，曾鞏的思想發生了變化。

那麼，是否曾鞏熙寧初原是反對新法的，到元豐年間態度纔有了改變呢？在已有研究王、曾關係的論文中，學者多致力於辨析二人政治、思想、學術等方面的異同，認為曾鞏並不反對變法，衹是在手段、步驟、程度等問題上有分歧。本人基本認同上述看法。需要補充的是，無論是熙寧初在朝，還是熙寧二年（1069）至元豐三年（1080）長達十三年的地方官任上，曾鞏不僅没有直接、正面反對新法的確鑿言論①，而且任職地方時還身體力行，履行職責，推行新法②。這與當時諸多反變法人士截然不同③。此外，曾鞏之弟曾布，為王安石變法的得力助手，立場堅定，“終始以為可行”④；幼弟曾肇熙寧年間有旨延和殿賜對，“所陳皆上所欲聞者”⑤，備受神宗青睞。正如論者所言，曾鞏對於兩位弟弟擁護新法毫不責怪，也可證明其於新法並無抵觸⑥。與之相反，王安石長弟王安國，便多有諫兄的言論

---

① 孫覿《鴻慶居士集》卷三十二《讀臨川集》認為，曾鞏《禮閣新儀目録序》“指新法”。本人認為，曾鞏此文内容與王安石“法先王”的主張似有對立，但其作時當在治平年間，時編校史館書籍。李震《曾鞏年譜》熙寧二年紀事：“有《聞言事謫官者》（已佚），金君卿有和詩。”似誤。《金氏文集》卷上《和曾子固聞言事謫官者》，當為景祐三年五月范仲淹貶饒州之事而發。據《長編》卷一一八記載：“仲淹言事無所避，大臣權幸多忌惡之。”宰相吕夷簡盛怒之下，指責范仲淹“越職言事，薦引朋黨，離間君臣。仲淹亦交章對訴，辭愈切。由是降黜。侍御史韓瀆希夷簡意，請以仲淹朋黨牓朝堂，戒百官越職言事。從之。時治朋黨方急，士大夫畏宰相，少肯送仲淹者。天章閣待制李紘、集賢校理王質，皆載酒往餞。質又獨留語數夕。或以誚質，質曰：‘希文賢者，得為朋黨幸矣。’”金君卿詩中有“願為君黨義尤高”，且句下有自注：“時有願與黨人之語”，所指當即此事。又，《曾鞏年譜》熙寧元年紀事：“有《秋日感事示介甫》。”繫年亦似可疑。其時二人同在汴京，為何詩中卻有“風雨入山城”之句？汴京地勢平坦，且乃京都，不當以“山城”呼之。

② 參見榮憲賓《曾鞏治齊與王安石變法》（《東嶽論叢》1987 年第 4 期），邱模楷《曾鞏與王安石》（《撫州師專學報》1989 年第 1 期）。

③ 如范純仁“以新法不便，戒州縣未得遽行”（《宋史·范純仁傳》），蘇軾更是牢騷滿腹，寫下不少譏諷新政的篇章。就連早已淡出政壇的歐陽修也有抵制青苗法的行動與章奏（參見劉德清《歐陽修紀年録》，第 444－448 頁）。

④ 《捫虱新話》下集卷二，《叢書集成初編》本，北京：中華書局，1985 年，第 60 頁。

⑤ （宋）楊時：《曾文昭公行述》，《龜山集》卷二十九，影印文淵閣《四庫全書》本。

⑥ 邱模楷：《曾鞏與王安石》，《撫州師專學報》1989 年第 1 期。

傳出。《二程外書》卷十二甚至説：

王介甫與曾子固鞏善，役法之變皆曾參酌之。晚年亦相睽。

談及元祐年間廢除新法時又説：

今日之禍，亦是元祐做成。以子瞻定役法，凡曰元豐者，皆用意更改。當時若使子固定，必無損益者。又是他黨中，自可杜絶後人議也。因其睽，必能變之。況又元經他手，當知所裁度也。

不過，朱熹在這一條下邊注曰："此段可疑。"確實，如以史實參證，這段文字並不完全可信。首先，有關役法的改革，熙寧二年（1069）十二月纔確定總的原則，熙寧三年冬在開封府界内的州縣試行，熙寧四年十月嚮全國各地公佈施行[①]，而曾鞏早在熙寧二年秋已出判越州，不可能"參酌之"。其次，曾鞏卒於元豐六年，不及見"元祐更化"，故"當時若使子固定"一語中"子固"或為"子宣（即曾布）"之誤。儘管有上述訛誤，但這段文字至少表明：在同時代人們心目中，曾鞏並不屬於反變法派陣營。

綜上所述，本人認為將曾鞏《過介甫歸偶成》一詩斷定為熙寧初所作，將詩中"忠告"理解為勸阻王安石推行新法，缺乏依據，故此詩亦無法成為王、曾交疏於熙寧初的明證。

二、從皇祐到嘉祐：王安石詩文中透露的消息

（一）皇祐年間衝突發生

本人認為，王安石與曾鞏關係的疏遠，經歷了一個緩慢的漸行漸遠的過程，並非突然急轉直下。二人產生矛盾最初當在皇祐年間，可從王安石的相關書信中看出端倪，試分述如下。

1.《答曾子固書》[②]

這封書信作年不詳，蔡上翔《王荆公年譜考略》雖録於元豐六年，但在文後注曰："不知作於何年，嚮以其無可附也，而今且附之。"[③] 李震《曾鞏年譜》則繫於元豐四年，並

---

① 參見鄧廣銘《北宋政治改革家王安石》，石家莊：河北教育出版社，2000年，第188—189頁。
② 《王荆公文集箋注》，第1264頁。
③ 《王安石年譜三種》，北京：中華書局，1994年，第559頁。

按云：

> 熙寧九年十月，王安石第二次罷相後判江寧府，後一直居江寧，尚佛，心志多以佛語出之。陸游《老學庵筆記》云："元豐中，王荆公居半山，好觀佛書。"元豐三年十月，曾鞏始賜對延和殿，後多治典籍，即王安石所云"讀經有所不暇"。此書當作於是年[①]。

其説似可商榷。第一，王安石對佛教的喜愛從青年、壯年到晚年，一以貫之，從未間斷，其作於不同時期的相關作品足資参證[②]，並不是退居江寧之後纔好佛書。第二，信中對佛教的看法，與王安石青年時代寫的一些文章觀點相近，同後期隱居鍾山時的看法不盡相同[③]。第三，如果王安石因自己閑居好讀佛書，而責備忙於公務的曾鞏"讀經有所不暇"，顯然有悖情理。且信中明確表示："但言讀經，則何以别於中國聖人之經?"也就是説，他所指的"經"，並不單指佛經，也包括了儒家經典。曾鞏賜對延和殿後既然"多治典籍"，自然不應引來王安石對他"讀經有所不暇"的批評。

本人認為這封書信似作於皇祐年間[④]。首先，從曾鞏皇祐年間的生活狀態來看，慶曆七年（1047），曾父病卒，皇祐元年（1049）葬父於南豐龍池鄉，並在劉沆的周濟下買田南豐，皇祐二年娶妻。隨後一兩年間抒寫閑適心境的詩作漸多，且用心準備科舉考試，於皇祐五年應試未中[⑤]。故其時有可能"於讀經有所不暇"。王安石《答曾子固書》結尾部分所謂"方今亂俗不在於佛，乃在於學士大夫沉没利欲，以言相尚，不知自治而已"，或即針對曾鞏而言。其次，從王、曾早年的交誼來看，慶曆二年（1042）定交，彼此即以切磋砥礪、"相扳以至乎中庸"為交友原則。曾鞏嘗作《懷友書》兩通，"一自藏，一納介卿家"[⑥]，王安石亦作《同學一首别子固》付曾鞏，"以相警且相慰"[⑦]。因此，一旦意識到曾鞏可能因世俗之事而不暇讀經，王安石自會如約"相警"。此種情形更可能發生於獨立性與自覺性尚有所不足的青壯年時代，思想成熟穩定的中老年時代則不大可能。

---

① 李震：《曾鞏年譜》，第408頁。

② 參見李承貴《王安石佛教觀研究》，《中山大學學報》2009年第4期。

③ 參見王水照、高克勤《王安石散文選集》，上海：上海古籍出版社，1997年。

④ 高克勤《王安石散文精選》（上海：東方出版中心，1998年）認為："從信中問候語看，當時曾鞏父母尚健在。曾鞏父親曾易占卒於慶曆七年（1047），則本文當作於慶曆七年之前。"似可商榷。本文問候語為："苦寒比日，侍奉萬福，自愛。"並未確指侍奉父親，"侍奉萬福"亦可指侍奉母親萬福。而曾鞏繼母吴氏卒於元豐五年九月，林希所撰《墓志》和韓維所撰《神道碑》皆説其事母至孝。

⑤ 以上參見李震《曾鞏年譜》。

⑥ 曾鞏：《懷友一首寄介卿》，《曾鞏集》，第722頁。

⑦ 出自王安石《同學一首别子固》（《王荆公文集箋注》，第1178頁）。曾鞏《懷友一首寄介卿》亦曰："相慰且相警也。"

在討論王、曾關係的論著中，《答曾子固書》是引用率極高的一篇文獻。論者多藉以闡述王、曾學術思想的分歧，卻幾乎無人關注王安石字裏行間流露的情緒。首先，他對於曾鞏誤解他前一封信中的意思表示十分不滿：

> 前書疑子固於讀經有所不暇，故語及之。連得書，疑某所謂經者佛經也，而教之以佛經之亂俗。某但言讀經，則何以別於中國聖人之經？子固讀吾書每如此。亦某所以疑子固於讀經有所不暇也。

明明自己衹是説讀經，曾鞏卻偏要將“經”狹隘地理解為“佛經”。而且這樣的誤讀已經不止一次，令他頗覺不耐。“每如此”三字，出語不可謂不重。為緩和氣氛，所以接下來又檢討自己可能也犯有同樣的錯誤，懷疑曾鞏不暇讀經，或許也是由於對曾鞏信中言辭的誤解。

其次，他不認同曾鞏“佛經亂俗”的觀點，認為要想全面深刻地理解先聖先賢的思想，不能衹是“讀經而已”，還需“自百家諸子之書，至於《難經》《素問》《本草》諸小説無所不讀，農夫、女工無所不問”，所謂“禮失求諸野”。因為時代不同了，“不如是不足以盡聖人故也”。當然，前提是“彼致其知而後讀，以有所去取，故異學不能亂也”，必須具備高超的智慧和獨立判斷能力，纔能去蕪存精，保持思想的純正。對此，王安石極為自信。然而，自認為相知甚深的好友竟接連寫信來（“連得書”）提醒自己不要為佛經所亂，這使他十分失望，憤激之言遂銜口而出：

> 子固視吾所知為尚可以異學亂之者乎？非知我也。

對照定交之初王安石所作《同學一首別子固》，我們會更加理解曾鞏的不知己在他心中激起的失望情緒：

> 學聖人，則其師若友，必學聖人者。聖人之言行豈有二哉？其相似也適然。予在淮南為正之道子固，正之不予疑也；還江南為子固道正之，子固亦以為然。予又知所謂賢人者，既相似，又相信不疑也。

可見，“既相似，又相信不疑也”，是王安石對友誼的至高期許。曾鞏的不知己令他既失望又憤懣，故在書信結尾部分反唇相譏，批評曾鞏有“沉没利欲，以言相尚，不知自治”的危險傾嚮。

2.《與孫侔書》其一

《與孫侔書》其一談及王安石父親墓志銘事宜，李德身《王安石詩文繫年》[1] 繫此書於皇祐三年，本文認同其說。

王安石父親之葬，歷來都據曾鞏所作墓志繫於慶曆八年。然而，曾鞏《王公墓志銘》云：

安石今為大理評事，知鄞縣，慶曆七年十一月上書乞告葬公，明年某月詔曰"可"，遂以某月某日與其昆弟奉公之喪，葬江寧府之某縣某處[2]。

作志之時應尚未確定何時下葬。王安石皇祐三年（1051）所作《乞免就試狀》云：

伏念臣祖母年老，先臣未葬，二妹當嫁，家貧口衆，難住京師[3]。

又曰：

兼臣罷縣守闕，及今二年有餘，老幼未嘗寧宇，方欲就任，即令赴闕，實於私計有妨。

則是皇祐三年赴舒州任之前，其父仍未下葬。又《亡兄王常甫墓志銘》曰：

而先生始以進士下科補宣州司户，至三月，轉運使以監江寧府鹽院。又三月卒，又七月葬，則卒之明年四月也，實皇祐四年。墓在先君東南五步。

則皇祐四年四月前，其父已下葬。依常理推測，其父安葬當在皇祐三年（1051）七月之前，其時王安石待闕，王安仁亦奉調至江寧。《與孫侔書》其一當作於王安石父親下葬前。書曰：

先人銘固嘗用子固文，但事有缺略，嚮時忘與議定。又有一事，須至別作，然不可以書傳。某於子固亦可以忘形跡矣，而正之云然，則某不敢易矣。雖然，告正之作

---

① 李德身：《王安石詩文繫年》，西安：陝西人民出版社，1987 年。
② 《曾鞏集》，第 599 頁。
③ 《王荊公文集箋注》，第 71 頁。

一碣，立於墓門，使先人之名德不泯，幸矣。[①]

可知王安石對曾鞏所撰墓志並不滿意，曾打算請孫侔另作一篇，遭孫侔婉拒後纔決定不再更易[②]，轉而請孫侔作墓碣。信中又曰：

某於子固亦可以忘形跡矣……銘事子固不以此罪我兩人者，以事有當然者。

則其在請孫侔另作墓志之前，已和曾鞏有過溝通。但值得玩味的是，第一，王安石為何對曾鞏所撰墓志不滿意？如果僅僅因為"事有缺略"，完全可以請他補充進去，又何必請人另作呢？第二，王安石的這一做法，曾鞏真的毫無芥蒂嗎？以歐陽修的寬容大度，亦曾因所撰《范文正公神道碑》與《尹師魯墓志銘》遭墓主家屬拒絕而深致不滿，引發諸多糾紛。曾鞏早年多遭謗議，至有"其居家，親友惴畏焉"[③] 的傳言，亦可知其個性不大可能是温和寬厚一類。因此，本人認為，墓志銘事件雖未致使二人友情破裂，但難免在各自心中留下陰影。

從以上論述可知，皇祐年間王安石與曾鞏已經有過不太愉快的交往經歷，不過，這些不愉快尚未動搖彼此的友誼。皇祐二年（1050）到至和二年（1055），王安石曾兩辭館閣召試，四辭集賢校理，對此，朝野間議論紛紛，有人認為他"恬然自守"（《續資治通鑑長編》引文彥博語）"守道不苟，自重其身"（歐陽修《再論水災狀》）；有人認為他沽名釣譽，矯情飾貌。身在南豐的曾鞏，就曾收到友人袁陟的來信，信中轉述時人對王安石的猜疑和議論，感嘆在當今官場一個人要想堅持自信獨立真是很不容易，認為不入仕未嘗不是一種更好的人生選擇，因為至少可以保全個人名節。對此，曾鞏以他對王安石的深刻理解回應道：

然介甫者，彼其心固有所自得，世以為矯不矯，彼必不顧之，不足論也。

對曾鞏的理解，王安石倍感温暖，《寄曾子固》一詩即表達了這一情感。此詩可與其《偶成二首》並觀。二題內容相近，且其中四句幾乎完全相同，當作於同一時期。學者論此

---

① 《王荊公文集箋注》，第 1370 頁。
② 2009 年 10 月南京江寧將軍山的考古發現王益墓葬及墓碑，墓志銘仍是曾鞏所作。
③ （宋）王安石：《答段縫書》，《王荊公文集箋注》，第 1319 頁。

二題，多以為王安石晚年所作[①]。或可再議。為便於討論，録詩如下：

《寄曾子固》[②]：

斗粟猶慚報禮輕，敢嗟吾道獨難行。脱身負米將求志，戮力乘田豈為名？高論幾為衰俗廢，壯懷難值故人傾。荒城回首山川隔，更覺秋風白髮生。

《偶成二首》[③]：

漸老偏諳世上情，已知吾事獨難行。脱身負米將求志，戮力乘田豈為名？高論頗隨衰俗之，壯懷難值故人傾。相逢始覺寬愁病，搔首還添白髮生。

懷抱難開醉易醒，曉歌悲壯動秋城。年光斷送朱顏去，世事栽培白髮生。三畝未成幽處宅，一身還逐衆人行。可憐蝸角能多少？獨與區區觸事爭。

首先，詩中三次提及“白髮生”，又曰“漸老”，又曰“朱顏老”，可知詩作時正當白髮始生的壯年，依古人敘事習慣，當指三十出頭年紀。而熙寧七年（1074）首次罷相時王安石已五十四歲，熙寧九年（1076）二次罷相時已五十六歲。其次，詩中“斗粟”乃為“五斗粟”之省稱，代指微薄的俸禄，宋人詩中常用。如：祖無擇《送韓尉員外》：“幾年獻賦嚮公車，四十方為冉冉趨。昔競寸陰終蹭蹬，今貪斗粟尚踟躕。”[④] 强至《次韻陽朔丘尉述懷》：“登科君已十年餘，斗粟猶肩縣尹卑。”[⑤] 張耒《戒醉》：“仕宦低回要斗粟，功名迂闊欲霜毛。”[⑥]《曉發途中》：“坐無燈火夜蕭然，馬上匆匆未曉天。值驛老兵應笑我，肯將斗粟换高眠。”[⑦] 王安石《寄曾子固》詩既曰“斗粟猶慚報禮輕”，則知詩作時其位卑俸薄。而晚年以使相退居金陵，備受朝廷禮遇，則不可能有此嗟嘆。第三，詩曰：“戮力乘田豈為名。”《孟子・萬章下》：“（孔子）嘗為乘田矣。”趙岐注：“苑囿之吏也，主六畜之芻牧者也。”王安石於至和元年（1054）九月除群牧判官，時年三十四歲。群牧司總領内外飼養、放牧、管理、支配國馬之政[⑧]。群牧判官屬群牧司官員，故可稱乘田官。但王安石另有二詩亦以

① 王琦珍《曾鞏與王安石變法》：“《臨川文集》卷二十有《偶成二首》……看來這兩首詩作於首次罷相後，一方面新法受阻，謗議紛然，他已有‘吾事難行’的預感；另一方面，營宅未成，想歸隱尚不可得。在壓鬱的心態中，他期望與老友一吐懷抱，寬解愁結。值得注意的是，後來他竟將這兩首詩的意思融合為一，作了一首七律《寄曾子固》。……相知之深，溢於言表。他們的分歧儘管未能冰釋，但這種眷戀與期待的殷切情懷，是決非‘凶終隙末’之説所能涵蓋的。”劉成國《王安石與曾鞏交疏辯》：“王安石退隱之後所作《偶成二首》其一亦云……”

② 李壁注，李之亮補箋：《王荆公詩注補箋》，成都：巴蜀書社，2002 年，第 682 頁。

③ 同上，第 572 頁。

④ 《龍學文集》卷二，影印文淵閣《四庫全書》本。

⑤ 《祠部集》卷十，影印文淵閣《四庫全書》本。

⑥ 李逸安、孫通海、傅信點校：《張耒集》，北京：中華書局，1990 年，第 419 頁。

⑦ 同上，第 543 頁。

⑧ 參見龔延明編著《宋代官制辭典》，北京：中華書局，1997 年。

“乘田”自稱。其一為《發粟至石陂寺》：

> 蓦水穿山近更賒，三更燃火飯僧家。乘田有秩難逃責，從事雖勤敢嘆嗟[①]。

李壁注曰：“介甫時為鄞縣，發粟救民，故借用乘田事。”則詩作於鄞縣任。又其《感事》曰：

> 賤子昔在野，心哀此黔首。豐年不飽食，水旱尚何有。……揭來佐荒郡，懍懍常慚疚。昔之心所哀，今也執其咎。乘田聖所勉，況乃余之陋。内訟敢不勤，同憂在僚友[②]。

既云“佐荒郡”，則此詩當作於舒州通判任上。故王安石詩中的“乘田”乃是指卑微小官。第四，《寄曾子固》曰：“荒城回首山川隔。”所敘情景似非身處東京汴梁任群牧判官時，而與《感事》詩中“荒郡”相應。

因此，本人認為《寄曾子固》與《偶成二首》當作於皇祐三年（1051）至皇祐五年舒州通判任上，即王安石三十一歲至三十三歲之間。但是，皇祐五年後，這類充滿知己之感的詩文，不復再見。到嘉祐三年（1058）王安石任提點江南東路刑獄公事前後，歧異與矛盾不僅没有緩解，而且有了進一步的加劇。

（二）嘉祐三年隔閡漸深

嘉祐三年（1058）二月，朝廷詔令王安石任提點江南東路刑獄公事，但他極不情願接受這一差遣。在《上曾参政書》[③] 中，他詳盡陳説了自己的困難，希望得到朝廷體諒，為他改换一個既能盡忠又便於養親的差遣。從王令《答王介甫書》中可以窺知，母老多病需就近奉養固然是實情，但王安石不願出任江東提刑的真正原因則是“非其時”“不可為”[④]，可惜作為朋友的曾鞏竟完全不能理解。因此，在《與王逢原書》中，王安石失望地寫道：

> 某處此，遂未有去理，如孫少述、丁元珍、曾子固尚以書見止：“不宜自求便安，

---

① 《王荆公詩注補箋》，第921頁。

② 同上，第319頁。

③ 同上，第1270—1272頁。

④ （宋）王令：《答王介甫書》，《廣陵集》卷二十七，影印文淵閣《四庫全書》本。

數溷朝廷。”它人復可望其見察者乎?[①]

與曾鞏等其他朋友不同的是，王令旗幟鮮明地支持王安石辭任請郡，他說：

此職安可以久居？所請雖頻，要有得而後止耳。辭既遜順，雖煩亦何所害？承見示諸君之論，以謂“不宜自求便安，數溷朝廷”，此似不量為使與請郡輕重者也。使要之不可為，則請雖煩有不避也。……古之人非其時，有魚鹽賈販自沽者多矣，然未有為貧而為公卿大夫者，非惟不可，亦勢不便耳。今既參差其間，要得郡後止耳，不審何如?[②]

審時度勢，以道進退，正是王安石和他的朋友們一直以來相互期許、相互砥礪的仕進之道。在信的末尾，王令又再次囑咐道：

請郡事不可已，幸思之。

在江東提刑任上，王安石深感“一路數千里之間，能推行朝廷之法令，知其所緩急，而一切能使民以修其職事者甚少，而不才苟簡貪鄙之人，至不可勝數”[③]。身為提刑，負有舉刺官吏之責，但他認為“古者至治之世，然後備禮而致刑”，“方今之理勢未可以致刑，致刑則刑重矣，而所治者少；不致刑則刑輕矣，而所治者多”[④]，傾嚮於儒家的道德感化，而不肯採取法家的嚴刑峻法[⑤]。因此，他僅僅處置了其中的五人，“小者罰金，大者纔絀一官”[⑥]，希望收到警示之效，没想到仍然招致紛然謗議。當他將自己所面臨的困境寫信告知遠方的朋友時，曾鞏的回信無疑令他深感失望：“思之不審”的責難，“必先之以教化而待之以久”[⑦] 的陳腐議論，與因循苟且、養交取容的流俗之見有何區别?

與曾鞏截然相反，王令堅定地站在了王安石一邊。他說：

道路時聞流議，固俗人常態耳。求之於義，未見有失也。……近聞江東在位，往

① 《王荆公文集箋注》，第 1306 頁。
② （宋）王令：《答王介甫書》，《廣陵集》卷二十七，影印文淵閣《四庫全書》本。
③ （宋）王安石：《上神宗皇帝言事書》，《王荆公文集箋注》，第 24 頁。
④ （宋）王安石：《答王深甫書》，《王荆公文集箋注》，第 1224 頁。
⑤ 參見鄧廣銘《北宋政治改革家王安石》，第 41 頁。
⑥ 王安石：《答王深甫書》，《王荆公文集箋注》，第 1224 頁。
⑦ （宋）曾鞏《與王介甫第二書》，《曾鞏集》，第 256 頁。

往怨怒，此皆令所親見。介夫所待遇，未有以失之也，然而人之如此者，以其所為異耳。特公心不阿黨，以游兹世，難恐久而不免人禍也[①]。

處置苟簡貪鄙之徒的舉措，令江南東路的官吏們充滿怨懟，但王令認為以道義衡量，王安石没有做錯什麽，唯一值得擔心的是以剛正不阿的節操處此污濁官場，時間久了恐不免於人禍，這也是他積極主張王安石辭任請郡的重要原因之一。

可以想見，對於深陷輿論漩渦中的王安石來説，朋友的認可與鼓勵是多麽重要。因此，王安石對於唯一理解和支持他的王令，便有一種特別的親切和依賴。《臨川文集》今存《與王逢原書》七則，其中五則即作於江東提刑任上的短短八個月間，且每則書信皆表達了强烈的思渴之情。其三曰："不久到真州，冀逢原一來見就。"其四曰："切欲一見逢原。"其五曰："逢原不知可以游番乎？"[②] 其六曰："冬末須一到金陵……欲望逢原一至金陵見訪。"其七曰："冀相遇於江寧。"[③]

而此時王安石與曾鞏的友情，則幾乎可以説降到了冰點。《與王逢原書》其七曰：

今世既無朋友相告戒之道，而言亦未必可用，大抵見教者欲使某同乎俗合乎世耳。非足下教我，尚何望於他人？[④]

言語之間似已不將曾鞏當朋友看待。同年十月，朝廷召王安石回京任三司度支判官。接到詔令後，他在給王令的信中寫道：

方欲請，而已被旨還都，遂得脱此，亦可喜也。但今兹所除，複非不肖所宜居，不免又干溷朝廷，此更增不知者之毁。然吾自計當如此，豈能顧流俗之紛紛乎？[⑤]

聯繫此前"孫少述、丁元珍、曾子固尚以書見止：'不宜自求便安，數溷朝廷。'"[⑥] 之語，更不難體會其中的意味。

總之，本文認為"王安石、曾鞏交疏始於熙寧初"的説法並不符合歷史事實。王安石皇祐年間（1049－1054）所作《答曾子固書》《與孫侔書》等文透露了彼此間最初的思想衝

① （宋）王令：《答王介甫書》，《廣陵集》卷二十七，影印文淵閣《四庫全書》本。
② 番，即鄱陽，江東提刑治所所在。
③ 以上引文分别見《王荆公文集箋注》第1303、1305、1306－1307、1308頁。
④ 《王荆公文集箋注》，第1308頁。
⑤ 同上。
⑥ 同上，第1306頁。

突，嘉祐三年（1058）所作《與王逢原書》等書信則表明了二人隔閡加深。而嘉祐五年（1060）冬至嘉祐八年八月，熙寧元年（1068）四月至熙寧二年秋①，王安石與曾鞏雖有長達四年的時間同在汴京供職，但所能考知的交往已至為稀少。關係如此疏遠，從情理來說，曾鞏亦不可能在熙寧變法之初，仍自認為“結交無嫌”，而對王安石“忠告”“盡言”。這一說法的最早淵源雖可追溯至朱熹，但影響最大的恐怕還是《宋史・曾鞏傳》。其中涉及王、曾關係的一段文字，基本沿襲《東都事略・曾鞏傳》，僅有些微改動，試對比如下：

《東都事略・曾鞏傳》：初與王安石友善，安石稱其文辭，以譬“水之江漢星之斗”。神宗嘗問：“鞏卿與王安石最密，安石何如人?”鞏曰：“安石文學行誼不減揚雄，以吝故不及。”神宗遽曰：“安石輕富貴，不吝也。”鞏曰：“臣謂吝者，安石勇於有為而吝於改過耳。”神宗頷之。吕公著嘗告神宗以鞏為人，行義不如政事，政事不如文章。鞏以此不大用云。

《宋史・曾鞏傳》：少與王安石游，安石聲譽未振，鞏導之于歐陽修。及安石得志，遂與之異。神宗嘗問：“鞏卿與王安石最密，安石何如人?”鞏曰：“安石文學行誼不減揚雄，以吝故不及。”神宗遽曰：“安石輕富貴，不吝也。”鞏曰：“臣謂吝者，安石勇於有為而吝於改過耳。”神宗頷之。吕公著嘗告神宗以鞏為人，行義不如政事，政事不如文章。鞏以此不大用云。

加點部分即是二書異文，就是這一處小小的異文，便將王安石塑造成一個得志倡狂、忘恩負義之徒。辨析王、曾交疏始末，當有助於我們正確認識王安石的思想性格，以及曾鞏的政治態度。

（作者單位：上海同濟大學人文學院）

① 顧棟高《王荆國文公年譜》載：嘉祐五年五月己酉，王安石自提點江東刑獄召入為三司度支判官。嘉祐八年辛巳，其母親吴氏卒於京師，十月乙酉歸葬江寧府蔣山。此後王安石在江寧守制，至熙寧元年四月乙巳至京師就任翰林學士。李震《曾鞏年譜》載：嘉祐五年冬，曾鞏被召編校史館書籍。熙寧二年為英宗實録檢討官，不逾月出通判越州。又，此譜繫曾鞏《游金山寺作》於赴越州途中，詩曰：“披襟當九秋。”可推知其離京當在夏秋之季。

方回為江西詩派續立統系[1]

吴 晟

方回（1227—1307），字萬里，號虚谷，又號紫陽居士，歙州（今安徽歙縣）人。南宋景定三年（1262）進士，官至嚴州知州。宋亡入元，授建德路總管，不久即罷去。平生著述頗勤，其《虚谷集》已佚，今存《續古今考》《桐江集》《桐江續集》《虚谷閑抄》《瀛奎律髓》等。

一、首倡“一祖三宗”之説，為江西詩派張目

吕本中撰《江西宗派圖》，謂源流皆出豫章，圖中所列陳師道等二十五人，以為法嗣。《宗派圖》並序數百言，原文不傳。據胡仔《苕溪漁隱叢話》前集卷四十八載：“吕居仁近時以詩得名，自言傳衣江西，嘗作《宗派圖》，自豫章以降，列陳師道、潘大臨、謝逸、洪芻、饒節、僧祖可、徐俯、洪朋、林敏修、洪炎、汪革、李錞、韓駒、李彭、晁沖之、江端本、楊符、謝薖、夏倪、林敏功、潘大觀、何覬、王直方、僧善權、高荷，合二十五人，以為法嗣，謂其源流皆出豫章也。”[2] 吕氏試圖為江西宗派確立一個傳承的統系，從而建構一種詩統。承襲這一思路，方回進一步提出了“一祖三宗”之説：

惟山谷法老杜，後山棄其舊學而學焉，遂名黄、陳，號“江西派”，非自為一家

---

① 本文係國家社科基金後期資助項目“知性反省江西詩學研究”（16FZW005）階段性成果。

② 傅璇琮：《古典文學研究資料彙編·黄庭堅和江西詩派卷》下卷，北京：中華書局，1978年，第445頁。

也，老杜實初祖也[①]。

嗚呼，古今詩人當以老杜、山谷、後山、簡齋四家為一祖三宗，餘可預配饗者有數焉[②]。

方回尊杜甫為祖，並增列陳與義為宗者，其意圖是欲通過對江西詩派“詩統説”的進一步完善，擴大江西詩派的門户，並以此來説明江西派詩是唐詩的繼承與發揚，其詩統一脈相承，從而確立江西詩派的正統地位。方回在評杜甫《題省中院壁》時指出：“此等句法惟老杜多，亦惟山谷、後山多，而簡齋亦然。乃知‘江西詩派’非江西，實皆學老杜耳。”[③]黄庭堅云：“拾遺句中有眼，彭澤意在無弦。”（《贈高子勉四首》其四）句法是黄庭堅示以後學學詩的不二法門，即由學習杜詩句法入門，因為它有規矩可循，故可學。方回在此是為了進一步説明江西詩派之“三宗”的句法均法嗣杜甫，以示與“四靈”“江湖”師法晚唐之别。據趙彦衛《雲麓漫抄》卷第十四載：“吕居仁作《江西詩社宗派圖》，其略云：‘……歌詩至於豫章始大出而力振之，後學者同作並和，盡發千古之秘，亡餘蘊矣。’録其名字，曰‘江西宗派’，其原流皆出豫章也。宗派之祖曰山谷，其次陳師道（無己）……凡二十五人，居仁其一也。”[④] 又據劉克莊《江西詩派總序》載：“吕紫微作江西宗派，自山谷而下凡二十六人……派中以東萊居後山上，非也。今以繼宗派，庶幾不失紫微公初意。”[⑤] 可知《江西宗派圖》中原來就有吕本中。曾幾是繼吕本中之後的江西派傑出詩人，詩學本中，也學山谷。他雖不在《江西宗派圖》中，但劉克莊説：“比之禪學，山谷初祖也，吕、曾南北二宗也。”[⑥] 説明其詩的淵源和在江西派中的地位。故而方回又將吕本中和曾幾列入江西詩的“正派”人物：“予平生持所見，以老杜為祖，老杜同時諸人皆可伯仲。宋以後山谷一也，後山二也，簡齋為三，吕居仁為四，曾茶山為五。其他與茶山伯仲亦有之，此詩之正派也。餘皆旁支别流，得斯文之一體者也。”[⑦] 方回這樣做的目的非常昭然，就是進一步加强和鞏固吕本中《江西宗派圖》為江西宗派確立的傳承統系，從而完成“詩統”的建構。方回又在評陳與義《與大光同登封州小閣》時指出：“老杜詩為唐詩之冠，黄、陳為宋詩之冠。黄、陳，學老杜者也。嗣黄、陳而恢張悲壯者，陳簡齋也。流動圓活者，吕居仁也。

① （元）方回：《瀛奎律髓》卷一《評晁端友〈甘露寺〉》，吴文治主編：《遼金元詩話全編》第2册，南京：鳳凰出版社，2006年，第615頁。

② （元）方回：《瀛奎律髓》卷二十六《評陳與義〈清明〉》，《遼金元詩話全編》第2册，第808頁。

③ （元）方回：《瀛奎律髓》卷二十五，《遼金元詩話全編》第2册，第801頁。

④ （宋）趙彦衛撰，傅根清點校：《雲麓漫抄》，北京：中華書局，1996年，第244頁。

⑤ （宋）劉克莊：《後村詩話》後集卷二，《古典文學研究資料彙編·黄庭堅和江西詩派卷》下卷，第451—452頁。

⑥ （宋）劉克莊：《茶山誠齋詩選序》，《古典文學研究資料彙編·黄庭堅和江西詩派卷》下卷，第866頁。

⑦ （元）方回：《瀛奎律髓》卷十六《評陳與義〈道中寒食二首〉》，《遼金元詩話全編》第2册，第700—701頁。

清勁潔雅者，曾茶山也。七言律，他人皆不敢望此六公矣。”[①] 又評陳與義《送客出城西》《送熊博士赴里安令》云：“簡齋詩氣勢雄渾，規模廣大。老杜之後，有黄、陳，又有簡齋，又其次則吕居仁之活動，曾吉甫之清峭，凡五人焉。”[②] 這兩段話進一步明確了江西詩派的祖述和傳承，並説明作為江西詩派的成員，儘管均以杜甫為祖而以黄、陳為宗，但詩風卻異彩紛呈，各具特色。

方回首倡“一祖三宗”之説，為江西詩派張目，除了綜論江西詩之“正派”，還多次分論江西詩派多位成員。如陳師道著有《後山詩話》二卷，自宋代始就有人懷疑為托名之作，陸游認為：“《叢談》《詩話》皆可疑。……意者後山嘗有詩話而亡之，妄人竊其名為此書耳。”[③] 方回也認為“此詩話非後山所為”，《後山詩話》有云：“唐人不學杜詩，惟唐彦謙與今黄亞夫、謝師厚景初學之。”[④] 方回辨析曰：“山谷少孤，後山皇祐五年癸巳生，少山谷八歲，必不識其父，此乃稱為‘今黄亞夫’，非後山語也。”[⑤] 但陳師道逝世不久，其門人魏衍於徽宗政和五年（1115）編訂其詩文集時，作《彭城陳先生集》，謂陳師道於詩文外，尚有“《詩話》《叢談》，各自為集”[⑥]。魏衍所記應該可信，陳師道確實著有《後山詩話》。方回提出上述疑點可能為後人輾轉抄録、有所增補所致。陳師道作詩，以“苦吟”為特點，黄庭堅謂其“閉門覓句”。方回告誡後學：“後山詩步驟老杜，而深奥幽遠，咀嚼諷詠，一看不可了，必再看，再看不可了，必至三看、四看，猶未深曉何如頓挫耳，平易之中有艱苦。但學其平易，而不從艱苦求之，則輕率下筆，不過如元、白之寬耳。學者當思之。”[⑦] 指出陳師道作詩用心之“艱苦”，詩境“深奥幽遠”，卻以“平易”出之，提示後學當“從艱苦求之”，如果“但學其平易”，則難免流於“元輕白俗”一路。江西派詩為人所詬病者之一，在其聲色枯澀，方回辯護説：“讀後山詩，若以聲音求，是行邪道，不見如來。全是骨，全是味，不可與拈花簇葉者相較量也。”[⑧] 方回還對黄、陳詩作了簡要的比較：“自老杜後，始有後山，律詩往往精於山谷也。山谷宏大，而古詩尤高。後山嚴密，而律詩尤高。”[⑨] 認為黄庭堅詩歌氣魄“宏大”，其中古詩成就尤高，而陳師道的詩歌格律“嚴密”，律詩較黄庭堅精嚴。這個評價不一定符合實際。方回這樣做與其“一祖三宗”觀點一致，“一祖三宗”説主要是針對律詩而言，《瀛奎律髓》所選詩即唐宋律詩，選陳師道律詩 113 首，而黄庭堅

---

① （元）方回：《瀛奎律髓》卷首，《遼金元詩話全编》第 2 册，第 620 頁。
② （元）方回：《瀛奎律髓》卷二十四，《遼金元詩話全编》第 2 册，第 794 頁。
③ （宋）陸游：《跋後山居士詩話》，《古典文學研究資料彙編·黄庭堅和江西詩派卷》下卷，第 498 頁。
④ （宋）陳師道：《後山詩話》，何文焕輯：《歷代詩話》，北京：中華書局，1981 年，上册，第 307 頁。
⑤ （元）方回：《桐江集》卷三，《古典文學研究資料彙編·黄庭堅和江西詩派卷》下卷，第 520 頁。
⑥ （宋）魏衍：《彭城陳先生集》，《古典文學研究資料彙編·黄庭堅和江西詩派卷》下卷，第 478 頁。
⑦ （元）方回：《瀛奎律髓》卷十，《遼金元詩話全编》第 2 册，第 657 頁。
⑧ （元）方回：《瀛奎律髓》卷十六，《遼金元詩話全编》第 2 册，第 697 頁。
⑨ （元）方回：《瀛奎律髓》卷十七，《遼金元詩話全编》第 2 册，第 715－716 頁。

律詩衹選了35首。吕本中《江西宗派圖》衹尊黄庭堅為宗，以陳師道等25人為諸派，而方回卻將陳師道提到“三宗”之一的地位，與他視陳師道的律詩成就高於黄庭堅的看法一致。莫礪鋒指出：“方回雖然並尊黄、陳，但相形之下，他對陳詩更為推崇，甚至超過黄庭堅而把陳師道看作杜甫的直接傳人。”①

方回評韓駒《送宜黄宰任滿赴調》時指出：“吕居仁引韓入江西派，子蒼不悦，謂所學自有從來。此詩非江西而何？大抵宣、政間忌蘇、黄之學，王初寮陰學東坡文，子蒼諸人皆陰學山谷詩耳。”② 宋徽宗政和二年（1112），以詩為元祐學術，“遂定命官傳習詩賦，杖一百”③。宣和六年（1124）十月詔：“有收藏慣用蘇、黄之文者，並令焚毁，犯者以大不恭論。”④ 由於禁蘇、黄之學，韓駒衹有暗地裏學山谷詩。周必大也説：“陵陽先生早以詩鳴，蘇、黄門一見，比之儲光羲。與徐東湖游，遂受知於山谷。晚年或置之江西詩社，乃曰：‘我自學古人。’豈所謂魯一變至於道耶?”⑤ 表明韓駒曾與徐俯游，也接受了山谷的影響，但吕本中引之入江西詩派，卻也不樂，説“我自學古人”。“蘇、黄門一見，比之儲光羲”，指蘇轍《題韓駒秀才詩卷一絶》：“我讀君詩笑無語，恍然重見儲光羲。”⑥ 周紫芝評韓駒詩“淡泊而有思致，奇麗而不雕刻”⑦，正説明了他學山谷而不為，形成自己的面貌，詩風近儲光羲。韓駒是江西詩派中繼陳師道之後的傑出詩人，在當時頗負盛名，居於盟主的地位。汪藻評價説：“承作者百年之師友，為詩文一代之統盟。”⑧

評徐俯《庭中梅花正開用舊韻貽端伯》：“師川詩律疏闊，其説甚傲，其詩頗拙。”⑨ 徐俯詩學山谷，愛句中疊字，如“積得重重那許重，飛來片片又何輕”句，即學山谷“夜聽疏疏還密密，曉看整整復斜斜”（《詠雪奉呈廣平公》），方回評價説，山谷詩極工整，徐俯詩卻“極為粗率”⑩。周煇《清波雜志》卷五載：“公視山谷為外家，晚年欲自立名世，客有贄見，甚稱淵源所自，公讀之不樂，答以小啓曰：‘涪翁之妙天下，君其問諸水濱；斯道之

① 莫礪鋒：《從〈瀛奎律髓〉看方回的宋詩觀》，《文藝理論研究》1995年第3期。

② （元）方回：《瀛奎律髓》卷二十四，《古典文學研究資料彙編·黄庭堅和江西詩派卷》下卷，第614頁。

③ （宋）葉夢得：《石林燕語》卷九，吴文治主編：《宋詩話全編》第3册，南京：江蘇古籍出版社，1998年，第2715頁。

④ （元）脱脱等：《宋史》第1册，北京：中華書局，2000年，第276頁。

⑤ （宋）周必大：《周益國文忠公集·省齋文稿》卷十九，《古典文學研究資料彙編·黄庭堅和江西詩派卷》下卷，第610頁。

⑥ （宋）蘇轍：《欒城集》後集卷四，《古典文學研究資料彙編·黄庭堅和江西詩派卷》下卷，第592頁。

⑦ （宋）周紫芝：《太倉稊米集》卷六十七，《古典文學研究資料彙編·黄庭堅和江西詩派卷》下卷，第595—596頁。

⑧ （宋）汪藻：《浮溪集》卷二十二《知撫州回韓駒詩制啓》，《古典文學研究資料彙編·黄庭堅和江西詩派卷》下卷，第595頁。

⑨ （元）方回：《瀛奎律髓》卷二十，《古典文學研究資料彙編·黄庭堅和江西詩派卷》下卷，第642頁。

⑩ （元）方回評，李慶甲集評校點：《瀛奎律髓彙評》，上海：上海古籍出版社，2005年，第890頁。

大域中，我獨知之濠上。'"① 黃庭堅與吕本中對徐俯的評價都很高。黃庭堅云："所寄詩正忙時讀數過，辭皆爾雅，意皆有所屬，規模遠大，自東坡、秦少游、陳履常之死，常恐斯文之將墜，不意復得吾甥，真頹波之砥柱也。"② 吕本中《徐師川挽詞三首》其一："江西人物勝，初未減前賢。公獨為舉首，人誰敢比肩。"徐俯的詩淵源於山谷，深受其影響，但不甘居山谷門下，卻矢口否認。故方回批評"其説甚傲"。陳師道《後山詩話》曰："寧拙毋巧，寧朴毋華，寧粗毋弱，寧僻毋俗，詩文皆然。"③ 方回指出徐俯詩之拙，正是江西詩派的共同追求，又明確批評"徐師川詩無變化"④。

評晁沖之《感梅憶王立之》："此詩纔學後山，便有老杜遺風。"⑤ 晁沖之曾游陳師道之門，故其詩頗受後山影響。晁沖之《過陳無己墓》云："我亦嘗參諸子弟，往來徒步拜公墳。"⑥《過陳無己墓》又云："五年三過客，九歲一門生。"⑦《感梅憶王立之》云："王子已仙去，梅花空自新。江山餘此物，海岱失斯人。賓客他鄉老，園林幾度春。城南載酒地，生死一沾巾。"王直方有園在汴京城南，他好客，常延名士命酒劇飲唱和。如今直方已死，多年來園林空自春矣。此詩因見梅花而生物存人亡之傷痛。紀昀批："似平易而極深穩，斯為老筆。"⑧ 此大概是方回所評"老杜遺風"吧。

評吕本中："居仁本中，世稱為大東萊先生。其詩宗江西而主於自然，號彈丸法。"⑨ 吕本中是繼韓駒之後居於主盟地位的江西派詩人。趙番《書紫微集》云："詩家初祖杜少陵，涪翁再續江西燈。陳潘徐洪不可作，閫奥晚許東萊登。"⑩ 劉克莊云："紫微公作夏均父集序云：'學詩當識活法者，規矩備具，而能出於規矩之外，變化不測，而亦不背於規矩也。是道也，蓋有定法而無定法，無定法而有定法。知是者，則可以與語活法矣。謝玄暉有言：好詩流轉圜美如彈丸。此真活法也。近世惟豫章黃公首變前作之弊，而後學者知所趣嚮。必精盡知左規右矩，庶幾至於變化不測。'"⑪ 吕本中學山谷而能變化，謝逸評價曰："以居仁詩似老杜、山谷，非也。杜詩自是杜詩，黃詩自是黃詩，居仁詩自是居仁詩也。"⑫ 所謂

---

① (宋) 周煇：《清波雜志》，《古典文學研究資料彙編·黃庭堅和江西詩派卷》下卷，第 637 頁。

② (宋) 黃庭堅：《與徐師川書》，《古典文學研究資料彙編·黃庭堅和江西詩派卷》下卷，第 623 頁。

③ (宋) 陳師道：《後山詩話》，《歷代詩話》上册，第 311 頁。

④ (元) 方回：《瀛奎律髓》卷十，《遼金元詩話全編》，第 2 册，第 664 頁。

⑤ (元) 方回：《瀛奎律髓》卷二十，《古典文學研究資料彙編·黃庭堅和江西詩派卷》下卷，第 707 頁。

⑥ (宋) 晁沖之：《晁具茨先生詩集》卷十二，《古典文學研究資料彙編·黃庭堅和江西詩派卷》下卷，第 479 頁。

⑦ (宋) 晁沖之：《晁具茨先生詩集》卷十五，《古典文學研究資料彙編·黃庭堅和江西詩派卷》下卷，第 479 頁。

⑧《古典文學研究資料彙編·黃庭堅和江西詩派卷》下卷，第 707 頁。

⑨ (元) 方回：《瀛奎律髓》卷四，《古典文學研究資料彙編·黃庭堅和江西詩派卷》下卷，第 775 頁。

⑩ (宋) 趙蕃：《章泉稿》卷一，《古典文學研究資料彙編·黃庭堅和江西詩派卷》下卷，第 769 頁。

⑪ (宋) 劉克莊：《後村先生大全集》卷九十五，《古典文學研究資料彙編·黃庭堅和江西詩派卷》下卷，第 772 頁。

⑫《古典文學研究資料彙編·黃庭堅和江西詩派卷》下卷，第 753 頁。

“彈丸法”即“活法”理論，是對黄庭堅詩法的理論提升，也是鑒於江西詩派後學死守詩法而不知靈活運用提出來的。

評曾幾：“上饒自南渡以來，寓公曾茶山得吕紫微詩法，傳至嘉定中趙章泉、韓澗泉，正脈不絶。今之學永嘉四靈者，不復知此。”① 曾幾避地柳州時與在桂林的吕本中有詩書往來，並嚮他請教句律，故其詩受吕本中的影響無疑。曾幾《東萊先生詩集後序》：“紹興辛亥，幾避地柳州，公在桂林。是時年皆未五十，公之詩固已獨步海内，幾亦妄意學作詩。公一日寄近詩來，幾次其韻，因作書請問句律。”② 平時兩人常切磋詩藝，由於本中早成，故曾受益頗多。吕本中《與曾吉甫論詩第一帖》：“惟不可鑿空强作，出於牽强……楚詞、杜、黄，固法度所在，然不若遍考精取，悉為吾用，則姿態横出，不窘一律矣。……要之，此事須令有所悟入，則自然超越諸子。悟入之理，正在工夫勤惰間耳。”並指出曾詩的不足之處是“少新意”③。《與曾吉甫論詩第二帖》又評曾詩“治擇工夫已勝，而波瀾尚未闊”，告誡他“欲波瀾之闊去，須於規摹令大，涵養吾氣而後可”④。方回又評曾幾《鄧帥寄梅併山堂酒》：“此晚年使淮南詩。但觀其句律，何乃瘦健鏗鏘至此！雖平正有奇古也。”⑤ 所謂“瘦健鏗鏘”“平正奇古”可見其江西詩學的淵源。

評陳與義：“抄誦少陵、山谷、後山律詩，似未有所得。别看陳簡齋詩，始有入門。於是改調，通老杜、黄、陳簡齋玩索。”⑥ 方回之所以將陳與義列入江西詩派的“一祖三宗”，在他看來，欲學詩衹習杜甫、黄庭堅、陳師道詩“似未有所得”，還必須玩索陳與義詩“始有入門”。高利華《論方回的江西宗派學説及其對陳與義的評價》指出，方回“致力推薦的陳與義，不惟在創作上與江西詩派所標榜的詩歌主張合轍，在持論上也有登堂入室成為江西派中巨擘的資格”⑦。《四庫全書總目提要》評價陳與義：“其詩雖源出豫章，而天分絶高，工於變化，風格遒上，思力沈摯，能卓然自辟蹊徑。”⑧ 紀昀謂其詩居山谷之下，後山之上。詩學山谷，尤其學杜甫。他的身世與杜甫類似，故詩亦近之，但能够卓然形成自己的面貌。

方回對二謝、高荷等也有評價。評二謝《飲酒示坐客》：“臨川謝邁字幼槃，兄逸字無逸，二人俱入江西詩派。此學山谷，亦老杜吴體。三四尤極變態。”⑨ 評高荷：“高荷子勉，

---

① （元）方回：《桐江續集》卷十五，《古典文學研究資料彙編·黄庭堅和江西詩派卷》下卷，第 868 頁。
② （宋）曾幾：《東萊先生詩集後序》，《古典文學研究資料彙編·黄庭堅和江西詩派卷》下卷，第 755 頁。
③ （宋）吕本中：《與曾吉甫論詩第一帖》，《宋詩話全編》第 3 册，第 2908 頁。
④ （宋）吕本中：《與曾吉甫論詩第二帖》，《宋詩話全編》第 3 册，第 2908 頁。
⑤ （元）方回：《瀛奎律髓》卷二十，《遼金元詩話全編》第 2 册，第 732 頁。
⑥ （元）方回：《桐江集》卷一《送俞唯道序》，《遼金元詩話全編》第 2 册，第 957 頁。
⑦ 高利華：《論方回的江西宗派學説及其對陳與義的評價》，《社會科學戰綫》2004 年第 6 期。
⑧ 《簡齋集提要》，（清）永瑢、（清）紀昀主編：《四庫全書總目提要》卷一百五十六，海口：海南出版社，1999 年，第 812 頁。
⑨ （元）方回：《瀛奎律髓》卷十六，《古典文學研究資料彙編·黄庭堅和江西詩派卷》下卷，第 693 頁。

江陵人。五言律三十韻贄見山谷，中有曰：‘蜀天何處盡，巴月幾回彎。點檢金閨彥，飄零玉筍班。尚全宗廟器，猶隔鬼門關。’山谷賞之，遂知名。和山谷六言皆佳。蠟梅絶句尤奇。”① 這些都為我們研究江西詩派提供了重要史料。

二、攻駁“永嘉四靈”之短，為江西詩派回護

大約至宋光宗紹熙年間（1190—1194），江西詩派的影響逐漸式微，“永嘉四靈”則開始登上詩壇。他們不滿江西詩風又無力自闢新途，因此在永嘉學派大學者、文壇宗主葉適的理論支持下，他們衹有重返宋初崇尚晚唐體的老路，以賈島、姚合、許渾為宗。方回在評翁卷《道上人房老梅》中大致勾勒了這一詩派的源流本末：“葉水心適以文為一時宗，自不工詩。而‘永嘉四靈’從其説，改學晚唐，詩宗賈島、姚合。凡島、合同時漸染者，皆陰撏取摘用，驟名於時，而學之者不能有所加，日益下矣。名曰厭傍‘江西’籬落，而盛唐一步不能少進。天下皆知‘四靈’之為晚唐，而鉅公亦或學之。……此近人詩之源流本末如此。”② 葉適在《徐文淵墓志銘》中說：“四人之語，遂極其工，而唐詩由此復行矣。”③ 他認為“四靈”詩風是對唐詩的復歸。又在《徐斯遠文集序》中說：“慶曆、嘉祐以來，天下以杜甫為師，始黜唐人之學，而江西宗派章焉。……以夫汗漫廣漠，徒枵然從之而不足充其所求，曾不如脰鳴吻決，出毫芒之奇，可以運轉而無極也。故近歲學者（按：指“四靈”），已復稍趨於唐而有獲焉。”④ 批評江西詩學尤其是其末流學杜甫以致“汗漫廣漠”，肯定“永嘉四靈”雖“脰鳴吻決”卻能“出毫芒之奇”，可謂學中晚唐“有所獲焉”，對“四靈”以晚唐之工巧清奇救江西末流刻削枯澀之弊作了高度評價。針對葉適對“四靈”的大肆揄揚、對江西詩學的批評責難，方回不能坐視，奮起抗議，提出了與葉適針鋒相對的觀點：

> 老杜所以獨雄百世者，其意趣全古之六義，而其格律又備後世之衆體。晚唐者，特老杜之一端。老杜之作包晚唐於中，而賈島、姚合以下得老杜之一體。葉水心奬“四靈”，亦宋初九僧體耳，即晚唐體也。……近世學者不深求其源，以“四靈”為祖，

---

① （元）方回：《瀛奎律髓》卷四十二，《古典文學研究資料彙編·黄庭堅和江西詩派卷》下卷，第737頁。

② （元）方回：《瀛奎律髓》卷二十，《遼金元詩話全编》第2册，第734頁。

③ （宋）葉適：《徐文淵墓志銘》，蔣述卓等編著：《宋代文藝理論集成》，北京：中國社會科學出版社，2000年，第942頁。

④ （宋）葉適：《水心文集》卷十二《徐斯遠文集序》，《宋詩話全编》第7册，第7396頁。

曰倡唐風自我始，豈其然乎?[①]

近世之詩莫盛於慶曆、元祐，南渡猶有乾、淳。永嘉水心葉氏忽取“四靈”、晚唐體，五言以姚合為宗，七言以許渾為宗，江湖間無人能為古選體，而盛唐之風遂衰[②]。

欲攻駁“永嘉四靈”，為江西詩派回護，必須否定其所學“晚唐體”。“晚唐體”指模仿唐代賈島、姚合、許渾詩風之作。宋初即有兩個“晚唐體”詩人群體：一個是“九僧”；一個是潘閬、魏野、林逋等隱逸之士。故方回説“宋初九僧體耳，即晚唐體”。方回因此批評説：“晚唐人非風、花、雪、月、禽、鳥、蟲、魚、竹、樹，則一字不能作。‘九僧’者流，為人所禁，詩不能成，曷不觀此作乎?”[③] 這是針對“九僧”晚唐體而發。《跋仇仁近詩集》指出：“‘九僧’以前，‘四靈’而後，專尚晚唐，五言古調、七言長句皆不能不彼此相效許渾水、鄭谷僧、林逋梅、魏野鶴。雪、月、風、花、煙、雲、竹、樹，無此字不能成四十字。四十字之中，前聯耳聞目見，後聯或全是聞，或全是見。”[④] 這是針對魏野等晚唐體而發。《送胡植芸北行序》又云：“近世詩學許渾、姚合，雖不讀書之人皆能為五、七言。無風雲月露、冰雪煙霞、花柳松竹、鶯燕鷗鷺、琴棋書畫、鼓笛舟車、酒徒劍客、漁翁樵叟、僧寺道觀、歌樓舞榭，則不能成詩。”[⑤] 評姚合《游春》則云：“姚之詩專在小結裹，故‘四靈’學之。五言八句，皆得其趣，七言律及古體則衰落不振。又所用料，不過花、竹、鶴、僧、琴、藥、茶、酒，於此物，一步不可離，而氣象小矣。”[⑥] 指出“四靈”生活面狹小，創作局限於書齋之中，詩歌題材狹窄，內容單薄，可謂擊中“四靈”之要害。方回甚至認為“詩道不古”自學“晚唐體”始：“不意學禁息而時好乖，七許渾，五姚合，哆然自謂晚唐。彼區區者，競雕蟲之虛名，昧苞桑之先兆，遽以是晚人之國，不祥莫大焉。詩道不古，自此始。”[⑦]

方回攻駁“永嘉四靈”之短，目的是回護江西詩派。因此，他常通過對照反襯，以“四靈”之短來襯江西詩派之長。

自山谷續老杜之脈，凡“江西派”皆得為此奇調。汪彥章與吕居仁同輩行，茶山差後，皆得傳授。茶山之嗣有陸放翁，同時尤、楊、范皆能之。乃後始盛行晚唐，而

---

① （元）方回：《桐江集》卷四《跋許萬松詩》，《遼金元詩話全編》第2册，第973—974頁。
② （元）方回：《桐江集》卷四《孫後近詩跋》，《遼金元詩話全編》第2册，第974頁。
③ （元）方回：《瀛奎律髓》卷四十二，《遼金元詩話全編》第2册，第856頁。
④ （元）方回：《桐江集》卷四，《遼金元詩話全編》第2册，第978頁。
⑤ （元）方回：《桐江集》卷一，《遼金元詩話全編》第2册，第958頁。
⑥ （元）方回：《瀛奎律髓》卷十，《遼金元詩話全編》第2册，第661頁。
⑦ （元）方回：《桐江續集》卷三十一，《遼金元詩話全編》第2册，第1006頁。

高致絶焉[①]。

此等詩不麗不工，瘦硬枯勁，一斡萬鈞，惟山谷、後山、簡齋得此活法，又各以其數萬卷之心胸氣力，鼓舞跳蕩。初學晚生不深於詩而驟讀之，則不見奧妙，不知雋永，乃獨喜許丁卯體，作偶儷嫵媚態。予平生不然之，而江湖友朋未易以口舌爭也。[②]

"江西"詩，晚唐家甚惡之。然麄則有之，無一點俗也。晚唐家吟不著，卑而又俗，淺而又陋，無"江西"之骨之律[③]。

指出江西詩派得杜甫"奇調"，而"四靈"規摹晚唐致使"高致絶焉"；江西派詩"不麗不工，瘦硬枯勁，一斡千鈞"，"四靈"則"作偶儷嫵媚態"；江西派詩有骨有律，"無一點俗也"，"四靈"詩則"卑而又俗，淺而又陋"。方回《送俞唯道序》云："但不當學姚合、許渾，格卑語陋，恢拓不前。"[④] 又評許渾《晚發鄞江北渡寄崔韓二先輩》云："許用晦……其詩出於元、白之後，體格太卑，對偶太切。陳後山《次韻東坡》有云：'後世無高學，舉俗愛許渾。'以此之故，予心甚不喜丁卯詩。……而近世晚進，爭由此人，所以卑之又卑也。"[⑤] 何謂"卑"？方回批評"晚唐家多不肯如此作，必搜索細碎以求新"[⑥]；又諷刺劉克莊"初亦學'四靈'，後乃少變，務為放翁體，用近人事，組織太巧，亦傷太冗"[⑦]。可見所謂"卑"指"巧""冗""俗""細碎""淺陋"。"四靈"也自認為："昔人以浮聲切響、單字隻句計巧拙，蓋風、騷之至精也。"[⑧] "四靈"為了與江西詩派的縱恣雄博對抗，反其道而行之，專務小巧精細，在聲調字句上較工拙，以"出毫芒之奇"。《四庫全書總目》指出："'四靈'之詩，雖鏤心鉥腎，刻意雕琢，而取徑太狹，終不免破碎尖酸之病。"[⑨] 可謂一語中的。

在此，方回提到"格"的概念，《瀛奎律髓序》云："所選，詩格也。所注，詩話也。"[⑩] 他在《唐長孺藝圃小集序》中說："詩以格高為第一。……予乃創為格高卑之論者。……何以謂之格高？近人之學許渾、姚合者，長孺掃之如粃糠，而以陶、杜、黄、陳為師者也。"[⑪] 評曾幾《上元日大雪》又云："詩先看格高，而意又到，語又工，為上。意到，語工，而格

① （元）方回：《瀛奎律髓》卷二十五，《遼金元詩話全編》第 2 册，第 802 頁。
② （元）方回：《桐江續集》卷二，《遼金元詩話全編》第 2 册，第 998 頁。
③ （元）方回：《瀛奎律髓》卷四十六，《遼金元詩話全編》第 2 册，第 900 頁。
④ （元）方回：《桐江集》卷一，《遼金元詩話全編》第 2 册，第 957 頁。
⑤ （元）方回：《瀛奎律髓》卷十三，《遼金元詩話全編》第 2 册，第 687 頁。
⑥ （元）方回：《瀛奎律髓》卷首，《遼金元詩話全編》第 2 册，第 613 頁。
⑦ （元）方回：《瀛奎律髓》卷二十，《遼金元詩話全編》第 2 册，第 734 頁。
⑧ （宋）葉適：《徐文淵墓志銘》，《宋代文藝理論集成》，第 942 頁。
⑨ （宋）徐照：《芳蘭軒集提要》，《四庫全書總目提要》卷一百六十二，第 836 頁。
⑩ （元）方回：《瀛奎律髓》卷首，《遼金元詩話全編》第 2 册，第 612 頁。
⑪ （元）方回：《桐江集》卷三十三，《遼金元詩話全編》第 2 册，第 1013 頁。

不高，次之。無格，無意，又無語，下矣。此詩全是格，而語意亦峭。”① 宋人論詩尚格，黄庭堅云：“予友生王觀復作詩有古人態度，雖氣格已超俗，但未能從容中玉珮之音，左準繩而右規矩爾。”② 陳善云：“歐陽公詩，猶有國初唐人風氣。公能變國朝文格，而不能變詩格。及荆公、蘇、黄輩出，然後詩格遂極於高古。”③ 林倅曰：“詩有格有韻，故自不同。如陶淵明詩，是其格高；謝靈運‘池塘春草’之句，乃其韻勝也。格高似梅花，韻勝似海棠花。”④ “格”的含義有多種：一指體制規格；一指格調風格；一指性情品操。王士禛《師友詩傳續録》：“問：‘孟襄陽詩，昔人稱其格韻雙絶，敢問格與韻之别？’答：‘格謂品格，韻謂風神。’”⑤ 格或品格偏重於指詩人抒寫的情性品操和這種内質移情於物的詩化表現，韻或風神偏重於指詩歌的風采神味情韻。

方回攻“四靈”晚唐體“格卑”之短，而每每揚江西派詩“格高”之長。他評價説：“黄、陳特以詩格高，為宋第一”⑥，“善學老杜而才格特高，則屬之山谷、後山、簡齋”⑦，“簡齋詩獨是格高，可及子美”⑧；又云，“自黄、陳駉老杜之後，惟去非與吕居仁亦登老杜之壇。居仁主活法，而去非格調高勝，舉一世莫之能及”⑨。這些是對江西詩派“三宗”的評價。對江西詩派後勁，方回也多以“格高”評之，評吕本中《西歸舟中懷通泰諸君》“詩格崢嶸，非晚學所可及也”⑩；評楊萬里《過揚子江》“詩格尤高”⑪；評曾幾“放翁詩萬首，佳句無數。少師曾茶山，或謂青出於藍。然茶山格高，放翁律熟；茶山專祖山谷，放翁兼入盛唐”⑫。從以上評價不難看出，方回所謂“格”，上述三種含義兼而有之⑬。我們認為，論陳師道、陳與義、楊萬里“格高”，側重其詩的體制規格和格調風格，因為他們的詩風與黄庭堅差别較大；而論黄庭堅詩“格高”多指性情品操。“格高”即不俗，不俗來自深厚的人格修養，江西詩派之宗黄庭堅重視人格修養，有關論述頗多，此不贅述。方回指出黄庭堅：“蓋流離跋涉八年矣，未嘗有一詩及於遷謫，真天人也。……學杜詩當學山谷詩，又當

① （元）方回：《瀛奎律髓》卷二十，《遼金元詩話全編》第2册，第760頁。
② （宋）黄庭堅：《跋書柳子厚詩》，《宋詩話全編》第2册，第945頁。
③ （宋）陳善：《捫虱詩話》下集，《宋詩話全編》第6册，第5577頁。
④ （宋）陳善：《捫虱詩話》下集卷一引，《宋詩話全編》第7册，第5569頁。
⑤ （清）王士禛：《師友詩傳續録》，丁福保編：《清詩話》，上海：上海古籍出版社，1999年，第154頁。
⑥ （元）方回：《瀛奎律髓》卷二十二，《遼金元詩話全編》第2册，第766頁。
⑦ （元）方回：《瀛奎律髓》卷二十四，《遼金元詩話全編》第2册，第788頁。
⑧ （元）方回：《瀛奎律髓》卷十三，《遼金元詩話全編》第2册，第684頁。
⑨ （元）方回：《瀛奎律髓》卷二十三，《遼金元詩話全編》第2册，第778頁。
⑩ （元）方回：《瀛奎律髓》卷十三，《遼金元詩話全編》第2册，第690頁。
⑪ （元）方回：《瀛奎律髓》卷首，《遼金元詩話全編》第2册，第621頁。
⑫ （元）方回：《瀛奎律髓》卷二十三，《遼金元詩話全編》第2册，第779頁。
⑬ 顧易生、蔣凡、劉明今著《宋金元文學批評史》認為，方回所謂高格有五種内涵：一、“詩體渾大”；二、“剥落浮華”；三、“瘦硬枯勁”；四、“恢張悲壯”；五、自然質樸與豪放深藴。（上海：上海古籍出版社，1996年，下册，第934—935頁。）我們認為，第一種屬體制規格，其他可歸於格調風格。

知山谷所以處遷謫而浩然於去來者，非但學詩而已。”[①] 黄庭堅胸襟之高為後世膺服敬仰，古今學者多有論述，在此亦不一一臚列。

“四靈”不滿江西詩派“以才學為詩”，試圖創作儘量少用典故成語的寫景小詩來救江西詩的“汗漫廣莫”之病，確實也寫出了一些輕靈秀巧、清新雋逸的好詩，其描寫的景色清邃幽静，其刻畫的隱逸生活枯寂淡泊。五律在煉句上較精警，七絶則不乏意境渾融之作。如趙師秀《呈蔣薛二友》詩云：“中夜清寒入緼袍，一杯山茗當香醪。鳥飛竹葉霜初下，人立梅花月正高。無欲自然心似水，有營何止事如毛。春來擬約蕭閑伴，同上天台看海濤。”[②] 賀裳評曰：“第二聯神骨俱清，可謂脱西江塵土氣殆盡。”[③] 翁卷《鄉村四月》：“緑遍山原白滿川，子規聲裏雨如煙。鄉村四月閑人少，纔了蠶桑又插田。”[④] 無雕琢之習，生活氣息頗濃，清雋可喜。方回對“四靈”的“吹索不遺餘力”，的確有些過頭，故紀昀批評他“是門户之見，非是非之公也”（《瀛奎律髓刊誤序》）。

但是，“四靈”畢竟有很大的局限，其詩學姚合、許渾，方回批評説：“姚合、許渾精儷偶，青必對紅花對柳。兒童仿之易不難，形則肖矣神何有。求之雕刻繪畫間，鵠乃類鶩虎勝狗。”[⑤] 認為“四靈”學“晚唐體”，雕刻過甚，對偶太切，缺少變化，得形遺神。因此方回推崇變體，他説：“或問此詩何以謂之變體？豈‘秋風吹渭水，落葉滿長安’為壯乎？曰：不然。此即唐人‘春還上林苑，花滿洛陽城’也。其變處乃是‘此地聚會夕，當時雷雨寒’，人所不敢言者。或曰：以‘雷雨’對‘聚會’，不偏枯乎？曰：兩輕兩重自相對，乃更有力。”[⑥] 他特别推崇擅長此道的黄庭堅，以此來反襯“四靈”詩之短：“山谷變體極多，‘明月清風非俗物，輕裘肥馬謝兒曹’‘功名富貴兩蝸角，險阻艱難一酒杯’‘春風春雨花經眼，江北江南水拍天’‘碧嶂清江元有宅，黄魚紫蟹不論錢’，上八字各自為對。如‘洞庭歸客有佳句，庾嶺疏梅如小棠’‘公庭休吏進湯餅，語燕無人窺井欄’，則變之又變，在律詩中神助鬼飛，不可測也。”[⑦] 方回在此所謂“變體”，實指對仗技巧，我曾這樣概括，即突破前人近體中詞性類屬都相同詞語（多為實詞）的工對，變革為詞性雖然相同但不同類屬的寬對；或上下句基本相對，個别詞語不對；或以虚詞相對等，初覺非對，細究之則字字對仗也。“四靈”詩之短暴露後，葉適也建議劉克莊跳出“四靈”的局限，開拓更宏闊

---

① （元）方回：《瀛奎律髓》卷四十三，《遼金元詩話全編》第 2 册，第 863 頁。

② （宋）趙師秀：《呈蔣薛二友》，北京大學古文獻研究所編：《全宋詩》第 54 册，北京：北京大學出版社，1998 年，第 33853 頁。

③ （清）賀裳：《載酒園詩話》，郭紹虞編選，富壽蓀校點：《清詩話續編》上册，上海：上海古籍出版社，1983 年，第 453—454 頁。

④ （宋）翁卷：《鄉村四月》，《全宋詩》第 50 册，第 31426 頁。

⑤ （元）方回：《桐江續集》卷十四，《遼金元詩話全編》第 2 册，第 1000 頁。

⑥ （元）方回：《瀛奎律髓》卷二十五，《遼金元詩話全編》第 2 册，第 804 頁。

⑦ （元）方回：《瀛奎律髓》卷二十六，《遼金元詩話全編》第 2 册，第 806—807 頁。

的境界："參雅頌，軼風騷可也，何必'四靈'哉!"① 從學習"四靈"入手的劉克莊後來覺悟到"永嘉詩人，極力馳驟，纔望見賈島、姚合之藩而已"，於是"始自厭之，欲息唐律，專造古體"②，並認識到晚唐體與江西詩各自的缺陷：前者"膠攣淺易，窘局才思，千篇一體"，後者則"馳鶩廣遠，蕩棄幅尺，一嗅味盡"③，批評江西派"資書以為詩，失之腐"、晚唐派"捐書以為詩，失之野"④。相較之下，方回對江西詩派的回護、對"四靈"的攻駁，就顯得有失公允了。

（作者單位：廣州大學人文學院）

① （宋）葉適：《題劉潛夫南嶽詩稿》，《宋代文藝理論集成》，第 945 頁。
② （宋）劉克莊：《瓜圃集序》，《宋代文藝理論集成》，第 1049—1050 頁。
③ （宋）劉克莊：《劉圻父詩序》，《宋代文藝理論集成》，第 1054 頁。
④ （宋）劉克莊：《韓隱君詩序》，《宋代文藝理論集成》，第 1061 頁。

元代後期詩文總集敘錄

武　君

緣起與凡例

現今學界對元代總集的整理研究主要有以下幾種：楊鐮《元人總集研究示例》敘録《郭公敏行録》《述善集》兩種。唐朝暉《簡談元代詩歌總集與詩歌流變》列元後期元人編選元詩總集三十餘種。查洪德、李軍《元代文學文獻》，鍾彦飛《元人選編元代詩文總集敘録》，劉飛、趙厚均《〈草堂雅集〉與元代文學總集的編撰》，唐朝暉《元人選元詩總集基礎上的詩歌嬗變》均輯録有數種重要的元詩總集[①]，元代總集整理已取得一定成績，但在文獻整理的完整度與研究的深度上仍有所不足。其實元代總集編撰的高峰時期在元後期，因此本文擬就元後期總集編撰情況再作梳理研究。《敘録》輯録元代後期成書或刊刻的詩文總集70種。以成書於元順帝元統三年（1335）的《國朝文類》為起始，止於明洪武初年成書的《母音》《母音遺響》《雅頌正音》《乾坤清氣集》等集。諸如杜本《谷音》、孟宗寶《洞霄詩集》等成書於元初，周南瑞《天下同文集》等成書於元中期，而宋緒《元詩體要》、王昂《滄海遺珠》等集成書時間已晚至明永樂、正統年間，故均不在《敘録》的範圍之內。本文所録總集分斷代之選、通代之選、唱和詩集、雅集文會、同題集詠、題贈詩集、家藏集、地域詩集八類，類目之下按成書時序編排，所收部分總集按相同屬性合為一則，如《諸君

① 楊鐮：《元人總集研究示例》，《元代文學及文獻研究》，北京：中華書局，2015年，第87—93頁；唐朝暉：《簡談元代詩歌總集與詩歌流變》，《甘肅社會科學》2012年第2期；查洪德、李軍：《元代文學文獻》，中國社會科學出版社，2002年；鍾彦飛：《元人選編元代詩文總集敘録》，《開封教育學院學報》2011年第4期；劉飛、趙厚均：《〈草堂雅集〉與元代文學總集的編撰》，《安徽大學學報》2012年第4期；唐朝暉：《元人選元詩總集基礎上的詩歌嬗變》，《求索》2009年第6期。

唱和詩》《少微倡和集》《掀篷唱和詩》《劉石倡和詩》均是元末名將石抹宜孫鎮處州時與當地文人的唱和集；《師友集》《四明洞天丹山圖詠集》《澮游集》《金玉編》為釋道等方外詩人所編輯的友朋投贈和題詠之作。《敘録》旨在介紹總集編撰者、收録詩人詩作特徵、編選目的、編撰體例等情況，對總集成書時間、版本資訊、存佚情況亦有詳細考證。

一、斷代之選

（一）《國朝文類》七十卷

《國朝文類》，亦稱《元文類》（以下簡稱《文類》）。元蘇天爵編。為第一部系統的元人編選元代詩文總集。收録元初至仁宗延祐年間重要作家 158 人，詩文 861 篇。

蘇天爵（1294—1352），字伯修，世稱滋溪先生。祖籍趙郡欒城（今河北欒城），遷居真定（今河北正定）。父蘇志道，時稱能吏，亦有文名。天爵曾受學於著名理學家安熙。仁宗延祐元年（1314），以父蔭入國子學，受業於吴澄、虞集、袁桷、馬祖常等當時名士碩儒，對其學術影響至深。延祐四年（1317），參加國子學生公試，拔為第一，由此進入仕途，歷任翰林國史院典籍官、應奉翰林文字、奎章閣授經郎、經筵參贊官、參議中書省事等要職。順帝初期，歷仕江南各地。至正十二年（1352），卒於平寇軍中。天爵一生，著述頗豐。《元史》本傳稱："博而知要，長於紀載。"[①] 又《四庫全書總目》云："於當代掌故，最為嫻習。"[②] 曾預修武宗、文宗《實録》。有《國朝名臣事略》十五卷、《元文類》七十卷、《詩稿》七卷、《滋溪文稿》三十卷。另有《松廳章疏》五卷、《春風亭筆記》二卷、《遼金紀年》《黄河原委》《治世龜鑑》等。家世、生平見虞集《道園學古録》卷一四《真定蘇氏先塋碑》及《元史》卷一八三、《新元史》卷二一一"本傳"。著述情況見史書、《四庫全書總目》及錢大昕《元史藝文志》。

現存《文類》前有至正二年（1342）公文二篇，王理、陳旅二序，後有王守城跋。二序寫於元順帝元統二年（1334），跋文作於元統三年三月。陳序云："積二十年，凡得若干首，為七十卷，名曰《國朝文類》。"又："伯修學博而識正，自為成均諸生，以至歷官翰苑，凡前言往行與當世之所可述者，無不筆之簡册，有《國朝名臣事略》，與是編並著。"[③] 按歐陽玄《國朝名臣事略序》："年弱冠，即有志著書。初為胄子，時科目未行……君獨博

① （明）宋濂等：《元史》卷一百八十三，北京：中華書局，1973 年，第 4226 頁。

② （清）永瑢等：《四庫全書總目》卷一八八，北京：中華書局，1960 年，第 1709 頁。

③ 李修生主編：《全元文》第 37 册，南京：鳳凰出版社，2004 年，第 248 頁。

取中朝臣公文集而日抄之。”① 可以判斷二著開始寫作的時間應在延祐元年（1314）天爵初為國子生時，而不晚於是年八月朝廷首科鄉試。而據王守城跋文“積以歲年，今始克就編”，“所集《名臣事略》及是書，皆將刊佈天下”，因此二著最終完成並刊印行世於元統三年（1335），故而《文類》的寫作歷時二十一年（1314—1335）②。

按陳序交代，序文寫作之時，已獲准於江浙行省印行。次年，“始克就編”。卷前牒文有後至元二年（1336）江浙儒學提舉移文，經中書省議准禮部諮文，最後委以江南浙西道肅政廉訪司書吏馮諒辦理，西湖書院負責校勘鎸雕。後至元四年（1338）校勘工作依舊未完成，由西湖書院山長方員、儒士葉森校修。至正元年（1341）十一月二十二日當職提舉黄奉政在大都蘇參議家見元編較正所刊第四十一卷，又有刊補改正。後於至正二年（1342）刊印進呈③，足見該著校勘之精善無憾，受到官方格外重視。據潘祖蔭《滂喜齋藏書記》、邵懿辰《增訂四庫簡明目録標注》，《文類》的元刊本有至正元年孟秋翠巖精舍刊本，後至元二年（1336）、四年、至正元年、二年及至正間西湖書院刊本。又據邵章《增訂四庫簡明目録標注續録》，有元泰定四年（1327）建安劉君佐刊本及元明間刊本④。疑建安劉氏刊本並非全本，也足見至元、至正間西湖書院本為官方初刻本，而早在此前已有他本流傳。現存元刊本有國家圖書館藏元至正刻本。通行本有 1985 年縮影元至正西湖書院刊行，明成化九年（1473）吏部修補本（傅增湘《藏園群書經眼録》卷十八著録）；1986 年臺北世界書局影印摛藻堂本；上海古籍出版社影印《文淵閣四庫全書》本。相較他本，《四庫》本另增熊禾《考亭書院記》、歐陽玄《高昌偰氏家傳》、虞集《德符堂記》三文，前二文《四庫全書總目提要》引葉盛《水東日記》已有説明，疑為書坊自增。此外還有上海商務印書館印《四部叢刊》本。此本據上海涵芬樓董氏影元本，前有至正二年牒文。

天爵是編有志於追附媲美《昭明文選》、姚鉉《唐文粹》、吕祖謙《宋文鑒》，且論者每以此三著與《文類》並稱，而力贊天爵獨著之勤摯⑤。按體裁分，《文類》約收録 43 種文體，“以載事為首，文章次之，華習又次之，表事稱辭者則讀而知之者存焉”，故而“因類

---

① （宋）歐陽玄：《國朝名臣事略序》，《全元文》第 34 册，第 424 頁。

② 顔培建：《蘇天爵的學術成就及其文獻學上的貢獻》一文認為《國朝文類》寫作歷時二十二年（1312—1334），其依據為歐陽玄序文所説“時科目未行”，而皇慶二年中書省奏議恢復科舉，《文類》開始寫作時間應早於皇慶二年。（安徽大學碩士論文，2007 年，第 12、22 頁。）據《元婚禮貢舉考》“皇慶科舉詔”載皇慶二年（1313）科舉詔書：“明年八月，天下郡縣舉其賢者能者，充賦有司”可知，科舉正式恢復實行是在延祐元年（1314），而是年蘇天爵初入國子學，因而其有目的地開始著手收集資料應在是年八月之前。《四庫全書總目》謂“是編刊於元統二年，監察御史王理、國子助教陳旅為之序”，認為該著序刊於元統二年，楊鐮先生《元代文學編年史》、顔培建文採此説，顯然是同犯了依序判定刊刻時間的錯誤。

③ （清）陸心源：《皕宋樓藏書志》卷一一六，北京：中華書局，1990 年，第 1308—1310 頁。

④ （清）邵懿辰：《增訂四庫簡明目録標注》，上海：上海古籍出版社，1959 年，第 905 頁。

⑤ 《四庫全書總目》卷一八八，第 1709 頁。

物以知好尚，本敷麗以知情性”[①] 是其主要的編撰目的之一。《文類》所收元代文人作品以虞集最多，姚燧、劉因、馬祖常、袁桷、趙孟頫等人次之。其“去取精嚴，具有體要”[②]，“不以微而遠者，遂泯其實，不以顯而崇者，輒襮其善”[③]，元代前中期詩文於此可得概觀。按陳序，其編撰的另一重要目的是“有係於政治，有補於世教，或取其雅制之足以範俗，或取其論述之足以輔翼史氏”[④]。雖然限於一人之力，以詩文資治、補史的經世致用目的終難以實現，不免遺珠之憾[⑤]，但其文獻價值以及作為時人選時詩所體現出的元代前中期詩文風格特徵、編者詩學思想卻不容忽視。

（二）《皇元風雅》

題名為《皇元風雅》或《元風雅》之類的元詩總集從現存版本及存目中可見者有五種。

1. 傅習、孫存吾選編《皇元風雅》前集六卷、後集六卷

是編又名《元風雅》《元詩》，均係一書，可能是不同版本所用書名之別[⑥]。卷帙或分為前集十二卷，後集十二卷，內容基本一致，亦因版本之別[⑦]。前集收録 113 位元詩人的作品，後集收入 163 位元詩人的作品，前、後兩集間有重出，作為第一部元人選元詩總集，該著在當時及後世產生了深遠影響。

是書作者，前集題曰：“盱江梅谷傅習説卿採集，儒學學正孫存吾如山編類，奎章學士虞集伯生校選。”後集題曰：“儒學學正孫存吾編類，奎章學士虞集伯生校選。”[⑧] 傅習、孫存吾生平爵里無詳載。《四庫全書總目》載：“習，字説卿，清江（今屬江西）人。存吾，字如山，廬陵（今江西吉安）人。習仕履不可考。存吾嘗為儒學正，亦不詳其始末也。”[⑨] 前、後二集初次鋟梓於李氏建安書堂，後集姓氏目録後有“牌記”云：“本堂今求名公詩

---

① 《全元文》第 54 册，第 6 頁。

② 《四庫全書總目》卷一八八，第 1709 頁。

③ 《全元文》第 39 册，第 396 頁。

④ 《全元文》第 37 册，第 248 頁。

⑤ 明人葉盛《書〈國朝文稿〉後》云：“此書於有元一代之文博矣，然如許文正公《訓子詩》、吴草廬《大都東嶽仁聖宫碑》、張文忠公《燈山疏》，此等關係世教之作，皆不在。虞、揭此等文字尤多，亦多不在。蓋亦伯修早年所成之書，惜乎繼之者無其人耳。雖然，不獨有元也。”《涇東小稿》卷九，《續修四庫全書》第 1329 册，影印明弘治刻本。

⑥ 丁丙《善本書室藏書志》題為《皇元風雅前集六卷後集六卷》，影元抄本；《皕宋樓藏書志》《中國善本書提要》《中華再造善本總目提要》題名同，版本分别為影寫元刊本、元抄本、元刻本。文淵閣《四庫全書》《四部叢刊》《續通志》《續文獻通考》題名為《元風雅》，《四庫》所收為内府所藏元刻本。傅增湘《藏園群書經眼録》著録《元詩前集六卷後集四卷》，為明李氏建安書堂刊本，題作元刊，《天一閣書目》《中國古籍善本書目》亦同。

⑦ 文淵閣《四庫全書》所收為二十四卷抄本，與十二卷本在卷數上互為拆合，詩人、詩作次序安排有所出入，但内容基本一致，應出自元刊本。

⑧ 王重民：《中國善本書提要》，第 470 頁。

⑨ 《四庫全書總目》卷一八八，第 1709 頁。

篇，隨得即刊，難以人品齒爵為序。四方吟壇多友，幸勿責其錯綜之編。倘有佳章，毋惜附示，庶無滄海遺珠之嘆云。”① 又虞集序云：“清江傅説卿，行四方，得時賢詩甚多，卷帙繁浩，廬陵孫存吾略為詮次。”② 由此可判斷傅習極有可能是當時書商，作為當地儒學學正的孫存吾參與編次，並補編《後集》，謝升孫序曰：“廬陵孫君存吾有意編類雕刻，以為一代成書，其志亦可尚已。”③ 而題曰“虞集校選”，則是根據虞序所云。錢大昕《潛研堂集》曾指評虞序淺陋，有“書肆人所假托”之疑④。按虞序實為一則簡短“題詞”，故而文辭簡略。從虞、謝二序可知，傅、孫二人在當時頗有名望，《前集》卷五（《四庫》本卷九）收録孫詩 3 首，足見其當時亦活躍於詩壇。謝升孫序曰：“是集可無遺憾，若夫可否去取，自有當今宗匠在。”⑤ 謝序作於後至元二年（1336）三月，虞序則寫於同年八月，所謂“當今宗匠”意或指虞集，而虞序所謂“前後能賦之賢，未易枚舉，偶有未及，非逸之也。若乃僕區區曹鄶之陋，則在所不足録云”⑥。似對謝序的回應。且編者二人與序者二人同為江西籍。因此，錢氏所疑基本可消。

據虞、謝二序，是書在二人作序之前並未有刻本傳世，因此刊刻時間應始於順帝後至元二年（1336）。王重民《中國善本書提要》考《瞿目》《陸志》，得孫存吾另有《翰林珠玉》六卷、《范德機詩集》七卷，分別付刊於孫氏家塾與益友書堂，而《皇元風雅》成書於二著之間，因而是著首刊於何處，今不可知⑦。按李氏建安書堂刻本“牌記”，該版付梓時，仍有“徵詩啓事”，可大致判定該書交由李氏建安書堂首刊。今國家圖書館所藏元刻本，即為此本。據謝水順《福建古代刻書》，該書元刻本另有古杭勤德堂本與陳氏餘慶堂本。《四部叢刊》影高麗仿元刊本於“牌記”下款中改“李氏建安書堂”為“古杭勤德書堂”，可知杭本是建本的翻刻。此外，傅增湘《藏園群書經眼録》著録《元詩》前集六卷、後集四卷，題作元刊；《皇元風雅》後集四卷，元刊本，為日本西京東福寺藏書。而文淵閣《四庫全書》所收為據内府藏本為底本的清抄本，區別在於卷數的析分。

此書編次以作者為綱目，前集以劉因為首，後集以鄧文原為首，“所録江西人詩最多，蓋里閈之閑，易於摭拾。惟一時隨所見聞，旋得旋録”⑧，編排次序則不依年齒爵里。其中收入趙孟頫與“元詩四大家”詩最多，趙孟頫 34 首，范梈 29 首，虞集 28 首，楊載 28 首，揭傒斯 25 首。由此可以看出編者對於本朝詩壇的基本認識，輕重之别，判然分明，大致畫

① 王重民：《中國善本書提要》，第 470 頁。
② 《全元文》第 26 册，第 135 頁。
③ （元）傅習、（元）孫存吾：《元風雅後集》卷首，《四部叢刊》初編本。
④ （清）錢大昕：《潛研堂集》卷三十一，上海：上海古籍出版社，2009 年，第 565 頁。
⑤ （元）傅習、（元）孫存吾：《元風雅後集》卷首，《四部叢刊》初編本。
⑥ 《全元文》第 26 册，第 135 頁。
⑦ 王重民：《中國善本書提要》，第 470 頁。
⑧ 《四庫全書總目》卷一八八，第 1709 頁。

出了元代前中期詩壇的等高綫。

2. 蔣易輯《皇元風雅》三十卷

是書又題作《元風雅》《國朝風雅》[①]。虞集《國朝風雅序》記蔣易《國朝風雅》三十卷，雜編三卷與通行《皇元風雅》三十卷本同，可知二者版本一致，另羅振玉輯《元人選元詩五種》有《國朝風雅》七卷、雜編三卷則是另一版本。而據蔣易自序，該集有明確題名，即《皇元風雅》。全書收録元代詩人 152 家，詩作 1300 多首，是元人選元詩的重要總集。

蔣易，生卒年不詳。字師文，自號橘山真逸（一説號鶴田），建陽（今屬福建）人。早年曾從杜本游，元末，左丞阮德柔分省建陽，蔣易入其幕府。有《鶴田集》（一作《鷗田集》，今可見文二卷）。後至元五年（1339）曾為唐姚鉉《極玄集》作序。據《四庫全書總目》，元末詩人藍仁《藍山集》有蔣易序。

三十卷本《皇元風雅》前有後至元三年（1337）蔣易自序、後至元四年黄清老序及後至元五年虞集序。自序云："易嘗輯録當代之詩，見者往往傳寫，蓋亦疲矣，咸願鋟梓，與同志共之，因稍加銓次……是集上自公卿大夫，下逮山林閭巷布韋之士，言之善者靡所不録，故題之曰《皇元風雅》。第恨窮鄉寡聞，採輯未廣，烏能備朝廷之雅，而悉四方之風哉！故即其所得者，刻而傳之云爾。"[②] 可知在三十卷刊本之前還有坊間流傳的不同傳抄本。而三十卷本是整理、校勘後的全本。該本於後至元三年始付梓刊刻，歷時兩年，至虞集作序時約行將畢工。據書後蔣易題識，蔣易於杜本平川懷友軒處得見當代名公詩，自此有意收輯當代詩篇，歷時十數年，可見該書的編輯工作大致始於仁宗至泰定帝間。現存元本有兩種，均為刻本。國家圖書館藏元建陽張氏梅溪書院刻本《皇元風雅》三十卷，元刻本《國朝風雅》不分卷、雜編三卷。羅振玉輯《元人選元詩五種》收連平范氏雙魚室刊本《國朝風雅》七卷、雜編三卷，此本據"唐風樓藏元刊本"影印，與國圖所藏元刻本同。七卷本是元代流傳的另一種版本，與三十卷本對勘，歧異處較多，而三十卷本書版多有挖改、增刻之處，疑從七卷本增補而來。

此書編次體例多受傅習、孫存吾《皇元風雅》影響，以劉因為元詩第一家，以詩人為目。虞集序曰："若劉先生之高識卓行，誠為中州諸君子之冠。而許公佐世祖成治道，儒者之功其可誣哉？若師文者，其可以與言詩也。"[③] 可見，其編輯體例受到虞集肯定。而蔣易自序表明其編撰宗旨與採集標準："擇其温柔敦厚，雄深典麗，足以歌詠太平之盛，或意思

---

① 阮元《研經室外集》卷四、《宛委别藏》題曰《元風雅》。《千頃堂書目》卷三十二、《福建通志》卷五十一、《全閩詩話》卷六、《愛日精廬藏書志》卷三十五、《滂喜齋藏書記》卷三、錢大昕《補元史藝文志》等題作《皇元風雅》。

② 《全元文》第 48 册，第 134 頁。

③ 《全元文》第 26 册，第 95 頁。

閑適，辭旨沖淡，足以消融貪鄙之心，或風刺怨誹而不過於譎，或清新俊逸而不流於靡，可以興，可以戒者，然後存之。蓋一約之於義禮之中而不失性情之正，庶乎觀風俗、考政治者或有取焉。"[①] 是集選入詩作以趙孟頫、楊載、范梈、楊奂、揭傒斯、虞集為多。有些流傳不廣的詩人詩作，幸賴此集得以保存。如顧嗣立《元詩選》從此集中輯出何失、郭昂等詩作，而他本不傳。此外，選詩編撰的旨趣意圖以及集中所附編者評語，也是考察編者詩學觀念的重要材料。

3.《元朝野詩集》無卷數，不著編輯者名氏

此集又名《元風雅》，《四庫全書總目·總集存目類一》所録范懋柱天一閣藏本，《續文獻通考》卷一百九十七載"《元朝野詩集》，無卷數，不著編輯名氏"一目與之同。提要云："所録大抵仁宗以後、順帝以前之詩。首貫酸齋，終熊澗谷。不分時代，亦不分體制，次序殊為雜亂。按：當時別有《元風雅》二十四卷，乃傅習、孫存吾所輯，視此較為完備。是編殘闕舛錯，幾不可讀，疑為未全之帙。顧嗣立《元詩選序例》，載有蔣易《元風雅》一書，或即其殘本歟？"[②] 此處提出該集來源的兩種可能：一是蔣易《元風雅》之殘本；一是傅習、孫存吾《元風雅》之未全之帙。而蔣易選本未收録貫雲石詩篇，傅、孫之書於前集卷一盧摯後録貫雲石詩歌，後集卷八有熊澗谷詩。黄虞稷《千頃堂書目》卷三十二著録孫存吾《皇朝野詩集》五卷，傅增湘《藏園群書經眼録》載《皇元朝野詩集》前集五卷、後集五卷，題為傅習、孫存吾所輯。又傅增湘按語云："前日余為張菊生元濟購得元本，大板，每集衹三卷。"[③] 由此可見，傅、孫之書有多種殘本，故而暫且可以判斷《元朝野詩集》為傅習、孫存吾所輯《元風雅》的一種殘本，或即與之相關的另外的一個本子。

4.《皇元風雅》八卷，無撰人名，或云宋褧

錢大昕《元史藝文志》著録此集。撰者"或云宋褧"，蓋因黄清老、虞集為蔣易《元風雅》所作序言記載。黄氏云："予在京，見宋御史顯夫集詩二十年，猶得百十家，欲刊諸湖廣，猶日延四方之士而採之，惟恐滄海之有遺珠也，不知今已鋟梓否耶？師文有志於是，安得並求而刻之，以備一代之盛觀云。"虞序謂："監察御史、前進士、燕人宋褧顯夫，在史館多暇，其所蓄萃開國以來辭章之善，多至數十大編，自草野之所傳誦，亦皆載焉。庶幾可以為博，而傳寫之難，四方又有不得盡見之病矣。"據二序，宋褧確有編選元初以來詩人辭章，也應於二人作序時將以成書鋟梓，並與蔣易之書有密切關聯，所謂"並求為刻之，以備一代之盛觀"。然"百十家"之詩，"數十大編"之容量斷非八卷所能容納。因此是書或為宋褧殘編，或為蔣書之斷帙，或為另一種本子，仍存疑。

---

① 《全元文》第 48 册，第 134 頁。
② 《四庫全書總目》卷一九一，第 1737 頁。
③ 傅增湘：《藏園群書經眼録》，北京：中華書局，1983 年，第 1538 頁。

5. 丁鶴年輯《皇元風雅》

戴良《九靈山房集》卷二十九有《皇元風雅序》，序曰："書凡若干卷，東海隱君子鶴年所輯，鶴年之曾從祖左丞公，以豐功偉績受知世皇，出入禁近者甚久。鶴年既獲濡染家庭之異聞，而且日從鴻生碩士游，粲然之文固厭飫於平生。一旦退處海隅，窮深極密，與世不相關者幾廿載，於是當代能言之士，凋落殆盡，而鶴年亦老矣。乃取嚮所積篇章之富句，抉字擿編，集類次之，而題以今名，良竊遡其有合於聖人刪詩之大端者為之序，庶幾同志之士共謹其傳焉。"① 丁鶴年（1335—1424），字鶴年，又字永庚。西域回回人。父受世蔭為武昌縣達魯花赤，元末武昌兵亂，徙鎮江，又避於四明。終身不求仕宦，勵志為學，篤尚志操，在元遺民中頗具影響。鶴年在元 34 年，入明生活 56 年。戴序所謂"鶴年亦老矣"，可知其所編輯《皇元風雅》非元時所作。丁鶴年與戴良交往始於入明後，二人同避於四明一帶，詩文唱和間結為莫逆之交。而序者戴良，卒於明洪武十六年（1383），概知此集成書大致在入明後 15 年內。鶴年所編有强烈的存史意識，從戴良序可見其選詩的標準是"化先於政，知詩為教"的風雅正聲和"本乎人心，契乎天理"的性情之正。其目的在於"有關於世教，有功於新學"，"明往聖之心法，播昭代之治音"②。

（三）《大雅集》八卷

賴良編選。編者以個人之力採編元末吴越間詩人 2000 餘首，經楊維楨刪選收録一百多位詩人的三百餘首詩作。分古體四卷，近體四卷，是元代後期重要的詩歌選集。

賴良，生卒年無考，字善卿。天台（今屬浙江）人。家世業儒，祖上有名可考者為宋名臣賴好古。至正間於雲間（江蘇松江）設館授徒，與楊維楨、錢鼒、盧仲莊、王逢等人交，於三吴詩人最為留意。賴良自識云："良選詩至二千餘首，鐵雅先生所留者僅存三百。"③ 可知楊維楨參與該集編選工作，現存《大雅集》卷前署"楊維楨評點"語。縱覽全編，楊氏評語共 12 條，評點側重以"二李"詩風考量入選詩作，係出楊氏之手無疑。然評語集中於首卷及顧瑛、郭翼詩處。四庫館臣疑其"或傳寫不完，或但經維楨點定，中閑偶評數首，良重其名，遂以評點歸維楨"④，所言應是。

是編有至正二十一年（1361）楊維楨序，至正二十二年錢鼒序。後有王逢序，不署撰年。錢鼒序云："天台賴先生善卿，以三十年之勞，不憚駕風濤，犯雨雪，冒炎暑，以採江

① 戴良：《皇元風雅序》，《九靈山房集》卷二十九，第 588 頁。
② 同上。
③ 《全元文》第 57 册，第 833 頁。
④ 《四庫全書總目》卷一八八，第 1711 頁。

南、北詩人之詩。"[1] 而據楊序，賴良初意欲效仿宋人楊素編杜詩為《大雅集》，請編楊維楨兵變後諸作，而楊氏婉拒，請之採編"隱而未白者"之作，於是賴良"去游吴越間，採諸詩於未傳者"[2]。元末，全面戰亂始於至正十一年（1351），觀是集所收詩人多為元末之人，所收詩作多敘寫元末戰亂，間或有應試之作，應為至正十一年鄉試用詩之後的作品。因而錢鼒所謂積"三十年之勞"失實，至楊維楨寫序之時，賴良有意識的採詩活動應不足十年。據楊序稱："得凡若干人，詩凡若干首，將梓以行，來徵集名。吁，良亦奇士哉！偉其志而為之出力以鋟者，則淞士夫謝履齋氏。余因以山谷語名之曰《大雅集》，蓋良以待我，而我以待諸公，庶入是集者皆可以續杜之後，而或有慊焉者不入也。良曰：'然。'"[3] 又錢序云："會稽楊鐵厓先生，批評而序之，命篇曰《大雅集》。而友人盧仲莊氏手為之鏤梓。既版行，學者莫不購之以為軌式焉。它日有採詩之官者出，其必將採卿之所採以進於上矣，於是乎序。"[4] 可知，集名《大雅集》為賴良請楊維楨所題。楊維楨作序之時，是編基本成書，將付梓刊刻。而具體刊刻工作得到謝履齋、盧仲莊的幫助，盧仲莊親自為之鏤梓。至錢序撰寫之時，已有刊成流傳之帙，且受到時人青睞，奉為圭臬，以備範式。然據王逄序所云："凡若干人，篇帙凡若干首，類為八卷，名曰《大雅集》。且鋟且傳，會兵變，止今年，善卿擬畢初志，適有好義之士協成厥美，詣予徵序。"[5] 可斷定至正二十二年所刻並非全帙，在元末動亂之時，該書刊刻間有停滯。八卷本可能在兵禍之後的洪武初年纔得以全部刻印，賴良自識、王逄後序似出於此間。

現存《大雅集》有《四庫》本、羅振玉輯《元人選元詩五種》本，羅刻本據連平範式雙魚室刊，底本為藝風堂影印洪武本，可為洪武全本之佐證。陸心源《皕宋樓藏書志》卷一一七著録《大雅集》八卷為曹溶家藏舊抄本，傅增湘《藏園群書經眼録》卷十八亦著録此本。此外，另有謝國禎藏舊寫本、臨清徐氏歸樸堂寫本兩種。羅刻本與謝藏寫本稍有異處，文字多有脱漏，並脱詩一首，無賴跋，而另有他人跋文，傅增湘對校後補正。見傅氏《藏園群書題記》三集卷八。朱彝尊《曝書亭集》卷五十二有《賴良大雅集跋》一則記《大雅集》十卷，此本今不得見。

從楊序可知，賴良編選此集的目的是傳"隱而未白"之詩人及詩作，在動亂年代保存江浙一脈斯文。是編所録詩人，均簡述其字號爵里。顧嗣立《元詩選》擬據此入癸集，但癸集未能完成，後席世臣《元詩選》癸集多取於此集。元末名位不顯之文人詩作得以流傳至今，該集之功不可没，具有重要的文獻價值。而據錢序，該集採詩編集的標準是："情深

---

① 《全元文》第59册，第111頁。
② 《全元文》第42册，第494頁。
③ 《全元文》第42册，第494頁。
④ 《全元文》第59册，第111頁。
⑤ （元）王逄：《大雅集後序》，文淵閣《四庫全書》第1369册，第577頁。

而不詭，義直而不回，體約而不蕪，詞麗而不淫，而未始有不關於世教者。”[①] 由此也體現出賴良明確的詩學思想，且加之楊維楨刪選、鑒別及批評，該集亦具有重要的詩學價值。

（四）《長留天地間集》《滄海遺珠集》

楊士奇《文淵閣書目》、錢大昕《補元史藝文志》著録王禮《長留天地間集》。原集佚。王禮《麟原集》後集卷一、李祁《雲陽集》卷三有序文兩篇，又王禮《麟原集》後集卷四有《滄海遺珠集序》，知《滄海遺珠集》為《長留天地間集》之續集，前者選編元初以來朝野之詩 2300 餘首，後者補遺 500 餘首。

王禮（1314—1386），字子讓，初字子尚。廬陵（今屬江西）人。至正十年（1350）魁江西鄉試，次年授安遠縣學教官，十六年（1356）任興國主簿，以親老辭歸。後江西行省參政辟為幕府參謀，又遷廣東元帥府照磨。在元生活 54 年，入明歸隱不出，居家講授，學者稱“麟原先生”。詩集不存，有《麟原文集》二十四卷。

李祁《王子讓文稿序》云：“予與王君子讓為斯文友，二十餘年矣。始（識）予友子讓時，子讓方鋭意科目。”[②] 又李東陽《麓堂詩話》載：“國初廬陵王子讓諸老，作鐵拄杖採詩山谷間……而雲陽晚寓永新，玆會也蓋亦預焉。”[③] 按王禮中鄉榜舉人為至正十年，二十餘年後，應已到明初洪武年間。李祁約卒於洪武三年（1370），由此可見，李祁作序時間約在洪武元年至三年（1368—1370），王禮《長留天地間集》成書亦在此間，《滄海遺珠集》則稍後。而其採詩活動應在元末明初。

據王禮《滄海遺珠集序》，《長留天地間集》刊行於世後，流行甚廣，四方士友又多有詩稿交付，以此便有補遺其編之需。然或因其集編撰倉促，終不免訛誤之處。元郭鈺《靜思集》卷九《寄王進士二首》前有小序，云：“伏睹前鄉貢進士王禮子讓所刻《長留天地間集》，辱收謬作。廁其間，心竊愧焉，而誤名為昂，因筆寄意二首。”[④] 可知王禮是編將郭鈺之作誤收作郭昂，應是校勘之漏。然由於是編流傳廣泛，又郭鈺《靜思集》直至明嘉靖間纔得以校刻刊行，後世選本多因襲王氏之誤，直到清人顧嗣立編《元詩選》時纔有所察覺，然終究造成混淆。按誤收之作應是《宜春贈别》，楊匡和《元代詩序研究》有詳緻辨説[⑤]。

王禮此二集有明確的“採詩存史”之目的。王禮序云：“殆將聳元德以四代，軼漢唐而

① 《全元文》第 59 册，第 111 頁。

② （元）李祁：《雲陽集》卷四，《四庫全書》第 1219 册，第 663 頁。

③ （明）李東陽：《麓堂詩話》，《叢書集成初編》本，北京：中華書局，1985 年，第 23 頁。

④ （元）郭鈺：《靜思集》卷九，《四庫全書》第 1219 册，第 236 頁。

⑤ 楊匡和：《元代詩序研究》，廣西師範大學博士論文，2014 年，第 161—162 頁。

過之。惜採録無官，文采不盡暴於當世。收而輯之，庸非為士者之職乎？”[①]“採詩無官”的現狀，讓他們主動承擔起採詩的職責。而“關乎人心世道之大”成為他主要的編纂思想。二集今雖未存，但其編纂宗旨在編者與評者的詩文集中依然可見一斑，並由此可考察編者的詩學主張。

（五）《元朝詩選》

該集今不存，目録著作不見著録，可知其佚失較早。

李祁《雲陽集》卷三有《元朝詩選序》，交代其編者為劉孟簡、劉素履。二人生平無考。據李序，劉孟簡為前鄉貢進士。嘗有詩作，今不見。

按序所記，劉孟簡曾欲選編元詩刻印付梓，擬定為甲至癸十集，然孟簡祇完成甲、乙兩集的編撰工作後便離世。其弟劉素履接續兄長之事業，乙集以下，精加選刻，完成自丙至癸集的編撰工作。而孟簡之詩亦選録在乙集之後。李祁所見之本，應是全本，序中對孟簡之詩及兄弟二人編校之精多加褒賞。按李祁入明不就便卒，是集應成書於至正後期，易代之前。

序云：“吾黨之士，適生乎文明之時，而與聞乎治平之聲，《文王》《清廟》洋溢盈耳，式和且平，以成我國家淳龐悠久之盛，不其幸哉！”[②] 可知，《元朝詩選》所選之詩亦多歌頌元廷之作，其編選目的亦為有功世教之屬。

（六）《元朝文穎》

朱右編。其《白雲稿》卷五有自序。是集不存。目録著作亦不見著録，佚失較早。

朱右（1314—1376），字伯賢，台州臨海（今浙江臨海）人。以《尚書》經應進士舉，不得志，遂刻意於辭章。在元時曾任慶元路慈溪縣儒學教諭、紹興路蕭山縣儒學教諭、蕭山縣主簿、江浙行省照磨、左右司都事轉員外郎等職。至正二十一年（1361）獻《河清頌》，不遇而歸。洪武三年（1370）以宋濂薦召至京師，預修《元史》，史成還鄉。此後多有徵用，曾任翰林國史院編修官、相府長吏等職。有《春秋傳類編》《三史鉤玄》《唐宋六先生文集》《理性本原》《元史補遺》等著述，其集曰《白雲稿》，十一卷。

據其自序，《元朝文穎》若干卷，成書在《春秋傳類編》《三史鉤玄》《唐宋六先生文集》後。該著編輯六十餘位作家之廣為傳誦的篇章，並附有朱右本人的評語。認為這些文

① （元）王禮：《麟原後集》卷二，《四庫全書》第1220册，第468頁。
② （元）李祁：《元朝詩選序》，《雲陽集》卷三，第651頁。

章足以“禆三代而軼漢、唐”，而其選編標準便是“禆治化、代王言、垂世範者”，因而“各取人人之長，而拔其尤萃者，非相與較是非、論短長也”。朱右認為“文者，英華之外見者也。文采外見，莫花木若也”，以此他將有元一代文章分為三個階段：“國初之文，猶花木之蓓蕾”，“至大、延祐間，則葩敷葰啓”，“天曆以來，春氣畢達，百卉競冶，奇態媚姿，光焰發越，則極其著見矣”。因此通過文章可以觀世變、觀人心[①]。

（七）《雅頌正音》五卷

劉仔肩編。仔肩，生卒年不詳。字汝弼，鄱陽（屬江西）人。洪武初年經人舉薦，應召入京師。是集便是仔肩在金陵時所編。輯明初滯留於京師的五十餘位詩人之作，上自公卿，下至衲子，所取範圍較為廣泛，體例仿照《玉臺新詠》、《國秀集》等著。

有洪武三年（1370）宋濂、張孟兼前、後二序，是集成書應在此間。現通行本為《四庫》本，其底本為洪武舊刻本。《明史・藝文志》、《皕宋樓藏書志》等書志有著録。陸氏《書志》所録為吴枚庵舊藏明洪武刊本，録有董氏手跋詳記此本流傳。

洪武初期之金陵是詩文家薈萃之地，雖然詩家仍是那些經歷元末戰亂而來的故人，卻多已體會到新朝的氣象。是集與元末諸集在成書時間上大致相近，但相較它集主要輯録有元一代詩歌，或編選元詩之遺響，此集則重於表現開國之音。因而是集有標志性意義，為元代總集之結，啓明代總集之緒。《四庫》館臣云：“其時武功初定，文治方興，仔肩擬之雅頌，固未免溢美。要其春容諧婉，雍雍乎開國之音，存之亦足以見明初之風氣也。”[②] 所言極是。是編在編選方式上，隨得隨録，因此未能去粗取精，缺乏反復地排斥吸收，但在元末明初，諸家還没有别集編成之時，此集依然具有重要的價值。以詩學角度觀之，此集的編輯刊行也是考察元代後期詩學嚮明初詩學轉變的節點。

（八）《母音》十二卷

《四庫全書總目》該集提要注“不著編輯者名氏”。據卷前烏斯道序，該集為孫原理採輯，陳孟凝編選，張中達校正。收録176位元代詩人之詩篇，是影響較大的元詩選本。

三人均係元末明初人，字貫里爵不詳。據烏序，陳孟凝精於詩，曾參加明初科舉，做過古田縣令。張中達在洪武年間為定海邑丞。

是編有洪武十七年（1384）烏斯道序，建文三年（1401）曾用臧序。烏序云：“定海邑

---

① 《全元文》第50册，第541頁。

② 《四庫全書總目》卷一八九，第1713頁。

丞張侯中達校正，其子再昌、再隆請鋟梓。”[①] 説明是編首次刊刻於此時，而完成校勘也應在張中達任定海縣丞間，具體時間無考。曾序云：“丞於淛之定海也，得以閑日，校正元朝百餘年間諸公詩歌，而板行之其淑人也。遠矣哉！近年此板幾於遍傳。”[②] 可見此書流傳之盛，十多年間，初版已供不應求，因而有建文三年之重版，曾序亦追刻於卷前。現存版本有明抄本，民國初年董氏誦芬樓覆刻明建文本及《四庫》本。陸心源《皕宋樓藏書志》卷一一七著録為明抄本。傅增湘《藏園群書經眼録》卷十八著録兩個版本，明建文刊本與明棉紙藍格寫本。刊本前一種有姚鼐簽一條，為翰林院所藏四庫發還之書[③]。

是編所選，多於詩人姓氏之下略記字里。選元初詩人少而元末多，古體少而近體多。可能受到傅習、孫存吾及蔣易《皇元風雅》影響，亦以劉因為元詩之首，而終於龍雲從。卷末有無名氏詩 7 首及一組補遺，補入陳益稷、程文海、滕賓、虞集，共 11 首。均為原目所未載，可能出於校勘者之手。該書選詩以虞集最多，共 106 首（含補遺 5 首），其次為楊載、范梈，對元詩體認頗為公允。由於編選者皆經歷易代戰亂，並仕於新朝，“至若元之盛衰，觀其詩又不可知歟?”[④]，因而編刻目的在於總結元亡教訓，使一代之詩傳於後世，以使人知元代之世運。在這一點上，是書與此前諸集有明顯區别。而在選詩標準上亦有意避免元末穠縟之習。四庫館臣云：“去取之間，頗具持擇。雖未能盡汰當時穠縟之習，而大致崇尚風格，已有除煩滌濫之功。”[⑤] 誠是矣。

（九）《母音遺響》十卷

不知編者名氏。前八卷為胡布詩，又名《崆峒樵音》。張烈（字啓光）校刊。卷九為張達詩，卷十為劉紹詩，胡福（字元澤）類集。

三位作者生卒年不詳。胡布，字子申；張達，字季充，二人均為盱江（今屬江西）人。劉紹，字子憲，黎川（今屬江西）人。三人均為元遺民詩人。據《四庫全書總目》考集中所收之詩，劉紹為胡布姻家，曾入汝南王幕，在元末均曾參謀軍事。胡布亦曾奉使海外。據胡布《丙辰歲獄中元夕》詩注：“先生以高蹈有忤時政，被謫。”及《丙辰十月初五發龍江詩》知洪武九年（1376），胡布曾受明廷徵召，不入，歸鄉隱居。[⑥]

現存《母音遺響》有明初抄本、《四庫》本。王重民《中國善本書提要》有著録，謂抄本與

① （明）烏斯道：《母音序》，《母音》卷首，文淵閣《四庫全書》第 1370 册，第 404 頁。
② （明）曾用臧：《母音序》，《母音》卷首，第 405 頁。
③ 傅增湘：《藏園群書經眼録》卷十八，第 1540 頁。
④ （明）烏斯道：《母音序》，《母音》卷首，第 404 頁。
⑤ 《四庫全書總目》卷一八九，第 1713 頁。
⑥ 同上。

《四庫》本同出一源，最後歸於海源閣，海源閣別有明宣德間三卷抄本[①]。傅增湘《藏園群書經眼録》卷十八著録此集亦為海源閣遺集，為十卷本，是從明初本影抄而來的舊寫本[②]。

是編所收三人之詩，罕見於它集，三位詩人在元末明初亦不見經傳。因此其文獻價值頗大。四庫館臣評三人詩云："格調亦皆高古，不失漢、魏遺意。"[③] 集中多載詩人詩序及自敘，可為考察元遺民詩人詩歌風格及詩學思想提供些許綫索。

（十）《乾坤清氣集》十四卷

偶桓編。桓，生卒年不詳。字武孟，號海翁，因眇一目，又自號"瞎牛"。太倉（今屬江蘇）人。明方鵬《昆山人物志》卷三有載。元末曾隱居鄉里，與楊維楨、倪瓚有詩文交往，倪瓚極稱之。入明，於洪武二十四年（1391）舉秀才，官終荊門州吏目。

朱彝尊《靜志居詩話》云："明初詩家操選政者，賴良直卿、許中麗仲孚、劉仔肩汝弼、沈巽士偁、王偁孟敭，皆有所蔽，惟瞎牛《乾坤清氣》一編能別開生面。"[④] 可知其與賴良《大雅集》、劉仔肩《雅頌正音》等著在成書時間上應相差無幾，而後世評家對其評價甚高。《四庫全書總目》稱"元詩選本，究當以此編為善"，又"雖卷帙無多，而去取極為不苟"[⑤]。現存版本有《四庫》本及諸種抄本。丁丙《善本書室藏書志》卷三九著録為舊抄本。《乾坤清氣集》所録上起宋金之末，下至明初，在明初影響較大。受元後期《皇元風雅》體例影響，以劉因為元詩第一家，分體編次，以詩人為綱，且不拘於次序排定，所録詩人詩作往往間出，而部分詩作為詩家別集所未録，因此極具文獻價值。編者偶桓作為由元入明之士，對元詩之甄別去取，也體現出與元末諸選家的區別。

二、通代之選

（一）《唐音》十四卷

楊士弘編。楊士弘（一作士宏），生卒年不詳。字伯謙。襄陽（今屬河南）人，寓居清

① 王重民：《中國善本書提要》，第471頁。
② 傅增湘：《藏園群書經眼録》卷十八，第1541頁。
③ 《四庫全書總目》卷一八八，第1711頁。
④ （清）朱彝尊：《靜志居詩話》卷六，北京：人民文學出版社，1990年，第167頁。
⑤ 《四庫全書總目》卷一八九，第1712頁。

江（今屬江西）。曾任漣水教官，調廣東憲幕。好學善屬文，尤好唐詩，編選唐人詩作1341首，成《唐音》十四卷。分“始音”一卷、“正音”六卷、“遺響”七卷，另加以子卷（實則總十五卷）。是書成書於至正四年（1344），有虞集序，楊士弘題識。“始音”部分衹録王、楊、盧、駱“初唐四傑”的作品，以其初變六朝，而音聲一致。“正音”以五、七言古、律、絶各分類，又分以初唐、盛唐、中唐、晚唐各一類。“遺響”包羅諸家，附以僧詩、閨詩。以李白、杜甫、韓愈三家世多全集而未録。《四庫全書總目》云：“其書積十年之力而成，去取頗為不苟。”[①] 楊氏對唐詩的分期在唐詩學中影響頗大，李東陽《懷麓堂詩話》云：“選詩誠難。必識足以兼諸家者，乃能選諸家，識足以兼一代者，乃能選一代。一代不數人，一人不數篇，而欲以一人選之。不亦難乎？選唐詩者，惟楊士宏《唐音》為庶幾。”[②] 高棅《唐詩品彙》襲其體例而發展之。是集現存有明初建安葉氏刊本、《四庫》本、“湖北先正遺書”本。丁丙《善本書室藏書志》卷三八著録為明嘉靖刊本。至正十四年（1354），丹陽人顔潤卿耗六年之功校箋考釋《唐音》，成《唐音輯釋》。宋訥《西隱集》卷六有《唐音輯釋序》，序云：“既鏤梓天下，學詩而嗜唐者爭售而讀之，可謂選唐之冠乎。”[③] 可見《唐音》在元末社會的流行程度，而《唐音輯釋》的編撰，更為促進《唐音》流傳。《唐音》的編撰是元代後期詩學宗唐傾嚮的集中展示，而其所選如李賀者，又為元末宗崇二李的詩學傾嚮做了推轂工作。

（二）《古樂府》十卷

左克明編。左克明，字德昭，豫章人。為南昌鐵柱觀道士。是集將古樂府詞分為八類：古歌謡、鼓吹曲、横吹曲、相和曲、清商曲、舞曲、琴曲、雜曲。每種曲下簡撰題解。該集有至正丙戌（六年，1346）左克明自序。又《元人文集珍本叢刊》本《雍虞先生道園類稿》卷一七有虞集《新編古樂府序》。序云：“豫章左克明儼然冠裳，居鐵柱延真萬年宫，而修孝養於其親，歲時無挂。其歿也，買田故鄉，與其兄弟之子，奉祭祀焉。十數年來，以儒家之學教卿大夫士庶之子弟，從之者衆。間嘗取中古以前書傳之所存，漢魏以後文辭之所録，集為《古樂府》十卷，而略為之説。此吾成均之事，左君得而用之，其亦知本也夫！”[④] 按虞集去世於至正八年（1348），蓋知此集應在至正六年或稍前即已成書，而左氏編撰此集應始於順帝至順、至元年間。宋郭茂倩《樂府詩集》於後至元六年（1340）在濟南

① 《四庫全書總目》卷一八八，第1710頁。
② （明）李東陽著，李慶立校釋：《懷麓堂詩話校釋》，北京：人民文學出版社，2009年，第104頁。
③ 《全元文》第49册，第419頁。
④ 《全元文》第26册，第100頁。

刊刻，左氏開始編撰此集要稍早於郭氏《樂府詩集》刊行，況左氏遠在江西，可知左氏之集定未參考《樂府詩集》。左氏自序交代此集編撰緣由云："風化日移，繁音日滋，懼乎此聲之不作也，故不自量度，推本三代而上，下止陳隋，截然獨以為宗。雖獲罪世之君子，無所逃焉。"又："冠以古歌謠詞者，貴其發乎自然，終以雜曲者，著其漸流於新聲。"① 可知，此集的編撰有明確的指嚮，"世之君子"應該就是宣導新樂府創作的楊維楨。而左氏之詩學目的終没有被時代所認可，然而對於考察元末文學生態與詩學走嚮仍具有重要意義。丁丙《善本書室藏書志》卷三九著録此集為海寧周氏所藏元至正刊本。陸心源《皕宋樓藏書志》卷一一六著録為明刊本。現存有《四庫》本及多種明清刻本。

（三）《古賦辨體》八卷外集二卷

祝堯編。祝堯，生卒年不詳。字君澤，上饒（今屬江西）人。中延祐五年（1318）進士第，為江山尹，後遷無錫州同知，又云官萍鄉州同知。《江西通志》《廣信府志》有小傳。此集為兩漢至宋代賦作選本，正集八卷選録自《楚詞》以下，兩漢、三國、六朝、唐、宋諸朝賦，每朝僅録取數篇，前有題解，以辨其體格特徵。外集二卷，選擬騷、琴操歌等，為賦家之流。是集有祝堯自序、成化二年錢溥序。其自序云："古今之賦甚多，愚於此編非敢有所去取，而妄謂賦之可取者止於此也，不超載常所誦者爾。其意實欲因時代之高下，而論其述作之不同；因體制之沿革，而要其指歸之當一。庶幾可以由今之體，以復古之體云。"② 可知祝堯編選是集的主要目的是明辨賦體文學在各時代的特徵，最終把握賦的總體特點。《四庫》館臣以為"採摭頗為賅備"，"於正變源流，亦言之最確"③。陸心源《皕宋樓藏書志》卷一一五著録為明刊本。現存有《四庫》本，明成化二年刊本，安南刊本等諸種版本。是集對於文學批評史及文論史有重要意義。

（四）《風雅翼》十四卷、《風雅類編》《古今風雅》

此三集是元人編選的歷代詩文選。《風雅翼》存，《風雅類編》、《古今風雅》軼。

《風雅翼》，劉履編。劉履，生卒年不詳，大致生活於元末明初。字坦之，上虞（今浙江紹興）人。入明隱居，自號草澤閑民。洪武十六年（1383）浙江布政使强起之。到達京師後又以老疾辭還，未及行而卒。《浙江通志》"隱逸傳"有其簡傳。《風雅翼》十四卷，前

---

① （元）左克明：《古樂府原序》，《古樂府》卷首，文淵閣《四庫全書》第1368册，第429頁。

② （元）祝堯：《古賦辨體篇目序》，《全元文》第39册，第664頁。

③ 《四庫全書總目》卷一八八，第1708頁。

八卷為《選詩補注》，取《文選》中的詩篇進行刪補訓釋，大致本以理學觀點，斷以己意。卷九、卷十為《選詩補遺》，從散見於傳世詩集中的古歌謠詞 42 首，以增補《文選》之遺。後四卷為《選詩續編》，從唐宋詩中選録 159 首，作為《文選》嗣音。是集大致成書於明初，丁丙《善本書室藏書志》卷三八著録此集為明嘉靖刊本。現存有《四庫》本。《四庫全書總目》云："其去取大旨，本於真德秀《文章正宗》。其詮釋體例，則悉以朱子《詩集傳》為準。"而其所選蓋多有不工之處，如論杜甫《三吏》《三别》"太迫切而乏簡遠之度"；論《塘上行》後六句，則"不明文章之體裁而横生曲解"等①。

《風雅類編》，袁懋昭編。袁懋昭，生卒字里不詳。歐陽玄《圭齋文集》卷七有《風雅類編序》。為袁懋昭通過歐陽玄的宗姪貞為求得。據序文，《風雅類編》以世代次序，起四言至樂府，止五言、七言、絶句。其體例參仿《詩譜》，得到歐陽玄贊同，謂之"論建精詳，去取簡當，他日書成，於風雅豈小補哉"②。

《古今風雅》，李持義編。李持義，生卒字里不詳。少壯時明經，期致用。而到晚年，則隱於醫。時人稱之為"杏隱先生"。於詩歌，能以經為之本，編《古今風雅》以張其詩學。梁寅《石門集》有《古今風雅序》。可知《古今風雅》的編撰體例參照宋真德秀《文章正宗》，而其編撰目的是知詩以為教，故而是集多取關乎風教之作，《詩經》、建安詩、李杜詩為其選録之重③。

（五）《詩淵》不分卷

《詩淵》著録於《文淵閣書目》，作者佚名。原書無序無跋。屬於未完稿，有稿本 15 册。所收作品截至明初詩人，據此可推測編纂者當是明初人。《詩淵》收録於《文淵閣書目》，而不見引用於《永樂大典》各韻，説明《詩淵》的編纂約在洪武時期，而成書時間與《永樂大典》同時或稍晚。此集按天、地、人等分類抄録，所録詩歌上迄魏晉，下至明初，具有類書性質。收宋元之作最多，元代詩家合計約三百八十多家。元末張雨唱和總集《師友集》，亦收録其中，《師友集》今不易得見，幸賴此集得以保存。1985 年書目文獻出版社陸續影印出版，分裝 6 册。

---

① 《四庫全書總目》卷一八八，第 1711 頁。
② 《全元文》第 34 册，第 439 頁。
③ 《全元文》第 49 册，第 419 頁。

三、唱和詩集

（一）《經筵唱和詩》一卷

蘇天爵及館閣文臣、京師詩人唱和之詩。編者抑或為當時經筵官員。目録著作未著録，詩集亦不傳，佚失較早。有陳旅序文一篇。

據陳旅序文，此次經筵及唱和賦詩活動在順帝初期，“文皇帝以明宗有觀書之喻，開奎章閣”，“今上皇帝以明考元子入紹天統，有志祖宗之事，御極之初，即命兩丞相與賢臣碩彥之在著定者，以聖謨嘉言與凡經籍所載可以充廣聰明、增崇德業者，一月三進講。上接聽忘倦，而時有儆惕之色。於是益優禮講官，既賜酒饌，又以高年疲於步趨也，命皆得乘舟太液池，徑西苑以歸。聞者皆為天子重講官若此，天下其不復為中統、至元之時乎？今監察御史鎮陽蘇君伯修時為授經郎兼經筵譯文官，論定其説，使譯者得以國言（蒙古語）悉其指歸。沐日又賦詩鋪寫盛事，約同館之士與京師能詩者和之，彙為一卷，不鄙謂旅，使序之”①。按蘇天爵任監察御史、奎章閣授經郎為文宗至順三年（1332），元統元年（1333）復拜監察御史，元統二年（1334）尋除中書右司都事，兼經筵參贊官。可知此次唱和賦詩活動具體時間應在元統二年，而陳序亦作於此年。此集衹一卷，刊刻與否，陳旅並未交代。按此集後世不傳，抑或此本衹有當時館閣文臣間的傳抄本。由此集可知順帝初御皇極時館閣文壇之興盛。

（二）《第一山唱和詩》

納璘不花編。書目著作無著録，佚失較早。光緒二十九年（1903）重校本《盱眙縣志稿》卷一三録有陳奎《第一山唱和詩序》。

序稱：“至元戊寅至孟冬，山陽馬仲良、汝南陳天章、大梁謝景陽同游，適監邑高昌納公鼎建淮山書院於上，以為斯道倡。觀覽之餘，非徒得山水之樂，抑又喜夫監邑化民之德教也。遂各書所述，以紀此山之勝。”② 納璘不花，字文燦（一作文粲），號絅齋。色目高昌（即畏吾）人。泰定四年（1327）進士，後至元三年（1337）官盱眙縣達魯花赤。後至元四

① 《全元文》第37册，第248—249頁。

② 《全元文》第55册，第117頁。

年於“第一山”建淮山書院，時同游者有馬仲良、陳天章（陳奎，字天章，汝南［今屬河南］人）、謝景陽同游並賦詩以紀，並編為《第一山唱和詩》，編者應為召集者納璘不花，而陳奎為序。此集今不存。席世臣《元詩選癸集》録《題第一山答余廷心》一首為納璘不花所作[①]，應出自此集。

（三）《圭塘欸乃集》二卷、《圭塘補和》一卷

前集又名《圭塘唱和集》，為許有壬及其弟許有孚、子許楨、門客馬熙的唱和詩集，許有孚編。後集為其門客馬熙補和之作，馬熙編。前集録詩 219 首，樂府詞 66 首。後集補和詩 78 首，詞 8 首。

許有壬（1286—1364），字可用，彰德湯陰（今河南湯陰）人。延祐二年（1315）進士，歷仕七朝，垂五十年。至正間，曾兩拜中書左丞，致仕給奉。元一代通過科舉而登政府者，唯有壬一人[②]。《元史》卷一八二有傳。有《至正集》百卷、《圭塘小稿》十卷。許有孚，生卒年未詳，字可行，别號洹濱。有壬之弟。由國學上舍，登至順元年（1330）進士第。歷任湖廣儒學副提舉、湖廣行省檢校、南臺御史、太常院同僉。許楨，生卒年未詳，入明仍在世。字元幹，有壬之子。至正間任秘書郎。馬熙，生卒年不詳。字明初，衡州安仁（今屬湖南）人。曾官右衛率府教授。

是編有至正十年（1350）七月周伯琦序，後有段天佑、周溥、哈剌台、丁文昇、黄鼒、趙恒、張守玉、王翰、王國賓、許有孚九篇跋文。其中標注時間者：周跋作於至正十年，哈跋於至正十一年（1351），趙跋於至正二十四年（1364），許跋為洪武十三年（1380）[③]；此外還有至正二十四年（1364）陸焕然、趙恒題詩二首。又顧嗣立《元詩選》初集、丙集及鄧顯鶴《沅湘耆舊集前編》卷三六録馬熙《圭塘補和序》一文。至正八年（1348）許有壬致仕回鄉（相州）後，以賜金購得康氏廢園，經重建名為“圭塘别墅”，與親友觴詠唱和其中[④]。又據馬熙《圭塘補和序》云：“欸乃既歌之明年，熙如京師，可行洎楨日侍安陽公，觴詠圭塘，更唱迭和，詩辭凡二百四十有九。又明年，楨來京師，熙始得伏讀全集。”[⑤] 所謂“欸乃既歌”應指唱和開始之至正八年，可知馬熙於至正九年所見為未全之帙（按周伯

---

① 楊鐮先生辨此詩為納璘不花作，非高納璘所作。見《元代文學編年史》，太原：山西教育出版社，2005 年，第 398 頁。

② （清）顧嗣立：《元詩選》初集卷二十四，北京：中華書局，1985 年，第 790 頁。

③ 按：有孚跋文題曰：“上章涒灘歲夏四月初吉洹濱識”，“上章涒灘歲”為庚申歲，即洪武十三年（1380），丁文昇跋文中有“洹濱御史領歸抄録”語，知洹濱為有孚别號。《四庫全書總目》卷一八八，第 1708 頁。

④ 《四庫全書總目》卷一八八，第 1708 頁。

⑤ （元）馬熙：《圭塘補和序》，《全元文》第 56 册，第 128 頁。

琦所見為 285 首），至正十年始見全編。因而是集成書於至正十年。是年書成之後，七月邀周伯琦作序。而此後馬熙又有補和，成《圭塘補和》一卷，附於編後。洪武十三年有孚跋文曰："右《倡和集》一帙，江湖友人躬録而裝潢者，二十八年矣。"[①]"江湖友人"即丁文昇，可知丁文昇跋文作於至正十三年（1353），是年有丁文昇手抄本。而洪武間許有孚補正修葺本所據即此本。

從跋文情況看，是集在元末流傳甚廣。而今存之本為洪武十三年許有孚修補本。有《四庫》本，藝海珠塵刻本及清抄本數種。丁丙《善本書室藏書志》卷三八著録此集為陳仲魚藏舊抄本。王重民《中國善本書提要》著録包括《四庫》本在内的兩種抄本。錢大昕《補元史藝文志》著録此集為三卷，應包括《圭塘補和》一卷。

此集與顧瑛《草堂雅集》成書時間相近，但集會唱和之規模遠遜顧氏草堂。顧氏草堂雅集是南方文人及詩壇之文學活動，而圭塘唱和則代表了北方文壇的詩歌創作活動。且圭塘唱和為"自相師友"的形式，許有壬作為元代後期重要的館閣文臣，其詩學觀念的變化在此間致仕歸隱後表現尤為明顯。其矛盾之心態在唱和詩作中時有反映。因此是集對於考察元代後期詩學思想的轉變有重要意義。

（四）《荆南倡和詩集》一卷

元末周砥、馬治唱和詩集。砥（約 1367 年前後在世），字履道，號東皋，平江（今江蘇蘇州）人，僑居無錫。治（1332—?），字孝常，宜興（今屬江蘇）人。《明史》卷二八五《陶宗儀》傳末附有二人簡傳。據《元史》及《新元史》，元代另有周砥一人，曾參與附修三史，任國子祭酒。按《明史》載，周砥"以詞學知名"，"博學工文詞"，與馬治交善，遭戰亂客於馬治家，二人遍游陽羨山溪之勝[②]。而砥後從張士誠，死於兵亂，其卒年應在至正二十七年（1367）張士誠敗亡之時。洪武時馬治為内邱知縣，遷建昌知府。洪武十七年（1384）尚在世。

此集有鄭元祐序，砥、治二人自序，高啓後序及題詩兩首，洪武十年（1377）徐賁題志，明憲宗成化四年（1488）李應禎、成化五年張弼集後書跋。據砥序，砥於至正十三年（1353）至至正十五年（1355）避亂於馬治家，三年間二人處同館，隨時唱和，將所作之詩積為一卷，題為《荆南唱和詩》。十五年秋七月抄録為兩帙，二人各留一帙，借此"以識窮愁憂患之歲月"[③]。因而是集成書於至正十五年。按高啓序，馬治以其所留手録本交於高啓，

① （元）許有孚：《圭塘欸乃集跋》，《圭塘欸乃集》卷下，第 912 頁。
② （清）張廷玉：《明史》卷二八五，北京：中華書局，1974 年，第 7326 頁。
③ （元）周砥：《荆南唱和詩序》，《荆南唱和詩集》，文淵閣《四庫全書》第 1370 册，第 231 頁。

高啓又出示於吕敏。後由吕敏歸諸馬治[①]。明成化間，鄉賢李廷芝將此本攜至京師，於明憲宗成化四年由李應禎、張弼校正付梓，張弼撰寫跋文已至成化五年正月，故而此集最終刊刻於明憲宗成化五年[②]。現存《四庫》本之底本即此本。丁丙《善本書室藏書志》卷三九著録此集為王蓮涇、顧秀野藏明刊本。陸心源《皕宋樓藏書志》卷一一七著録為拜經樓藏舊抄本。

是集後附録數首馬治哀悼與追和周砥之詩。在元末戰亂中二人以唱和相慰相藉，其別集均不存，詩歌有賴此集流傳。四庫館臣以為“砥以吟詠擅長情致纏綿。治詩稍遜於砥，而雋句絡繹，工力亦差能相敵。以視松陵倡和、漢上題襟，雖未必遽追配作者”，[③] 所言應是。而二人之自適吟詠、以詩慰藉之詩學觀念在集中亦有所反映。

（五）《諸君唱和詩》《少微倡和集》《掀篷唱和詩》《劉石倡和詩》

此四種詩集是元末名將石抹宜孫鎮處州時與當地文人的唱和集。

石抹宜孫（？—1359），字申之，又名蕭宜孫。其先祖石抹也先，太祖時為御史大夫，後定居台州。其父石抹繼祖（字伯善），為沿海上副萬户，分鎮台州，又移鎮婺、處兩州。宜孫襲父職，後讓職其弟，退居台州。至正間升為江浙行省行樞密院判官，總制處州。成為元末朝廷在江南的中流砥柱。至正十九年（1359），處州失守，宜孫戰死，元廷追封為越國公，謚忠愍。《元史》卷一八八有傳。史稱宜孫“性警敏，嗜學問，於書務博覽，而長於詩歌”[④]，曾師事北山文士王毅，與胡深、葉子奇等人為同門，與宋濂、王禕以及劉基、高明、蘇友龍等人交往密切。至正十七年（1357），宜孫制處州時，以江浙儒學副提舉劉基為樞密院經歷，尹蘇友龍為照磨，胡深、葉琛、章溢参謀軍事。此間這些文友多次雅集，互為唱和。

然此時的唱和詩歌大多散失，《掀篷唱和詩》原本已軼，席世臣《元詩選癸集》“辛集”收録有何宗姚、費世大等 12 人《妙成觀掀篷和何宗姚韻詩》，此外《御選元詩》卷五五收有宜孫《妙成觀掀篷和何宗姚韻》，劉基《誠意伯文集》卷五、卷十有數首《和何宗姚韻詩》。《劉石唱和詩》為劉基於至正十六年（1356）承省檄與宜孫討寇之時的唱和詩集。劉基《劉文成集》卷十有《唱和詩集序》。嵇曾筠《浙江通志》卷二百五十二有著録，王圻《續文獻通考》卷一百八十三“經籍考”著録為明萬曆三十年（1602）松江府刻本。《諸君

① （明）高啓：《荆南唱和詩集後序》，《荆南唱和詩集》，第 256—257 頁。
② （明）張弼：《書荆南唱和詩集後》，《荆南唱和詩集》，第 258 頁。
③ 《四庫全書總目》卷一八八，第 1712 頁。
④ （明）宋濂等：《元史》卷一八八，北京：中華書局，1973 年，第 4310 頁。

唱和詩》與《少微倡和集》今不傳，書目著作亦不見著録。王毅《木訥齋文集》卷一有《諸君唱和詩序》，王褘《王忠文公集》卷七有《少微倡和集序》。王毅序文作於至正十二年（1352）臘月二十一日，可知《諸君唱和詩》成集於此間。序云："初，侯（宜孫）下車求士於予，毅雖僭舉所知，以胡生仲淵對，延與謀，訖有成功。雖侯才略過人，仲淵不為無助。閑暇之日，主賓相樂，以詩唱酬。繼而群彦畢來，和者繕寫成卷，辱侯不鄙，令予序之。"[①] 可知此集以宜孫與胡深酬唱之詩為主，似為至正十一年（1351）討寇時所作。王褘序文未標寫作時間，據序文所載，可知至正十五年（1355）宜孫持閫帥之節，來鎮處州，十六年劉基相與輯綏，至十七年秋，"政通人和，州以無事"。唱和活動即在此二年間。《少微倡和集》成書及王褘撰寫序文應在至正十七年。"兩年之間，總之凡三百餘篇，名曰《少微倡和集》。詩作於是州，州以星名，故亦因星以名集也。褘得而讀之，竊嘆其愛君憂國，傷世憫俗之情見於言辭者，何其惓惓哉!"[②] 在戰亂間隙，處州詩人群體創作了大量詩歌，這些詩歌"有以繫人心、關政理、明王化，而為世道勸者，憂深思遠，有古風人之義，則固非夫人之所知，而君子必能審之矣"[③]。石抹將軍之本色是詩人，詩作雖憾於散失，然作為特殊時期其所組織的當地文人集會，目的雖為穩定一方形勢，爭取民心，但也體現了特殊時期地方詩壇的詩學取嚮，對於考察元末詩學思想流變有重要意義。

（六）《至正庚辛唱和詩》一卷

郁遵編。至正二十年（庚子 1360）、二十一年（辛丑 1361）繆思恭等人於嘉興南湖的分韻唱和之作。收入 26 位詩人的詩作 28 首。

繆思恭（1321—1364），字德謙，號菊坡，吴陵（今江蘇蘇州）人。至正間為嘉興路同知。至正十九年（1359），張士誠之弟張士信、張士德攻嘉興，檣櫓蔽天，排川而下，繆思恭在杉青閘兩岸堆積蘆葦以待，當時南風大作，大火抵擋了來勢凶猛的亂兵，取得勝利，民心大悦。亂後第二年於嘉興南湖舉行會集。據沈季友《檇李詩系》卷六郁遵題識云："至正己亥（1359）兵後，明年庚子八月之望同守繆公招同諸彦小集南湖，以杜甫'不可久留豺虎地，南方猶有未招魂'為韻，人得一字，即席而成。亦足以紀一時之變，且辛丑此會為不易得云爾。"[④] 另據嵇曾筠《浙江通志》卷二百五十二載，參與庚子年集會之詩人有：繆思恭、高巽志、徐一夔、姚桐壽、釋克新、江漢、陳世昌、鮑恂、樂善、金絅、潘澤民、

① 《全元文》第 49 册，第 201 頁。
② 《全元文》第 55 册，第 303 頁。
③ 《全元文》第 55 册，第 303 頁。
④ （清）沈季友：《檇李詩系》卷六，中國社會科學院文學研究所藏清刻本。

殷從先、朱德輝、郁遵十四人。至正二十一年秋七月嘉興儒學訓導曹睿（字新民，永嘉人）主持當地文人再集於南湖，游景德寺，以唐人“因過竹院逢僧話，有得浮生半日閑”句分韻賦詩[①]。據嵇《志》載，此次集會有吕安坦、鮑恂、牛諒、釋智寬、常真、丘民、張翼、王綸、來志道、聞人麟、曹睿、徐一夔、尤存、周棐十四人。兩次集會作品由郁遵結集為《至正庚辛唱和詩》，有周伯琦序（見《檇李詩系》卷六）。郁遵，字子路，嘉興人。至正間，曾任承事郎司農右丞。

嵇曾筠《浙江通志》卷二百五十二載為兩集：《至正庚子倡和詩》《至正辛丑倡和詩》。《四庫》本為一卷，錢大昕《補元史藝文志》同。後附有明郁嘉慶《至正庚辛考世編》《名公手翰》二十二條。清人朱彝尊亦嘗編訂此集，“於每詩之前，人各為傳”[②]。傅增湘《藏園群書經眼録》卷十八著録兩種，一種為舊寫本，無朱彝尊跋語；一種為朱彝尊所輯寫本，前有周序，後有朱氏跋文。

《至正庚辛唱和詩》與石抹宜孫處州諸集相似，以“知詩可以觀時之治亂”為集會唱和的目的，對考察一時一地之詩學觀念頗有價值。

四、雅集文會、同題集詠集

（一）《濟陽文會》《聚桂文會》《應奎文會》

此三集今不存。目録著作亦罕見著録。均為民間詩社文會的私試作品結集。

《濟陽文會》是山東士子應舉程文的模擬之試。蘇天爵《滋溪文稿》卷六有《濟陽文會序》一文。按序文題識為“集賢侍講學士、通奉大夫兼國子祭酒趙郡蘇天爵題”，概知序文寫作時間應在至正五年（1345），是年天爵出任山東道肅政廉訪使，後尋召還集賢。而在此前一年，天爵從陝西行台侍御史任上召為集賢侍講學士，兼國子祭酒。序曰：“濟陽之士，讀書永安僧舍，緝為貢舉之文，月再會焉。或文義、字書之訛，亦各有罰，必欲詞章程式，期於中選，其志亦可尚哉。”[③] 可見此次文會亦有比評之意，有文字與文義之誤均有所懲罰。按至正五年三月有廷試，此次文會，是科舉士子的練習之作，結集而未傳，抑或是由於這些文章衹用作指導考試。

“聚桂文會”作為元末江南一帶（浙江嘉興）一次民間詩社集會及私試評比活動而為人

---

① （清）沈季友：《檇李詩系》卷六，中國社會科學院文學研究所藏清刻本。

② 《四庫全書總目》卷一九一，第1737頁。

③ 《全元文》第40册，第66頁。

所知。朱彝尊《靜志居詩話》卷二、俞樾《茶香室叢抄》卷二十四等均有記載。而這次詩社評比之後亦有《聚桂文會》編集，楊維楨《東維子文集》卷六有《聚桂文會序》一篇，記載該集成書始末。該集編者為濮允中。允中晚號“樂賢”。濮允中為武宗至大時期嘉禾（今浙江嘉興桐鄉）著名商人濮鑒之子。至正間，濮允中在其家塾開聚桂文會，東南文士以文卷赴者五百餘人，聘請楊維楨及江浙儒學副提舉李祁為主評官，葛蔵之、鮑恂並相討議，取三十人之詩，之後“斯文鋟梓，濮君又來一言以敘首”[①]，可知此集在楊維楨作序後有刊刻流傳。然該集未存，文會之作惜不得見。

“應奎文會”是吕良佐於至正中在家鄉華亭（今屬上海）所開的“以詩較藝”的詩會。吕良佐（1295—1359），字輔之（一字唐臣），號璜溪處士。曾為涇縣尹。明顧清《松江府志》卷十三、清嘉慶二十三年（1818）《松江府志》卷十三[②]、光緒四年（1878）《金山縣志》卷二十有吕良佐《應奎文會自序》。序文云：“良佐（草澤人出）生文明時，竊慕鄉舉里選之盛，輒於大比之隙，創立應奎文會。邑大夫唐公世英、張公彦英明勸於上，移以公牒，聘海内知名士，主文評者，會稽楊公廉夫，公又（舉同司者）與同評者雲間陸公宅之。東南之士以文投者七百餘卷，中程者四十卷。蓋楊公早登高科，其文力追西漢、盛唐之作，而山林學者無不欲（收名定價）列名於其門，故視他會為獨盛。不然，士之懷奇氣，不可以爵禄誘者，其於自閟其學，況銖金尺幣所能致哉！今所選高者，經正而文，賦奇而法，詔、誥、章、表，各通其體，策皆貫穿古今，而有經世之略者也，誠足為後代之繩尺（也）已。（代之好事者，濃賞所以立會固不少，而四方之卷不滿百十，吾益知文會不足為士子之軒輊，而司文衡者實係多士之重輕也，豈不信哉?）選中之文，因鋟諸梓，以傳不朽。（而僭目序其首云）至正十年七月序。（縣）魁其選者，廣信尹布顔也。”[③] 序文交代文會詩文評比始末較詳，此處不再贅述。據序文，文會入選作品有刊刻成集，惜之不傳。該序作於至正十年（1350），是集成書應在此間，《聚桂文會》與此集在元末及後世未有傳本抑或與入選作品的水準有關，楊維楨評語或許祇是客套之語。至正二十二年（1362）楊維楨為嘉禾縣尹楊本中編《吴越兩山亭志》，選編吴越兩地詩作，而“樂郊”附庸風雅之文人率相“固乞寬假，得與姓名”，被楊斥為“風雅掃地”，可謂佐證。事見姚桐壽《樂郊私語》。

（二）《西湖竹枝詞》一卷

又名《西湖竹枝集》，楊維楨編。是集收120人184首集詠西湖的竹枝體詩歌，是元至

① 《全元文》第41册，第226頁。
② 《全元文》引為卷三一，誤。第39册，第269頁。
③ 以《全元文》與方志對校，方志每有脱文，標注於括弧中。《全元文》第39册，第269頁。

正間由楊維楨發起，廣泛唱和的一次“同題集詠”活動的結集。

楊維楨（1296—1370），字廉夫，號鐵崖、鐵笛道人等，會稽（今屬浙江）人。為席捲元末詩壇之“鐵崖體”的開創者。至正間，楊維楨首倡《西湖竹枝歌》，一時間，同和者不絶，有詩壇泰斗如虞集、楊載、揭傒斯等人，亦有蒙古、色目詩人、釋子詩人、西湖女子以及不知名氏者數百人[①]。而編入集者亦有百二十人。

是集有至正八年（1248）楊維楨自序。序云："余閑居西湖者七八年，與茅山外史張貞居（張雨）、苕溪郯九成（郯韶）輩為唱和交。水光山色，浸沉胸次，洗一時樽俎粉黛之習，於是乎有‘竹枝’之聲。好事者流佈南北，名人韻士屬和者無慮百家。道揚諷喻，古人之教廣矣。是風一變，賢妃貞婦，興國顯家，而《烈女傳》作矣。採風謠者，其可忽諸？至正八年秋七月，會稽楊維楨書於玉山草堂。"[②] 可知是集成書於此年。而集詠西湖竹枝的目的在於風化人心。序文作於玉山草堂，而此間玉山草堂的觴詠之會亦剛剛開始，《西湖竹枝詞》無疑對玉山文人詩歌創作有至深的影響。當然玉山文人亦多見諸於是集，對於該集的傳播有不可忽略的作用。

是集在當時及後世流傳頗廣。陸容《菽園雜記》、曹學佺《石倉歷代詩選》、顧起元《客座贅語》、瞿佑《歸田詩話》、郎瑛《七修類稿》均有載録。楊士奇《文淵閣書目》有著録。丁丙《善本書室藏書志》卷三十九敘録明天順間刊本“新刻西湖竹枝詞一卷”。范邦甸《天一閣書目》卷四録抄本一卷。丁仁《八千卷樓書目》卷十九録錢塘丁氏嘉惠堂《武林掌故叢編》本，今存。此外現存版本亦有明陳於京漱雲樓刻本《楊維楨文集》附録本、錢塘丁氏《西湖集覽》叢書本、清道光一枝軒刻本、掃葉山房叢抄刻本。

《西湖竹枝詞》是鐵崖體古樂府具有代表性的創作形式，在楊維楨的創作中有引橋過渡的作用，因而對於考察其詩學思想的轉變具有重要意義，而參與創作的詩人又與玉山草堂文人、北郭文人等文學群體有密切關係，又可據此概覽元末詩壇生態。

（三）《玉山名勝集》八卷外一卷、《草堂雅集》十三卷、《玉山倡和》一卷、《玉山記游》一卷、《玉山遺什》一卷

此五集為顧氏玉山草堂雅集唱酬詩集，均存。

前三種為顧瑛編。《玉山記游》為元末明初人袁華編。《玉山拾遺》編者不詳。顧瑛（1310—1369），又名德輝、阿瑛，字仲瑛，別號金粟道人。昆山（今屬江蘇）人。顧瑛家

① 據明和維《西湖竹枝詞序》。後楊維楨編入集中 120 人，陸容《菽園雜記》卷十三所記為 122 人，抑或因“無名氏”之故，具體人數難斷。

② 《全元文》第 42 册，第 497 頁。

業富豪，不屑仕進，至正八年（1348）於界溪舊宅之西築玉山佳處，至正十年草堂落成，有景點26處，常聚四方文人墨客，詩酒唱和，一時名流，咸赴從游。雖至正中期玉山雅集曾因戰亂而時斷時續，然卻一直堅持十多年之久，是元代規模最大、影響最廣、知名度最高的文人雅集活動。而顧瑛也因此在元末詩壇獲得了文壇東道主的地位。在將近二十年的雅集唱和活動中，顧瑛與元末詩壇絕大部分詩人都有密切交往，其所輯《玉山名勝集》《草堂雅集》《玉山倡和》以及袁華所輯《玉山紀游》、未署編者的《玉山拾遺》就是元末詩壇文人交往的動態圖景。據楊鐮先生的統計，這些詩集收録詩篇達5000多首[①]。

此五集編刊最早的是《草堂雅集》，所收有至正左右即已去世的詩人。楊維楨《東維子集》卷七有《玉山草堂雅集序》，作序時間為至正九年（1349），序云："昆山顧仲瑛裒其所嘗與游者往還唱和及襍賦之詩，悉鋟諸梓，編帙既成，求余一言以引諸首……集自余而次凡五十餘家，詩凡七百餘首，其工拙淺深自有定品，觀者有不待余之評裁也。"[②] 又《四庫全書總目》該集提要云："自陳基至釋自恢，凡七十人。"[③] 可知至正九年該集即已成書，然在此後的雅集聚會中該集又再度修訂重刻。《四庫》本增入詩人約20家，而現存陶湘刻本，收入之詩作有3369首。《草堂雅集》的版本非常複雜，應是經過多次修訂，現存主要有《四庫》本十三卷、陶湘本十八卷、景元刊本共十八卷（包括後卷五卷）、鮑廷博校補本十七卷（包括後卷四卷）。具體版本情況見楊鐮等人整理《草堂雅集》卷前。以存詩之數目暫且可判定陶湘本是其最後的定本。據《四庫》館臣提要，此集有意效仿段成式《漢上題襟集》，將唱和之作彙為一集。又仿元好問《中州集》，詩人前各為小傳。雖以"雅集"為名，實則簡録詩人的平生之作[④]。因此元代後期詩壇風貌及詩學流嚮於此集中可得梗概。《玉山名勝集》似稍後於《草堂雅集》而編刊。至正十年玉山佳處大致落成，是集所收作品即以玉山草堂中地名為次序編排，釣魚軒、芝雲堂、可詩齋、讀書舍等26處佳景依次先載其題句，後録其春題，序、記、詩篇分繫其後。而"元季知名之士，列其間者十之八九……文采風流，照映一世，數百年後，猶想見之。録存其書，亦千載藝林之佳話也"[⑤]。此集有黄溍、李祁二序，另《全元文》第50册收録陳基《玉山名勝集序》，與黄序基本相同[⑥]，尚有待考證。此集版本亦複雜，明朱存理校補二卷本、萬曆四卷刻本、四庫八卷本及清抄二十六卷本等版本，具體見楊鐮等人整理《草堂雅集》。吴騫《四朝經籍志補》、張繼才《補元史藝文志》著録此集於史部"地理類"。《玉山倡和》《玉山遺什》編刊較前二者更晚，《遺

① （元）顧瑛輯，楊鐮、祁學明、張頤青整理：《草堂雅集》，北京：中華書局，2008年，第3頁。
② 《全元文》第41册，第245頁。
③ 《四庫全書總目》卷一八八，第1711頁。
④ 同上，第1711頁。
⑤ 同上，第1710頁。
⑥ 《全元文》第50册，第286頁。

什》"附録"之後文字編録於顧瑛離世之後。陸心源《皕宋樓藏書志》卷一一七著録二集為明抄本。二集通常合編，著録為二卷，現存有國家圖書館藏倪氏經鉏堂抄本及重録本、南京圖書館藏丁丙舊藏抄本（《善本書室藏書志》卷三九著録為影寫本），均係出明抄本。與前四種不同，袁華所編《玉山紀游》為顧瑛等人在包括玉山以及玉山之外的天平山、靈巖山、虎丘、西湖、吴江等地的紀游唱和之作。據《四庫全書總目》，袁華已入明，但是其所作之詩在元末至正中，編輯此集的時間亦在元末。是編所録詩前均有小序，記載游覽始末，所與游者有楊維楨、鄭元祐、郯韶、沈明遠、陳基、周砥等風雅勝流。所録詩篇亦"山水清音，琴樽佳興"，足可謂文采風流[①]。陸《志》卷一一七著録為舊抄本，而此集的抄本系統可能均出自明萬曆刻本，現存有《四庫》本，底本即為明刻本。

《玉山草堂總集》"反復增删、隨得隨刊"的編撰特點蓋因雅集聚會的不斷舉辦，時有新的内容補入，而這種編撰特點其實也是元代後期總集編撰的典型特點，詩歌抑或詩學在總集編撰的過程中不斷趨於成熟。此外其作為元代後期容量最大、範圍最廣的詩歌總集，對同時及稍後的《澮游集》《至正庚辛唱和詩》《金蘭集》《金玉編》等總集的編撰有重要影響。同時，元代後期詩學觀念在玉山文人處得以匯集，這些總集無疑也集中展示了此期的詩學概貌。

（四）《續蘭亭詩會詩集》

劉仁本序編。為紀念王羲之蘭亭集會而在浙江餘姚舉行的詩人觴詠之會，原有 42 人參與，今存有 12 人之詩篇。

劉仁本（約 1308—1367），字得玄，號羽庭。天台（今屬浙江）人。元代後期中舉人，歷官温州路總管、江浙行省左右司郎中。與迺賢、朱右、謝理、王霖等文人交游。

錢熙彦《元詩選補遺》有詩序，序曰："仁本治師會稽之餘姚州，作雩詠亭於龍泉左麓，仿佛蘭亭景物，集名士趙俶、謝理、朱右，天台僧白雲以下四十二人，修禊賦詩，仁本自為之序。當方氏盛時，招延士大夫折節好文，與中吴張氏爭勝，文人遺老皆往依焉。故一時風雅之盛如此。"[②] 至正二十年（1360）劉仁本治餘姚，舉辦續蘭亭詩會，當日有賦詩者 31 人，後劉氏刻集時又補入其他詩人之詩。今可得見者散記於朱彝尊《静志居詩話》、錢謙益《列朝詩集小傳》、陳衍《元詩紀事》，約有 12 人之作。

---

① 《四庫全書總目》卷一八八，第 1711 頁。

② （清）錢熙彦編：《元詩選補遺》，北京：中華書局，2002 年點校本，第 643 頁。此外陶宗儀《游志續編》卷下、阮元《兩浙金石志補遺》均有載。

（五）《金蘭集》

又名《耕漁軒集》。徐達左編。是編收輯時人投贈之作，約一百二十多人。

徐達左（1333—1395），字良夫（一作良輔），號松雲道人，別號漁耕子。平江吴縣（今江蘇蘇州）人。從邵宏道學《易》，董仁仲學《書》。元末避兵禍，隱於鄧尉山、光福山等處，建“耕漁軒”“遂幽軒”，結交文士，題詠唱和。洪武二十二年（1389），聘為建寧儒學訓導，卒於任。達左與元末顧瑛多相類，均富甲一方，招攬文友，聚會酬唱。王士禛所謂“不減金粟道人玉山雅集”①，然其影響與規模不敵顧氏草堂雅集。明王鏊《姑蘇志》卷五四有傳。

是集有至正二十二年（1362）王行序、至正二十五年（1365）釋道衍後序。據二序可判定該集之成書時間大致在此間。而二序所題均為《耕漁軒集》，知該集早期抄本名為《耕漁軒集》。朱彝尊《靜志居詩話》卷五載：“吴中徐達左良夫耕漁軒名士留題甚衆，朱德潤澤民為作圖，仉機沙大用作傳，高遜志士敏作記，唐肅處敬作銘，王行止仲作序，楊基孟載作説，釋道衍作後序。”② 可見該集在元末流傳甚廣。名曰《金蘭集》並付梓刊刻應在洪武八年（1375），為達左自刻，共三卷。後“其十一世孫志羽為之校梓以行。前附載正統九年徐理所作《耕漁子傳》”③，《四庫》本即為此本。此外該集還有四卷本諸種及國家圖書館藏清錢氏萃古齋抄本、丁丙《善本書室藏書志》著録曹倦圃抄本等諸種抄本。版本情況詳見祝軍《〈金蘭集〉考證》④。

《金蘭集》所收詩人比玉山草堂文人稍晚，其重出者如北郭文人，所作詩篇多表現戰亂中文人的精神狀態，對考察元後期詩學流變有重要價值。

（六）《藍田八詠》、《武夷山詩集》二卷、《靜安八詠》一卷

此三集是依景點而作的同題集詠詩集。《靜安八詠》，今存；《藍田八詠》《武夷山詩集》軼，《四庫全書總目》著録為存目。

《藍田八詠》，宋則齊編。則齊，為閩道士，道號真元，生平爵里無考。李存《俟庵集》卷十八有《藍田八詠詩序》一篇。序文云“是八者，皆宋君之所游息，而吾黨之士，或詩

① （清）王士禛：《帶經堂詩話》卷六，北京：人民文學出版社，1963年，第150頁。
② （清）朱彝尊：《靜志居詩話》卷五，北京：人民文學出版社，1990年，第129頁。
③ 《四庫全書總目》卷一九一，第1739頁。
④ 祝軍：《〈金蘭集〉考證》，《河南社會科學》2011年第6期。

之，或賦之，鏘然而金石奏，爛然而錦繡敷而未已也”，又“於斯時也，其視吾黨之所云云者，又直夫塵垢粃糠而已矣”[①]，可知李存亦參與唱詠之間。李存，字明遠（一字仲公），學者稱“俟庵先生”，饒州（今屬江西）人。受學於理學家陸苑，與祝蕃、舒衍、吴謙並稱“江東四先生”。元末兵亂，避於臨川，卒於至正十四年（1354）。故而此次同題集詠必不晚於至正後期兵起之時。據序文，此處所謂藍田為長樂縣（今福建長樂市）之勝地，則齊在此處創觀居住。所謂八境有藍田、藍橋、仙人峰、紫微峰、青牛嶺、泛龍嶺、還源洞等，道士則依景而成詩，同游者亦以詩、賦和之。惜詩作未存。

《静安八詠》為釋壽寧編選的時人題詠静安寺八景之詩集。釋壽寧，生卒年未詳，字無為，號一庵，永嘉（今浙江温州）人。居上海静安寺。與元代名流袁桷、貢師泰、鄭元祐、王逢、楊維楨等人交往唱和。静安寺有著名八景：赤烏碑、陳檜、蝦子潭、講經臺、滬瀆壘、湧泉、蘆子渡、緑雲洞，壽寧各詠一首，作《静安八詠》，後廣求當時名人，並匯集諸家之作，編成《静安八詠》詩集一卷。中華書局1983年《叢書集成初編》本《静安八詠集》卷末錢鼒序云：“帙既成，會稽鐵崖先生首為序之，而命鼒述八景之事蹟。徐曰：‘吾將勒諸梓，而不可不為其序。’予曰：‘鼒與師交方外，而又得追攀鐵崖群公間，其敢辭。吾嘗以為有前人之勝概而不有以歌詠之，則無以昭其前，若後人之歌詠而不有以金石之，則無以傳於後，確乎不可拔之論也。師之此傳，則八詠之勝概，不特在静安而將見流播九州矣。其於招提之境，不亦愈有光華也哉。是不可以不序。於是次第其説於其後云。’”[②]可知，是集成書後請楊維楨作序，今存是集另有楊氏評點，而其成書及刊刻始末，交代甚清。是集今存有《四庫》本，《叢書集成初編》本。《四庫》本卷首有錢鼒《事蹟述》一篇，並載有張紘詩，是嘉靖中張抑、張紘重校重刊後附入[③]。

不同於前二集為元代同題集詠詩集，《武夷山詩集》所録迄於唐，止於元。然唐代祇録李商隱一首，以元人作品為多。據《四庫存目》，此集前《總録》一篇，概述武夷山之得名及歷代興建封號之事。後二卷為詩，録游山之人的題詠之作。卷前有後至元三年（1337）序文，云：“萬年宫提舉張一村攜示。”此集可能便是張一村編纂，其人今無考[④]。

---

① 《全元文》第33册，第363頁。
② 《全元文》第59册，第112頁。
③ 《四庫全書總目》卷一九一，第1737頁。
④ 同上，第1737頁。

五、題贈詩集

（一）《編類運使復齋郭公敏行録》、《甘棠集》一卷、《送張吴縣之官嘉定詩》一卷、《良常草堂圖詩》一卷、《送張府判詩》一卷

此五集為元代歌詠善政廉行的題贈之作。《編類運使復齋郭公敏行録》，今存；《甘棠集》，軼；後三集皆時人為元代吴縣縣丞張經作，軼。

《編類運使復齋郭公敏行録》，無撰人名氏。以郭郁為官地點為序收録時人贈送郭郁詩文 271 首。"敏行録"之稱取"敏行其體，敏政其用"之意，所録多為歌功頌德之作。錢大昕《補元史藝文志》著録為一卷，阮元《四庫未收書目提要》卷四著録之本，無卷次，無撰人名氏，前有古候黄文仲及三山林興祖兩序，阮氏疑出二人所編。錢氏所謂一卷亦即"不分卷"意。郭郁，生卒年未詳。字文卿，號復齋。大名（今屬河北）人。曾受學於侯克中。皇慶元年（1312）除浮梁州知州，歷高郵知府。至治三年（1323）任兩浙都轉運鹽使司同知，後歷仕江南各處，與當地文人交往密切。至正《四明續志》卷一、《新元史》卷一九四有傳。作序者林興祖，字宗起，號木軒。至治二年（1322）登進士第，授承事郎，出任黄岩州同知，黄岩州隸屬台州路，此期二人為官之地大致相近，阮氏之推測亦不無道理。黄文仲序標明作序時間為辛未（二年 1331）孟春，大致可知是集成書於至順間。張金吾《愛日精廬藏書志》卷三十五著録該集為元至順刊本。可見該集在至順間最早刊刻。此本來自黄蕘圃，後藏於張氏愛日精廬，常熟張芙川又據以影寫完帙。錢大昕《十駕齋養心録》卷十三、孫原湘《天真閣集》卷四十三所著録及題跋者均為該本。現存於國家圖書館的元至順刻本亦為此本。此外《婉委别藏》另有一種抄本，刻本殘缺處可從抄本中補軼，可知抄本過録之時，刻本尤保存完好。有關該集的推薦介紹研究見楊鐮先生《元人總集研究示例》一文①。

《甘棠集》，不知編者名氏。所謂"甘棠"者，取"召南之思召公"，録至正間浦江人為浦江縣達魯花赤廉阿年八哈所作歌詠之作②。廉阿年八哈，生卒未詳③。一名浦，字景淵，

---

① 楊鐮：《元代文學及文獻研究》，北京：中華書局，2015 年，第 87—91 頁。

② 明孫能傳《内閣藏書目録》卷八作"元至元間廉阿宰浦江及致政浦人去思諸詩也"，黄虞稷《千頃堂書目》、錢大昕《補元史藝文志》同，所著年代誤。廉阿年八哈任浦江縣達魯花赤時間，詳見王梅堂：《廉阿年八哈考述》，《西域研究》2003 年第 4 期。

③ 王梅堂《廉阿年八哈考述》考證廉阿年八哈大致生於 1320—1327 年間。詳見《西域研究》2003 年第 4 期，第 113 頁。

北庭畏吾人。其從祖廉希憲（阿里海牙），為元初著名文臣，官至中書平章政事，封恒陽王，通孟學，學者稱為"廉孟子"。廉阿年八哈至正間為浦江縣達魯花赤。政績卓越，深受當地百姓愛戴。戴良《甘棠集序》載："北庭廉侯來長婺之浦江。浦江之民咸愛戴之如父母，畏敬之如神明，倚賴之如山嶽。三年政成，治任將歸，而黄童白叟涕泣以留者，動千百計。已而侯之去志浩不可挽，又皆退而悲思。商賈相與嘆於市，行旅相與嘆於途，耕農相與嘆於野，低佪顧盼，不知所圖。則推夫吾黨之工乎詩者，作為聲詩以詠歌之。一縣之士詠歌之不足，則五縣一州又從而詠歌之，五縣一州詠歌之不足，則旁近他郡又從而詠歌之。"[①] 故而縣之好事者將這些詩歌精加擇練，編為一集，集凡二卷，請戴良為序，以刻諸梓。有關該集成書時間戴序並未交代，蘇天爵《柳待制文集序》載："至正庚寅（十年，1350），浙東僉憲余公按行所部，以浦江監縣廉君. 清慎有為，受民重士，乃命刻其文傳焉。"[②] 可知該集大致成書於至正十年。此集著録於楊士奇《文淵閣書目》卷二、孫能傳《内閣藏書目録》卷八。黄虞稷《千頃堂書目》、錢大昕《元史藝文志》亦載，標為一卷，可能在清代有一卷本流傳。是集今不見傳。

《送張吴縣之官嘉定詩》一卷、《良常草堂圖詩》一卷、《送張府判詩》一卷，皆時人為吴縣縣丞張經所作的題詠、送行之作。張經，字德常，元時為吴縣丞、縣尹，後擢授嘉定州同知。在任頗有政績，時人褒美其德，離任時賦詩以送行，録為一集。錢大昕《補元史藝文志》有著録。明趙琦美《鐵網珊瑚》卷八録有鄭元祐《送張吴縣之官嘉定分題詩序》。又清倪濤《六藝之一録》卷三百六十詳録前二集目録，據目録可知，題贈作者多活動於元代後期，如鄭元祐、王逢、張憲、楊基、高啓等，俱為一時名流，可大致判斷三集編刊於元末，而前二集在清代似有傳本。《送張吴縣之官嘉定分題詩》收 37 人之作，《良常草堂圖詩》收 4 人詩作。

將時人題詠、送行、投贈、謁見等作品彙為一編是元代後期詩文總集編撰的一種重要形式，而詩人之社會活動範圍及詩學觀念也由此可得以考察。

（二）《敦交集》一卷、《偉觀集》一卷

此二集收入羅振玉輯《元人選元詩五種》，底本均為藝風堂藏舊鈔本。《敦交集》收時人贈言唱酬詩。《偉觀集》收時人題畫詩。

《敦交集》一卷，魏壽延編。為三十年間時人與壽延酬答唱和之作，收 24 人 76 首詩作。

---

① 《全元文》第 53 册，第 214 頁。
② 《全元文》第 40 册，第 79 頁。

壽延，生卒未詳，活動於元末明初。字仲遠，別號竹深。上虞（今屬浙江）人。與張翥、宋濂、王冕等人交往，其父魏明叔築福源精舍，壽延隱居於此，宋濂《宋文憲集》卷七有《見山樓記》載其隱居事蹟。是集具體成書時間不詳，大致於元季明初。嵇曾筠《（雍正）浙江通志》卷二百五十二有著録，朱彝尊《曝書亭集》卷五十二有《書敦交集後》，知所録之本為康熙年丁丑（1697）朱氏於李君實桃軒處購得。錢載《蘀石齋詩集》卷二十六《觀敦交集册子》所見即為朱氏藏本，概知朱氏曾手録王冕、唐冕、李延興、戴良、淩彦翀、釋宗泐為仲遠所作之詩各一首補餘後。今存有羅振玉輯《元人選元詩五種》本，標為“藝風堂藏舊抄本”。傅增湘《藏園群書經眼録》卷十八著録此集為舊寫本，有鮑廷博跋，與羅本為同一種，有朱彝尊跋文，可知皆為朱氏藏本。

《偉觀集》一卷，不詳編者。輯録元代及明初 22 人題董旭所作《長江偉觀圖》詩。

此集現有羅振玉輯連平范氏雙魚室刊《元人選元詩五種》。至正十六年（1356）董旭畫《長江偉觀圖》並賦其左。此外另有陳謨、沈性、篤烈圖、馬山、王受益、趙良翰、錢元肅、柯九思等元代後期詩人的題詩，又有永樂十年（1412）金桑之詩。金桑詩前有序云：“余觀會稽張氏舊藏董旭所畫《長江偉觀》，詩與類皆傑作，金□而玉應，氣岍□出兹，豈易評品也哉？惜乎時當元季，感慨之辭居多。迨我皇明混一區宇，尚何天塹之險、南北之限，□□獲睹……以鳴國家一統之盛也歟！……永樂壬辰鞠月登高前一日金桑再賦。”[①] 可知現存此集成書於明初永樂十年以後，題畫之詩或原附於畫作，可能在金桑之後有人（抑或是金桑本人）有意地將畫中所題之詩摘録下來，彙為一集。元末題畫詩内容多滄桑感慨之語，而入明後氣象有所變化，此集對於研究元代題畫詩有重要價值。

（三）《師友集》、《四明洞天丹山圖詠集》、《澹游集》、《金玉編》

此四集為釋道等方外詩人所編輯的友朋投贈和題詠之作，是元後期文壇與釋道文人互動之體現，也是元後期動亂中南北詩壇保持密切聯繫之明證。元後期諸多詩人詩作由此四集得以保存。四集現存。

《師友集》張雨編。張雨（1283—1350），字伯雨，號貞居，又號句曲外史。道名張嗣真。錢塘（今浙江杭州）人。雨為元代著名方外詩人，曾受學於虞集，詩歌清新流麗。二十歲時出為道士，居茅山，與元末楊維楨、張小山、薛昂夫、仇遠等人唱和往來。黄溍《金華黄先生文集》卷十八續稿十五有《師友集序》文。記敘張雨世貫行跡，及《師友集》概況。據序文，張雨編撰《師友集》應在其晚年，其所録作品次第不繫於齒爵與位望，而

① 《偉觀集》卷末，羅振玉輯：《元人選元詩五種》，1908 年精刻本。

以所贈之詩或唱酬的時間順序編排，最後由方外人士校讎編輯，邀請黄溍為之序，而刻置於張雨所居靈石山之登善庵①。錢大昕《元史藝文志》、嵇曾筠《（雍正）浙江通志》卷二百五十二有著録，他書罕見記録。現存《師友集》收録在《詩淵》第三册，有當時人與張雨酬唱詩 104 首。

《四明洞天丹山圖詠集》又名《石田山房詩》，薛毅夫編。選輯包括薛毅夫本人、元末士大夫、寓居京師的文人以及唐、宋人（陸龜蒙、皮日休、陸游）39 人題詠《丹山赤水圖》之詩作。薛毅夫，生卒字里無考。至正後期隱居白屋山，從四明山祠宇觀主持毛永貞道士修習。與元末當朝士大夫曾堅、危素等人交往密切，可知毅夫大致活動於此間。四明洞天丹山圖共有兩幅，一曰《元建觀之圖》，一曰《唐遷觀之圖》，描繪浙江餘姚四明山一代圖景，總而號為《丹山赤水圖》。石田山房為祠宇觀主持毛永貞修道處，因石山不可耕，而芝草、蒼耳等山資隨採而得，故名之為"石田"。此集有曾堅、危素序文。曾堅序文有兩篇：《石田山房詩序》、《四明洞天丹山圖詠集》。二序應同作於至正二十一年（1361），所序詩集亦應一種。據序文，薛毅夫隱居後入道求學於毛永貞，至石田，樂其幽勝，首為賦詩，轉而至京師，將此賢道勝景講於京城文人，各為賦詩，共得若干首，再合唐宋人之作，結為此集，請曾堅作序②。概知，此集在至正二十一年已成書。錢大昕《元史藝文志》著録此集於史書"地理類"。現存版本有明正統道藏本《四明洞天丹山圖詠集》，民國上海商務印書館據明本影印。曾序云："世當承平之時，夫人疲精竭智，以爭夫膏腴衍沃之區，而肆其高廣壯麗之構者，天下皆是也。視夫石田，奚啻宵壤之間哉？兵興十年，自夫維揚河南蕃富甲天下者，剗消蹂踐無餘，昔之東阡西陌者，荒煙野草矣；涼臺燠室者，頹垣敗礎矣。欲求仿佛石田山房者也可得乎？"③ 知此集所收元人之作，多睹景傷世之作，寄寓風雲滄桑之感，較於前代之作有明顯區別。

《澹游集》，釋來復編。所收多為當時活躍在大都文壇的詩人。"澹游"，取"君子之交澹如水"義。釋來復（1319—1391），字見心。豐城（今屬江西）人。元末主持四明慈溪定水寺，是元末明初著名的僧人。日本左賀萬歲寺現藏有"釋來復像"（作於至正二十五年）。是集有至正二十四年（1364）劉仁本序，至正二十五年揭汯、楊璲、釋延俊、釋至仁序。按劉序可知，此集在至正二十四年已有三卷成書，"彙所得於翰林虞文靖公、歐陽公、揭文安公以下若干詩，並自酬倡者，為三卷"④ 並付梓請序。現存日本"武山版"刻本即此本。三卷本付梓後一年，此集又有增補重刊。至正二十五年此集除名公權要詩外，又增加儒、

① 《全元文》第 29 册，第 85 頁。
② 《全元文》第 57 册，第 814—817 頁。
③ 《全元文》第 57 册，第 815 頁。
④ 《全元文》第 60 册，第 322 頁。

道各家詩。據楊序，是年該本又有印繕鋟刻。現存於國家圖書館的瞿氏鐵琴銅劍樓抄本（《四庫全書》進呈本）應為該本。共收入一百五十餘人的詩作四百多首，其中包括編者釋來復百餘首，文 20 餘篇。詳見楊鐮先生《元代文學編年史》。此外據楊鐮先生考證，《元詩選》及《元詩選癸集》曾引據此集，但不够徹底。《詩淵》所收十多首詩則多不見於今本，以此判斷該集另有第三次修訂[①]。所説應是。

《金玉編》，釋克新編。收輯元代後期友朋投贈之作成三卷。釋克新，生卒未詳。字仲銘，號雪廬，又號江左外史，俗姓余。鄱陽（今屬江西）人。元末住嘉興水西寺，與大都文壇張翥等人來往密切。有《元釋集》一卷、《雪廬集》一卷。《金玉編》多受《師友集》、《澹游集》影響。楊鐮先生據集中年號考證，該集較《澹游集》成書時間稍後，大致成書於至正二十五年（1365）間或略後，而其成書後曾有再次編刻[②]。該集無序跋，未收入《四庫全書》，錢大昕《元史藝文志》亦未見著録，《元詩選癸集》部分收詩據此集輯出。

六、家藏集

（一）《麟溪集》二十二卷别篇二卷

元鄭太和（一作鄭大和，“太”慣寫為“大”）輯，鄭濤、鄭濟等增補刊刻。明成化間鄭璽等人重輯重刻。收宋以來諸家為表揚義門而作題贈詩賦及碑志序記題跋之類文章，分為詩詞十卷、文十二卷，鄭氏後人不斷有增補。

《四庫全書總目》卷一九一“總集類存目”著録此集，然編者鄭太和記為明人，成書時間卻標為至正十年。版本未注，僅述“前有潘庭堅、程益二序，又有王禕後序”[③]。今存此集有《北京圖書館古籍珍本叢刊》影印明成化十一年（1475）刻本。原本藏國家圖書館。此本所載，除潘、程、王三序外，另有至正十三年（1353）鄭濤序，洪武三十年（1397）張紞、王士魯序，成化十一年鄭璽序。據今人研究，《四庫全書總目》所記《麟溪集》著者年代及成書時間均誤，該集版本情況亦較為複雜。鄭太和，《集》中多作“大和”，又名文融，字順卿。婺州浦江人。為鄭氏義門（元武宗至大間浦江鄭氏被旌表為“義門”，見《元史》卷一九七）六世孫。鄉里尊稱為“貞和先生”。按至正十年（1350）王禕序，“實生五

---

① 楊鐮：《元代文學編年史》，第 557—558 頁。

② 楊鐮：《元代文學的終結——最後的大都文壇》、《元詩文獻新證》，《元代文學及文獻研究》，北京：中華書局，2015 年，第 59、82 頁。

③ 《四庫全書總目》卷一九一，第 1738 頁。

百有二十二甲子"[1] 可知鄭太和生於南宋景定五年（1264），又據鄭濤序，太和卒於至正十三年。《麟溪集》在至正間成書，至正十三年鄭濤、鄭濟增別篇二卷並付梓刊刻。是集成書時便"卷虛其作"，有待後人隨時增補，明初洪武間又有補入。明天順年間鄭氏義門遭火患，是集原版亦蕩然殆盡。成化十一年，十一世孫鄭璽、鄭琥、鄭珊等人採得名公文辭，重刊諸梓。現存國圖本中又多見成化後期集弘治年間著述，該本應是明代後期刻本[2]。明楊士奇《東里續集》卷十八著録此集為二册，為楊氏從翰林檢討叔美處所惠見，應非全本。清人潘祖蔭《滂喜齋藏書記》卷三著録元刻《麟溪集》十二卷六册，為毛氏汲古閣及張氏愛日精廬等處所藏，應為元代流傳的另一種殘本。

《麟溪集》作為家藏集以及其隨得隨刊的編撰特點，對於文獻輯佚及家族文學研究具有重要價值。其"相繼而書"的開放性的編撰形式是元代後期詩文總集編撰的普遍形式，對於研究元代後期詩文總集編撰與詩學觀念的互動關係提供了有力的實證材料。

（二）《述善集》三卷

元楊崇喜編輯。將有關元代唐兀家族來歷的詩文彙為《善俗》《育材》《行實》三卷，以保存家族文獻。楊崇喜，又名唐兀崇喜，字象賢。唐兀氏家族來自西夏賀蘭山，在元代為色目人，後遷居濮陽（今屬河南）。元至正十六年（1356），崇喜為其始祖唐兀閭馬立功德碑《大元贈敦武校尉軍民萬户府百夫長唐兀公碑》，褒美唐兀氏族之世德行事及世系宗枝，並開始編録《述善集》。據碑文及集中所輯詩文，《述善集》結集並成書的時間在元至正中後期。元末張以寧《翠屏集》卷三有《述善集序》。按序文，"《述善集》者，紀唐元（兀）象賢氏世德行事之實，而象賢彙録之册示不忘也。記序、碑、銘、字説、詩文、雜著凡為篇廿九，其十有二皆故禮部尚書魏郡潘公作"[3]，可知該集原本收詩文 29 篇，是集編成後楊氏後人每有增補，不斷續修家譜，並邀請地方名人作序、題詩，與原書併為一集。現存《述善集》三卷共收録詩文八十餘篇，為 1986 年河南濮陽縣柳屯鄉楊十八郎村村民楊存藻家藏舊抄本。此本共兩部，分甲乙本，乙本為副本，卷首有明代序文兩篇，卷末附《歷代鄉約》《楊氏家譜》。《元代西夏文獻述善集校注》《述善集研究論集》及楊鐮先生《元詩總集研究示例》有詳細介紹[4]。此處不再贅述。《述善集》為定居中原的色目家族所作的詩

---

① 《全元文》第 55 册，第 294 頁。

② 該集輯者及版本情況詳見桂寶麗《〈麟溪集〉輯者考辨》，《中國典籍與文化》2001 年第 3 期；劉桂芳《〈四庫提要・麟溪集〉辨正》，《圖書情報工作》2003 年第 1 期。

③ 《全元文》第 47 册，第 458 頁。

④ 前二著為甘肅人民出版社 2001 年出版，後一文收録於楊鐮《元代文學及文獻研究》，北京：中華書局，2015 年，第 91—93 頁。

文總集，據此不僅可以考察元代楊氏家族的興衰歷史，而且對於研究元代色目家族文學也具有重要意義。

（三）《鄭氏連璧集》

此二集為子嗣輯録尊君詩文集，《鄭氏連璧集》有殘篇流傳，《自得齋類編》，軼。

鄭思先編。輯其父鄭采、伯父鄭東詩文，合為一集。鄭東（1269—1354），字季明，號杲齋，平陽（今浙江温州）人。客授昆山，晚寓常熟。鄭采（1309—1356），字季亮，號曲全，鄭東弟。二人工詩，亦有文名，活動於元至正間。鄭采有宋濂為之撰寫的墓志銘。二人簡傳見顧嗣立《元詩選》三集卷十一、嵇曾筠《（雍正）浙江通志》卷一百八十二。是集編者為鄭采之次子鄭思先，洪武八年（1375），曾任磨勘司令，此前曾任職於國子監，與國子司業宋濂交。宋濂《宋學士文集》卷二十二有《鄭氏連璧集序》，詳細介紹了鄭氏家世、文學成就及該集成書始末。據序文，鄭東天分絶人，幼時既已窮經，然應舉不合主司意，遂致力於古文辭，文思如湧，日試萬言。而鄭采，性情狷介，不屑屈人之下，喪父後，從鄭東讀書。宋濂對鄭氏二兄弟文學成就評價頗高，謂鄭東之文“氣韻沉雄，如老將帥師，旌旗火皷，繽紛交錯，咸歸節度”，鄭采之文“規制峻整，如齊魯大儒，衣冠偉然，出言不凡，曲盡情意”。二人皆有“臺閣弘麗之觀，而無山林枯槁之氣”①。元季兵亂，鄭思先恐其父輩詩文遺稿零落不傳，積二十年至功，録得鄭東文百篇、古今詩四百八十首，鄭采文三十篇、詩百篇合為《鄭氏連璧集》十四卷。將鍥文梓，請宋濂為序。錢大昕《元史藝文志》著録此集。然此集國内已無傳本，顧嗣立《元詩選》三集存二人詩 39 首，多敘寫元末戰亂，頗具滄桑感。

（四）《自得齋類編》

高遜志編。輯元代宗工鉅儒投贈其父高德進之詩文。高遜志，生卒年不詳，約 1383 年前後在世。《浙江通志》等作高巽志，《明史》作遜志。字士敏，蕭縣（今屬安徽）人，僑寓嘉興。華年篤志，以善屬文稱，師受於貢師泰、周伯琦等，與高啓等並稱“北郭十友”，元末薦為鄮山書院山長。入明，曾徵修元史，入翰林。有《嗇齋集》二卷。《明史》卷一四三有傳。其父德進，名某，以清才粹質，積學素行。曾薦為掾歷中外御史府行部朔南，又官淮東廉訪司照磨，調浙東宣慰司都事，有《紀夢集》十卷。與元代文壇鉅儒虞集、歐陽

---

① （明）宋濂：《鄭氏連璧集序》，《宋濂全集》第 3 册，杭州：浙江古籍出版社，2014 年，第 973 頁。

玄、曹鑑、余闕、貢師泰、周伯琦、張翥、危素等人交往，得諸公贈詩。其子遜志慮其散軼，彙而次之，將鋟諸梓。徐一夔《始豐稿》卷二有《自得齋類編序》。序文有云："今江浙行省左丞周公伯琦，翰林學士承旨張公翥，危公素，直學士張公以寧，咸親承焉。"① 按周伯琦為江浙行省左丞在至正十七年（1357），任至至正二十七年（1367），危素為翰林學士承旨在至正二十四年（1364）、至正二十八年（1368）。以此可判斷徐序所作時間大致在至正二十四年至至正二十七年（1364—1367）四年間。而此集成書應亦在此間。錢大昕《元史藝文志》有著録，其他書目罕見。今不見傳本，可知是集早軼。

七、地域詩集

（一）《華川文派録》六卷

黃應和編。華川即今浙江義烏。黃應和，字鐵巖，義烏人。北宋著名文人黃中輔（字槐卿，號細高居士）之族孫，其活動之時應在元初。是集今不存。錢大昕《補元史藝文志》有著録。宋濂《宋學士文集》卷七有《華川文派序》。可知是集編選宋代宗公澤、黃中輔、陳炳等有助於名教之詩文。宋南渡後，這些鄉賢文集幾近散失，黃鐵巖於各家之編中選輯精粹者十餘篇，編為一書，釐為六卷，名曰《華川文派録》。據序文云："後五十年豫章張侯來為縣讀，而善之。復謂群公之文幸僅見於斯。然未有謄其副者，苟或亡之非，唯重有識者之，嘆且將何以風厲於吾民，亟請邑士傳君藻精加校讎，捐俸而刻置縣庠，來徵濂為之序。"② 又由序文可知，在元代另有吴師道集婺州七邑名人詩文為《敬鄉前後録》二十三卷，較之黃應和《華川文派録》，篇幅更為宏大，惜毀於戰火而不存。可見，宋濂作序之時，可能已入明。《華川文派録》成書約在元初，至元末明初，是集仍未刊行，僅有原本留存。縣讀張侯懼其佚失，請傳君藻校正後付梓刊刻，保存在當地縣庠。

（二）《宛陵群英集》十二卷

汪澤民、張師愚編。編輯宋代至元代宛陵（今安徽宣城）詩人詩 1393 首。是宛陵一地重要的鄉邦文獻。

---

① （明）徐一夔：《始豐稿》卷二，《四庫全書》第 1229 册，第 165 頁。

② （明）宋濂：《宋濂全集》第 2 册，杭州：浙江古籍出版社，2014 年，第 626 頁。

汪澤民（1273—1355），字叔志，婺源人。延祐五年（1318）進士。至正三年（1343），為國子司業，參修遼金元三史。以禮部尚書致仕，居宣城，自號“堪老真逸”。至正十五年（1355），兵亂中殉國，謚文節。《元史》卷一八五有傳。張師愚，字仲愚（一字仲淵），宣城人。與澤民游，交往密切，甚為友善。延祐、天曆兩次領鄉薦，較有時名，與其弟師魯並稱“二張”。

是集有至正元年（1341）汪澤民、張師愚兩篇序文。據序文，是編於此年已基本成書，有待鋟板而傳之。《四庫》館臣以為“蓋澤民晚居宣城時所輯”① 不確。按二人所敘，是集是應宣城施璿所邀，收録詩歌分古、今二體，輯為二十八卷。後由施璿為鋟版以行②。

據《四庫全書總目》，該集刊刻後久佚，方志不著其目。現存本為《四庫》本及清抄本數種。陸心源《皕宋樓藏書志》卷一一六著録為文淵閣傳抄本。《四庫》本自《永樂大典》中輯出，得 129 位詩人 746 首詩，編為十二卷。“凡其人之爵里事蹟有可考者，俱補注於姓名之下，不可考者闕之。其《永樂大典》原本失載人名、無可參補者，則仍分類附録於後，以待審訂焉。”③ 由於無他本對校，《四庫》本訛誤處甚多，王太嶽《四庫全書考證》卷九十一又有訂補。

宣城之地，文風久盛。此集作為一鄉詩歌之彙集，文獻價值自不菲，而編選者的選詩標準亦體現出地域性詩學觀念。

（三）《武陽耆舊詩宗》一卷

又名《武陽耆舊宗唐詩集》。陳士元編。輯録元代武陽地區受嚴羽影響的數家宗唐詩人之詩作。今軼。

陳士元，生卒年未詳。邵武（今屬福建）人，與黃鎮成同時，以文為友。隱居不仕，有《武陽志略》《武陽耆舊詩宗》，學者號“暘谷先生”。小傳見李清馥《閩中理學淵源考》卷三十九。按：黃鎮成，生於元世祖至元二十五年（1287），卒於至正二十二年（1362），字元鎮，號存存子、紫雲山人、秋聲子、學齋先生等。同為邵武人，元末有詩名，與黃清老（邵武人）並稱為“詩人二黃”。《閩中理學淵源考》“陳士元小傳”載有黃鎮成撰《武陽耆舊宗唐詩集序》。據序文可知，是集為武陽武陽耆舊所作的具有宗唐傾嚮的詩歌。其中又專宗盛唐，“一本温柔敦厚、雄渾悲壯，而忠臣孝子之情，傷今懷古之意，隱然見於言外，可以諷誦而得之矣”，而這些耆舊詩人，是受同鄉嚴羽影響，詩風大盛。陳士元“網羅放

① 《四庫全書總目》卷一八八，第 1709 頁。
② （元）張師愚：《宛陵群英集序》，《宛陵群英集》卷首，文淵閣《四庫全書》第 1366 册，第 957 頁。
③ 《四庫全書總目》卷一八八，第 1709 頁。

失，得數十家，大懼湮没，俾鎮成芟取十一，刊刻傳遠，一以見一代詩宗之盛，一以見吾邦文物之懿”[①]。此外，據黄景進《嚴羽及其詩論之研究》，現存於臺灣的《滄浪嚴先生吟卷》卷題“樵川陳士元暘谷編次，進士黄清老子肅校正”[②]，可知陳士元還與黄清老共同增校有《滄浪嚴先生吟卷》。由此可判斷，陳士元編纂《武陽耆舊詩宗》與編次增校《滄浪嚴先生吟卷》應該是一個系統的工作，以保存嚴羽及受嚴羽詩風影響的詩人群體的創作為目的。

（四）《繡川二妙集》

黄溍編。繡川即今浙江義烏。是集收義烏先輩傅野、陳堯道二人詩。黄溍（1277—1357），字晉卿（一字文潛），婺州義烏（今屬浙江）人。為元代金華學派重要人物。與柳貫、虞集、揭傒斯合稱元代“儒林四傑”。宋濂、王禕等人出其門。黄溍受學於元初著名理學家劉應龜（字元益，號山南，義烏人。元初為月泉書院山長），而傅野、陳堯道得劉氏傳，為其流亞。傅、陳二人生卒年不詳。野，字景文；堯道，字景傳。王崇炳《金華徵獻略》卷十一有劉、傅、陳三人簡傳。黄溍《金華黄先生文集》卷十八有《繡川二妙集序》，序稱二人詩得劉應龜之氣，傅野詩“精切整暇，如清江漫流，一碧千里，而魚龍光怪，隱見不常，莫可得而測也”；陳堯道詩“涵肆彬蔚，如奇葩珍木，洪纖高下，雜植於名園，終日玩之而不厭也”[③]。二人既歿，遺稿藏於家，黄溍訪求，得二人所作詩歌各若干篇，合若干卷，題為《繡川二妙集》，作序以記其梗概。嵇曾筠《（雍正）浙江通志》卷一百八十一、陶元藻《全浙詩話》卷二十五、錢大昕《補元史藝文志》著録此集。現無全本留存，部分詩作散見於《元詩選癸集》《御選元詩》。

（五）《桐江詩派》

《桐江詩派》，又名《桐川詩派》，李康編。桐江為富春江上游，在浙西桐廬縣境内。李康，字寧之，桐廬人。元末以孝行見稱於世，詩文書畫冠絶一時。受學於永康胡汲仲。至正二年（1342）郡守馬九皋欲徵聘之，不起。此後亦累徵而復辭。著述有《杜詩補遺》《桐江詩派》《梅月齋永言》《看山清暇集》諸種。黄宗羲《宋元學案》卷六十五、邵遠平《元史類編》卷三十六、柯劭忞《新元史》卷二三八有傳。此集著録於錢大昕《補元史藝文

---

① （清）李清馥：《閩中理學淵源考》卷三十九，文淵閣《四庫全書》，第460册，第483頁。
② 黄景進：《嚴羽及其詩論之研究》，臺北：文史哲出版社，1986年，第35頁
③ （元）黄溍：《文獻集》卷六，文淵閣《四庫全書》第1209册，第402頁。

志》，或即從《宋元學案》輯出，今無傳本，亦無序文。由集名可推之為編選桐廬一帶文人詩作。

（六）《餘姚海堤集》一卷

葉晉編。其父葉翼天曆間為餘姚判官，修繕海堤，時人以詩文紀其事，是為此集。（按：有記曰“海隄”，概因異文。）

葉翼，生卒未詳，字敬常，寧波人。文宗天曆間為餘姚判官，築堤捍海，頗有政績。元末，詔封仁功侯，立廟祀之[①]。與陳旅、王沂同在京為官，交往甚密。據戴良序文，有二人撰文記其修堤之事。葉晉，生卒未詳，字孔昭，至正中，授宣政院照磨，補官江南行御史臺掾。

戴良《九靈山房集》卷二十九有《餘姚海隄集序》。序文詳載葉翼修堤之事及該集成書始末。序曰：“（葉翼）既致辭走京師，請國子監丞陳公衆仲、翰林學士王公師魯，為文記其事，而復退率州士之工乎詩者，以及寓公過客，作為樂府、歌行、五七言近體若干首，以詠歌先生之功於無極。先生之子南臺掾晉，裒集為若干卷，將鋟梓以傳，而屬余序之。”[②]可知是集為詩文合集。按此序存戴良《越游稿》中，是稿為良隱居四明時的作品，時間大致在至正末年至明初。葉晉所輯應在此間。又據丁丙《善本書室藏書志》及《四庫全書總目》，是集未及刊刻而毀於戰火。明宣德中，葉晉從弟翼遍求鄉邦耆老以及從其他文集中採録得之，編為此集。

丁《志》卷三九著録此集為四卷，為汪魚亭所藏舊鈔本。阮元《文選樓藏書記》卷三亦録為四卷本，為宣德刊本。現存《四庫》本為一卷，底本為範懋柱天一閣藏本。此外日本早稻田大學藏有一部清鈔本。

此集為餘姚之鄉邦文獻，對於考察此地文人詩學觀念有重要價值。

（七）《石門嘉會集》

李朝賓編。是集不見於目録著作，佚失較早。清人鄭爾垣《義門鄭氏奕葉文集》卷一收元鄭濤《藥房集》有《石門嘉會集序》。

李朝賓，生卒不詳。據鄭濤序文，朝賓為東陽石門（今屬浙江）人。是鄭濤之懿親，即戚親，其祖父曾為宋吏部尚書寶謨閣直學士，其父尊庵先生與黃溍游。按：鄭濤生於延

---

① （清）丁丙：《善本書室藏書志》卷三十九，北京：中華書局，1990年，第895頁。

② 《全元文》第53册，第294頁。

祐二年（1315），字仲叔，婺州浦江（今屬浙江）人。活動於元末明初，朝賓亦應活動於此間。

鄭序云："洪武九年冬，余嘗造石門，朝賓出示《石門嘉會集》者，自王君思遠以下凡若干人，宫商之音相宣，綺繡之句交錯，讀之再四，不能去手。"[①] 可知此集成書應在洪武九年（1376）之前。朝賓此集有意仿效韓愈《荆潭唱和詩》，録石門一地之鄉邦文獻，惜此集不傳。

（八）《東甌遺芳集》

無撰者名氏。今不存。嵇曾筠《（雍正）浙江通志》卷二百五十四及錢大昕《元史藝文志》著録。謂止録趙氏數人而不及他姓。孫詒讓《温州經籍志》卷三十二據錢《志》著録，注稱元《遺芳集》本無"東甌"二字，錢《志》增題此名。因專録趙氏之詩，推測此集可能是卓忠貞所敘趙廷暉《遺芳集》。按《四庫全書總目提要》卷一九二"總集類存目"有明趙諫編《東甌詩集》《補遺》及《續集》，所用底本為成化中蔡璞所編，抑可推測蔡本所據即為《遺芳集》，趙諫之所以對蔡本有所增損，是因為"其去取為未善"[②]，而這也或許是《遺芳集》於元代編成後不傳之原因。

（作者單位：中國社會科學院研究生院）

① 《全元文》第57册，第841頁。

② 《四庫全書總目》卷一九二，第1743頁。

李孚青事蹟編年

陳　穎

李孚青是康熙年間相國李天馥[①]之子，家世貴顯，聰慧早達，十六歲中進士，散館授編修，著有《野香亭集》十三卷、《道旁散人集》五卷、《盤隱山樵詩集》八卷，另有散佚的詞賦作品，文學成就顯著。鑒於《中國歷代年譜總録》未收録李孚青年譜，相關研究幾屬空白，故筆者根據李孚青留存作品，同時參諸其同時代的各種別集、史料及當代研究成果，對其生平、著述及交遊等事蹟進行編年，以期促進李孚青生平及其詩歌研究。

清康熙三年[②]（1664）甲辰　一歲

四月出生，字丹壑。江南合肥人，祖籍永城。李氏家族有史可稽者可上溯至明代。明洪武初，其八世祖李英，黄岡人，以開國軍功授世襲廬州衛指揮僉事，因移居合肥。家世貴顯，聰慧早達。雖累世居高位，然皆好讀書。

時父李天馥傳見《清史列傳·大臣畫一傳檔正編六》、《清史稿·列傳五十四李天馥傳》、《清史列傳》卷九《李天馥傳》。二十八歲，授檢討。母張氏，年齡不詳。《李氏續修宗譜》："（天馥）繼張氏，誥封一品夫人。生子二，孚青、孚蒼。"

---

① 李天馥（1635—1699），字湘北，號容齋，科舉寄籍歸德府永城縣（今河南永城），生於廬州府合肥縣（今安徽合肥）。幼有"神童"之稱，順治十五年（1658）進士及第，歷任工部、吏部尚書，武英殿大學士，人稱"李相國"。著有《容齋千首詩》、《容齋詩餘》等，誥授光禄大夫。《文定公誥命四軸》："爾武英殿大學士兼吏部尚書加四級李天馥……特授爾階光禄大夫，錫之誥命。"詳參李寧主編：《李英世系文史編纂》，合肥：安徽省肥西印刷廠，1993年印刷。

② 據其詩集序及《國朝進士題名碑録》，推其生年為本年。陶容、于士雄《歷代名人生卒年表補》亦載其生於康熙三年。

康熙七年（1668）戊申　五歲

祖父卒。父李天馥丁父憂回籍。李孚青隨父回合肥。《清史列傳》卷九《李天馥傳》。

康熙十年（1671）辛亥　八歲

父李天馥服闋，補原官。隨父回京。《清史列傳》卷九《李天馥傳》。

康熙十一年（1672）壬子　九歲

父李天馥充順天鄉試副主考。《清史列傳》卷九《李天馥傳》。

康熙十三年（1674）甲寅　十一歲

結識洪昇[①]。洪昇投詩呈李天馥，稱其才，留館於家中。

冬，遊左氏園林，有詩紀事。《盤隱山樵詩集》卷六《遊左氏園林》自注："以下三首（《即目》《寒景》《雪》）追録甲寅年十一歲作。"

康熙十四年（1675 ）乙卯　十二歲

父李天馥遷侍講學士。

王士禛[②]等至其家中飲酒，問及《左傳》、《國語》、《史記・秦本紀》中問題，對答如流。衆人驚嘆，以為"聖童"[③]。

康熙十七年（1678）戊午　十五歲

舉順天鄉試。嘉慶《續修廬州府志・文苑傳》："文定公長子，年十五舉康熙戊午順天鄉試。"《野香亭集》王士禛序："後四年，丹壑舉京兆。"

秋，結識毛奇齡[④]。九月，毛奇齡應召博學鴻儒，至京師，李天馥舉薦之，並邀毛奇齡主其家。見李天馥《西河合集》卷首題詞。又《西河合集・七言排律卷》有《戊午九月予謬以入薦赴都奉謁李學士蒙賜晉接兼屢有請召陪侍讌集謹賦長律一十六韻志謝》可證。

康熙十八年（1679）己未　十六歲

二月，應會試、殿試，中進士，列二甲第三十一名，改翰林院庶吉士[⑤]。毛奇齡《西河

① 洪昇（1645—1704），字昉思，號稗畦，又号稗村、南屏樵者，浙江錢塘（今浙江杭州）人。著名戲曲家。康熙七年（1668）國子監生。康熙二十八年（1689），因在"國恤"期間演所著《長生殿》遭斥革。晚年醉酒登船，落水死。著有《長生殿》、《四嬋娟》、《稗畦集》、《稗畦續集》等。

② 王士禛（1634—1711），字貽上，一字子真，號阮亭，别號漁洋山人，山東新城（今山東桓臺）人。順治十五年（1658）進士，歷任揚州推官、翰林院侍讀、刑部尚書。王士禛乃清初詩壇盟主，論詩創"神韻説"，著述豐贍，有《帶經堂集》、《漁洋精華録》、《漁洋詩話》、《池北偶談》等著作三十多種。

③ 王士禛：《野香亭集》序，載《清代詩文集彙編》第212册，上海：上海古籍出版社，2010年。

④ 毛奇齡（1623—1716），原名甡，又名初晴，字大可，又字于一、齊于，號秋晴，又號初晴、晚晴等，蕭山城廂鎮（今屬浙江杭州）人。人稱西河先生。康熙十八年（1679）薦舉博學鴻儒，授檢討，充《明史》館纂修官，著有《西河合集》。

⑤ 朱保炯、謝沛霖編：《明清進士題名碑録索引》，上海：上海古籍出版社，1980年。

合集》序目卷二十一《李丹壑進士館選庶吉士賀屏序》。

春，結識趙執信[1]。趙執信與李孚青在本年科考中為同榜進士，均選為庶吉士，故他們結識當在康熙十八年（1679）春[2]。

康熙十九年（1680）庚申　十七歲

父李天馥任内閣學士，與王士禛、彭孫遹、陳廷敬、施閏章、汪琬等互相酬唱[3]，一時傳為盛事。王士禛《漁洋山人自撰年譜》。

康熙二十年（1681）辛酉　十八歲

是年授編修，後被授為儒林郎。據李森文《趙執信年譜》，知趙執信此年散館，授編修。李孚青與趙執信同年中進士，同時入館，當應同年授編修。《編修丹壑公敕命一軸》："爾翰林院編修加一級李孚青……授爾為儒林郎。"（《李英世系文史編纂》）

康熙二十一年（1682）壬戌　十九歲

春，元配宋氏卒，後被贈為安人。《道旁散人集》卷一《悼亡詩》自注："宋安人以壬戌春没。《編修丹壑公敕命一軸》："爾翰林院編修加一級李孚青妻宋氏……贈爾為安人。"（《李英世系文史編纂》）

康熙二十三年（1684）甲子　二十一歲

李孚青歸里，續娶王泳思[4]之女王子霞，王氏後被封為安人。王尚辰[5]《道旁散人集》跋："太史年十六入詞館，甲子歸里續娶"，"太史為余家泳思觀察壻，二子皆王出"。王子霞乃進士王舟之女。王舟，即王泳思，曾在四川為官。王子霞幼年隨父客居四川踰十年，愛繪畫，生子昉楙、昉琳。《道旁散人集》卷一《悼亡詩·哭王安人作》自注："安人幼隨外舅泳思先生官蜀，踰十年始歸。"《編修丹壑公敕命一軸》："爾翰林院編修加一級李孚青

---

① 趙執信（1662—1744），字伸符，號秋谷，晚號飴山老人，山東益都（今屬山東淄博）人。康熙十八年（1679）進士，入翰林院。性輕狂狷急，康熙二十八年（1689），因"《長生殿》案"被革職。著有《閑齋集》、《秋谷先生遺文》、《飴山詩集》。

② 李森文：《趙執信年譜》，濟南：齊魯書社，1988年。

③ 彭孫遹（1631—1700），字駿孫，號羨門，浙江海鹽（今浙江海鹽）人。順治十六年（1659）進士，康熙十八年（1679）舉博學鴻詞科第一，授編修，官至吏部侍郎兼翰林院學士。工詩詞，與王士禛齊名，時號"彭王"。著有《松桂堂全集》。彭孫遹事蹟並見余祖坤：《彭孫遹行年考略》，《中國韻文學刊》2008年第2期。陳廷敬（1639—1712），字子端，號説巖，晚號午亭，澤州府陽城（今山西陽城）人。順治十五年（1658）進士，《康熙字典》總裁。施閏章（1619—1683），字尚白，一字屺雲，號愚山、媲蘿居士、蠖齋，晚號矩齋，後人也稱施侍讀，另有稱施佛子，江南宣城（今屬安徽宣城）人，順治六年（1649）進士，授刑部主事。汪琬（1624—1691），字苕文，小字液仙，號鈍庵，初號玉遮山樵，晚號堯峰，長洲（今江蘇蘇州）人。順治十二年（1655）進士，預修《明史》。

④ 王舟，合肥人，字泳思，順治十八年（1661）進士，曾任四川太平知縣，著有《巴吟泌園集》。詳參《明清進士題名碑録索引》。

⑤ 王尚辰（1827—1902），字北垣，號謙齋，安徽合肥人。道光諸生，官翰林院典籍。著有《謙齋詩集》。詳參瀟瀟《譚獻在合肥的交遊創作與思想演變》，《合肥學院學報》（社會科學版）2014年第2期。

繼妻王氏……封爾為安人。”（《李英世系文史編纂》）

弟孚蒼出生。據《道旁散人集》卷二《哭弟紫巖》、王尚辰《道旁散人集》跋：“庚寅，舍人歿，年二十七”，逆推可知其出生於本年。

康熙二十四年（1685）乙丑　二十二歲

以編修出任會試同考官。王尚辰《道旁散人集》跋：“乙丑分校禮闈，拔士仇滄柱等，得人稱最。”

康熙二十五年（1686）丙寅　二十三歲

長子昉楙生。《野香亭集》卷十三有《得家書寄二子楙琳》：“阿楙十三勤六經。”此詩寫於康熙三十七年（1698），逆推可知昉楙生於本年。

春節期間，戚玾[1]至合肥拜訪，賦詩紀事。《野香亭集》卷一《次韻笑門登稻香樓》。戚玾《笑門詩集》有《丙寅除歲》。

正月十四日，喜表兄方楚邑《道旁散人集》卷四《小盤谷三十友歌》：“梁縣方楚邑。”自秦中歸，賦詩紀事。《野香亭集》卷一《上元前一日喜方楚邑歸自秦中》。同卷有《贈方楚邑》。

早春，以詩見懷洪昇。《野香亭集》卷一《表兄過山齋對飲兼懷昉思》：“鶯花及早春，江梅思吾友。”洪昇《稗畦集》有《寄李丹壑太守》：“路判雲泥空悵望，交深車笠最相思。”

春，遊金陵。登臨王太守江樓，並和阮巖公《道旁散人集》卷四《小盤谷三十友歌》：“金陵阮巖公。”韻賦詩。登秣陵南樓有詩示蔡歷。蔡歷，字龍文，江寧人，蔡祖庚（抑庵）子。《江蘇詩徵》卷一百三十八收其詩。《野香亭集》卷一有《薄遊秣陵客王太守江樓和巖公韻》、《秣陵南樓即事示蔡龍文》，卷中有《金陵雜書》、《秦淮夜雨》等詩，可知李孚青本年曾遊歷金陵。

初夏，自秣陵歸，有詩紀事。《野香亭集》卷一《浦口留別》：“禾黍浄新雨，群動生夏音。”《歸途經田家作》：“歸途經江皋，麥秀半人長。”

秋夜，至洪以時《道旁散人集》卷四《小盤谷三十友歌》：“黃山洪以時。”西齋飲酒，有詩記之。洪以時遊楚，寫詩送之。《野香亭集》卷一《秋夜飲洪以時西齋》、《送洪以時楚遊》。

秋，王廷徵《道旁散人集》卷四《小盤谷三十友歌》：“吴門王廷徵。”至吴門訪友，寫詩送之。《野香亭集》卷一《送王廷徵訪友吴門兼訊江陰陸明府》。

---

[1] 戚玾（1635—1688），字後升，號綬耳，又號莞爾，泗州（今江蘇盱眙）人。著有《笑門詩集》、《泗州志》。詳參王澤強：《新發現的戚氏宗譜與戚玾生平事蹟補正》，《江南大學學報》2009年第5期。以下戚玾事蹟並出於此。

冬，臥病在床，有詩記之。《野香亭集》卷一《臥病》："瘦床愁不寐"。有詩送查信斯。《野香亭集》卷一《送查信斯》："山川銷黑鬢，風雪渡黄河。"

康熙二十六年（1687）丁卯　二十四歲

元夕夜，程漢赤招其飲酒，主賓宴飲，談笑甚歡，寫詩記之。《野香亭集》卷二《元夕程漢赤招飲》。

春，有詩記其草亭野香亭。《野香亭集》卷二《野香亭》："草亭臨水菜花繁，雞犬悠然又一村。

有次戚綬耳韻之作，同卷有詩懷之。《野香亭集》卷二《次韻笑門久雨》、《樓居懷笑門》。

送表弟歸永城，有詩記之。《野香亭集》卷二《送表弟歸永城》。

晚秋，徐公佑過張季文南畝宴集，並賦詩。李孚青有和其詩之作。《野香亭集》卷二《晚秋和徐公佑過張季文南畝宴集之作》。

深秋，經全椒至鎮江，有詩贈別妻子，留別親友。《野香亭集》卷二《答内人贈别》、《之南徐留别諸親故二首》、《全椒旅館》。

遊揚州，並賦詩多首。《野香亭集》卷二有《次韻楚邑揚州覽古》、《揚州雜詠》、《廣陵聽雨與楚邑》、《望金山作》、《瓜洲夜泊》等詩，可知李孚青本年曾至揚州。《野香亭集》丙寅、丁卯卷末有彭孫遹跋："丹壑先生天才最高，下筆妙天下。編年詩二卷，蘊藉深秀於語言文字外，超然獨絶。讀之百遍不厭，一唱三嘆，猶有餘音也。"

康熙二十七年（1688）戊辰　二十五歲

李天馥遷工部尚書。《清史列傳》卷九《李天馥傳》。

正月初一，與戚玾移樽廣華寺，分韻賦詩。戚玾《笑門詩集》有《戊辰元日同丹壑太守移樽廣華寺分韻》。

春，與趙執信因公事至郊外，宿田家。趙執信寫詩記之，李孚青有次韻之作。趙執信《閑齋集》有《與同年李丹壑編修以事出朝陽門晚宿田家》："繁華已盡木葉肥，城中城外塵交飛。"李孚青《野香亭集》卷三有《次韻伸符郊外書事》："兔葵燕麥新來肥，風和已見蝴蝶飛。"趙執信《閑齋集》有《雨夜有懷丹壑》，《野香亭集》卷三有《次韻伸符雨中見懷》、《次韻趙秋谷同年》、《客思柬秋谷》。

病，作詩懷從弟碧。《野香亭集》卷三《病中懷從弟碧》。

夏履端落第南歸，有詩送之。《野香亭集》卷三《送夏履端落第南歸四首》。夏履端，合肥人，舉孝廉。

雨天懷洪昇，有詩記之。《野香亭集》卷三《對雨懷昉思》。

夏，徐公佑任翼城宰，寫詩送之。《野香亭集》卷三《送徐公佑宰翼城》。

九月九日，登妙光閣賦詩。《野香亭集》卷三《九日妙光閣限登高二韻》。

早冬，有詩寄戚玾。《野香亭集》卷三《早冬寄懷戚緩耳閩中四首》。

冬，送妻子南下。《野香亭集》卷三《送內子南下》："風雪淮南去，征途未慣經。"

冬，友人戚玾病逝於浙江衢州仙霞嶺。

康熙二十八年（1689）己巳　二十六歲

有詩贈馮廷魁[1]。《野香亭集》卷四《贈馮大木舍人》。

有詩懷同年劉果實[2]。《野香亭集》卷四《寄懷劉師退同年》。

有詩記與趙執信過往之密。《野香亭集》卷四《題趙秋谷閑齋》："相過必終日，相尋即值閑。"

夏，在京讀妻家書後，憶幼兒武，賦詩抒舐犢之思。《野香亭集》卷四《憶武兒》："遙念阿武小，魂夢欲見之……微祿苦淹滯，不得常相隨。"

秋，離京經河北、河南回合肥，途中有詩寄趙執信等友人。《野香亭集》卷四有《槐水驛寄懷越江芝田蓼懷伸符諸同年》："古邑荒基秋草肥，故關北望雨霏微。"同卷有《固城逆旅》、《陘陽》、《鉅鹿道中雨》、《趙州弔平原君》、《蘇門山》、《陳留逆旅》、《定遠書懷》等詩，可知李孚青本年經河北、河南還鄉。

返鄉，和表兄方楚邑詩。《野香亭集》卷四《和方楚邑表兄喜余過草堂》。

八月，"《長生殿》案"發，洪昇被捕入獄，趙執信被彈劾革職。冬，李孚青有《冬夜懷秋谷》詩。八月，趙執信與洪昇等人在洪昇寓所飲酒觀演《長生殿》，恰值佟皇后病逝的"國恤"期間，趙執信被黄六鴻彈劾，革職回鄉。李孚青因在故鄉，未能相送。冬，寫詩表達對趙執信的關切之情。《野香亭集》卷四有《冬夜懷秋谷》。

冬，對雪，用蘇軾聚星堂韻禁物體賦詩，示樂瑾友。《道旁散人集》卷四《小盤谷三十友歌》："江西樂瑾友。"《野香亭集》卷四有《對雪用坡公聚星堂韻禁物體諸字示樂瑾友》。

康熙二十九年（1690）庚午　二十七歲

正月，以詩見招洪昇[3]。《野香亭集》卷五《招洪稗村》。

正月初七日，作《人日懷秋谷》。同年，作《江樓殘夜吟詩不成有懷趙秋谷》。《野香亭

---

① 馮廷櫆（1649—1700），字大木，濟南府德州（今山東德州）人。康熙二十一年（1682）進士，授內閣中書。性孤峭，與趙執信相契。著有《晴川集》、《馮舍人遺詩》六卷。

② 劉果實，字師退，號提因，直隸滄州（今屬河北）人。康熙十八年（1679）進士，散館授編修。詳參喬曉軍：《清代翰林傳略》，西安：陝西旅遊出版社，2002年。

③ 章培恒：《洪昇年譜》，上海：上海古籍出版社，1979年。

集》卷五《人日懷秋谷》、《江樓殘夜吟詩不成有懷趙秋谷》。

表兄方楚邑卒，年約二十八九歲。《野香亭集》卷五《哭方楚邑表兄四首》："二十餘年外弟兄"，是年李孚青二十七歲，則方楚邑約二十八九歲。同卷有《重悼楚邑》、《追奠楚邑》。

春，與諸同人登蜀山，和同人登眺之作。《野香亭集》卷五《和諸同人蜀山登眺之作》。

五月初五，賦詩三首，喜兒女漸長，自嘲"恐成老夫"。《野香亭集》卷五《端午三首》。其三："大兒罷書課……小女漸解事……顧此兒女長，翻恐成老夫。"大兒為長子昉楙，女兒名不詳。

至蕪湖，宿吉祥寺。《野香亭集》卷五《蕪湖阻風晚宿吉祥寺》、《蕪湖曉渡》。

是年，鬧蝗災，百姓食不果腹。《野香亭集》卷五《捕蝗謠》、《嘆蝗》。

將之金陵，洪以時先往，口占詩兩首。《野香亭集》卷五《將之金陵適洪以時先往口占以志小别》。

有詩寄懷毛奇齡。《野香亭集》卷五《寄懷毛十九大可》。

旅飲感懷亡友戚玾，有詩記之。《野香亭集》卷五《旅飲感懷亡友戚笑門》。

讀《姜肱傳》，憶弟孚蒼。《野香亭集》卷五《讀姜肱傳憶弟》。

初夏，至金陵。《野香亭集》卷五《金陵旅懷》："風細榴花稀，雨頻荷葉緑。"

金陵逢原山陽明府崔小衛，感懷賦詩。《野香亭集》卷五《山陽崔小衛明府棄官後客遊金陵萍蹤相遇不能無感賦五言道懷》。

夏，月夜與同年王能任[1]飲水榭。《野香亭集》卷五《月夜與王仔重同年飲水榭兼懷都下遊好》。

與諸同人於香花墩宴集，有奉和之作。《野香亭集》卷五《奉和諸同人香花墩宴集限韻之作》。

有詩送蔡龍文遊青州兼懷秋谷。《野香亭集》卷五《送蔡龍文遊青州兼懷秋谷》。

從弟碧卒，寫詩哭之。《野香亭集》卷五《哭從弟碧》。

八月，同人宴集稻香樓，有詩記之。《野香亭集》卷五《秋社後一日同人宴集稻香樓》。

秋，為妻王子霞畫題詩。《野香亭集》卷五《題内子畫》："不隨鄰婦勤秋織，愛寫峰巒步障中。"

---

① 王能任即王材任。王材任（1652—1739），字子重，號西澗，黄州府黄岡縣（今湖北黄岡）人。康熙十八年（1679）進士，曾官僉都御史，後寓居江蘇常熟。有《尊道堂詩鈔》。事蹟另見江慶柏：《清朝進士題名録》，北京：中華書局，2007 年；李靈年、楊忠：《清人别集總目》，合肥：安徽教育出版社，2000 年；柯愈春：《清人詩文集總目提要》，北京：北京古籍出版社，2002 年；鄧之誠：《清詩紀事初編》，上海：上海古籍出版社，2012 年。

秋，許仁長[①]招其賞菊，有詩記之。《野香亭集》卷五《許仁長招看菊花》。

仁和湯右曾[②]作《野香亭集》跋。

康熙三十年（1691）辛未　二十八歲

父李天馥任吏部尚書。《清史稿》卷二百六十七。

有詩懷父李天馥，王士禛批點："至性語。"《野香亭集》卷六《敬懷家大人》。

正月十五夜，有詩。《野香亭集》卷六《元夕四首》。

春，返合肥，表兄李友聲招其同飲稻香樓。《野香亭集》卷六《表兄李友聲招飲稻香樓》、《稻香樓即事》、《稻香樓小集》、《晚秋晏集稻香樓》。

夏，有詩懷趙執信。《野香亭集》卷六《伏日懷伸符》。同卷有《懷秋谷》。

遊巢縣，飲姜禹極《道旁散人集》卷四《小盤谷三十友歌》："居巢姜禹極。"家中，席間賦詩贈之。《野香亭集》卷六《巢縣飲姜禹極高齋即席賦贈》。同卷有《將抵巢縣》、《巢湖曲》。

秋，至無為登稻孫樓，賦詩抒愁懷。《野香亭集》卷六《稻孫樓》："郊原禾黍盡，愁上稻孫樓。"

秋，有次許仁長立秋詩韻之作。《野香亭集》卷六《次韻仁長立秋》。

十九夜，小集野香亭，分韻賦詩。《野香亭集》卷六《十九夜小集野香亭分韻》："酒熱花香人未散，秋風吹斷隔年愁。"

深秋，洪昇赴京過訪，別後，李孚青以詩見懷。《野香亭集》卷六《樓居懷昉思》："樓後古柳黄欲禿，樓前芭蕉失故緑。"又見於章培恒《洪昇年譜》。

王世禎為其批點此年詩集[③]。

康熙三十一年（1692）壬申　二十九歲

父李天馥授武英殿大學士。《清史稿》卷二百六十七。

正月十五夜，至河南太丘。《野香亭集》卷七《元夜太丘村舍》、《太丘雜詩》、《太丘道中》。

經河南商丘、開封、鄴下、邯鄲。《野香亭集》卷七《商丘懷古》、《梁園古愁》、《大梁相國寺》、《鄴下懷古》。

---

① 許夢麟，字仁長，號雙溪，翰林院侍講許孫荃之子，合肥人。歲貢生，官光禄寺典簿。有《楚香亭集》六卷（《清人別集總目》）。（夢麒）詩學范、陸，饒有作意。與李孚青酬唱極多，尤善田實發……夢麒壻於李天馥，瑣瑣姻婭，而不求仕進。（《清詩紀事初編》）

② 湯右曾（1655—1721），字西崖，浙江仁和人。康熙二十七年（1688）進士，列二甲第5名，入翰林為庶吉士，授編修，官吏部侍郎。著有《懷清堂集》。事見《清代翰林傳略》、《明清進士題名碑録索引》。

③ 蔣寅：《王漁洋事蹟徵略》，北京：人民文學出版社，2001年。

經河北邢臺、邯鄲、定州、遂城、督亢。《野香亭集》卷七《邢臺旅思》、《邯鄲懷古》、《定州道中雜書二首》、《遂城道中》、《督亢懷古》。

抵京，父李天馥作《示男孚青》，李孚青以原韻寫詩和之。《野香亭集》卷七《敬和家大人示男孚青原韻》。

同年任具茨[1]之官登州，寫詩送之。《野香亭集》卷七《送任具茨同年之官登州》。

有詩懷妹婿張繩思。《野香亭集》卷七《對雨柬張繩思妹婿》。

五月，隨父及諸同好重遊萬柳堂，感懷賦詩。《野香亭集》卷七《中夏恭隨家大人暨諸同好重遊萬柳堂感懷益都座主》。

初秋，送宋又宜歸里，賦詩四首。《野香亭集》卷七《早秋送宋又宜由太原歸里》。

妻王子霞生次子昉琳。《野香亭集》卷十三《得家書寄二子梯琳》："阿琳咿唔垂七齡"。此詩寫於康熙三十七年（1698），逆推之，則昉琳出生於本年。又據王尚辰《道旁散人集》跋："二子皆王出"，可知昉琳亦為王子霞所出。

側室生子彬。《野香亭集》卷九《哭彬兒》："不道三年已一生。"兒彬卒於康熙三十三年（1694），逆推之可知彬生於本年，又因同年妻王子霞生次子昉琳，則子彬當為側室所生。

康熙三十二年（1693）癸酉　三十歲

春，司馬叔招其同倪仲佩、邵仲英、表兄李友聲等西園小集，分韻賦詩。《野香亭集》卷八《司馬叔招同仲佩仲英友聲碧山西園小集分賦》。

暮春，倪仲佩、邵仲英來訪，有詩紀事。《野香亭集》卷八《暮春雨夜仲佩、仲英見過》。

六月，祖母卒，誥封一品夫人。父李天馥丁母憂，回籍。事見《清史稿·大學士年表》。李天馥築室墓旁，守孝三年。其間，毛奇齡侍墓上，誦其詩三四千首。乃命毛奇齡抄録編彙全集，刪存千首。（《容齋千首詩》毛奇齡序）。《文定公誥命四軸》："爾武英殿大學士兼吏部尚書加四級李天馥母瞿氏……封爾為一品夫人。"（《李英世系文史編纂》）

邵仲英回南京，有詩送別。《野香亭集》卷八《送邵仲英南還八首》："挂帆記嚮石頭城，七里洲邊浪未平。"可知邵仲英應是回南京。

九月初八，與倪仲佩飲酒，懷邵仲英，有詩紀事。《野香亭集》卷八《重九前一日與仲佩飲懷邵仲英》。

---

① 據《明清進士題名碑録索引》，己未科進士名單並無任具茨，疑為任觀瀛。任觀瀛，字於登，一作紫登，安徽蕭縣人。康熙十八年（1679）進士，授浙江長興縣知縣。康熙三十三年（1694）任江西道御史，官至陝西潼關道。著有《夢鼎堂文集》、《若溪集》。

冬，有次叔父韻之作。《野香亭集》卷八《次韻叔父至日雪》。

康熙三十三年（1694）甲戌　三十一歲

是年供奉内廷，充《政治典訓》《玉牒》、《類函》、《明史》四館纂修。王尚辰《道旁散人集》跋。

正月初七，有詩送沈雲襄。《野香亭集》卷九《人日送沈雲襄》。

兒彬病殤於合肥，年三歲，有詩哭之。《野香亭集》卷九《哭彬兒》："不道三年已一生。"自注："殤於合肥。"

早春，次龐塏①早春詠懷韻，賦詩六首。《野香亭集》卷九《次韻龐雪崖水部早春詠懷韻六首》。

有詩懷洪昇。《野香亭集》卷九《懷洪昉思》。

三月三日，馮勖招其同袁佑、龐塏飲集花隱堂②，有詩紀事。《野香亭集》卷九《上巳馮勉曾招同袁杜少龐雪崖飲集花隱堂》。

長子昉梂從師唐綺園。《道旁散人集》卷四《小盤谷三十友歌》："山陰唐綺園。"有詩贈之。《野香亭集》卷九《贈唐生綺園》自注："兒梂近執經於生。"

閏五月初四，瀛臺御試賜宴，賦詩六首紀事。《野香亭集》卷九《閏五月初四日瀛臺御試賜宴恭紀六首》。

秋冬間，洪昇往合肥拜訪恩師李天馥。及歸，李天馥以詩贈別。《洪昇年譜》。

冬，侍直南書房，有詩紀事。《野香亭集》卷九《小春雪霽侍直南書房》。

有詩送同年王沛思③省覲歸里，兼題畫像。《野香亭集》卷九《送王汝敬同年省覲歸里兼題寫真》。

有詩送同年佘黼雪④假歸南海。《野香亭集》卷九《送同年佘嵋洲侍讀假歸南海》。

集陸游詩句，自題畫像。《野香亭集》卷九《自題小像偶集放翁句》："富貴深知欠麵團，書生老瘦轉酸寒。閑心自喜渾無事，十五年前舊史官。"此詩四句全集陸游詩，但"閑心自喜渾無事"，原詩作"閑身自喜渾無事"。

---

① 龐塏（1657—1725），字霽公，號雪崖，直隸任邱（今河北任邱）人。康熙十八年（1679）以博學鴻儒科授翰林院檢討，曾任内閣中書舍人、建寧府知府。著有《叢碧山房集》。

② 馮勖（1650—1725），字方寅，號勉曾，居蘇州。康熙十八年（1679）以博學鴻儒科授翰林院檢討。袁佑（1633—1699），字杜少，號霽軒，直隸東明（今屬山東菏澤）人。康熙十八年（1679）以博學鴻儒科授内閣中書舍人，翰林院編修。著有《霽軒詩鈔》。

③ 王沛思，字汝敬，青州府諸城（今山東諸城）人。康熙十八年（1679）進士，散館授編修。

④ 《清代進士題名録》："康熙十八年乙未科二甲 39 名佘黼雪，廣東潮州府澄海縣人，道光《廣東通志》卷七十七《選舉表》同，注云：'改名志貞。'"《清代翰林傳略》載："佘志貞，又名佘黼雪，字湄洲，廣東澄海人。二甲 39 名進士，散館授編修，歷官至侍讀學士。康熙二十九年，任山東主考官。"

康熙三十四年（1695）乙亥　三十二歲

父母居合肥祖母墓旁守孝，寫詩懷之。《野香亭集》卷十《敬懷兩大人》。自注："家大人廬先王母墓，去歲夏五，忽有雙白燕翔集簷間，三日乃去，海内作詩者數百家。"

寒食節，雪夜與人小集，同用寒字韻賦詩。《野香亭集》卷十《寒食雪夜小集同用寒字》。

上巳節，唐綺園、倪仲佩見過，有詩紀事。《野香亭集》卷十《上巳唐綺園倪仲佩見過》。

晚春，偕諸同年飲碧山堂，有詩紀事。《野香亭集》卷十《晚春偕諸同年飲碧山堂》。

飲同年潘應賓[①]寓齋，有詩紀事。《野香亭集》卷十《飲潘雪石同年寓齋》。

有詩題妻子畫。《野香亭集》卷十《題内子畫魚》。同卷有《題畫扇》、《題畫册》。

同年徐嘉炎[②]送茶、筍，有詩紀事。《野香亭集》卷十《徐華隱同年送茶筍二首》。

十一月，父回京，以原官入閣辦事。《清史稿・大學士年表》。

冬，侍父讌集，用清虚堂韻賦詩。《野香亭集》卷十《雪後侍家大人讌集敬賦用清虚堂韻》。

康熙三十五年（1696）丙子　三十三歲

正月十九，偕成竹隱、唐綺園、邵陸邨、夏為衣飲倪仲佩齋中，即席賦詩。《野香亭集》卷十一《十九日偕成竹隱唐綺園邵陸邨夏為衣飲集倪仲佩齋中即席有作》。

早春，有詩和倪仲佩《重過崇效寺訪雪塢上人》之作。《野香亭集》卷十一《和倪仲佩早春重過崇效寺訪雪塢上人之作得松字》。

三月十五，隨父及諸同好飲集妙光閣，即席分韻賦詩。《野香亭集》卷十一《三月十五日恭隨家大人暨諸同好飲集妙光閣即席分賦兼示公》。

中夏，飲唐綺園齋中，各自賦詩。《野香亭集》卷十一《中夏偕酒伴飲唐綺園齋中各賦長句》。

秋宵，侍父及諸子宴集聽樂，賦詩紀事。《野香亭集》卷十一《秋宵新霽恭侍家大人及諸子宴集聽歌童絲竹既事成詩》。

有詩送從侄蒼存落第南歸。《野香亭集》卷十一《送從侄蒼存落第南歸》。

---

① 據《清代翰林傳略》：潘應賓（1653—?），號雪石，山東濟寧人。康熙十八年（1679）進士，列三甲第18名，授檢討，官至侍講學士。康熙二十四年（1685），任會試同考官。著有《潘雪石生平圖傳》。

② 徐嘉炎（1631—1703），字勝力，號華隱，浙江秀水（今浙江嘉興）人。康熙十八年（1679）以博學鴻儒科授檢討，官至内閣學士。著有《抱經齋集》。事見《清史稿・列傳二百七十一徐嘉炎傳》。

戴名世[1]歸桐城，有詩送之。《野香亭集》卷十一《送戴田有歸桐山舊隱》。

秋，望日，戴名世為其《野香亭集》作序，稱其詩。《野香亭集》戴名世序。

康熙三十六年（1697）丁丑　三十四歲

正月十九，趙繡嶙招飲，因事未赴，悵然，有詩紀事。《野香亭集》卷十二《上元後四日趙繡嶙招友生野飲餘適以事羈未赴悵然有作》。

馮協一[2]之官廣州，有詩送之。《野香亭集》卷十二《送馮躬暨太守之官廣州》。

有詩送妹婿張滙思歸里。《野香亭集》卷十二《送張滙思歸里》。

表兄李樹玉卒，有詩哭之。《野香亭集》卷十二《哭李樹玉表兄》。

春，隨父慈仁寺看海棠，有和其父詩韻之作。《野香亭集》卷十二《慈仁寺看海棠敬和家大人韻》。

三月七日，有詩次同年徐嘉炎妙光閣宴集之作韻。《野香亭集》卷十二《次韻徐華隱同年閏三月七日妙光閣宴集之作二首》。

四月二十六日，海寧查嗣瑮[3]至京，李孚青授其甲戌至丁丑春所成詩，命其讀且論次之。查有論詩二首，並為《野香亭集》作跋。《野香亭集》卷十三終查嗣瑮跋。

六月初八，與同年張廷瓚[4]至西郊，有詩紀事。《野香亭集》卷十二《六月初八日西郊書事同張隨齋同年作》。

八月，王士禛為其父李天馥《容齋千首詩》作序。《容齋千首詩》王士禛序。

有寄答趙執信見懷之作。《野香亭集》卷十二《寄答趙秋谷同年見懷之作》。自注："來詩云：'若除善病兼能酒，百不如人亦可憐。'"趙詩見《閑齋集·調丹壑二首》之二："每欲嘲渠等蟲蟄，新來看爾似蠶眠。若除善病兼能酒，百不如人亦可憐。"

秋，經廣慧寺，題詩僧人房。《野香亭集》卷十二《秋雨再經廣慧寺題琦上人房》。

袁佑歸東明，有詩送之。《野香亭集》卷十二《送袁杜少宫允假歸東明》。

十月廿四日，對雪，用聚星堂韻寫禁物體詩。《野香亭集》卷十二《十月廿四日對雪用聚星堂韻仍禁物體諸字》。

---

① 戴名世（1653—1713），字田有，一字褐夫，晚年自號南山先生，桐城（今屬安徽）人。康熙四十八年（1709），年五十七，中殿試一甲二名，授編修。康熙五十二年（1713），因"《南山集》案"被處死。著有《戴田有時文全集》、《四書朱子大全》、《憂患集偶抄》、《戴田有全集》。事見《清史稿·列傳二百七十一戴名世傳》。

② 馮協一（1661—1737），字躬暨，號退庵，益都（今山東青州）人。大學士馮溥之子，官江西廣信府知府，歷補廣州知府、汀州知府。著有《友柏堂遺詩》，姻家趙執信為之序。

③ 查嗣瑮（1652—1733），字德尹，號查浦，海寧（今浙江海寧）人。查慎行之弟。清康熙三十九年（1700）進士，官至侍講。著有《查浦詩鈔》。

④ 張廷瓚，字卣臣，號隨齋，禮部尚書張英之子。康熙十八年（1679）進士，列二甲第2名，散館授翰林院編修，官至詹事府少詹事。著有《傳恭堂詩集》。

冬，詩名滿京華，費密[1]次子費滋衡來訪，有詩送之。《野香亭集》卷十二《送成都費滋衡》、《野香亭集》費密序。

康熙三十七年（1698）戊寅　三十五歲

表弟李玉少至。《野香亭集》卷十三《李玉少表弟至》。同卷有《送玉少南歸》。

有詩題表兄李友聲詩集後。《野香亭集》卷十三《題友聲表兄汐社集後》。

有詩送唐綺園之河東幕。《野香亭集》卷十三《送唐綺園之河東幕》。

得妻書，寫詩寄二子昉楙、昉琳，勉勵其勤奮苦讀，以遂青雲之志。《野香亭集》卷十三《得家書寄二子楙琳》："阿楙十三勤六經，阿琳咿唔垂七齡……賦鷃吟鳳期青雲，兩省當年有弟昆。"

龐雪崖之官建寧，有詩送之。《野香亭集》卷十三《送龐雪崖太守之官建寧》。

業師何岱霑至京，有詩紀事。《野香亭集》卷十三《喜何岱霑業師至都》。

有詩送表兄李友聲之通州。《野香亭集》卷十三《送友聲之通州》。

四月十五夜，同友人、門生賦詩。《野香亭集》卷十三《四月十五夜同友生各賦月事得庾元規》。

四月十九日，隨父偕及門諸君子宴集豐臺芍藥園，即席賦長詩一首。《野香亭集》卷十三《十九日恭隨家大人偕及門諸君子讌集豐臺芍藥園即席書事得長歌一首》。芍藥四、五月間開花，觀賞芍藥時應為四月。

四、五月間，有《生日》詩。《野香亭集》卷十三《生日》。《野香亭集》按時間順序編年，《生日》詩前一首寫於四月十九日，後一首《端午》寫於五月初五，故推其生於四、五月間。

觀妻王子霞畫，有詩寄之。《野香亭集》卷十三《寄内》："見畫真同聽杜鵑。"

秋，於史館，有詩戲宋谷懷。《野香亭集》卷十三《史局新涼遲宋谷懷檢討不至戲柬一首》。

冬，患惡疾，有詩記之。江淮間傳聞其已死。《野香亭集》卷十三《臥病》、《道旁散人集》王尚辰跋。《盤隱山樵詩集》卷七《臥病二首》自注："戊寅冬，余嬰惡疾……江淮間傳余已死。"

康熙三十八年（1699）己卯　三十六歲

弟孚蒼，字紫巖，中京兆試。《道旁散人集》王尚辰跋。

---

[1] 費密（1625—1701），字此度，號燕峰，四川新繁人。著有《中傳正紀》、《弘道書》、《燕峰詩鈔》、《燕峰文鈔》。費密次子費錫璜，字兹衡，著有《掣鯨堂詩集》。事見《清史稿·列傳二百八十八費密傳》、《清詩紀事》。

友人袁佑卒，有詩挽之。《盤隱山樵詩集》有《挽袁杜少宫允二首》。

八月，父疾，上遣太醫存問，賜尚方藥物。《清史列傳》卷九《李天馥傳》。

十月十六日，父李天馥病逝，年六十五，謚文定。王世禎再往，哭之極哀。李孚青回籍守制，此後絶意仕進。《道旁散人集》王尚辰跋。另見《王漁洋事蹟徵略》。

康熙三十九年（1700）庚辰　三十七歲

馮延櫆卒，有詩挽之。《盤隱山樵集》卷七《挽馮大木舍人》。

康熙四十年（1701）辛巳　三十八歲

辛巳臘月，孫韓穉從淝上歸，示《野香亭集》於錢昜仍，獲之如異珍。《盤隱山樵詩集》錢昜仍序。

康熙四十一年（1702）壬午　三十九歲

十二月，同門沈朝初[1]、張廷瓚卒，有詩哀之。《盤隱山樵集》卷七《病榻言懷四首》其二："奪我微之兼晦叔，一生淚盡太和年。"自注："同年沈東田、張卣臣俱以壬午十二月捐館舍"。《道旁散人集》李國松序："《盤隱山樵集》八卷，各為子目，不編年。王先生（王謙齋）謂自己卯（1699）至癸未（1703）五年作也。"

康熙四十三年（1704）甲申　四十一歲

長子昉楙就姻臨安，娶陳梓囊之女，有詩紀事。事見《道旁散人集》卷一《子楙就姻臨安》。詩集中注"起甲申至丁亥"，此詩為第一首，應與其後第三首《田綸霞侍郎哀詩》同寫於1704年。另據《野香亭集》戊寅卷《得家書寄二子楙琳》："阿楙十三勤六經"，可知康熙三十七年（1698）昉楙十三歲，康熙四十三年（1704）十九歲，正是古代男子的婚齡。《道旁散人集》卷五有《挽陳梓囊親家》。自注："梓囊，錢塘人"，則陳梓囊當為昉楙岳父。

侍郎田雯[2]卒，有哀詩。《道旁散人集》卷一《田綸霞侍郎哀詩》。

有悼亡詩二十首，懷亡妻王子霞。《道旁散人集》卷一《悼亡詩哭王安人作》："不見男婚女嫁時"，可知王子霞卒於子昉楙就姻臨安（1704）前。

康熙四十六年（1707）丁亥　四十四歲

聖祖南巡，李孚青迎謁邗江，天語温慰。《道旁散人集》王尚辰跋。

冬，移居河南永城。弟孚蒼留合肥。《道旁散人集》王尚辰跋。

---

① 沈朝初（1649—1702），字洪生，號東田，江蘇吴縣（今江蘇蘇州）人。康熙十八年（1679）進士，改庶吉士，授編修，官至侍讀學士。著有《不遮山閣詩餘》。參見吴海林、李延沛編：《中國歷史人物生卒年表》，哈爾濱：黑龍江人民出版社，1981年。

② 田雯（1635—1704），字紫綸，一字子綸、綸霞，晚號蒙齋，濟南府德州（今山東德州）人。康熙三年（1664）進士，授中書舍人，曾為江蘇巡撫。著有《古歡堂集》等。事見《清史稿·列傳二百七十一田雯傳》。

康熙四十七年（1708）戊子　四十五歲

四月，蒯德標[1]續刻李天馥《容齋千首詩》及李孚青《野香亭集》有文記之："孟夏月書於楚北。"蒯德標《續刻〈野香亭集〉記》。

康熙四十八年（1709）己丑　四十六歲

子昉楙，字靈再，中進士。嘉慶《續修廬州府志·文苑傳》："子昉楙，康熙己丑進士。"另見《明清進士題名碑録索引》。

康熙四十九年（1710）庚寅　四十七歲

有詩詠早春。《道旁散人集》卷二《庚寅早春》。

弟孚蒼卒，年二十七歲，有詩哭之。《道旁散人集》卷二《哭弟紫巖》。自注："時年二十七"，"弟婦相繼卒"。《道旁散人集》王尚辰跋："庚寅，舍人歿，年二十七。"

康熙五十年（1711）辛卯　四十八歲

繼室卒，姓名、年齡不詳。《道旁散人集》存甲申（1704）至乙未（1715）十二年詩，其癸巳卷有《亡姬二周志感》。李孚青妻王子霞卒於子昉楙成婚前，則"亡姬"應是繼室。由癸巳卷悼亡詩逆推，可知其卒於辛卯年。

康熙五十二年（1713）癸巳　五十歲

年五十，有詩自慰。《道旁散人集》卷四《五十自慰》。

三月，太守程蕉鹿招飲望岳樓，有詩紀事。《道旁散人集》卷四《程蕉鹿太守招飲望岳樓》："濟北半春雪，濟西三月寒。"

有長詩懷唐綺園、方楚邑、李樹玉、孫殊有、洪以時等三十位友人。《道旁散人集》卷四《小盤谷三十友歌》自注："效《飲中八仙》體。"

有詩懷王士禛。《道旁散人集》卷四《新城先生撰漁洋詩話謬稱洛陽鄙作感而識之》。自注："時公歿已三年矣。"

初秋夜，夢亡妻王子霞，有詩紀事。《道旁散人集》卷四《初秋夜臥謝家樓夢亡室王安人感成》。

寒冬，夢中作詩。《道旁散人集》卷四《夢中作》自注："癸巳大寒夜。"

有悼亡詩懷繼室。《道旁散人集》癸巳卷《亡姬二周志感》。

康熙五十三年（1714）甲午　五十一歲

次子昉琳，字琅叔，中副車，授魚臺縣令。《道旁散人集》王尚辰跋。

---

① 蒯德標，字蔗農，合肥（今安徽合肥）人。道光二十四年（1844）舉人。曾任廣東布政使、臺灣布政使。

康熙五十四年（1715）乙未　五十二歲

於合肥八斗嶺阻雨，有詩感懷，憶其別墅稻香樓及合肥西郊著名寺院廣華寺。《道旁散人集》卷五《八斗嶺阻雨》：“自是故鄉雨，如何添旅愁。餘生廣華寺，昔夢稻香樓。”自注：“稻香樓，余別墅，今為荒原野田。廣華寺，昔讀書處。”

經亡妻王子霞葬處，有詩懷之。《道旁散人集》卷五《經東隄亡姬葬處》：“無人道破腹中物，那不哭儂王子霞。”

春，來合肥省墓，旋返永城，不久即下世。《道旁散人集》王尚辰跋。

著有《野香亭集》十三卷、《道旁散人集》五卷、《盤隱山樵詩集》八卷。《全清詞》第十八册收其《菩薩蠻》詞一首、《柳梢青》詞四首，寫作時間不詳。另載其有《野香亭詞》，未見。《歷代辭賦總彙》收其《西山賦》一首。

（作者單位：合肥幼兒師範高等專科學校）

《士禮居藏書題跋記》
“《國語》二十一卷校宋本”輯證

郭萬青

本篇出《士禮居藏書題跋記》，今所録者出滂喜齋刻本。其中所收題跋，尤其像錢曾的題記，也見於《讀書敏求記》的各種版本中。對黄丕烈校宋本《國語》題跋的整體梳理與研究，目前祇見日本小方伴子《宋明道二年刊本〈國語〉の黄丕烈重刻》（《人文學報》第403號，第1—28頁）一篇。小方伴子文章的主體共兩部分，第一部分是為黄丕烈題跋做校勘、注釋、翻譯和補記的工作，第二部分探討黄刊明道本的底本問題。第一部分的校勘等用滂喜齋刻本、周少川點校本以及相關典籍。今並採録其識語。

吾家所藏《國語》有二，一從明道【輯證】〇管庭芬、章鈺《校證》曰：勞權云：“係天聖。”**二年刻本影抄，一是宋**【輯證】〇管庭芬、章鈺《校證》曰：刊本脱“庠”字，從錢校補。阮本同脱。某校本補“庠”字。**公序補音**【輯證】〇管庭芬、章鈺《校證》曰：晁氏《志》云：宋庠《補音》三卷。**南宋槧本。間以二本參閲明道本，《周語》云：“昔我先王世后稷。”注云：“后，君也。稷，官也。”則是昔我先王世君此稷之官也。考之《史記・周本紀》亦然。而公序本直云“昔我先世**【輯證】〇管庭芬、章鈺《校證》曰：一本改“世”作“王”。題詞本、阮本均作“世”。**后稷”，讀者習焉不察，幾訛周家之后稷矣。**【輯證】〇管庭芬、章鈺《校證》曰：按毛斧季《汲古閣書目》云：“《國語》五本，從絳雲樓北宋版影寫。首章有‘昔我先王世后稷’

云云。”知亦從明道刊本抄。鈺按：楊守敬有明刊宋庠本，云：“明道本固有勝公序處，而公序之得者十居七八。即如卷一‘昔我先王世后稷’，公序本無‘王’字。錢遵王、顧千里、汪小米皆以明道本有此字為奇貨，而許宗彥云：‘韋解於下先王不窋始釋王字，則此惟云先世，可知明道本未必是，公序本亦未必非也。’”〇小方伴子曰：董增齡《國語正義》、大野峻《新釋漢文大系國語》などは、公序本の“昔先王世后稷”を採用する，明道本《札記》は公序本を誤りとする。戴震《周之先世不屈以上闕代系考》（《東原文集》卷一所收）に關連する記述がある。〇萬青按：楊守敬没有看到陳樹華的《春秋外傳國語考正》，實際上陳樹華也並不認為公序本無“王”字是錯誤的。**“襄王二十四年，秦師將襲鄭，過周北門，左右皆免冑而下拜”注云：“言免冑，則不解甲而拜，蓋介冑之士不拜，秦師反是，所謂無禮則脱也。”公序本又失去“拜”字，與注文大相違背。微明道本，於何正之。**【輯證】〇管庭芬、章鈺《校證》曰：鈺按：錢大昕於遵王所舉二事外復得六事，當以明道本為勝。詳見《養新録》。**今世所行《國語》皆從公序本翻雕，知二字之亡**【輯證】〇管庭芬、章鈺《校證》曰：胡校本“亡”下有“其”字。**來久矣。**【輯證】〇萬青按：《敏求記》“久矣”下尚有“他不具悉也”一句，管庭芬、章鈺《校證》云：“刊本缺末句。題詞本無，阮本有。勞校本嚴修能云：‘嘉慶庚申蘇州黄氏讀未見書齋翻刊明道本，吾友顧千里代為考證，附校記一卷。’”**也是翁錢遵王識。（在卷首）**【輯證】〇小方伴子曰：影抄明道二年本については、錢曾《述古堂藏書目》（卷一・春秋）に、“國語韋昭注二十一卷四本北宋本影抄”という記載がある。同書の“宋公序補音南宋槧本”の方は、族曾祖錢謙益から讓り受けたきのであろうか。錢謙益《絳雲樓書目》（卷一・春秋類）に“宋刻外傳國語二十一卷吴侍中韋昭注宋庠著國語補音三卷”という記載がある。〇萬青按：此見錢曾《讀書敏求記》卷一，標目作“韋昭注國語二十一卷”，管庭芬、章鈺《校證》曰：“按吴校本作二十卷，《述古目》注‘北宋本影抄’五字。鈺按：均二十一卷，吴校誤。勞權云：‘當作國語解。《絳雲目》宋刻外傳國語三册。’鈺按：粵雅本無‘三册’字。”（錢曾撰，管庭芬、章鈺校證：《讀書敏求記校證》，北京：中華書局1987年影長洲章氏刊本，第39頁）

宋板《國語》二本，一摹吾家明道二年刻本，比真本不差毫髮；【輯證】〇陳樹華曰：此條已刻入《讀書敏求記》中。〇萬青按：從錢士興家摹寫的明道本，也即抄本有二種，一種為毛抄本。毛扆（1640—1713）《汲古閣珍藏秘本書目》云：“《國語》五本一套，從絳雲樓北宋本板影寫，與世本大異。即如首章‘昔我先王世后稷’，今時本脱‘王’字。蓋言先王世為后稷之官也。此與《史記》合。他如此類甚多。此特其一爾。六兩。”（《士禮居叢書》本，第 4 頁）毛扆是陸貽典（1617－1686）的女婿，陸貽典勘校所依據的影寫本是錢曾的，毛扆影抄明道本不知道是不是受到陸貽典的影響。絳雲樓失火在順治七年（1650），又錢士興萬曆三十八年去世（1610），而有此題記，則毛抄本當在萬曆三十八年之前抄成。河田羆（1842－1920）編《靜嘉堂秘籍志》卷五云：“《國語》毛抄本天聖明道本（吴韋昭注），抄五本。《國語》二十卷（“二十”當作“二十一”），汲古閣毛氏影寫宋天聖明道本。吴韋氏解。自序。按末有‘明道二年四月初五日得真本’一行，‘天聖七年七月二十日開印’一行，‘江陰軍鄉貢進士葛惟肖’一行，‘鎮東軍權節度掌書記魏庭堅’一行。汲古本即黄氏士禮居刊本所祖也。按：《儀顧堂題跋》云：‘天聖明道本《國語》二十一卷，題曰‘韋氏解’，毛氏汲古閣影宋抄本。每頁二十二行，每行二十一字，小字雙行，每行三十一字。前有韋昭序，末有‘天聖七年七月二十日開印’‘江陰軍鄉貢進士葛惟肖再刊正’‘鎮東軍權節度掌書記魏庭堅再詳’‘明道二年四月初五日得真本凡刊正增減’四行。嘉慶中，黄蕘圃影摹板行，絲毫不爽。此則其祖本也。卷首有‘毛晉’二字朱文連珠印、‘宋本’二字朱文楕圓印、‘甲’字朱文方印，卷三、卷七末有‘毛晉’連珠印、‘汲古主人’朱文方印、‘毛扆之印’朱文方印、‘斧季’二字朱文方印，卷四、卷八、卷十二、卷十七前均有‘毛晉’連珠印，卷十一末有‘汲古閣’朱文方印、‘毛晉之印’朱文方印、‘毛氏子晉’朱文方印、‘筆研精良人生一樂’朱文方印、‘毛扆之印’朱文方印、‘斧季’朱文方印，卷十六末有‘毛晉書印’朱文方印、‘汲古得修綆’朱文長印、‘毛扆之印’朱文方印、‘斧季’朱文方印，卷二十一末有‘毛晉私印’朱文方印、‘子晉’朱文方印、‘汲古主人’宋文方印。此書從絳雲樓北宋本影寫，原裝五本，見《汲古閣秘本書》。日後歸潘稼堂太史，乾嘉間為黄蕘圃所得。黄不能守，歸於汪士鍾。亂後歸金匱蔡廷相，余以番佛百枚得之。毛氏影宋本尚有精於此者，此則以宋本久亡，世無二本，故尤為錢竹汀、段懋堂諸公所重耳。《提要》云：‘昭字宏嗣，雲陽人。官至中書僕射。《三國志》作韋曜，裴松之注謂為司馬昭諱也。’”（日本大正六年刻本，本卷第 9－10 頁）從陸氏題記可知，毛抄本也是從錢氏絳雲樓刊本影寫，後歸潘耒（1646－1708），後歸黄丕烈（1763－1825），再歸汪士鍾（? 1786－?），再歸蔡廷相（蔡廷楨［? 1803－?］之兄），最後歸入陸心源（1834－1894）皕宋樓，1907 年歸入日本靜嘉堂文庫。但是文獻中没有見到據毛抄本勘校《國語》的記載。另外一種就是錢抄本。錢曾也是從絳雲樓藏明道刻本影抄者，但是錢抄應該比較晚。從下文陸敕先題記可知，錢抄本後歸葉林宗，葉林宗之後歸入誰家，缺乏相關記載。錢抄本的傳録本較多，但是錢抄本最終下落不明，文獻載籍中没有相關記載，或許可以從錢曾個人藏書的流散去考求。何焯曾見傳録本，不知是錢抄還是毛抄，黄丕烈和顧廣圻也各自收存過傳録本的殘卷，並且顧廣圻根據自己所得三卷寫刻《國語》，顧氏認為黄丕烈所得五卷寫手不佳，故摹寫上版。至於黄、顧二氏所收抄本殘卷究竟是錢抄還是毛抄的傳録，也不清楚。可見清初期影寫本的傳録比較複雜，可能有的直接從錢抄傳録，有的可能根據傳録本傳録，由於傳録者文化水平、書寫水平等不一樣，故而傳録本恐怕也不盡一致。**一是宋公序補音刻本，段節分明，注解詳備**。【輯證】○萬青按：此處所謂“宋公序補音刻本”，當即指張一鯤本或後來根據張一鯤本翻刻的本子。否則，“段節分明，注解詳備”八字無法坐實。**合而觀之，此書遂無遺憾**。【輯證】○萬青按：錢士興認為公序本、明道本相互參校，在此基礎上做一個定本，二本互有優劣得失，取二本之長，《國語》纔能在文本上比較信實。可見錢氏持論相當平允。**嘉靖中，吴門翻宋本，**【輯證】○小方伴子曰：嘉靖中吴門翻刻宋本：明・嘉靖期には、金李本、許宗魯本など數種の重刻公序本が刊行されてぉり、吴門翻刻宋本もそうした重刻公序本のひとつである。明代の重刻公序本については、《張元濟古籍書目序跋彙編》（中册，第 492 頁）が“許宗魯、金李治覆本猶未能盡公序宋刻舊本之長”と評しているが、吴門翻刻宋本も、上の記述をみると、宋刊本とはかなり異なつていたようである。○萬青按：此指金李澤遠堂嘉靖四年刊本。**闕誤多矣。錢士興記**。【輯證】○萬青按：錢士興是明人為數不多的以明道本和公序本皆為宋版本的人。清代很多校勘學家直稱校抄本為“宋本”，實際並不準確。徐復觀（1903－1982）根據錢士興的記載，認為錢氏所藏即為明道本之初刻本，並且推斷錢士興或為錢遵王（1629－1701）的父親錢嗣美（氏著《釋“版本”的“本”及士禮居本〈國語〉辨名》，氏著《兩漢思想史第一卷》，上海：華東師範大學出版社，2001 年，第 242－247 頁）。徐復觀對錢士興的推斷是錯誤的，實際上“士興”是錢謙益（1582－1664）父親錢世揚的又名。錢謙益《先父景行府君行狀》云：“先君諱世揚，字孝成，一字偁孝。”（錢謙益著，錢曾箋注，錢仲聯整理：《牧齋雜著》，上海：上海古籍出版社，2007 年，第 745 頁）不見有“士興”之名，方良《錢謙益年譜》則謂：“字孝成，又字士興、偁孝。”並謂錢世揚“生於嘉靖甲寅年九月初十日，卒於萬曆庚戌年五月十六日，享年 57 歲”。（方良《錢謙益年譜》，北京：中國書籍出版社，2013 年，第 3 頁）而且方良《年譜》標注即根據錢謙益《行狀》，或方氏另有所本。但是“錢士興”之名文獻罕見，檢明張世偉《自廣齋集》卷十六《存笥集紀略》云：“《弔趙太君》，太君為錢士興先生祖母。先生延館投分，俱以春秋名家，轗軻晚歲，情倍相憐，而笥中無他文書，故存之。”審錢謙益曾祖母確為趙氏。如果錢士興是錢謙益父親成立，則本條當置於錢遵王識語之前。小方伴子《宋明道二年刊本〈國語〉の黄丕烈重刻について》根據錢氏世系繪有錢氏世系圖表，如下：

```
                  ——鏞-德---衡-建--謹----祀---------昇----亨----岱---時俊-裔肅-曾
                  |
元孫-綺-渚-煜-昌宗—|
                  |                            |—順時-世揚-謙益-孫愛
                  ——珍-友義-洪-泰-元禎-體仁—|
                                               |—順德-世顯-謙貞-孫保
```

也可為證。

明道本《周語》單襄公曰："驩此其孫也。"注曰："此周子者，晉襄公之孫也。""襄"字上應無"單"字，以公序本為正。【輯證】○萬青按：詳見《周語匯校集解輯評》之"公子周事單襄公"篇。**《楚語》王孫圉，明道本作"王孫圍"，未審孰是。**【輯證】○萬青按：汪遠孫《國語明道本考異》懷疑"圍"字當是"圉"字之誤。

士興又書（均在卷首敘後）

戴剡源先生《讀國語》【輯證】○萬青按：《周叔弢古書經眼録》無"語"字，或脱。**曰："先儒奇太史公變編年為雜體，有作古之材。以余觀之，殆仿**【輯證】○萬青按：《周叔弢古書經眼録》"仿"作"放"。**於《國語》而為之也。"**【輯證】○萬青按：詳見前文。《周叔弢古書經眼録》謂此處有"歸來草堂"朱文方印。**此真讀書好古之識！世無識**【輯證】○萬青按：《周叔弢古書經眼録》"識"誤作"戴"。**書**【輯證】○萬青按：《周叔弢古書經眼録》"書"下有"之"字。**人，但知蘇、歐通套評論之而已。洞庭葉石君識，時年六十有七。三月十一日（在卷末）**【輯證】○萬青按：《周叔弢古書經眼録》謂"墨筆，在卷末"，此處有"葉樹廉印"白文方、"石君"朱文方二印。葉石君即葉樹廉（1619—1685）。徐乾學（1631—1694）《憺園文集》卷三十四《葉石君傳》曰："葉石君者，隱君子也。性嗜書，世居洞庭山中，嘗游虞山，樂其山水，因家焉。所至必多聚書。嘗損衣食之需以購書，多至數千卷。會鼎革兵燹，盡亡其貲財，獨身走還洞庭。其鄉人相與勞苦，石君顰蹙曰：'貲財無足言，獨惜我書耳。'鄉人皆笑之。已復居虞山，益購書，倍多於前。石君所好書與世異，每遇宋元抄本收藏古帙，雖零缺單卷，必重購之，世所常行者勿貴也。其所得書，條别部居，精辨真贋，手識其所由來。識者皆以為當。有三子，時誡之曰：'若等無務進取，但能守我書讀之，足矣。'年六十七，卒於家。石君既没，而鄉人益思之，以為王君公仲長子光流亞也。其友黄儀子鴻嘗為予言，因為之傳。石君名樹蓮，嘗為邑諸生，已而棄去。石君其字也。子鴻，精方輿之學，亦奇士。"（《四庫存目叢書・集部》第243册，第311頁）《周叔弢古書經眼録》此段識語之下復録唐翰題識云："是書舊藏同里沈氏稻香齋。咸豐癸丑，子壽八弟得之，寄至南清河。子壽篤於友愛，無他嗜好，而於余所好者必購以寄。是本為陸敕先先生手校宋槧，後有題記並葉石君跋語，源流具在。予寶愛甚摯。甲寅旋里，攜之行篋中，寄藏於吴門桐溪吟舫陳氏。庚申之亂，賴容齋伯仲攜避東海濱，得不罹於劫。壬戌冬十一月四日，容齋自海門來訪於淮浦，舉以見歸，如逢故人，而子壽歿已兩日矣。嗚呼傷哉！每一展卷，為之泫然。同治二年春三月朔日新豐鄉人唐翰題記於淮安公廨之唯自勉齋。（"唐翰題"右朱文方印、"歷刼不摩"朱方、"宜孫"白文方）（墨筆在卷末）（《周叔弢古書經眼録》，第 146 頁）

錢遵王印寫錢宗伯家藏宋刻本，與今本大異，今歸於葉林宗。借勘一過。戊戌夏五【輯證】〇萬青按：周叔弢《周叔弢古書經眼録》著録了陸敕先校宋本，且徧録題識。可以為校。五，《經眼録》作"六"。**月六日，常熟陸貽典校畢識。**【輯證】〇陳樹華曰：吴中藏書家多有校宋本，皆從錢氏所臨本，轉寫每有舛誤。陸敕先手校本未得寓目明道刻本，恐已落絳雲樓之燼。即遵王印抄之本，不知今歸何處矣。《國語》一書，必得北宋本一二種參定，庶無遺憾。遵王之論，尚欠精審，謂"左右皆免胄而下拜""拜"字宋公序本失去，則是宋氏《補音》中云云，竟似全未一讀者，海内不乏善本，不知此生能遇與否？甚矣，校讎之難，成書之不易也。冶泉記。〇萬青按：葉林宗（1605－1665），名奕，葉石君從兄。徐珂（1869－1928）《清稗類抄・鑒賞類》云："葉林宗，名奕。好學，多藏書，搜訪甚力。每見案頭一帙，必假歸，躬自繕寫，篝燈命筆，夜分不休。一得秘册，即與錢遵王互相傳録，雖昏夜，必扣門，兩家童子輒聞聲知之。"江標（1860－1899）《黄蕘圃先生年譜》卷上引《海虞詩苑小傳》云："陸貽典，字敕先，號覿庵。自少篤嗜文典，師東澗而友鈍吟。又按敕先常熟人。"根據潘天楨（1919－2004）《陸貽典的生卒年》（氏著《潘天楨文集》，北京：北京圖書館出版社，上海：上海科學技術文獻出版社，2002 年，第 274－276 頁），陸氏生於明萬曆四十五年丁巳（1619），卒於清康熙二十五年丙寅（1686）。根據潘氏對陸貽典生卒年的考證，則此處"戊戌"當為清順治十六年（1658）。陸貽典、毛扆、錢遵王、葉林宗、葉石君、何焯等人對明道本刻本或者抄本的記述大體勾勒了明末清初《國語》明道本的傳播方式與形態，即刻本不可得，藉助抄本進行校抄。此處陸貽典即用錢抄本進行校勘。《周叔弢古書經眼録》謂此識語下有"陸印貽典"白文方印。

六月十二日，燈下覆校畢。敕先（在卷末）【輯證】〇萬青按：《汲古閣珍藏秘本藏書目》"國語"下周叔弢（1891－1984）標注云："余藏陸敕先校宋本。"（李國慶《弢翁標注〈汲古閣珍藏秘本書目〉》，宫衛兵主編《藏書家》第 12 輯，濟南：齊魯書社 2007 年，第 132－141 頁）今審北京國家圖書館藏陸貽典校本底本為張一鯤本。卷一首頁依次鈐有"宋本""善本""周暹""鵠安校勘秘籍""敕先""陸貽典印""重熹鑑賞"等章，其中

“鶴安校勘秘籍”是唐翰題（1816－1875）的藏書印，“重熹鑑賞”為吴重熹（1838－1918）的藏書印，“周暹”即為周叔弢藏書印。審陸貽典校本實以張一鯤刻本為底本，“國語第一”欄外書“接序末”，也就是説陸敕先所據錢抄本韋昭《國語解序》之後就是周語上内容，今黄刊明道本及其覆刻本序後有目録兩行“周（一二三上中下）魯（四五上下）齊（六一）晉（武七獻八惠九文十襄十一厲十二悼十三平十四昭十五）鄭（十六）楚（十七上十八下）吴（十九）越（二十上二十一下）”。審臺灣圖書館藏影抄明道二年刊本（存八卷）亦有目録兩行，唯“二十一”之“二”脱漏。這個殘八卷本即是黄丕烈、顧廣圻二人校刻明道本《國語》的依據，但是這個抄本到底是錢抄還是毛抄的臨抄本，顧廣圻也没有進行説明。或陸敕先看到的的確没有這兩行目録，當然也不排除陸貽典把這兩行目録算在韋昭序中的可能性。《周叔弢古書經眼録》謂此識語下有“敕先”朱文長方印，周氏謂此識語“朱筆在卷末”，比黄氏題跋提供信息更詳細。又周氏偏録陸氏卷中識語並標注在校本原書位置及鈐印情况等，為黄氏題跋所失收，今依次録如下：“原本十一行二十字，注雙行三十字，共二百三十四葉（墨筆在卷末）”“仲春廿二日校（墨筆在卷一）”“季夏九日重校於豐玉堂（朱筆在卷一）”“廿四日校（墨筆卷二）”“六月初九再校（朱筆卷二）”“戊戌六日朔校完此册（朱筆卷三，“陸印貽典”白文方、“敕先”朱文方）”“初二日校（墨筆卷四）”“六月十日敕先覆勘訖（朱筆）”“十日雨中又校（墨筆卷五）”“初三日校此卷（朱筆）”“初三日校（朱筆卷六）”“季夏十一日覆校（朱筆卷七）”“六月初四校（墨筆卷八）”“十一日再對（朱筆）”“初四日校（朱筆卷九）”“六月十二日早起校（墨筆，“陸貽典又字貽芳”白文方印）”“葉石君為余校此，今再校一過。改正處頗多。六月八日記（朱筆）”“葉校續校一過（朱筆卷十一）”“初八日再校一過（朱筆卷十二）”“敕先覆對（朱筆十三）”“初九再校（朱筆十四）”“自十卷至此，葉石君校，余再校一過（六月九日、“貽典”朱文連珠）”“（朱筆卷十五，“清款客”白文方）”“初五（墨筆十六）”“十二日再校（朱筆）”“初五日校（朱筆十七）”“十二日午再校（墨筆）”“初五日勘（朱筆十八）”“十二日覆對一過（墨筆）”“初六日校（朱筆十九）”“十二日重校（墨筆）”“季夏十二日晡時重一校（墨筆廿）”。

宋本《國語》從來罕【輯證】○萬青按：《周叔弢古書經眼録》“罕”作“希”。**有，義門先生以不得購見為恨事。此書晚出，可謂唐臨晉帖矣。末册有跋語，原尾**【輯證】○萬青按：《周叔弢古書經眼録》“尾”作“委”。**可證。**【輯證】○萬青按：《周叔弢古書經眼録》謂此處有“宜孫”白文方印。又周氏此下别一行記云：“此條舊夾卷中，大類史西村手跡，石君跋尾有‘明古’二字朱文印，則當時瀏覽所及，遂書於别帋，亦未可知。余近於吴市得西村姓名印並押於副而記之。戊辰七月書於抱山廔。（“唐翰題”白文方印，墨筆在卷末）”（第147頁）又别起一行記云：“陸氏從錢塘遵王印寫錢宗伯家藏宋槧本勘校手寫，始仲春，訖於季夏。歲在戊戌，為順治十五年。至同治元年壬戌，閱二百有四年。嘉興新豐鄉人得寶藏之。（“福地散仙”白文長方印）”（第147頁）又別起一行記云：“錢唐汪遠孫《明道本考異》所據宋公序《補音》，以明嘉靖間許魯宗、金李二本參訂異同。此本張侍御一鯤所刊，在許、金後，以所引異同證之，當與兩本無甚優劣。明道本外，以公序《補音》為古，惜原本單行，經後人散附於各卷中，致失公序之舊耳。庚午二月十七日，重檢記。（“晉昌”白文長方印，墨筆在卷首）”（第148頁）又別起一行記云：“昨承命對《國語》，歸時略校一過，知其校勘精細異常，在黄氏未刻以前，洵秘篋也。黄刻從錢抄影宋本重刊，每半頁十一行，行大字十九至廿二字，夾注卅至卅五字不等。卷末署名及增減之‘減’字殘缺，並與校本相同。專此奉繳，祈即詧收。所有詩集即付去人帶下無誤。此請台安，不莊。世愚侄丁伊桑頓首。（此幼橋孝廉之子，號日扶，平湖學附生。信箋粘於卷首）”（第149頁）又別起一行記云：“甲寅秋日，海豐吴先生出秘笈命讀，因取吾郡士禮居景宋本比勘，成校記一卷。長洲章鈺記。（“章鈺之印”白文方印、“式之”朱文方印，墨筆在卷末）”（第149頁）又別起一行題“陸敕先校宋本國語跋”，全文云：“吾吴士禮居黄氏刊天聖明道本《國語》為覆宋佳刻，稱重藝林。其《札記序》語謂：‘用所收影抄者開雕饗世。’蓋即指校宋本《國語》跋所謂‘繼得影寫明道本也’。惟是本果否即為錢遵王影寫絳雲樓宋刻真本，抑係傳録之本，蕘翁並未揭明。與金壇段氏序文謂‘用錢氏原抄付梓’云云，微有不同。此本即蕘圃跋校本所謂‘陸敕先校真本，推係藏於西船廠（吾蘇巷名）毛氏者’。蕘翁當日未克親見，越百餘年，為海豐吴氏得之。敕先於此書致力最深，再三讎勘，心細於髮，如字跡小有異同，必於第一見端摹眉上。‘通’字為宋真宗后劉氏父名，仁宗立為皇太后，故天聖間避諱作‘**逌**’、作‘**迵**’，明道間復舊，是為天聖刻本之真據。葉林宗題語具存。末粘‘宋本《國語》’云云一帋，乃義門弟子李明古（鑑）手跡，與書之後半眉上所黏校語係出一手。唐鷦庵以名字適同，目為明之史西村，係屬失考。前半欄下墨筆校語疑即李明古校出，由同人代為繕正，友人或指為義門弟子沈寶硯手書，證以蕘翁臨惠松厓校本跋語，謂‘陸敕先本寶硯秘不示人’，是此本先歸沈氏，後入毛子文家。寶硯校書甚多，似當年同學商量，審定移録，尚屬可信。毛氏印記既備列首尾，即蕘翁跋所記浙人戴君經所臨之名，亦見於第六卷十五葉，合校勘諸尊宿彙成一書，精確可信。藏書簿録中，鮮有過於此者。得見蕘翁所未見，可謂驚人秘笈矣。敬取士禮居刊本比勘，知敕先親見錢氏影宋真本與蕘翁所稱影抄本尚多異同，一一記出。約分兩類：一為陸改明本而與黄刊本異者；一為陸仍明本而與黄刊本異者。陸仍明本尚可謂敕先係取明本之長，故未塗改。陸改明本則敕先校例精嚴，決非專輒為之。據此，則黄氏所稱影寫明道本係屬傳録之本，段序謂用錢氏原抄付梓之説亦為同好假借之詞也。因録校記一通，謂石蓮先生正定。另有可備參考者，亦舉出附後。至墨筆校語及黏籤校語，是為讀明本及影宋本互勘之助，則别録一分藏之，不復備列。後敕先校畢之二百五十七年，歲在閼逢攝提格孟冬大雪節，長洲章鈺謹記。”（第 149－153 頁）周氏《經眼録》在章鈺題跋之後羅列鈐印，有“敕先（白文方）”“陸貽典印（白文方）”“宋本（朱文橢）”“善本（白文方）”“陸氏敕先收藏書籍（白文方）”“購此書甚不易（白文方）”“覿玄（白文長方）”“陸貽典一名貽芳（白文方小）”“敕先（朱文方小）”“李鑑之印（白文方）”“明古（白文方）”“李氏收藏（朱文方）”“毛印孝純（白文方）”“子文（朱文圓）”“遜敏齋藏（白文方）”“錢印天樹（白文方）”“葉氏藏書之印（白文長方）”“東坡過眼（朱文方）”“壬景子佳父（朱文長方）”“壬景審定之章（白文方）”“鵰安校勘私籍（朱文方）”“重熹鑑賞（白文方）”“石蓮周所藏書（白文長）”。（第 153 頁）周叔弢《經眼録》録存的題跋、鈐印比《文禄堂訪書記》所載更為詳盡細緻，可相互勘校。周叔弢的記載已經對陸敕先校宋本的遞藏過程梳理得十分清晰。**（在卷首，楊紹和按：此段係墨筆書，無款。以蕘翁辛亥跋語證之，當從陸校本過録，故附於敕先諸跋之後。）**【輯證】〇萬青按：從王文進《文禄堂訪書記》中徵引章鈺題記可知，這段題記為李明古所作。李明古為何焯弟子。

乾隆丁卯，照影宋本校，頗有俗字，不及新本之古。【輯證】〇萬青按：惠棟此處所謂“影宋本”即下文之“錢氏本”。從下文題識可知，惠棟校錢抄本無過，又以陸敕先臨校本校二過。惠棟所據的錢氏本恐亦傳録之本。

十月，從錢氏本再校，松崖棟記。

壬申正月上元，再閱一過。

二月七日，又閱一過。（均在卷末）【輯證】〇萬青按：國家圖書館藏惠棟校本卷一首頁右上角有“二月廿七”墨筆題識四字。

朱墨校宋本《國語》，墨筆得之友人，朱筆得之沈寶硯。云陸敕先校本也。敕先本，寶硯秘不示人，此特其臨本耳。壬申八月廿八日記。松崖。【輯證】〇萬青按：沈寶硯之名，衹見於各藏書目録中，籍貫等並不詳，唯《士禮居藏書題跋記》卷六《丁鶴年集四卷（元本）》云：“始見沈寶硯徵君手録殘本。”知沈寶硯未曾仕宦。乾隆丁卯為 1747 年，壬申為 1752 年。從上文可知，陸敕先校宋本真跡經由沈寶硯、吴重熹、唐翰題等人之手，最後歸於周叔弢，周氏捐贈給北京國家圖書館。是陸敕先校本有三，其一為陸氏真跡，其一為沈寶硯臨本，其一為戴經臨本。又章力收藏有惠棟校本，底本為李克家本（章力：《芷蘭齋書跋：惠棟批校〈國語〉二十一卷存卷一至卷三》，《收藏家》2012 年第 11 期，第 55－58 頁），存卷一至卷三，卷三之末有墨筆題識云：“癸酉十二月朔日閱畢，松崖。”癸酉為公元1753年。章藏本僅有“陸沆字冰篁”（陰文）與“陸僎字樹蘭”（陽文）二篆章，而國圖藏本僅惠棟本人的印就有多處，如“紅豆山房挍正善本”“惠棟之印”“松崖”等，另外還有“周星詒印”“祥符周氏瑞瓜堂圖書”“星詒之印”“曼嘉”等周星貽（1833－1904）的藏書章，另有惠棟題記云：“圈點朱緑筆皆妄男子所加。此書得自破書中，最後獲吾本心，無書校讎，故及之耳。松崖再記。”各種題跋都没有收入惠棟的這段題記。章氏認為其所收存墨筆題識為惠棟手澤，但是這個題識和國圖藏惠棟校本筆跡相比較而言，章氏藏本題識似非惠氏筆跡，恐為他人仿惠氏筆跡而書。從黄丕烈所載前後文可知，朱邦衡有惠棟校本的臨校本。根據惠棟的記述，他校《國語》即用陸敕先校本的臨校本二種，墨筆校本得之“友人”，不知道是否即是朱奐。

墨筆所校，與寶硯本略同，惟未校注耳。又記（均在卷首）

壬申九月，又從陸敕先本校對一過。【輯證】〇萬青按：沈寶硯臨本。

十月，從錢氏本再校。

宋公序本改從古字，頗失舊觀，當略從十之四五，餘當仍明道本刻刊也。壬申十月望後再記，松崖。【輯證】〇萬青按：下文黄丕烈謂“不若惠校之從二本也”，此即惠棟從二本之明證。

乾隆庚戌長至日，小門生朱邦衡臨校。【輯證】〇萬青按：從目前的信息看，惠棟校本有四，一為惠棟校本真跡，一為朱邦衡臨校本，一為黄丕烈臨校本，一為顧廣圻臨校本。惠氏真跡底本為劉懷恕校刻本。朱邦衡臨校本底本不知，恐即章李所收之李克家本。黄丕烈臨校本底本為金李澤遠堂本，顧廣圻臨校本底本為李克家本。

乾隆庚戌臘月，借同郡滋蘭堂朱秋崖臨校惠松崖校本，參校一過，平江黄丕烈識。【輯證】〇萬青按：洪亮吉《卷施閣集·文甲集》卷九《惠定宇先生〈後漢書訓纂〉序》云：“其門下再傳弟子朱邦衡為之繕寫補綴彙為一編。”蓋朱邦衡嘗問學於余蕭客（1729－1777，一云1732－1778），余蕭客嘗問學於惠棟。朱邦衡，字秋崖。滋蘭堂為朱奐（字文游）的藏書之處，奐與惠棟相莫逆，具體生卒年不詳。根據葉昌熾《藏書紀事詩》，朱奐在輩行上是朱邦衡的侄子，年齒比朱邦衡大，從段玉裁、黄丕烈、顧廣圻等稱朱奐為“文游丈”而黄丕烈下文徑曰“余友朱秋崖”可知。故余蕭客寓居朱奐滋蘭堂，徧觀朱奐藏書，而朱邦衡亦得從余蕭客問學。

庚戌秋，於文瑞書肆得校本《國語》六册，係明翻宋刊本，而為陸敕先校，敕先之跋朱書燦然，大抵後人臨本，其校本之善否，猶未敢必也。【輯證】〇萬青按：這個臨本不知是否是沈寶硯的臨本。**適便訪余友朱秋崖，談及是書，云有臨校**

惠校本，取而讀之，始知敕先果有《國語》校本。校《國語》者不止敕先，余所得者特敕先校本耳。不若惠校之從二本也。爰假録此。蕘圃烈識。【輯證】○萬青按：乾隆庚戌為公元1790年，是年，黄丕烈二十八歲。審國家圖書館藏陸敕先校本底本為張一鯤本，凡影抄本中無者統統用朱筆劃掉，影抄本與張一鯤本不同者，則在張一鯤本上直接一朱筆改以影抄本之字，旁書曰“×當作×”，影抄本有而張一鯤本無者則朱筆標識、墨筆添出。惠棟校本以劉懷恕校刻本為底本，其標識方式大體與陸敕先相同，不同的是，陸敕先用朱筆劃掉的方式，而惠棟八國語首則用“「」”括去，注文中凡張一鯤本等所加之音注部分並不進行特别處理，此黄氏所謂惠棟“從二本”之所本。此外，國圖藏惠棟校本改、添文字都用墨筆。韋力收存的惠棟校本與國圖藏校本校改方式不盡相同，凡影抄本與李克家本文字不同者，並不是直接在李克家本字上改字，而是在字旁寫出影抄本之字，改字用朱筆。《補音》釋《周語》部分也並不括去，更符合黄丕烈所説的“從二本”。但是黄丕烈已經明確説明所用惠棟校本為朱邦衡臨校本，恐韋力收存殘卷即為朱邦衡臨校本。又韋力根據自己所收存的本子認為惠棟校《國語》有三次，形成之本有三，即國圖本、南圖本和其收殘卷本。南圖本實為黄丕烈的臨校本，亦非惠棟原校，丁丙《善本書室藏書志》有著録，云：“《國語》二十一卷，明嘉靖刊本，黄丕烈校藏。吴韋昭注前有昭自序。此帙為嘉靖戊子吴郡金李校刻於澤遠堂。有‘士禮居’‘黄丕烈印’‘蕘圃’三印，並依宋本校譌。卷一後録錢遵王語云……”筆者已經目驗為黄丕烈臨校惠棟本，衹有國圖藏本為惠棟校本。段玉裁《重刊明道二年本〈國語〉序》云：“乾隆己丑，予在都門，時東原師有北宋《禮記注疏》及明道二年《國語》，皆假諸蘇州滋蘭堂朱丈文游所照校者。”可見朱奂藏的所謂“明道二本”即朱邦衡臨校惠棟本，這個本子戴震曾借抄臨校，段玉裁又從戴震臨校本臨校，黄丕烈既得陸敕先校本之臨校本，復從朱氏臨校。

是書為山東孔氏校刊本，【輯證】○小方伴子曰：重刻公序本のひとつである詩禮堂本。版心に“詩禮堂”の文字がある。詩禮堂は孔繼汾の室名。孔繼汾は孔子六十八世の子孫孔傳鐸の息子。【輯證】○萬青按：詩禮堂本為宋真宗拜謁孔子駐蹕之所，後供孔氏祭祀齋居，並作講學之用，孔子第五十三代孫孔治（字正己）正式作堂。明弘治年間重修。其址在孔廟東路。孔尚任即在此為康熙皇帝講學，孔繼汾亦在此為乾隆皇帝講經。可見詩禮堂並非是孔繼汾的室名，而是孔府中舊有之物。故而纔以“詩禮堂”的名義刻印古書。包括詩禮堂本的《國語》也是疊經刊刻，傳本有好幾個。**書中確有改正處，特校未盡耳。余因得敕先校本，從同年賓嵎蔣君借閱一過。**【輯證】○萬青按：從上文及下文可知，黄丕烈所得陸敕先校本為臨校本，非陸氏真跡。**繼又借得秋崖藏本，思傳録一**

册，苦無它本。【輯證】○萬青按：當即朱邦衡臨惠棟校本。**乃從賓嵎易得此書，喜之不勝，竭數晝夜之力而竣事。間以陸校本參互疑似，然猶未盡其同異，殘臘不及，覆校當俟諸來歲也。庚戌臘月望前，蕘翁烈又識。**【輯證】○萬青按：黄丕烈不提詩禮堂，唯題孔氏刊本，審北京國家圖書館藏黄丕烈、顧廣圻校本所用底本實為孔傳鐸校本，和臺灣圖書館藏本同，實即乾隆丙戌詩禮堂刊校樣本，拙稿《〈書目答問〉史部國語類補證：以現行三種匯補著作為主》（《圖書資訊學刊》第 12 卷第 2 期，第 161－179 頁）對闕里孔氏刊本《國語》有辨析，可參。審黄丕烈校本朱墨兩校，朱筆施圈點於欄中校改補，墨筆則於欄外進行補充説明，如“先王耀德”，“耀”字旁朱筆書“燿”字，“燿”字下墨筆書“史記”二字，又於本行頁腳書“影宋本仍作耀”，蓋恐讀者誤會朱筆“燿”字為影宋本用字，故書。從這種表述方式上看，黄丕烈、顧廣圻校本先用朱筆校，後用墨筆校，從下文黄氏識語可知。南京圖書館所藏黄丕烈臨校惠棟本是一個配補本，本用金李本為底本，此本後歸丁丙，卷七至卷十四用黄刊明道本配補。賓嵎蔣君即蔣賓嵎，《士禮居藏書題跋記》中出現多次。

辛亥春季，校竣《説文》後，適五柳居主人陶藴輝思以《唐六典》易余所藏臨陸敕先校本《國語》。爰復以陸校覆勘一過，卷中墨筆皆從陸校參考而書之者也。彼此互校，尚多疑似，或更博考諸書以冀一得，乃云備耳。時三月下浣一日燈下，蕘圃校畢書。【輯證】○萬青按：黄丕烈以詩禮堂本為傳録本，至是，校陸敕先本二過。

此本為浙人戴公名經所臨，乃西船廠毛氏師也。相傳陸校真本藏於其家。（均在卷末）【輯證】○萬青按：此本，當即上文黄氏所謂得自文瑞書肆之陸敕先校本也，是黄氏所得陸敕先校本亦臨校本，而非陸氏原本。是知陸敕先校本之臨本自黄丕烈歸於陶藴輝。而陸敕先校本真跡經由沈寶硯歸入西船廠毛氏，後或由毛氏而經唐翰題、吴重熹，最終歸周叔弢，由周叔弢捐贈北京國家圖書館。

此書首借朱秋崖所臨惠松崖校閱本對勘，而參以傳録陸敕先校本，亦可自信為善本矣。繼得影寫明道本，【輯證】○萬青按：所得影寫明道本，恐即顧廣圻所云黄丕烈所得殘五卷，詳見顧廣圻題跋。**囑余友顧澗薲正之。宋本之妙，前賢所校實多闕遺，遂一一考訂，如下書中稱“影宋本”者，皆盡美盡善處也。而今而後，《國語》本當以此為最，勿以尋常校本視之。乾隆乙卯八月，棘人黄丕烈識。（在卷首）**【輯證】○萬青按：詩禮堂本經黄丕烈與朱邦衡臨校惠棟校本與傳録陸敕先校本校閱之後，又得到影寫明道本，即顧廣圻題跋中提到的殘五卷。顧廣圻在此基礎上又對黄氏多校詩禮堂本進行校正。這個本子也就是後來黄刊明道本刊刻的重要依據。

乙卯夏日，用影宋本覆校一過。澗蘋顧廣圻記。（在卷末）

【輯證】〇萬青按：清人楊紹和（1830—1875）《楹書隅録》卷二有《影宋本國語二十一卷四册一函》一篇，全録黄丕烈本篇題跋，末尾續云："此本為錢、陸、惠、葉、顧、黄諸家精校覆勘精核，朱墨燦然，致為可寶。册面題'校宋本國語明道二年刻影抄，南宋槧二本校讎'、'紅豆山房家藏善本'，卷首末有'浦上錢世揚聽松軒''宋本書魔''校書亦心勤''丕烈私印''蕘圃''黄蕘圃手校善本'各印。"（氏著《楹書隅録》，《續修四庫全書》第926册，第616頁）顧廣圻此段題識為王欣夫所輯《顧千里集》收録。

（作者單位：唐山師範學院中文系）

《天禄琳琅書目》前編版本誤判實情蠡測

劉　薔

清乾隆九年（1744），皇家藏書愈發豐富，規模可觀，高宗遂諭令内廷翰林檢閲内府善本，擇其宋、元、明之精善者别於昭仁殿設架庋藏，御筆親題匾額，名曰“天禄琳琅”。乾隆四十年（1775），昭仁殿珍籍益富，于敏中、彭元瑞、王傑等十位大臣奉敕為昭仁殿藏書編纂書目，成《欽定天禄琳琅書目》（前編）十卷，共收書429部，並收入正在編纂中的《四庫全書》史部目録類。嘉慶二年（1797），乾清宫大火，殃及昭仁殿，前編書盡毁。此時已是太上皇的乾隆帝諭旨重建宫殿，令彭元瑞等再輯宫中珍藏，恢復“天禄琳琅”舊觀，選書、編目僅用7個月時間完成，為《欽定天禄琳琅書目後編》二十卷，著録圖書664部。兩部書目皆以宋、金、元、明版本時代為綱，同時代再以經、史、子、集四部為次，各書别撰提要，“首舉篇目，次詳考證，次訂鑒藏，次臚闕補”，考證内容“於鋟刻加詳”[①]。提要中關於書籍版本特點的記述，成為後世研判天禄琳琅藏書版本情形的主要依據。

“天禄琳琅”藏書素享“縹緗精品，琅嬛秘籍”之美譽，然而其中魚目混珠，版本多有誤判。《天禄琳琅書目》後編書儘管星散世界各地，畢竟十存其九，藏書與《書目》幸而俱存，是一組較為完整地保留下來，並能一一對應的大宗書、目材料，這在中國目録學史和版本學研究上具有特殊價值。而前編著録書已毁於清嘉慶二年宫火，無從得見，本文在細讀其提要文字基礎上，尋繹出相關版本特徵，以存世之相同版本及《天目後編》同書覆按，辨析其中版本鑒定失誤，力圖還原這一著名宫廷善本特藏之版本實情。

---

① （清）于敏中、彭元瑞等撰，徐德明標點：《天禄琳琅書目天禄琳琅書目後編·凡例》，上海：上海古籍出版社，2007年，第10頁。

一

《天目前編》書雖已焚毀無存，但據提要文字，以存世之相同版本及《天目後編》同書覆按，發現其中亦不乏版本鑒定失誤者，目前已知至少有如下 27 部書：

卷一之第一部宋版《春秋經傳集解》，每卷末有“相臺岳氏刻梓家塾”、“相臺岳氏刻梓荆谿家塾”等木記，以為乃南宋岳珂所刊①。岳刻《九經三傳》（圖 1），經汪紹楹、張政烺、趙萬里諸先生考證，與岳飛之孫岳珂無關，應為元初常州路義興人岳浚所為，故此本並非宋槧，乃元初刻本。

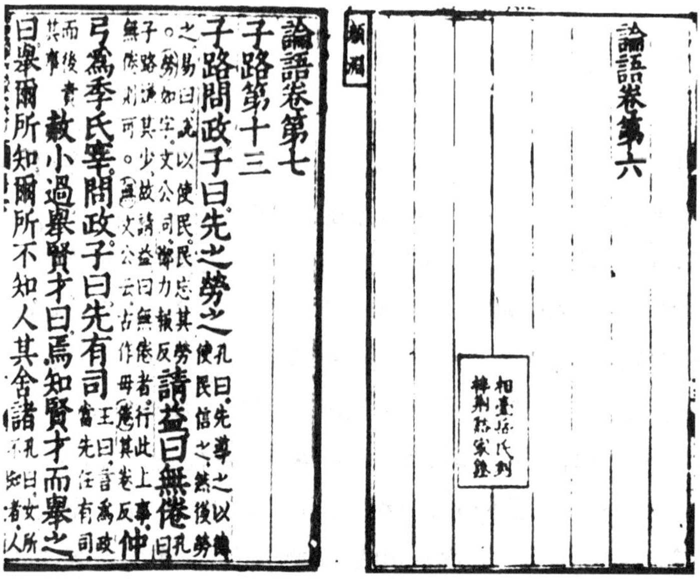

圖 1 《天禄琳琅目後編》卷三之宋版《論語》書影，每卷末有“相臺岳氏刻梓”、“荆溪家塾”刊記，實為元刻本。（現藏中國國家圖書館，書影採自《第一批國家珍貴古籍名録圖録》）

卷一之宋版《五經》，分《易》《書》《詩》《禮記》經文，《春秋左氏經傳》，不分卷。“巾箱本。行密字展，朗若列眉。中‘構’字闕筆，‘慎’字、‘瑗’字不闕，乃高宗時刊。上方列字音。近錫山秦氏仿宋刻巾箱九經，亦同此例。”② 查存世無宋版《五經》合刻本，中國國家圖書館藏有宋版《八經》殘本一部，袁寒云舊藏，白文無注，宋諱避至“惇”，“慎”字不避，間有補版，標明“刊換某某版”字樣，為宋刻遞修本。巾箱本，鐫刻極精，

① 《天禄琳琅書目》前編卷一第一部宋版《春秋經傳集解》條，第 5—6 頁。

② 《天禄琳琅書目》前編卷一宋版《五經》條，第 14 頁。

所謂行密如檣、字細如髮者。明嘉靖間以此白文無注本為底本翻雕，刊印精湛，常被書賈僞充宋本，然覆宋本上加横欄，注以字音，與宋版面貌略不同。此處“上方列字音”，頗疑即此明嘉靖覆宋刻本。

卷二之宋版《帝學》，書後有嘉定辛巳青社齊礪跋，載祖禹五世孫擇能宰高安，刊置縣齋。未幾散逸，户曹玉牒汝洋一日訪得原本，俾鋟木以永其傳云云。以其楮墨精好，認為乃南宋嘉定十四年時所重刊者。書前有乾隆九年、十四年兩次賞鑒後御筆題詩。《帝學》在《天禄琳琅書目》中共著録五部，《前編》著録宋版一部，有吴寛藏印；明版一部，有何焯藏印。《天禄琳琅書目後編》卷五宋版子部著録三部《帝學》，三部版本相同，以為與前編宋版相同，皆宋嘉定刻本，第一部現藏私人手中①，實為清初省園以木活字翻刻宋嘉定本②。《帝學》無宋元本存世，省園本卷前有嘉定辛巳齊礪序，記刊書緣起。又建炎四年謝克家奏取書劄子，亦照避“鏡”“玄”“警”“弘”“殷”“禎”“貞”“徵”“讓”“桓”“敦”“慎”等宋諱，遇諱闕末筆。版心上刊大小字數，版心下有“省園藏板”字樣。因其摹印精好，常被剜去或塾印版心“省園藏板”而充作宋本。繆荃孫《藝風藏書續記》卷二著録家藏本為宋活字本，葉德輝《書林清話》、錢基博《版本通義》、王欣夫《古文獻要略》、毛春翔《古書版本常談》都以其例舉為宋活字本之實證。繆氏舊藏本現藏四川師範大學圖書館，實即省園活字本③。以《天目後編》同書及存世他本覆按，則前編著録此書並非宋版，亦是清初省園活字本。

卷二之宋版《古列女傳》，目録後刊“建安余氏印書”，中或稱“靜庵余氏模刻”，或稱“余氏勤有堂刊”，“即岳珂《九經三傳沿革例》所稱建余氏也”④。建安余氏，乃宋代著名書坊主人，綿延數代，《天禄琳琅書目》前後編多有述及：“(《儀禮圖》)是本序後刻‘崇化余志安刊於勤有堂’。按：宋版《列女傳》載‘建安余氏靖庵刻於勤有堂’，乃南北朝余祖焕始居閩中，十四世徙建安書林，習其業二十五世。余文興以舊有‘勤有堂’之名，號勤有居士。蓋建安自唐為書肆所萃，余氏世業之，仁仲最著。”⑤余氏刻書，宋代以余仁仲萬卷堂最為有名，元代則以余志安勤有堂為代表。余志安，號“靖庵”或“靜庵”⑥，生平年代

① 《天禄琳琅書目後編》卷五宋版子部著録之第一部《帝學》，1996年現身於中國嘉德拍賣公司春季古籍拍賣專場上，現藏北京藏書家兆蘭堂。

② 劉按，《中國古籍善本書目》著録為“清省園刻本”，細審應為木活字本，以其收入《天禄琳琅書目》及版刻風貌觀之，時代或在清初。

③ 劉按，有學者認為“省園”乃明萬曆間人章丘張光啓之園，此本刻於明世，不足據。參見熊克撰：“是清‘省園’藏板，還是宋活字本——為繆藝風著録宋活字本《帝學》及有關問題辯證”一文，《四川師範學院學報》（哲學社會科學版）1990年第1期，第69—75頁。

④ 《天禄琳琅書目》前編卷二宋版《古列女傳》條，第42頁。

⑤ 《天禄琳琅書目》後編卷二宋版《儀禮圖》條，第416頁。劉按，此本實為元建安余氏勤有堂刻本。

⑥ 林申清著：“宋元兩代建陽余氏刻書述略”，《圖書與情報》1993年第3期，第75頁。

已不可考，葉德輝據各家藏書志載録其所刻書而有余志安勤有堂木記者，自元大德八年（1304）至至正十一年（1351），達 47 年[①]，雖堂名沿自有宋，而刻書均在元朝，並上距宋末二十餘年，則余志安實為元人，此本為元代所槧。

卷二之宋版《嘯堂集古録》，書末有跋，其署名處闕去；卷尾有收藏印記三，俱無考，另有一方朱印，“雜複不倫，篆刻亦出俗手，非鑒賞家所為，故不採録”[②]。割除序跋署名、鈐以僞印，是書估作偽常用手段，頗疑此本為明覆宋刻本。

卷三之宋版《黄氏補千家注杜工部詩史》，三十六卷，“前載宋吴元集録傳、序、碑、銘、詩記、鶴自訂甫《年譜辨疑》並《集注杜詩姓氏》，有董居誼、吴文序”[③]。中國國家圖書館現藏一部《黄氏補千家注紀年杜工部詩史》，為潘宗周寶禮堂故物，一嚮定為宋刻本。1970 年山東鄒縣魯荒王朱檀墓中出土了多部古籍，其中一部與北圖本完全同版，衹是目録及卷三十末刻有“武夷詹光祖至元丁亥重刊於月崖書堂”一行（圖 2），知係元至元二十四年（1287）武夷詹光祖月崖書堂刻本，北圖本被公私著録誤定宋本，正是此刻書刊記佚去的緣故。北圖本卷前有寶慶二年董居誼、吴文二序，次傳、序、碑、銘，建安吴元集録，次補注姓氏，次補注者黄鶴撰《杜工部年譜辨疑》，與《天目前編》此本俱同，應是相同版本，同為元槧。

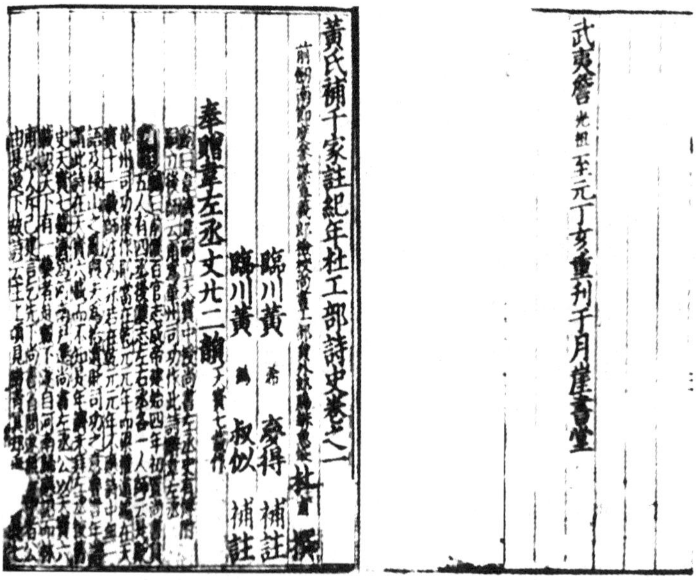
黃氏補千家註紀年杜工部詩史卷之一
臨川黃 希 夢得 補註
臨川黃 鶴 叔似 補註
奉贈韋左丞丈廿二韻
武夷詹光祖至元丁亥重刊于月崖書堂

圖 2 元至元二十四年（1287）武夷詹光祖月崖書堂刻本《黄氏補千家注紀年杜工部詩史》卷端及刊記書影（現藏山東省博物館，書影採自《第一批國家珍貴古籍名録圖録》）

① 葉德輝撰：《書林清話》卷二《宋建安余氏刻書》，第 32—35 頁。
② 《天禄琳琅書目》前編卷二宋版《嘯堂集古録》條，第 54—55 頁。
③ 《天禄琳琅書目》前編卷三宋版《黄氏補千家注杜工部詩史》條，第 63 頁。

卷五著録五部元版《史記》，篇目相同，版本亦相同，都是集解、索隱、正義合刻之三家注本。第一部稱“是書目録並以貞所補《三皇本紀》居卷一之首，尤失其舊。版係翻刻宋槧，未為工整”[①]。第二部云“此即前版，而摹印在先，較為清朗”[②]。第三部“篇目同前，闕《集解序》。此書亦同前版”，“又目録後有‘表章經史之寶’，乃為木刻，係别紙所印，移黏於此。此出書賈作偽之手，不足登載”[③]。第四部“此書目録後有‘大宋紹興五年，王氏梅溪精舍鐫刻’隸書木記，乃割取別本以黏接者，實與前三部同出一版”[④]。第五部“篇目同前，闕《集解序》。此係宋印不全之本，參入元刻，以成完書。雖所存者僅十之二三，而宋槧面目猶未盡泯，亦足為吉光片羽之珍也”[⑤]。三家注合刻本《史記》始刻於南宋光宗末年黄善夫本，其後九十年，元至元二十五年（1288）安福彭寅翁再次刊行，是元代唯一的三家注本。彭寅翁本目録以《五帝本紀》和《三皇本紀》同入卷之一，序後正文，頂格題“五帝本紀第一”，隔六格書“史記一”，而天禄前編本以《三皇本紀》居卷一之首，定非彭本，而是明代正德、嘉靖間翻刻黄善夫本。第三部、第四部兼具書賈作僞痕跡，更是欲蓋彌彰，實非元刻。衹是原書不存，不詳是閩中廖鎧本、金臺汪諒本、震澤王延喆本和秦藩本中的哪一種。鑒於“《三皇本紀》居卷一之首”，而秦藩本首卷卷端下題“補史記”，似是明嘉靖四年（1525）金臺汪諒刻本或明嘉靖四至六年（1525－1527）王延喆刻本可能性更大。

卷五之元版《古史》，提要以為元版之依據在於“馬端臨《文獻通考》載是書，後有雁湖李氏跋。今此本無之，其非宋槧無疑”[⑥]。又稱“卷七後别行刊‘左迪功郎衢州司户參軍沈大廉同校勘’，卷十六後别行刊‘右修職郎衢州録事參軍蔡宙校勘兼監鏤版’”。《天禄琳琅書目後編》卷五著録宋版《古史》三部，其一為“小字本”，現藏臺北博物院，其二、其三為同版之“大字本”，兩部皆藏中國國家圖書館。“小字本”書分六十篇，本紀七，世家十六，列傳三十七。卷前有蘇轍自序，後有紹聖二年三月二十五日自志。紙色古雅，刊刻精良，墨色凝重，緊行密字，故《天目後編》稱其為“小字本”。首册卷七末有“左迪功郎衢州司户參軍沈大廉同校勘”一行，卷十六末有“右修職郎衢州録事參軍蔡宙同校勘兼監鏤板”一行。又書中偶有闕筆宋諱字，如桓、玄等，而貞、敬、徵、敦、殷等皆不諱。《天目後編》《儀顧堂續跋》等據刊記及宋諱闕筆推定為宋衢州本。吴哲夫先生據是書刻工劉侍者、劉伯安、張名遠、詹現、劉伏諸人，均曾參與元刊《遼史》雕版，其餘刻工見於元刊

① 《天禄琳琅書目》前編卷五第一部元版《史記》條，第135頁。
② 《天禄琳琅書目》前編卷五第二部元版《史記》條，第136頁。
③ 《天禄琳琅書目》前編卷五第三部元版《史記》條，第137頁。
④ 《天禄琳琅書目》前編卷五第四部元版《史記》條，第138頁。
⑤ 同上。
⑥ 《天禄琳琅書目》前編卷五元版《古史》條，第141—142頁。

各書更夥，訂是書為元覆刻宋衢州本。阿部隆一云本書刻工多為元末明初間人，另據莫伯驥跋文引陸深《中和堂隨筆》載："洪武二十三年，福建布政使司進《南唐書》《金史》蘇轍《古史》。初，上命禮部遣使購天下遺書，令書坊刊行，至是三書先成進之。"《中國古籍善本書目》著録同行款版式者為明初刻本，則《天目後編》宋版第一部《古史》應為明洪武翻宋刻本。前編此書與後編"小字本"版本特徵盡同，亦是明洪武間翻宋刻本。

卷五之第一部元版《資治通鑑綱目》，《序例》後有"歲在上章敦牂孟夏魏氏仁實書堂新刊"分書木記，提要云："魏仁實，應是當時書賈姓字。"① 葉德輝據刻書者魏仁實為明人，指明《天禄琳琅書目》定為宋本之誤；王重民《中國善本書提要》以書之内容僅刻《集覽》《考異》，擇劉剡刻本和楊氏清江書堂刻本之最善者，因此應晚於劉、楊二家，故從葉德輝之說定於明景泰年間②。此本應為明景泰元年（1450）魏氏仁實書堂刻本，中國國家圖書館、上海圖書館、南京圖書館等衆家單位有藏。

卷五之元版《唐國史補》，目録後有"董氏萬卷堂本"篆書木記，"此本密行小字，製甚工整，雖墨光稍遜，而刊手印工咸出上選。較元槧他書木記猶精"③，《天目後編》卷四宋版《隆平集》序後也有篆文"董氏萬卷堂本"條記④，似是同一方木記，而後者實非宋槧，乃明嘉靖董氏萬卷堂刻本，因此頗疑《唐國史補》亦非元槧，或為明嘉靖間所刊。

卷五之第三部元版《博古圖》，此書規仿舊刻，縮其方幅，前後無序跋，而每卷首行標以"博古圖録考正"，前有遂州鄭樸序，卷一《總説》後有樸題跋。卷一《總説》後尚有别紙接補之痕，可知為後人割去。《天禄琳琅書目》編者考宋元以來正史並各載記之書，皆無所謂鄭樸者⑤，對此書版本有所懷疑，但惑於書中元人趙孟頫等藏印，不得不歸在元版。然而鄭樸乃明朝人，刊刻此書在明萬曆二十四年（1596），仿宋精刊，雕印極工，坊賈剜改鄭樸序後"萬曆丙申"為"宣和五年"，再僞鈐元及明初名家藏印以充宋本。

卷六之元版《纂圖分門類題注荀子》，卷後别行刊"麻沙劉通判宅刻梓於仰高堂"十二字，卷一之後亦於别行刊"關中劉旦校正"。今人據麻沙元、利二房合修《劉氏族譜》等考證，劉通判，名復言，麻沙劉氏元房第八世孫，紹興癸丑進士，官漳州通判。劉氏仰高堂名，蓋源於宋代劉珙在武夷五曲晚對峰所建之仰高堂，此麻沙劉氏或與崇安五夫劉氏同族⑥。刻書者為其子劉旦，所謂"劉通判宅"乃借其父之名以炫人自重。《天禄琳琅書目》

① 《天禄琳琅書目》前編卷五第一部元版《資治通鑑綱目》條，第 145 頁。

② 王重民：《中國善本書提要》史部編年類"明景泰間刻本《資治通鑑綱目》"條，第 93 頁。

③ 《天禄琳琅書目》前編卷五元版《唐國史補》條，第 152 頁。

④ 《天禄琳琅書目》後編卷四宋版《隆平集》條，第 466 頁。

⑤ 《天禄琳琅書目》前編卷五第三部元版《博古圖》條，第 162 頁。

⑥ 參見方彦壽著：《建陽劉氏刻書考（上）》，《文獻》1988 年第 2 期，第 199 頁；方彦壽：《版刻絮語》，《古籍整理研究學刊》1990 年第 2 期，第 39 頁；肖東發：《南行記聞》，《圖書館學刊》1983 年第 2 期，第 57 頁。

提要將父子混為一人，誤矣。麻沙劉通判宅仰高堂除《荀子》外，還刻有《纂圖分門類題五臣注揚子法言》十卷、《音注老子道德經》二卷，在《中國古籍善本書目》中皆著録為宋劉通判宅仰高堂刻本，則此本亦為宋槧。

卷六之元版《河南程氏遺書》，分朱子所輯《遺書》二十五卷，附録一卷，《外書》十三卷，後附《文集》十二卷，又《遺文》一卷，計五十一卷。《遺文》為譚善心所輯，目録後有至治三年秋九月丙午臨川後學譚善心書跋一篇。提要云："譚善心，字元之，臨川人。《元史》無傳，其事蹟不可考。"[①] 按，明隆慶刻本《二程先生全書》後有《重刊二程全書後敘》，略云明天順間洛陽閻禹錫、臨川譚元之遍搜諸紀，録採二先生遺文遺事，彙為一書，太師李賢序而刊之，題曰《二程先生全書》。此《遺文》一卷實為明人所輯。此外書中有"趙氏子昂""龍門子圖書記""進士郡李縣令"三印，《天目後編》編者考以《元史》，證趙孟頫歿時書尚未刊行，安得其收藏印記？"觀三印，篆法俱極粗劣，其為書賈僞造無疑，故不採録"[②]，但仍誤編者為元人，將此書歸入元版。《天禄琳琅書目後編》卷十六明版子部中收入《二程全書》一部，五十一卷，為明隆慶四年（1570）臨海金立敬重刻公文紙印本，分藏臺北博物院及臺灣大學圖書館，書中序跋記編刻始末，前編此書亦為明版。

卷六之兩部元刊《朱子語類》，同出一版，槧印之時亦不相遠，後一部還多出宋人王柏序，但是"紙色與全部深淺迥殊，似非一時所印，或由取資於別本耳"[③]。《天禄琳琅書目後編》也有一部宋版《朱子語録》，前載宋黄榦、李性傳、蔡抗、吴堅、黄士毅、魏了翁、王佖諸序並《語録姓氏門目》，目録後有輯者黎靖德識語二篇、考訂九條[④]，皆與《天目前編》二書無異，而此本實係明成化九年（1473）江西藩司陳煒刻本，因疑《前編》二書亦明成化本，後一部移入別本宋人序，更有僞充宋槧之嫌。

卷六之元版《詳注東萊先生左氏博議》，仿巾箱本之式，書中無刻梓年月，亦不載作注人姓氏，且紙黝墨黯，有元趙孟頫"松雪"印記，提要以為"乃元槧宋槧而不能工者也"[⑤]。《天禄琳琅書目後編》卷七著録一宋版《詳注東萊先生左氏博議》："宋袖珍本。槧法、字體，俱極工雅。"[⑥] 此本現藏私人手中，經審定實為明嘉靖間刻巾箱本。《天目前編》本無刻梓年月、不載注人姓氏、紙色黝黯，均有明顯作偽跡象，蓋趙孟頫印亦僞，推斷應也是明嘉靖刻本。

卷六之元版《夢溪筆談》，"開雕者雖仿宋槧，而槧印不工，紙質亦未能堅緻，其為元

① 《天禄琳琅書目》前編卷六元版《河南程氏遺書》條，第 167 頁。
② 同上。
③ 《天禄琳琅書目》前編卷六第二部元版《朱子語類》條，第 171 頁。
④ 《天禄琳琅書目》前編卷五宋版《朱子語類》條，第 494 頁。
⑤ 《天禄琳琅書目》前編卷六元版《詳注東萊先生左氏博議》條，第 174 頁。
⑥ 《天禄琳琅書目》後編卷七宋版《詳注東萊先生左氏博議》條，第 543 頁。

刻無疑”，“又有宋徽宗‘政和’二字，實篆粗俗，係書賈偽作，不足載入”[①]。《天禄琳琅書目後編》卷五宋版子部著録一部《夢溪筆談》，現藏上海圖書館，實為明代翻宋刻本，卷前有沈括自序，卷後有乾道二年湯修年跋，無刊記及刊書序跋，宋諱“絃”“完”“驚”（其上敬之末筆）、“鏡”等字闕末筆，但不甚嚴格。前編此書特徵近似後編書，加之偽印特徵，疑為明代翻宋刻本。

卷六之第四部元版《集千家注分類杜工部詩》，與前本相比，鐘式木記中“三峰書舍”四字易刊“汪諒重刊”，云“汪諒，無考。”[②] 汪諒係明代嘉靖初年金臺書估，曾於嘉靖元年（1522）翻刻元張伯顔本《文選》、於嘉靖四年（1525）覆刻南宋黄善夫本《史記》，此本實為明正德十四年（1519）汪諒金臺書院刻本。

卷六之元版《增刊校正王狀元集注分類東坡先生詩》，其《注詩姓氏》後有“汪氏誠意齋集書堂新刊”木記，有元人“柯九思印”[③]，《天禄琳琅書目》遂訂為元槧。實汪氏誠意齋集書堂乃明人書坊，刊此本在成化年間，中國國家圖書館、浙江圖書館、臺北博物院皆有收藏。汪本字仿鷗波，槧印清朗，書賈僞製元人柯九思印記，以充元刻。

卷六之元版《黄太史精華録》，後有朱承爵跋，不記年月，《天禄琳琅書目》編者據朱跋行文知“承爵必非宋人，以版式紙質定之，當屬元時刊本無疑”[④]。然而據昌彼得先生考證，朱承爵為明弘治、正德間江陰人，葉昌熾《藏書紀事詩》卷二記載其人[⑤]，朱承爵曾刻過《樊川詩集》《浣花集》《庾開府詩集》等。此本應為明弘治十六年（1503）朱承爵刻本，中國國家圖書館、上海圖書館、重慶圖書館皆有收藏。

卷六之元版《屏山集》，卷前有宋胡憲序、朱子撰《遺帖跋》、墓表，後有朱子《屏山集跋》。《天禄琳琅書目後編》卷十一元版集部有兩部《屏山集》，第一部未知何時亡佚，第二部現藏臺灣研究院傅斯年圖書館，提要記其與前一部之别，為“小字另刻”。傅圖本序跋與前編本同，黑口，墨色濃重，寫刻端正，有典型明弘治、正德版刻風貌，實為明正德間刊本。《屏山集》存世無宋元刻本，疑前編書亦為明刊。

卷六之元版《象山先生集》，外集卷五後有“辛巳歲孟冬月安正書堂重刊”木記，鈐有元人趙孟頫“松雪齋”、明初陶宗儀“陶九成藏書印”印記，《天禄琳琅書目》遂訂為元槧。葉德輝據“安正書堂”為明京兆書林劉宗器之堂號，斷為明本。劉氏在明弘治、正德間刻書頗多，《明代版刻圖録》中著録多部，木記中“辛巳”應為正德十六年（1521）。此本趙、

---

① 《天禄琳琅書目》前編卷六元版《夢溪筆談》條，第178頁。

② 《天禄琳琅書目》前編卷六第四部元版《集千家注分類杜工部詩》條，第185頁。

③ 《天禄琳琅書目》前編卷六元版《增刊校正王狀元集注分類東坡先生詩》條，第192頁。

④ 《天禄琳琅書目》前編卷六元版《黄太史精華録》條，第196頁。

⑤ 昌彼得：《清内府藏書中的僞本——古版本鑒别雜譚（二）》，《故宫文物月刊》第九卷第三期，1991年6月，第64頁。

陶之印俱係僞製，此外提要中云“此書墨闇紙黝”[①]，或係坊賈染色作僞所致。

卷六之元版《兩漢文鑑》，提要云編者陳鑑，自署建安人，《宋史》無傳，始末亦無考。又考之馬端臨《文獻通考》，“未言及此書，其史部中亦不録陳鑑《史節》，豈鑑本非知名之士，著述不顯於時，抑其書未經付刊，逮元而始有是刻耶?”[②]《百川書志》卷十九著録，宋建安石壁野人陳鑑編集，《鐵琴銅劍樓藏書目録》卷二十三著録，云：“石壁野人陳鑑編並序。鑑，建安人，事蹟未詳，著有《漢唐史節》《漢唐文鑑》，今僅存《漢文》二種。”存世《兩漢文鑑》無宋元本，有明弘治十八年建安劉氏日新堂刻本、明嘉靖二年劉弘毅慎獨齋刻本等，建陽坊刻本多窄行密字，竹紙蕪黄，常被誤定為元槧，頗疑此本並非元刻。

二

審讀《天禄琳琅書目》前編提要中對於一書版本特徵的記載，雖然部分有序跋、牌記等具體出版信息，但大多衹是對墨色、紙張、版式、字體等的直觀描述，如：

> 是書大字略仿顔體，注字筆劃亦復整嚴，惜紙色稍差，未能瑩潔。（《尚書注疏》）[③]
>
> 按：宋時監本刻印尤精，此書雖仿其式，而版之長短無定，紙之質理亦粗，以牒所稱何如鄭重，不當有此，其為元時翻刻無疑。（《説文解字》）[④]
>
> 此書係仿宋刊，亦頗得其形似，而紙質墨香則遜矣。（《通典》）[⑤]
>
> 而此本字畫不匀，紙墨麄黝，係元時翻刻，非宋槧也。（《宋名臣言行録》）[⑥]
>
> 書中字體規仿顔、柳，刻工未始不善，而墨黯紙粗，决非宋本。（《自警編》）[⑦]
>
> 此本字仿歐體，用筆整嚴，刻手雖未能盡得其妙，而摹印清朗，在元刻中洵為善本。（《山海經》）[⑧]
>
> 此本係仿宋刊，而紙質不免粗黝之病。（《近思録》）[⑨]

---

① 《天禄琳琅書目》前編卷六元版《象山先生集》條，第 198 頁。
② 《天禄琳琅書目》前編卷六元版《兩漢文鑑》條，第 201 頁。
③ 《天禄琳琅書目》前編卷五元版《尚書注疏》條，第 120 頁。
④ 《天禄琳琅書目》前編卷五元版《説文解字》條，第 132 頁。
⑤ 《天禄琳琅書目》前編卷五元版《通典》條，第 153 頁。
⑥ 《天禄琳琅書目》前編卷五元版《宋名臣言行録》條，第 158 頁。
⑦ 《天禄琳琅書目》前編卷五元版《自警編》條，第 159 頁。
⑧ 《天禄琳琅書目》前編卷五元版《山海經》條，第 160 頁。
⑨ 《天禄琳琅書目》前編卷五第一部元版《近思録》條，第 169 頁。

> 此本版式較大，紙質亦極堅緻，勝於前本。(《近思録》)[①]
>
> 篇目同前，前牟應龍序，後陸晉之序，俱不載。此書版較大，非陸晉之所校刊者，故不載其序。應龍序，或本有而後失之。刻手印工，校前部皆高一籌，在元刻中尚為佳者。(《困學紀聞》)[②]

這令我們聯想到傳統版本鑒定方法中“觀風望氣”一詞。“觀風望氣”本是古代風水堪輿常用語，版本鑒定借用此語，是作為形象化的比喻，比喻展開書卷時的第一直覺，是基於經驗積累的一種主觀判斷。古代書業發達，自宋代以來，官、私、坊、書院幾大刻書系統以及浙、蜀、建、汴、平水、徽州、蘇州等不同地區的出版物都呈現出不同的風貌。版本的形式特徵，是一代版刻風氣的反映。多見古書之人，能做到“觀風望氣”“望氣而定”，一見之下便知其版本，完全是因為對歷代古書的熟悉與豐富的感性認識。對於古書氣韻的描述，時常出現在題跋題識之中，如清初錢謙益《初學集》卷八十五“坡書《陶淵明集》”云：

> 北宋刻《淵明集》十卷，文休承定為東坡書，雖未見題識，然書法雄秀，絶似司馬温公墓碑，其出坡手無疑。鏤版精好，精華蒼老之氣，凜然于行墨之間，真希世之寶也。

清中黄丕烈《蕘圃藏書題識》卷八之“《須溪先生評點簡齋詩集》十五卷”云：

> 證以今所見本，紙墨間毫無宋刻氣息，乃知現刊毛目衍“紙”“宋”二字，遂使蓄疑到今。必得目驗，而始悉其非宋板也。

清末葉德輝《書林清話》之“宋元刻僞本始於前明”云：

> 然究之宋刻真本，刻手、紙料、墨印迥然與元不同。元人補修宋版，明人補修宋元，多見古本書之人，可以望氣而定。

“觀風望氣”的鑒定版本方法，被傳統時代普遍採用，亦體現了人們對古書的賞鑒和珍視。乾嘉間洪亮吉《北江詩話》中稱黄丕烈、鮑廷博等人，是謂賞鑒家，而非鑒定家，即

---

① 《天禄琳琅書目》前編卷五第二部元版《近思録》條，第169頁。

② 《天禄琳琅書目》前編卷六第二部元版《困學紀聞》條，第176頁。

黄、鮑諸人切入書籍的主要角度是賞鑒。而作為一部宫廷收藏的鑒賞目録，《天禄琳琅書目》首先要嚮皇帝説明其收藏的價值所在，“賞”是收藏的出發點和價值，而“鑒”著力於版本鑒定；“賞”偏重於綜合，“鑒”則需要學識和眼力。因此提要中既有對古書珍本賞心悦目之處的欣賞、品味，又有理性的、具體的版本判定。書目編纂諸臣對於版本特徵的描述，是建立在宫廷雄厚的藏書基礎和個人版本素養之上的。要在大量的版本鑒賞實踐中，將感性認識加以條理，用直觀描摹的方法表述出來，以“俾後人有所徵信”[①]。這些具象細節的版本描畫，為我們瞭解和探討各朝各代文化之興衰、物力之豐竭、工藝之精粗，提供了衆多的研究素材。然而限於書目體例，對於書籍内容、版式等方面的著録尚不够規範，這些對不同時代版本風格的狀摹、描畫，尚難以成為版本判定的可靠依據。但藉助於此，我們還是可以整理發掘出各個時代的不同版刻特點。特别是《天目前編》書盡毁，書目提要中的版本描述文字，仍然為後世保留了豐富素材，為《書林清話》（1911）、《版本通義》（1930）、《中國印刷史》（1989）等版本學、印刷史著作所轉引，有裨於版刻歷史的研究和版本學的深入。

以上這些鑒定錯誤，相對於《天禄琳琅書目前編》429部書而言，並不算多。畢竟版本鑒定的經驗尚在積累，對前人的刻書史料有時不甚瞭解，失誤在所難免。例如今人已经有相当研究的明代活字印書家華堅，《天禄琳琅書目》中衹是説：“考明時活版之書，出於錫山安國家者，流傳最廣，華堅姓名不見郡邑志乘，蓋與安國同鄉里，因傚其以活版製書。”[②]甚至到了鑒定水準不斷提高與史料日益豐富的清末，四大藏書家之一的鐵琴銅劍樓瞿氏還將明本《資治通鑑綱目》《祠山事要指掌集》《東坡全集》誤為元刊，海源閣楊氏將明本《春秋經傳集解》《東萊左氏博議》誤為宋刊，因此《天禄琳琅書目前編》中的版本誤判，相比於《天禄琳琅書目後編》[③]，可視作白璧微瑕，無關宏旨，這部書目無愧為中國版本目録學史上的典範之作。

（作者單位：清華大學）

---

① （清）季振宜撰：《季滄葦藏書目·黄丕烈跋》，北京：中華書局，1985年，第83頁。

② 《天禄琳琅書目》前編卷十明版《白氏長慶集》條，第340—341頁。

③ 按，據筆者統計，整部《天禄琳琅書目後編》版本誤判比例高達三分之一，而宋元版部分更是幾近三分之二。詳劉薔：《天禄琳琅研究》，北京：北京大學出版社，2012年，第402頁。

畢沅《山海經新校正》的特點與成就

冷　亦

近現代學界多以為《山海經》具有多學科性質，對該書的研究亦呈現出多元化的複雜特徵，主要集中為三個方面：一是繼續從考證《山海經》之作者、成書時間、性質、篇目及歷史地理内容等傳統主題上來進行研究；二是從百科全書式的視角對其進行考察，著重對書中的神話傳説和民俗進行整理[①]；三是對《山海經》研究成果進行研究。而學術界對畢沅及其《山海經新校正》的研究，主要體現在對畢沅其人的研究，對其生平事蹟進行整理與總結，以及對《山海經新校正》所作的篇目考證、文字校訂和地理考證方面進行研究。其中，《山海經新校正》在篇目考證、文字校訂和地理考證方面，獲得了大多數學者的認可與肯定。但前人對畢著的研究尚有爭論之處，如或以為畢著"訂正文字尚多疏略"，或以為此書"經文校勘精細"；對畢著序跋尚未有全面、細緻地考察其全部内容者；在討論畢氏的注解方法上，多為概括評點，缺乏豐富例證説明。故本文擬在全面研究畢著文本的基礎上，重新檢討前人的結論，並嘗試從《山海經》學術研究史的視野考察畢著的學術成就。

上　《山海經新校正》的特點、方法及不足

透過《山海經》學術研究史來考察畢沅的《山海經新校正》，可以發現此書具有重地理考證、重實地考察、徵史求全求備、注重運用音韻學知識等極為鮮明的特點，其中實地考

① 鍾佩衿：《袁珂的〈山海經〉校注研究》，臺灣政治大學碩士學位論文，2009 年。

察、辨析史料、運用音韻學知識亦為畢沅注解《山海經》的重要方法。

（一）重地理考證

畢沅認為《山海經》為禹、益所著，《山海經》為“信而有徵”的地理學著作，並無怪異成分。並且畢沅還以地理學視角全面考證此書，這是畢沅校注《山海經》的最大特點。畢沅在《山海經新校正序》中説道：

> 《山海經》作於禹、益。
> 《五藏山經》三十四篇實是禹書。
> 《山海經·五藏山經》三十四篇，古者土地之圖。
> 又《山海經》未嘗言怪而釋者怪焉①。

可見，畢沅認為《山海經》為禹、益所作，並且書中的怪物本非怪物，而是讀者誤以為怪物而已。畢沅又説：

> 《列子》引夏革云，吕不韋引《伊尹書》云，多出此經。二書皆先秦人著。夏革、伊尹又皆商人。是故知此三十四篇為禹書無疑也②。

總而言之，皆重在證明《山海經》為禹、益所作，此書是真實可考的地理學著作。因而畢沅注解《山海經》極為注重地理考證，並在《山海經新校正序》中大致列舉出了可以考證的山川河流：

> 《南山經》其山可考者，惟鵲山、句餘、浮玉、會稽諸山。其地漢時為蠻中，故其他書傳多失其跡也。《西山經》其山率多可考。其水有河、有渭、有漢、有洛、有涇、有符禺、有灌、有竹、有丹、有楚、有洋、有弱、有洱、有辱、有諸次、有端、有生、有濫，是皆雍梁二州之水，見於經傳，其川流沿注，至今質明可信者也。《北山經》其山皆在塞外，古之蠻服，經傳亦失其跡，而有泑澤及河原可信。《北次三經》以下，其山亦多可考……皆冀州之水，見於經傳，其川流沿注，又至今質明可信者也。《東山經》其山水多不可考……《中山經》起薄山，是禹所都，故其山水之名尤著……見於

---

① （晉）郭璞注，（清）畢沅校：《山海經》，上海：上海古籍出版社，1989年，第1頁。
② 同上。

經傳，其川流沿注，又至今質明可信者也①。

畢沅對《山海經》之所有山川進行了考證，其結果大致如上文所示。换言之，畢沅注解《山海經》乃著重於地理考證。

檢畢沅《山海經新校正》可以發現，畢沅不僅對其山名水道進行了考證，而且還指出了其於今之地理所在。如《山海經·南山經》之會稽之山，畢沅考證說：

山在今浙江山陰縣南。《水經注》云："會稽之山古防山也，亦謂之為茅山，亦曰棟山。"《越絶書》云："禹到大越上苗山大會計，因而更名苗山曰會稽。"②

畢沅考證出會稽山在今之浙江山陰縣，同時以《水經注》來闡釋會稽山名稱之流變，再以《越絶書》解釋其得名會稽山的緣由。不僅指出其地望，還讓人們明其歷史發展，實為較好的地理考證。再如《山海經·西山經》之松果之山，畢沅說：

山在今陝西華陰縣東南二十七里。《水經》云："河水又南至華陰潼關，注有灌水，出松果之上。"《太平寰宇記》云："華陰縣松果山，在縣東南二十七里。"③

此處，畢沅根據《水經注》和《太平寰宇記》的記載，準確無誤地考證出了松果山的具體位置，且方嚮、里數都比較精確。又《山海經·西山經》之生水，畢沅不僅利用《水經注》《元和郡縣志》等傳世文獻考證生水的所在，而且還根據自己的實際考察來推斷生水之所在④。對於《山海經·東山經》，畢沅則坦言"《東山經》其山水多不可考"⑤。他考證出來的山僅有泰山、空桑之山、緱氏之山等三座山脈，水則僅有濼水和環水。但這並不是因為畢沅不重視《山海經·東山經》之地理考證，而是因為其餘山水不見於經傳記載。又《山海經·西山經》之符禺之山，郭璞於此無注，畢沅則認為符禺山在陝西華州西南，並以《水經》及《太平寰宇記》來佐證⑥。其他的如《山海經·北山經》之少咸之山、《山海經·東山經》之泰山、《山海經·中山經》之長右山、《山海經·海内南經》之三天子鄣山等等，前人或無注，或注極簡，畢沅皆以山川地理考證其於今之所在。

① （晉）郭璞注，（清）畢沅校：《山海經》，上海：上海古籍出版社，1989年，第1—2頁。
② 同上，第14頁。
③ 同上，第17頁。
④ 同上，第32頁。
⑤ 同上，第2頁。
⑥ 同上，第17頁。

不過畢沅的《山海經新校正》對於博物知識則没有全面、深入的研究，呈現出輕博物的取嚮。雖然畢沅在《山海經新校正序》中對於博物知識有所考察，但核查原文即可發現二者稍稍有所出入。其《序》云：

又《山海經》未嘗言怪，而釋者怪焉。經説鵪鳥及人魚皆云人面。人面者，略似人形。譬如經云鸚母狌狌能言，亦略似人言，而後世圖此，遂作人形。此鳥及魚，今常見也。又崇吾之山有獸焉，其狀如禺而文臂，豹虎而善投，名曰舉父。郭云或作誇父。按之《爾雅》有貜父，善顧。是既猿猱之屬。舉、誇、貜三聲相近。郭注二書，不知其一，又不知其常獸，是其惑也。以此而推，則知《山海經》非語怪之書矣。又經所言草木治疾，多足證發《内經》[①]。

由上述所引來看，畢沅對書中的博物知識看似多有解讀，如鵪鳥、狌狌、舉父等，但實際上正如袁珂所言："畢沅衹舉了兩三個例子來説明《山海經》'未嘗言怪'，自然是以偏概全，不足服人。"[②] 且核查此書，畢沅解説博物之處極少，幾乎被校訂文字和考證地理的篇幅所淹没；若將畢沅該書與郭璞之《山海經傳》、郝懿行之《山海經箋疏》相比較，則其輕博物的取嚮更為明顯。如《山海經・北山經》之泰戲之山："有獸焉，其狀如羊，一角一目，目在耳後，其名曰辣辣。"[③] 郭璞和畢沅皆僅著眼於"辣"之讀音，郝懿行不僅補充了畢沅之注，而且還引用楊慎的注解來解釋辣這一動物。再如《山海經・海内北經》有"大人之市在海中"[④]，郭璞和畢沅於此無注，郝懿行則以實際生活中的案例解釋之，並對秦、漢帝王的求長生之心切以及方士屢屢騙得帝王信任發表了評論。

以上所述，足以顯示郭璞於博物知識注解較多、較詳細，而畢沅的關注點則多在於字音字形，二者呈現出較為不同的注解取嚮。實際上，畢沅的《山海經新校正》對書中的博物和神話都較少有注解，與郝懿行及袁珂相比則更少。綜上所述可知，畢沅的《山海經新校正》重於《山海經》之山川，忽於此書之博物。

（二）重實地考察

這是畢沅及此書與郭璞的《山海經傳》、楊慎的《山海經補注》、吴任臣的《山海經廣

---

① （晉）郭璞注，（清）畢沅校：《山海經》，上海：上海古籍出版社，1989年，第3頁。
② 袁珂：《中國神話史》，臺北：時報文化出版企業有限公司，1991年，第418頁。
③ （晉）郭璞注，（清）畢沅校：《山海經》，上海：上海古籍出版社，1989年，第45頁。
④ 同上，第96頁。

注》、郝懿行的《山海經箋疏》以及袁珂的《山海經校注》等書的主要區别。换言之，注重實地考察乃是此書的最大特色。對於《山海經新校正》的實地考察，畢沅幕賓孫星衍在《山海經新校正後序》中有所介紹，他説：

先生（畢沅）開府陝西，假節甘肅。粤自崤涵以西，玉門以外，無不親歷。又嘗勤民，灑通水利，是以《西山經》四篇、《中次五經》諸篇疏證水道為獨詳焉①。

畢沅一生多地為官，足跡遍佈大江南北，且在一些地方興修了水利，對各地地理情況較為熟悉，這使他可以通過實地調查來考證《山海經》地理。在此之前，通過實地調查來考證《山海經》地理的僅有酈道元之《水經注》，但是酈道元的目的在於考證《水經》地理，考證《山海經》地理僅是附帶而為之，且僅考證了部分河流。但畢沅的實地調查則主要是為考證《山海經》之山川河流。例如《山海經·西山經》之嶓塚山有漢水，經文云："又西三百二十里，曰嶓塚之山，漢水出焉，而東南流注於沔。"郭璞僅注"嶓塚之山"云："今在武都氐道縣南。嶓音波。"② 畢沅注云：

山在今甘肅秦州西南六十里。《地理志》云："隴西，《禹貢》嶓塚山在西。"《地形志》誤以為在華陽嶓塚縣，今相承以為在漢中府寧羌州北者，非③。

郝懿行注云：

按山在今甘肅秦州西南六十里。李善注《思玄賦》引《河圖》曰："嶓塚，山名，此山之精上為星，名封狼④。

相比較而言，郭璞注明了嶓塚山的大致位置，畢沅精確注明其於今之地理所在，並糾正了《地形志》的錯誤解讀。畢沅注雖有引用《地理志》所載材料，但這並不能確定其具體里數，故當為畢沅之實地考察所得。郝懿行亦注明了嶓塚山的具體位置，並欲以李善《文選注》所引材料及天文知識來佐證，然而郝氏所注的地望及里數皆與畢注相同，且李善《文選注》所引材料及天文知識又無法確定其山之里數，故郝氏注當源自畢注。又畢沅注

① （晉）郭璞注，（清）畢沅校：《山海經》，上海：上海古籍出版社，1989年，第80頁。
② 同上，第20頁。
③ 同上。
④ 同上，第40頁。

"漢水出焉"，以實地調查澄清了漢水上源為漾水，且有西漢水即洋水之別稱。再者，畢沅通過《水經》及《水經注》《漢書・地理志》《淮南子》對漾水、西漢水和即洋水的記載進行梳理，並以《説文解字》來辨析字義、釐清字形，從而梳理了傳統文獻關於此水的不同記載之關係，又以實地考察檢驗傳統文獻所載，最後考證出了漢水的地理位置①。郝懿行著重對《地理志》《淮南子》《水經注》等相關材料進行辨析，僅是説明了各種記載而已，實則没有確定漢水的地理位置②。

又如關於"沔水"，郭注較為簡單，且文義不通。畢沅則是在實地調查了沔水的主流、支流、別稱、俗名、地望所在等情況的基礎上，充分運用《水經》及《水經注》《郡國志》劉昭注等文獻所載考證出沔水的具體位置在漢中府寧羌州北，俗名燕子河，上承東漢水，西流合於西漢水也③。郝懿行則依然通過史料辨析來注解經文，並校正了經文的訛、脱④。其他如《山海經・西山經》之竹山、《山海經・西山經》之湯水、《山海經・中山經》之夸父山等等，郭璞皆無注，畢沅皆以實地考察得知竹山、湯水之具體方位及俗名，並與《水經注》和《太平寰宇記》所載相佐證。

實地考察是畢沅《山海經新校正》的主要特點之一，而且還是畢沅考證《山海經》地理的主要方法，甚至可以説畢沅的《山海經新校正》之所以能够澄清許多地理問題，即主要得力於實地考察。將畢沅的《山海經新校正》與郭璞之《山海經傳》、郝懿行之《山海經箋疏》相比較，更能顯現出畢沅注重實地考察的特點，且用此方法考證出的結果相對而言亦更為可靠。

（三）徵史求全求備

考證《山海經》地理，畢沅不僅重視《水經注》《元和郡縣志》《太平寰宇記》等歷史地理文獻，而且還重視經傳注疏、類書以及方志等文獻資料。誠如畢沅在《山海經新校正序》中所説："自經傳子史百家傳注類書所引，無不徵也。"⑤ 畢沅並不是對其進行簡單徵引和羅列，而往往是在實地調查的基礎上對相關材料進行辨析，梳理出它們之間的內在關係，以確保其地理考證的準確性。如《山海經・西山經》有鍾山，郭璞於此無注，畢沅通過《漢書》《山海經》《淮南子》以及《史記》徐廣注、《漢書》如淳注、《淮南子》高誘注、《水經》酈道元注等資料發現鍾山即是陰山，並根據自己的實地調查，指出其具體地望在山

---

① （晉）郭璞注，（清）畢沅校：《山海經》，上海：上海古籍出版社，1989年，第20頁。
② （清）郝懿行箋疏，范詳雍補校：《山海經箋疏補校》，上海：上海古籍出版社，2013年，第40—41頁。
③ （晉）郭璞注，（清）畢沅校：《山海經》，上海：上海古籍出版社，1989年，第20頁。
④ （清）郝懿行箋疏，范詳雍補校：《山海經箋疏補校》，上海：上海古籍出版社，2013年，第41頁。
⑤ （晉）郭璞注，（清）畢沅校：《山海經》，上海：上海古籍出版社，1989年，第3頁。

西朔平府北塞外西至陝西榆林府北境[①]。畢沅注所引材料比郝懿行更為完備。郝懿行沿襲了畢沅的說法。衹是郝懿行指出“鍾山之神名曰燭陰”當出自《海外北經》而非《北山經》[②]，但畢沅出現如此失誤，或許是筆誤而致，並非硬傷。因為畢沅已對相關材料進行了較全面的整理和較深入的辨析，且與實地調查互證，其結論誠屬客觀。再如《山海經·西山經》有三危之山，郭璞注云：“今在敦煌郡，《尚書》云‘竄三苗於三危’，是也。”[③] 郭注簡單、準確，但放至畢沅所處時代已無法應對關於三危山的各種說法。畢沅通過徵引大量的文獻材料，即《尚書》鄭玄注、《郡國志》劉昭注、陸德明《莊子音義》、《水經》酈道元注、《淮南子》、《史記正義》等梳理出古人所謂的“三危山”其實有三，一是秦州之三危山，二是四川之三危山，三是甘肅之三危山，即《山海經·西山經》之三危山，並將各自所載之三危山具體到於今之地理，校訂了《尚書》鄭玄注的文字錯誤和酈道元《水經注》的誤解[④]。郝懿行所引材料除《漢書》張輯注以外皆與畢注所引類似，二者結論相同，且《漢書》張輯注所引與畢沅所用之《尚書》鄭玄注相似[⑤]。換言之，畢沅充分徵引各類史地材料並對其進行辨析，進而澄清了各種説法，明確了三危山的地望，誠為可取，故郝懿行亦從之。再如《山海經·北山經》有管涔之山，郭璞注云：“今在太原郡故汾陽縣北秀容山，涔音岑，管音奸。”[⑥] 郭注較為簡單，但具有重要的參考價值。畢沅用《淮南子》考證汾出燕京，再用《水經注》考證出燕京山為管涔山之異名，再以《括地志》考證出管涔山之具體位置，再以《太平寰宇記》解釋管涔山得名之原由，並校訂郭注[⑦]。畢沅對傳世文獻之靈活運用，即此可見一斑。郝懿行之注則與畢沅類似，地理考證結論亦沿襲畢注之説。不過，郝注還注意到太原郡與太原國之不同[⑧]。又如《山海經·中山經》有放皋之山，郭璞注云：“放或作效，又作牧。”[⑨] 畢沅注云：

山在今河南魯山縣北。《水經注》“明水出梁縣西狼皋山”，引此云云，“汝水自狼皋山東出峽，謂之汝阨也”。《太平寰宇記》云：“伊陽縣鳴皋山在縣南三十里。”又《元和郡縣志》云：“陸渾縣明皋山在縣東北十五里。”疑非[⑩]。

① （晉）郭璞注，（清）畢沅校：《山海經》，上海：上海古籍出版社，1989年，第25頁。
② （清）郝懿行箋疏，范詳雍補校：《山海經箋疏補校》，上海：上海古籍出版社，2013年，第59頁。
③ （晉）郭璞注，（清）畢沅校：《山海經》，上海：上海古籍出版社，1989年，第29頁。
④ 同上，第29頁。
⑤ （清）郝懿行箋疏，范詳雍補校：《山海經箋疏補校》，上海：上海古籍出版社，2013年，第73頁。
⑥ （晉）郭璞注，（清）畢沅校：《山海經》，上海：上海古籍出版社，1989年，第38頁。
⑦ 同上。
⑧ （清）郝懿行箋疏，范詳雍補校：《山海經箋疏補校》，上海：上海古籍出版社，2013年，第103頁。
⑨ （晉）郭璞注，（清）畢沅校：《山海經》，上海：上海古籍出版社，1989年，第64頁。
⑩ 同上，第64頁。

郝懿行注云：

按《初學記》引此經，作“放皋”；《水經注》作“狼皋山”。山在今河南魯山縣北[①]。

郭璞和郝懿行的注解皆著眼於訂正經文，而畢沅則重在以文獻材料考證地理。畢沅通過《水經注》《太平寰宇記》考證出放皋山的具體位置，並對《元和郡縣志》所載表示懷疑。郝懿行之注則明顯承襲於畢沅之説。

據上可知，畢沅往往儘可能全面地收集、梳理各類史地材料，輔以實地考證，進而解決了許多地理問題，對郭璞的注解進行了較好的説明或補充，其結論多為郝懿行所沿襲。

在儘可能全面收集各類史地材料的同時，畢沅還特別注重辨析其内在關係，以考證《山海經》的篇目，訂正《山海經》的錯訛文字。關於《山海經》的篇目，歷代典籍著録有異。如劉歆《上〈山海經〉表》稱其校訂為十八篇、《漢書·藝文志》載十三篇、《隋書·經籍志》云二十三卷、《舊唐書·經籍志》載十八卷、《新唐書·藝文志》載二十三卷等，不僅記載數目不同，而且還有“卷”和“篇”的差異，此問題實屬棘手。畢沅充分利用歷代文獻著録對《山海經》的篇目問題進行了系統考證。畢沅在《〈山海經〉古今本篇目考》中説：“《山海經》三十四篇，禹、益所作。”[②] 畢沅認為劉歆在《上〈山海經〉表》中所説的“《山海經》凡三十二篇”[③] 當為“三十四篇”之誤，且具體的三十四篇為《五藏山經》二十六篇、《海外經》四篇、《海内經》四篇，古本《山海經》不包括《大荒經》以下五篇。畢沅的這種觀點得到了郝懿行、袁珂等人的支持。袁珂進一步用籀文之“四”即為兩個“二”相重來佐證。但是陳連山卻認為此説不成立，因為“劉歆業已將《山海經》校訂、隸定，其表斷然不可能寫作籀文”[④]。陳連山之説似亦有道理。不過畢沅及袁珂所用論據雖有不足，但畢沅此説具有一定的啓發意義，能為考證《山海經》篇目問題提供較好的切入點。畢沅認為《漢書·藝文志》著録的“十三篇”是劉向領校此書時所合，並不包含《大荒經》以下五篇。畢沅此説主要著眼於《漢書·藝文志》的“十三篇”與劉歆《上〈山海經〉表》“十八篇”之間的矛盾，其實没有實在依據，僅為假設，但具有一定的啓發作用。畢沅又説：十八篇，劉秀所增[⑤]。畢沅根據正統道藏本《山海經·海内經》篇題下注“此《海内

① （清）郝懿行箋疏，范祥雍補校：《山海經箋疏補校》，上海：上海古籍出版社，2013年，第189頁。
② （晉）郭璞注，（清）畢沅校：《山海經》，上海：上海古籍出版社，1989年，第5頁。
③ 同上，第10頁。
④ 陳連山：《〈山海經〉學術史考論》，北京：北京大學出版社，2012年，第38頁。
⑤ （晉）郭璞注，（清）畢沅校：《山海經》，上海：上海古籍出版社，1989年，第7頁。

經》及《大荒經》本皆進在外”[①] 認為《大荒經》以下五篇原本逸在外，是劉歆領校此書時所加，故為十八篇。陳連山說他在國家圖書館核查南宋淳熙七年（1180）池陽郡齋尤袤刻本《山海經》為“皆逸在外”，“進”為“逸”之形誤[②]，可證畢沅此説確有道理，但這仍然僅是假設。畢沅還説：《水經》二卷，撰人闕，郭璞注[③]。畢沅根據“自岷三江首至漳水入彰武南多有漢郡縣名”，以及《隋書·經籍志》《舊唐書·經籍志》所述情況認為此部分是郭璞所注之《水經》，並混入《山海經》經文。最後畢沅認為《山海經》十八卷為郭璞所注，没有爭議。畢沅考證篇目既依據《漢書·藝文志》《隋書·經籍志》《舊唐書·經籍志》等所載文獻並對這些文獻進行辨析，又根據《山海經》經文進行驗證，但假説仍多，且無實在依據，因而難以得到學者們的認同。不過，在當時畢沅能有這樣的認識和解讀，就已經非常不錯了。

畢沅還通過廣泛徵引和辨析《説文解字》《水經注》《玉篇》《廣韻》《莊子音義》等文獻材料解決了許多經文訛誤問題。例如《山海經·西山經》有槐江之山，經文載：“爰有淫水，其清洛洛。”郭璞注云：“水流下之貌也。淫，音遙也。”[④] 畢沅認為“淫”當為“瑤”，因為“淫”非古字，進而以《史記》《穆天子傳》《吕氏春秋》等書所載文獻來佐證自己的判斷[⑤]。郝懿行認為“淫”當為“瑤”，且“瑤水”即“瑤池”，所引材料與畢沅類似。另外郝懿行認為“淫”當為傳寫之訛，且郭注之“留”，當為“溜”或“流”字[⑥]。其實畢沅所用版本即是最好佐證。不過，郝懿行用陶淵明的《讀〈山海經〉詩》來訂正了“洛洛”當為“落落”，則是其貢獻。綜而言之，畢沅以古今字來辨析這些史料得出的結論是正確的，郝懿行的論證亦證明了畢沅的結論。再如《山海經·北山經》有發鳩之山，經文載：“漳水出焉”[⑦]，郭璞注云：“濁，漳音章。”[⑧] 畢沅根據《説文解字》，不僅校訂了經文和郭璞注之“漳”都應為“涑”，而且糾正了酈道元《水經注》的錯誤[⑨]。

畢沅不僅重視材料辨析，而且極為重視引證材料的可靠性。畢沅在《山海經新校正序》中説道：

---

① （晉）郭璞注，（清）畢沅校：《山海經》，上海：上海古籍出版社，1989年，第10頁。
② 同上，第41頁。
③ 同上，第8頁。
④ （晉）郭璞注，（清）畢沅校：《山海經》，上海：上海古籍出版社，1989年，第26頁。此處郝懿行《山海經箋疏》經文作“爰有淫水，其清洛洛”，郭璞注作“水留下之貌。淫，音瑤也”。
⑤ （晉）郭璞注，（清）畢沅校：《山海經》，上海：上海古籍出版社，1989年，第26頁。
⑥ （清）郝懿行箋疏，范祥雍補校：《山海經箋疏補校》，上海：上海古籍出版社，2013年，第63頁。
⑦ （晉）郭璞注，（清）畢沅校：《山海經》，上海：上海古籍出版社，1989年，第43頁。
⑧ 同上，第43頁。
⑨ 同上，第43—44頁。

> 任臣則濫引《路史》、六朝唐宋人詩文以及《三才圖會》《駢雅》《字彙》等書，以證經文。《路史》錯謬，既不足取，詞章所稱，又豈經證？至於《三才圖會》《駢雅》等書，近世才人依托俗本經文撰述成帙，字跡訛繆，百無一得。任臣所注，多在於斯經之厄也。故無取焉①。

畢沅認為《路史》《三才圖會》《駢雅》《字彙》等書錯謬甚多，百無一得，無法拿來考證《山海經》，而吴任臣的《山海經廣注》卻没有對這些材料加以選擇和甄别。事實上，畢沅當是瞭解吴任臣《山海經廣注》的學術價值，但由於他極為强調徵引材料的可靠性，所以大體否定了此書。不過畢沅認為“詞章所稱”難以證經則是值得商榷的，上文所述郝懿行以陶淵明之《讀〈山海經〉詩》訂正了《山海經》經文之誤即是良好例證。

畢沅幕賓孫星衍在《山海經新校正後序》中説道：“秋帆先生作《山海經新校正》，其考證地理則本《水經注》，而自九經箋注、史家地志、《元和郡縣志》《太平寰宇記》《通典》《通考》《通志》及近世方志無不徵也。”② 可知，廣博徵引文獻材料並對其進行深入辨析乃為畢沅《山海經新校正》的重要特點，亦是畢沅注解《山海經》的重要方法。他用這種方法注解《山海經》，澄清了許多地理和部分經文錯訛問題，並嘗試解決《山海經》的篇目問題。

（四）重音韻學知識

畢沅的《山海經新校正》還重視並靈活運用音韻學知識來注解《山海經》，甚至還通過音韻學方法來考訂《山海經》地理。畢沅在《山海經新校正序》中説道：

> 《海内經》淩門之山，當即龍門之山，今陝西韓城是。楊汙之山當即秦之楊紆，今陝西潼關是，而古今地理家疑其域外，由是漢魏以來，不知聲轉，斯為謬也③。

《山海經·海内北經》有淩門之山和楊汙之山，古今地理家都認為它們在域外，但是畢沅運用音韻學知識識别出它們的别稱，並以此為綫索考證其地望之所在。畢沅認為以往的地理家之所以認為它們在域外，乃是因為不知聲轉，故而産生了錯誤解讀。核查《山海經新校正》可知，《山海經·海内北經》曰：“淩門之山，河出其中。”郭璞注云：“皆河之枝

① （晉）郭璞注，（清）畢沅校：《山海經》，上海：上海古籍出版社，1989年，第9頁。

② 同上，第121頁。

③ 同上，第3頁。

源所出之處也。”[①] 畢沅根據“淩”“龍”聲相近，大膽推測淩門山就是龍門山，進而考證出其地望所在[②]。至於陽汙之山，畢沅則運用音韻學知識推定“陽汙”與“楊華”“楊紆”“陽紆”“楊陓”及“楊盱”為同一地名，並且指出其具體地望為今之潼關，肯定了高誘的解釋，糾正了酈道元的誤解[③]。又如《山海經·西山經》有崇吾之山，經文載：“有獸焉，其狀如禺而文臂，豹虎而善投，名曰舉父。”郭注：“或作夸父。”[④] 畢沅注“善投”云玃諧音矍，二者相同。又舉在魚部見紐，夸在魚部溪紐。鐸部、魚部相近。可見，見紐、溪紐也相近。因而，玃和舉以及夸相近[⑤]。所以畢沅的説法正確，郭璞的解釋有誤。

畢沅還根據經文文義等方法來考察經文與釋語，並加以區別。此雖與音韻學知識無關，筆者暫且於此論之，以供學者參考。如《山海經·中山經》載：“其餘十三山者，毛用一羊，懸嬰用桑封，瘞而不糈。桑封者，桑主也，方其下而鋭其上，而中穿之加金。”[⑥] 郭璞注曰：“言作神主二祭以金銀飾之也。《公羊傳》曰：‘虞主用桑主。’或作王。”[⑦] 畢沅注云：

此條疑周秦人釋語，舊本亂入經文，今别行[⑧]。

郭璞注解《山海經》尚未察覺此條為釋語而非經文，畢沅經過自己考證將之識别。再如《山海經·西山經》載：“羭山，神也。祠之用燭，齋百日以百牲，瘞用百瑜，湯其酒百樽，嬰以百珪百璧。其餘十七山之屬，皆毛牷用一羊祠之。燭者，百草之未灰，白席采等純之。”[⑨] 郭璞注云：“純，緣也；五色純之，等差其文采也。《周禮》：‘莞席紛□’。”[⑩] 畢沅云：

此亦周秦人釋語，舊本亂入經文，今别行[⑪]。

查考該段原文可以發現，前後行文邏輯確實不順暢，所以畢沅之説是正確的。又如《山海經·海外南經》載：“南山在其東南。自此山來，蟲為蛇，蛇號為魚。一曰南山在結

---

① （清）畢沅校注：《墨子》，上海：上海古籍出版社，2014年，第95頁。
② 同上，第95頁。
③ （晉）郭璞注，（清）畢沅校：《山海經》，上海：上海古籍出版社，1989年，第95頁。
④ 同上，第24頁。
⑤ 同上，第24頁。
⑥ 同上，第54頁。
⑦ 同上，第54頁。
⑧ 同上。
⑨ 同上，第21頁。
⑩ 同上。
⑪ 同上。

匈東南。”[①] 畢沅云：

> 凡“一曰”云云者，是劉秀校此經時附著所見他本異文也。舊亂入經文，當由郭注此經時升為大字。今率細書而以郭傳分注[②]。

畢沅此説具有一定道理，有助於我們更好地認識《山海經》的本來面貌。孫星衍在《山海經新校正後序》中更是對此予以高度評價，他説：“《海外經》以下諸篇雜有劉秀校注之詞，分别其文，降為細字，在近世，可與戴校《水經》並行不悖。”[③] 陳連山認為，畢沅校注經文的最大貢獻在於指出《海内東經》最後自“岷三江首”以下，均為誤入的郭注《水經》[④]。畢沅識别出混入經文之釋語實屬不易。

（五）不足之處

畢沅的《山海經新校正》取得了較大成就，同時亦有不足之處，尤其是將其放置於學術研究史視野下與郝懿行之《山海經箋疏》、袁珂之《山海經校注》等進行對比，即可發現畢沅此書有校改經文、輕視類書及内證、運用音韻學知識較為隨意等不足。

校訂《山海經》經文及前人注解時，雖有相應的依據，但畢沅直接校改原文確實做得不够好，對此前人已有批評，如陳連山等。畢沅利用文獻材料來校改經文及前人注解，未能保護該書的原始面貌，給人們造成了閲讀上的障礙。如《山海經・中山經》云：“又東三十里曰雅山，澧水出焉，東流注於視水。”[⑤] 畢沅依據《水經注》改經文之“視”為“涀”[⑥]。再如《山海經・中山經》云：“又東三十里曰皐山，其陽多金，其陰多美石。”郭璞注曰：“或作章山。”[⑦] 畢沅注説郭璞注作童山[⑧]，然而實際情況卻是《山海經新校正》内郭璞注寫作“章山”，即出現了“皐山”“章山”“童山”三種説法，較為複雜。又如《山海經・中山經》云：“凡夫夫之山、即公之山、堯山、陽帝之山皆塚也……嬰用圭璧十五，五采惠之。”[⑨] 畢沅注云：

---

① （晉）郭璞注，（清）畢沅校：《山海經》，上海：上海古籍出版社，1989 年，第 80 頁。
② 同上。
③ 同上，第 121 頁。
④ 陳連山：《〈山海經〉學術史考論》，北京：北京大學出版社，2012 年，第 168 頁。
⑤ （晉）郭璞注，（清）畢沅校：《山海經》，上海：上海古籍出版社，1989 年，第 75 頁。
⑥ 同上。
⑦ 同上，第 76 頁。
⑧ 同上。
⑨ 同上，第 78 頁。

舊本作“彩”，非①。

畢沅校改經文文字，雖有其依據，但有時則較為武斷。實際上通讀《山海經新校正》後，可以發現其原因在於畢沅認為“彩”是俗字，他主張把經文中的俗字、新字都改為正字。筆者發現畢沅不僅要校改經文，而且還要校改前人注解，使前人注解亦失去了原貌，給讀者們造成了閱讀上的不便。如《山海經·西山經》載：“又東五百里，曰會稽之山，四方，其山多金玉，其下多玞石。”郭璞注曰：“玞，武夫石，似玉。今長沙臨湘出之。青地白文，色蔥蘢，不分了也。”② 畢沅注云：

舊本“青”作“赤”，“了也”二字作“明”，今據《玉篇》所引改正③。

畢沅根據《玉篇》所引改正了經文，這種行為是不够嚴謹的。後來的郝懿行就在其《山海經箋疏》中對這一條進行了考證，僅把《玉篇》所引加以備説，較為嚴謹④。

將畢沅的《山海經新校正》與稍晚的郝懿行之《山海經箋疏》進行比較可以發現，畢沅此書有輕類書和輕内證的不足。如《山海經·南山經》有丹穴之山，經文云：“有鳥焉，其狀如雞。”⑤ 郭璞及畢沅於此條無注解。郝懿行的《山海經箋疏》則注云：

按《史記·司馬相如傳》正義、《文選》注顏延之《贈王太常詩》、《藝文類聚》九十九卷及《初學記》五卷引此經雞並作鶴；薛綜注《東京賦》引作鵠⑥。

雖然郝懿行並沒有根據《藝文類聚》及《初學記》來訂正出經文的正僞，但是郝懿行的做法使學者們瞭解到了經文文字與其他文獻所引文字的不同情況，為人們的閱讀、理解和研究提供了參考。再如《山海經·南山經》有：“又東五百里曰浮玉之山，北望具區，東望諸毗。”⑦ 郭璞注云：“水名。”⑧ 郝懿行通過比較《南山經》《西山經》和《北山經》所載以及郭璞所注，辨析出諸毗實有二處，並通過《太平寰宇記》的記載考證出《南山經》之

① （晉）郭璞注，（清）畢沅校：《山海經》，上海：上海古籍出版社，1989 年，第 78 頁。
② 同上，第 14 頁。
③ 同上。
④ （清）郝懿行箋疏，范詳雍補校：《山海經箋疏補校》，上海：上海古籍出版社，2013 年，第 21 頁。
⑤ （晉）郭璞注，（清）畢沅校：《山海經》，上海：上海古籍出版社，1989 年，第 15 頁。
⑥ （清）郝懿行箋疏，范詳雍補校：《山海經箋疏補校》，上海：上海古籍出版社，2013 年，第 25 頁。
⑦ （晉）郭璞注，（清）畢沅校：《山海經》，上海：上海古籍出版社，1989 年，第 13 頁。
⑧ 同上。

諸毗所在[①]，而畢沅卻忽視了這些《山海經》內可以自證的記載[②]。

畢沅運用音韻等小學知識來考訂《山海經》文字及地理問題時，亦有不恰當之處，甚至有些隨意。如《山海經·南山經》之洵山有茈蠃。郭注云："紫色螺也。"[③] 畢沅注云：

> 茈蠃，即《夏小正》云蜄者，浦盧也。茈蠃、蒲盧，音相轉[④]。

蒲盧，可寫作蒲蘆、蒲蠃。同時，茈為脂部幫紐字，蒲為魚部並紐字，即是說二者並不在同一聲部。再來看蠃和盧，蠃為歌部來紐，盧為魚部來紐，但二者韻部不同。所以，畢沅認為茈蠃與蒲盧存在音轉是不恰當的。而郝懿行的《山海經箋疏》則注云：

> 郭云紫色螺，即知經文茈當為茈。字之偽也，古字通以茈為紫。《御覽》引此經茈作茈[⑤]。

郝懿行根據上下文文義和相關文獻材料澄清了此問題，糾正了畢沅的錯誤。所以兩者相比較而言，郝懿行對於音韻等小學知識的運用更為謹慎，亦較為可靠。不過，畢沅較早地嘗試運用這種方法注解此書對郝懿行等人具有較大的啓發作用。

綜上所述，畢沅《山海經新校正》特色顯著，方法可取，成就甚高。但存在校改經文、輕類書及內證、隨意運用音韻學知識等不足。

下　《山海經新校正》的學術地位及影響

在《山海經新校正》中，畢沅充分運用傳世文獻資料、小學知識和實地調查等方法來注解《山海經》，並體現出獨有的特色。畢沅之所以積極運用這些方法注解《山海經》，並使《山海經新校正》體現出這些特色，其實與他的學思歷程即畢沅所處的乾嘉時期的學術風氣、他的師承以及交游仕宦等有著深刻的內在聯繫。

---

① （清）郝懿行箋疏，范詳雍補校：《山海經箋疏補校》，上海：上海古籍出版社，2013年，第19頁。
② （晉）郭璞注，（清）畢沅校：《山海經》，上海：上海古籍出版社，1989年，第13－14頁。
③ 同上，第14頁。
④ 同上。
⑤ （清）郝懿行箋疏，范詳雍補校：《山海經箋疏補校》，上海：上海古籍出版社，2013年，第22頁。

（一）乾嘉考據學風的盛行

畢沅生活於清乾嘉時期，此時的學術主流為重視訓詁和考據的樸學。樸學在此時興盛具有深刻的政治和學術背景，此已經學術界成熟之論證，自不必贅言。本文强調的是，清朝統治者大力興辦教育，提倡古籍考據和整理以籠絡文人，維護其統治，進而促進了考據學的快速發展。如乾隆皇帝自己親自撰寫考據文章，如《陽關考》《熱河考》《濟水考》等，並主張"事不再三精核，率據耳食以為實，君子弗為也。言不求於至是，已覺其失，護己短而莫之改易，君子弗為也。必知斯二者然後可以秉史筆，以記千載之公是公非"[①]。乾隆皇帝努力宣導"再三精核"和"言求於是"的考據學風，必然對當時的學術風氣産生較大影響，尤其是對於畢沅這種既沐浴皇恩又兼具學者身份的官僚必然産生不小的影響。再如清廷組織編寫《四庫全書》亦有宣導考據之意。《四庫全書·凡例》即云：

> 故説經主於明義理，然不得其文字之訓詁，則義理何自而推？論史主於示褒貶，然不得其事蹟之本末，則褒貶何據而定……今所録者，率以考證精核，辯論明確者為主，庶幾可謝彼虚談，敦兹實學[②]。

《四庫全書》為朝廷修撰，足以代表官方對於訓詁、考據的宣導。並且《四庫全書總目提要》還對《山海經》有所論述，其文曰：

> 《山海經》書中序述山水，多參以神怪，故《道藏》收入太玄部竟字型大小中。究其本旨，實非黄、老之言。然道里山川，率難考據，按以耳目所及，百不一真，諸家並以為地理書之冠，亦為未允。核實定名，實則小説之最古者爾[③]。

《四庫》館臣以為《山海經》之山水多有神怪，難以檢視，故將其列入小説家。換言之，即是提倡考據之學，甚至要以實地考察來檢視之。到了乾隆、嘉慶時期，這種考據風氣發展至頂峰，因而被稱為乾嘉學派，因其學風樸實無華故又被稱為樸學，其代表人物有惠棟、錢大昕、戴震、段玉裁、王念孫、王引之等。

以考據學為主流的時代風氣對畢沅的治學取嚮産生了深刻影響。畢沅自己努力追逐時

---

① （清）傅恒等撰：《欽定皇輿西域圖志》卷三十七，《中華史地名著叢刊》第5册，臺灣：文海出版社，1970年。

② （清）紀昀：《四庫全書總目提要》，石家莊：河北人民出版社，2000年，第45—46頁。

③ 同上，第3624頁。

代潮流，積極實踐乾隆皇帝的考據宣導，自身亦長於考據，對於經史、地理、金石亦無所不通，當時有人説畢沅“於經義、史籍、天文、地理，下逮百家、雜技之類，俱通貫而纂輯之”①。乾隆四十一年（1776），畢沅嚮乾隆皇帝進呈其編撰的《關中勝跡圖志》三十卷，“上覽而嘉之，命儒臣撰録提要，抄入《四庫全書》”②。前已述及乾隆皇帝極為宣導考據之學，畢沅又特呈其《關中勝跡圖志》，並得其好評。顯然畢沅乃是認真實踐了乾隆皇帝“再三精核”“言求於是”的考據主張，並得到皇帝的高度認可，並命儒臣抄入《四庫全書》。又《四庫》館臣在《四庫全書總目提要》中評價該書説：“其書以郡縣為經，以地理、山川、大川、古蹟四子目為緯，而以諸圖附於後。援據考證，各附本條，具有始末。”③《四庫》館臣又評價該書“援據考證，各附本條，具有始末”，即是肯定該書的考據成果。僅此一列，足以見證畢沅受以考據為主流的風氣和統治者主張的影響，亦極為重視考據之法。

同時，畢沅廣開幕府，延攬人才，促進了乾嘉學派的發展、壯大。乾嘉時期的著名學者如錢大昕、孫星衍、阮元等大都出入於畢沅的幕府，畢沅與這些學者一道編撰了《史籍考》《續資治通鑑》《西安府志》等書，在史學等方面取得了重大成就。對於這些學者，畢沅不僅給予資助，而且還發展他們的特長和愛好。

錢大昕為畢沅所作《墓志銘》云：“大昕與公同里閈，先後入館閣，論文道古，數共晨夕。晚歲雖雲泥分隔，而公不忘久要，書問屢至，每有撰述，必先寄示。”④ 即此可見畢沅與錢大昕交往甚深。並且，畢沅編撰《關中金石記》《續資治通鑑》等書都對錢大昕的考據有所採納。再如畢沅聽聞章學誠在方志學領域造詣較高，於是召他入幕府，讓他編撰《大名縣志》《天門縣志》以及《常德府志》等。值得注意的是畢沅還讓章學誠編撰《湖北通志》，此書完全以章氏的方志思想為指導，惜此書因畢沅調任而夭折。出入於畢沅幕府的學者皆長於考據，並為乾嘉學派的重要代表。畢沅將他們招致幕府，並與他們有如此深入的交流往來，足見畢沅深受當時以考據學為主流的學術風氣影響。

《山海經新校正》誕生於這樣的背景之下，畢沅必然是以訓詁及考據的視野審視之，將《山海經》視為“信而有徵”的地理學著作，並以實地考察、辨析史料、運用音韻知識等方法考證其山川地理，校訂其篇目、文字。不過此時的考證方法及原則尚在建設當中，並沒有完全成熟，例如畢沅的《山海經新校正》塗改經文及注解即是一列，後來的郝懿行、阮元等大家都不再肆意塗改經文，努力保持古書的原貌則是考據之學臻於成熟的標志之一。

---

① （清）畢沅：《靈巖山人詩集》，顧廷龍：《續修四庫全書》第1450册，上海：上海古籍出版社，2002年，第4頁。

② （清）史善長：《弇山畢公年譜》，吳洪澤：《儒藏・儒林年譜》，成都：四川大學出版社，2007年，第486頁。

③ （清）紀昀：《四庫全書總目提要》，石家莊：河北人民出版社，2000年，第1888頁。

④ （清）錢大昕：《潛研堂文集》，陳文和：《嘉定錢大昕全集》第9册，南京：江蘇古籍出版社，1997年，第721頁。

（二）以惠棟為主的學術師承

乾隆十三年（1748），畢沅的父親畢鏞過世，畢沅悲痛不已，然而在其母的訓導之下畢沅暫斂哀痛，繼續學業，並決定訪學於名師。史善長之《弇山畢公年譜》載："於時惠徵君棟博通諸經，著書數十種，至老彌篤。公叩門請謁，問奇析疑，徵君輒娓娓不倦，由是經學日邃。"① 拜學於惠棟之事，畢沅作有《訪惠徵君定宇棟先生賦贈三首》，從中可見其情形：

> 老屋寒氈六十年，白頭燈火舊因緣。征書束帛邱園賁，校本遺經弓冶傳。漢學世誰宗五鹿，清門人自仰三鱣。葑溪即是山陰道，雪夜催開訪戴船。
>
> 剪燭圍爐奉屨絇，精研秘笈總膏腴。清言直瀉瓶中水，妙義如探海底珠。一綫保殘存絶學，三才貫串識通儒。元亭問難窺奇字，猶愧多聞近末膚。
>
> 曼倩窮愁苦忍饑，買文錢待給晨炊。著書娱老真清福，稽古求榮亦笑資。家守青箱綿祖澤，花開紅豆茁孫枝。古歡要結千秋賞，對酒掀髯酌瓦危②。

由詩文可見畢沅對惠棟的真切崇敬，且見出其尤為佩服惠棟的治學。

惠棟對畢沅的影響主要體現在重視音韻文字、以金石證經史以及注重治學的經世致用等方面。例如錢大昕在畢沅的《墓志銘》中說：

> 謂史學當究流别，故有《史籍考》之作。謂史學必通地理，故於《山海經》《晉書·地理志》皆有校注，又有《關中勝跡圖記》《西安府志》之作。謂金石可證經史，宦跡所至，搜羅尤博③。

其實這些觀點隱約地籠罩著惠棟的治學之影。惠棟認為"經之義存乎訓，識字審音，乃知其義"④，故惠棟研究經學講求從古文字入手，重視聲音訓詁之學，並著有《九經古義》以討論古字古義，其注解《後漢書》亦把語言文字、碑傳石刻文字等作為治學利器。例如

① （清）史善長：《弇山畢公年譜》，吴洪澤：《儒藏·儒林年譜》，成都：四川大學出版社，2007年，第459頁。

② （清）畢沅：《靈巖山人詩集》，顧廷龍：《續修四庫全書》第1450册，上海：上海古籍出版社，2002年，第26頁。

③ （清）錢大昕：《潛研堂文集》，陳文和：《嘉定錢大昕全集》第9册，南京：江蘇古籍出版社，1997年，第725頁。

④ （清）惠棟：《九經古義》，王雲五：《叢書集成初編》第254册，上海：商務印書館，1936年，第1頁。

《後漢書·郡國志》有地名“蓮勺”，惠棟於《後漢書補注》中注云地名蓮勺與器銘“蓮勺宮”、古鼎“輦酌宮”、漢爐“蓮酌宮爐”有關，蓮、連、璉、輦四字之古音相通[①]。惠棟充分利用這些材料考證地理，澄清了許多問題。其實受惠棟的影響，畢沅亦深諳此法，畢沅利用其主持編撰的《關中金石記》之《禹跡圖》考察嶓塚山、西漢水、黑水、漆水等即是明證。畢沅在《禹跡圖》下考證説，實地考察的結果和《禹跡圖》都顯示嶓塚山在秦州，而非《地形志》《括地志》《元和郡縣志》和《禹貢錐指》所説的在華陽。同理，西漢水等亦是[②]。再如畢沅運用《中州金石記》之《常樂寺重修三世佛殿碑》考證《山海經·北山經》神囷之山，通過辨析《常樂寺重修三世佛殿碑》碑文和《太平寰宇記》《古今山川記》《冀州圖經》《魏都賦》等資料，認為鼓山就是北山，亦即《山海經·北山經》之神囷之山，並以此證《山海經》未有無稽之談[③]。姑且不論畢沅考證的結論是否準確，但確實以其金石成果來考證《山海經》地理，足見畢沅受惠棟“金石可證經史”的影響頗深。此外，惠氏的《後漢書補注》通過辨認地理位置來闡明歷史糾正謬説，利用語言文字及古音考證地理等，畢沅在《山海經新校正》當中皆有廣泛應用。就此來看，惠棟對於畢沅撰寫《山海經新校正》實在產生了較大的影響，尤其是在史地關係和考證地理之方法方面。

乾隆十五年（1750）畢沅又問學於著名學者、詩人沈德潛，進一步拓寬了他的學術視野。史善長之《弇山畢公年譜》載：“長洲沈文慤公德潛以風雅總持江南，海内翕然宗之，公從之游，每稱公詩有獨來獨往之概，南朱北王不能不讓後賢獨步。嘗同游香雪海，賦《探海歌》暨《梅花》七律十首，亟為嘆賞。”[④] 在沈德潛門下，畢沅的詩文及學術有了較大進步，學業日漸精進，時人目為國士[⑤]。沈德潛對於畢沅的影響主要在詩文創作方面，在學術研究上或有一定影響。

乾隆十六年（1751），畢沅訪學於張敘。時張敘“以經術名於海内”，主講蓮池書院。因是“留公肄業，切劘最深”[⑥]。在《呈院長張鳳岡敘先生》詩中，畢沅曾道及從學張氏的深切體會：

鶴骨孤支碩果身，光風噓拂杖頭春。從游為篤師門誼，授粲還因母黨親。上座傳燈須此日，名山付缽定何人？漢儒自有專家學，願嚮遺經一問津[⑦]。

---

① （清）惠棟：《後漢書補注》，王雲五：《叢書集成初編》第3779册，上海：商務印書館，第1141頁。
② （清）畢沅：《關中金石記》，王雲五：《叢書集成初編》第1525册，1936年，第153頁。
③ （清）畢沅：《中州金石記》，王雲五：《叢書集成初編》第1523册，1936年，第103—104頁。
④ （清）史善長：《弇山畢公年譜》，吴洪澤：《儒藏·儒林年譜》，成都：四川大學出版社，2007年，第459—460頁。
⑤ （清）王昶：《春融堂集》，顧廷龍：《續修四庫全書》第1438册，上海：上海古籍出版社，2002年，第26頁。
⑥ （清）史善長：《弇山畢公年譜》，吴洪澤：《儒藏·儒林年譜》，成都：四川大學出版社，2007年，第461頁。
⑦ （清）畢沅：靈巖山人詩集》，顧廷龍：《續修四庫全書》第1450册，上海：上海古籍出版社，2002年，第63頁。

由詩文來看，張敘研治經學尊崇漢儒對畢沅當有一定影響。錢大昕在畢沅《墓志銘》中說："（畢沅）謂經義當宗漢儒，故有《傳經表》之作。"① 二者相互印證即可看出張敘對畢沅的影響。

綜合來看，畢沅能兼聞惠棟、張敘及沈德潛之學，故能"引申觸類，於漢唐諸儒之説，疏證精核，其學大成"②。但就畢沅刊刻的《經訓堂叢書》收録惠棟所撰的《易漢學》《諦説》及《明堂大道記》等書以及畢沅治學實際等情況來看，惠棟對於畢沅的影響較沈德潛、張敘等人要更為深遠，更佔主流。

（三）多地為官的仕歷及幕府交游

畢沅一生宦跡遍及陝西、甘肅、河南、山東、湖廣等地，又勤於興修水利，使得畢沅能以實地考察來注解《山海經》。宦跡所至，畢沅往往主持編修地方志及金石志，為他注解《山海經》提供了較為翔實的文獻材料。同時畢沅廣開幕府，延攬人才，與賓客孫星衍、錢大昕、洪亮吉等人的交游亦對畢沅注解《山海經》產生了重要影響。

由仕歷來看，畢沅多地為官，尤其是長期任職於甘肅、陝西等地，使得他能够以實地考察來考證《山海經》地理。如"乾隆三十二年，特旨補授甘肅鞏秦階道"③，即擔任鞏昌府（府治為今甘肅隴西）、秦州（州治為今甘肅天水）、階州（州治為今甘肅武都）一府二州之長官。畢沅即實地考察考證了《山海經・西山經》之嶓塚山及西漢水。再如《山海經・西山經》之剛山、英鞮之山、中曲之山，郭璞無注，畢沅根據《山海經》所述道里和秦、階二州實際情況推測剛山、英鞮山和中曲山應該在秦、階二州之間，衹是没有經傳材料佐證，衹能大概推測而已④。又如《山海經・西山經》有邽山，郭璞注云："音圭。"⑤ 畢沅根據秦州地理實際、秦州地理沿革和《水經注》《太平寰宇記》所載資料考證出邽山的具體位置⑥。

畢沅宦跡所至往往即主持編修，甚至親歷實地採集碑文等資料，並積極運用編撰成果考證《山海經》地理，雖然這些成果可能没有體現在《山海經新校正》當中。如前已述及畢沅利用《關中金石記》中的《禹跡圖》，對嶓塚山、西漢水、黑水、漆水等做了詳細考察，並可與《山海經新校正》互證；畢沅還運用《中州金石記》之《常樂寺重修三世佛殿

① （清）錢大昕：《潛研堂文集》，陳文和：《嘉定錢大昕全集》第9册，南京：江蘇古籍出版社，1997年，第725頁。
② （清）史善長：《弇山畢公年譜》，吴洪澤：《儒藏・儒林年譜》，成都：四川大學出版社，2007年，第462頁。
③ 同上，第466—467頁。
④ （晉）郭璞注，（清）畢沅校：《山海經》，上海：上海古籍出版社，1989年，第33頁。
⑤ 同上。
⑥ 同上。

碑》考證《山海經・北山經》神囷之山等等。再者，畢沅重視民生，宦跡所至往往興修水利，洪亮吉在《晉書地理志新補正後序》中亦描述説畢沅“官事之暇，於地理尤所究心”①。乾隆四十年，為疏通涇河，修繕鄭白渠，以造福於民，畢沅親自前往涇河等地勘察地理情況。史善長《弇山畢公年譜》載云：“公親詣仲山洪口，周覽形勢，與司道籌議修濬。至次年工竣。”②《山海經・西山經》有高山，經文云：“涇水出焉，而東南流注於渭。”郭璞注云：“今涇水出安定朝那縣西開頭山，至京兆高陵縣如渭也。”③ 因為有過實地勘察，故而畢沅能以考察結果與傳統文獻材料相印證，進而能確切指出涇水的源頭、流經情況和入渭地望等④。對於畢沅之所以能用實地考察來考證《山海經》地理，其幕賓孫星衍在《山海經新校正後序》中亦有説明：

> （畢沅）先生開府陝西，假節甘肅。粤自崤涵以西，玉門以外，無不親歷。又嘗勤民，灑通水利，是以《西山經》四篇、《中次五經》諸篇疏證水道為獨詳焉⑤。

即是説，畢沅多地為官的仕歷和興修水利的經歷等確實使得他能以實地考察來注解《山海經》，並取得了較高成就。

畢沅的交游遍及江浙、京師，然仍以其幕府賓客為主。乾隆十七年（1752 年）畢沅游歷京師。初到京師，畢沅館於族祖畢誼的槐蔭書堂，他在《敬題家叔祖兵科給事中咸齋公遺照六首》中對當時的交游情況有所描述。他説：

> 時臺閣中尚多康熙雍正年間諸老，前輩每結消寒雅集，拈韻徵歌，必為投轄之飲，先生令余執壺旁坐，客稱既醉，主曰未央，觥酬交錯，長夜不倦，文采風流，宛然在口⑥。

類似的宴會唱和使畢沅得以結識多朝元老，拓寬視野，增長見識。從政之餘畢沅勤於著述，並設立幕府，延攬人才，切磋學問、編纂史書及方志等，王鳴盛、錢大昕、孫星衍、洪亮吉、阮元等都曾出入於他的幕府。與這些學者交往，一方面是畢沅提攜了這些學者，發展了他們的愛好和特長，促進了乾嘉考據學派的壯大；另一方面是對畢沅的治學產生了

① （清）畢沅：《晉書地理志新補正》，王雲五：《叢書集成初編》第 3060 册，1936 年，第 43 頁。
② （清）史善長：《弇山畢公年譜》，吴洪澤：《儒藏・儒林年譜》，成都：四川大學出版社，2007 年，第 483 頁。
③ （晉）郭璞注，（清）畢沅校：《山海經》，上海：上海古籍出版社，1989 年，第 22 頁。
④ 同上。
⑤ 同上，第 80 頁。
⑥ （清）畢沅：《靈巖山人詩集》，顧廷龍：《續修四庫全書》第 1450 册，上海：上海古籍出版社，2002 年，第 364 頁。

較大影響。如畢沅編撰《關中金石記》《續資治通鑑》等書都有採納錢大昕的考據，畢沅編撰《關中勝跡圖》《山海經新校正》《晏子春秋新校正》以及校勘惠棟之著述皆得力於孫星衍的協助。

（四）《山海經新校正》的影響及歷史地位

畢沅的《山海經新校正》以完全的地理學視角注解《山海經》，其篇目考證、文字考訂和地理考證等方面都取得了較大成就，成為考究《山海經》的津梁，並為《山海經》研究開闢了新的視野和途徑，對其幕府賓客和後來學者都產生了重要影響，因而在《山海經》學術研究史上具有舉足輕重的歷史地位。

畢沅的《山海經新校正》對其幕府賓客的影響主要見於孫星衍的《山海經新校正後序》，他在《序》中說道：

> 星衍夙著《經子音義》以補陸氏德明《釋文》，有《山海經音義》二卷，及見先生又焚筆硯[①]。

孫星衍見畢著而毀己作，或見孫星衍對於《山海經新校正》的傾慕之情。阮元則評價道："畢氏校本，於山川考校甚精。"[②] 郝懿行在《山海經箋疏自序》中云：

> 今世名家，則有吴氏、畢氏，吴徵引極博，氾濫於群書；畢山水方滋，取證於耳目。二書於此經，厥功偉矣[③]。

阮元和郝懿行對於畢沅的《山海經新校正》評價甚高，主要肯定了畢沅於地理考證方面的成就。不過，阮元和郝懿行的評價都是整體而言，筆者曾將郝懿行於《山海經箋疏》中所引畢注列於表，以使阮元、郝懿行的評價有直觀的呈現。筆者發現，郝懿行於書中表明引自畢沅《山海經新校正》的材料，共計 39 條（有 2 條是批評畢沅的，没有列於表中）。其中以地理和文字考證較多，地理考證佔 23 條，文字考證佔 13 條。實際上，更多情況是郝懿行採用了卻没有說明。如《山海經・南山經》之杻陽之山、《山海經・西山經》之有竹山、《山海經・北山經》之少陽山、《山海經・中山經》之蓌山等，郝懿行皆是徑畢注，卻

---

① （晉）郭璞注，（清）畢沅校：《山海經》，上海：上海古籍出版社，1989 年，第 121 頁。

② （清）郝懿行：《山海經箋疏》，成都：巴蜀書社，1985 年。

③ 同上。

没有標明。這類情况還比較多，尤其是地理考證方面。值得注意的是，郝懿行的《山海經箋疏》的體例衹是於郭璞注解全部採用，對於其他學者的注解是根據研究需要而選用。也就是説，參考畢沅成果，不是《山海經箋疏》體例的需要，而是郝懿行根據自己的研究而加以參考採用。

再者，袁珂的《山海經校注》直接標明引用畢注者共計 37 條，亦有引用了卻未説明的情況。且袁注多從郝注，而郝注又多引畢注而未説明，現就此類情況試舉三例以窺之。如《山海經·中山經》之蟲尾山、浮戲之山、皋山等，袁珂均是徑直引郝懿行注，但這些郝注實皆為畢沅之注，這也從另一面反映出郝懿行對於畢沅成果的參考和採用。

據上，畢沅的《山海經新校正》對於其幕府賓客和之後的《山海經》研究都産生了重要影響，尤其是他的地理考察成果，當今之《山海經》研究，亦必須參考之，因而畢沅及其《山海經新校正》在《山海經》學術研究史上佔有重要地位。

綜上，若將畢沅的《山海經新校正》置於《山海經》學術研究史下考察，可以發現，畢沅此書具有重地理考證、重實地考察、徵史求全求備、重音韻考證等特點。這種特色的形成與畢沅所生活的乾嘉時期的考據風氣、畢沅的學術師承以及交游、仕歷有密切關係。畢沅的《山海經新校正》對於其幕府賓客和其他學者産生了重要影響。孫星衍嘗為《山海經音義》，但見畢沅此書而焚稿，這是畢沅該書對其賓客産生影響的直接表現。後世學者郝懿行之《山海經箋疏》於地理考證多沿襲畢沅的結論，小川琢治等人研治《山海經》亦多强調於畢沅此書入手。當今研究《山海經》，尤其是研究《山海經》之篇目及地理亦必須參考畢沅的研究成就。即此而言，畢沅的《山海經新校正》對當時及後輩學者都産生了重要影響，在《山海經》學術史上具有舉足輕重的地位。

（作者單位：四川省港航公司）

《國朝駢體正宗續編》的文獻價值與文學史意義

胡家晉

由於清代文學的文獻材料大量地保存下來，卷帙浩繁，因此過往的研究多數集中於名師大家。這種研究現狀無可厚非，但正因為清代文學研究這種“幸福的煩惱”，文學史的敘事話語容易形成一種偏嚮性，忽略了文學發展過程中的一些現象。誠如蔣寅在《清代詩文集的類型、特徵與文獻價值》中所説：“清代文學創作的普及是前所未有的，作品量之大也是前所未有的，因而同時具有保存和淘汰功能的選集就十分繁多……透過這些總集和選集，我們可以瞭解作家作品在社會上流傳和被接受的程度，從而瞭解一個時代一個地域的文學風氣和時尚。”① 張鳴珂的《國朝駢體正宗續編》正是晚清的一部重要的駢文選本。② “編選者通過編纂清當代駢文總集表達推尊駢文文體地位的態度，提出駢文創作原則與審美標準，並且對清當代駢文作家、作品進行剖析評論，這些都是清人所編清代駢文總集文學批評意義的體現。”③ 本文通過研究《國朝駢體正宗續編》收録的文章，對比其學習目標：曾燠的《國朝駢體正宗》，説明這部選本的文獻價值與文學史意義。

① 蔣寅：《清代詩文集的類型、特徵與文獻價值》，見《清代文學論稿》，南京：鳳凰出版社，2009 年，第 121 頁。

② “清代駢散文辭賦的寫作雖也很發達，但總集遠不如詩歌多。……較重要的選本……駢文有吴鼒《八家四六文抄》、曾燠《國朝駢體正宗》、張鳴珂《國朝駢體正宗續編》、王先謙《國朝十家四六文抄》等。”出處同上。

③ 孟偉：《清人所編清代駢文總集的文獻價值與文學批評意義》，《古籍整理研究學刊》2015 年第 4 期，第 24 頁。

一、曾燠幕府的影響力

清代建國的一大主因是明末王學空疏之弊。不少明末清初的文人經歷過亡國慘況，便大力鼓吹努力讀書，建設實學。不論在學術研究還是文學創作上，都力圖避免重蹈明人覆轍。由於這種致力學問的風氣自建國初期已鋭意建立，清人的學術生態在各個方面都顯現出生機蓬勃的一面。學術研究的興盛也促進了文學理論、文學創作的發展，其中也包括了沉寂一時的駢文。有的研究者更將清代稱為駢文復興的時期："近世論駢文者，往往薄明而厚清，謂駢文至元、明而絶響，至清而復興"[①]，"清代中期以後，隨著乾嘉樸學興盛，駢文復興成為時代思潮"[②]。清代駢文名家輩出，如陳維崧、毛奇齡、尤侗、汪中、吴錫祺、姚燮、王闓運等。這種中興的局面，使駢文寫作及駢文創作理論一直貫通整個清代的文學史。其中，在蓬勃的清代文化生態裏，清中葉的文人幕府文化在清代文學發展中扮演著重要的角色，而文人幕府文化與駢文發展有密切的關係。

首先，先介紹何謂幕府文化。幕府的形成有兩個原因。其一，得賴於有意廣推文術的高官。這些高官有財有勢，影響力大，闢出一地，蓄養文士，並定期舉行文學活動，遂形成一個固定的文學團體。其二，與清代士人難中進士有關。袁枚嘗言："古之科有甲乙，有目；今之科無甲乙，無目，其途甚隘。"[③] 因此，清代科舉中進士者，人數極少，為了維持生計，並與其他文人多所互動，士子在中舉前投身幕府，成為門客，是十分普遍的事。

曾燠是兩淮鹽使，權勢大，好風雅，有詩文傳世，又設立幕府，是清代中晚期一個重要的文學、文化傳播人物。曾燠曾編《國朝駢體正宗》，此書體現出曾燠對"文"的兩點觀念：第一，以樹立駢文榜樣、傳播駢文為己任；第二，以駢文為文章正宗。曾燠幕府最大的貢獻是編修了兩部重要的駢文選集《八家四六文抄》和《國朝駢體正宗》，促進了清中期至晚清的駢文發展。據李瑞豪研究，"曾燠幕府形成創作團體首要的表現是文體意識的確立，從兩部駢文選集可以看出來"[④]。經他宣揚以後，駢文在其勢力範圍振興一時；然而自曾燠去官，幕府無存後，曾燠所推動的文學文化風尚便告消退。"錢泳歷數清代詩壇風雅之提倡者，既肯定了官場名士的提倡與一時詩風的關係，也看到了這種提倡並不能長久地維

---

① 姜書閣：《駢文史論》，北京：人民文學出版社，1986年，第529頁。

② 孟偉：《清人所編清代駢文總集的文獻價值與文學批評意義》，《古籍整理研究學刊》2015年第4期，第24頁。

③ （清）袁枚撰：《小倉山房文集》卷十七《答袁蕙纕孝廉書》，上海：上海古籍出版社，1988年，第3册，第1151頁。

④ 李瑞豪：《曾燠幕府與清中期的駢文復興》，《中國韻文學刊》2009年第3期，第52頁。

持詩教，並以曾燠前後兩次為官揚州、阮元前後為官浙江與粵東的例子說明世風變化，個人提倡難以為繼。”① 錢氏雖評之於詩教，實則可援用於駢文風氣。缺少了主要的、有力的人物提倡，風氣自然無以為繼，這種情況實不難理解。

然而，歷史的真相總是在沉積一段時間後纔會漸漸顯露。曾燠多修文書對文學風氣的影響是文稿傳世，留下激起後學回應的機會。不論是踵武前人還是演化新意，都是一種響應，讓文學可以傳遞接續。故此，李氏認為“曾燠對駢文的貢獻不祇在於他的創作，由於他的提倡與影響，其幕府內的文人形成了創作駢文的群體，對駢文做出了革新，為清中期的駢文復興做出了重大貢獻”②，這是十分確當的評價。不過，這個評價畢竟集中於曾燠幕府存在的清中期，而本文的研究重點是距曾燠文人集團幾十年後的晚清文壇，如何受其《國朝駢體正宗》的影響。可以肯定地說，張鳴珂的《國朝駢體正宗續編》，便是受曾燠《國朝駢體正宗》的影響而刻意模仿編纂的一部駢文選本。路海洋認為這兩個選本“基本展現出了有清一代駢文創作的主要成就”③。可見曾燠的影響力並没有因為幕府不復存在而消失，反而在“曠隔八十餘載”④ 後，仍然影響著晚清文壇。

二、《國朝駢體正宗》與《國朝駢體正宗續編》的異同

（一）相同的立意

《國朝駢體正宗續編》（下簡稱《續編》）不管書名還是體例，都是依據曾氏《國朝駢體正宗》（下簡稱《正宗》）而來。書名“續編”清楚表明其續曾燠輯文之志，兩書的序言也可見兩者的立意有相承之意。曾燠《正宗》自序云：“刻鵠類鶩，猶相近也；畫虎類狗，則相遠也。庾、徐影徂而心在，任、沈文勝而質存。其體約而不蕪，其風清而不雜，蓋有詩人之則，寧曰女工之蠹。乃染髭鬚而輕前輩，易刀圭以誤後生，其駢體之罪人乎?”⑤ 由此可見，曾燠深感當時的駢文寫作魚龍混雜，準則模糊，故以正本清源為己任而作是書，奉庾信、徐陵、任昉、沈約等六朝駢文為經典。而繆德棻為張鳴珂《續編》所作序云：“有禁

① 李瑞豪：《曾燠與清代中期詩壇》，《南昌大學學報》（人文社會科學版）2015 年第 2 期，第 158 頁。

② 李瑞豪：《曾燠幕府與清中期的駢文復興》，《中國韻文學刊》2009 年第 3 期，第 51 頁。

③ 路海洋：《論清代駢總集對當代駢文作家的經典化選擇》，《貴州社會科學》2013 年第 7 期，第 50 頁。

④ （清）張鳴珂輯：《國朝駢體正宗續編・序》，《續修四庫全書》一六六八“集部・總集類”，上海：上海古籍出版社，2002 年，第 209 頁。

⑤ （清）曾燠輯：《國朝駢體正宗・序》，《續修四庫全書》一六六八“集部・總集類”，上海：上海古籍出版社，2002 年，第 2 頁。

邪制放之意，無愛古薄今之心。攬衆制於條繩，發佳篇於綈槧。遂取時賢之作，以續曾氏之書。"[1] 明言張氏作書之意，同樣有感於當時的駢文水準參差，乃有繼續曾燠《正宗》"頹波獨振，峻軌遐企，芟薙浮豔，屏絶淫哇"[2] 的目標，以樹立駢文正宗為己任。"清當代駢文總集的編者對清初駢文作家多持否定態度，對乾嘉以來的駢文作家予以充分肯定，將其樹立為學習楷範。"[3] 從張鳴珂將曾燠的駢文列為開卷之作，也可見出其追尊曾氏駢文，以樹楷模之意。

（二）體例上的異同

就體例而言，兩個選本的目録條目，都是先列所收作者的籍貫，次以姓名。姓名以字稱之，而小寫名稱在後。最後列出收録此作者的作品數量，以"首"為作品單位。實例如下：蕭山毛大可奇齡文五首、錢塘袁子才枚文十二首（《正宗》）。不過，《續編》的目録大同之中也有小異之處，即完善了《正宗》的體例，便於閱讀。如在目録條目下，若文章是從作者的文集輯出，則附上文集名稱，方便讀者查閲原典，其例子如下：南城曾賓谷燠文三首□賞雨茅屋集、仁和譚仲修獻文三首□復堂類集。此外，在總目録之下，各卷也有子目録，列出本卷所收文章，方便讀者查閲《續編》收録了作者的哪些作品。

（三）收録文體上的異同

從收録的文體上言，我們可以從下面兩表的統計結果看出一些異同。

表一　《國朝駢體正宗》所收文章的文體類型與數量

碑文	哀辭	銘	書信	序跋	誄	題	記	啓	箋
13	1	4	41	63	9	1	13	3	1
祭文	墓志	敘	論	書後	頌	擬作	表	贊	牒文
3	7	1	3	2	2	1	2	1	1

① （清）張鳴珂輯：《國朝駢體正宗續編·序》，《續修四庫全書》一六六八"集部·總集類"，上海：上海古籍出版社，2002 年，第 209—210 頁。

② 同上，第 209 頁。

③ 孟偉：《清人所編清代駢文總集的文獻價值與文學批評意義》，《古籍整理研究學刊》2015 年第 4 期，第 30 頁。

表二　《國朝駢體正宗續編》所收文章的文體類型與數量

碑文	哀辭	銘	書信	序跋	誄	題	記	祠版文	謁文	别傳
9	2	4	23	72	2	3	11	1	1	1
祭文	墓志	敘	論	書後	志	擬作	表	千字文	誥文	
4	3	2	2	9	1	2	1	1	1	

從兩表的統計結果，我們可以知道一些基本的編收變化：首先，《國朝駢體正宗》收録作家 42 人，172 篇駢文[①]。兩本比較之下，完全没有收録的文體是文、志、謁文、誥文、祠版文、别傳、千字文；《國朝駢體正宗續編》則收作家 60 人，155 篇駢文，對比後，没有的文體為頌、啓、贊、箋、牒文。由於《正宗》已摒棄賦體，故兩本均無。主要收録的文體，兩者基本上都集中在書信和序跋上。序跋當中，又以序佔絶大多數。不收賦體，書信、序跋收録較多，完全符合曾燠以“短小流麗、典雅輕倩的特色”為標準的駢文準則。

值得一提的有兩點：首先，《續編》的“書後”大幅增加。書後是作者寫在别人著作後面，帶有説明成分或評論性質的一種文體。换句話説，書後是一種相當於筆記中的小評議、書評、隨筆評論等性質的文章。九篇書後[②]以《書幾社考後》《書王義士虞山柳枝詞後》《書熊廷弼傳後》三篇最為深刻：或敘覓得散佚之書的興奮心情，或對柳枝詞探秘隱私、保存真相産生出由衷的嘉許之情，或是表達自身對歷史人物的深刻感受。其餘幾篇都是一些為親朋所寫的簡介、簡評，没有多大的評論深度，創作動機出於交際、宣傳等社會功能。這種文章增多，標志著詩話、筆記以外，一些不必嚴謹論證而又具有藝術美感的單篇獨著也可以進入主流話語的時代已經來臨。這一類型的文章，其敘述策略不必針對經典，即使是一些深度不高、影響力小的作品也可以評價。這些文章的流傳，其突出的文學史意義在於打破了中國傳統文學源遠流長的、傾嚮於經典的局面。它是一種對當下文學作品、小衆文學作品的評價，而又能得到刊登、傳播的機會。固然，由於所評述的作品並不十分出色，所以能逵到的評論深度也有限制；然而，這種保存時文的文獻價值與讓我們能進入文學史“過程”中去研究的作用[③]，意義是非凡的。

---

① 現存不少研究《國朝駢體正宗》的論文對其收文數目統計都有所不同。筆者估計原因是該批研究者僅將目録所收書各卷篇數相加，而未逐篇核實。事實上，《正宗》在原典上就標示錯誤，第十一卷記彭兆蓀有文十二首，實際上收録了十三首。故此，過往的論文有所錯誤也無可厚非，謹此訂正。本文據上海古籍出版社的《續修四庫全書》逐篇檢閱，得知共收文 172 篇。

② 《續編》九篇書後的篇名為：《書陳雲伯重修河東君墓碣後》《陶雲汀中丞蜀輶日記書後》《書王澹淵秋懷詩後》《書春覺軒詩集後》《書唐左屯衛將軍姜行本碑後》《書幾社考後》《書王義士虞山柳枝詞後》《書徐隨軒韻紅樓曲圖卷後》《書熊廷弼傳後》。

③ 蔣寅：《進入過程的文學史研究（代序）》，《王漁洋與康熙詩壇》，南京：鳳凰出版社，2013 年，第 1—9 頁。

總括而言，增録書後是清代“寫作被視同傳宗接代的生命繁衍活動”① 的現象，也是文學的藝術美感能再次被獨立評審的現象，又是前報刊時期的一種傳播現象，使文選總集起到如同詩選與詩話一樣的傳播作用。除了詩話、詩選、筆記之外，我們也可以將一些清代的文選總集視為具有把未必是嘔心瀝血創作而成，但又具有一定美感的文章傳播下來的作用，形同當今的文學雜志。這種情況與清代詩話“以記録性取代藝利性，從而降低了詩話門檻”② 的特質是一樣的。這樣的話，學界對於清代文集的研究又有了更多的文學史上的意義可以探索。

其次，《續編》毫無收録頌、贊的現象，不禁讓筆者注意到《正宗》的選文實際上有嚮朝廷靠攏的傾嚮，而《續編》則更傾嚮於純文學的方嚮。曾燠自身是朝廷要員，其《正宗》的選文亦偏嚮選取自己幕府的文人。從這一個層面來看，文人幕府從上而下都是一種依附朝廷纔能存在的文人集團。集團中人不管是出於自發對朝廷的感恩，還是人在江湖不得不為，都有為朝廷粉飾太平的理由。雖然《正宗》的頒、贊衹有三篇，卻也可以看出兩個選本在取材之時的不同態度。

《正宗》開卷之作是毛奇齡《平滇頌並序》，是一篇歌頌朝廷平定滇地的文章。從它置於開卷的地位來看，可以看出曾燠編輯的心態帶有一種托意為“皇清”“國朝”建立文統之意味。從文集傳播的角度而言，這也或许是一種減少文集流通阻力的策略。邵齊燾《聖駕東巡恭謁祖陵頌序》是歌頌清廷祖德的文章，孔廣森《武成頌》歌頌清廷的武功，洪亮吉《長儷閣遺象贊》則是為友人孫星衍妻所作之贊文，與朝廷無關。值得一提的是，頌、贊以外，胡天游的“擬一統志表”同樣是極盡鋪張清朝國力、褒揚皇帝之能事。袁枚《為尹太保賀伊里蕩平表》、《為莊撫軍賀平伊里表》、《為黄太保賀經略傅公平大金川啓》，吴錫麒《聖道執中記》等的表、啓、記，也是歌頌朝廷隆恩聖德之作。既知道《正宗》有這一收録的隱性標準，也就能理解李慈銘所謂“袁子才亦十二首，而《辭隨園臨幸上尹制府啓》及《吴桓王廟碑》二首，為子才傑作者，乃反不列焉”③ 的理由所在。

反之，《續編》收録的作家群則多是落拓江湖、拙於仕途之輩。加上道、咸以後，清廷國勢更加衰弱，天威不復，身無官累的選家與作家群，也就缺乏對朝廷獻媚的理由。這種情況顯得《續編》的文章種類更傾嚮於純粹的文學研究與風雅交往。遍目所及，每卷幾乎都是對某詩文集的序言、題辭及書後。董兆熊《瞿忠宣公臨桂郡行軍章記》目之最似上列《正宗》歌頌聖德之流，但實際上並不是。它是作者頌揚明末瞿式耜在兵亂中能“一柱擎

---

① 蔣寅：《清詩話的寫作方式及其社會功能》，《清代文學論稿》，南京：鳳凰出版社，2009 年，第 127 頁。

② 同上，第 146 頁。

③ （清）李慈銘著，由雲龍輯：《越縵堂讀書記》，北京：中華書局，1963 年，第 622 頁。

天，隻手障日”[①]，保百姓之平安，誓死抗清的忠義之舉，並非上述“感恩”之作。此外，《續編》收録的兩篇擬作體，是譚瑩的《擬酈道元水經注序》和《擬小除夕南園舊社祭詩記》，同樣體現出重視文學的遴選傾嚮。曾燠《例贈文林郎太學生依巖吴君墓表》是曾燠與吴紹祖子有交誼之義而作，以頌吴氏文術德行。有趣的是，入選的曾燠文章，也絶非上述《正宗》頌聖之作。故此，與其説光緒文壇已經没有歌功頌德的駢文佳作，不如説張鳴珂無意收入此類作品。

由此可見，從文體取録上進行分别，《正宗》雖為《續編》的濫觴，但兩書在選編的細節上還是有不同的傾嚮：《正宗》有其刻意取悦朝廷的一面，而《續編》的立意則更為純粹。另一方面，《續編》增收書後的現象，證明了晚清文壇已經進一步開始了讓文學在發表的門檻上走嚮平俗化、大衆化的道路。

（四）選文作者的團體意識有别

張氏《續編》的編修與曾氏《正宗》最大的不同，當是團體意識有别。清代編纂詩文選集，常出現私相授受、多採熟人的情況，連袁枚等名師大家也不能幸免。編著詩話的名聲一旦傳出，便多有托請。編者礙於情面，也不能盡數推托[②]。曾氏的《正宗》也不能免俗，李慈銘便曾詬病其“所取自毛西河至汪竹素（全德）凡四十二人，中多有僅取一篇者，乃至淩次仲亦止一首，汪容甫僅至三首，而吴穀人多至十六首，袁子才亦十二首……曾氏此選與吴山尊《八家四六》皆以當家操選事，並風行於代，而兩公實未能深辨氣體格韻之間，故雅俗雜登，菁華多落”[③]。在李慈銘看來，曾氏收録當時駢文名家淩廷堪、汪中的文章甚少，卻對評價不如兩人的袁枚、吴錫麒青睞有加。他不僅批評入選的文人素質，連入選文人的文章素質也頗有微詞，直斥曾燠没有識别名作佳篇的能力。

從選編文章的角度而言，張氏不像曾燠創建了一個幕府，擁有一個私人的團隊。他没有一個正式的文學群體在背後，因而也就没有頻繁的群體文學活動、詩酒酬唱。换言之，張氏在編纂駢文文集的時候，並没有一個專屬的文人集團在背後為自己供稿。在静態的文稿積累上，張氏是不如曾燠的。再者，雖然張氏也是江浙一帶的著名文人，但文壇小領袖

① 張鳴珂輯：《國朝駢體正宗續編》卷四，第43頁，《續修四庫全書》一六六八“集部·總集類”，上海：上海古籍出版社，2002年，第289頁。

② “袁枚《隨園詩話》卷十四論選家選近人詩之七弊，末即‘徇一己之交情，聽他人之托請’，他坦承‘末一條余作詩話亦不能免’，還不無愧疚。到道光間於源作《燈窗瑣話》，就完全没有這種感覺了，凡屬親朋托請，都明載其所自，泰然不以為意。”（蔣寅：《清詩話的寫作方式及其社會功能》，《清代文學論稿》，南京：鳳凰出版社，2009年，第140頁。）可見清代編選詩文集的風氣，不以托請而收為恥。

③ （清）李慈銘著，由雲龍輯：《越縵堂讀書記》，北京：中華書局，1963年，第622頁。

畢竟不同於形同衣食父母的幕府之主。張鳴珂自然不像曾燠在自身的文學團體中具有發施號令的可能性，所以在動態的文稿徵集上，張氏也不如曾氏。易言之，張氏在文學創作的鼓動上，不論動態還是靜態，影響力都遠遜曾氏。“因為中國封建社會發展到晚期，文化權力愈益由政治地位決定”①，也在側證著兩淮鹽使曾燠所掌管的文化話語權與傳播力量，比起地方小吏的張鳴珂要强得多。

然而，凡事總有一體兩面的可能性。雖然曾、張二人均是當時文壇的名家，但因為張鳴珂没有曾燠般的人力財力，所以在選文上衹能在自己的親朋之間延伸。張氏不必在文章選録的問題上，考慮到與自身關係密切的工作夥伴。選本在一定程度上，相對地客觀與公平。這不是説《續編》完全没有偏袒的情況，誠如前人研究所得，在清代標明選輯時賢的集子，幾乎都要考慮到自身的交際狀況。“表彰親故原屬人之常情。……即便王漁洋、袁隨園等名家詩話也莫不如此。”② 從《續編》選取的作者群可以得知，雖然這本駢文選集冠以“國朝”之名，但在實際的文章選取上，卻是一本實實在在的地域文學。恰如蔣寅所指出，清代詩選“雖以普選天下詩為己任，但選録標準卻常基於選家的詩學觀念，甚至寄托著某種批評意圖”。《續編》這部文選也具有相同的特質，選取的作家群八成以上都是江浙文人，而江浙文人入選的文章總數也同樣達到整個選本的八成。下表是《續編》所收録的作家群中，其籍貫多於一人的地區。

籍　貫	作者人數	所屬地域
嘉興	5	浙江
陽湖	4	江蘇
錢塘	4	浙江
會稽	3	浙江
秀水	3	浙江
桐城	2	安徽
長洲	2	江蘇
寶山	1	江蘇
吴縣	2	江蘇
仁和	2	浙江
平湖	2	浙江
山陰	2	浙江

① 蔣寅：《清代詩學史》第一卷《第五章：史家的詩學——浙江詩學》，北京：中國社會科學出版社，2012 年，第 491 頁。

② 蔣寅：《清詩話的寫作方式及其社會功能》，《清代文學論稿》，南京：鳳凰出版社，2009 年，第 133 頁。

不難發現，浙江文人在整個選本裏，不論是相同籍貫的作者數量還是所屬地域都最多。而張鳴珂祖籍嘉興，這個選本又以嘉興作者入選最多，達到五位。整個選本都是浙江文人入選最多，次之江蘇，上表可説是以小見大。由此可見，這個選集雖以“國朝”為名，卻是一本基於張鳴珂一生的行蹤來決定選録範圍的總集。

張鳴珂，浙江嘉興人。咸豐十一年（1861）拔貢，後來因為避難離鄉，輾轉於江浙之間。“後經蘇撫李奏保訓導加鹽提舉銜，嘗入提督李朝斌幕，遂寓蘇州。”光緒二年（1876）秋，被罷官，後又捐知縣，分發江西。光緒二十八年（1902），“充課吏館講員，旋署德興縣。縣城外黄柏塘為土豪窟穴，因械鬥致斃多命。鳴珂請兵彈壓，親往勘驗，為持平斷結。及回署嘗弁不解事，擅離防所，爭端又起，遂解職歸”。辭官後，晚年隱寓嘉興鳳橋鎮石佛寺，潛心著述[①]。這一段張氏生年的經歷——出生於嘉興，青年時流寓江浙一帶，曾到蘇州、江西為官，晚年回鄉歸隱，已經道出了《續編》在作家群選取上的地域偏嚮性的原因。整本《續編》衹有四位作者來自江浙以外地區：方履籛，大興（北京）人；陳壽祺，閩縣（福建）人；譚瑩，南海（廣東）人；蔣湘南，固始（河南）人。

乍看之下，《續編》是一部張鳴珂的交游名録，不過我們仍可視之為一種廣義上的地域文學總集。有研究者指出：“地域性的駢文總集，有清一代非常少見”[②]，又認為另一本有名的駢文選本《國朝常州駢體文録》的意義在於“它是清代惟一刊行的地域性駢文選本”[③]。如果從正式訂明的名稱來説確實是這樣。然而，《續編》輯録的過程中，在有意與無意之間，60位入選者有56位都是來自於江浙地區，我們應該把這部選本看作是一部廣義的地域性駢文總集。路海洋曾間接地指出《續編》編修時的地域局限：“又如張壽榮《（後八家四六）文抄》未録的湘地駢文名家周壽昌、王闓運及泗州駢文名家傅桐，《續編》亦未録人。”[④] 也從側面證明《續編》選文的地域偏嚮性及其隱藏的準則。當然，《續編》的地域集中性，再怎麽説也不如衹收録常州地方作家的《國朝常州駢體文録》。本文旨在點出，在衆多的清代詩文集當中，如果有些選本所收録的作家群，恰恰有超過九成以上是高度集中在某些地域上，是不是也可以不拘泥於書名、主旨等顯而易見的證據，而著眼於它們的内在同一性呢？尤其是浙江、江蘇、江西這些地域，文學史上通常認為它們之間有密切的關係。

總而言之，構成《續編》的地域文學特質的，並非出於編選者主動的“對地域文化共同體的歷史的求知欲”[⑤]，而是背後代表的江浙地區文人的駢文創作理論及其文章。

---

① （清）張鳴珂著，丁羲元校點：《寒松閣談藝瑣録》，上海：上海人民美術出版社，1988年，第5頁。

② 陳曙雯：《〈國朝常州駢體文録〉的纂輯及其文學史意義》，《常州工學院學報》（社會科學版）2010年第2期，第3頁。

③ 同上。

④ 路海洋：《論清代駢文總集對當代駢文作家的經典化選擇》，《貴州社會科學》2013年第7期，第50頁。

⑤ 蔣寅：《清代文學與地域文化》，《清代文學論稿》，南京：鳳凰出版社，2009年，第71頁。

三、《續編》的選文特色

張鳴珂的《續編》明言自己是“遂取時賢之作，以續曾氏之書”。現在我們就來考察《續編》中的文章特色與《正宗》有多大程度的繼承性。據李瑞豪的研究，《正宗》選文的特色有以下六點：第一，駢文作家群有很强的文體意識，對駢散之分有明確的意識。第二，駢文創作追求駢散結合。第三，對創作中性情、性靈的追求，强調内容的重要，減少駢文容易陷入追求純粹的形式美的情況。第四，擴大了駢體文的應用範圍，尤其是序跋、游記等非公文寫作的文體。第五，創作上推崇六朝為正宗。第六，文章具有短小流麗、典雅輕倩的特色[①]。

經過上文對文體收録的論述，我們可以説《續編》繼承了第三點，而且從完全没有歌頌朝廷文章的角度來説，《續編》比曾燠《正宗》更重視文章内容的文學性與充實性。此外，集中的“記”也多有山水游記，如《游菊江亭記》《濂泉補梅記》《静樂軒玩月記》《邢湖觀秋荷記》等，比《正宗》更能體現出文人對性情、性靈的追求。第四點在上文也有所證明，《續編》基本上與《正宗》一樣，推許駢文在日常文體中的應用，尤其是書信、序跋。基於第四點，第六點的特徵也同樣地繼續下來了。《編續》多收書信、序跋等文章，多屬短小流麗、典雅輕倩之作。因此，下文比較集中論述《續編》如何繼續駢散結合的風格。

《續編》的文章，不管是何種文體，其句法都是以四六為主，而駢散結合。這些駢文不拘於傳統四六句法形式，多滲以散文句法，現舉《續編》所收的李慈銘《張公束校經圖序》為例。“東浙西浙，不出乎百里；今雨舊雨，多至於十人”、“給官餐之錢，校中秘之籍”、“填詞萬首，唱徹乎井泉；作賦十年，寫罄乎洛紙”等句，[②] 如果拘泥於形式，不出四字句、六字句的訓規，句中的“乎”“於”等虚字可删而不影響句意。又或可將單音節詞變成雙音節詞，使句子變成六字句而意義不變，如“金錢”“錢帛”替代“錢”；“典籍”“書籍”替代“籍”。也有一些句子是意散形不散，如“至於漢魏石體，有一字三字之分。隋唐師傳，有陸本孔本之異”、“屠沽妄造之字，謂勝於聖賢。抄胥轉寫之訛，謂不可增減”，“此張子公束校經圖之所由作也”更完全是散句。作者為了使文氣參差錯落，不類傳統四六的緊守家法，便在章句上花功夫，變為非四六句法。這完全是繼承了曾燠“豈知古文喪真，反遜

---

① 李瑞豪：《曾燠幕府與清中期的駢文復興》，《中國韻文學刊》2009年第3期，第56頁。

② （清）張鳴珂輯：《國朝駢體正宗續編》卷八，第25頁；《續修四庫全書》一六六八“集部・總集類”，上海：上海古籍出版社，2002年，第366頁。

駢體；駢體脱俗，即是古文。跡似兩歧，道當一貫”[①] 的駢文創作理論而形成的一種後曾燠時期的駢文標準。

這種運用非四字句、六字句、散句來創作駢文的理念，是曾燠提出的。他在《國朝駢體正宗・自序》中提道：“且也四字密而不促，六字格而非緩。變以三五，厥有定程。奚取於冗長乎？爾乃吃文為患，累句不恒。”明言苟遵於四六句法、有吃文累句之弊，形成文章拖遝、文氣不通之弊。此外，“他把選集直接稱為‘駢文’，而不用‘四六’，可以看出此時駢文觀念已被廣泛接受”[②]。事實上，曾燠將當時對駢文的通稱由“四六”易為“駢文”，可以視為是背棄四六句法、鋭意革新駢文章句的宣言。這種駢散合一的寫法對駢文的文體藝術性有什麽影響呢？早在《文心雕龍・章句》中已有論述文章每句字數的經典批評：“四字密而不促，六字格而非緩，或變之以三五，蓋應機之權節也。”不難看出曾燠的變通已蘊藏於劉勰的論述之中。簡言之，所謂“應機之權節”，劉勰的原意是在有些地方，三字句、五字句作為一種權變，表達能力可能比四字句、六字句更精準靈動，所以可主動“破法”，而不必泥於成法。

與許多清代學者一樣，曾燠的影響力不止在於提出了文學批評理論的準則，更為廣大的後學提供了大量對應自身理論的實踐性文本——《國朝駢體正宗》的編選即是一例。這部選本的影響力前人已有論斷，此不贅言。推許駢散合一，或者可以稱之為對四六文的反經典化，這在《續編》中也有繼承，而其中的文章確能做到“應機之權節”。如洪齮孫《先賢吴學士祠版文》“蓋烈士不惜其踵頂，固能蹈鼎鑊而如飴。賢者不拘泥於小義，乃克顯正氣於宇宙”即是不拘四六句法，而又屬對合宜、間有虚字的佳例。又如王曇《隋蕭滑後哀文》：“暴君之國，不失於好色而失於窮兵。大業之亡，不亡於荒淫而亡於游幸。緊古明婦人之遇其昏主，不貽徽音於後世，而最可哀者，如蕭滑後乎！”以對偶之句顯其例證的氣勢，後接散句以述意，也是秦漢古文家法。又如金應麟《答莊芝階書》：“今夫鏜瑤鐘，摎玉節，麟口鼇足，魚章蟬冠，以園宰臨之，一螻蟻也。頁靈桃，雪碧藕，棃膚霜髭，長生未央，以松喬比之，一殤子也。鑄珊骨，凝虚鬢，泥人巴歌，折步楚袖，以鬼伯窺之，一髑髏也。突燕犀，溜鸞隼，紅沈芙蓉，碧削竿竹，以豐隆視之，一鳴蛙也。”以屬對的形式書寫排偶，又有末句滲入近乎散句的“也”字句，大有先秦散文的風格，做到了曾燠《正宗》自序所云“駢體脱俗，即是古文。跡似兩歧，道當一貫”的創作實踐。

前人曾明言，曾燠幕府的影響力隨著曾氏的離任，已在道光時期消失。錢泳《履園叢話》載：“中丞（按：指曾燠）官兩淮鹽運使，刻《邗上題襟集》，東南之士，群然嚮風，

① （清）曾燠輯：《國朝駢體正宗・序》，《續修四庫全書》一六六八“集部・總集類”，上海：上海古籍出版社，2002年，第2頁。

② 李瑞豪：《曾燠幕府與清中期的駢文復興》，《中國韻文學刊》2009年第3期，第52—53頁。

惟恐不及，迨總理鹽政時，又是一番境界矣。……故知瓊花吐豔，惟爛漫於芳春；璧月含暉，祇團欒於三五，其義一也。”① 雖寫的是詩教上的影響力，但亦能援用於駢文之中。“曾燠之後，揚州的為政者雖也提倡風雅，效仿前輩，但盛世已過，財力不繼，也就難以影響到一個地方的文風。”的確，要説曾燠去後，還能像黄宗羲一樣持續地影響一地的文學風格、研究興趣②，是很難的。不過，曾燠的駢文理論，在《正宗》編成後八十年，確確實實被為數不少的文人繼承了下來。事實上，《正宗》的影響力不囿於清中葉。《續編》的文章都帶有這種駢散合一的傾嚮，往往在屬對的情況下，夾有散句，文章都能保持文風流暢又不失典雅。由此可見，曾燠的影響力遠遠超越了自己的時代，持續影響著晚清駢文的發展。

四、結　語

通過研究張鳴珂《續編》，我們獲得以下幾點認識。首先，曾燠及其駢文選集《國朝駢體正宗》，實有遠超於現今學界所認為的影響力。它在駢文史、文學傳播史的地位，有重新評價的必要。其次，張鳴珂《國朝駢體正宗續編》顯示出晚清文壇文學理念已經出現現代性的傾嚮。文學自身帶有的高貴感、崇高感進一步消解，而步嚮平庸化、大衆化的發展方嚮。清代對文章的觀念，可以説是從一種寫出萬世留名的“立言”模式變成另一種祇求存世的“立言”模式。文集的編選，變成家譜、名片一樣的存在。基於此一原因，《續編》的文獻學價值與文學史價值，就遠高於它的文學價值。再者，《續編》是一本帶有地域文學性質的選本。這種特質從其選録的作家群中充分體現出來。由於《續編》的名稱及其序文都没有涉及這一點，致使學界長期忽視了這一特點。由此可推及其他清代的詩文集或許都帶有這種隱性的地域文學屬性。故此，以後研究清代詩文選集，多有統計其作家群籍貫的必要。最後，《續編》進一步完成了《正宗》提倡的駢散合一的理念，為駢文的活化作出了巨大貢獻。

（作者單位：江西省社會科學院）

---

① 錢泳：《履園叢話》，北京：中華書局，1979年，第126頁。

② “梨洲本人的詩歌創作成就雖然有限，但他的學術以思想精深而極大地影響了浙江學者。……凡與宋詩有關的大著作幾乎都出自浙江詩人之手，一如古詩聲調學著作多出自山東詩人之手。這絶非偶然現象，其間當然有梨洲開創的具有濃厚史學傾嚮的浙東詩學傳統在發揮著潛在的影響。”（蔣寅：《清代詩學史》第一卷《第五章：史家的詩學——浙江詩學》，北京：中國社會科學出版社，2012年，第502—503頁。）

世變中的賡續與新創：梁啟超《飲冰室詩話》在詩話史中的定位與文化意義

——兼論"精神性/物質性"的對應態度

林淑貞

一、前　言

在世紀交替的過程中，知識分子的時代關懷往往受社會或時代氛圍牽引；而時代或社會風氣，也因為知識分子的投入而有新的轉折與方嚮。梁啓超身處晚清末造，與其師康有為懷抱革新中國的理想，一直是中國近代過渡到現代化過程中不可忽視的嶄新力量。

盱衡整個晚清所面臨的問題多元而複雜，面對西方物質性的船堅炮利，以及制度性的憲政體制，該如何因應呢？據汪榮祖所言，晚清三大運動指自強、變法、革命運動，互相牽連與影響。其中，康有為、梁啓超倡議變法，有百日維新，旨在求變通，而變通思想可援引者為傳統經典①。是故康有為托古改制，以三世説建構理想新中國，而梁啓超初雖與康有為合拍，戊戌變法之後，潛逃日本，因視野增廣，想法與康有為略有出入，且接觸革命派人士，並不一味反對革命，而在君主立憲失敗之後，轉嚮著述為務②。

到底梁啓超之作為對中國有何貢獻，有何影響？湯志鈞揭示梁啓超變法時期的活動，

---

① 見汪榮祖：《從傳統中求變：晚清思想史研究》卷上《晚清變思想研究》"一、晚清變法思想析論"，南昌：百花洲文藝出版社，2002年，第3—5頁。

② 光緒三十四年十月光緒、慈禧相繼駕崩，梁啓超曾上書攝政王載灃，有《上攝政王書》一文，因未獲重視，失望之餘，專心致力寫作，不與政治。

主要有創辦《時務報》、主持湖南時務學堂、辦理譯書局三事①。創辦報刊雜志是宣傳思想文化、開發民智的最好工具，無論在變法時期、潛逃日本或新大陸游歸皆戮力為之。光緒二十一年（1895）在北京辦《萬國公報》，後改為《中外紀聞》，因慈禧禁强學會，因此停刊。光緒二十二年（1896）七月於上海辦《時務報》，十月再於澳門辦《知新報》，光緒二十六年（1900）由新加坡經錫蘭到澳洲，再繞道日本。光緒二十七年（1901）因《清議報館》被焚，被迫停刊。光緒二十八年從東京遷移橫濱，再創辦《新民叢報》，自號飲冰子，其救危圖存的態度，從“飲冰”立名可知梗概②。光緒二十九年（1903）復於上海辦《時報》宣導新小説、新詩歌。光緒三十三年（1907）於東京創政聞社，於上海創辦《政論》以預備立憲、速開國會為要務。頻繁創辦各種報刊雜志，是梁氏參與政治活動、宣揚民智的利器及思潮的推動力量。

梁啓超倡議新民説，在《新民議・敘論》中云：“余為新民説，欲以探求我國民腐墮落之根源，而以他國所以發達進步者比較之，使國民知受病所在，以自警厲自策進。”③並在《新民説》揭示新有二義：“其一是淬厲其所本有而新之，其二是補其所本無而新之，即是真能守舊者，必能淬厲其固有。”羅志田據此指出復古與出新似乎是對立的，康梁以復古為手段尋求改變，以出新纔是目的，依循著孔子所云“温故知新”纔是新真義④。變法革新，革新非暴力行動，可以從根本改變既存狀態，因革命是動蕩與充滿激情，從“想革命”到“説革命”到“幹革命”，可能需求學理指導具體言行⑤。如何引領風氣，指導方嚮呢？

德國學者顧彬曾指出中國傳統文學變為現代文學的表現是從詩歌嚮小説的轉換，但是各種體裁也歷經種種變化。例如黄遵憲（1848—1905）就是以“我手寫我口”的口號改變歷二千年古典詩歌的形式⑥。而梁啓超也在這股風潮中提出“小説界革命”及“詩界革命”，企圖以變革來改變舊的範式，進而推導新意念、新意識形態。此亦即梁氏積極創辦報刊雜志推動新知、新學、新觀念的過程與目的。

以報刊為中心的清末民初社會通訊與政治變革的關係，離不開救亡圖存的社會語境，

---

① 見湯志鈞：《戊戌變法人物傳稿》上編卷一《梁啓超》，臺北：漢京文化事業有限公司，1982 年，第 51－62 頁。

② 梁啓超以《莊子・人間世》：“今吾朝受命而夕飲冰，我其内熱與！”（臺北：三民書局，第 48 頁）來説明自己一腔報國熱血，飲冰或可解内熱矣。

③ 見梁啓超：《飲冰室文集》，臺北：中華書局，1978 年。

④ 羅志田：《裂變中的傳承：20 世紀前期的中國文化與學術》“六、温故可以知新：清季民初的‘歷史眼光’”，北京：中華書局，2003 年，第 168－188 頁。

⑤ 羅志田：《士變：20 世紀上半葉中國讀書人的革命情懷》，見《近代讀書人的思想世界與治學取嚮》，北京：北京大學出版社，2009 年，第 104－120 頁。

⑥ （德）顧彬著，范勁等譯：《二十世紀中國文學史》第一章《現代前夜的中國》“二、從傳統到現代：世紀之交的文學”，上海：華東師範大學出版社，2008 年，第 10—18 頁。

主要有兩次辦報的高峰，與改良或革命輿論消漲密不可分[①]。梁啓超於戊戌（1898）進京承辦京師大學堂，與康有為鼓吹變法，推行新政，百日維新失敗，流亡日本，其後創辦《清議報》（1898）、《新民叢報》（1902）、《新小説》（1902）等報章雜志，並積極推動文界、小説界、詩界革命。其中，《飲冰室詩話》即是刊載在《新民叢報》當中。從1902年二月十五日第四期刊出，到1907年，共刊登204則，目前通行本僅有174條，少了30條。主要是因為廣智書局及中華書局皆編收到1905年為止，1906至1907的三十條未被收入[②]。今則可據張海珊所輯《飲冰室詩話拾遺》以資參酌。

維新變法以康梁為主，梁氏創《清議報》，於1899年12月25日《清議報》第35册的《汗漫記》提出："要之，支那非有'詩界革命'，則詩運殆將絶"，"詩界革命"一詞，此為首出。其後，我們在閲讀《飲冰室詩話》時，即不斷地看到"詩界革命"這個專有名詞的出現。何謂詩界革命？梁啓超如何運用《飲冰室詩話》來倡導詩界革命？其組構方式與義理内容為何？與傳統詩話有何分别？

二、形式結構：未能衝破傳統敘寫範式

晚清變法家運用傳統模式、古典詞匯來闡發新説，是自然之事，因受傳統教育之知識分子，必以此來解説新的變通之理[③]。梁氏以傳統詩話的模式來倡導詩界革命，也是理所當然，但是以變法為要務的梁啓超資藉《飲冰室詩話》的目的何在？敘寫之形式結構與傳統詩話究竟有何異同？

張寅彭論民國詩話大抵可分作三系：1. 録故實與闡詩學的《石遺室詩話》、趙熙《香宋雜記》、由雲龍《定庵詩話》等；2. 專以論述詩學者，有范罕《蝸牛舍説詩新語》、蔣抱玄《聽雨樓詩話》、沈其光《瓶粟齋詩話》、林庚白《孑樓詩話》、《麗白樓詩話》、錢仲聯《夢苕盦詩話》、劉衍文《雕蟲詩話》等；3. 存録故事者，此部分最多，而且以存録有清一代迄民國時期之詩人軼事典故為多，有魏元曠《蕉庵詩話》、陳鋭《裒碧齋詩話》、陳詩《尊瓠室詩話》、夏敬觀《忍古樓詩話》等[④]。《飲冰室詩話》又屬於哪一種類型呢？整體觀察《飲

① 見王天根：《救亡圖存的社會語境與清末初媒介表述的政治》，輯入中國社會科學院近代史研究所政治史研究室、河北師範大學歷史文化學院編：《晚清改革與社會變遷》下册，北京：社會科學文獻出版社，2009年，第670—693頁。二次辦報高峰是指維新變法與辛亥革命時期。

② 見張海珊：《古代文學理論研究》第七輯，上海：上海古籍出版社，1982年。

③ 見汪榮祖：《從傳統中求變：晚清思想史研究》卷上《晚清變法思想研究》，第6—7頁。

④ 見張寅彭主編：《民國詩話叢編·自序》，上海：上海書店，2002年，第3—6頁。

冰室詩話》，其承接傳統詩話之形構如下所示。

（一）摘録（句）式批評

《飲冰室詩話》之摘録方式有二：一是純以摘録為主，不加論述、評騭；二是摘録詩歌之後，再加以評論之。二者並存不悖。

1. 摘而不評式

在傳統的詩話當中，有以輯録某一類型的詩話，或某一詩家詩歌而成的詩話體式，此種詩話常常是有機呈示。復次，亦有隨機任意輯録詩歌作品，或是摘録詩歌而不加任何論述與評騭，晚清迄民國詩話為例亦多，例如陳衍的《石遺室詩話》、郭則澐《十朝詩乘》以存故實為主，這些詩歌的性質是存而不論，意在保存詩歌作品。《飲冰室詩話》自然因承這種傳統，有摘録而不評的條例，以保存師友詩作，例如第三則記載黄公度詩歌，第六則敘寫康有為第二女公子游印度詩歌，此中摘録康同璧的詩歌作品，亦僅是摘録而不加品賞。這種隨機摘録不進行論述的方式，在傳統詩話例子甚多，此即是"存而不論"的方式存録。

2. 摘而評論式

除了上述的摘而不評的詩話之外，亦有摘録而加以評論的詩話，《飲冰室詩話》兩存其例，例如第二則云："譚瀏陽志節學行思想，為我中國二十世紀開幕第一人，不待言矣。其詩亦獨闢新界而淵含古聲。……其言沈鬱哀艷，蓋瀏陽集中所罕見者，不知其何所指也。然遣情之中，字字皆學道有得語，亦瀏陽之所以為瀏陽，新學之所以為新學歟。"除了摘録警句之外，亦評議譚嗣同詩歌："獨闢新界而淵含古聲。"其下又云其詩"沈鬱哀艷"，或"遣情之中，字字皆學道有得語"，此以風格特色評議，皆能深中肯綮。

以上兩種摘録方式，《飲冰室詩話》兩存其例。此皆是留存傳統詩話評騭詩歌的模式。

（二）比較風格式批評

摘句之外，亦有涉及比較式風格之批評，例如："晚明烈士夏存古先生完淳……先生五言古酷似陳思，七言古風格猶在吴梅村之上，今不能具録也。"以夏完淳之五言古詩風格近曹植，而七言古風之風格在吴梅村之中，採用比較方式呈示詩家之風格特色，為例亦多。

（三）印象式批評

以印象式作為詩歌批評，嚮為詩話所採用。何謂印象式批評？據黄維梁所云，印象的表達，可分兩个層次：其一，初步印象：佳、妙、工、警、三昧、本色等，為表達初步印象用語，是直覺式的價值判斷。其二，繼起印象：有抽象和具象兩種，飄逸、沈鬱等屬前者，金鵄擘海、香象渡河屬後者①。

梁啓超亦承此進行詩話之撰寫。例如第一三三則："梁溪蔣君萬里，其詩屢見各報，頃以新詞二闋見寄，氣象壯闊，神思激揚……"其中，以"氣象壯闊，神思激揚"狀蔣智由之詩歌，即是。中國印象式批評手法，用語寥寥，重直覺感悟，籠統概括，是傳統詩話詞話中常見、常用者，而氣象、神韻等術語，看似奥秘，其義實則和現代通行的風格二字略有通用。

（四）述記詩歌本事

詩話本有"論詩及事""論詩及辭"二類，故而存録本事亦是詩話一體，例如《飲冰室詩話》第三則記載譚嗣同贈菊花硯之詩歌本事；再如第六十六則記載十年來度生日，凡有十處，述記渡船寫作本末。表述詩歌本事原即是歐陽修《六一詩話》所創，《飲冰室詩話》亦承此而加以存録。

（五）轉録他人詩作

《飲冰室詩話》亦有轉録他人詩歌作品者，例如第七則轉録狄平子《平等閣筆記》，記述兩年來近事，字字令人劌心怵目，是梁氏對逆旅女子詩作，特有感觸，故特別轉録三詩，以見異族欺凌之下，紅巾揾淚之感慨。

以上諸法，《飲冰室詩話》或擇一而用，或交錯並用，顯然以承繼傳統詩話為多，並無形式上的突破。各條詩話之間，並無有機串綴，僅以隨文摘寫方式陳列，亦無義理前後相承之"先總後分"演繹或"先分後總"之歸納，屬隨機臚列的"並列式"詩話。至於表述方式，以叢殘小語的方式敘寫，兼及摘録（句）批評、論詩辨體、印象式批評等項以存録故實倡導新説。

如是觀之，在義理上是否有特別之處，方敢高標詩界革命之旗幟？

---

① 見《詩話詞話和印象式批評》，輯入黄維梁：《中國詩學縱横論》，臺北：洪範書店，1982年，第1—2頁。

三、義理内容：承繼傳統詩話書寫模式

承前所述，《飲冰室詩話》之形構以承繼傳統詩話的書寫模式為主，而在義理内容是否有所突破？大抵内容可分作二系：一是繼承舊有的詩話傳統，加以發衍；二是開發新視域，提供新思維。

（一）存録敘寫時事之詩歌

詩話，基本表述的内容即是書寫詩歌本事，或是輯入佳篇雋構者，梁啓超除此而外，亦兼有記録時事詩歌者，無論是海内外名士，或是自己的作品皆有，例如四十一則録寫自己於己亥冬天游夏威夷，其後返上海、香港、檳榔嶼、錫蘭，遂有《澳亞歸舟》之詩，句云："冰水慣住熱世界，老國從思新少年。"自云游遍澳洲全境，三年未見雪景，故而有此詩，蓋紀實之作。又如，第一三七則記載："歐美學校，常有於休業時學生會演雜劇者。蓋戲曲為優美文學之一種，上流社會喜為之，不以為賤也。今歲横濱大同學校年假時，各生徒開一音樂演藝會，除合歌新樂府外，更會串一戲，曰易水餞荆卿。其第一幕'餞别'内有歌四章，以《史記》所記原歌作尾聲，近於唐突西施，點竄堯典；然文情斐茂，音節激昂，亦致可誦也。"揭示在日本横濱遇年假，將學生表演《易水餞荆卿》戲劇之"餞别"四章歌詞輯入詩話之中，以見其文情斐茂、音節激昂的聲情之美①。

（二）評騭詩家或詩作

詩話最大功能是品賞詩歌、評騭詩作，梁啓超亦善用此法，例如第二十五則論石達開之檄文："太平翼王石達開，其用兵之才，盡人知之，而不知其嫻於文學也。近友人傳誦其詩五章，蓋曾文正曾招降彼，而彼賦此以答也。……又聞石有所作檄文，全篇駢儷，中四語云：'忍令上國衣冠，淪於夷狄；相率中原豪傑，還我河山。'雖陳琳、駱賓王，亦無此佳語，不得以武夫視之。"② 對於石達開之詩、文愛賞有加。又如第二十六則評康有為詩歌

---

① 第一三七則："今録之：'等閑譯笑見心肝，壯别寧為兒女顔？地老天荒孤劍在，風蕭蕭兮易水寒。'嗚！嗚！風蕭蕭兮易水寒，壯士一去兮不復還。"

② 第二十五則詩云："曾摘芹香入泮宫，更探桂蕊趁秋風。少年落拓雲中鶴，陳跡飄零雪裏鴻。聲價敢云空冀北，文章今已遍江東。儒林異代應知我，只合名山一卷終。"

有真性情，其云："南海先生不以詩名，然其詩固有非尋常作家所能及者，蓋發於真性情，故詩外常有人也。先生最嗜杜詩，能誦全杜集，一字不遺，故其詩雖非刻意有所學，然一見殆與杜集亂楮葉。余能記誦百餘首，所最愛者，《己丑出都》……"[①] 並存録康有為詩作。第二十八則評黄公度、夏惠卿、蔣觀雲為近世詩界三傑，其云："昔嘗推黄公度、夏惠卿、蔣觀雲為近世詩界三傑。吾讀穗卿詩最早，公度詩次之，觀雲詩最晚。然兩年以來，得見觀雲詩最多，月有數章。公度詩已如鳳毛麟角矣。穗卿詩，則分攜以來，僅見兩短章耳。"[②] 亦存録蔣觀雲之詩。再如第四十則評黄公度詩歌，其云："自唐人喜以佛語入詩。至於蘇王，其高雅之作，大半為禪悦語。然如'溪聲便是廣長舌，山色豈非清淨身'之類，不過弄口頭禪，無當於理也。《人境廬集》中有一詩，題為《以蓮菊桃雜供一瓶作歌》，半取佛理，又參以西人植物學、化學、生理學諸説，實足為詩界開一新壁壘。'女媧鍊石補天處，石破天驚逗秋雨。'吾讀此詩，真有此感。"[③] 再如第四十五則評《人境廬集》："性情之作，紀事之作，説理之作，沈博絶麗，體殆備矣。惟綺語絶少概見，吾以為公度守佛家第七戒也"。四十九則評狄平子詩歌温柔敦厚，芳馨悱惻。

復次，《飲冰室詩話》不僅輯入師友之作，亦有對日人圍攻旅順之武士道精神稱譽，其云："詩雖平平，然能寫出日本武士道之氣概，讀此而知日人所以享戰勝之名譽者，非偶然也，故録入詩話。"[④] 由是可知，《飲冰室詩話》所輯作品具有宣示作用，詩雖平平，卻因能寫出日本武士道精神，亦被選入。

（三）評論詩歌風格

銓品詩歌、詩家風格，是詩話無可回避之效能，《飲冰室詩話》亦然，例如第一二一則評論自署袖東者，稱譽其詩歌"宋人風格中之最高尚者，俊偉激越，芳馨悱惻，三復之不忍去也"。又如第九則論黄公度詩莊嚴有風格。凡此，皆以詩歌風格作為批評的內容，為例

---

① 第二十六則："……《己丑出都》七律四首之一云：'滄海飛波百怪横，唐衢痛哭萬人驚。高峰突出諸山妒，上帝無言百鬼獰。漫有漢廷追賈誼，豈教江夏貶禰衡。陸沈忽望中原嘆，他日應思魯二生。'"

② 第二十八則："近觀雲以其四長篇見貺，則《己亥秋別天津有感寄懷嚴蔣陳諸故人》之作也。讀竟，如枯腸得酒，圓滿欣美，爰急録之如下：'暮雨掩柴門，秋聲滿庭樹。瑟瑟紙屏間，一燈靜如鷺。彷彿少年時，讀書未馳騖。即此感生平，流轉亡吾故。乙未在武昌，始與吴生遇。'"

復次，第三十九則："嘗記其《己亥秋感八首》之一云：'遺偈爭談黄蘗禪，荒唐説餅更青田。戴鰲豈應遷都兆？逐鹿休訛厄運年。心痛上陽真畫地，眼驚太白果經天。衹愁讖緯非虚語，落日西風意惘然。'"

③ 第四〇則："詩如下：'南斗在北海西流，春非我春秋非秋。人言今日是新歲，百花爛漫堆案頭。主人三載蠻夷長，足遍五洲多異想……'"

④ 第一二三則："日本圍攻旅順軍司令長官乃木希典將軍，自今茲夾奏捷後，其勇名漸震吾邦人耳目。將軍之長子名勝典，死於金州之役。未幾，將軍統師至金州，嘗有詩云：'征馬不前人不語，金州城外立斜陽。'日人傳誦之……"

甚多，不一一贅舉。

（四）論人品與詩品之關涉

中國嚮以人品與詩品作一鉤連，意在整全表現詩家之風神氣度，梁氏亦承而論之，例如第一四二則揭示翩高是位篤行熱誠之士，其詩肖其為人，風格直逼杜集。再如第一四五則評蔣觀雲詩，讀者可彷彿其為人。再如第一六五則記載宋遺民鄭所南先生，梁氏遍求古今東西人物之中，惟日本吉田松陰最相似，並以詩文為證，説明其志事備於文章之中，詩僅是末技。

（五）注重詩史之表述

傳統詩話對詩史多有表述，梁氏亦承此而發，例如第七九則指出“公度之詩，詩史也”。録《朝鮮嘆》七解，以記載朝鮮家國亂離與戰爭之經歷。再如第九〇則揭示：“公度之詩，見余詩話中者最夥，然聞韶三月不以為饜也。頃復録其詩史兩章。”所謂“詩史兩章”即庚辰年所作之《流球歌》、甲申年所作之《越南篇》，此皆述二國之立國經歷。再如第一六四則記載少瘦生《遼東感事》十二章，長歌當哭，以記普天下胸中公共之塊壘。凡此皆以詩為史，記録家國興衰成敗。

凡此，義理内容有梯接傳統詩話敘寫内容者，唯例子以採近時師友為主。

四、宣導新創觀念與思維

《飲冰室詩話》因襲傳統的形構技巧與書寫模式之外，最被後世稱譽者厥為新創觀念的推動，得以和詩界革命合拍相應。

（一）倡導新理想與舊風格的書寫内容

梁啓超揭示：“過渡時代，必有革命。然革命者，當革其精神，非革其形式。吾黨近好言詩界革命。雖然，若以堆積滿紙新名詞為革命，是又滿洲政府變法維新之類也。能以舊風格含新意境，斯可以舉革命之實矣。苟能爾爾，則雖間雜一二新名詞，亦不為病。”（六十三則）“詩界革命”之“革命”意義何指？若“革命”的意義在“破舊革新”，則“破舊”

是指什麼？而“革新”又指涉什麼？

《飲冰室詩話》之所以在晚清被重視，不僅是因梁氏之撰寫而被重視，主要是因為他倡導詩界革命，得到了黃遵憲、夏穗卿的應和及時局所需，而能在當時推波助瀾，引發新舊詩話之爭。到底梁氏提倡什麼樣的義理内容迥異他人所倡？《飲冰室詩話》第四則云：“近世詩人能鎔鑄新理想以入舊風格者，當推黃公度。”

那麼，什麼是“新理想、舊風格”呢？兹以梁氏舉例明之：

> 有自署瀚華者，以一詩見寄，以新理想入古風格，佳詩也。無題，今為補一題曰《髭髮問答》。詩云：“乙巳人日夕，翦髮理髭鬚。主人兩無心，鬚髮相諠呼。髮言主人翁，今昨何異圖。惟余追隨久，死生宜不渝。憶昔成童後，十五二十餘。愛余烏且長，日日施爬梳。是時君幼弱，茁萌被殄誅。主婦美且艷，妒爾鬑鬑愚。況乃如芒刺，倔彊不工諛。人性憎老邁，爾促彼徑途。況乃面目改，見之笑䶗齬……”（一三〇則）

從詩歌内容觀之，是剪髮之際，髮與主人的對話。此一敘寫是以舊體詩歌的書寫形式來摹寫新事物或時代性的内容。再例如一六八則記載蔣萬里《新游仙》二章，也指出其“風格理想，幾追人境廬之《今别離》，亦傑構也”①，是將游途見聞書寫出來。再如一七三則評公耐詩“意想風格俱超遠”②，是合於以我手寫我口的書寫形式。

職是，“新理想”是指新的内容，具有時代性的内容，而“舊風格”是指舊的寫作形式。此言革其精神，非革其形式，而所謂的“以舊風格含新意境”亦即採用舊的書寫形式，以傳統的詩歌表述方式，蘊含新的内容、時代性的内容。

（二）進行中西長篇歌詩比較

中西皆有長篇詩歌，梁氏第八則極稱西方有長篇詩歌，氣魄奪人，中國雖事事落他人之後，在文學的表現，差可以與西方相頡頏者，唯有長篇詩歌之表現，並舉杜甫有《北征》、韓愈有《南山》，這些詩歌皆表現出精深盤鬱雄韋博麗之氣。至於《孔雀東南飛》，雖長至一千七百多字，號稱古今第一長篇詩，梁氏評其詩雖奇絶，亦衹是兒女之語，無關世運。由是可知，梁氏重在詩歌宣導的功能性，並推舉黃遵憲《錫蘭島臥佛》詩，皇皇二千

---

① 詩云：“出門萬里行，海底計行程。至此别有天，島嶼不知名。爛爛珊瑚洲，紅海映鮮明。盤石矗巉巉，鐵網張錚錚。茫茫水連天，彼岸隔盈盈。海外大九洲，稗海環重瀛。”

② 例如《懷九銘》第一章云：“漂流苦海北南東，獰惡風波處處同，人涉惟卬須我友，不教心似舵隨風。”“文明界内應無我，黑闇鄉中幸有君，我自偷閑君自苦，風吹内打任紛紛。”

餘言，可謂空前奇構。並云："吾欲題為印度近史，欲題為佛教小史，欲題為地球宗教論，欲題為宗教政治關係説；然是固詩也，非文也。有詩如此，中國文學界足以豪矣。因亟之，以餉詩界革命軍之青年。"揭示以詩形式，包孕豐富的印度史，若題為佛教小史、地球宗教史、宗教政治關係説，無一不可，可見，梁啓超所愛賞的詩歌，以其言之有物。復次，第九則又揭示黄遵憲的詩歌"其意境無一襲昔賢，其風格又無一讓昔賢也"，推崇備至，主要是以長篇詩歌與明代的劉基作對照，言其奇險壯采易寫，而能表現莊嚴語又能有風格者最難。

職是，梁氏盛贊中國長篇歌詩，可與西方媲美，古有杜甫、韓愈，今有黄遵憲等人。

（三）强化歌詩與音樂之關涉

重視詩歌與音樂的關係，自古皆然，梁氏則更加强化論述。第五十四則云："中國人無尚武精神，其原因甚多，而音樂靡曼亦其一端，此近世識者所同道也。昔斯巴達人被圍，乞援於雅典，雅典人以一眇目跛足之學校教師應之，斯巴達人惑焉。及臨陣，此教師為作軍歌，斯巴達人誦之，勇氣百倍，遂以獲勝。甚矣，聲音之道感人深矣。"① 以西方為例，説明音樂感人之處，不同質性表述不同音樂的風範，指出斯巴達被圍，誦軍歌，勇氣百倍而能大獲全勝。並稱譽黄公度之軍歌二十四章，能表現雄壯活潑沈渾深遠的，讀之狂喜，是詩界革命的表率。

再如第七十七則論中國傳統優良文化，《詩經》、《楚辭》、漢樂府等詩歌皆應弦赴節，唐詩、宋詞、元曲亦可被之管弦，揭示"詩歌音樂為精神教育之一要件，此稍有識者所能知也"，迄詩樂分途，對國運精神皆有影響。第九七則又揭示："苟從事教育，則唱歌一科，實為學校中萬不可闕者。"再如第一一九則云："樂學漸有發達之機，可謂我國教育界前途一慶幸。"何以梁氏如此重視音樂對人心的影響？蓋詩歌可以振奮人心，提振精神氣度，例如岳飛《滿江紅》即是。此所以西方重音樂教育之原因，故而特別重視。

（四）評騭中國人之結習

對於中國人的結習亦有批評，反對薄今愛古之結習，認為時代進步遠軼前代，為何論學問、文章、事業皆以古人為不可幾及。例如第八則云："中國結習，薄今愛古，無論學問

① 第五十四則："往見黄公度出軍歌四章，讀之狂喜，大有'含笑看吴鉤'之樂，嘗以録入《小説報》第一號。頃見其全文，乃知共二十四首……其精神之雄壯活潑沈渾深遠不必論，即文藻亦二千年所未有也，詩界革命之能事至斯而極矣。吾為一言以蔽之曰：讀此詩而不起舞者必非男子。"

文章事業，皆以古人為不可幾及，余平生最惡聞此言。”

雖然不喜今人厚古非今，但是對於中國舊有詩歌傳統又有申說，例如第一〇〇則：“美人香草，寄托遙深，古今詩家一普通結習也，談空說有，作口頭禪，又唐宋以來詩家一普通結習也。”兩種傳統結習，合而為狄平子之詩，兼此二種幽怨與解脱異原質，而能有獨特的佳構表述能力，甚為贊賞。

五、《飲冰室詩話》之定位與意義

考察《飲冰室詩話》，先從詩話史的脈絡探求形構與義理內容，再從前人對《飲冰室詩話》之論述與批評進行檢視，進而從近現代文化考察其可能的意義，兼論道器之辨以知其擇取面嚮。

（一）承繼：存録師友詩歌缺乏評騭

《飲冰室詩話》第一則揭示創作動機乃基於：“我生愛朋友，又愛文學，每於師友之詩文辭，芳馨悱惻，輒諷誦之，以印於腦。自忖於古人之詩，能成誦者寥寥，而近人詩則數倍之，殆所謂豐於昵者耶。其鴻篇鉅制，洋洋灑灑者，行將別裒録之為一集。亦有東鱗西爪，僅記其一二者，隨筆録之。”以記録師友之詩文辭為主，與《石遺室詩話》略同，如是，《飲冰室詩話》所表述的形式與義理内容，是否合於傳統詩話之定義或界定或範疇呢?

宋代許顗云：“詩話者，辨字句，記盛德，録異事，正訛誤。”大抵梁氏合於記盛德、録異事二項。復次，《四庫全書・詩文評類一》：“文章莫盛於兩漢，渾渾灝灝，文成法立，無格律之可拘。建安、黄初，體裁漸備。故論文之説出焉，《典論》其首也。其勒為一書傳於今者，則斷自劉勰、鍾嶸。勰究文體之源流，而評其工拙；嶸第作者之甲乙，而溯厥師承。為例各殊。至皎然《詩式》備陳法律，孟棨《本事詩》，旁採故實。劉攽《中山詩話》、歐陽修《六一詩話》，又體兼説部。後所論著，不出此五例中矣。宋、明兩代，均好為議論，所撰尤繁。雖宋人務求深解，多穿鑿之詞；明人喜作高談，多虚驕之論。然汰除糟粕，採擷菁英，每足以考證舊聞，觸發新意。《隋志》附總集之内，《唐書》以下則並於集部之末，别立此門。豈非以其討論瑕瑜，别裁真僞，博参廣考，亦有裨於文章歟?”①

攸關《四庫總目提要》之評述，梁氏無劉勰之“究文體源流，評其工拙”，但有“第作者之甲乙，而溯厥師承”；無皎然詩式之“備陳法律”，有孟棨《本事詩》之“旁採故實”，亦有歐陽修之“體兼説部”，較側重“論詩及事”之脈流。繼之，吴琇又云：“局外身作局内説者也，故其立論平而取義精。”梁氏既作局外身之客觀摘録，亦將自身置入其中敘寫己作，故而偏好師友之作，立論不多，摘録之義偏多。

整體而言，詩話據章學誠所分，包括兩大内容：其一，論詩及辭類，應該包括談理論、寓品評、述體變、講法式、作考辨等項，然而《飲冰室詩話》詩學理論之論述偏少，偶有寓品評在内，卻未及論述詩歌體式流變，亦少指導創作法式，更乏歌詩之考辨等項；其二，論詩及事類，應包括記述詩歌本事、記述詩人軼事、記述與詩有關的各種資料及見聞等項，對應《飲冰室詩話》偏重於此一内容。

章學誠曾云：“失在是非好惡，不過文人相輕之氣習，公論久而自定，其患未足憂也。”揭示詩話多是非好惡，梁氏以師友之作為多，且多褒揚，是失之一偏。

（二）批評：前人對《飲冰室詩話》之論述

討論《飲冰室詩話》者衆，統攝諸説，重要論述大抵可從三個面嚮切入。

1. 新派詩話的立論

蔡鎮楚在《中國詩話史》中拈出“新派詩話”，標榜具有鮮明的時代特色、鋭利的批判鋒芒、提倡新詩、鼓吹革命。並揭示新派詩話的崛起有二因，一是打破歷代詩話論詩談藝、崇古的傳統而進入自覺的時代；二是從綫性、封閉式的思維方式邁嚮放眼新世界、新知識、新思維、尋找真理的過程②。

故而《飲冰室詩話》具有暢言古今中外的廣度，同時也將各種哲學、自然、科學、音樂、戲劇、繪畫等熔鑄於一爐之中，具有劃時代的意義。而其缺陷則在於以詩歌舊形式裝新的内容，可是卻又不自覺地提到詩歌語言的通俗化和史詩式的宏偉結構，造成形式與内容缺乏自覺性與辯證性。

2. 舊風格新意境之評騭

張寅彭《詩話概説》揭示梁氏對詩歌發揮現實政治作用的重視，並擴大詩歌題材的天

---

① 見（清）永瑢、（清）紀昀主編：《四庫全書總目提要》卷一九五，石家莊：河北人民出版社，2000年，第4册，第5362頁。

② 見蔡鎮楚：《中國詩話史》卷六《近代詩話》第二章《新派詩話》，長沙：湖南文藝出版社，1988年，第322—336頁。

地，值得肯定。但是，其缺陷有二：其一，“新意境”側重改良主義政治内容，未能融入審美要求，顯然比不上王國維的“境界説”；其二，以舊風格含新意境，是内容與形式不和諧，亦即革新派詩人未放棄五七言及文言的形式。此外，也點出梁氏所論的内容，多為“詩界革命”中人及其相關問題，與傳統詩話泛論古今的做法完全不同①。

張氏所論洵然，梁氏未能考量審美要求，僅以新意境為内容，是其所偏。但是，也因為是其所重視的部分，冀能做為推動詩界革命、表述新時代内容的推力。

3. 無具體體系之學説

舒蕪揭示“詩界革命”僅是幾個年青人的試驗，没有找到正確途徑，因此也没有在詩壇上發生什麽影響。其失敗原因有二：其一是内容没有掌握真正先進的思想武器，没有系統學説，衹能牽强傅會借一些字句來表達改良的要求；其二是形式方面，因為缺乏充實有力的新思想内容，又要表示革新，衹能生硬堆砌一些翻譯名詞②。

梁氏與黄遵憲“以我手寫我口”合拍，然而鼓吹新意境（新内容），實際上是表現新事物，以詩人而言，表述所見所聞並非特别，而梁氏以舊瓶新裝方式來包裝詩話，是受時代的局限，並無特出之處，然在梁、黄、夏諸氏之間形成風氣，也鼓動傳統詩歌以新事物、聞見入詩。

（三）文化意義的觀察：衝抉時代羅網，以報刊雜志為載體

維新與革命各有不同的立場，維新是改良，革命是根本變革，以康梁為首的變法運動，是以維新達到改革的目的，黄遵憲曾揭示詩雖小道，然而歐洲詩人，以詩歌來鼓吹文明之筆，也有影響世界的力量，這樣的思想，遂提倡“以我手寫我口”的詩界革命，與梁啓超同聲相應。

汪榮祖揭示晚清變法人士之進步思想，大約有四種内容：其一是知識實用論，主張實用為尚、經世濟民，援用西方之物質文明；其二是厚今説，以稱古、尚古、借古以自重；其三是進步史觀，大致得自近世西方的影響；其四是緩進觀點，不採用革命手段，以傳承傳統思想，緩進為主③。

梁啓超的“舊風格”、“新理想”就是透過舊有的文體表述形式，書寫合乎時代内容或題材的創新意圖。梁啓超以維新改良為主，故而主張“過渡時代必有革命，然革命者當革

① 見劉德重、張寅彭：《詩話概説》第五章《第四節：晚清暨近代詩話》，北京：中華書局，1990年，第251—252頁。

② 見梁啓超：《飲冰室詩話・校點後記》，北京：人民文學出版社，1998年，第143—148頁。

③ 見汪榮祖：《從傳統中求變：晚清思想史研究》卷上《晚清變法思想研究》，第11－18頁。

其精神，非革其形式"[①]。《飲冰室詩話》所標舉的"詩界革命"，事實上，在形構上仍一本傳統的詩話表述手法，而在義理内容上，雖然勇於挑戰傳統，大體上仍有所承襲，其最具有突破性的是拈出"舊風格含新意境""新精神""新理想""新語詞"諸説。這些説法，是要將新時代的新内容、新名詞納入其中，例如行游各國所見之新内容與新名詞、時代的見聞皆備録詩話之中；並推崇詩人盛德、抱負及雄偉志操，也藉此來鼓吹政治參與反映時新事物等。從另一個角度觀之，這種敘寫當時見聞的内容，對任何時代的作家而言，皆是必要的，也是可行的，那麼《飲冰室詩話》留給我們的意義是什麼呢？是不是我們過分誇大了它的意義？抑或是在當時的潮流當中，能提出内容之新意境即是意義所在，此一提出，遂能突破時代框限，而成為傲視當時的一種新口號、新視界？檢視民國詩話，大抵以敘録舊傳統為主，兼及時代風氣、備録時變者為多，豈梁氏之啓迪？從文化觀察，值此遽變時代，《飲冰室詩話》之"新理想舊風格"即欲衝抉羅網，創建新標杆。

復次，日本學者揭示，從1889年梁啓超中舉到1919年的五四運動，康有為扮演的角色是渺小的，而梁啓超則是鴉片戰爭以來理論界的真正領導者。從1902—1911年，也就是《新民叢報》發刊到革命爆發，是梁啓超的黄金時代[②]。這一時期，不僅對胡適、嚴復等人有深刻的影響，《新民説》開闢一個新世界，提出一個未知的世界可以往前探索，更開拓學術思想的路徑，指引前進[③]。此皆是梁啓超對時代的貢獻。

（四）道與器：精神與物質辯證過程的擇取

精神與物質之論爭，嚮來是中西對壘的重要論點所在，此一物質係指寬義，包括船炮、路礦、器物、技藝等項，西方物質性成就對中國起了自強運動及洋務運動的自卑與反省的作用。但是，無論是道器之爭，或是中體西用，對梁啓超而言，起了什麼樣的效應與之回應呢？

張之洞提倡"中學為體，西學為用"，仍是以中國傳統為根基所發起的改革運動，這樣

① 見梁啓超：《飲冰室詩話》。

② 見［美］約瑟夫·阿·勒文森著，劉偉、劉麗、姜鐵軍譯：《梁啓超與中國近代思想》第二編《1889—1912年：勇敢的新世紀》，臺北：谷風出版社，1987年，第90頁。該文乃引用日人《神户編年史》之資料。

③ 胡適在《四十自述》（上海：上海良友圖書印刷公司，1935年）中揭示："《新民説》諸篇給我們開闢了一個新世界，使我徹底相信中國之外還有很高等的民族，很高等的文化；《中國學術思想變遷之大勢》也給我開闢了一個新世界，使我知道四書五經之外中國還有學術思想。"（第100—105頁）另外，書中也指出梁啓超的著作是其在中國哲學領域進行探索的起點。（第91頁）

的提倡，對時人也起了醱酵作用，梁啓超則回應以中國的文化及儒家經典去承接時代的變化[①]。他曾將清代二百餘年的學術變遷區分為四期：第一期順康間，程朱陸王問題；第二期雍乾嘉間，漢宋問題；第三期道咸同間，今古文問題；第四期光緒間，孟荀問題、孔老墨問題；並且指出二百年的學術前取二千年的學術，倒影而繅演之，如剥春筍，愈剥愈近，如啖甘蔗，愈啖愈有味[②]。職是，站在這個基點以傳統文化為出發，對傳統文化不僅肯定，而且强化清代如啖甘蔗，如剥春筍，漸入佳境。故而，汪榮祖指出康梁破舊立新，著述宗旨以變法為本，經説為用，也就是立言是為了立功[③]。

光緒十年（1884）之前，部分洋務派知識分子將中西學分為道、器，提倡輸入器以補道之不足；光緒十年代後半期，則把器及道包容於中學内，積極輸入西學使之合理化。梁啓超則指出同治元年到光緒十年（1862－1884）是西法萌芽而俗尚深惡的階段[④]。道器對立是洋務論，而康有為變法論是以道器合一為前提，是將道寓於器中，並主張“以君權變法”[⑤]。

觸犯權貴、變更體制而改革者，自古有之，然戊戌變法不僅觸犯權貴、變更體制，更兼有中西道器之爭及現代性、民主性之問題，康有為變法意在實現君主立憲，以民權代君權。

戊戌維新突破傳統封建思想，形成獨特的文化觀，主要有兩個特點：其一是將西方的社會及政治學説——進化論、民主平等學説、天賦人權等論述糅進，形成新的文化理論；其二是提倡科學，宣導民主思想，科學與民主成為新文化核心内容[⑥]。

新型知識群體從事新式文化事業，從光緒二十一年到二十四年（1885－1898）四年之間，維新派創辦新學堂有94家，報刊28種，學會34個，雖然組織規模不一，成員不定，卻有共同的目的，意在救亡圖存、維新變法、提倡新學新知。此一意義破除士人結社禁令，及加速分化士大夫階層，促使文化變革[⑦]。

職是，討論道器問題，不可忽略了西方的制度，例如政治、社會、經濟等各面嚮的建

---

① 在《梁啓超與中國近代思想》一書中，作者明確揭示梁啓超對於“精神/物質”的辨爭，歷經了三個階段：第一個階段試圖將西方價值偷運進中國歷史，即是以非文化主義的中國國家主義掩蓋親西方的傾嚮；第二階段，以新和舊來面對西和中的問題，中國無法脱逃於現代化的過程；第三階段則是將中西納入物精神與物質二分法中，物質永遠無法取代精神。

② 見梁啓超：《論中國學術思想變遷之大勢》，《飲冰室文集》第3册，第1－103頁。

③ 見汪榮祖：《從傳統中求變：晚清思想史研究》卷中《康有為研究》，第231頁。

④ 見［日］小野川秀美著，林明德、黃福慶譯：《晚清政治思想研究》第二章《晚清變法論的成立》，臺北：時報出版事業有限公司，1982年，第54頁。

⑤ 同上，第79頁。

⑥ 見史革新：《晚清學術文化新論》第八章《戊戌維新運動與中國近代學術文化》，北京：北京師範大學出版社，2010年，第191－194頁。

⑦ 同上，第194－197頁。

構，亦有可取法者。故而梁啓超從新大陸游歸，確實體會君主立憲之可行性，也體會日本維新取法西方的進步，纔能在甲午戰爭中大獲全勝。面對這些現象與現實，梁啓超能無所感受嗎？故而在歷史的轉折點上，以“新民”立論，以報刊雜志宣導思想，開啓民智，不僅影響者衆，而且也形成一股風潮，影響當時。此即是梁氏從西方物質性成就融攝中國傳統文化而能開展新義的豐碑。

六、結　論

日本學者佐藤慎一指出，以中國文明為優越性的文明觀，是以“中華思想”為中心，而在近代中國文明觀的轉換過程中，對西洋觀的變化，也是中國知識分子對中國文明觀變化的重要構成要素，並揭示：“近代中國文明觀的轉換，對中國知識分子而言，也是這樣一種無盡的自我解剖的過程。”[①] 歷經“中華思想”“西洋觀”，再回頭來審視中國的傳統文化，知識分子應如何為自己定位，如何為傳統與現代進行接棒的工作呢？顯然，時代創造英雄，英雄也在時代風潮之中劈波斬浪。梁啓超就是這樣順勢崛起，從近代跨到現代過程的知識分子。他面對時代遽變引領時代風潮，又在新舊變革之際，調整新文化與舊傳統的接棒工作，善用刊物媒體倡導新思維。

統攝前説，《飲冰室詩話》刊於1902－1907年間的《新民叢報》內，其展現的意義如下：

（一）《飲冰室詩話》對傳統詩話之繼承與新變。這一點可從兩個面嚮觀之：

1. 組構形式上的繼承。以叢殘小語、隨機摘録、隨機評騭、印象式、風格式批評展現傳統詩話的內容。

（1）旨在記盛德、録異事，摘録或題寫時事。自晚清林昌彝敘寫鴉片戰爭起，此方式即廣為晚清詩話作者所延用。或名之詩史，以記録時事者為主。

（2）銓品作者之甲乙，首推黄遵憲、夏曾祐、蔣智由為詩界革命三傑；略溯詩人之師承，例如康有為之弟子等人。

（3）旁採故實，體兼説部，以存録師友作品為主，表述本事為輔。

（4）以人品論詩品，承接傳統之品賞詩家。

---

① （日）佐藤慎一著、劉岳兵譯：《近代中國的知識份子與文明》，南京：江蘇人民出版社，2006年，.《前言》，第1－3頁。

(5) 評騭詩歌風格或詩家，以見獨特之處。

(6) 標示雋句、詩人軼事、詩歌本事，展現詩家特色及創作緣由。

2.《飲冰室詩話》對傳統詩話在義理內容之新變。

(1) 運用媒體開發與擴展閱讀群衆。以媒體作為發聲利器，開啓近代詩話在報章雜志刊登發表的風氣，其後之民國詩話乃踵事增華。

(2) 對“薄今好古”之批評。勇於打破傳統，大量選録時人作品，不依傍古人，對於能表現時代風貌或内容者，尤喜摘録。

(3) 對音樂與詩歌之結合，大力肯定。推崇鄭樵的詩樂本應合一之主張，並認為音樂可提振人心及加强民族意識。

(4) 鼓吹加入西方見聞、時代新事等，增進書寫的豐富性而能與新時代結合。

(二) 前人對《飲冰室詩話》之論述與批評：

1. 樹立新派詩話之楷模，具有鮮明的時代特色及批判力。

2. 倡導舊風格新意境，以實現政治作用，表述時代内容。

3. 與黄遵憲倡議之“以我手寫我口”合拍，能推動政治改良，唯缺乏體系及審美意嚮。

(三) 從文化意義檢視：旨在衝抉時代羅網，以報刊雜志為載體，作為變法利器，倡導思想，開啓民智，鼓吹政治參與，反映時代。

(四) 道器抉擇過程：在精神與物質抉擇過程中，以承接傳統文化及儒家經典來回應時代變化，雜糅西方民主思想，形成新文化内容。

面對歷史不可回轉的浪潮，梁啓超迎嚮浪頭，堅持自己的主張，從歷史、文化的視野以及時代的需求，走出自己開闢的新道路、新世界，也為後人指出一個可前進的、可追求的世界。但是，他知道自己在做什麽嗎？約瑟夫説：“他知道自己在做什麽，但衹有别人纔知道他做得怎樣，自知之明是一件難以捉摸的事情，因為自身的認識總是不斷變化的；梁啓超也像任何一個囿於自己所處環境的人一樣，很難清楚地認識自己，也很難使自己的認識不發生變化。”①

歷史需要檢證，當時人衹能經歷過程，至於評價則是留給後人的。梁啓超於1902—1907年之際刊載《飲冰室詩話》代表的時代意義，旨在衝抉羅網，樹立新知，引領新方嚮。

今日站在歷史的後設點上，往前回望，依稀彷彿也可證實梁啓超嘗試為時代樹立豐碑的努力與艱辛的歷程。

（作者單位：臺灣中興大學中文系）

① 見［美］約瑟夫·阿·勒文森著，劉偉、劉麗、姜鐵軍譯：《梁啓超與中國近代思想·序言》。

中國民間魁星信仰源流考

——兼論文昌神和梓潼帝君諸問題

江玉祥

魁星，是中國民間信仰傳説中主宰文運的天神。舊時學宫奉魁星為學神，士人考中狀元叫“奪魁”，進士第一名叫“魁甲”，各地都有“魁星閣”（或曰“奎星閣”）、“魁星樓”（或曰“奎星樓”）的建築，圖畫、雕塑、書法有“魁星踢斗”的形象，戲曲小説中有魁星神的傳説故事。魁星信仰對中國人的心態、風俗影響至深且巨，對於它的研究有助於弄清原始宗教和民間文化的關係。本文擬對中國民間魁星信仰的起源、流變作初步探索，並對魁星同道教的文昌神及梓潼帝君關係諸問題發表一些個人的見解。謬誤之處，請指正。

一、魁星崇拜源於古代的北斗信仰

恩格斯説：“首先是天文學——游牧民族和農業民族為了定季節，就已經絶對需要它。”① 中國自古以農立國，勞動人民在同自然界奮鬥的生産鬥爭中，根據天文現象以定歲時季節，訂制原始型的曆法，主要方法有“斗建”法、“中星”法和“二十八宿”，其中以“斗建”法最古。所謂“斗建”法就是以北斗星的斗柄在傍晚時所指的方嚮來定季節，這便是古書上所謂“斗建”。北斗七星在天空中是一個很顯著的天象。由於歲差的原因，古代北斗七星距北天極的距離比現在還近，從我國中原地區所處的地理緯度上看，北斗七星都處

① ［德］恩格斯：《自然辯證法》，北京：人民出版社，1971年。

在恒顯圈内，因此，這個地區一年四季每天從初昏到黎明前都能清楚地看到。北斗七星之所以引起我國古代人民的注意，還由於它的斗柄圍繞北天極的周日旋轉（地球自轉的反映），可以指示夜間時間的早晚，猶如白天太陽的方位可以利用來定時間一樣。更重要的是，北斗七星在圍繞北天極的周年旋轉（地球公轉的反映）中，可以指示寒來暑往季節的變化。所以《夏小正》中說："正月……初昏參中，蓋記時也云。斗柄縣在下。言斗柄者，所以著參之中也。""六月：初昏，斗柄正在上。五月大火中，六月斗柄正在上，用此見斗柄之不正當心也，蓋當依。依，尾也。""七月……斗柄縣在下，則旦。"《史記・天官書》概括北斗七星在我國古代天文學中的作用時說："斗為帝車，運於中央，臨制四鄉。分陰陽，建四時，均五行，移節度，定諸紀，皆繫於斗。"中國古代文化中心在黄河中游，緯度偏北，最容易觀察到的星辰就是北極星和北斗七星，相傳為夏代曆書的《夏小正》就有正月初昏"斗柄縣在下"和六月初昏"斗柄正在上"的記載。後來發展到以斗柄建月，即北斗星柄指嚮的十二辰代表一年中的十二月。正因為在中國古代"分陰陽，建四時，均五行，移節度，定諸紀，皆繫於斗"，因此中國人很早就對北極星和北斗星產生了崇拜。《史記・天官書》說："北斗七星，所謂'旋、璣、玉衡以齊七政'。杓攜龍角，衡殷南斗，魁枕參首。"唐司馬貞《索隱》引《春秋運斗樞》云："斗，第一天樞，第二旋，第三璣，第四權，第五衡，第六開陽，第七搖光。第一至第四為魁，第五至第七為標，合而為斗。"唐張守節《正義》："魁，斗第一星也。"因此，魁星所指有兩説：一指北斗第一星至第四星合稱魁，二指北斗第一星為魁星。無論哪一説，魁均含"首"義，故宋裴駰《集解》引孟康云："魁，斗之首。"因此，凡為首者皆稱魁。《尚書・胤征》："殲厥渠魁，脅從罔治。"《禮記・檀弓上》："'請問居從父昆弟之仇，如之何？'曰：'不為魁。主能，則執兵而陪其後。'"鄭玄《注》："魁，猶首也。"實際"首"衹是"魁"的引申義，其本義為"羹斗"。《説文》十四上"斗部"："斗，十升也。象形，有柄。凡斗之屬皆從斗。"金文斗作（秦公簋），（釁□鼎），（土匀錍），象挹酒和挹水的器皿。北斗七星在古人眼中恰象挹水之斗。段注曰："上象斗形，下象其柄也。斗有柄者，蓋象北斗。"《説文》斗部"魁"字條曰："羹斗也，從斗鬼聲。"《漢書・游俠傳》師古注曰："魁者，斗之所用盛而杓之本也。故言根本者皆云魁。"實際羹斗也象斗形，其與挹水斗不同之處，正如段玉裁《説文解字注》所云："魁，頭大而柄長。毛詩傳曰：大斗長三尺是也。引申之，凡物大皆曰魁。"故分言之，魁為斗之首；合言之，魁即北斗。由於遠古的人們年年觀察到北斗七星的柄朝上又朝下，隨著"星移斗轉"而產生寒暑的變化，他們不理解這種變化的科學道理，於是就產生了對北斗星的崇拜，尊之為神。正如恩格斯所言："宗教是在最原始時代從人們對於自己本身和周圍的外部自然的極愚昧、極模糊、極原始的觀念中產生的。但是，任何思想體系一經產生後，便和現有的全部觀念相結合而發展起來，並把現存觀念加以進一步的改造。”①。至春秋戰國時期，我國勞動人民和天文工作者創立了二十八宿體系，封建統治者發展了從殷商以來的占星術，對北斗星的崇拜逐漸神化。1978 年在湖北省隨縣擂鼓墩發掘的戰國早期（前 433 年左右）曾侯乙墓的隨葬品中有一件漆箱蓋，蓋面上以黑漆為底繪紅彩。蓋面中心用粗筆書寫一個篆文的大“（斗）”字，圍繞“斗”字一圈是篆文的二十八宿古代名稱。二十八宿名稱隨中間“斗”字的字形，圍成一個兩頭小中間大的橄欖形。蓋面一端繪青龍，一端繪白虎，二者頭尾方嚮彼此相反。蓋面四角還有簡單的“回”形圖案。在這幅圖上，把一個巨大的“斗”字寫在畫面的中央，差不多佔據了整個畫面的三分之一；圍繞“斗”字的二十八宿名稱，是在寫好“斗”字並畫好青龍、白虎之後纔在它們之間的空隙裏填上去的。畫面的安排突出了北斗的重要地位②。可見，在當時人們的思想認識中，“北斗”處於主宰地位。既然這幅圖像是在墓葬中發現的，很可能這時北斗已有主宰生死的意思。

春秋戰國時期，還產生了對北斗的祭祀。何以見得？從古文字中可以看出。戰國印璽文字“魁寫作“”（古鉥“司馬悝魁”）。鬼字甲文作（乙 6618）、（菁 5.1）、（前 4.18.6），金文作（陳□簋）、（說文古文）。後三個字形最值得注意：前 4・18・6 象一個人跪在“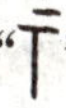”旁祭祀的形狀；陳□簋的“鬼”象一個頭戴面具的人在“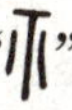”旁飲酒的形狀；說文古文的“鬼”象一個人手持酒壺在“”旁祭祀的形狀。那麼“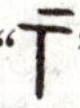”、“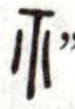”、“”是什麼？胡光煒《說文古文考》曰：“丅，象木表所以代神，與□，同意。古祭人鬼則立屍，祭天神地祇無屍則植表以象之所在，此立主之始，與□皆為表形也。”此言有理，立竿祭天，邊裔民族的風俗可以佐證。《清史稿・禮志四》：“清初，起自遼沈，有設竿祭天禮。竿木以松，長三丈，圍徑五寸。若帝親祭，司俎挂淨紙（帛）於柱上，諸王護衛，以次挂之。”“|”正象祭天竿，上横“一”或“二”是上帝的象徵，竿旁之“八”或“”蓋象所挂的彩帛，由此我們可知從殷至周“鬼”字均有祭祀的意思，那麼“鬼”旁加“斗”就可以理解為祭祀北斗七星的反映。另外，《周禮・春官・大宗伯》云：“以禋祀祀昊天上帝，以實柴祀日、月、星、辰，以槱燎祀司中、司命、風師、雨師。”三者都是積柴實牲體（或加玉帛），燔燎而升煙，讓天神聞著氣味，天神又以太一（北極星）為尊。如果說甲文中的“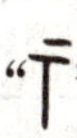”象立竿祭天，那麼金文中的“”和古文（戰國六國文字）“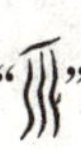”就象禋祀燎牲上升的煙氣。總而言之，有祭祀之意。司馬悝魁古鉥的鬼旁加斗，應為祭祀北斗星的反映。

① ［德］恩格斯：《費爾巴哈與德國古典哲學的終結》（1886），北京：人民出版社，1960 年，第 44—48 頁。
② 王健民、梁柱、王勝利：《曾侯乙墓出土的二十八宿青龍白虎圖像》，《文物》1979 年第 7 期。

秦漢時，北斗七星被正式作為北斗神立廟祭祀。《史記·封禪書》曰："及秦併天下，令祀官所常奉天地名山大川鬼神可得而序也。……而雍有日、月、參、辰、南北斗、熒惑、太白、歲星、填星、[辰星]、二十八宿、風伯、雨師、四海、九臣、十四臣、諸布、諸嚴、諸逑之屬，百有餘廟。"南斗即二十八宿中的斗宿，北斗即北斗七星。山東嘉祥縣武家村武梁祠漢代石刻第四石上有《北斗星君圖》。從中後室自右是北斗七星，魁星中有一個人，據日本林巳奈夫解釋為北斗君，露齒作瞋怒狀。他的後面有三人執笏恭立，前面有四人禮拜於斗杓下，最前的一個舉手及額，彷彿是嚮北斗君求憐的樣子，腳前放著一顆人頭，最前立的男子生前殺了人，人頭就是證據（參看《金石索》）。據説是在漢代寫成的《太上感應篇》中有"三臺北斗神君，在人頭上，録人罪惡，奪人紀算"[1] 的記載，可資佐證林氏的解釋。《後漢書·天文志上》："北斗魁主殺。"東漢時附會經義、張惶神學的緯書將北斗進一步神化成司掌爵禄、壽夭、豐歉的神。如日本學者安居香山、中村璋八輯《重修緯書集成》卷二《尚書緯》："北斗居天之中，當昆侖之上，運轉所指，隨二十四氣，正十二辰，建十二月。又州國分野年命，莫不政之。"《重修緯書集成》卷六《河圖帝覽嬉》："斗七星，富貴之官也。其旁二星，主爵禄。其中一星，主壽夭。斗主歲時豐歉。"《重修緯書集成》卷六《河圖始開圖》："黄帝名軒轅，北斗神也。"逕指北斗神即黄帝軒轅，把北斗神捧上了五帝之首的寶座。魏晉以後，早期道教吸收了北斗崇拜的信仰，並且重新調整了分工，讓北斗專掌壽夭。干寶《搜神記》卷三："管輅至平原，見顔超貌主夭亡。顔父乃求輅延命。輅曰：'子歸，覓清酒一榼，鹿脯一斤，卯日，刈麥地南大桑樹下。有二人圍棋次，但酌酒置脯，飲盡更斟，以盡為度。若問汝，汝但拜之，勿言。必合有人救汝。'顔依言而往，果見二人圍棋。顔置脯斟酒於前。其人貪戲，但飲酒食脯，不顧。數巡，北邊坐者忽見顔在，叱曰：'何故在此?'顔唯拜之。南邊坐者語曰：'適來飲他酒脯，寧無情乎?'北坐者曰：'文書已定。'南坐者曰：'借文書看之。'見超壽止可十九歲。乃取筆挑上，語曰：'救汝至九十年活。'顔拜而回。管語顔曰：'大助子，且喜得增壽。北邊坐人是北斗，南邊坐人是南斗。南斗注生，北斗注死。凡人受胎，皆從南斗過北斗。所有祈求，皆嚮北斗。'"[2] 敦煌變文所收句道興本《搜神記》文字稍異，結尾為"始語顔子曰：'北邊坐人是北斗，南邊坐人是南斗。凡人受胎皆從南斗過，見一人生，無量歡喜。北斗注殺，見一人死，皆大歡喜，此之是也。'"[3] 陶弘景《真靈位業圖》第七左位為"鬼官北斗君周武王"。凡此種種都説明北斗星君為管治死者、掌握世人年壽的天官，故魏晉南北朝流行拜北斗君祈壽請命的巫

① 《太上感應篇》，見《石印玉曆至寶抄》，《藏外道書》第12册，成都：巴蜀書社，1992年。

② （晉）干寶撰，汪紹楹校注：《搜神記》，北京：中華書局，1979年，第33—34頁。

③ 王重民、王慶菽、向達、周一良、啓功、曾毅公編：《敦煌變文集》卷八，北京：人民文學出版社，1957年，第868頁。

術。如：

《南史》卷五十《黔婁傳》記齊時黔婁為父庾易請命："至夕，每稽顙北辰，求以身代。俄聞空中有聲曰：'徵君壽命盡，不復可延。汝誠禱既至，政得至月末。'及晦而易亡。"

《南史》卷二十六《袁君正傳》記梁人袁君正："為豫章内史。性不信巫邪，有師萬世榮稱道術，為一郡巫長。君正在郡小疾，主簿熊嶽薦之。師云：'須疾者衣為信命。'君正以所著襦與之，事竟取襦，云：'神將送與北斗君'。君正使檢諸身，於衣裏獲之，以為亂政，即刑於市而焚神，一郡無敢行巫"。

《魏書》卷三五《崔浩傳》（參《北史》二一《崔宏傳》附子《浩傳》）云："初，浩父疾篤，浩乃剪爪截髮，夜在庭中仰禱斗極，為父請命，求以身代，叩頭流血，歲餘不息，家人罕有知者。及父終，居喪盡禮，時人稱之。"

以上為拜北斗禳病的例子。漢晉以後，拜北斗而祈禱一直是道教的重要禮儀，並形成了後來道家"北斗七星延命之術"，明版《道藏》載有《北斗七星燈儀》及《北斗本命延壽燈儀》等書。讀過《三國演義》的人，一定記得第一百零六回孔明張七星燈禳星延命的情節。孔明所禳的星就是北斗，可惜魏延匆忙中踢翻了燈，不久孔明便"出師未捷身先死"。至今香港鄉間祭祀還有燒"北斗百解符"的，通常是和元寶一起燒，目的不外禳災祈福。

以上我們探討了"北斗星神"惡的一面。另外它還有善的一面，即作為"守護神"的一面。隋唐以來隨著佛教地藏、閻羅信仰的廣為流傳，特別是宋代的勸善書《玉曆抄傳》的出現，十殿閻羅的信仰普及到城鄉各地，北斗已無法維持人間命籍的神職，於是北斗信仰發生了分化：一是嚮禳災祈福的科儀發展，已如上述；二是本命神的信仰，以為北斗七星分掌諸星辰，衹要虔奉本命神之星，即可獲神佑。魁星為北斗之首，於是就同隋唐以來創立的科舉制度發生了關係。

隋朝罷黜了漢朝的辟舉制和魏晉的九品中正制，大小官吏都由中央任命，選士既無須州郡的薦舉，也不經中正的評定，而是朝廷用公開考試的辦法甄別選用。隋煬帝設進士科，正式創立了科舉制度。唐代繼承並大大發展了隋代創置的科舉制度。考試的科目，分為常科與制科兩類。常科每年舉行，科目有秀才、明經、俊士、進士、明法、明字、明算等多種，應試者以明經、進士二科最多。高宗以後，進士科尤為時人所重視。制科是皇帝臨時詔令設置的科目，有賢良方正直言極諫科、才識兼茂明於體用科等多種。常科的考生有兩個來源：一是生徒，一是鄉貢。由京師及州縣學館出身，而送於尚書省受試者叫生徒；不由學館而先經州縣考試，及第後再送尚書省應試者叫鄉貢；由鄉貢入京應試的稱"舉人"。尚書省的考試，通稱省試，或稱禮部試。禮部試都在春季舉行，故又稱"春闈"，"闈"是考場的意思。參加進士科考試，當時人稱為"舉進士"，凡參加進士科考試的人，習慣上就稱為進士；後來秀才科廢除，也常常稱為秀才。秀才、進士、舉人在唐代幾乎是同一個含義，與明清時期的意義有很大差別。科舉考試合格叫及第或擢第、登第、登科，也單稱“中”。唐代進士及第稱為“進士第”或“前進士”，最為榮耀，被視為“登龍門”，譽稱為“白衣公卿”或“一品白衫”。進士第一名稱為“狀元”或“狀頭”。科舉及第以後，就叫有了出身，也就是説初步具備了做官的資格。考中的士人稱考官為“座主”或“恩門”，對座主則自稱“門生”；同科及第的互稱“同年”。放榜後，朝廷賜宴新進士及諸科及第的人，叫“聞喜宴”。狀元以下，到座主門上謝恩，並嚮家中報喜。新進士還要在曲江亭聚會游宴，叫做“曲江會”，又叫“探花宴”，以少年俊秀者二三人為探花使，亦稱探花郎，遍游名園，折取名花。游宴後，在慈恩寺塔下題名，稱做“題名會”。孟郊曾作《登科後》詩：“春風得意馬蹄疾，一日看盡長安花。”唐代制科考試合格後，可以直接授予官職，武則天時多授中書舍人、員外郎、拾遺、補闕等官。常科及第後，還須再經吏部考試，叫做“釋褐試”，又叫“關試”，考試合格，纔能授官。從授官的規定來看，制科及第最優，其次是秀才，再次是明經，又次是進士，而進士及第卻最難，大致是一百人取一、二名。儘管如此，士人所重，唯進士一科。不由進士出身的，終不為美，制科出身反而被視為“雜色”。進士科出身初授雖衹九品，但升遷較易，“大者登臺閣，小者任州縣”。唐代宰相，大多進士出身，中唐以後尤其如此。唐代科舉能否考中，全靠考官。因此這時走考官門路的人不少，把考官看成決定命運的北斗的提法這時就出現了。唐段成式《酉陽雜俎》前集卷之二云：“禍福續命，由怙照第四天鬼官北斗君所治，即七辰北斗之考官也。”

宋代對科舉制更加重視，有不少重大改革。《宋史》卷一百一十六《職官一》曰：“宋承唐制，抑又甚焉。”宋之於唐，不同者，最主要表現在兩個方面。

第一，取士科目和名額擴充了。宋代科舉仍與唐代一樣，以進士科為主。隋唐初設進士科，歲取不過 30 人。南宋每科進士及第一般都在四五百人左右。宋朝的進士分為三等：一等稱及第，二等稱賜進士出身，三等稱賜同進士出身。應試者，家不尚譜牒，身不重鄉貫，不講門第身份，一直被排斥在仕途之外的“工商、雜類”出身的士人，衹要有“奇才異行”，亦可以應試。北宋末年甚至僧道百家亦許應試。科舉考試在宋代擴大了。唐代科舉考試録取後，衹是取得做官的資格，還要往吏部再考核後選優授予官職。宋代一經考試及第即可授官，不需要經吏部考核。宋初在殿試時還淘汰一些人員，但後來凡在禮部考試及格者，殿試衹是評定他們的等第，之後全部授予官職。而且這些科舉出身的人，所授的多是高官。

第二，嚴格考試的各種規則。首先，宋代規定不准朝廷官員推薦考生應試。其次，唐代的考試每年定期舉行；宋初無定期，後來纔定為三年一次。宋代為了杜絕考場作弊，還實行“糊名”（封彌）、“謄録”制。再次，限制知貢舉（主考官）的權力。宋代對主考官的限制，還有一種叫做“鎖院”的辦法。太宗淳化三年（992）規定，知貢舉一接到命令，馬上就要住進貢院裹，不能回家，避免别人的請托，稱作“鎖院”。

宋朝對科舉制的改革，一方面擴寬了讀書人進入仕途的門路，增加了讀書人的競爭機會；另一方面減少了讀書人對諸多考官的依附。為了考中（特别是高中狀元），讀書人希望上天有一位專職的保護神，於是主宰命籍的北斗七星的第一星——魁星就成了科舉考試中“魁甲”的保護神。宋代稱進士第一名為魁甲。《宋史》卷三百四十七《章衡傳》：“章衡字子平，浦城人。嘉祐二年，進士第一。……未幾，知逋進銀台司，直舍人院，拜寶文閣待制，知澶州。神宗曰：‘卿為仁宗朝魁甲。寶文藏御集之處，未始除人，今以之處卿。’衡拜謝。”按章衡于仁宗嘉祐二年（1057）中進士第一名，故云。宋人稱狀元為廷魁（《石刻鋪敘》），稱上舍第一人為上舍魁（《文獻通考》）。北斗信仰與科舉制結合，把已有的奪魁觀念進一步改造，自然就產生了讀書人“保護神”（特别是“魁甲神”）的“魁星”信仰。南宋已有學校祀魁星之禮。宋代的魁星信仰史料，可舉四條為例證：

宋周密《癸辛雜識》前集“光齋”條：太學先達（前輩）歸齋（學舍），各有光齋之禮，各刻於齋牌之上。宰執則送真金碗一隻，狀元則送鍍金魁星杯柈一副，帥漕新除，各齋十八界二百千、酒十尊。”（江按：南宋，“狀元則送鍍金魁星杯柈一副”。）

宋鄭瑶、方仁榮同撰《景定嚴州續志・學校門》：魁星樓，為一邑偉觀，其上以奉魁星。

宋陸埈《魁星亭記》：國朝自崇寧行三舍，州縣歲貢辟廱，逮宣和甲辰，貢進士復合試於科舉，詔春官，增省額，其得以名徹奏篇，寘之科甲者八百有八人。徽學沈公，由秀之崇德，充賦京師，為天下第一，進士之選，莫盛於是。公之居室，舊寓廣福精舍，南抵通衢。嘗以狀元目其坊，中更亂離，故實湮廢，里居之士，每相與嘆息，慮其久而易泯也。宣城奚君，以儒學長斯邑，垂意鄉校，行且報政，振其餘力，營東西二齋，以漸恢教養之規，僉謂先賢駿蹟，鬱而未彰，殆無以起人心而助風化。於是蒐舊聞訪遺像，朋盍而請於縣，置祠序室，仍蔔地於東北隅，培土巋然，建亭其上，命之曰：魁星。爽塏翬飛，面勢軒敞，前撫平疇，萬耦分塍，旁瞰漕渠，千艘順（舟風）。吾邑勝概，恍然皆會於楹檻幾席之間，一旦與倫魁之耀，發越呈露，開豁心目，其殆數使然歟。”（《嘉禾志》卷第二十五碑碣〔十〕崇德縣〔一〕）

元劉壎《隱居通議》卷二十八“造化魁星移次”條：（南宋孝宗）淳熙中殿試進士，有鄧太史者告周益公“魁星臨蜀”。臚傳先一日，又告“夕有震雷，魁星自蜀移照吴分”。及期，上忽以第一卷與第二卷互易之，吴人果第一，蜀人第二。當時咸奇驗其言，此事甚神。前輩謂古天官書無魁星之名，今所繪像又與斗魁不同。使此星即斗魁，安得移照分野，且移照又先以雷，尤為甚異。據鄧之說魁先臨蜀而是年蜀人當第一，然則與吴分何與？若此星亦如日月五星躔次周轉，必漸次移照。按吴次當南斗，相去百八十度，何以遽能移照如是之速，皆理之所不過解者也。科目在宇宙間特小小事耳。事有類於此者尚多。狀元雖貴，然亦人間一時之榮，千載事業於此何與？而便足以動天象如此，豈文章科名亦天所貴耶。天既貴之而又絶之，何也？近年有言狀元若在南中則國家運數將盡者，已而咸淳辛未歲，狀元張鎮孫乃廣州人也，未幾而國遂亡。然則科名氣數果有所關，則昔人所謂“自有文章司造化，莫將科目待時賢”者，信矣夫！（按：此不經之説，然亦可見宋時已甚重魁星矣。）①

另外，著名藏學家、民俗學家任乃强先生曾告訴筆者，在他的家鄉南充出土過一個南宋銅魁星。其狀為：頭作星狀，齜牙咧嘴；右手握筆上舉，左手握一盒，放於左胯間；右腳踏鼇，左腳彎後翹，腳跟上是一小斗。一根帶子從腦後繞過右腋下，又繞彎左腿，斜飄下，已經近似清代的魁星神像。

以上材料有力説明，魁星至遲在南宋已神化。顧亭林《日知録》卷三十二：“今人所奉魁星，不知始自何年。以奎為文章之府，故立廟祀之，乃不能象奎，而改奎為魁。又不能象魁，而取之字形，為鬼舉足而起其斗。不知奎為北方玄武七宿之一，魁為北斗之第一星，所主不同，而二字之音亦異。今以文而祀，乃不於奎而於魁，宜乎今之應試而獲中者皆不識字之人歟？又今人以榜前五名為五魁。”顧炎武認為明人取“魁”字之形，“為鬼舉足而起其斗”，此言差矣。早在南宋就有魁星的造像。不但宋代有魁星造像，而且學校祀魁星也自南宋始。錢大昕《十駕齋養新録》卷十九“魁星”條：“學校祀魁星，於古未之聞也。按《新定續志·學校門》（應為《景定嚴州續志·學校門》之誤）云：‘魁星樓為一學偉觀。前知州吴槃，既勤樸斲，今侯錢可則，始丹堊其上，以奉魁星，郡人方逢辰書其扁。’是南宋已有之矣。”

元代也崇拜魁星。元李翀《日聞録》云：“揚州路儒學書閣魁星贊云：杓攜龍角，魁枕參首，偉哉變化，蹴踏星斗。弭風嘉雲，來游帝旁，斡旋樞極，霖雨八方。”② 這説明元代也有魁星閣和魁星造像。

明、清兩朝是科舉制度極盛期，也是走嚮衰亡的時期。明、清科舉制一個重要特點是學校和科舉更緊密結合。科舉必由學校，進學校成了科舉的必由之路。所以學宫祀魁星，建魁星閣、樓很普遍。

明王圻、王思義編著的《三才圖會·人物》卷十有一幅《魁星圖》，其圖為：一鬼狀，肩披坎肩，袒腹，腰為虎皮，赤腳，全身繞一飄帶，頭上有三星，左手持一小斗，手肘貼腰，左腳彎後踢斗，右手持筆，右足踏鼇頭。旁配盧陵文天祥贊曰：“燦乎紫微垣之旁，為星之魁。書乎進士第一之堂，為字之魁。捷乎庚午之秋，為解之魁。占乎辛未之春，為省

① （清）俞樾：《茶香室叢抄》卷十五，見臺灣影印文淵閣《四庫全書》八六六“子部”一七二“雜家”。

② （清）俞樾：《茶香室叢抄》卷二十《魁星贊》，見臺灣影印文淵閣《四庫全書》八六六“子部”一七二“雜家”。

之魁。齊美乎丙辰之狀元，為天下之大魁。悟魁之義，得魁之趣。文明之魁，車載斗量，不可勝計。爾酒既清，爾肴既馨。惟吾魁，其光賁乎炳靈。”

明陸深撰《儼山外集》：“（明英宗朱祁鎮）天順癸未（1463）會試，京邸戲為魁星圖，貼於座右，無何失去。時陸鼎儀寓友人温氏，出以為玩，惘然問其所以來，云昨日倚門見一兒持此，以果易之。予默以為吾二人得失之兆矣。”

明鎦績撰《霏雪録》卷下：“昔有二道士爭小忿相滬，一人裸體跳躅，一人執棒從閣上木階奔下。其儕作詩嘲之，其一聯云：‘欻火步罡行月孛，魁星踢斗下天壇。’雖出一時戲劇，亦可謂工矣!”

明錢希言著《獪園》卷第十六《瓌聞·場中魁星》：“萬曆壬子，南畿校士，以八月廿八為終場。五更時見一青面鬼，自至公堂跳出，隆隆如雷聲。已從謄録所房前蓬轉而出，後復倚於貢院大門，忽失所在。場屋士子無不驚竄。明年，毘陵周延儒聯發會、狀兩元矣。”

清洪亮吉著《北江詩話》卷三云：“俗語謂狀元‘獨佔鰲頭’，語非盡無稽。臚傳畢，贊禮官引東班狀元、西班榜眼二人前趨至殿陛下，迎殿試榜。抵陛，則狀元稍前，進立中陛石上，石正中鐫升龍及巨鼇，蓋警蹕出入所由，即古所謂螭頭矣。俗語所本以此。”①

二、魁星與奎星的關係

奎星與魁星，既有區別，又有聯繫。

奎星與魁星本為兩個不同的星宿：

第一，奎星為二十八宿之一，白虎七宿的首宿，有星十六顆。以星似胯而得名。《廣雅·釋言》：“胯，奎也。”而魁為北斗七星之一（或1—4顆星）。

第二，先有北斗星光燦爛，後有二十八宿的發現。二十八宿並不是恒星中最明亮的，也不是赤道附近最明亮的星宿。二十八宿的星辰中，包括距星，衹有一個一等星（角宿）和一個二等星（參宿），一般是三、四等星，甚至於有四個（奎、劉、翼、亢）是五等星，一個六等星。

第三，北斗星象斗形，魁也作斗形（圖1）；而奎為圭形（圖2）。

① （清）洪亮吉著，陳邇冬校點：《北江詩話》，北京：人民文學出版社，1983年，第54頁。

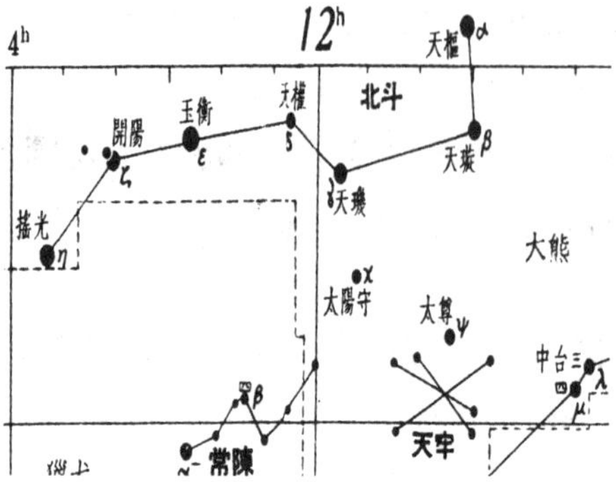

圖 1　北斗星圖

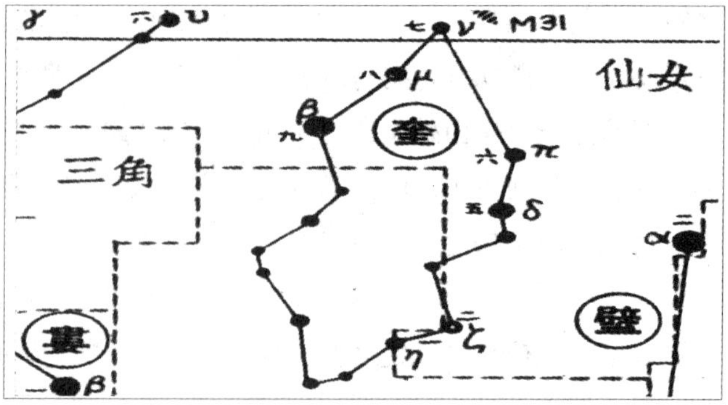

圖 2　奎星圖

第四，《史記・天官書》："奎曰封豕，為溝瀆。"唐張守節《正義》："奎，天之府庫，一曰天豕，亦曰封豕，主溝瀆。西南大星，所謂天豕目。占以明為吉。星不欲團圓，團圓則兵起。暗則臣干命之咎。亦不欲開闔無常，當有白衣稱命於山谷者。五星犯奎，人主爽德，權臣擅命，不可禁者。王者宗祀不潔，則奎動搖。若焰焰有光，則近臣謀上之應，亦庶人飢饉之厄。太白守奎，胡、貊之憂，可以伐之。熒惑星守之，則有水之憂，連以三年。填星、歲星守之，中國之利，外國不利，可以興師動衆，斬斷無道。"《後漢書・蘇竟列傳・與劉龔書》曰："奎為毒螫，主庫兵。"注引《春秋合誠圖》曰："奎主武庫之兵"也。

為什麼"主武庫之兵"的奎星後來又和主文運的魁星合而為一了呢？

第一，東漢時奎星就有主文章的説法。《初學記》卷二十一引《孝經援神契》："奎主文章。"宋均注曰："奎星屈曲相鉤，似文字之畫。"故後來言文章、文運者，多用"奎"字。如稱秘書監為奎府，皇帝所寫的字為奎書，皇帝的手筆為奎章。

第二，《宋史》卷五十六《天文志》九："乾德五年三月，五星如連珠，聚於奎、婁之次。"對於宋初這一真實的天文現象，説者謂孔子魯人，奎婁為魯分野，乃儒教當興之象。或曰："五星聚奎宿，天下多賢才。"或曰："國家五星聚奎，實主文治。"或曰："我宋受命，五星聚奎，宗工鉅儒，與時疊出。"[①] 史官附會之詞，不一而足，奎星遂成為主文運之星。宋洪邁《夷堅志補》卷第二十三《奎宿奏事》條竟然説，大文豪蘇軾死後升天成了主文運的奎星。其文曰："崇寧大觀間，蔡京當國，設元祐正人黨籍之禁，蘇文忠公文辭字畫存者，悉毀之。王銘以重刻《醉翁亭記》，至於削籍，由是人莫敢讀其文。政和中，令稍弛其禁，且陰訪求墨跡，皆以為大璫梁師成自言為公出妾之子，故主張是，而實不然也。時方建上清寶籙宫，齋醮之儀備極誠敬，徽廟每躬造焉。一夕，命道士拜章伏地，踰數刻乃起，扣其故，對曰：'適至帝所，值奎宿奏事，良久方畢，臣始能達章。'上頗嘆異，問奎

① 參見韋兵：《五星聚奎天象與宋代文治之運》，《文史哲》2005 年第 4 期（總第 289 期）。

宿何如人，其所奏何事，曰：‘所奏不可得聞，然此星宿者，故端明殿學士蘇軾也。’上為之改容，遂一變前事。時婺陳子象名省之，父為温州掾曹，傳其説如此，子象説。”

第三，宋代魁星信仰興起以後，俗訛“奎”作“魁”。清代“奎”“魁”通用，實指魁星。

三、文昌神為楚人祭祀的司命神

古代傳説主文運的星宿，除魁星、奎星之外，還有所謂“文星”即文昌星，或稱文曲星。

《史記・天官書》:“斗魁戴匡六星曰文昌宮：一曰上將，二曰次將，三曰貴相，四曰司命，五曰司中，六曰司禄。”唐司馬貞《索隱》引《春秋元命苞》曰：“上將建威武，次將正左右，貴相理文緒，司禄賞功進士，司命主老幼，司災［司中］主災咎也。”

“斗魁戴匡六星”，即北斗星座斗形旁邊的文昌宮六星。如下圖：

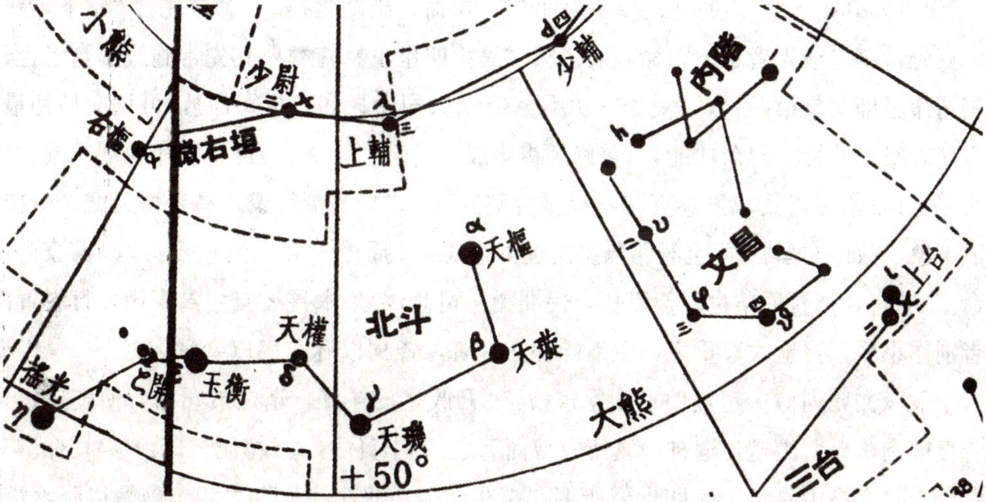

圖 3　文昌六星

《楚辭・九歌》有《大司命》和《少司命》。王逸注：“《周禮・大宗伯》：以槱燎祀司中、司命。《疏》引《星傳》云：三臺，上臺司命，為太尉。又文昌宮第四曰司命。按《史記・天官書》：文昌六星，四曰司命。《晉書・天文志》：三臺六星，兩兩而居，西近文昌二星，曰上臺，為司命，主壽。然則有兩司命也。《祭法》：王立七祀，諸侯立五祀，皆有司命。《疏》云：司命，宫中小神。而《漢書·郊祀志》：荆巫有司命。説者曰：文昌第四星也。五臣云：司命，星名。主知生死，輔天行化，誅惡護善也。《大司命》云：乘清氣兮御陰陽。《少司命》云：登九天兮撫慧星。其非宫中小神明矣。”

王國維説：“古者司命之祀有二。《周禮·大宗伯》‘以槱燎祀司中司命’，蓋即《史記·天官書》‘文昌六星，四曰司命’，此乃天神。《楚辭》所謂大司命是也。”“《祭法》‘七祀’、‘五祀’皆司命居首。鄭注曰：‘此非大神所祈報大事者也。小神，居人之間，司察小過作譴告者。’又云：‘司命主督察三命。’此與户竈諸神，俱為小神。《楚辭》所謂小司命是也。”“南方人家敬事鬼神，謂之東廚司命，此實合古代五祀中之司命與竈為一也。”[①] 可見，小司命即南方人家敬事的竈神（竈神）。

《春秋元命苞》：“魁下六星，兩兩而比，曰三能，上台為司命，主壽。”《白虎通·壽命篇》：“使民無滔天，滔天則司命舉過。”證以屈原《九歌·大司命》云：“紛總總兮九州，何壽夭兮在予！”又曰：“固人命兮有當，孰離合兮可為？”每個人的壽夭貴賤，都決定於這位“大司命”。戴震《屈原賦注》云：“三臺，上臺曰司命，主壽夭，九歌之大司命也；文昌宫四曰司命，主災祥，九歌之少司命也。”丁山先生説：這位主壽夭的“司命大神，自佛教輸中國，民間又稱之為‘閻羅王’”[②]。

《漢書·郊祀志》：“荆巫祠堂下、巫先、司命、施糜之屬。”師古注：“堂下，在堂之下。巫先，巫之最先者也。司命，説者云文昌第四星也。施糜，其先常施設糜鬻者也。”荆巫祠司命星即文昌第四星，《楚辭·九歌》有《大司命》和《少司命》，可見文昌神最初是南方楚人祭祀的神。司命功能，《重修緯書集成》卷三《詩緯》云：“司命執刑行罰。”並非主文運。《重修緯書集成》卷五《孝經援神契》云：“文者精所聚，昌者揚天紀，輔拂並居以成天象，故曰文昌宫。”也説明無主文運的意思。《周禮·大宗伯》云：“以槱燎祀司中、司命。”槱者，積薪燔柴也。至漢代，民間猶祀司命，“刻木長尺二寸為人像，行者置篋中，居者别作小屋，齊地大尊重之，汝南餘郡亦多有，皆祠以豚，率以春秋之月”[③]。《後漢書》卷八十下《文苑列傳·趙壹傳》謝恩書曰：“乃收之於斗極，還之於司命，使乾皮復含血，枯骨復被肉，允所謂遭仁遇神，真所宜傳而著之。”李賢注：“《禮記》曰：‘祭司命。’鄭玄《注》云：‘文昌中星。’”此即世俗所傳“南斗注生，北斗注死”之説。魏晉以降，道教興起，“南斗注生，北斗注死”信仰開始流行，民間又以泰山主年壽，以竈君為各户司命之神，文昌司命的功用漸被淹没。據《雲笈七籤》記載，隋唐至北宋初，道教仍以文昌神為

① 王國維：《東山雜記》卷一《司命與竈》，見《王國維學術隨筆》，北京：社會科學文獻出版社，2000年，第7—8頁。

② 丁山：《中國古代宗教與神話考》，上海：上海文藝出版社，1988年影印本，第202—203頁。

③ （漢）應劭撰，王利器校注：《風俗通義校注》卷八《祀典·司命》，北京：中華書局，1981年，第384頁。

主司命之大神，但在民間影響已經衰落。

四、梓潼神（帝君）為四川地方神

四川梓潼一帶，東晉以前信仰惡子神。《華陽國志》卷二《漢中志·梓潼郡》："梓潼縣郡治。[孝武帝元鼎元年置。] 有五婦山，故蜀五丁士所拽蛇崩山處也。有善板祠，一曰惡子，民歲上雷杼十枚，歲盡不復見，云雷取去。" 所謂"雷杼"又曰"霹靂石"。唐封演撰《封氏聞見記》卷八《霹靂石》："人間往往見細石，赤色，形如小斧，謂之'霹靂斧'，云：'被霹靂處皆得此物。'予曾於小朱山僧海德房中見一石，與前後所見者皆相類。問：'將此何用？'曰：'房中大石，往年被霹靂劈為兩段，於霹靂處得此，俗謂之'霹靂楔'，偶然收之，無所用也。'按：《玄中記》云：'玉門之西有一國，國中有山，山上有廟，國人歲歲出石□數千枚，輸廟中名曰"霹靂□"，給霹靂用，從春至秋乃罷。'諸字書檢無'□'字。《禮記》有'雜金鐕，牛骨鐕'，音為祖今合鐕字，石傍與金相類，讀宜同矣。"宋王存撰《元豐九域志》附録《新定九域志（古蹟）》卷八"劍州"條："張惡子廟，《華陽國志》：梓潼有張惡子祠，土人歲上雷杼十枚，俗呼為'霹靂□'，形如織梭，水旱祈禱有應。"似與古老的雷神信仰有關，由此可知梓潼七曲山廟最初為雷神廟。《華陽國志》稱廟在"故蜀五丁士所拽蛇崩山處"，似乎所祀為蛇精。

蛇為龍種，在天為龍，在地為蛇。俗言："龍乘雷電，獨謂之神。"（《論衡·龍虛篇》）祭祀張惡子"歲上雷杼"，應是古代梓潼的民俗信仰。無論雷神，還是龍（蛇）神，梓潼神都是自然神。至唐、宋時，梓潼神逐漸衍變為人鬼（或称"祖先神"）。這個變化，又與"邛都大蛇"的神話故事有關。

晉干寶《搜神記》卷四百六十三"邛都大蛇"：邛都縣下，有一老姥，家貧孤獨，每食輒有小蛇，頭上戴角，在床間，姥憐而飴之食。後稍長大，遂長丈餘。令有駿馬，蛇遂吸殺之。令因大忿恨，責姥出蛇。姥云："在床下。"令即掘地，愈深愈大，而無所見。令又遷怒，殺姥。蛇乃感人以靈言，瞋令："何殺我母？當為母報讎。"此後每夜，輒聞若雷若風，四十許日，百姓相見，咸驚語："汝頭那忽戴魚？"是夜，方四十里，與城一時俱陷為湖。土人謂之"陷湖"。唯姥宅無恙，迄今猶存。漁人採捕，必依止宿，每有風浪，輒居宅側，恬靜無他。風靜水清，猶見城郭樓櫓畟然。今水淺時，彼土人没水，取得舊木，堅貞光黑如漆。今好事者以為枕相贈。

此故事又見於劉宋時涪城（今四川綿陽市）人李膺著《益州記》（《後漢書》卷八十六《南蠻西南夷列傳·邛都夷》李賢注引，宋李昉等撰《太平御覽》卷七百九十一《四夷部一二・邛》引)，文字幾乎全同。

唐末焦璐輯録《搜神録》(又名《窮神秘苑》)又録此故事，文字稍異：益州邛都縣，有老姥，家貧孤獨，每食輒有小蛇，頭上有角在柈之間，姥憐而飼之。後漸漸長大丈餘。縣令有馬，忽被蛇吸之。令因大怒，收姥，姥云："在床下。"遂令人發掘，愈深而無所見。縣令乃殺姥。其蛇因夢於令曰："何故殺我母？當報仇耳。"自此每夕，聞風雨之聲，三十日。是夕，百姓咸驚相謂曰："汝頭何得戴魚?"相逢皆如此言。是夜，方四十里，與城一時俱陷為湖。土人謂之邛河，亦邛池。其母之故宅基獨不没，至今猶存，漁人採捕必止宿。艾言此水清，其底猶見城郭樓檻宛然矣。(見宋李昉著《太平廣記》卷四百五十六《蛇類一・邛都老姥》)

"邛都大蛇"中所謂"邛都陷湖"(邛河，邛池)，始見於班固《漢書》。漢武帝元鼎六年置越嶲郡，下轄十五縣，首為邛都縣，後漢至晉、宋皆因之。《漢書・地理志上》原注曰："有邛池澤。"《後漢書》卷八六《南蠻西南夷列傳・邛都夷》："邛都夷者，武帝所開，以為邛都縣。無幾而地陷為汙澤，因名為邛池，南人以為邛河。"李賢注引《南中八郡志》曰："邛河縱廣岸二十里，深百餘丈。多大魚，長一二丈，頭特大，遥視如戴鐵釜狀。"即今西昌市東南約八里的邛海。

值得注意的是，這個神話故事形成於魏晉，直至唐末，情節均無多大變化。即使梓潼籍仕人李膺所著《益州記》所記"邛都老姥"故事，也未同梓潼神有何牽連。

到了五代後晉，王仁裕(880—956)撰筆記小説《王氏見聞録》(或名《王氏見聞》)中"陷河神"故事，始言邛都"陷河神"張惡子即梓潼神張惡子。其説見《太平廣記》卷三百一十二《神類二十二・陷河神》：陷河神者，嶲州嶲縣有張翁夫婦，老而無子，翁日往溪谷採薪以自給。無何，一日於巖竇間刃傷其指，其血滂注，滴在一石穴中，以木葉窒之而歸。他日復至其所，因抽木葉視之，乃化為一小蛇。翁取於掌中玩，移時此物眷眷然，似有所戀，因截竹貯而懷之。至家，則啖以雜肉，如是甚馴擾，經時漸長。一年後，夜盜雞犬而食，二年後，盜羊豕，鄰家頗怪失其所畜，翁嫗不言。其後縣令失一蜀馬，尋其跡，入翁之居，迫而訪之，已吞在蛇腹矣。令驚異，因責翁畜此毒物，翁伏罪，欲殺之。忽一夕，雷電大震，一縣並陷為巨湫，渺瀰無際，唯張翁夫婦獨存，其後人蛇俱失。因改為陷河縣，曰蛇為張惡子。爾後姚萇游蜀，至梓潼嶺上，憩於路傍，有布衣來謂萇曰："君宜早還秦，秦人將無主，其康濟者(意為：安民濟衆的人)在君乎?"請其氏，曰："吾張惡子也，他日勿相忘!"萇還後，果稱帝於長安，因命使至蜀求之，弗獲，遂立廟於所見之處，今張相公廟是也。僖宗幸蜀日，其神自廟出十餘里，列伏迎駕，白霧之中，仿佛見其形，因解佩劍賜之，祝令效順。指期賊平，駕迴，廣贈珍玩，人莫敢窺。王鐸有詩刊石曰："夜雨龍抛三尺匣，春雲鳳入九重城。"(出《王氏見聞》)

巂州：後周武帝征越巂，因立嚴州。隋開皇四年改嚴州為西寧州，十一年又改為巂州，十八年改為越巂郡。唐武德元年改為巂州，天寶元年改越巂郡，乾元元年復為巂州，至德後没入蕃，貞元十二年復之。南詔改為建昌府。宋復為巂州。陷河，《太平寰宇記》卷八十《劍南西道九》載巂州越巂縣有陷河，即後漢邛都縣的邛河、邛池，今西昌邛海。

《王氏見聞録》中“陷河神”故事與“邛都大蛇”（邛都老姥）故事比較，有三點相異之處。第一，邛都老姥變為“張翁夫婦”，大蛇名為“張惡子”，即張翁夫婦的“蛇兒子”。第二，姚萇立張相公廟。“爾後姚萇游蜀”，其史影應指東晉孝武帝寧康元年，姚萇隨苻堅將楊安伐蜀事。《晉書》卷九《帝紀第九·孝武帝》：東晉孝武帝寧康元年“九月，苻堅將楊安寇成都”。“十一月，苻堅將楊安陷梓潼及梁、益二州，刺史周仲孫帥騎五千南遁。”《晉書》卷一百十六《載記》十六《姚萇載記》：“初，萇隨楊安伐蜀，嘗晝寢水旁，上有神光焕然，左右咸異之。”“以太元十一年萇僭即皇帝位於長安，大赦，改元曰建初，國號大秦，改長安曰常安。”姚萇所立“張相公廟”即張惡子廟，漢魏以來，拜相必封公，稱之相公，這是姚萇為感恩張惡子而封贈的頭銜。第三，黄巢起義攻陷長安，唐僖宗奔蜀，張惡子顯靈。

五代末北宋初，陵州貴平（今四川省仁壽縣東北）人孫光憲著《北夢瑣言·梓潼》條，稱梓潼縣張蜑子神乃前蜀王建世子元膺。《太平廣記》四百五十八引《北夢瑣言·梓潼》：梓潼縣張蜑子神，乃五丁拔蛇之所也。或云嶲州張生所養之蛇，因而祠，時人謂為張蜑子。其神甚靈，偽蜀王建世子名元膺，聰明博達，騎射絶倫，牙齒常露，多以袖掩口，左右不敢仰視。蛇眼而黑色，凶惡鄙褻，通夜不寐，竟以作逆伏誅。就誅之夕，梓潼廟祝亟為蜑子所責，言我久在川，今始方歸，何以致廟宇荒穢如是耶？由是蜀人乃知元膺為廟蛇之精矣。

晉干寶《搜神記》四百六十三“邛都大蛇”為老姥所養之蛇，《太平廣記》卷三百一十二《神類二十二·陷河神》中則為巂州巂縣“張翁夫婦”所養之蛇，《太平廣記》四百五十八引《北夢瑣言·梓潼》又為“嶲州張生所養之蛇”。蜑子，毒蛇名。《爾雅·釋魚》：“鴃，蜑。”注：“蝮屬。大眼，最有毒。今淮南人呼蜑子。”由蜑子的外貌特徵，遂指前蜀王建世子王元膺為蛇精，即梓潼神。《資治通鑑》卷二百六十八《後梁紀三》載：“蜀太子元膺，豭喙齙齒，目視不正，而警敏知書，善騎射，性狷急猜忍。”並無“蛇眼而黑色，凶惡鄙褻，通夜不寐”的描寫，而且元膺“以作逆伏誅”，係統治階級内部矛盾，怎麽會引得人民同情，膜拜祭祀呢？

繼孫光憲之後，北宋初樂史撰《太平寰宇記》卷八十四《劍州·梓潼縣》載縣中“濟順王”廟供奉的神本晉人張惡子。其文曰：濟順王，本張惡子，晉人，戰死而廟存。《郡國志》云：惡子昔至長安，見姚萇，謂曰：“卻後九年，君當入蜀，若至梓潼七曲山，幸當尋我。”至建元十二年，隨楊安南伐，未至七曲山，迷路，遊騎賈君蒙，忽見一鹿馳，逐至廟門，鹿自死，追騎共剥之，有頃萇至，悟曰：“此是張君為我設主客之禮。”烹食而去。《唐書》云：“廣明二年，僖宗幸蜀，神於利州桔柏津見，封為濟順王，親幸其廟，解劍贈神。”時太子少師王鐸扈從，至廟親覩皇帝解劍授神，因題詩云：“盛唐明主解青萍，欲振新封濟順名。夜雨龍抛三尺匣，春雲鳳入九重城。劍門喜氣隨雷動，玉壘韶光待賊平。為報山東諸將相，主兵勳業賴陰兵。”注云：‘時術士言，來春駕還京。’”

這個傳説顯然從王仁裕撰《王氏見聞録》所記“陷河神”傳説後半部發展而來，或者説同源。

北宋元豐年中高承撰《事物紀原》卷七《靈宇廟貌部·英顯王》：“廟在梓州梓潼縣，本梓潼神也。《舊記》曰：神本張蝁子仕晉戰死，而廟存。唐明皇狩蜀，神迎於萬里橋，追命左丞相。僖宗播遷，亦有助，封濟順王。咸平中，益卒為亂，王師討之，忽有人呼曰：‘梓潼神遣我來。’九月二十日城陷，果克。四年，州以狀聞，故命追封英顯王。”

南宋王象之撰《輿地紀勝》卷一百八十六《利州路·隆慶府·古蹟》：“靈應廟：即梓潼廟，在梓潼縣北十八里七曲山。按《圖志》：神姓張諱亞子，其先越巂人也。因報母仇，遂陷縣邑，徙居是山。僖宗幸蜀，神於利州桔柏津見，護駕甚有禮敬，蹔回，封濟順王，親幸其廟。王鐸因從駕，題詩曰：‘為報山東諸將相，柱天功業賴陰兵。’《圖經》云：順濟王本張亞子。昔姚萇見亞子於長安曰：‘後九年，君當入蜀，幸於七曲山相尋。’後隨楊安入蜀至七曲山。今蜀有三大神，曰七曲，曰廣利，曰白崖，而七曲又謂之梓潼神。象之謹按：《通鑑》晉孝武寧康二年，符秦陷蜀。是時，有蜀人張育者起義合兵五萬圍成都，與符秦戰，不勝，死於梓潼，益州復入於秦。是時姚萇亦為符秦統兵來戰，所謂相見於七曲，即此士也。惜後人不為發明其舉義之節，而槩以神目之，為未盡耳，今封為英顯武烈仁文忠聖王。又按元豐甲子，高丞所編《事祖廣記》載：英顯王廟在劍州梓潼神也。《舊記》曰：神本張惡子，仕晉戰死而廟存。唐明皇幸蜀，神迎於萬里橋，追封順濟王。國朝咸平中，封英顯王。觀‘仕晉戰死’之語，則與張育之事合矣！唐李義山詩云：‘下馬捧椒漿，幽深白玉堂。如何鐵如意，獨自如姚萇。’又唐王岳靈天寶十年為監察御史撰廟碑，則天寶時已有此廟。”

蒙文通先生有遺稿《張亞子》一文曰：“自王象之所考可知，梓潼神即張育，因起義抗苻堅戰死，顯為一民族英雄。蜀於李氏亡後，户口大減。由流民十餘萬人荆湘下至張育舉義抗秦，已七十餘年，諒蜀中民户不過十餘萬，張育能以五萬衆圍成都，是從義軍者略佔蜀户之半，是一次大規模階級矛盾和民族矛盾之反抗鬥爭。自明人《蜀中廣記》所引文昌帝君二十四化考之，又皆與張育事相符合，是知文昌帝君亦即張育。是此起義抗秦之英雄張育為勞動人民所永志不忘，故各地多立廟祀之，馨香百代。惜後人但知其為神而舉義之事乃漸湮没不明矣。”[①]

問題是，為什麼南宋時會產生梓潼神即張育的説法呢？這應該同南宋偏安江南（四川屬於南宋統治版圖内）、面臨尖鋭複雜的民族矛盾和階級矛盾有關。薛曼爾著《神的由來》説：“宗教崇拜的本質，在世紀的過程中，固然不受很大的改變——因為它以人類隸屬於宇宙這個意想為基礎，而宗教的情感則反經過連續的變遷；因為它須適應各時代人類對於當時統治力所具有的想象。這種想象隨人們要神明來解決的問題而變遷。”[②] 人們的宗教情感隨時代的變化而變化，神的面貌也隨人們要神明來解決的問題而變遷。這就是梓潼神從自然神（雷神、蛇精）逐步衍變為人神（民族英雄）的原因。

至於梓潼神的功能，即人們要神明來解決的問題，就宋代而言，還是主文運。宋代士人仕進，以科舉為主要途徑，所以各地祈禱神靈，詢問功名利禄之風頗甚，梓潼神尤為蜀人所信奉。如：

宋文同《祭梓潼神文》：惟神聰明正直，受祀兹土，彰靈暴異，蜀人畏仰[③]。

宋蔡絛《鐵圍山叢談》卷四：長安西去蜀道有梓潼神祠者，素號異甚。士大夫過之，得風雨送，必至宰相；進士過之，得風雨則必殿魁。自傳無一失者。

宋洪邁撰《夷堅甲志》卷十八“席帽覆首”條：王龍光，字天寵，資州人。入京赴上舍試，過劍州梓潼縣七曲山，謁英顯武烈王廟。（原注：俗呼為張相公廟。）夢一人持牓，正面無姓名，紙背乃有之。又有持席帽蒙其首者。覺而喜，謂士人登第則戴席帽。是歲免省不逮，但補升内舍。次舉當政和八年方登科，已悟紙背之説。時方禁以龍、天、君、玉、王、主等為名字，唱第之日，面賜名寵光，頭上加帽，蓋謂是云。

《夷堅乙志》卷五《梓潼夢》：梓潼神夢之靈，前志已載矣。成都人羅彦國，累試不第，既四舉，齋戒乞夢，夢蔡魯公謂曰：“已奏除公樞密直學士矣。”次年，省試又下，乃以累舉恩得密州文學。犀浦人邵允蹈，紹興七年被鄉薦，亦乞夢於神，夢神告曰：“已與卿安排甲門高第矣。”及類試，果為第一，乃刻石紀於廟西廡。後罷眉州幕官赴調臨安，舟行至閘口鎮，病死。始驗甲門之語，蓋閘字也。

《夷堅乙志》卷八《歌漢宫春》：紹興四年，蜀道類試進士。成都使臣某人禱於梓潼神，願知今歲類元姓字。夜夢至廟中，見二士人握手出，共歌《漢宫春詞》“問玉堂何似茅舍疎籬”之句。神君指曰：“此是也。”明日復入廟，將驗昨夢。士人來者紛紛不絶，久之，有兩人同出，攜手而歌，果夢中句也。省其狀貌皆是，即趨出揖之曰：“二君中必有一人魁選

① 蒙文通：《張亞子》，見蒙默編：《蒙文通全集》第6册《甄微别集》，成都：巴蜀書社，2015年，第157—158頁。

② 薛曼爾著，鄭紹文譯：《神的由來》，上海：上海文藝出版社，1990年影印本，第5頁。

③ （宋）文同著，胡問濤、羅琴校注：《文同全集編年校注》，成都：巴蜀書社，1999年，第862頁。

者。"聚以夢告，皆大喜。已而更相辯質，曰："自我發端。"曰："我正唱此。"一人者，仙井黄貢也，奮然曰："此吾家舊夢，何預君事邪？吾父初登科時，夢神君贈詩云：'玉堂消息近，金牓姓名高。'覺而喜，自謂必為翰林學士，然但至成都教授而終。以今思之，端為我設。所謂'玉堂消息'者，正指詞中語耳。"是歲貢果為第一。兩世共證一夢，雖一時笑歌，亦已素定於數十年之前，神君其靈矣哉。（闕壽卿説。）

《夷堅丁志》卷八《何丞相》：何文縝丞相初自仙井來京師，過梓潼，欲謁張王廟而忘之，行十里始覺，亟下馬還望，默禱再拜。是夕，夢入廟廷，神坐簾中，投文書一軸於外，發視之，全類世間告命，亦有詞語。覺而記其三句云："朕臨軒策士得十人者，今汝褒然為舉首，後結銜具所授官。"何公思之："廷試所取無慮五百，而言十人，殆以是戲我也。"及唱第，果魁多士。第一甲元放九人，既而傅崧卿以省元升甲，遂足十數。蓋夢中指言第一甲也，所得官正同。（葉石林書此。）

陸游《老學庵筆記》卷二：李知幾少時，祈夢於梓潼神。是夕，夢至成都天寧觀，有道士指織女支機石曰："以是為名字，則及第矣！"李遂改名石，字知幾。是舉過省。

南宋岳珂撰《桯史》卷三《梓潼神應》云：吴曦家"素事梓潼，自玠、璘以來，事必禱，有驗"。並言"梓潼在蜀，著應特異"①。

南宋時人們奉祀尤虔，除梓潼本地外，各地亦陸續主祠。吴自牧《夢粱録》卷十四《外郡行祠》："梓潼帝君廟，在吴山承天觀，此蜀中神，專掌注禄籍，凡四方士子求名赴選者悉禱之。封王爵曰惠文忠武孝德仁聖王，王之父母及妃，及弟，若子，若孫，若婦，若女，俱褒賜顯爵美號，建嘉慶樓，奉香燈。"《西湖老人繁勝録》："梓潼帝君生辰，蜀中士大夫寄居都城，遞年諸社陌上吴山沖天觀梓潼帝君觀酌獻設醮。"

宋、元間道士們見此種信仰可以利用，遂假托梓潼降筆，偽造《清河内化》（後衍化為《梓潼化書》），謂神本張宿（星名），於周初降生於黄帝後裔，以後歷代顯化，多為歷史上著名人物，如張仲、趙王如意、張浚之類。並説玉帝命其主神仙人鬼生死爵禄，實際上是繼承了文昌宫司禄星"賞功進士"的功能。所以元仁宗延祐三年即封梓潼神為"輔元開化文昌司禄宏仁帝君"。從此文昌神與梓潼神合二為一。

明代，錢希言著《獪園》卷第十一《靈祇・張惡子》稱"張惡子廟在川中最靈"。

明王逵撰《蠡海集・鬼神類》："梓潼文昌君從者曰天聾、曰地啞。蓋帝君不欲聰明之盡用，故假聾啞以寓意，且夫天地豈可聾啞哉。"自明代以來，梓潼大廟文昌神側便多了兩個侍神，一名"天聾"，一名"地啞"。

清代，"文昌之祀遍天下矣，隆重幾與文廟等"②。其中稱為文昌祖庭的梓潼七曲山大廟

① （宋）岳珂撰，吴企明點校：《桯史》，北京：中華書局，1981年，第27頁。
② （清）陳其元著，杨璐點校：《庸閑齋筆記》卷六《文昌為淫祀》，北京：中華書局，1989年，第149—150頁。

（又名：張亞子祠，梓潼廟，靈應祠，文昌靈應祠），頗具規模，香火尤盛。地方志記其沿革、建築、廟會資料，可供歷史學者和民俗學者採擷者如下：

清李元撰《蜀水經》卷十五：梓水又南繞七曲山為七曲水：山有張亞子祠，世稱文昌神。

清張晉生等編纂，黃廷桂等監修《四川通志》卷二十八上《祠廟·直隸綿州》：靈應祠：在七曲山頂，即梓潼廟。

清咸豐八年刻本《重修梓潼縣志》卷一《山川》：七曲山，縣北三十里，群峰特起，潼水九折來朝，又名九曲山。卷二《祠廟》：文昌靈應祠在七曲山頂，即梓潼廟，俗呼稱大廟。按：《史記·天官書》：斗魁戴匡六星，曰文昌宮，一曰上將，二曰次將，三曰貴相，四曰司命，五曰司中，六曰司祿。《五帝本紀》“禋於六宗”注有文昌之名。《荆州星占》：“文昌，天府離宮也。一曰東壁，一曰紫極。”《大象圖》：“東壁二星主文章，天下圖書。”《秘府圖志》：“神姓張諱亞子，其先越嶲人，因報母仇，徙居是山。自秦伐蜀，後世著靈異，宋元歷封輔元開化司祿宏仁帝君，事見《考異》。”《明史·禮志》記云：“張亞子居蜀七曲山，仕晉戰没，人為立廟。唐宋屢封至英顯王。道家謂帝命梓潼掌文昌府事及人間祿籍。元加號為帝君。”雍正四年冬，正殿、拜廳、鐘鼓樓、廟門、忠孝樓毁於野燒。十年四川布使、前邑令劉應鼎倡募重修有序，載《藝文》。十三年果親王來蜀謁祠，題額云：“張翼精英”；聯云：“列天上星精，兩字傳心惟孝友；掌人間祿籍，千秋大業在文章。”祠内舊有聯云：“七十二化身，閱盡人間顯晦升沉，大富貴，莫非命，真造化，不論文，若無一點丹心，未許誇談將相；千百年法眼，看破古今窮通得喪，老頭巾，莫怨天，狂後生，休使性，但裕六經實學，自然唾手功名。”旋毁。乾隆四十年知縣朱簾重刊廟南北。咸豐八年知縣張香海增建二石坊。祠内地畝載糧銀二兩二錢二分一釐三毫，招佃收租，原為香燈補修之用，乃守祠火居道士賈裴二姓與佃户通同隱弊，歲謹收租十餘金，並多乾没。祠中門壁朽壞，概不修葺。乾隆四十三年，知縣朱簾親勘廟地，約計種三十六石零，每石佃租銀一兩六錢，共租銀四十一兩六錢，街基三十三間，共租銀三兩三錢二，共銀四十四兩九錢，官為計其出入置簿登記，每歲除香燈納糧等用外，餘俱存積，補修廟宇。卷四《藝文》清邑教諭潘永澈《新建文昌閣記》：帝君像每年正月十二日，帝君自七曲靈應宫下巡，城廂内外都人士皆寶鴉金猊，恭爇沉檀，畢集於斯，以迓天庥而除氛祲，則帝君於桑梓之地，當更有親焉者。

而今，梓潼七曲山大廟已作為文物保護單位完好保存著，供人們參觀，七曲山大廟每年一度的以“文昌出行”為中心的廟會也作為非物質文化遺産保存下來。

2016年7月17日完稿於四川大學竹林村二涼齋

（作者單位：四川大學文學與新聞學院）

成都府志考

張學君

成都府志之名雖晚出明代宣德初（1426），然有關成都史跡肇始久遠、葉茂根深。以紀述其史實論之，漢晉時期即有八家《蜀本紀》，趙寧《鄉俗記》，來敏《本蜀論》，五家《耆舊傳》，王崇《蜀書》，王隱《蜀記》，常寬杜龔《蜀後志》，常璩《華陽國志》，任豫、李膺、李充三家《益州記》，《古蜀記》（撰人不詳），《唐蜀記》（撰人不詳）。

唐代開始出現盧求《成都記》、杜光庭《續成都記》，宋代有《成都記》（撰人不詳），更有趙抃《成都古今集記》、王剛中《續成都古今記》、范成大《成都古今丙記》、胡元質《成都古今丁記》、孫汝昕《成都古今前後記》等五種成都記，未見以“志”命名的成都地方文獻。

一、袁説友與宋慶元《成都志》

及至南宋慶元（1195—1200）中，袁説友作序的慶元《成都志》問世，纔有了發凡起例的成都志。袁説友何許人也？他的宦歷與四川有何關聯？王文才、王炎所著《蜀志考》對此作了鉤沉梳理：

> 袁説友，字起崖，建安人。隆興元年進士，除秘書丞，歷賓文閣學士（慶元間四川安撫制置使兼知成都府），嘉泰中同知樞密院參知政事（咸淳四年知臨安府，編《臨

安志》)。為四川安撫使時，輯漢以下迄宋淳熙蜀中詩文釐為五十卷，目曰《成都文類》[1]。

慶元間袁説友鎮蜀，正值慶元《成都志》編修期間，他起了何等作用？有關編修慶元《成都志》的原委，袁説友《序》中言之甚明：

某來守（成都）踰年，暇日賓客有曰：今天下郡國悉有志，顧以蜀大都會，而獨弗備，誠缺文哉。乃命幕僚，摭拾編次，胚胎乎白、趙之紀，而枝葉於續記之書，剔繁考實，訂其不合，而附益其所未備。臚分彙輯，稽仿古志，凡山川地域、生齒貢賦、古今人物，上下幾百年間，其因革廢興，皆聚此書矣[2]。

此序作於慶元己未，即寧宗慶元五年（1199），是袁説友任四川安撫制置使兼知成都府的次年。從序言可以看出，袁説友編修《成都志》是在與“賓客”即幕僚交談中定下的。他周圍都是富有學識的通才，珍視成都大都會的歷史地位，有編修《成都志》的志趣。於是他任命扈仲榮等八位學者分任編修之責，開編慶元《成都志》。參與編修慶元《成都志》和《成都文類》的八位學者是：扈仲榮、楊汝明、費士威、何惠、宋德之、趙震、徐景望、程遇孫，他們的姓名、任職名分在慶元《成都志》卷首“別有題名一頁”[3]。

從袁《序》可知，袁説友確為宋慶元《成都志》的主修大吏，是一位德才兼備、極富學術眼光的地方官員。方志原本是地域文獻資料彙編，其存史價值最為重要。修志者是否具有廣博的知識面、明辨各家著述的高下得失，善於網羅富有代表性的地域學術著作，彙集文化含量較高的地方文獻，决定了這部方志存史功能的高低。宋代人文繁盛，編修地方文史、著書立説成為時尚，蜀中這方面正處於諸家並出的狀況。袁説友對成都歷史文獻十分熟悉，又知人善任、調度得宜，袁《序》對編修慶元《成都志》如何採擇每一斷代有價值的文獻，文獻之間的缺略如何補充，怎樣避免一些重出、錯亂和異同，有自己的獨特見解：

唐白敏中始為《成都記》五卷，本朝趙清獻為《成都古今記》三十卷，相望今數百年，陵谷之變已不同，而物與時偕，湮廢增益，又未已也。後有續記者，而薈萃後

---

① 王文才、王炎：《蜀志考》，四川省地方志編纂委員會編纂：《四川省志・附録》，成都：四川科學技術出版社，2003年，第105—154頁。以下簡稱《蜀志考》。

② （宋）袁説友：《東塘集》卷十八，文淵閣《四庫全書》本。

③ 參見《四庫全書總目》卷一百八十七《集部・總集類二》，北京：中華書局，1983年，第1699頁。

先，各立程度，互見重出，所聞異同，殆凡數書矣。覺者不負一見而盡，或有病焉①。

袁説友及其幕僚熟悉成都歷史，對唐代以來多家編修的成都記都有相當瞭解，其記述範圍、側重方面、史料可靠性都瞭然於胸。他們推崇白、趙二家《成都記》，並將其作為兩段歷史的主幹，是有道理的。

白敏中於唐宣宗大中六年（852）從邠寧節度使調任西川節度使，徙同平章事鎮蜀。當時西蜀圖經甚夥，朝野之士樂此不倦，然雜蕪不堪。白敏中囑“從事”盧求“乃搜訪編簡，目為《成都記》五卷”（《蜀中著作記》）。宋初《太平御覽》《太平寰宇記》和《益州名畫録》所引《成都記》，都出自盧求編纂的《成都記》，足見其可靠性。

趙抃自北宋仁宗慶曆（1041－1048）至熙寧（1068－1077）四度受命守蜀，知蜀事甚詳。於熙寧七年編撰《成都古今記》三十卷，摭其故實，以類相從，分百餘門（《郡齋書志》二著録卷三十）。范百禄《成都古今集記·序》記載趙抃編修《成都古今記》事蹟云：

> 每政事間隙，延多學博識之士，與之講求故實，掇採舊聞；若耳目所及，參諸老長，考覆是非。自開國權輿、分野占象、州部號名因革之別，其鎮其浸、罔聯派屬之詳，都城邑郭、神祠佛廟、府寺宫室、學官樓觀、囿游池沼建創之目，門閭巷市、道里亭館、方面形勢，至於神仙隱逸、技藝術數、先賢遺宅、碑版名氏，事物種種，環譎奇詭，纖啬必書。繇秦漢以來，凡為守令犖犖有風跡者若干人；有唐迄今，知府事居多閎碩端毅之望又若干人②。

由此可見，趙抃主修的這部《成都古今記》，是由當時蜀中的飽學之士，集思廣益、縱横古今、集腋成裘，舉凡成都的重要事物都囊括其中，體現了志貴周詳，務必系統、全面記述地方史實的要求。

袁説友和幕僚在編修慶元《成都志》中，將白敏中、唐求編撰的《成都記》五卷和趙抃主修的《成都古今記》作為慶元《成都志》的主幹，其他唐宋諸家《成都記》則作為志書的補充史料。有了主幹，再將分散而雜亂的紀述作為後續資料，對紀述錯亂、歧異的史實互相訂正，求實存真。如此操作，確實在編修慶元《成都志》的過程中，面對紛繁瑣碎的地方史籍，找到了恰當的切入門徑，有事半功倍之效。

乾隆間官修《四庫全書總目》，對《成都文類》有確切評語，參加編纂的八位學者也從袁説友留下的“别有題名一頁”中得以發現：

---

① （宋）袁説友：《東塘集》卷十八，文淵閣《四庫全書》本。

② （明）楊慎編，劉琳、王小波點校：《全蜀藝文志》（中），北京：綫裝書局，2003年，第792頁。

按《成都文類》諸家著録皆稱宋袁説友編，説友有《東塘集》，已著録。是編前有説友序，蓋其慶元五年為四川安撫使時所作。然卷首别有題名一頁，稱迪功郎監永康軍崇德廟扈仲榮、迪功郎新差充利州州學教授楊汝明、從事郎廣安軍軍學教授費士威、從事郎前成都府學教授何惠、固文林郎山南西道節度掌書記宋德之、文林郎前利州東路安撫司幹辦公事趙震、宣教郎新奏辟知綿州魏城縣主管勸農公事徐景望、奉議郎新雲安軍使兼知夔州雲安縣主管勸農公事借緋程遇孫編集，而不留説友之名。説友序中，亦但云爰屬僚士摭諸方策，裒諸碑志，而無自為裁定之語。

袁説友位居封疆大吏，序言能將下屬勞績一一列出，對自己不著一字，算是有君子之風的賢者。但其對慶元《成都志》的編修意圖、搴劃提調之功則不可磨滅。後世館臣對此評價説："然則此集之編出，説友之意；此集之成，則出八人之手。"①

從費著至正《成都志·序》"全蜀郡志無慮數十家，惟《成都志》有《文類》"的紀述可知，《成都文類》是慶元《成都志》富有創意的組成部分。袁説友是一位熱心收集地方文獻和編修方志的大吏。慶元間，他在四川安撫制置使任上，除主持編修了《成都志》外，同時著手匯集漢代至宋代淳熙間（1174－1189）詩文，編成《成都文類》，與志書相輔而成。袁《序》説："其文凡一千有奇，類為十一目，為五十卷，益之文於兹備矣。"②

這部文類延續千餘年，收羅詩文千餘篇，從漢代直至咸淳四年（1268），不可不謂鴻篇巨製。在任職臨安知府時，袁説友還主持編修了《臨安志》，足見其對地方史志的興趣之濃。方志輔以文類，是袁説友主修《成都志》的創新，其影響及於明清方志設置的《藝文志》，體制的創新，使許多地方作品得以保存下來，不致堙没，功莫大焉。

二、元至正《成都志》編修疑案

在論及元至正《成都志》的編纂問題之前，有必要先對收入元至正《成都志》的《歲華紀麗譜》等九種成都文獻的署名問題作一回顧。

近年來，謝元魯先生發表的《歲華紀麗譜》等文獻的學術考證引人注目③。謝元魯先生通過對《歲華紀麗譜》等九種文獻的校釋、考證，確證這些文獻屬於宋人著作，不是元至

① 以上引文均見《四庫全書總目》卷一百八十七《集部·總集類二》，北京：中華書局，1983年，第1699頁。

② （宋）袁説友：《東塘集》卷十八，文淵閣《四庫全書》本。

③ （宋）佚名撰，謝元魯校釋：《〈歲華紀麗譜〉等九種校釋》，轉引自《巴蜀叢書》第一輯，成都：巴蜀書社，1988年，第57—325頁；並見謝元魯《〈歲華紀麗譜〉、〈箋紙譜〉、〈蜀錦譜〉作者考》，《中華文化論壇》2005年第2期。

正間歷任漢中廉訪使、重慶府總管的費著撰寫。由此又牽涉到費著作序的元至正《成都志》的著者問題。

這裏首先要澄清的是，將宋人著述移花接木，變成元末四川地方官費著的著作，並非費著本人所為，問題出在明代嘉靖時期楊慎編纂的《全蜀藝文志》，當時編者未見慶元《成都志》，僅從元至正《成都志》抄録上述九種地方文獻，由此輕率題作者為費著[①]。但此種粗疏可能是楊慎無心之失，或是參與編輯的“鄉賢”一時粗疏造成，且看他在《全蜀藝文志·序》中的一段文字：

先君子在館閣日，嘗取袁説友所著《成都文類》、李光所編《固陵文類》，及成都丙丁兩記、《輿地紀勝》一書，上下旁搜，左右採獲，欲纂為《蜀文獻志》而未果也。

在全書完成後，楊慎撰寫的序言，開宗明義紀述了《成都文類》是袁説友編著，並未張冠李戴。既然如此，為何又在《歲華紀麗譜》等九種文獻上署名元費著呢？繼續讀他的的序言，即可找到答案：

開局於靜居寺宋、方二公祠，始事以八月乙卯日，竣事以九月甲申，自角匝軫，廿八日以畢。食時而成，既愧劉安之捷；懸金以市，又乏《吕覽》之精。乃屬鄉進士劉大昌、周遜校正，而付之梓人[②]。

楊慎於嘉靖二十年秋八月初二在成都東郊靜居寺宋濂、方孝孺祠設局編纂《全蜀藝文志》，收録涉蜀詩文 1873 篇，有姓名者 631 人。當年九月初二竣事，為時僅 28 天。雖然其父生前積累了大量文類資料，也有兩位同鄉進士劉大昌、周遜幫忙校正，但時間過於短促，又即刻付梓，錯誤在所難免，將從元至正《成都志》過録的《歲華紀麗譜》等九種文獻誤植為序言作者費著之名，粗疏錯訛是在所難免了。

其實，稍晚於楊慎《全蜀藝文志》的一些著作，並未犯這樣的錯誤。清代厲鶚(1692—1762)編撰《宋詩紀事》時，證實《成都文類》尚存，慶元《成都志》已亡；“而志之數譜”，指的是宋慶元《成都志》著録的《歲華紀麗譜》《箋紙譜》《蜀錦譜》《楮幣譜》《錢幣譜》《氏族譜》《蜀名畫記》《成都周公禮殿聖賢圖考》《器物考》諸譜，尚流傳於世。可見，署名錯誤是《全蜀藝文志》偶然鑄成的。

通過古今引述、考證，這段公案算是了結。可惜，慶元《成都志》在宋元戰爭中散佚，

---

① 謝元魯：《〈歲華紀麗譜〉、〈箋紙譜〉、〈蜀錦譜〉作者考》，《中華文化論壇》2005 年第 2 期。

② （明）楊慎編，劉琳、王小波點校：《全蜀藝文志》（上）序，北京，綫裝書局，2003 年。

刻板蕩然無存，民間殘存的寫本成為元至正《成都志》的主要來源。另據《蜀志考》等證實，包括《永樂大典》卷二八〇六“灰字”牛鞞條、卷八八四四“庚字”踏青游條，引至正《成都志》二則，牛鞞條與《輿地紀勝》文同，應是宋慶元《成都志》的遺文。

《蜀志考》列舉收録在明《永樂大典》的慶元《成都志》條目，雖然追根溯源可以證實是慶元《成都志》的佚文，但筆者也可以推測，直接來源衹可能是殘存的至正本《成都志》。經宋末、元末兩次戰亂，不大可能在明代還能看到殘存的慶元《成都志》原版。

四川經南宋晚期數十年戰亂，蜀中歷史文化典籍，焚蕩殆盡。有關元至正三年（1343）二月，由時任漢中廉訪使、重慶府總管費著作序、有南宋袁説友舊序的《成都志》付梓，學者評説較多。但在至正三年二月費著在序中已將《成都志·序》編修原委做了如實紀述：

> 全蜀郡志無慮數十，惟成都有《志》、有《文類》，兵餘版毁莫存。蜀憲官佐搜訪百至，得一二寫本，乃參稽訂正，僅就編帙。凡郡邑沿革與夫人物、風俗，亦概可考焉。遂鳩工鋟梓，以廣其傳①。

費序中論説的《志》，不是為數衆多的（蜀）郡志，而是由袁説友作序的宋慶元《成都志》。戰後《成都志》與《成都文類》的時運一樣，“版毁莫存”，經大吏督促下屬廣為搜訪，得到一二部手抄本。費著將不同抄本進行了對照校刊，改正錯訛，整理編纂，有關成都的沿革、人物和風俗確切有據，纔交付工匠刻板印製，是為元至正《成都志》。費著在序言中明確闡述了這部《成都志》來源於宋慶元《成都志》的一二抄本，他作了校刊整理，並在序言中，將修志原委作了如實紀述。他坦陳，元至正《成都志》衹是宋慶元《成都志》的一個修訂本，不是重修或者新修的志書。但是，應當肯定費著在數十年戰亂之後，動用了自己的職權，廣為搜求，纔找到“一二寫本”，加以訂正編纂，鳩工付梓，得以流傳，其保存文獻之功績，未可忽略。

三、明宣德、成化間纂修的成都府志

據《蜀志考》引述明成化《成都府志》彭韶《序》云：“我朝宣德初，故少宗伯五羊陳公庭器來為憲使，乃修《成都府志》。”《蜀志考》據此認定，首部成都府志，問世於明代宣

---

① （宋）佚名撰，謝元魯校釋：《歲華紀麗譜等九種校釋》，轉引自《巴蜀叢書》第一輯，成都：巴蜀書社，1988年，第323—324頁。

德初年（1426），是迄今所知最早的成都府志。同時得知，主修宣德《成都府志》的長官，是籍隸五羊城（廣州别稱）、曾任禮部侍郎、時任四川巡撫或巡按的陳庭器。但宣德《成都府志》和成化《成都府志》均不存於世，無從查考。現存天啓《成都府志》、康熙《成都府志》中，序言、職官、政績等篇目，卻不載其人事跡。再查《明史》列傳，亦無陳庭器蹤跡。但在《明史》第161、列傳第49《陳選傳》内，卻有新發現，兹著録如下：

> 陳選，字士賢，臨海人。父員韜，宣德五年進士。為御史，出按四川，黜貪獎廉，雪死囚四十餘人。正統末，大軍征鄧茂七，往撫其民，釋被誣為賊者千餘家。都指揮蔣貴要所部賄，都督范雄病不能治軍，皆劾罷之。歷廣東右參議，福建右布政使。廣東值黄蕭養亂後，而福建亦寇盜甫息，員韜所至，拊循教養，得士民心。

陳選之父陳員韜生於建文元年（1399），宣德五年（1430）庚戌科殿試，賜同進士出身，初授江西新城知縣。正統六年（1441），授永新知縣。正統七年（1442）授禮部同考官，不久升任監察御史，出任四川巡按，直至正統朝[①]，陳員韜任四川巡按近20年，清正廉明，懲治貪污，昭雪冤獄。到正統末（1449），還去處理官兵鎮壓鄧茂七起事留下的爛攤子，將趁火打劫和無作為的軍官彈劾罷免。

這位勤政愛民的巡按，在職期間，正值宣德《成都府志》纂修期間，纂修方志亦是地方官的政績。筆者認為，成化《成都府志》彭韶《序》誤為陳庭器的“憲使”，應當就是陳員韜。理由有三：一是作為明代四川封疆大吏的“陳庭器”，不見於相關歷史文獻，這是不可思議的；二是同一時期，不可能有兩位同姓的巡按；三是陳員韜在四川任職時間長，宣德《成都府志》衹可能在這個時限内纂修；四是陳員韜後半生在廣東任“右參議”，可能是被誤為“五羊”籍人氏的原因。

但是，這部發凡起例的《成都府志》卻是一部尚未成書的稿本。據《蜀志考》引述成化《成都府志》彭韶《序》對宣德《成都府志》的評介云：

> 於古事採四記所言而約之，於今事依官修圖志而新之，其於淳熙（案謂丁《記》）以後，至正（謂費《志》）以前之事，則未暇補入。亦無序文、凡例可稽，蓋未成之書也。

地方志的一個顯著特色是它的文獻性，它匯集歷史文獻，特别是稀有文獻，述而不作，

---

① 參見嘉慶《四川通志》卷一百二十《職官・題名・巡按》。

因此叫纂修，而不是著述。許多歷史文獻、稀有記載賴它保存下來，否則許多文獻早就消失了。宣德《成都府志》採集宋人記載較多，當代史實則採“官修圖志”。至於宋淳熙（1174－1188）四川制置使胡元質之後，直至元至正（1341－1367）《成都志》開局前長達二百餘年的歷史，則付諸闕如。因此宣德《成都府志》的纂修，正是舊志抄謄舊文的一個例證。歷史部分採自“四記”：

宋熙寧間，趙清獻（抃）再知成都，始刪修古今事為《集記》（即《古今成都集記》）。紹興間，制置（使）王公簡公（王剛中）再集熙寧以來事為《續記》（即《續成都古今記》）。至淳熙間，范石湖胡長文二公（范成大、胡元質）相繼帥蜀，又集南渡以後事為丙、丁二記（宋淳熙制置知府范成大集《成都古今丙記》十卷，宋淳熙制置使胡元質集《成都古今丁記》二十五卷）。丙丁者，意以《集記》為甲，《續記》為乙，且次第以俟後人於無窮也（成化《成都府志》彭韶序）。

很顯然，這部府志續寫的分量很少，以抄録宋人《集記》為主。即便如此，宣德《成都府志》稿本也未能付梓。稿本成為舊案，束之高閣。直至成化年十二年（丙申，1476），又有編修《成都府志》的機會：

邇來又五十年矣，成化丙申春，襄城李公勉及韶，階處藩憲（韶為副使），相與慨嘆，茲事若緩而急，不可終墜。乃延禮致仕紀善黎君士佑、貢士徐君山甫，重加纂集，凡二十五卷。其義例頗與《集記》不同，不敢以戊、己為差，名曰《四川成都府志》[①]。

在五十年之後的成化十二年，這部稿本纔重見天日。時任四川布政使的李敏（襄城進士，《蜀志考》引彭韶《序》敏作“勉”）與時任四川按察使彭韶（莆田進士，《蜀志考》注為“副使”）（見嘉慶《四川通志》卷一百《職官·題名》，巴蜀書社影印本，第三册，第3148、3156頁）感嘆成都未能編修出《成都府志》的遺憾，於是共襄編修《成都府志》。禮聘退休官員黎士佑、貢士徐山甫“重加纂集”，完成《四川成都府志》25卷。這部志書脱胎於舊稿，又力仿《集記》的套路，但宋元間史實付諸缺略，“僅據官修圖經補明以來事”，其粗疏如此。

明成化《四川成都府志》今已不存，僅在明天啓《成都府志·凡例》中提到：“國朝襄城李公敏《成都志》，又止成化間耳。”

---

① 成化《成都府志》彭韶序。

四、明天啓《成都府志》

明天啓《成都府志》58卷，是時任成都知府馮任主持，由張世雍等纂修。馮任（1566—1638），字懋和，籍隸浙江慈溪縣。萬曆三十五年（1607）進士，萬曆四十五年（1617）任成都知府[①]。當時巡按四川、監察御史晉陵薛敷政對他評論頗佳：

馮守領郡之三年，無廢不修，開館集士，大索西藏，琬琰畢陳，瑕瑜並著，創成實録。（天啓《成都府志》卷首薛敷政《序》）

張世雍生卒年不詳，籍隸潼川州，萬曆間廪生。張世雍雖在纂修人員中列名不顯，但卻是纂修主筆。志書完成後，時任巡按四川監察御史薛敷政（晉陵人氏）、四川布政司左布政使朱燮元（山陰人氏）均撰寫序言，贊嘆府志文質兼美，是傳世之作。朱燮元序言：

戊午之祀，不佞自隴移蜀，至則通書告成，已盛傳矣。次第涉獵，見其綱領俱舉，倫次得宜。如紀大宗，然序昭序穆，而不詳昭穆之玄支也；如紀江漢，然為沱為潛，而不詳沱、潛之支派也。非不能詳，不及詳也。是史傳之體要也。若乃成都郡志，直如四體之有筋骸脈絡，然不可不問其詳矣。今分類若干目，合帙若干卷，燦然大備。……若乃藝文詔世，諸體燦焉，衆美絢焉，特於省志一一標録，非成都之豪俊，即紀言事於成都者也。是書也，羅材於文學，採議於物情，而折衷之於郡伯良工，洵苦心矣[②]。

朱燮元到任時，天啓《成都府志》已經"盛傳"，得到讀者喜愛。他讀罷全書，覺得這部府志綱目、體例嚴謹，深得志書要領；紀事善統大要、詳略得當，尤以藝文出色。他對張世雍這個非成都人將成都史事記述得如此精緻感慨萬千，贊嘆有加。其按察司副使戴燝對張世雍在纂修《成都府志》中出類拔萃的業績有如下評價：

文學張生世雍，良史之才也。蜀總志之修，督學杜公召所部博雅之士搜羅綜覆，

① 嘉慶《四川通志》卷一百一《職官·題名》十四，成都：巴蜀書社，1984年影印本，第3175頁。

② 天啓《成都府志》卷首朱燮元《序》。

生為嚆矢，而梓州一志，則其獨立殫精，咄嗟而辦者也，業已登剞劂，垂典範矣。兹復取志中編年紀事有關於治道之大者，輯而録之，自周迄明，上下四千餘年間，凡世代之興廢，政事之淑慝，人才之盛衰，風俗之沿革，一開卷而較若列眉，昭於指掌，讀之殊快人意。咄咄張生，何其上馬輒自超乘乃爾！……生束髮修古，遍讀其藏書萬卷，出入丘索，馳騁班、馬，真足潤飾鴻鉅，鼓吹休明。蓋此物此志，已懸購雞林，而長價洛下矣。豈等茂陵他日之章、子雲覆瓿之業耶？①

戴燝為欽差分守西川道、四川按察司副使，對張世雍這樣的白衣秀士也如此不惜筆墨，誇贊有加，説他遍讀藏書萬卷，比之於古之良史俊才，可見這部府志在體例和紀事方面確有創意。張世雍世居潼川州，這也是自唐以來蜀中最為繁盛的地區，與南北各省交流的通衢要津，古往今來學者文人留下了許多墨跡、足跡。在這塊風水寶地上生長的張世雍，可能接觸到川西地區已經毀滅的許多文化典籍，有飽讀萬卷古籍的特殊人文地理條件。否則很難解釋的疑問是：為何天啓《成都府志》與前輩所纂修的《成都府志》稿本迥然不同？

天啓《成都府志》是迄今為止幸存下來的第一部《成都府志》，更讓人唏嘘的是，幸存的不是木刻本，而是手抄本，足見真正有價值的文獻會不脛而走，得有識者傳抄，保存下來。據原抄本卷末熊承顯題跋稱：

四川大學圖書館藏有照片傳抄本。一九六二年十一月，四川省圖書館借抄原抄本，分裝二十四册。兹抄行格及分册一仍其舊。原抄字跡多從簡易，顯著誤字已隨文更正。卷中間有缺頁，暨尚有文字疑似之處，須俟與照片參校②。

四川大學所藏膠卷和抄本，來自原華西大學。從古籍過録，一抄再抄，一般抄本均有脱、漏、缺、誤等問題，這個抄本也不例外。從抄本拍攝膠卷，再由膠卷過録，又無别本對刊，必然會有疑誤，或有新增錯誤。後來巴蜀書社出版的《四川省地方志集成》將抄本影印出版。21世紀初期，成都市地方志編纂委員會與四川大學歷史地理研究所將其列入整理專案，由李勇先校點。據校點者稱：

在這次整理過程中，絶大部分内容已根據他書進行了補、乙和改正，但仍有一些内容，由於僅見於此書，無從校補，姑仍其舊。（成都市地方志編纂委員會、四川大學

---

① 天啓《成都府志》卷首戴燝《序》。

② （明）馮任修，（明）張世雍等纂，成都市地方志編纂委員會、四川大學歷史地理研究所整理：（天啓）《成都府志》卷首《提要》，成都：成都時代出版社，2007年。

歷史地理研究所整理《成都舊志·通志類》，明馮任修、張世雍等纂天啓《成都府志》卷前《提要》）

但無論如何，總算留下了一部差强人意的天啓《成都府志》，讓今人得以觀瞻明代地方人士纂修的方志精品。整理本天啓《成都府志》共計58卷，卷首有原書《凡例》，敘其詳略取捨之意：

省志載成都沿革甚略，今詳之，已見《成都記》中。若分野、山川、建置、形勝、城郭、賦役諸款，仍省志次第為類編，而疏者密之，漏者補之。官守沿革，成都舊為郡、為州、為府、為路，官有太守、刺史、節度使、轉運使、鈐轄、宣撫、參軍。總志三修，竟泯其年代譜系，誠為闕典。今止考數十人，冠於《官表》之前，以存遺意[①]。

天啓《成都府志》在體例選擇上，與前述志稿敷衍成書的情況大不一樣。纂修者不再盲目拼湊，對志書的性質有了明確的認識。

方志的學科屬性，歷來有爭論，從《隋書·經籍志》《四庫全書總目》，到張之洞的《書目答問》，還包括歷代不少著述家，都將方志歸入地理書，清代更形成地理學派（戴震為代表）與歷史學派（章學誠為代表）的論爭。戴震參與修撰的乾隆《汾州府志》《汾陽縣志》，章學誠所撰《湖北通志》74篇、《湖北掌故》66篇和《湖北文徵》8集（號稱湖北三書），分别體現了他們對方志學的不同認識。

被方志界尊崇的章學誠，稱方志為“一方之全史”，其内容要涵蓋地方事類。又説方志要“分立三書”，即《志》《掌故》和《文徵》（參見章學誠《文史通義》卷六，外篇）。這些規範，並非章學誠獨創，明代一些方志即已體現，而在天啓《成都府志》中亦有充分的體現。

明王朝十分重視地方志，永樂十六年（1418），明成祖朱棣曾頒佈纂修方志凡例[②]。天啓《成都府志》纂修中遵行了王朝頒定的修志凡例並加以充實完善，其目録58卷包括成都府屬所有事類：輿地、分野、風俗、建置、賦役、食貨、水利、鹽法、錢法、驛傳、官守、名宦、科第、歲貢、人物、忠節、孝義、隱逸、僑寓、貞烈、仙釋、方技、藝文、志餘，幾乎無所不包，充分展示了成都府屬的全貌。同時，天啓《成都府志》將方志“三書”發

① （明）馮任修，（明）張世雍等纂，成都市地方志編纂委員會、四川大學歷史地理研究所整理：（天啓）《成都府志》，成都：成都時代出版社，2007年，第5頁。

② 參見《四庫全書總目》卷六十八《史部·地理類一》，北京：中華書局，1983年。

揮得淋漓盡致，在方志的構架下，遍列成都府屬事類；其間穿插了大量成都掌故，從制度習尚、風土人情、志餘拾遺，無所不包；最具特色的藝文志，竟佔據了全志半數的篇幅，網羅了秦漢以來蜀中膾炙人口的詩文，充分體現了地方文化在府志中的地位。總而言之，這部府志堪稱完備、周詳。

中國方志以紀事嚴謹為要著，天啓《成都府志》在紀事方面力求信實，言必有據。以張世雍獨創的《成都紀》為例，其紀事與衆不同，以歷朝歷代為統序，每紀事必簡述國事、詳及郡國，綱舉目張，要而不煩，言簡意賅，衹用萬餘字就將四千餘年的成都大事縱寫完畢，確實為後世紀事立下楷模。且看素稱繁雜的南北朝蕭梁時益州之變：

> 梁武帝天監元年夏六月，益州刺史劉季連反。二年春正月，劉季連降，赦為庶人。四年夏四月，益州刺史蕭淵藻殺前刺史鄧元通，益州民亂。鄧元通故吏詣闕訟元通案，帝使羅研下詔詰責淵藻，益州平。贈元通官、謚忠侯。十年冬十一月，魏侵益州。大通六年，以武陵王紀為益州刺史。
>
> 元皇帝承聖元年夏四月，益州刺史、武陵王紀聞臺城陷，即皇帝位於成都。二年三月，武陵王紀帥諸軍東下，留蕭撝守成都，魏遣大將軍尉遲迥伐成都。四月，魏師圍成都，武陵王還兵救之。秋七月，武陵王紀兵潰，梁主殺之，及其諸子。八月，成都降魏，魏以尉遲迥為益州刺史。

這段原本雜亂紛繁的史實，在張世雍的筆下，變得脈絡清晰、記述流暢、文筆簡潔，使讀者對蕭梁時代成都的戰亂歸屬始末、益州事變前因後果一目瞭然。如不具才、學、識，又飽讀中土典籍，且善於融會貫通之士，絶不可能寫出如此凝練簡潔的編年史。當時實際負責纂修天啓《成都府志》的什邡知縣謝奇舉在《跋成都紀》中寫道：

> 梓州張文學手撰《成都紀》，歷四千五十二祀，概以六百四十二則，古今代變，聯若貫珠，讀之如一時一事。睹災祲，思答天譴；惕興廢，謀固金湯。增字在前，芳躅追後，玄黄不改、竹帛無恙。神游先朝之奥隅，而身棲理亂之閫域，蓋不獨濡墨伸紙、工月露風雲已爾。即派衍支分，别裁累牘，然九折注海，而流不絶，則昆侖輸之矣。《新唐書》事增於前，文省於舊，兹紀亦云。

這篇寫給《成都紀》之跋，作於明熹宗泰昌庚申平月（1620），大致可以確定，正是張世雍《成都紀》完成之時。從《成都紀》中明代紀事也可看到確切的修志年代："光宗皇帝泰昌元年十二月，(馮) 任重修《成都府志》，開館於什邡，以縣令謝奇舉領之。"[①] 由此可知，馮任接任之後的第三年即在什邡縣設立志局，由什邡縣令謝奇舉負責編纂事宜，物色纂修人員，集華陽、什邡、潼川貢廩生五人共同纂修。正是這位知縣識拔了學貫古今的張世雍。由此可知，修志是重要的地方文化建設，而人才是決定因素，識才、用才最終決定了志書價值，從方志的優劣也可窺見地方官的學識和人品。

天啓《成都府志》不僅有文質兼美的紀事功底，更有基於學識的決斷，對舊志的錯誤直言不諱，一旦發覺就列舉證據，加以糾正：

> 郪縣舊為梓州附國，銅山在梓州南百二十里内，總為屬縣，歷代正史可考。蘇易簡父子為銅山人，而入《綿州志》。李毅弟兄郪人，而入《新都志》。博考俱無可據，特為更正[②]。

這是他糾正舊志錯誤的一個例證。在閱讀天啓《成都府志》過程中，可以看到不少拋棄陳説、求實存真的表述，與諸多平庸無奇的志書形成對照。歷來學者視明代學者迂腐，由此看來，不盡如此。

五、康熙《成都府志》

現存康熙《成都府志》三十五卷（總目作八卷，實為三十五卷），佟世雍、何如偉等纂修，有康熙二十五年（1686）刻本，但刻本無存，存世的僅有舊抄本和新抄本，分藏四川省圖書館和四川大學圖書館。成都市地方志編纂委員會與四川大學歷史地理研究所聯合整理時，以錯誤較少的舊抄本為基礎，參校新抄本和其他文獻，進行整理。

經過明末清初十餘年的毀滅性戰亂，其間順治三年（1646）張獻忠敗亡，康熙四年（1665）四川省會遷回成都之後，成都"起死回生"，呈現初步復蘇跡象。康熙十二年（1673）"三藩之亂"起，吴三桂兵指四川，"禍蜀六年"。直到康熙二十年（1681），全川戰亂平息。

這之後，百廢待興，成都府、縣也迎來了纂修《成都府志》的機遇。康熙《成都府志》的總纂佟世雍，遼東人，時為四川成都知府。兩位提調：王元士，奉天瀋陽人，時為成都

---

① （明）馮任修，（明）張世雍等纂，成都市地方志編纂委員會、四川大學歷史地理研究所整理：（天啓）《成都府志》，成都：成都時代出版社，2007 年，第 12—25 頁。

② 同上，第 5 頁。

府同知；章元煒，江西南城人，時為成都府通判。監修李斯佺，山東長山人，時為四川成都府茂州知府。實際擔負纂輯任務的舉貢生員有何如偉等 11 人。

康熙《成都府志》的總纂佟世雍面對戰後經濟、文化凋敝局面，將《成都總志》的纂修意圖、紀述範疇、篇目設置作了清晰表述：

當此政通人和，正宜計劃久遠，昭垂典則，迺蒙皇上敕行各直省纂修《一統志》，定版章而徵文獻，其盛典也。獨是錦官，四經兵燹，圖籍故老無存，亦甚難乎其為志矣。然郡邑之有志，猶國之有史，胡可闕焉？況一國有一國之輿圖，則必有分星辨野，以察妖祥。有星野，則必有疆域。有疆域則必有山川形勝之險阨以設固防。其間世易勢殊，割併不一，則有建置沿革。設險守國，必藉城池。有城池，則有宫室、公署、學校、祠祀，以尊尊貴貴，育士禮神。而民為邦本，有民則有户口，有户口則必有貢賦。貢賦上諸天子，治於有司，故次之以帝王、秩官。秩官之中，恩澤在民而不可泯者，則為名宦。或由兩榜科第，或擅一代才名，故科目、人物又次之。其間孝義、節烈之有關風教，隱逸、流寓之足表儀型，或精長生之學，或讀佛老之書，雖好尚不同，皆足以維風範俗。至於述古蹟、陵墓、寺觀以鑒往，紀祥異、僭據以警來，與夫屯田、水利、茶鹽、錢法以理財，詳兵制、驛傳、籌邊以計國，皆政之不可缺也。藝文彩藻，雖屬雕蟲小技，而名賢詩賦，亦關垂世，文章不得不旁搜博覽，用副採風之意。

佟世雍雖説奉旨修志，但能將方志的價值説得如此簡明扼要、有的放矢、頭頭是道，在地方大吏中並不多見。他把與郡國志書纂修相關問題串珠聯璧似地類推以及，讓方志成為順理成章的包容體。隨著整體構思的完成，《成都總志》的篇目也就自然形成，無需冥思苦想。

當時四川初定，反復遭受戰亂蹂躪的成都府屬元氣尚未恢復，纂修《成都總志》遇到前所未有的困難。時任纂修提調的成都府同知的王元士，在序言中道出了纂修志書的困難和終於完成全志的不懈努力：

編年紀月，史即天下之志；書人書事，志即一方之史，矧成都屬蜀中省會，嚮也繁盛之時，郡邑幾何？今也殘破之餘，歸併幾何？前之人因離亂而未遑，後之人復因循而未逮。一郡之事實失傳，百年之見聞罔據，咎有歸也，是吾之責也夫！於是訪諸故老，搜厥遺書，猶恐豕亥傳訛，備加參證，閱數旬而帙以成。但見疆域井然，山川如畫，建置有年，人物有則，經制、賦役、藝文、物産諸條靡不備悉。

時任纂修提調的成都府通判章元煒也將纂修實況書之序言：

第益州迭遭兵燹，典籍無存，文獻之徵，難乎求備。予學慚豹管，幸無案牘之煩，獲佐郡伯佟公捃摭散佚殘篇，凡簑翁樵叟之言畢述，炎碑蘚碣之字成稽，附舊帙而輯之，約略成盛世之書矣①。在戰亂之後的成都，既無必要文獻，又無知書識禮的故老相詢，凡能找到的本土人士，即使"簑翁樵叟"，也要盡力採訪記録；殘存的碑碣，也成可稽之史，集腋成裘，纂集成書。這部《成都總志》的確是艱難玉成的珍貴地方文獻，地方官員付出了心力與貢獻。

由此可知，康熙《成都府志》是在清王朝定鼎中原之後，敕令編修《一統志》的文化立國的大戰略形勢下纂修的一部府志。地方官吏奉敕修志，莫不用命。《成都府志》是在戰後典籍奇缺、故老衰亡的困厄狀況下，在不長的時間裏，齊心合力完成的。一個顯著特色是，重視當時事態的紀述。在卷十《成都府屬》中，收録了康熙三年（1664）七月四川巡撫張德地《題招徠拯救疏》、同年十一月《題發蜀紳回籍疏》、康熙六年《題復總督李生聚拯救遺流疏》，對於研究清初四川社會經濟和大規模移民政策的制定和實施有重要文獻價值。

在康熙《成都總志》卷二十六《賊盜》一目中，紀述張獻忠一目，顯係調查所得，富有實録價值，摘録其中"禍蜀"一段：

賊從間道襲英（守備曾英），後英不能支，賊遂長驅攻重慶，屠城焉，殺秦瑞王及巡撫陳士奇、太守王行儉、縣令王錫等。九月，陷成都。蜀王赴社壇井死，巡按劉之勃、巡撫龍文光、總兵劉鎮藩、成都推官劉士斗、崇慶州知州王勵精、監紀方堯相、華陽知縣沈雲作、蒲江知縣朱蘊羅、榮縣知縣秦民湯、雙流知縣李甲等死之。獻忠始僭號，安官置守，令州縣催鄉紳學校進城，日按册查點，不到者連坐比鄰親戚，專以散人肢體、鑿人面目為事。成都百里外，耰鉏白挺，皆與賊眉為難。乙酉（1645）春，曾英以千餘衆敗賊都督張廣才於渝州，廣才走死，曾英兵聲大振，州以東頗專制焉。獻忠怒，復檄各郡縣官各押解紳士入省，盡戮於萬里橋，分佈千里一塘。時檄路兵同日舉發行盡剿法，搜溝索洞，無男婦少長悉刃之。復下令盡殺川人之新附營者。於是棄成都，移順慶，屯營於金山鋪鳳凰山間。皇清大兵至秦，方欲再剿川北，以絶餉道，迺惡貫已盈。肅王統帥入蜀，遣數百騎，出其不意，由南部直擣賊營，獻忠倉皇出探，

① 以上引文均見（清）佟世雍修，（清）何如偉等纂，李勇先點校：（康熙）《成都府志》卷首序，成都時代出版社，2007年，第1—3頁。

猝中箭死，餘潰賊俱奔黔、滇，蜀因以平①。

在歷史紀述方面，這部府志與天啓《成都府志》相反，由於可供引述的文獻資料不多，對前代歷史的紀述大多簡略；其中尤以《藝文志》最為典型，略去前代詩文，僅收清初定蜀官員一些題記而已。這雖是缺略，但收録《藝文志》的志書不少，不必重複也可。亦如纂修者所云：

> 有一代之聖治，必有一代之文章。文者，所以宣一代之精意而出之，又以神明數代之令典而傳之也。雖古人往矣，思其人而不得見，紀事而如或見之。方今聖王在御，文治孔彰，遐方異域，咸仰日月而瞻蘊雲漢，鬱鬱之盛，其快覩矣！作《藝文志》②。

但康熙《成都總志》與天啓《成都總志》相比，的確是太簡略了。許多卷目幾乎是敷衍成篇，不成體統，主要原因還是因為戰後文獻奇缺造成，情有可原。當然，其中也有許多有價值的文獻保留下來。作為流傳下來的《成都府志》，應當視為珍寶。康熙《成都府志》之後，成都府再未纂修過《成都府志》，其原因可能與清代地方建置繁複有關。

（作者單位：四川省人民政府文史研究館）

① （清）佟世雍修，（清）何如偉等纂，李勇先點校：（康熙）《成都總志》卷二十六《賊盜》，成都：成都時代出版社，2007年，第159頁。

② （清）佟世雍修，（清）何如偉等纂，李勇先點校：（康熙）《成都總志》卷三十五《藝文》，成都：成都時代出版社，2007年，第203頁。

傳統訓詁學與古漢語語法

向　熹

一、引　言

中國傳統語文學叫做“小學”。“小學”包括文字學、音韻學和訓詁學。文字學主要研究漢字的形、音、義及其關係，如《説文解字》《玉篇》《類編》。音韻學主要研究漢語的聲、形、調結構及其演變，如《廣韻》《集韻》《中原音韻》。音韻學著作往往也要解釋字義。訓詁學主要研究古書字句的意義。19 世紀以前，其著作可分為兩類。一類是訓釋某一古書的字詞句，如《毛詩傳箋》《論語注疏》《春秋左傳集解》；一類是匯集詞語分類編次進行詮釋，如《爾雅》《方言》《釋名》《廣雅》。這是傳統的訓詁學。20 世紀先後出版了多種訓詁學專著，如胡樸安《訓詁學史》、齊佩瑢《訓詁學概論》、洪誠《訓詁學》、許威漢《訓詁學導論》等。這些專著大都能比較全面地介紹訓詁知識，闡述訓詁源流，列舉訓詁方法，歸納訓詁條理。有的還將訓詁學與語義學、語法學結合起來，使訓詁學成為古籍研究和語文教學的有力武器，實在是一個很大的進步。

傳統訓詁學中没有專列語法部分。但語法是語言三要素（語音、訓彙、語法）之一，訓詁學要準確訓釋古書詞語的意義，不可能不涉及語法問題。事實上，早在先秦時期，已有學者對漢語句子的構成進行過分析。《春秋·僖公十六年》：“春王正月，戊申朔，隕石于宋五。是月，六鷁退飛過宋都。”《穀梁傳》解釋説：“先隕而後石，何也？隕而後石也。于宋，四境之内曰宋。後數，散辭也。耳治也。是月也，決不日而月也。六鷁退飛過宋都，先數，聚辭也，目治也。”晉范甯《集解》進一步分析説：“隕石，記聞也。聞其磌然，視之則石，察之則五。六鷁退飛，記見也，視之則六，察之則鷁，徐而察之則退飛。"[①]《穀梁傳》和范甯《集解》對《春秋》這一段話分析得很正確，可以説開啓了漢語句法分析的先河。

唐代開始出現"語法"一詞。《左傳·昭公二十年》："爾其勉之，相從為愈。"孔穎達《疏》："服虔云：'相從愈於共死。'則服意'相從'，使員從其言也。語法，兩人相交乃得稱'相'，獨使員從己語，不得為相從也。"[②] 金王若虛《論語辨惑》："故凡解經，其論雖高，而於文勢語法不順者，亦未可遽從，況未高乎！"[③] 唐代開始傳入古印度的"聲明"，就是文法聲韻之學。玄奘譯《大唐西域記·印度總述》時説："七歲之後，漸受五明大論：一曰聲明，釋古訓字，詮目疏别。"[④] 不過聲明之學主要是玄奘這樣的佛學大師所研究探討的，廣大民衆並没有多少人去學習瞭解。

19 世紀末到 20 世紀初，我國開始了漢語語法學的系統研究。中國第一部完整的古代漢語語法專著是馬建忠的《馬氏文通》[⑤]。本書共分十卷。第一卷正名。給語法術語下了二十三條界説（即定義)。第二至六卷討論實字（即實詞)。包括名字（名詞)、代字（代詞)、静字（形容詞、數詞、量詞)、動字（動詞)、狀字（副詞）共五類。第七至九卷討論虚字（即虚詞)。包括介字（介詞)、連字（連詞)、助字（助詞)、嘆字（嘆詞）共四類。第十卷討論句讀。《文通》管句子成分叫"詞"。有起詞（主語)、語詞（謂語)、表詞（名詞或形容詞謂語)、止詞（賓語)、司詞（介詞賓語)、轉詞（間接賓語)、加詞（介詞詞組或同位語）共七類。《馬氏文通》創建了一個完整的古代漢語語法體系，第一次揭示了古代漢語的語法特點，對古代漢語語法進行了全面的分析論述。正如王力先生所説："他開創中國語法學的功勞是很大的，正所謂'不廢江河萬古流'。"[⑥]

歷代訓詁學著作以及筆記隨筆中記有不少有關古代漢語語法的材料。元代開始還有不少研究漢語虚詞的專書問世。本文的目的就是全面收集這些語法資料，分門别類進行研究整理，真實地反映傳統訓詁學者對古漢語語法的認識和研究成果。全文共分：引言、實字虚字、静字動字、代字、連字、助字、嘆字、句讀、倒句倒文、句子歧義、其他共十一個小節進行討論。拙著《簡明漢語史》下册系統介紹了上古、中古、近代各個時期漢語詞類和句法的發展，可以參考。

---

① 《十三經注疏》，第 2398 頁。

② 同上，第 2091 頁。

③ （金）王若虛：《滹南遺老》，《四庫全書·集部·别集類》。

④ （唐）釋玄機撰，（唐）玄奘譯：《大唐西域記》，《四庫全書·史部·地理類》。

⑤ 馬建忠（1845—1900)，江蘇丹徒人。通經史，會英、法、拉丁、希臘文。曾赴法國留學、考察，通游西歐各國。馬氏積二十年之力，撰成《馬氏文通》十卷，分上下兩册。上册六卷出版於 1898 年，下册四卷出版於 1899 年。

⑥ 王力：《中國語言學史》第四章，第 175 頁。

二、實字虛字

現代語法學把漢語裏的詞分為實詞和虛詞兩大類。實詞是表示人或事物及其動作變化、性狀等概念的詞，能够獨立充當句子成分。實詞包括名詞、動詞、形容詞、數詞、量詞和代詞。虛詞没有實在意義，衹有語法意義，不能獨立充當句子成分。虛詞包括副詞、介詞、連詞和助詞。《馬氏文通》有狀字一類，相當於副詞，《文通》歸入實詞。傳統訓詁學從宋代開始，就有實字、虛字的分類，但和現代所説的實詞、虛詞不是一回事。

宋元明訓詁學者多次談到實字、虛字，各家並無定説。大體上實字指名詞和用作主語、定語的形容詞，虛字則指動詞、介詞、連詞和助詞。宋周煇《清波雜志》卷七："東坡教諸子作文，或辭多而意寡，或虛字多，實字少，皆批諭之。"[①] 王觀國《學林》卷五："《史記・司馬相如列傳》：'囿騶虞之珍群，徼麋鹿之怪獸，導一莖六穗於庖，犧雙觡共柢之獸。'詳見《封禪文》四句。首句第五字皆虛字，非實字。曰囿、曰徼、曰導、曰犧，乃一類也。其義可見。若以導為瑞禾，則其句曰禾一莖六穗於庖，於句法為無義矣。"[②] 王氏認為《封禪書》這四句中的"囿、徼、導、犧"都作動詞講。《説文・禾部》："導，禾也。司馬相如曰：導，一莖六穗。"這裏"導"是精選（稻米）的意思，所以説"皆虛字，非實字"。張炎《詞源・虛字》："詞與詩不同，詞之句語有二字、三字、四字至六字、七八字者，若堆疊實字，讀且不通，況付之雪兒乎？合用虛字呼喚，單字如'還、但、甚、任'之類，兩字如'莫是''還又''那堪'之類，此類虛字卻要用之得其所。"[③] 朱熹《朱子語類》卷六七："且如解《易》，衹是添虛字去迎過意來，便得。今人解《易》，廼去添他實字，卻是借他做己意説了。"[④] 明王昌會《詩話類編》一："五言以第三字為眼，七言以第五字為眼。凡詩眼要用實字方得句健。五言如'夜潮人到閣，春霧鳥啼山（張凡），'星河秋一雁，砧杵夜千家'（韓偓）。七言如'風傳鼓角霜侵戟，雲捲笙歌月上樓'（岑參），'朝登劍閣雲隨馬，夜渡烏江雨洗兵（岑參）。"[⑤] 王氏指出以上所謂詩眼的"人、鳥、秋、夜、霜、月、雲、雨"等字都是實字即名詞。有指明實字虛用的。明費經虞《雅倫》卷十二："楊誠齋云：詩有實字，而善用之者以實為虛。老杜詩：'弟子貧原憲，諸生老服虔。'老字

---

① （宋）周煇：《清波雜志》，上海：上海古籍出版社，1991年。

② （宋）王觀國撰，田瑞娟點校：《學林》，北京：中華書局，1988年。

③ （宋）張炎：《詞源》，唐圭璋：《詞話叢編》，臺北：新文豐出版公司，1988年。

④ （宋）朱熹：《朱子語類》，北京：中華書局，1988年。

⑤ （明）王昌會：《詩話類編》，明萬曆武林洪文刊本。

蓋用趙充國‘請行，上老之’之‘老’字。按駱賓王‘未能槎上漢，詎肯劍游燕’，少陵‘子能渠細石，吾亦沼清泉’，韓翃‘星河秋一雁，砧杵夜千家’，皆以實字作虛字用。”① 費氏指出，“貧、老”（形容詞）是實字，用作動詞，則是虛字。“劍、渠、沼、秋、夜”本實字（名詞），此處用作動詞，則是虛字。曾國藩《復李眉生書》討論了實字虛用和虛字實用兩種情況：“何以謂之實字虛用？如‘春風風人’、‘夏雨雨人’，上‘風雨’實字也，下‘風雨’則當作養字解，是虛用矣。‘解衣衣我’、‘推食食我’，上‘衣食’實字也，下‘衣食’當作惠字解，則虛用矣。‘春朝朝日’、‘秋夕夕月’，上‘朝夕’字，實字也，下‘朝夕’則當作祭字解，是虛用矣。‘入其門而無人門焉者’、‘入其閨而無人閨焉者’，上“門閨”實字也，下‘門閨’則當作守字解，則虛用矣。後人或以實字作本音讀，虛者或破作他音讀，若‘風’讀若‘諷’，‘雨’讀如‘籲’，‘衣’讀如‘裔’，‘食’讀如‘嗣’之類，古人曾無是也。何以謂之虛字實用？如‘步’，行也，虛字也 。然韓文之‘步有新船’，《輿地》之‘瓜步’‘笛步’，《詩經》之‘國步’‘無步’則實用矣。‘薄’，迫也，虛字也 。然因其叢密而林曰‘林薄’，因其不厚而簾曰‘帷薄’，以及《爾雅》之‘屋上薄’，《莊子》之‘高門景薄’，則實用矣。‘覆’，敗也，虛字也。然《左傳》設伏以敗人之兵，其伏兵即名曰覆。如‘鄭突為三覆以待之’，‘韓穿帥七覆于敖前’，是虛字而實用矣。”② 以上所謂“實字虛用”“虛字實用”都是名詞和動詞互用。清陳奐《詩毛氏傳疏》：“（《定之方中》）‘終然允臧’，允，信。信當讀如《論語》‘信乎夫子’之信。允謂之信，猶洵謂之信、亶謂之信。信皆作虛字解，不作實字解，故全詩允字多為語詞。”③“信”作虛字解，則是用同副詞，確實、的確的意思。

彙釋虛字的訓詁著作　漢代以來，許多訓詁著作都收集了一些虛字進行解釋，如《爾雅·釋詁》：“爰、粵、于、那、都、繇，於也。”“伊、維，侯也。《詩》曰：‘侯誰在矣。’”《說文》：“乎，語之餘也。”“只，語氣詞也。”《廣雅·釋詁》：“曰、欥、惟、每、雖、兮、者、其、各、而、烏、豈、也、乎、些、只，詞也。”《五篇》：“但，語辭也。”“夫，又音扶，語助也。”

元代以後，更出現了一些專門彙釋虛字的專書。如元盧以緯《助語辭》④，全書收録 66 組虛詞或與虛詞有關的詞組，共計 136 個詞條。其中單音詞 68 個，複合詞和詞組 68 個。書後附有魏維新的《助語辭補》和王鳴昌等的《助語辭補義附録》，共計 200 條。清袁仁林《虛字說》⑤，全書分 51 組、141 條，某些條目下涉及多個虛詞。共計收虛詞 155 條，其中

① （明）費經虞：《雅論》，刊江譽處堂藏版。
② 《曾國藩全集·書信類》，長沙：嶽麓書社，1992 年。
③ （清）陳奐：《詩毛氏傳疏》，《皇清經解續編》。
④ （元）盧以緯撰，王克仲集注：《助語辭集注》，北京：中華書局，1988 年。
⑤ （清）袁仁林：《虛字說》，豐城熊氏校刊本。

單音詞 80 條，複音詞（二合音、三合音）75 條。劉洪《助字辨略》[①]，共收虚詞 476 個，依平、上、去、入四聲編排，逐一解釋，收材廣泛、考證、辨析也較詳備。王引之《經傳釋詞》[②] 10 卷，收虚詞 160 個，主要取材于周秦兩漢古書，按喉、牙、舌、齒、唇五音排列。從一聲之轉、互文、異文判斷虚詞的詞義關係，列舉大量書證歸納虚詞義，對後世語法研究頗有啓發作用。吴昌瑩《經詞衍釋》10 卷，補遺一卷[③]，共收 183 個虚詞。其中 160 個是補充《經傳釋詞》的例證，增加義項，追溯本字，或對《經傳釋詞》略而未釋的虚詞加以解釋。補遺虚詞 23 個。這些著作都是採用傳統的訓詁方法來注釋虚詞的意義，很少涉及語法特點，所以還不能説是語法著作。

三、靜字動字

《馬氏文通》説："靜字，所以肖事物之形者。"靜字又分象靜、滋靜。"象靜者，以言事物之如何也；滋靜者，以言事物之幾何也。"象靜就是形容詞，滋靜就是數詞。現代語法學把形容詞和數詞分為兩個詞類。

傳統訓詁學所説靜字動字，其所謂靜字與《馬氏文通》不同，包括名詞和形容詞。例如諸侯之長為伯，寫成霸，是靜字，就是名詞。宋黄震《黄氏日抄》："'霸諸侯'，注云：'霸與伯同，愚意諸侯之長為伯，指其定位而言。王政不綱，而諸侯之長自整齊其諸侯，則伯聲轉而為霸，乃有為之稱也。正音為靜字，轉音為動字。'"[④]

一字可以兼有動、靜兩種詞性，即一個字可以既是動詞，又是名詞或形容詞。其中有的意義分動靜而語音不變。袁仁林《虚字説》云："先儒分别動靜字，蓋從人意驅使處分之也 。同一字也，用為勉强著力者則為動，因其自然在者則為靜。如'明明德、尊尊、親親、老老、賢賢、長長、高高、下下，俱是上動下靜；君君、臣臣、父父、子子、夫夫、婦婦'之類，又是上靜下動。止至善之止為動，知止之止為靜。格物之格為動，物格之格為靜。動靜相因，舉無窮當盡之事，即以本字還之，使意無餘見，此驅使之妙也。凡此之類，意分而音不轉。若其轉音者，勞者勞之，來者來之，雖分動靜，畢竟其音先轉，自有界限矣。"

有的音隨義轉，動靜有别。學者大都以為起於六朝以後。清袁枚《隨園隨筆・音義繁

---

① （清）劉淇：《助字辨略》，北京：中華書局，2004 年。
② （清）王引之：《經傳釋詞》，長沙：嶽麓書社，1985 年。
③ （清）吴昌瑩：《經詞衍釋》，北京：中華書局，1956 年。
④ （宋）黄震：《黄氏日抄》，《四庫全書・子部・儒家類》。

重》："古無平上去入之分，可以通讀，自齊梁間四聲譜出，而後之編韻書者以一字分數音，而訓詁亦異，所謂動靜音是也。今按《康熙字典》'上'字注如上聲，時掌切，為升上之上，屬動；去聲，時亮切，為本在物上之上，屬靜。"① 明呂維祺《音韻日月燈》卷首《音辨》記録了形同而動靜音異的字例。如"中、重、空、風"都是靜平動去，"枕、種、女、好"都是靜上動去，"縫、知、分、吹"都是靜去動平，"使、吐、掃、守"都是靜去動上②，等等。清代大學者段玉裁《説文解字注》指出，同一個字因為具有兩種不同的詞性而讀成兩個音，於古無據。如《四部》："盛，黍稷在器中以祀者也。"段注："盛，實於器中之名，故亦呼器為盛。如《左傳》'旨酒一盛'，《喪大記》'食粥于盛'是也。引申為豐滿之稱。今人分平去，古不分也。"《心部》："惡，過也。"段注："人有過曰惡，有過而人憎之亦曰惡。本無去入之别，後人强分之。"③

肖事物之形的靜字，即形容詞。歷代訓詁中往往以"××貌"的形式來表示。如《詩·周南·葛覃》："維葉萋萋，維葉莫莫。"《毛傳》："萋萋，茂盛貌。莫莫，成就之貌。"《大雅·韓奕》："爛其盈門。"《鄭箋》："爛其，爛爛，粲然鮮明且衆多之貌。"《説文·羽部》："翯，鳥白肥澤貌。《詩》曰：'白鳥翯翯。'"《山部》："嶢，山高貌。"《論語·鄉黨》："朝，與下大夫言，侃侃如也。與上大夫言，誾誾如也。君在，踧踖如也，與與如也。"何晏集解："孔曰：侃侃，和樂之貌。誾誾，中正之貌。馬曰：踧踖，恭敬之貌。與與，威儀中適之貌。"《禮記·檀弓下》："文子其中退然如不勝衣，其言吶吶然如不出其口。"鄭玄《注》："退，柔和貌。吶吶，舒小貌。"

形容詞是現代語法學術語。清代訓詁著作中有"形容之詞""形容之字""形容之辞""形容字""形況字"多種名稱。清王筠《菉友蛾術編》上："鄭司農注《考工記》引《上林賦》'紛容掣參'，《漢書》作'紛溶萷蔘'，《文選》作'紛溶萷蔘'。司農又引'倚移從風'，《文選》作'猗狔從風'。偏旁務令齊同，不知形容之詞在聲不在義也。"④ 阮元《揅經室集》："《尚書·虞書》：'思日贊贊襄哉。'贊贊為疊字，凡疊字皆形容之字。以贊贊形容襄字，猶'浩浩滔天'，以浩浩形容滔字。'蕩蕩懷山襄陵'，以蕩蕩形容懷字、襄字也。"⑤ 王引之《經義述聞》卷六："《詩》：'依其在京，侵自阮疆。'引之按：依，兵盛貌。依其者，形容之辭，言文王之衆，依然其在京地也。依之言殷也。馬融注豫卦曰：'殷，盛也。'《毛傳》曰：'依，茂木貌。'木盛謂之依，猶兵盛謂之依也。……'有噲其饁'，'思媚其

① （清）袁枚：《隨園隨筆》，上海著易堂書局印本。

② （明）呂維祺：《音韻日月燈》，崇禎六年刊印，有志清堂本傳世。《四庫全書》有存目。

③ （清）段玉裁：《説文解字注》，杭州：浙江古籍出版社，2006年，第511頁。

④ （清）王筠：《菉友蛾術編》，《鄂章遺書》本。

⑤ （清）阮元：《揅經室集》，《四部叢刊》本。

婦’，‘有依其士’，‘有略其耜’，皆形容之辭。”① 王筠《説文釋例》卷六二：“委蛇，疊韻形容字也。凡形容之詞，倒皆借用，無專字。”② 朱駿聲《説文通訓定聲·假借》：“《説文解字》有單辭形況字，如‘率爾’原非畢網，‘幡然’豈是觚巾。有重言形況字，如‘朱朱’狀夫雞聲，‘關關’用為鳥語。”③

“乎、其、然、焉、有、爾、如”衹是形容詞的詞頭詞尾，傳統訓詁學也有稱作狀事之詞或狀物之詞的。如王引之《經傳釋詞》：“乎，狀事之詞也。若《易·乾文言》‘確乎其不可牧也’之屬是也。”（卷四）“其，狀事之詞也。有先言事而後言其狀者。若‘擊鼓其鏜’‘雨雪其霧’‘零雨其濛’之屬是也。有先言其狀而後言其事者，若‘灼灼其華’‘殷其靁’‘淒其以風’之屬是也。”（卷五）“然，狀事之詞也。若《論語》‘斐然’‘喟然’‘儼然’之屬是也。”（卷七）“焉，狀事之詞也。與然同義。若《詩·小弁》曰‘惄焉如擣’，《書·秦誓》曰‘其心休休焉’之類是也。”（卷二）“有，狀物之詞也。若《詩·桃夭》‘有蕡其實’是也。”（卷三）“爾，猶然也。若《論語》‘卓爾、率爾、鏗爾、莞爾’之屬是也。”（卷七）“如，猶然也。若《論語·鄉黨》‘恂恂如’‘踧踖如’‘勃如’‘躩如’之屬是也。”（卷七）其實這些字是形容詞詞尾或詞頭，或如劉淇《助字辨略》所説，“並是語辭”（卷五），不是狀事或狀物之詞。

四、代　字

代字即代詞。包括人稱代詞、指示代詞、疑問代詞。傳統訓詁學没有代詞的名稱，但對各種代詞都有所討論。

人稱代詞　第一人稱有“我、吾、予、余、朕、台、姎、卬”等。王夫之以為自稱之詞。

我、吾　《説文》：“我，施身自謂也。”《詩·邶風·谷風》：“毋逝我梁，毋發我笱。”孔穎達《正義》：“我，己所自專之辭。”《廣韻·哿韻》：“我，己稱也。”《説文·口部》：“吾，我自稱也。”《爾雅·釋詁下》：“吾，我也。”明張自烈《正字通》：“吾，我自稱也。吾、我一也，古互用之。《左傳》‘我張吾三軍’，又‘我食吾言’；《莊子》‘吾麥我’，又‘吾無糧，我無食’。”以為“吾”、“我”兩字用法上没有差别。宋趙悳《四書箋義》：“吾、

① （清）王引之：《經義述聞》，鴻文書局石印本，第52頁。
② （清）王筠：《説文釋例》，上海：世界書局，1936年，第240頁。
③ （清）朱駿聲：《説文通訓定聲》，上海：世界書局，1928年，第13頁。

我二字，就己而言則曰吾，因人而言則曰我。”[①] 項安世《項氏家説》：“换字之法，雖賢聖之文亦然，蓋語勢當然，非必有意也。以吾、我二字言之，先言我字，則以吾繼之。‘我以吾仁’、‘我善養吾浩然之氣’是也。先言吾字，則以我繼之，‘使吾二婢子夾我’、‘吾喪我’是也。孔子曰：‘吾有知乎哉……有鄙夫問於我’，‘予不得觀猶子也，非我也’，此以‘我’繼‘吾’與‘予’也 。‘太宰知我乎？吾少也賤’，‘二三子以我為隱乎？吾無隱乎爾’，此以‘吾’繼‘我’也。”[②] 項氏以為吾、我换用是為使文章錯綜變化。清段玉裁《説文解字注》“我”下：“《論語》二句而我、吾互用，《毛詩》一句而卬、我雜稱。蓋同一我義而語音輕重緩急不同，施之於文，若似其口出。”段氏以為我、吾或卬、我换用是語音輕重緩急不同。《楚辭·九章·涉江》九用“余”而八用“吾”字，朱熹注云：“此篇多以余、吾並稱，詳其文意，‘余’嚴而‘吾’倨也。”[③] 似亦未必。

予、余　《詩·周頌·小毖》：“予又集于蓼。”《毛傳》：“予，我也。”《玉篇》：“予者，我也。”王夫之《説文廣義》：“予，借為自我之辭。與吾、我通。予者，推之自己，繇己及人意。對人而言也。”《爾雅·釋詁下》：“余，我也。”邵正涵正義：“余，猶予也。”邢昺《疏》：“此皆我之别稱也。”王夫之《説文廣義》：“余自《楚辭》始以為自稱之詞，世習用之，蓋南楚方言耳。”《説文·八部》段玉裁注：“余之引申訓為我。《詩》《書》用予不用余，《左傳》用余不用予。”按《左傳》用余多達 175 次，左丘明為春秋時魯人，王夫之謂余為南楚方言詞，似不足信。

朕　《爾雅·釋詁下》：“朕，我也。”郭璞注：“古者貴賤皆自稱朕。”《説文·舟部》：“朕，我也。闕。”《書·堯典》：“朕在位七十載。”蔡沈《集傳》：“古人自稱之通號。”《公羊傳·宣公十二年》：“寡人無良。”何休注：“諸侯自稱曰寡人，天子自稱曰朕。”蔡邕《獨斷》卷上：“朕，我也。古者尊卑共之，貴賤不嫌，則可同號之義也。至秦，天子獨以為稱，漢因而不改也。”[④] 唐玄宗《孝經序》：“朕聞上古其風樸略。”邢昺《疏》：“朕者，我也，古者尊卑皆稱之。至秦始皇二十六年，始定為天子之稱。”[⑤]《廣韻·寝韻》：“朕，我也，秦始皇二十六年始為天子之稱。”

台（yí）　《爾雅·釋詁上》：“台，我也。”《書·湯誓》：“非台小子。”蔡沈《集傳》：“台，我也。”宋王觀國《學林》卷六：“《尚書》凡言台考，‘其如台’之類，皆訓我也。”王夫之《説文廣義》：“台，和悦也。古以為自稱之詞，夏商間方言。”

姎、卬　《説文·女部》：“姎，女人自稱，我也。”段玉裁注：“‘姎我’連文，如吴人

---

① （宋）趙悳：《四書箋義》，《叢書集成初編》。
② （宋）項安石：《項氏家説》，《四庫全書·子部·儒家類》。
③ （宋）朱熹：《楚辭集注》，《四庫全書·集部·楚詞類》。
④ （清）蔡邕：《獨斷》，《百子全書》第 6 册，杭州：浙江人民出版社，1984 年。
⑤ 《十三經注疏》，第 2540 頁。

自稱阿儂耳。"《廣韻・蕩韻》："姎，女人自稱姎，我也。"《詩・邶風・匏有苦葉》："人涉卬否。"《毛傳》："卬，我也。"馬瑞辰《通釋》："卬、姎聲近通用，亦為我之通稱。"《爾雅・釋詁下》："卬，我也。"郭璞注："卬猶姎也。"陸德明《釋文》引《説文》曰："女人稱我曰姎。"

儂　《大廣益會玉篇》："儂，吴人自稱我。"[①]《廣韻・冬韻》："儂，我也。"《集韻・冬韻》："儂，吴語我也。"王觀國《學林》卷四："江左人稱我、汝皆加儂字，詩人亦或用之。孟冬野詩云：'儂是拍儂兒'是也。"

第二人稱代詞。傳統訓詁著作中或名為"稱人之詞"。有"爾、女、汝、而、乃、若、你、戎"等。

爾　《小爾雅・廣詁》："爾，汝也。"《詩・小雅・天保》："天保定爾。"鄭玄《箋》："爾，女也。"《論語・季氏》："無乃爾是過與。"皇侃疏："爾，汝也。"《説文・叕部》段玉裁注："爾，後人以其與汝雙聲，假借為汝字。"清黄生《字詁》云："爾，語辭也。……借為稱人之謂。古或借爾，或借汝，或借乃，或借者，或借而，方土不同，各取其聲之相近者耳。或疑諸聲略近，獨若聲差遠。不知若之上聲即汝也。古人詞緩，故無四聲之别。"[②]

女（rǔ）、**汝**　段玉裁《古文尚書撰異》："女者，對己之詞。假借之字，本如字讀，後人分别讀同汝水，非也，因改為汝字，則更非也。女、乃、爾雙聲，爾古音近禰，今俗用你字。"[③]《漢書・朱買臣傳》："女苦日久，待我富貴報女功。"顔師古注："女，讀曰汝。"《詩・鄭風・揚之水》："維予與女。"朱熹《集傳》："予、女，男女自相謂也。"《豳風・九罭》："于女信處。"朱熹《集傳》："女，東人自相女也。"《論語・為政》："誨女知之乎?"劉寶楠《正義》："女者，平等之稱。"《廣韻・語韻》："汝，尒也。"《正字通・水部》："汝，本水名，借為爾汝字。"《詩・大雅・崧高》："戎有良翰。"鄭箋："戎，猶女也。"孔穎達《正義》："汝者，相於之辭。"

而　《小爾雅・廣詁》："而，汝也。"《書・洪範》："而康而色。"孔安國《傳》："汝當安汝顔色，以謙下人。《左傳・宣公十五年》："余，而所嫁婦人之父也。"杜預《注》："而，女也。"《吕氏春秋・報更》："而名為誰?"高誘注："而，汝也。"

乃　《廣雅・釋言》："乃，汝也。"《小爾雅・廣詁》："而、乃、爾、若，汝也。"胡承珙義證："而、乃、爾、若四字不獨訓女，字亦皆通作女，蓋四字以聲轉而變，其實猶一字耳。"[④]《左傳・僖公十二年》："余嘉乃勳。"孔穎達《疏》："乃，女也。"《書・舜典》："乃

---

① 《大廣益會玉篇》，《四部叢刊初編・經部》。

② （清）黄生：《字詁義府合按》，北京：中華書局，2006年，第3頁。

③ （清）段玉裁：《古文尚書撰異》，《皇清經解》卷五六七，上海：上海書局石印本。

④ （清）胡承珙：《小爾雅義證》，《四部備要・經部・小學類》。

言底可績。”孔安國《傳》：“乃，汝也。”

若 《小爾雅・廣詁》：“若，汝也。”《史記・張儀列傳》：“始吾以若飲。”司馬貞索隱：“若，汝也。”《考工記・梓人》：“惟若寧侯。”鄭玄《注》：“若，猶女也。”

你 這是一個後起的人稱代詞，本作“伱”，後寫作“你”。《玉篇・人部》：“伱，尒也。”《廣韻・止韻》：“伱，秦人呼旁人之稱。”《正字通・人部》：“伱，汝也。俗作你。”《周書・異域傳下・突厥》：“你能作幾年可汗？”《廿二史考異・北史・李密傳》：“共你論相殺事。”錢大昕按：“你，齊隋人語也。”

戎 《詩・大雅・民勞》：“戎雖小子。”鄭箋：“戎，猶女也。”朱熹《集傳》：“戎，汝也。”馬瑞辰通釋：“戎、女一聲之轉，故箋以戎為汝之假借。”朱駿聲《説文通訓定聲・豐部第一》：“按戎、汝、若、而皆一聲之轉。”

指示代詞 傳統訓詁著作中稱為指示語、指示辭或指辭。有“夫、此、是、斯、兹、之、其、彼、者、所、攸”等。

夫 常在句首出現，往往被稱為發語詞，同時又是指示代詞。郭璞《爾雅序》：“夫爾雅者，所以通訓詁之指歸。”邢昺《疏》：“夫者，發語辭，亦指示語。”清朱孔彰《經傳虚字義説》：“夫字用為虚字者，如《左傳》‘公嗾夫獒焉’，夫為實指之詞。”丁守存《四書虚字講義》：“夫，又曰有指辭。如‘逮夫身’類是。”

此 近指代詞。劉淇《助字辨略》卷三：“此，是也，兹也。彼之對也。《禮記・禮運》：‘如此乎禮之急也。’……又指物之辭。《左傳・莊公二十二年》：‘陳衰，此其昌乎。’此，謂敬仲也。”《吕氏春秋・貴生》：“彼且奚以此之也。”高誘注：“此，此物也。”《爾雅・釋詁下》：“兹、斯，此也。”邢昺《疏》：“此者對彼之稱，言近在是也。”

斯 義同“此”。《詩・召南・殷其靁》：“何斯違斯。”毛傳：“斯，此。”朱熹《集傳》：“‘何斯’，斯，此人也。‘違斯’，斯，此所也。”《論語・子罕》：“天之將喪斯文也。”劉寶楠正義：“斯、兹同義。”謝鼎卿《虚字闡義》：“斯蓋訓此，而為指物詞。”清黄生《義府・斯與》：“《論語》中有斯字，無此字。斯者，此字之轉音而借用者也。”

兹 《書・大禹謨》：“念兹在兹。”孔安國《傳》：“兹，此也。”《爾雅・釋詁下》：“兹，此也。”邢昺《疏》：“此者，對彼之稱，言近在是也。”《論語・子罕》：“文不在兹乎？”劉寶楠《正義》：“兹者，有所指之詞。”王引之《經傳釋詞》卷八：“兹，猶斯也。《書・酒誥》‘祀兹酒’。昭七年《左傳》‘三命，兹蓋共’，二十六年《傳》‘兹無敵矣’。”

是 《論語・學而》：“夫子之至於是邦也。”皇侃疏：“是，此也。”《荀子・禮論》：“人有是，士君子也。”楊倞注：“是，猶此也。”《史記・鄭世家》：“子亹曰：‘齊强而厲公居櫟，即不從，是率諸侯伐我。內厲公，我不如往。’”劉淇《助字辨略》卷三：“此是字謂齊，指物之辭也。”

時 《爾雅·釋詁下》:“時,是也。”郝懿行《義疏》:“古人謂是為時,今人謂時為是。”《書·湯誓》:“時日曷喪,予及汝皆亡。”《史記·殷本紀》作“是日何時喪,予與汝皆亡”。《詩·秦風·駟驖》:“奉時辰牡。”毛傳:“時,是也。”

之 《詩·周南·桃夭》:“之子于歸。”朱熹《集傳》:“之子,是子也,此指嫁者而言也。”王引之《經傳釋詞》卷九:“之,指事之詞也。若‘左右流之’之屬是也。”劉淇《助字辨略》卷三:“之,又指事之辭。如《論語》‘學而時習之’,之謂其所學;‘老者安之’,之謂老者也。”《説文·之部》段玉裁注:“之有訓為此者,如之人也,之德也,之條條,之刀刀。《左傳》:‘鄭人醢之三人也。’《召南》毛《傳》曰:‘之事,祭事也。’《周南》曰:‘之子,嫁子也。’此等之字,皆訓為是。”袁仁林《虚字説》:“之字指物,運用有四:一是句尾倒拍,所指在上。‘學而時習之’,指學。‘聞斯行之’,指聞。一是句尾虚指,聯字見意。《詩·裳裳者華》篇:‘左之左之,君子宜之。右之右之,君子有之。維其有之,是以宜之。’六句八之字,憑空虚指,意元不該。一是句中停泊,有上文則指上,有下文則指下。‘祀之以禮,葬之以禮,祭之以禮’,指上所孝之親;‘語之而不惰者,其回也歟’,此之字指下者。”

其 王引之《經傳釋詞》卷五:“其,指事之詞,常語也。”劉淇《助字辨略》卷一:“《易·繫辭》:‘其旨遠,其辭文。’《禮記·月令》:‘其日甲乙。’‘其帝太皞,其神句芒。’其,指物辭也。”

吴昌瑩《經詞衍釋》卷五:“其,指事之詞,猶言此也、是也。《孟子》‘求其放心而已矣’,《左傳·襄八年》‘孤世與其二三臣,不能禁止’之類。”

王鳴昌《辨字訣》:“其,有所指之辭。凡指事、指人、指物、指理,皆用之。”

彼 遠指代詞。《玉篇·彳部》:“彼,對此之稱。”《説文·彳部》王筠句讀:“彼,與此對文。”王鳴昌《辨字訣》:“彼,他有所指之詞。”劉淇《助字辨略》卷三:“俗謂此曰者個、曰這樣,謂彼曰那個、曰那樣。”《吕氏春秋·本味》:“道者,在彼在此。”高誘注:“彼,謂他人。”《詩·曹風·候人》:“彼其之子。”毛《傳》:“彼,彼曹朝也。”《後漢書·崔駰傳》:“彼採其華。”李賢注:“彼,彼衆人也。”

某 指代不肯定的人物時地。傳統訓詁學或謂之為無所指明之辭。《玉篇·木部》:“不知名者云某。”《廣雅·釋詁三》:“凡言某者,皆所以代名也。”《書·金縢》:“惟爾元孫某。”孔安國《傳》:“某,名。臣諱君,故曰某。”《儀禮·士冠禮》:“永受保之,曰伯某甫。”賈公彦《疏》引鄭玄云:“某甫,且字。以臣不名君且為某之字呼之。”劉淇《助字辨略》卷三:“愚按:伯某甫者,無所指名之辭。凡無所指名及泛言事物與不知姓名者,皆云某也。如《儀禮·士聘禮》‘及命曰:以君命聘於某君,某君受命於某宫,某君再拜以享某君,某君再拜’,《漢書·項籍傳》‘某時某喪,使公主某事,不能辦’,又《成許后傳》‘設妄欲作某屏風，張於某所’之類是也。”

者 置於別的字後，構成“者”字結構。《説文·白部》：“者，別事詞也。”王引之《經傳釋詞》卷九：“者，或指其事，或指其物，或指其人。”袁仁林《虚字説》：“者字尾句，乃倒指頓住之辞。用法有二：一是頓住起下，與俗語‘這個’二字相似。若云某某這個非他，乃是如此也。如‘仁者，仁也。義者，宜也’。一是頓住縮上，此等者字與俗語‘的’字相類，如《史記》‘願以諸侯王擊楚之殺義帝者’。”丁守義《四書虚字講義》：“者，又實指其人之辭。書中者字，大約指人指事。大約上加虚字多指事，上不加虚字多指人，乃虚字中較實之字。”

所 放在動詞或動詞性詞組前，表示行為所及的對象。傳統訓詁學稱“所”為指事、指物之詞。或以為助詞。元盧以緯《助語辭》：“所，亦指事為而言，如‘所能’‘所學’之類。‘所’是活字，若曰‘所學’，是明指其習學之而為其事也。”① 王引之《經傳釋詞》卷九：“所者，指事之詞。若‘視其所以，觀其所由’之屬是也，常語也。”又“所，語助也。《書·九逸》曰‘嗚乎，君子所其無逸’，言君子其無逸也。君子，人君也。所，語助也”。劉淇《助字辨略》卷三：“所，處所也，借為語助。然凡所云‘所’，皆有所在。雖不為義，要自與‘而’‘以’之屬別。如《論語》‘視其所以，觀其所由，察其所安’，‘所以’‘所由’‘所安’皆有方嚮，故云所也。《大學》‘其所厚者薄，而其所薄者厚’，‘所厚’‘所薄’，皆據其人而言也。《中庸》‘舟車所至，人力所通，天之所覆，地之所載’，此為‘所至’‘所通’，所覆載之處而為言也……凡此所字，皆有所指目，非空為助句者也。”劉淇所舉例句，所字都是指事之詞。清丁守存《四書虚字講義》：“所，指物之辭。此字之虚而實者，若‘居其所’‘得其所’之類。”② 這兩個“所”字乃是名詞，不是虚字，丁氏之説是錯誤的。

疑問代詞 傳統訓詁學稱為問詞，計有“誰、疇、孰、何、曷、盍、害、胡、奚、惡、烏、焉、安”等，前人都有過討論。

誰、疇 問人之詞。《説文》《玉篇》並云：“誰，何也。”《詩·召南·行露》：“誰謂雀無角?”陳奂《傳疏》：“誰，孰也。”《小雅·無羊》：“誰謂爾無羊？三百維群。”孔穎達《正義》：“‘誰謂’是發問之辭，‘三百維群，九十其犉’是報答之語。”《爾雅·釋詁下》：“疇，誰也。”《史記·司馬相如列傳》：“疇逆失而能存?”裴駰《集解》引韋昭曰：“疇，誰也。”王昌瑩《經詞衍釋》卷六：“疇、誰一聲之轉，故疇昔之轉為誰昔也。”

孰 問人，誰也。《爾雅·釋詁下》：“孰，誰也。”郝懿行《義疏》：“孰、誰聲轉義通。”《公羊傳·隱公元年》：“王者孰謂?”何休注：“孰，誰也。”“孰”又問事物，何也。

---

① 《助語辭集注》，第 31 頁。

② （清）丁守存：《四書虚字講義》，退補齋藏本。

《楚辭·九章·哀郢》："孰而東門之可蕪?"蔣驥注："孰，何也。"王引之《經傳釋詞》卷九："孰，猶何也。家大人曰：孰、誰一聲之轉，誰訓為何，故孰亦訓為何。《晉語》曰：'孰是人斯，而有是臭也。'言何是人而有是臭也。"劉淇《助字辨略》卷五："孰，誰也，何也。如《論語》'孰不可忍也'，《公羊傳·哀公十四年》'孰為來哉，孰為來哉'。此孰字，何也，曷也。如《論語》'君孰與不足'，此為誰何之辭也。"

何 問事物、時地、方式、原因之辭。《文選·張平子·西京賦》："忘《蟋蟀》之謂何?"李善注引何休曰："謂據疑問所知者曰何也。"又潘岳《射雉賦》："何調翰之喬桀。"李善注："何，疑問之辭也。"魏維新《助語辭補》："何，奚也、孰也、曷也。又詰問之辭，如俗語'為什麼'意。《史記》'莫敢誰何'之類。"①

曷 《説文》："曷，何也。"《詩·小雅·四月》："曷云能穀?"鄭《箋》："曷之言，何也。"魏維新《助語辭補》："曷，猶何也。《易·損·象》：'曷之用?'陶潛《歸去來辭》：'曷不委心任去留?'而語氣較何享稍振。"② 王引之《經傳釋詞》卷四："曷，何也，常語也。……《爾雅》曰：'曷，盍也。'《書·湯誓》曰：'時日曷喪?'《詩·有杕之杜》曰：'中心好之，曷飲食之?'曷，皆謂何不也。説者訓為何，失之。"陳奐《毛詩傳疏》："曷、盍聲同，故何謂之曷，又何不謂之曷。《釋詞》云：'曷，何不也。'説者訓為何，失之。"

害（hé） 《小爾雅·廣言》："害，何也。"《詩·周南·葛覃》："害澣害否。"毛《傳》："害，何也。"鄭《箋》："我之衣服，今者何所當見澣乎? 何所當否乎?"陳奐《傳疏》："古害、曷聲同，故曷謂之何，害亦謂之何矣。曷者本字，害者假借字。"《書·湯誓》："時日害喪?"江聲《集注音疏》："害，讀為曷，何也。"劉淇《助字辨略》卷五："害、曷音近，故得轉為何也。"

盍 《左傳·成公六年》："子盍從衆?"杜預《注》："盍，何不也。"又《襄公二十一年》："子盍詰盜?"孔穎達《疏》："鄭玄、服虔皆以盍爲何不也。"劉淇《助字辨略》卷五："盍云何不者，辭之急者也，緩言之，則為何不也。"又《廣雅·辭詁》："盍，何也。"劉淇《助字辨略》卷五："盍，猶何也。王褒《聖主得賢臣頌》：'盍令不行?'此盍字，猶何也。"王引之《經傳釋詞》卷四："盍為何不而又為何，曷為何而又為何不，聲近而又義通也。"

胡 《廣韻·模韻》："胡，何也。"《禮記·中庸》："君子胡不慥慥爾?"孔穎達《疏》："胡猶何也。"《詩·大雅·桑柔》："胡斯畏忌?"鄭《箋》："胡之言何也。"《書·大甲下》："弗慮胡獲。"孔穎達《疏》："胡之與何，方言之異耳。"

奚 《廣韻·齊韻》："奚，何也。"《書·仲虺之誥》："奚獨後予。"蔡沈《集傳》："奚，何也。"《文選·左太沖·魏都賦》："奚遽不能與之踵武而齊其風?"吕延濟注："奚，

---

① 《助語辭集注》附，第31頁。
② 同上。

猶何也。”王夫之《説文廣義》：“奚，詰詞也。”劉淇《助字辨略》卷一：“《孟子》：‘奚而不知也?’奚而不知，言奚為而不知，省文也。”

惡（wū）　《莊子・德充符》：“惡用德?”成玄英《疏》：“惡，何也。”《穀梁傳・定公九年》：“惡得之?”范甯注：“惡，於何也。”《左傳・桓公十六年》：“惡用子矣。”杜預《注》：“惡，安也。”《孟子・梁惠王上》：“天下惡乎定?”焦循《正義》：“惡，猶安也，何也。”王引之《經傳釋詞》卷四：“惡，猶安也，何也。‘惡乎’猶言‘何所’，不必訓為‘於何’也。”

烏　《漢書・匡衡傳贊》：“烏能勝其任乎?”顔師古注：“烏，何也。”《吕氏春秋・明理》：“烏聞至樂?”高誘注：“烏，安也。”《漢書・司馬相如傳》：“又烏能已?”顔師古注：“烏，猶焉也。”王引之《經傳釋詞》卷四：“惡，字亦作烏。高注《吕氏春秋・本味》篇曰：‘惡，安也。’又注《明理》篇曰：‘烏，安也。’”

安　《漢書・劉向傳》：“若其無知，又安用大?”顔師古注：“安，焉也。”《論語・先進》：“安是方六七十如五六十而非邦也者?”劉寶楠《正義》引盧文弨曰：“古焉、安二字通用。”王夫之《説文廣義》：“安字，安往，何所往而安也；安能，豈能之而不待勉强也。求其所安而不得，故為語詞。”王引之《經傳釋詞》卷二：“安，焉也，亦何也，互文耳。”劉淇《助字辨略》卷一：“《禮記・檀弓》：‘吾將安仰?’漢文帝詔：‘其咎安在?’愚按：安亦訓為何，安得為焉者，聲相近也。”

焉　《廣韻・仙韻》：“焉，何也。”《論語・為政》：“人焉廋哉?”皇侃疏：“焉，安也。”朱熹《集注》：“焉，何也。”《詩・衛風・伯兮》：“焉得諼草。”孔穎達《疏》：“何處得一忘憂之草。”李富孫《詩經異文釋》：“安、焉聲相近，義同。”①

五、連　字

連詞又可分為並列、選擇、承接、遞進、轉折、假設、讓步、因果等多個小類。訓詁著作中没有連詞的名稱，不過對連詞亦有討論。

並列連詞　有“與、及、暨、而、以、於”等，或稱為從同之詞。

與　《論語・子罕》：“子罕言利與命與仁。”邢昺《疏》：“與，及也。”《詩・邶風・擊鼓》：“平陳與宋。”陳奂《傳疏》：“與者，及也，為從同之詞。”

及　《爾雅・釋詁下》：“及，與也。”《詩・小雅・谷風》：“維風及雨。”陳奂《傳疏》：

---

① （清）李富孫撰：《詩經異文釋》，（民）王先謙編：《皇清經解續編》，上海：上海書局石印本。

“及，與也。”《春秋·隱公元年》：“公及邾婁儀父盟于眛。”《公羊傳》：“及者何？與也。”又表示連及。《史記·五帝本紀》：“東至於海，登丸山及岱宗。”劉淇《助字辨略》卷五：“此及字，連及詞也。”

暨 《爾雅·釋詁下》：“暨，與也。”《小爾雅·廣言》：“暨，及也。”《書·堯典》：“咨汝羲暨和。”孔安國《傳》：“暨，與也。”蔡沈《集傳》：“暨，及也。”《文選·王仲宣·贈士孫文始》：“我暨我友，自彼京師。”李善注引《爾雅》曰：“暨，與也。”

而 王引之《經傳釋詞》卷七：“而，猶與也，及也。《墨子·尚同》篇曰：‘聞善而不善，皆以告其上。’言善與不善也。《韓子·説林》篇曰：‘以管子之聖，而隰朋之智。’言管仲與隰朋也，而、與聲之轉。”

以 《廣雅·釋詁》：“以，與也。”《詩·大雅·皇矣》：“不大聲以色，不長夏以革。”馬瑞辰《通釋》：“聲以色，猶云聲與色也。夏以革，猶云夏與革也。”① 王引之《經傳釋詞》卷一：“襄二十年《左傳》曰：‘賦《常棣》之七章以卒。’言賦七章與卒章也。”

于 王引之《經傳釋詞》卷一：“于，猶越也，與也。連及之詞。《書·大誥》曰：‘大誥猷爾多邦，越爾御事。’王莽仿《大誥》，作‘大告道諸侯王三公列侯，于女卿大夫元士御事’。是連及之詞曰越，亦曰于也。……《多方》曰：‘時惟爾初，不克敬于和，則無我怨。’于，與也，言不能敬與和也。”

選擇連詞 有“抑、且、將、亡其”等。傳統訓詁學或以為雙折之詞，或以為轉語詞。

抑 清伍兆鼇《虚字淺解》：“《論語》：‘求之與？抑與之與？’韓文：‘抑不知天將和其聲而使鳴國家之盛耶，抑將窮餓其身，思愁其心腸，而使自鳴其不幸耶？’此兩條（抑字）是雙折之辭。”② 《左傳·宣公十一年》：“抑人亦有言曰。”杜預《注》：“抑，辭也。”又《昭公八年》：“抑臣又聞之。”杜預《注》：“抑，疑辭。”王引之《經傳釋詞》卷四：“抑，詞之轉也。”

將 王引之《經傳釋詞》卷八：“將，猶抑也。《楚辭·卜居》：‘將送往勞來斯無窮乎？’《楚策》：‘將以為楚國妖乎？’將字並與抑同義。”劉淇《助字辨略》卷二：“《楚辭·卜居》：‘吾寧悃悃款款，樸以忠乎？將送往勞來，斯無窮乎？’此將字，亦是抑辭，然是轉語。”吴昌瑩《經詞衍釋》：“將，猶抑也。《孟子》：‘將戕賊杞柳而後以為桮棬也？’言戕賊也。《史記·孟嘗君列傳》：‘將受命於户耶？’此類將，又並同抑。”

且 王引之《經傳釋詞》卷八：“且，猶抑也。《齊策》：‘王以天下為尊秦乎？且尊齊乎？’且字與抑同義。”吴昌瑩《經詞衍釋》卷八：“且，猶折也。《史記·酈生列傳》：‘足下欲助秦攻諸侯乎，且欲率諸侯破秦也？’言抑欲破秦邪也。”

① （清）馬瑞辰：《毛詩傳箋通釋》，北京：中華書局，1989年。
② （清）伍兆鼇：《虚字淺解》。

亡其 抑或，還是。《莊子·外物》："抑固窶邪？亡其略弗及邪？"《戰國策·趙策三》："秦亡攻趙也？倦而歸乎？亡其力尚能進，愛王而不攻乎？"《史記·范雎蔡澤列傳》："意者臣愚而不概於王心邪，亡其言臣者賤而不可用乎？"王念孫《讀書雜志·史記四》："亡，讀如無，或言亡，或言亡其，皆轉語詞也。"

承接連詞 傳統訓詁學或稱承上之辭，或承上起下之辭。有"故、是故、是以、則、是則、則是、然則、肆、兹（滋）、亦越"等多個。

故、是故 《禮記·曲禮上》："故君子戒慎，不失色於人。"孔穎達《疏》："故，承上起下之辭。"劉淇《助字辨略》卷四："故，承上之辭，猶云是以、是故。《國語》：'故能保世以滋大。'毛《詩·周南召南譜》曰：'是故二國之詩，以后妃夫人之德為首，終以《麟趾》《騶虞》。'《正義》云：'是故者，緣上事生下勢之稱。'《易·繫辭上》："是故聖人以通天下之志。"李鼎祚《集解》引六家《易注》："凡言是故者，承上之辭也。"

是以 《詩·關雎序》："是以一國之事，係一人之本。"孔穎達《正義》："是以者，承上生下之辭。"《左傳·僖公十五年》："三施而無報，是以來也。"劉淇《助字辨略》卷三："是以，猶云所以。"王引之《經義述聞》卷九："是故、是以，皆承上起下之詞，常語也。"

則 王引之《經傳釋詞》卷八："則，承上起下之詞。"《論語·學而》："行有餘力，則以學文。"《孟子·告子上》："思則得之，不思則不得也。"劉淇《助字辨略》卷五："則，語辭也，承上趣下，辭之急者也。"

則是、是則 《孟子·梁惠王下》："則是方四十里為阱於國中。"唐駱賓王《上司刑太常伯啓》："側聞魯澤祥麟，希委質於宣父；吴阪逸驥，實長鳴於孫陽。是則所貴在乎見知，所屈伸乎知己。"劉淇《助字辨略》卷三："則是、是則，其義並同，承上文為斷辭也。"

然則，然而 《詩·周南·關雎序》："然則《關雎》《麟趾》之化，王者之風。"孔穎達《疏》："然者，然上事，則者，則下事，因前起後之勢也。"《漢書·鄒陽傳》："淮南連山東之俠，死士盈朝，不能還厲王之西也。然而計議不得，雖諸賁不能安其位，亦明矣。"劉淇《助字辨略》卷一："此'然而'，猶云'然則'，承上之辭，非轉語也。"

肆 《爾雅·釋詁下》："肆，故、今也。"邢昺《疏》："肆，因上起下之語。""《書·太甲上》："肆嗣王丕承基緒。"孔安國《傳》："肆，故也。"《詩·大雅·抑》："肆皇天弗尚。"朱熹《集傳》："肆，故也，猶言遂也，承上起下之詞。"又《綿》："肆不殄厥愠。"毛《傳》："肆，故、今也。"陳奂《傳疏》："凡肆者，皆承上起下之詞，肆兼故、今兩義。"

兹（滋） 《左傳·昭公元年》："勿使有所雍閉湫底，以露其體，兹心不爽，而昏亂百度。"又《昭公二十六年》："若可，師有濟也，君而濟之，兹無敵矣。"王引之《經傳釋詞》卷八："此兩兹字，皆承上起下之詞，若今人言致令如此也。……兹，字或作滋。昭五年《左傳》曰：'君若驩然好逆使臣，滋敝邑休怠，而忘其死，亡無日矣。滋亦承上起下之詞。'"

遞進連詞 傳統訓詁學或稱為更進之辭、更端之辭。有"矧、況、皇"等。

矧 《爾雅·釋言》:"矧，況也。"《詩·小雅·伐木》:"相彼鳥矣，猶求友聲。矧伊人矣，不求友聲?"毛《傳》:"矧，況也。"清謝鼎卿《虛字闡義》卷二:"矧，借為更進語詞。"俞樾《群經平議》卷十一:"按矧字之義，承上文而進一説也。"

況 《廣韻·漾韻》:"況，矧也。"劉淇《助字辨略》卷四:"義轉而益進，則云況也。"王鳴昌《辨字訣》:"況者，更進之辭。正意已是，而意外尚有可言，則用之。"《左傳·定公九年》:"思其人猶愛其樹，況用其道，而不恤其人乎?"《孟子·公孫丑下》:"管仲且猶不可召，而況不為管仲者乎?"

皇 義同"況"。《尚書大傳·甫刑》:"君子之於人也，有其語也，無不聽者，皇於聽獄乎?"鄭玄《注》:"皇，猶況也。"《書·秦誓》:"俾君子易辭，我皇多有之。"《公羊傳·文公十二年》作"而況乎我多有之"。王引之《經傳釋詞》卷四:"況、皇古多通用。"朱駿聲《説文通訓定聲·壯部》:"皇，假借為況。"

轉折連詞 連接前後不同或相反的兩事。傳統訓詁學或稱轉語，或稱反折之辭。有"而、然、然而、抑、顧、乃、乃若、能"等。

而 《書·舜典》:"直而溫，寬而栗，剛而無虐，簡而無傲。"蔡沈《集注》:"而，轉語辭也。"《論語·季氏》:"而謀動干戈於邦內。"劉淇《助字辨略》卷一:"此而字是轉語。"張文炳《虛字注釋》:"句首著而字，亦是承上轉下意，'而謀動干戈於邦內'是也。"伍兆鼇《虛字淺解》:"而，反折之辭。《論語》:'而謀動干戈於邦內。'"又云:"而，句中轉折之辭。《論語》'君子周而不比'是也。"王夫之《説文廣義》:"本訓頰毛也，借為語助辭，動轉詞也。"

然、然而 《左傳·僖公三十年》:"然鄭亡，子亦有不利焉。"《漢書·高帝紀》:"呂后問曰:'陛下百歲後，蕭相國既死，誰令代之?'上曰:'曹參可。'問其次。曰:'王陵可，然少戇，陳平可以助之。陳平智有餘，然難獨任。周勃厚重少文，然安劉氏者必勃也。'"劉淇《助字辨略》卷二云:"諸然字，並轉語也。"袁仁林《虛字説》:"然字之聲，承上轉下，别申一意。"伍兆鼇《虛字淺解》:"《左傳》'然故不可誣也'(襄公九年)，此然字，反折之辭。"《論語·子張》:"吾友張也，為難能也，然而未仁。"清課虛齋主人《虛字注釋》:"然而，反上意而圓轉之詞，一頓一轉，如'然而未仁'之類。"

抑 王引之《經傳釋詞》卷三:"抑，詞之轉也。"《左傳·昭公元年》:"子皙信美矣，抑子南，夫也。"《論語·子張》:"子夏之門人小子，當灑埽應對進退則可矣，抑末也。"何晏《集解》引包咸曰:"然此但是人之末事耳。"劉淇《助字辨略》卷五:"此抑字，猶云'然而'。"

顧 王引之《經傳釋詞》卷五："顧，猶但也。"《史記·趙世家》："彼非不愛其弟，顧有所不能忍者也。"劉淇《助字辨略》卷四："顧，但也。"《史記·刺客列傳》："吾每念痛於骨髓，顧計不知所出耳。"

乃、乃如、乃若 《書·康誥》："有厥罪小，乃不可不殺。"《詩·邶風·日月》："乃如之人兮，逝不古處。"《孟子·離婁下》："乃若所憂則有之。"王引之《經傳釋詞》卷六二："乃，轉語詞也。乃如，亦轉語詞也。乃若，亦轉語詞也。"

能 同"乃"。《詩·衛風·芄蘭》："雖則佩觿，能不我知。"馬瑞辰《通釋》："能即乃也，乃猶而也。"王引之《經義述聞》卷五："能，乃，語詞之轉，亦非才能之能也。能當讀為而。言童子雖則佩觿，而實不與我相知。"

假設連詞 傳統訓詁學稱為設辭、假設之辭。有"假（假令）、借、藉、若、如、設、使、為、苟、且"等多個。

假 劉淇《助字辨略》卷三："假是設辭。"曹操《與王修書》："假有斯事，亦庶鍾期不失聽也。"《史記·管晏列傳》："假令晏子而在，余雖為之執鞭，所忻慕焉。"王引之《經傳釋詞》卷九："之亦若也，互文也。《荀子·正名》篇曰：'假之有人欲南而惡北。'《性惡》篇曰：'假之有弟兄資財而分者。'假之，皆謂假若也。"

借 《詩·大雅·抑》："借曰未知，亦既抱子。"毛《傳》："借，假也。"鄭箋："假令人云王尚幼少未有所知，亦已抱子長大矣。"

藉 《史記·陳涉世家》："藉第令弗斬，而戍死者固什六七。"裴駰《集解》引服虔曰："藉，假也。"劉淇《助字辨略》卷四："藉與借同，設辭也。"

若 《儀禮·士相見禮》："君若降送之，則不敢顧，辭遂出。"賈公彥《疏》："若者，不定之辭也。"劉淇《助字辨略》卷五："愚按：若，設辭也。"《左傳·隱公元年》："若闕地及泉，隧而相見，其誰曰不然。"又《隱公十一年》："寡人若朝于薛，不敢與諸任齒。"劉淇《助字辨略》卷五："諸若字，並假設之辭也。"

如 《廣韻·魚韻》："如，若也。"清王鳴昌《辨字訣》："如，假設之辭。"[①]《詩·秦風·黃鳥》："如可贖兮，人百其身。"朱熹《集傳》："若可貿以他人，則人皆願百其身以易之矣。"《史記·李將軍列傳》："如令子當高帝時，萬户侯豈足道哉？"劉淇《助字辨略》卷一："《論語》'如不可求'、'如有用我者'，此如字，脱或之辭也 。《史記·魏世家》："有如强秦亦將襲趙之欲，則君且奈何？有如，亦脱或辭也。"

設 《史記·魏其武安侯列傳》："此特帝在，即録録，設百歲後，是屬寧復有可信者乎？"司馬貞《索隱》："設者，脱也。"劉淇《助字辨略》卷五："愚按：脱，儻或也，假如

① （清）王鳴盛：《辨字訣》，《助語辭集注》附録，北京：中華書局，1988年。

也。”揚雄《法言・重黎》:“設秦得人，如何?”李軌注:“設，假。”課虛齋主人《虛字注釋》:“設，假設之辭。如‘設言富若可求’之類。”

使　《國語・吴語》:“使死者無知，則已矣。”曹操《請增封荀彧表》:“嚮使臣退軍官渡，紹必鼓行而前。”劉淇《助字辨略》卷三:“《論語》‘使驕且吝’，《後漢書・仲長統傳》‘使居有良田廣宅’，使，假設之辭也。”

為　《戰國策・秦策》:“為我葬，必以魏子為殉。”《史記・宋微子世家》:“為死終不得治，不如去。”王引之《經傳辭詞》卷二:“為，猶如也，假設之詞也。”《史記・商君列傳》:“為私門者，各以輕重被刑。”劉向《説苑・君道》:“齊桓公曰:筦子今年老矣，為棄寡人而就世也，吾恐法令不行。”吴昌瑩《經詞衍釋》卷二:“以上為字，並訓假如之如。”

苟　《論語・里仁》:“苟志於仁矣，無惡也。”何晏《集解》:“孔曰:苟，誠也。”《禮記・中庸》:“苟無其德，不敢作禮樂焉。”劉淇《助字辨略》卷三:“此苟字，猶言如也，若也。”

且　《莊子・盜跖》:“且子正為名，我正為利。”陸德明《釋文》:“且，假設之辭也。”《左傳・隱公元年》:“且如桓立，則恐諸大夫不能相幼君也。”何休注:“且如，假設之辭。”

則　《左傳・成公九年》:“德則不競，尋盟何為?”《史記・天官書》:“占，則為天下候，竟正月。”劉淇《助字辨略》卷五:“若為天下占，則以盡一正月為驗也。此則字，假設之辭，猶云若也。”

讓步連詞　連接兩個有讓步關係的詞組或分句，傳統訓詁學仍稱為設辭或兩設之詞。有“縱、自、雖、鐃、每、就、即、使”等。

縱　《詩・鄭風・子衿》:“縱我不往，子寧不嗣音?”《論語・子罕》:“且予縱不得大葬，予死于道路乎?”《史記・項羽本紀》:“縱江東父老憐而王我，我何面目見之?”劉淇《助字辨略》卷四:“縱，設辭，猶云即也。”

自　《史記・平準書》:“自天子不能具鈞駟，而將相或乘牛車。”《漢書・周昌傳》:“昌為人强力，敢直言，自蕭（何）曹（參）等皆卑下之。”吴昌瑩《經詞衍釋》卷八:“自猶雖也。自訓為若，若與雖同義。故《吴越春秋・勾踐二十一年》:‘吾愛士，雖吾子不能過也。及其犯誅，自吾子亦不能脱也。’自與雖對文，自實雖義也。”

雖、雖使、雖則、雖然　《書・召誥》:“有王雖小，元子哉。”《詩・小雅・鴻雁》:“雖則劬勞，其究安宅。”鄭箋:“女今雖病苦，終有安居。”《墨子・節葬下》:“厚葬久喪，雖使不可以富貧衆寡，定危治亂，然此聖王之道也。”唐于鵠《題鄰居》詩:“雖然在城市，還得似樵漁。”劉淇《助字辨略》卷一:“雖者，兩設之辭也。《禮記・少儀》:‘問日之蚤暮，雖請退可也。’疏云:‘雖，假令也。’愚按:假令者，即使如何也。”《玉篇・虫部》:“雖，詞兩設也。”元盧以緯《助語辭》:“雖然，承上文義，固是如此，又別發一段議論。”

王鳴昌《辯字訣》："雖然，頓住前文，另轉下文之詞。"①

饒 杜牧《猿》詩："三聲欲斷疑腸斷，饒是少年須白頭。"陳陶《隴西行》詩："縱饒奪得林胡塞，磧地桑麻種不生。"歐陽修《鼓笛慢》詞："便直饒、更有丹青妙手，應難寫，天然態。"劉淇《助字辨略》卷二："'饒是少年須白頭。'楊龜山云：'外邊用計用數，假饒立得功業，衹是人欲之私。'此饒字，縱也，任也。假饒，猶云縱令，設辭也。"

每 《爾雅・釋訓》："每有，雖也。"郭璞注："辭之雖也。"《詩・小雅・皇皇者華》："每懷靡及。"毛《傳》："每，雖。"《小雅・常棣》："每有良朋，況也永嘆。"鄭《箋》："每有，雖也。"王引之《經傳釋詞》卷十："每有，猶雖有也。"

就 《三國志・魏書・荀彧傳》："其子弟念父兄之恥，必人自為守，無降心。就能破之，尚不可有也。"《蜀書・法正傳》："亮嘆曰：'法孝直若在，則能制主上，令不東行。就復東行，必不傾危矣。'"劉淇《助字辨略》卷四："此就字，設辭，猶云縱也。"

即 宗臣《報劉一丈書》："即饑寒毒熱不可忍，不去也。"《三國志・魏書・陳思王植傳》裴松之注引《魏略》："丁掾，好士也。即使其雙目盲，尚當與女，何況但眇。"劉淇《助字辨略》卷五："即，又假設之辭，猶云縱令也。即得為縱者，若之轉也。"

便、便是 杜甫《送鄭十八虔貶台州司户》詩："便與先生應永訣，九重泉路盡交期。"陸叡《瑞鶴仙》詞："便行雲都不歸來，也合寄將音信。"王充《論衡・儒增》："便是熊渠、養由基、李廣主名不審，無害也。"劉淇《助字辨略》卷四："便，又假令之辭，猶云縱也。"

六、助　詞

助詞没有實義，附著於詞、詞組或句子，表示音節、語氣或某種語法結構。唐劉知幾《史通・浮詞》："夫人樞機之發，亹亹不窮，必有徐音足句為其始末。是以'伊、惟、夫、蓋'，發語之端也，'焉、哉、已、兮'，斷句之助也，去之則言語不足，加之則章句獲全。"元盧以緯《助語辭》："聲隨語發，意不加重，且不訓本字義，此等字多有之，亦語助之類也。"清王鳴盛《辯字訣》："蓋一句中，必用虚字以為補貼，或用於句首，或用於句中，皆曰襯語，先輩所謂助語是也。"古代漢語中有助詞"阿、安（案）、薄（薄言）、不、誕、迪、而、爾、耳、夫、否、蓋、句、侯、乎、忌、謇、近、居、且、來、其、慶、羌、然、如、若、式、逝、噬、誰、思、斯、些、維（惟、唯）、為、无（毋）、兮、胥、許、焉、

① （清）王鳴盛：《辨字訣》，《助語辭集注》附録。

言、邪（耶）、也、伊、抑、繄、矣、已、亦、有、於、聿（遹）、與（歟）、越、粵、云（員）、哉、載、者、止、只、諸”等60餘個。傳統訓詁學先後用了“詞、辭、語詞、語辭、助字、助辭、助語、助語之辭、語助辭”等各種名稱。句首助詞又叫“發語辭、發辭、發語之辭”，句末助詞又叫“語已辭、語末辭、語終辭、句絶之辭”，表示疑問的又叫“疑辭、疑句之辭”，表示肯定語氣的又叫“決辭、決定辭、決定之辭”，很不統一。下面分别舉例説明。

阿　放在單音名詞或代詞等前面，表示稱謂。《三國志·吴書·吕蒙傳》裴松之注引《江表傳》：“至於今者，學識英博，非復吴下阿蒙。”《古詩為焦仲卿妻作》：“阿母謂阿女，汝可去應之。”古詩《十五從軍征》：“道逢鄉里人，家中有阿誰?”顧炎武《日知録》卷三十二：“阿者，助語之辭。”

安（案）　《荀子·榮辱》：“俄則屈安窮矣。”楊倞注：“安，語助也。猶云屈然窮矣。”王引之《經傳釋詞》卷二：“安，焉也，然也。”又《禮論》：“故先王聖人，安為之立中制節。”郝懿行《補注》：“此云‘安為之立中’，下云‘安以此象之’，又云‘按使倍之’、‘案使不及’。此二‘案’一‘安’，《禮記·三年問》俱作‘焉’，皆語辭也。鄭注‘焉猶然’，亦語辭。”又《勸學》：“安特將學雜識誌順《詩》《書》而已耳。”楊倞注：“安，語助，猶言抑也。或作安，或作案。蓋當時人通以安為語助，或方言耳。”或以此“安”為承接連詞。王引之《經傳釋詞》卷二：“‘識’‘誌’二字，當衍其一。安，猶則也。言既不能好其人，又不能隆禮，則但學雜識，順《詩》《書》而已也。”

薄、薄言　《詩·周南·葛覃》：“薄汙我私，薄澣我衣。”王引之《經傳釋詞》卷十：“薄，發聲也。”又《芣苢》：“薄言采之。”毛《傳》：“薄，辭。”劉淇《助字辨略》卷五：“薄，辭也。言，亦辭也。薄言，重言之也。《詩》凡云‘薄言’，皆是發語之辭。”馬瑞辰《通釋》：“《後漢書·李固傳》‘薄言震之’注引《韓詩》亦曰：‘薄，辭也。’今按‘薄言’二字皆語詞，單言‘薄’者亦語詞。”

不　《玉篇·不部》：“不，詞也。”《集韻·尤韻》：“不，辭也。”《詩·小雅·桑扈》：“不戢不難。”馬瑞辰《通釋》：“兩不字皆語詞。”《大雅·思齊》：“肆戎疾不殄，烈假不瑕。”馬瑞辰《通釋》：“兩不字皆句中助詞。又‘不聞亦式，不諫亦入’。”王引之《經傳釋詞》卷十：“不，語詞。不聞，聞也。不諫，諫也。”又《商頌·長發》：“不震不動，不戁不竦。”王筠《説文句讀》“戁”下云：“不字乃發語詞，猶《清廟》之‘不顯不承’。”《左傳·成公八年》：“遐不作人。”杜預《注》：“不，語助。”《詩·大雅·抑》：“不遐有愆。”陳奂《傳疏》：“不，發聲也。”

誕　句首、句中助詞。《詩·大雅·皇矣》：“誕先登于岸。”鄭箋：“誕，大。”馬瑞辰《通釋》：“誕者，語詞。訓大亦語詞也。”又《大雅·生民》：“誕彌厥月。”朱熹《集傳》：

“誕，發語辭。”馬瑞辰《通釋》：“《詩》中凡言‘誕’者，皆語詞。”《書·多方》：“須暇之子孫，誕作民主。”王引之《經傳釋詞》卷六：“誕，發語詞也。”又《大誥》：“肆朕誕以爾東征。”王引之《經傳釋詞》卷六：“誕，句中助詞也。”

迪 句首、句中助詞。《書·盤庚中》：“迪高后丕乃崇降不祥。”王引之《經傳釋詞》卷六：“迪，發語詞也。言高后乃崇降不祥也。”又《酒誥》：“又惟殷之迪諸臣惟工。”王引之《經傳釋詞》卷六：“迪，句中助詞也。”

而 語氣詞。《廣韻·之韻》：“而，語辭也。”《左傳·宣公四年》：“若敖氏之鬼，不其餒而。”杜預《注》：“而，語助，言必餒。”《論語·微子》：“已而已而，今之從政者殆而。”邢昺《疏》：“而，語辭也。”朱熹《集注》：“而，語助辭。”《漢書·韋賢傳》：“我雖鄙耇，心其好而，我徒侃而，樂亦在而。”顏師古注：“而，絶句之辭。”劉淇《助字辨略》卷一：“愚按，而，語已辭，如兮、只之類。”“而”又為形容詞詞尾。《詩·召南·野有死麕》：“舒而脱脱兮。”陳奐《傳疏》：“舒而者，狀物之辭，舒而即舒如也。”王引之《經傳釋詞》卷七：“而，猶然也。《書·皋陶謨》曰：‘啓呱呱而泣。’言呱呱然泣也。”

爾 句末語氣詞。《説文·八部》：“尒，詞之必然也。”段玉裁注：“後世多以爾字為之。”(P48）劉淇《助字辨略》卷三：“辭之必然者，語已之辭，義無可疑；如‘也’‘已’之類也。”《孟子·公孫丑下》：“是何足與言仁義云爾。”趙岐注：“云爾者，絶語之辭也。”《禮記·檀弓上》：“爾毋從從爾。”鄭玄《注》：“從從，謂高大。爾，語助。”《詩·周頌·噫嘻》：“既昭假爾。”鄭《箋》：“其德已昭著矣。”王引之《經傳釋詞》卷七：“爾，猶矣也。”陳啓源《稽古編》引錢氏云：“爾，語詞。”“爾”又表示疑問語氣。《左傳·隱公元年》：“然則何言爾?”二年《傳》：“何記爾?”三年《傳》：“何危爾?”王引之《經傳釋詞》卷七：“爾，猶焉也。”“爾”又為形容詞詞尾。《論語·子罕》：“如有所立卓爾。”何晏《集解》：“卓然不可及。”王引之《經傳釋詞》卷七：“爾，猶然也。若《論語》‘卓爾’‘率爾’‘鏗爾’‘莞爾’之屬是也。”

耳 語氣詞。表限止。《論語·陽貨》：“前言戲之耳。”王引之《經傳釋詞》卷七：“耳，猶而已也。”《説文·耳部》段玉裁注：“凡語云而已者，急言之曰耳。”也表肯定。《史記·陳涉世家》：“壯士不死即已，死則舉大名耳。”劉淇《助字辨略》卷三：“耳，語已辭也。《漢書·賈誼傳》‘逐利否耳’，‘以為是適然耳’。又云‘主耳忘身，國耳忘家，公耳忘私’並與‘而已’相近。‘主耳忘身’者，言所念唯主而已，不及身也。”

夫 句首助詞。《集韻·虞韻》：“夫，發端詞。”《易·乾》：“夫大人。”陸德明《釋文》：“夫，音符，發端之字。”《禮記·樂記》：“夫武之備，戒之已久。”孔穎達《疏》：“夫是發語之端。”元盧以緯《助語辭》：“夫字在句首者，發語之端也。”又為語中助詞。《易·比》：“後夫凶。”孔穎達《疏》：“夫，語辭也。”又為句末語氣詞。《左傳·隱公三年》：“命以義夫。”杜預《注》：“夫，語助也。”《論語·子罕》：“逝者如斯夫。”皇侃《疏》：“夫，語助也。”《禮記·檀弓上》：“終無已夫。”孔穎達《疏》：“夫是助語也。”《文選·馬融·長笛賦》：“忽而不贊，悲夫！”吕向注：“夫，助辭也。”

否 助詞。《詩·小雅·何人斯》：“還而不入，否難知也。”陳奐《傳疏》：“否，古作不。《釋詞》云：‘不，語詞。’否難知，難知也。言其心孔艱，不可測也。”馬瑞辰《通釋》：“否，猶不也，蓋語助辭。否難知，言難知也。”

蓋 句首、句中助詞。王夫之《説文廣義》一：“發語之端，用一蓋字，即是大凡之意。”《漢書·郊祀志》：“有黄白雲降，蓋若獸為符。”顔師古注：“蓋，發語辭也。言甘泉之雲，又若獸形，以為符瑞也。”《漢書·高帝紀》：“蓋聞王者莫高於周文，霸者莫高於齊桓。”劉淇《助字辨略》卷四：“此蓋字，發語辭也。”又《禮樂志》：“神夕奄虞蓋孔享。”顔師古注：“蓋，語辭也。”劉淇《助字辨略》卷四：“愚按：此蓋字在句中，語助辭也。”

句（gōu） 古東夷語助詞。《漢書·地理志下》：“號曰句吴。”顔師古注：“句，夷俗語之發聲也。”《左傳·成公二十八年》：“吴句餘。”清武億《群經義證》卷四：“句，發語詞。亦如句吴、於越之屬。舉‘餘（祭）’一字不成文故也。”①

侯 助詞。《廣韻·侯韻》：“侯，辭也。”《詩·大雅·下武》：“玄侯順德。”陳奐《傳疏》：“侯為句中語助，無實義。”《爾雅·釋詁下》：“伊、維，侯也。”邢昺《疏》：“侯，發語辭也。”《史記·樂書》：“高祖過沛詩，三侯之章，令小兒歌之。”司馬貞《索隱》：“過沛詩即《大風歌》。侯，語辭也，沛詩有三兮，故云三侯。”劉淇《助字辨略》卷二：“侯、兮義既同，則侯亦將為語已辭也。”

乎 句末語氣詞。表疑問。《語文》：“乎，語之餘也。”王筠《句讀》：“乎，助句辭也。”《禮記·檀弓上》：“其大功乎？”孔穎達《正義》：“乎是疑辭。”《孝經·諫諍章》：“可謂孝乎？”刑昺《疏》：“疑而問之，故稱乎也。”《論語·子罕》：“執御乎？執射乎？”邢昺《疏》：“乎者，疑而未定之辭。”表感嘆。《老子》三十七章：“非乎！”河上公注：“乎，嗟嘆之辭。”劉淇《助字辨略》卷一：“乎有兩義，一是詠嘆之辭。如《論語》‘必也正名乎’，‘如其示諸斯乎’，‘以與爾鄰里鄉黨乎’之類是也。一是不定之辭。如《論語》‘信乎夫子不言不笑不取乎’，《孟子》‘亦將有以利吾國乎’之類是也。”又為狀事之詞。《論語·泰伯》：“焕乎其有文章。”王引之《經傳釋詞》卷四：“乎，狀事之詞也。若《易·乾·文言》‘確乎其不可拔’之屬是也。”

忌 句末語氣詞。《詩·鄭風·大叔于田》：“叔善射忌，又良御忌。抑磬控忌，抑縱送忌。”毛《傳》：“忌，辭也。”朱熹《集傳》：“忌、抑皆語助辭。”陳奐《傳疏》：“辭當為

---

① （清）武億：《群經義證》，《皇清經解續編》。

詞。己、忌讀聲相似，故並為語詞。”

近（jì） 語氣詞。“邁”的誤字。《大雅·崧高》：“往近王舅。”毛《傳》：“近，已也。”鄭箋：“近，辭也。聲如‘彼記之子’之記。”馬瑞辰《通釋》：“邁者，己之假借，己為語詞。”陳奂《傳疏》：“往近王舅，猶言王舅往矣。”

謇 句首助詞。《楚辭·離騷》：“謇吾法夫前修兮。”王逸注：“謇，辭也。”又《九歌·湘君》“謇誰留兮中洲。”王逸注：“謇，詞也。”張銑注：“謇，語詞也。”又《九辯》：“謇淹留而無成。”朱熹《集注》：“謇，語詞也。”李白《酬岑勳見尋就元丹丘對酒相待以詩見招》：“謇余未相知。”王琦《輯注》：“謇，詞也，蓋發語聲也。”

居 助詞。《詩·邶風·柏舟》：“日居月諸。”孔穎達《正義》：“居、諸者，語助也。”朱熹《集傳》：“居、諸，語辭。”《禮記·檀弓》：“何居？我未之前聞也。”鄭玄《注》：“居，讀如姬姓之姬，齊魯之間語助也。”《易·繫辭下》：“則居可知矣。”陸德明《釋文》引王肅云：“居，辭也。”清黄生《義府》卷上：“《禮記·檀弓》曰‘何居’，與《詩·小雅》‘夜如何其’，《書·微子》之‘何其’，皆常其字之濁音，音在基其之間，該語辭之有音無字者。”（P104）

且（jū） 助詞。《詩·鄭風·山有扶蘇》：“乃見狂且。”毛《傳》、朱熹《集傳》並云：“且，辭也。”陳奂《傳疏》：“且為語已之詞。”《易·夬·象傳》：“臀無膚，其行次且。”陸德明《釋文》引馬融云：“且，語助也。”《詩·唐風·椒聊》：“椒聊且，遠條且。”孔穎達《疏》：“聊、且，皆助語也。”朱熹《集傳》：“且，嘆辭。”今人高亨《詩經今注》：“且，猶哉，語氣詞。”

來 助詞。《晉書·石勒載記》：“吾幼來在家，恒聞如是。”《莊子·人間世》：“雖然，若必有以也，嘗以語我來。”劉淇《助字辯略》卷一：“來，語助辭。”王引之《經傳釋詞》卷七：“來，句中語助也。《莊子·大宗師》篇：‘嗟來桑户乎。’嗟來，猶嗟乎也。……來，句末語助也。《孟子·離婁》篇曰：‘盍歸乎來。’《莊子·人間世》篇曰：‘嘗以語我來。’來字皆語助。”“來”又用於複指前置賓語，與“是”相同。傳統訓詁學亦以為語助詞。王引之《經義述聞》卷五《詩·谷風·伊予來塈》：“凡《詩》中來字，如此篇中之‘伊予來塈’，及《四牡》之‘將毋來諗’，《采芑》之‘荊蠻來威’，《桑柔》之‘反予來赫’，《江漢》之‘淮夷是求’，‘淮夷來鋪’，‘王國來極’，皆是語詞。”《詩·小雅·車舝》：“德音來括。”陳奂《傳疏》：“來，語詞。”

其、期 助詞。放在單音詞前後。《廣雅·釋詁四》：“其，詞也。”《玉篇·丌部》：“其，辭也。”《詩·邶風·擊鼓》：“擊鼓其鏜。”毛《傳》：“鏜然，鼓聲也。”《邶風·北風》：“北風其涼，雨雪其雱。”王引之《經傳釋詞》卷八：“其，狀事之詞也。”《王風·中谷有蓷》：“中谷有蓷，暵其乾矣。有女仳離，嘅其嘆矣。”胡承珙《後箋》：“暵其、嘅其、條其、啜其，四其字皆聯上一字作形容之詞，非以其乾，其修、其濕相連也。”又為句中助詞。《書·召誥》：“曷其奈何弗敬？”蔡沈《集傳》：“其，語辭也。”《詩·邶風·緑衣》：“心之憂矣，曷維其已？”陳奐《傳疏》：“維、其，句中語助。”元盧以緯《助語辭》：“其，凡在句中為助語辭。如‘誰其尸之’。”又為音節助詞，音 jì。《詩·王風·揚之水》：“彼其之子，不與我戍申。”鄭《箋》：“其，或作記，或作己，讀聲相似。”陸德明《釋文》：“其，音記，《詩》皆放此。或作己，亦同。”陳喬樅《毛詩改字説》：“其、記、己三者，皆為語辭。”[①] 又為疑問語氣詞。音 jī。《魏風·園有桃》：“彼人是哉，子曰何其？”毛《傳》：“夫人謂我欲何為乎？”朱熹《集傳》：“其，語辭。”《小雅·庭燎》：“夜如何其？”朱熹《集傳》：“其，語辭。”《書·微子》：“今爾無指，告予顛隮，若之何其？”孫星衍注引鄭康成曰：“其，語助也。齊魯之間聲如姬，記曰何居。”[②] 字亦作“期”。《詩·小雅·頍弁》：“有頍者弁，實維何期？”鄭《箋》：“何期，猶伊何也。期，辭也。”陸德明《釋文》：“期，本亦作其，音基，辭也。”王引之《經傳釋詞》卷五：“其，問詞之助也。或作期，或作居，義並同也。”

羌 句首助詞。《廣韻·陽韻》：“羌，發語端也。”《楚辭·離騷》：“羌内恕己以諒人兮。”王逸注：“羌，楚人語詞也。”洪興祖《補注》：“羌，楚人發語端也。一曰嘆聲也。”又“羌中道而改路。”蔣驥注：“羌，發語辭也。”《後漢書·馮衍傳》：“羌前人之所有。”李賢注：“羌，發語聲也。”

慶（qiāng） 句首、句中助詞。《漢書·敘傳》：“恐罔蜽之責景，慶未得其云已。”顏師古注：“慶，發語辭。”又《揚雄傳上》：“厥高慶而不可虖强度。”顏師古注：“慶，讀曰羌。”唐李賀《上之回》：“天高慶雷齊墮地。”王琦注：“慶，發語聲也。”

然 形容詞詞尾。唐玄宗《孝經序》：“義則昭然。”邢昺《疏》：“然，辭也。”《詩·邶風·終風》：“惠然肯來。”王先謙《集解》：“然，詞也。”王引之《經傳釋詞》卷七：“然，狀事之詞也。若《論語》‘斐然’、‘喟然’、‘儼然’之屬是也。”謝鼎卿《虚字闡義》卷二：“然字借為形容如是語詞。《論語》‘望之儼然’是也。”

如 助詞。王引之《經傳釋詞》卷七：“如，語助也。”《易·屯·六二》：“屯如邅如。”陸德明《釋文》引子夏傳曰：“如，辭也。”《漢書·敘傳下》：“榮如辱如。”顏師古注引張晏曰：“如，辭也。”《史記·孟荀列傳》：“自如淳于髡以下。”劉淇《助字辨略》卷一：“此如字，語助辭，不為義也。”又為語氣詞，表嘆美。王引之《經傳釋詞》卷七：“如猶乎也。《禮記·祭義》：‘善如，爾之問也，’《吕氏春秋·孝行》篇作“善乎而問之”，“是善如即善乎也”。又為形容詞詞尾。《詩·邶風·旄丘》：“褎如充耳。”毛《傳》：“褎然有盛服之尊。”

---

① （清）陳喬樅：《毛詩鄭箋改字説》，《皇清經解續編》。

② （清）孫星衍：《尚書今古文注疏》，上海：商務印書館，1929 年，第 92 頁。

王引之《經傳釋詞》卷七："如猶然也。若《論語·鄉黨》篇'恂恂如''踧踖如''勃如''躩如'之屬是也。"

若 形容詞詞尾。《易·觀》："有孚顒若。"孔穎達《疏》："顒是嚴正之貌。若為語辭。"《易·離》："出涕沱若。"孔穎達《疏》："若是語辭也。"《詩·齊風·猗嗟》："抑若揚兮。"孔穎達《疏》："若，猶然也。"又為語氣詞。《易·節》："不節若，則嗟若，無咎。"王弼注："若，辭也。"江藩《述補》："若，語辭。"① 《禮記·禮器》："有美而文而誠若。"朱彬《訓纂》引吴功清曰："若者，句末之助辭。"②

式 語首助詞。《詩·邶風·式微》："式微式微，胡不歸。"鄭《箋》："式，發聲也。"孔穎達《疏》："不取式為義，故為發聲也。"朱熹《集傳》："式，發語辭。"《小雅·節南山》："式夷式已，無小人殆。"馬瑞辰《通釋》："兩式字與下章'式月斯生'皆語詞。"

逝、噬 語首助詞。《詩·邶風·日月》："乃如之人兮，逝不古處。"朱熹《集傳》："逝，發語辭。"《唐風·有杕之杜》："彼君子兮，噬肯適我。"朱熹《集傳》："噬，發語辭。"《孟子·離婁上》："逝不以濯。"朱熹《集注》："逝，語辭也。"王引之《經傳釋詞》卷九："逝，發聲也。字或作噬。《詩·日月》曰'逝不古處'，言不古處也。《碩鼠》曰'逝將去女'，言收去女也。《有杕之杜》曰'噬肯適我'，言肯適我也。逝皆發聲，不為義也。"

誰 語首助詞。《爾雅·釋訓》："誰昔，昔也。"郭璞注："誰，發語詞。"《詩·陳風·墓門》："知而不已，誰昔然矣。"鄭《箋》："誰者，昔也。"俞樾《群經平議》："昔之為久，常訓也。誰乃語辭。誰昔然矣，猶云由來久矣。"③ (P1025)

思 助詞。用於句首。《詩·大雅·文王》："思皇多士。"毛《傳》："思，辭也。"孔穎達《疏》："思，語辭，不為義。"朱熹《集傳》：思，語辭。陳奐《傳疏》："思，發語之辭。"《魯頌·泮水》："思樂泮水。"朱熹《集傳》："思，發語辭。"《周頌·載芟》："思媚其婦，有依其士。"陳奐《傳疏》："思，詞也。蓋此篇'思媚'與'有依'對文，思猶有也。"用於句中。《詩·大雅·文王有聲》："無思不服。"王引之《經傳釋詞》卷八："思，句中語助也。"用於句末。《詩·周南·漢廣》："南有喬木，不可休思。漢有游女，不可求思。漢之廣矣，不可泳思。江之永矣，不可方思。"毛《傳》："思，辭也。"孔穎達《正義》："以'泳思'、'方思'之等皆不取思為義，故為辭也。"朱熹《集傳》："思，語辭也。"陳奐《傳疏》："思，語已之辭。"劉淇《助字辨略》卷一："凡思字在句端者，發語辭也，如伊、維之類；在句尾者，語已辭也，如兮、而之類。"

---

① （清）江藩：《周易述補》，《皇清經解》。

② （清）朱彬：《禮記訓纂》，《四部備要·經部》。

③ （清）俞樾：《群經評議》，《皇清經解續編》。

斯 助詞。用於句中。《詩・小雅・小弁》："鹿斯之奔。"孔穎達《正義》："此'鹿斯'與'鷽斯'、'柳斯'，斯皆辭也。"《小雅・瓠葉》："有兔斯首。"馬瑞辰《通釋》："斯乃句中語助。"用於句末。《詩・小雅・小弁》："弁彼鷽斯。"朱熹《集傳》："斯，語辭也。"《豳風・鴟鴞》："恩斯勤斯，鬻子之閔斯。"孔穎達《正義》："斯字，《傳》、《箋》皆以為辭耳。"《禮記・玉藻》："二爵而言言斯。"鄭玄《注》："斯猶耳也。"孔穎達《疏》："斯，耳也。耳是助句之辭。"劉淇《助字辨略》卷一："愚按：斯，語已辭也。"

些（suò） 語末助詞。《廣雅・釋詁四》："些，詞也。"《楚辭・招魂》："何為四方些。"洪興祖《補注》引《說文》："些，語詞也。"《說文新附・此部》："些，語辭也。"宋沈括《夢溪筆談》卷三《楚方言小考》："《楚詞・招魂》尾句皆曰些。今夔峽、湖湘及南北江獠人，凡禁咒句尾皆稱些，此乃楚人舊俗。"劉淇《助字辨略》卷四："些，《廣韻》云：'楚語辭。'方氏《通雅》云，'些云助辭，猶斯也。'愚按：些，語已之辭，猶云兮也。"

維、惟、唯 句首、句中助詞。《詩・小雅・出車》："王事多難，維其棘矣。"陳奐《傳疏》："維，發聲。凡言維其，其也；維以，以也；維此，此也；維彼，彼也；維何，何也。維皆發聲。"《漢書・張良傳》："唯無復立者。"顔師古注："唯，發語之辭。"《左傳・僖公四年》："唯是風馬牛不相及也。"又僖公三十三年《傳》："唯是脯資餼牽竭矣。"劉淇《助字辨略》卷四："諸唯字，並發語辭也。"《書・皋陶謨》："惟帝其難之。"《洪範》："惟十有三年。"《左傳・哀公六年》引《夏書》："惟彼陶唐。"王引之《經傳釋詞》卷三："惟，發語詞也。……其在句中助語者，《皋陶謨》'百工惟時'，《大誥》曰'予維小子'，《召誥》曰'無疆惟休，亦無疆恤'，是也。"宋孫奕《示兒編》卷一："六經有'惟、唯、維'三字皆通作助辭。《尚書》皆從心，乃盡為助辭。如'我則末惟成德之彥'、'洪維我幼沖人'是也。《詩》皆從糸，亦多是助辭。《左氏傳》亦皆以'唯'為助語，《論語》乃'惟'字亦助辭。"

為 助詞。王引之《經傳釋詞》卷二："為，語助也。昭二十八年《左傳》曰：'三代之亡，共子之廢，皆是物也，女何以為哉？'以，用也。言女何用是物哉？為，語助。定十年《穀梁傳》曰：'何為來為？'下'為'字語助。《論語・顔淵》篇曰：'何以文為？'皇侃疏曰：'何必用於文華乎？'是'為'為語助也。《子路》篇曰：'雖多，亦奚以為？'以，用也，為，語助。……《趙策》曰：'君何以疵言告韓魏之君為？'皆是也。"《荀子・子道》："無此三者，則何以為而無孝之名也。"劉淇《助字辨略》卷一："何以為，即何以，復云為者，語辭也。"

无、毋 助詞，無義。《詩・大雅・抑》："无競維人。"毛《傳》："无競，競也。"馬瑞辰《通釋》："無，發聲語助。"《墨子・尚賢中》："古之聖王，唯毋得賢人而使之，般爵以貴之，裂地以封之，終身不厭。賢人唯毋得明君而事之，竭四肢之力以任君之事，終身不倦。”王念孫《讀書雜志》卷九：“毋，語詞耳。本無意義。唯毋得賢人而使之者，唯得賢人而使之也。……其字或作毋，或作无，皆是語詞，非有實義也。”（P40）《漢書·貨殖傳》：“甯爵无刁。”孟康注：“无，發聲助也。”

兮 語氣詞。《説文·兮部》：“兮，語所稽也。”《廣雅·釋詁四》：“兮，詞也。”《廣韻·齊韻》：“兮，語助。”《禮記·大學》：“斷斷兮，無他技。”孔穎達《疏》：“兮是語辭。”《詩·周南·螽斯》：“螽斯羽，詵詵兮。”王先謙《集疏》：“兮，語助。”《楚辭·離騷》：“不吾知其亦已兮，苟余情其信芳。”劉勰《文心雕龍·章句》：“詩人以兮字入於句限，《楚詞》用之，字出句外。尋兮字承句，乃語助餘聲，舜詠《南風》[①]，用之久矣。”清黄生《字詁》：“兮，歌之曳聲也。凡《風》《雅》《頌》多曳聲於句末，如‘葛之覃兮’、‘螽斯羽，詵詵兮’之類，《楚辭》多曳聲於句中，如‘吉日兮良辰’、‘穆將愉兮上皇’之類。”

胥 語氣詞。《詩·小雅·桑扈》：“君子樂胥。”朱熹《集傳》：“胥，語辭。”《大雅·韓奕》：“侯氏燕胥。”蘇轍《集傳》：“胥，辭也。”朱熹《集傳》引或説：“胥，語辭。”劉淇《助字辨略》卷一：“愚按，語已辭也。”

許 助詞。用於句末。古樂府《讀曲歌》：“奈何許，石闕生口中，銜碑不得語。”韓愈《感春》詩：“三杯取醉不復論，一生長恨奈何許!”辛棄疾《賀新郎·賦滕王閣》詞：“空有恨，奈何許!”劉淇《助字辨略》卷三：“許者，語之餘聲，不為義也。”清張德瀛《詞徵》卷三：“李太白詩：‘相去復幾許’，賀方回詩：‘試同閑愁知幾許’。許，助辭也。”[②]

焉 助詞。用於句首。《禮記·三年問》：“焉始用之。”陸德明《釋文》：“焉，一云發聲也。”《荀子·非相》：“焉廣三寸。”王先謙《集解》引盧文弨云：“焉字，古多以為發聲。荀書或用‘焉’，或用‘案’，或用‘安’，字異語同，皆以為發聲。”[③]《管子·兵法》：“無形無為，焉無不可以化也。”戴望《校正》引《經傳釋詞》：“焉，發語詞。”[④] 用於句中。《楚辭·離騷》：“覽民德焉措輔。”洪興祖《補注》：“焉，語助。”用於句末。《論語·學而》：“就有道而正焉。”劉寶楠《正義》：“焉，語助之辭。”《禮記·檀弓上》：“勿之有悔焉耳矣。”孔穎達《疏》：“焉耳矣者，助句之辭。”《公羊傳·宣公六年》：“則無人焉。”何休注：“但言焉，絶語辭。”《玉篇·鳥部》：“焉，語已詞。”又為形容詞詞尾。王引之《經傳釋詞》卷二：“焉，狀事之詞也。與‘然’同義。若《詩·小弁》‘惄焉如擣’，《書·秦誓》‘其心休休焉’之類是也。”

言 助詞。《詩·周南·葛覃》：“言告師氏，言告言歸。”朱熹《集傳》：“言，辭也。”

---

① 《孔子家語·辨樂解第三十五》：“昔舜彈五弦之琴，造《南風》之詩，詩曰：‘南風之薰兮，可以解吾民之慍兮。南風之時兮，可以活吾民之財兮。’”

② （清）張德瀛：《詞徵》，《詞話叢編》。

③ 《荀子集解》，《諸子集成》。

④ 《管子校正》，《諸子集成》。

《邶風・柏舟》："靜言思之，寤辟有摽。"陳奐《傳疏》："全《詩》言字在句首者，為發聲，若《漢廣》之'言刈其楚'之類是也；有在句中者，為語助，若《柏舟》'靜言思之'之類是也。"

邪、耶 語氣詞。表疑問。《廣韻・麻韻》："邪，俗作耶，亦語助。"《集韻・麻韻》："邪，疑辭。或從耳，俗。"《莊子・逍遙游》："天之蒼蒼，其正色邪?"陸德明《釋文》："邪，助句不定之辭。"《易・繫辭下》："其衰世之意邪?"孔穎達《正義》："凡云邪者，是疑而不定之辭也。"也表示詠嘆。《易・繫辭下》："乾坤其易之門邪!"劉淇《助字辨略》卷二："凡邪、乎、與、哉，並有兩義：一疑而未定之辭，一詠嘆之辭。如'乾坤其易之門邪'是詠嘆辭也。"又表示反詰。《漢書・翟義傳》："欲令都尉自送，則如勿收邪?"楊樹達云："此乃反詰之辭。"

也 語氣詞。在句末。表肯定。《廣雅・釋詁四》："也，詞也。"黄生《字詁》："也，語已辭也。"《論語・泰伯》："君子人與? 君子人也。"朱熹《集注》："與，疑辭。也，決辭。"《孟子・梁惠王上》："未有仁而遺其親者也，未有義而後其君者也。"劉淇《助字辨略》卷三："語輕，但為也，語重，則為者也，亦語已辭也。"王夫之《説文廣義》："也字借為語助，句止意盡而云也者，明上文説已終也。以下釋上而云也者，其義止於此也。"在句中，表停頓或延緩。《詩・召南・江有汜》："不我以，其後也悔。"《禮記・經解》："其為人也温柔敦厚。"劉淇《助字辨略》卷三："此也字在句中，但為助句而已。"

伊 助詞。在句首。《爾雅・釋詁下》："伊，維也。"郭璞注："發語辭。"《詩・小雅・小旻》："伊于胡底。"陳奐《傳疏》："伊，發語詞。"《周頌・我將》："伊嘏文王。"王引之《經傳釋詞》卷三："伊，有也，發語詞也。'伊嘏文王'，'思文后稷'、'於皇武王'，上一字皆發語詞。猶言'有嘏文王'耳。"在句中。《詩・小雅・都人士》："匪伊垂之。"鄭《箋》："伊，辭也。"《儀禮・士冠禮》："嘉薦伊脯。"鄭玄《注》："伊，維。"賈公彦《疏》："伊維也者，助句辭，非為義也。"劉淇《助字辨略》卷一："愚按：在句端者，發語辭。在句中者，助辭也。"

猗 語氣詞。《書・秦誓》："斷斷猗無他技。"蔡沈《集傳》："猗，語辭。"《禮記・大學》作"斷斷兮"。《詩・魏風・伐檀》："河水清且漣猗。"孔穎達《疏》："猗，辭也。"朱熹《集傳》："猗與兮同，語辭也。"劉淇《助字辨略》卷一："猗猶兮，語已辭也。"

抑、噫 句首助詞。《詩・鄭風・大叔于田》："抑磬控忌，抑縱送忌。"朱熹《集傳》："抑、忌皆語助辭。"《論語・子路》："抑亦可以為次矣。"刑昺《疏》："抑，辭也。"皇侃疏："抑，語助也。"《孟子・梁惠王上》："抑王興甲兵，危大臣，構怨於諸侯。"趙岐注："抑，辭也。"朱熹《集注》："抑，發語辭。"《文選・舞賦》："天下之至妙，噫又以進乎?"王念孫《讀書雜志》卷十六《餘編下》："噫，讀為抑，語詞也。抑字或作意，又作億，又作噫。"

緊　句首助詞。《説文·系部》段玉裁注："緊，假借為語詞。"朱駿聲《通訓定聲》："緊，發聲之詞。"《左傳·隱公元年》："爾有母遺，緊我獨無。"杜預《注》："緊，語助。"洪亮吉注引服虔曰："緊，發聲也。"劉淇《助字辨略》卷一："此緊字是發語辭。"李白《贈徐安宜》詩："緊君樹桃李。"王琦輯注："緊，發語聲。"

已　句末語氣詞。表肯定。《禮記·檀弓上》："生事畢而鬼事始已。"盧植注："已者，辭也。"又《祭統》："弗可得已。"孔穎達《疏》："已是語辭。"《漢書·宣帝紀》："其德弗可及已。"顏師古注："已，語終辭也。"又《張良傳》："濟北穀城山下黄石即我已。"顏師古注："已，語終之辭。"《史記·太史公序》："皆失其本已。"司馬貞索隱："已者，語終之辭也。"王引之《經傳釋詞》卷一："已為語終之詞，則與矣同義。"

矣　句末語氣詞。表肯定。《説文·矢部》："矣，語已詞也。"《論語·學而》："雖曰未學，吾必謂之學矣。"《微子》："是知津矣。"劉淇《助字辨略》卷三："此矣字，辭氣定，抑子厚所謂決辭者也。"表疑問。《詩·小雅·六月》："侯誰在矣？張仲孝友。"《論語·季氏》："則將焉用彼相矣？"劉寶楠《正義》："矣與邪同。"又為起下之詞。《論語·里仁》："其為仁矣，不使不仁者加乎其身。"劉寶楠《正義》："矣者，起下之詞。"王引之《經傳釋詞》卷四："矣在句末，有為起下之詞者，若《詩·漢廣》曰：'漢之廣矣，不可泳思。江之永矣，不可方思。'矣字皆起下之詞。《斯干》曰：'如竹苞矣，如松茂矣。兄及弟矣，式相好矣，無相尤矣。'第三矣字為起下之詞。《角弓》曰：'爾之遠矣，民胥然矣。爾之教矣，民胥傚矣。'第一、三矣字，皆為起下之詞。"

亦　助詞。無義。清朱駿聲《説文通訓·定聲·豫部》："亦，又語助之辭。"《詩·周頌·有客》："有客有客，亦白其馬。"朱熹《集傳》："亦，語辭也。"《小雅·采菽》："亦是率從。"陳奂《傳疏》："亦，發聲。"王念孫《讀書雜志》卷十六《餘編下·文選》："念孫按：班固《述成紀》：'炎炎燎火，亦允不陽'。亦，發語詞。"[①] 王引之《經傳釋詞》卷三："'亦'有不承上文而但為語助者。若《易·井·彖辭》曰：'亦未繘井。'《書·皋陶謨》曰：'亦行有九德。'《詩·草虫》：'亦既見止。'是也。"

有　音節助詞。在名詞前，如《詩·大雅·文王》："有周不顯。"毛《傳》："有周，周也。"孔穎達《正義》："以'周'文單，故言'有'以助之。"陳奂《傳疏》："有為語詞。"王引之《經傳釋詞》卷三："一字不成詞，則加有字以配之。如虞、夏、殷、周皆國名，而曰有虞、有夏、有殷、有周是也。"在形容詞前，如《詩·邶風·擊鼓》："憂心有忡。"毛

① 李善本《文選》卷五十五《述成記》作"炎炎燎火，先允不陽"（第705頁），五臣本及《漢書敘傳》《漢紀》皆作"亦允不揚"。王氏認為"後人但知'亦'為連及之詞，而不知其為發語詞，故妄改為'先'。不知此謂火之不揚，非謂其先也。"

《傳》："憂心忡忡然。"陳奐《傳疏》："有，狀物之詞。"王引之《經傳釋詞》卷三："有，狀物之詞也。若《桃夭》'有蕡其實'是也。"《大雅·常武》："有嚴天子。"陳奐《傳疏》："有，發聲。"

于 助詞。無義。《詩·周南·葛覃》："黄鳥于飛。"王先謙《集疏》："于飛，猶聿飛。"《小雅·六月》："王于出征。"鄭《箋》："于，曰。"陳奐《傳疏》："于，語詞。"王引之《經傳釋詞》卷一："王于出征，王聿出征也。于疆于理，聿疆聿理也。于、聿皆語詞。"《魯頌·有駜》："于胥樂兮。"陳奐《傳疏》："于，發聲。"

於 助詞。無義。《廣韻·魚韻》："於，語辭也。"《集韻·魚韻》："於，一曰語詞。"《易·繫辭下》："於稽其類。"焦循《章句》："於，語辭。"[①]《書·堯典》："黎氏於變時雍。"又曰："於予擊石拊石。"王引之《經傳釋詞》卷一："於，語助也。"《左傳·定公五年》："於越入吴。"杜預《注》："於，發聲也。"孔穎達《正義》："夷言有此發聲。"

聿、遹、欥、曰 語助詞。音近義同。《詩·大雅·文王》："聿修厥德。"朱熹《集傳》："聿，發語辭。"又《文王有聲》："遹駿有聲，遹求厥寧，遹觀厥成。"朱熹《集傳》："遹，疑與聿同，發語辭。"馬瑞辰《通釋》："聿、遹、欥、古並通用，皆語詞。"陳奐《傳疏》："全《詩》多言、曰、聿、惟，惟此篇四言遹。遹，即曰、聿，為發語之詞。"《左傳·昭公十四年》："曰義也夫。"劉淇《助字辨略》卷五："此曰字在句首，發語辭也。"錢大昕《十駕齋養新録》卷一[②]："(《七月》)'曰為改歲'，《漢書·食貨志》曰作聿。'見晛曰消'，《荀子》、《漢書·劉向傳》並作'聿消'。'予曰有奔走'，'予曰有先後'，王逸《楚詞》注曰作聿。'曰喪厥國'，《韓詩》作聿。是曰與聿通也。《説文》：'欥，詮詞也。'引《詩》'欥求厥寧'，今《毛詩》作遹。遹、聿同音，曰即欥之省文。"

與（yú)，**歟** 句中助詞。《廣韻·魚韻》"與，同歟。"《國語·周語上》："其與能幾何?"韋昭注："與，辭也。"《論語·公冶長》："於予與何誅?"皇侃疏："與，語助也。"邢昺《疏》："與亦語辭。"《禮記·雜記下》："非為人喪，問與? 賜與?"孔穎達《疏》："與，語助也。"《史記·孝文本紀》："朕之不明與嘉之。"裴駰《集解》引如淳曰："與，發聲也。"又為句末語氣詞，表疑問或不肯定。《論語·學而》："孝弟也者，其為人之本與?"朱熹《集注》："與者，疑辭也。"又"與之與，抑與之與?"皇侃疏："與，語不定之辭也。"《史記·屈原賈生列傳》："子非三閭大夫歟? 何故而至此?"《説文·欠部》段玉裁注："歟，今用為語末之辭。亦取安舒之意，通作與。"

越 句首助詞。無義。《漢書·王莽傳上》："越若翊辛丑。"顏師古注："越，發語辭也。"《詩·陳風·東門之枌》："越以鬷邁。"陳奐《傳疏》："越，讀同粵。"劉淇《助字辨

---

① （清）焦循：《易章句》，《皇清經解》。

② （清）錢大昕：《十駕齋養新録》，上海：商務印書館，1937年。

略》卷五："越，發語辭也。"《大戴禮記·夏小正》："越有小旱。越，于也。"孔廣森《補注》："于、越皆發語詞。"①

粵 助詞。無義。在句首。《漢書·翟方進傳》："粵其聞曰。"顏師古注："粵，發語辭也。"《文選·王延壽·魯靈公殿賦》："粵若稽古，帝漢祖宗。"李周漢注："粵，語辭也。"《史記·周本紀》："粵瞻雒伊，毋遠天室。"劉淇《助字辨略》卷五："此粵字在句首，發語辭也。"在句中。《漢書·敘傳》："尚粵甚畿，淪神域兮。"劉淇《助字辨略》卷五："此粵字在句中，助語辭也。"

云、員 助詞。在句首。《詩·周南·卷耳》："云何籲矣。"陳奐《傳疏》："云為語詞。凡全《詩》云字，或在句首，或在句中、句末，多用為語詞，無實義。"《小雅·何人斯》："云不我可。"《大雅·雲漢》："云我無所。"王引之《經傳釋詞》卷三："云，發語詞也。"在句中。《詩·大雅·瞻卬》："人之云亡，心之憂矣。"王引之《經傳釋詞》卷三："云，句中語助也。"在句末。《漢書·成帝紀》："乃著令，令太子得絶馳道云。"王念孫《讀書雜志》卷三《漢書第一》："云猶焉也，足句之詞，本無意義。"《大戴禮記·夏小正傳》："蓋記時也云。"《禮記·樂記》："故聖人曰禮樂云。"王引之《經傳釋詞》卷三："云，語已詞也。"字又作"員"。《詩·魏風·出其東門》"縞衣綦巾，聊樂我云。"孔穎達《正義》："云、員古今字，助句辭也。"朱熹集傳："員與云同，語辭也。"

哉 語氣詞。表疑問。《禮記·曾子問》："祭哉。"孔穎達《正義》："哉者，疑而量度之辭。"《孟子·萬章上》："不識此語誠然乎哉?"劉淇《助字辨略》卷一："愚按：哉，疑辭也。"《詩·邶風·北門》："天實為之，謂之何哉?"王引之《經傳釋詞》卷八："哉，問詞也。"表感嘆。《論語·泰伯》："大哉堯之為居也!"劉淇《助字辨略》卷一："此嘆辭也。"王引之《經傳釋詞》卷八："哉，嘆詞也。或為嘆美，或為嗟嘆，隨事有義也。"

載 助詞。無實義。《詩·鄘風·載馳》："載馳載驅，歸唁衛侯。"毛《傳》："載，辭也。"陳奐《傳疏》："辭當為詞。載者，發語詞也。《載驅》'載驅薄薄'，言驅薄薄也。《傳》不釋載字，凡句首載字無意義者放此。載者，語助詞也。"《詩·周頌·載見》："載見辟王。"朱熹《集傳》："載，則也。發語辭也。"《爾雅·釋詁下》："載，言也。"郝懿行《義疏》："載，則聲相轉，亦皆語辭也。"

者 句末語氣詞。表肯定。《玉篇·老部》："者，語助也。"《集韻·姥部》："者，語辭。"《左傳·隱公元年》："公將如棠觀魚者。"劉淇《助字辨略》卷三："此者字，語已辭也。"唐李德裕《謝恩不許讓官表狀》："不要更引故事辭讓者。"韓愈《論變鹽法事宜狀》："右奉敕將變鹽法，事貴精詳，宜令臣等各陳利害可否聞奏者。"劉淇《助字辨略》卷三：

① (清) 孔廣森：《大戴禮記》，《叢書集成初編·社會科學類》。

“唐人疏狀，凡引敕旨訖，則以者字足之。此者字，亦語已之辭。當時體例如此也。宋人亦多用此式。”又表祈使。《史記·商君列傳》：“秦惠文王車裂商君以殉”，曰：“莫如商君反者。”

之 助詞。表音節。《孟子·離婁下》：“庾公之斯學射於尹公之他。”朱熹《集注》：“之，語助也。”《禮記·射義》：“又使公罔之裘、序點楊觶而語。”鄭玄《注》：“之，發聲也。”陸德明《釋文》：“之，語助。”《左傳·僖公二十四年》：“介之推不言祿。”杜預《注》：“介推，文公微臣。之，語助。”清陳僅《捫燭脞存》卷三：“古人聲緩，多用語助，人名亦然。石之紛如、舟之僑、介之推、佚之狐、燭之武、上之登、夏之禦寇、燭庸之越、孟之側、庾公之斯……凡之字皆語助。”[①] 結構助詞。用於偏正結構、主謂結構之間。《禮記·檀弓上》：“南宫縚之妻之姑之喪。”孔穎達《疏》：“之，並是語辭也。”《詩·周南·關雎》：“在河之洲。”王引之《經傳釋詞》卷九：“之，語之間也。”劉淇《助字辨略》卷一：“《詩·國風》‘葛之覃兮’，又云‘公侯之事’，《小雅》‘之屏之翰’……以上之字，並語助辭。”張文炳《虚字注釋》：“之作助語詞，‘喜怒哀樂之未發’是也。”句中助詞。無實義。《詩·鄘風·君子偕老》：“玼兮玼兮，其之翟也。”陳奐《傳疏》：“之為句中語助。其之翟，其翟也。”《小雅·蓼莪》：“鮮民之生，不如死之久矣。”王引之《經傳釋詞》卷九：“‘不如死之久矣’，言‘不如死久矣’也。”

止 句末語氣詞。《詩·召南·草虫》：“亦既見止，亦既覯止。”毛傳：“止，辭也。”朱熹集傳：“止，語辭也。”《周頌·閔予小子》：“陟降庭止。”陳奐《傳疏》：“止，詞也。”《齊風·南山》：“既曰歸止，曷又懷止。”朱熹集傳：“止，語辭。”劉淇《助字辨略》卷三：“止與只同，語已辭也。”

只、軹、旨 語氣詞。《説文·只部》：“只、語已詞也。”《詩·鄘風·柏舟》：“母也天只，不諒人只。”朱熹集傳：“只，語助辭。”《左傳·襄公二十七年》：“諸侯歸晉之德只。”杜預《注》：“只，辭。”楊伯峻注：“只，語末助詞。無義。”《王風·君子陽陽》：“其樂只且。”陳奐《傳疏》：“只、且皆語詞也。”《楚辭·大招》：“青春受謝，白日昭只。”洪興祖補注：“只，語已詞。”王引之《經傳釋詞》卷九：“只，字亦作軹。《莊子·大宗師》篇曰：‘而奚來為軹?’《楚辭·大招》句末皆用只字。”又句中助詞。《詩·周南·樛木》：“樂只君子。”朱熹集傳：“只，語助辭。”陳奐《傳疏》：“只，詞也。凡只，或在句中，或在句末，皆為語詞。”馬瑞辰通釋：“只，經傳通用為語助辭。”又《左傳·襄公十一年》引《采菽》云：“樂只君子，殿天子之邦。”《昭公二十四年》引《南山有臺》云：“樂旨君子，邦家之基。”馬瑞辰通釋引胡承珙云：“旨者，皆只字之假借。”

---

① （清）陳僅：《捫燭脞録》，繼雅堂活字版。

諸 助詞。《小爾雅·廣訓》：“諸，乎也。”《詩·邶風·柏舟》：“日居月諸，胡迭而微。”孔穎達《正義》：“居、諸者，語助也。”朱熹集傳：“居、諸、語辭。”劉淇《助字辨略》卷一：“日居月諸之諸，語已辭也。”《論語·學而》，“其諸異乎人之求之與。”邢昺《疏》：“諸、與皆語辭。”《助字辨略》卷一：“其諸異乎之諸，語餘聲也。”

七、嘆詞

嘆詞是表示贊美、哀嘆、驚奇、痛恨、不滿、應答等感情的虚詞。其特點是大都獨立於句子之外，不與其他詞組合。同一嘆詞在不同語境裏也可以表示不同的感情。傳統訓詁書中多有注釋。

唉 表痛恨嘆息。《史記·項羽本紀》：“亞父受玉斗，置之地，拔劍撞而碎之曰：‘唉，豎子不足與謀！’”司馬貞《索隱》：“唉，嘆恨發聲之辭。”表應答。《莊子·知北游》：“狂屈曰：‘唉，予知之。’”陸德明《釋文》引李（頤）曰：“唉，應聲。”

都 表嘆美。《書·堯典》：“驩兜曰：‘都，共工方鳩僝功。’”孔安國《傳》：“都、於，嘆美之辭。”又《皋陶謨》：“皋陶曰：‘都，慎厥身，修思永。’”孔安國《傳》：“嘆美之重也。”“王引之《經傳釋詞》卷六：‘都，嘆辭也。《皋陶謨》：‘皋陶曰：都’，《史記·夏本紀》‘都’作‘於’。”

咄 表叱責。《史記·滑稽列傳》：“郭舍人疾言罵之曰：‘咄，老女子，何不疾行！’”《漢書·東方朔傳》：“咄！口無毛！”顔師古注：“咄，叱咄之聲也。”劉淇《助字辨略》卷五：“此咄字，戲弄之聲，非怒斥之也。”

嚇 表示拒絶。《莊子·秋水》：“夫鵷鶵，發於南海而飛於北海，非梧桐不止，非醴泉不飲。於是鴟得腐鼠，鵷鶵過之，仰而視之，曰：‘嚇！’陸德明《釋文》：‘司馬云：怒其聲，恐其奪已也。’《玉篇·口部》：“嚇，以口拒人謂之嚇。”

嚄 表示驚訝。《類編·口部》：“嚄，又驚怛聲。”《史記·外戚世家》：“武帝下車泣曰：嚄，大姊何藏之深也！”司馬貞《索隱》：“嚄，蓋驚怪之辭耳。”《集韻·陌韻》：“嚄，驚怛聲。”

呼 表示憤怒。《左傳·文公元年》：“江芈怒曰：“呼！役夫，宜君王之欲殺汝而立職也。”杜預《注》：“呼，發聲也。”《釋文》：“呼，好貨反。”《集韻·個韻》：“呼，許個反，發聲也。”王引之《經傳釋詞》卷四：“呼，與籲同，嘆恨之聲也。”又驚嘆聲。《禮記·檀弓上》：“曾子聞之，瞿然曰：‘呼！’鄭玄《注》：‘呼，虚憊之聲。’劉淇《助字辨略》卷一：呼，嘆辭也。”

嗟、嗟嗟 表示命令，招呼。《書・費誓》：“公曰：‘嗟，人無嘩，聽命。’”《詩・周頌・臣工》：“嗟嗟臣工。”毛《傳》：“嗟嗟，敕之也。”孔穎達《正義》：“嗟嗟，嘆聲。”朱熹集傳：“重嘆以深敕之也。”表示哀嘆，憐憫。《吕氏春秋・知化》：“嗟呼！吴朝必生荆棘矣。”高誘注：“嗟，嘆辭也。”《漢書・匈奴傳》：“嗟，土室之人，顧為喋喋佔佔。”顔師古注：“嗟者，嘆愍之言。”表示贊美。《詩・商頌・烈祖》：“嗟嗟烈祖。”鄭箋：“重言嗟嗟，美嘆之深。”《文選・何晏・景福殿賦》：“嗟瓌瑋以壯麗。”吕延濟注：“嗟，嘆美之辭。”表示憤怒。《戰國策・趙策》：“齊威王勃然怒曰：“叱嗟、而母，婢也！”王引之《經傳釋詞》：“叱嗟、猝嗟，皆怒聲也。“

惡（wū） 表示反對。《孟子・公孫丑上》：“曰：惡！是何言也。”趙岐注：“惡者，不安事之嘆辭也。”朱熹《集注》：“惡，嘆辭也。”《荀子・法行》：“惡，賜，是何言也。”王引之《經傳釋詞》卷四：“惡，不然之詞也。”

於（wū） 表示感嘆，嘆美。《書・大禹謨》：“於，帝念哉：”孔穎達《疏》：“於，嘆辭。”《詩・周頌・清廟》：“於穆清廟。”毛《傳》：“於，嘆辭也。”朱熹集傳：“於，嘆詞。”《史記・夏本紀》：“皋陶曰：於。”張守節《正義》：“於，嘆美之辭。”宋王質《詩總聞》：“《詩》稱文王，多以‘於’為辭。於，嘆聲也。亦見一唱三嘆遺産之意。”[①] 盧以緯《助語辭》：“於字音烏，為語中嘆辭。”劉淇《助學辨略》卷一：“於又音烏。嘆美辭也。《書・堯典》：‘僉曰：於，鯀哉。’疏云：‘於即嗚字，嘆之辭也。’”

於（wū）**乎**、**於**（wū）**戲** 表嘆美。《詩・周頌・維天之命》：“於乎不顯。”王先謙集疏：“於乎，嘆辭。”《荀子・仲尼》：“於乎！夫齊桓公有天下之大節焉。”楊倞注：“於乎，讀為嗚呼，嘆美之聲。”表哀嘆。《詩・大雅・雲漢》：“王曰：於乎，何辜今之人。”鄭箋：“王憂旱而嗟嘆。”王觀國《學林》卷五：“《詩》曰‘於乎，前王不忘’、‘於乎小子’之類，皆嘆辭也。”王引之《經傳釋詞》卷四：“於，嘆詞也。一言則曰於，下加一言則曰於乎，或作於戲，或作烏呼，其義一也。”《史記・三王世家》：“皇帝使御史大夫湯廟立子閎為齊王，曰：‘於戲，小子閎，受茲青社。’”司馬貞索隱：“於戲，音烏呼。戲或音羲。”

嗚呼、烏呼、烏乎 義同“於乎”。《論語・八佾》“嗚呼！曾謂泰山不如林放乎！”朱熹《集注》：“嗚呼，嘆辭。”《左傳・襄公三十年》：烏夫，必有此夫。陸德明《釋文》：“烏呼，本又作嗚呼。”顔師古《匡謬正俗》卷二：“烏呼、嗚呼，嘆辭也。或嘉其美，或傷其悲，其語備在《詩》《書》，不可具載。但古文《尚書》悉為‘於戲’字，今文《尚書》悉為‘嗚呼’字。而《詩》皆云‘於乎’字。中古以來，文籍皆為‘嗚呼’字。文有古今之變，義無美惡之別。末代文字，輒為體例，若哀誄祭文，即為‘嗚呼’，其封拜册命，即為

① （清）王質：《詩總聞》，《叢書集成初編》。

‘於戲’。‘於’讀如字，‘戲’讀為羲。謂‘嗚呼’為哀傷，‘於戲’為嘆美。非止新有綴屬，設此二端，乃亦諷讀舊文，分為兩義，妄為穿鑿，不究根本。”①

嘻、譆 表示嘆息。《左傳·定公八年》：“從者曰：‘嘻，速駕。’”杜預《注》：“嘻，嘆聲。”《大戴禮記·少間》：“公曰：‘嘻，善之不同也。’”盧辯注：“嘻，嘆息之聲。”又表示贊美。《詩·周頌·噫嘻》：“噫嘻成王。”鄭箋：“噫嘻，有所多大之聲也。”孔穎達《疏》：“噫、嘻皆是嘆聲。……謂作者有所哀多美大而為聲以嘆之。”朱熹集傳：“噫嘻，亦嘆辭也。”《莊子·養生主》：“文惠君曰：‘譆，善哉！技蓋至此乎！’”陸德明《釋羲》引李云：“譆，嘆聲也。”劉淇《助字辨略》卷一：“此譆字，嘆美辭也。”表示遺憾。《禮記·檀弓上》：“伯魚之母死，期而猶哭。夫子聞之曰：‘誰與哭者？’門人曰：‘鯉也。’夫子曰：‘嘻，其甚也。’”鄭玄曰：“嘻，悲恨之聲。”《玉篇·言部》“譆，悲恨之聲也。”表示憤怒。《吕氏春秋·行論》：（楚）莊王方削袂，聞之曰：‘嘻！投袂而起。’”高誘注：“嘻，怒貌也。”

熙 義同“譆”，表示嘆息。《漢書·翟方進傳》：“熙！我念孺子，若淵水。”顏師古注：“熙，嘆辭。”劉淇《助字辨略》卷一：“愚按：噫、懿、熙、譆古字通。”

吁（xū） 表示驚詫、懷疑。《廣韻·遇韻》：“吁，疑怪辭也。”《書·堯典》：“吁！嚚訟，可乎？”孔安國《傳》：“吁，疑怪之辭。”蔡沈集傳：“吁者，嘆其不然之辭。”揚雄《法言·君子》：“吁！是何言歟？”李軌注：“吁者，駭嘆之聲。”② 又表示招呼。《書·吕刑》：“王曰：‘吁！來，有邦有土，告爾祥刑。’”孔安國《傳》：“吁，嘆也。”孔穎達《疏》：“吁，嘆聲也。”

吁嗟、于嗟 表示贊美。《詩·周南·麟之趾》：“于嗟麟兮。”毛傳：“于嗟，嘆辭。”陳奂《傳疏》：“嘆美之詞也。”朱熹集傳：“于，音吁。”王先謙集疏：“于、吁，古今字。……于嗟二字合訓，是感嘆辭。”又表示感慨。《史記·伯夷列傳》：“吁嗟徂矣，命之衰矣。”司馬貞索隱：“吁嗟，嗟嘆之辭也。”《文選·謝朓·和王著作八公山詩》：“吁嗟命不淑。”李善注引薛君《韓詩章句》：“吁嗟，嘆辭。”

啞（yā） 表示嘆息或反對。《韓非子·難一》：“啞，是非君子之言也。”王先慎集解：“舊注：啞，嘆息之聲也。”③ 章炳麟《新方言·釋詞》：“今音轉如牙，或含不然意，或含驚意，俗作呀。”④

噫 表示悲痛。《論語·先進》：“顏淵死，子哭之慟，曰：‘噫！天喪予，天喪予。’”

---

① （唐）顏師古撰，秦選之校注：《匡謬正俗》，上海：商務印書館，1936年。

② （漢）揚雄：《法言》，《諸子集成》，北京：中華書局，1978年。

③ （清）王先慎集解：《韓非子集解》，《諸子集成》，北京：中華書局，1978年。

④ 章炳麟《新方言》十一卷（浙江圖書館刊《章氏叢書本》），收集方俗異語八百多條，為中國詞源學研究開闢了新的途徑。

何晏集解引包咸曰："噫，痛傷之聲。"《漢書・董仲舒傳》："孔子曰：'噫！天喪予！'"顏師古注："噫，嘆聲也。"又表示心有不平。《書・金滕》："二公及王乃問諸史與百執事。對曰：'信。噫！公命我勿敢言。'"孔安國《傳》："噫，恨辭。"孔穎達《疏》："噫者，心不平之聲。"《論語・子路》："噫！斗筲之人，何足算也！"鄭玄《注》："噫，心不平之聲。"皇侃疏："噫，不平聲。"又《子張》："子夏聞之曰：'噫！'"何晏集解引孔氏曰："噫，心不平之聲。"

猗、猗嗟 表示贊嘆。《詩・商頌・那》："猗與那與。"毛傳："猗，嘆辭。"孔穎達《正義》："謂美而嘆之也。"朱熹集傳同。陳奂《傳疏》："嘆謂之猗，下加一字，則曰猗與。"[①]《齊風・猗嗟》："猗嗟昌兮。"《毛傳》："猗嗟，嘆辭。"朱熹集傳同。陳奂《傳疏》："猗猶噫也。單言猗，絫言猗嗟。……此三句皆嘆美莊公之容貌。"馬瑞辰通釋："猗者，美之之辭。嗟，語詞。"今人程俊英《詩經注析》："猗嗟，猶吁嗟，贊嘆之辭。"孔穎達以為表示傷嘆。《正義》云："猗是心内不平，嘆是口之喑啞，皆傷嘆之聲，故為嘆辭。"

咨、訾 表示招呼。《書・堯典》："帝曰：'咨！爾羲暨和。'"孔安國《傳》："咨，嗟。"《詩・大雅・蕩》："文王曰咨，咨爾殷商。"毛傳："咨，嗟也。"孔穎達《正義》："咨是嘆辭。"《論語・堯曰》："咨！爾舜。"朱熹集傳："咨，嗟嘆聲。"《文選・王褒・四子講德論》："夫子曰：咨。"劉良注："咨，嘆辭也。"字亦作"訾"。《漢書・禮樂志》："訾，黄其何不徠下？"顏師古注："訾，嗟嘆之辭也。黄，乘黄也。嘆乘黄不來下也。訾，音咨。"

八、句　讀

句讀含義 古人所謂句是指文辭中語意已完語氣可停的一個小語段，讀是語未完但語氣可停的一個更小語段。現在説句子是指用詞或詞組構成、能够表達一個完整意思的語言單位。口語中每個句子都有一定的語調，表示陳述、判斷、祈使、疑問、感嘆等不同語氣。書面語句末分别用不同的標點符號。古今劃分句子的標準是不同的。現在不説讀，但標點符號中有逗號，就是從古代的讀演變來的。

先秦一般稱言不稱句。《論語・為政》："《詩三百》，一言以蔽之曰：思無邪。"孔穎達《正義》："古者謂一句為一言。《詩》雖有三百篇之多，可舉一句當盡其理也。曰'思無邪'者，此《詩》之一言，《魯頌・駉》篇文也。"[②]《左傳・定公十年》："臣之業，在《揚之水》

---

① （清）馬瑞辰：《通釋》："按'猗、那'二字疊韻，皆美盛之貌。通作猗儺、阿難。草木美盛曰猗儺，樂之美盛曰猗那，其文一也。"則"猗那"為形容之詞。與毛、孔、朱、陳異義。

② 《十三經注疏》，第2461頁。

卒章之四言矣。”唐孔穎達云：“左氏云：‘臣之業在《揚之水》卒章之四言’，謂第四句‘不敢告人’，也。及趙簡稱‘子大叔遺我以九言’，皆以一句為一言也。秦漢以來，衆儒各為訓詁，乃有句稱。《論語》注云：‘此《我行其野》之句，是也。”①

戰國開始稱句。《莊子·駢拇》：“駢於辯者，纍瓦結繩，竄句揺辭，游心於堅白異同之間。”陸德明辭文引司馬彪云：“竄句，謂邪説微隱，穿鑿文句也。”②《禮記·學記》：“一年視離經辨志。”鄭玄《注》：“離經，斷句絶也。”孔穎達《疏》：“離經，謂離析經理，使章句斷絶也。”③《玉篇·句部》：“句，止也。言語章句也。”《文心雕龍·章句》：“位言四句。句者君也；局言者，聯字以分疆。”

漢代開始句讀連用。漢何休《公羊傳序》：“援引他經，先其句讀。”高誘《淮南子注序》：“自誘之少，從故侍中同縣盧君，受其句讀。”

自後學者對句讀討論甚多。宋毛晃《增修互注禮部韻略·候韻》：“讀，句讀。凡經書成文，語絶處謂之句，語未絶而點分之以便誦詠謂之讀。今秘書校書式，凡句絶則點於字之旁，讀分則微點於字之中間。”④ 元程端禮《程氏家塾讀書分年日程》卷二：“句讀二字，倒點為句，中點為讀。凡人名、地物名，並長句内小句，並以中點。”⑤ 讀又稱投、斷、逗。宋孫奕《示兒編》卷十二：“句讀字自漢有之。韓愈《師説》云：‘彼童子之師，授之書而習其句讀’者也。洪曰：‘讀音豆，其字從言從賣。’唯馬融《長笛賦》云：‘覩法於節奏，察度於句投。’注曰：‘句投，猶章句也。’”⑥ 清郝懿行《證俗文》卷八：“古者，一字為一言，一句亦為一言。秦漢以來謂之句。句者，局也。句半而絶謂之讀，亦謂之投。投者酘也。詞未終而微絶之，俟再酘也。句竟謂之章，章竟謂之篇，章未竟而句竟者，點之為斷。”⑦ 清黄以周《群經説》：“古離經有二法：一曰句斷，一曰句絶。句斷今語之句逗，古亦謂之句投。斷與逗、投皆音近字。句斷者，其辭於此中斷而意不絶，句絶則辭、意俱絶也。鄭注離訓斷絶，兼兩法言，云‘斷句絶也’者，欲句字兩屬之爾。‘離經’專以析句言。孔疏章句兼説，既非鄭義，俗本作‘章斷，句絶也’，更失鄭意。”⑧

句的字數 最初提出句子字數的是南朝梁劉勰。《文心雕龍·章句》：“若夫筆句無常，而字有條數。四字密而不促，六字格而非緩，或變之以三五，蓋應機之權節也。至於《雅》

---

① 《十三經注疏》，第274頁。

② （唐）陸德明：《經典釋文·莊子音義》，第1460頁。

③ 《十三經注疏》，第1521頁。

④ 《增修禮部韻略》五卷，宋仁宗景祐六年國子監頒行《禮部韻略》，作為科舉考試官韻。毛晃增入2655字，後毛居正又增入1402字，謂之《增韻》，明代官修《洪武正韻》，多依據《增韻》。

⑤ （元）程元禮：《程氏家塾讀書分年日程》，《四部叢刊》。

⑥ （宋）孫奕：《示兒編》，《四庫全書·子部·雜家類》。

⑦ （清）郝懿行：《證俗文》，《郝氏遺書》。

⑧ （清）黄以周：《群經説》，《儆季雜著》，浙江局刻本。

《頌》，大體以四字為正。惟‘祈父’、‘肇禋’，以二字為句。尋二言肇於黃世，《竹彈》之謠是也。三言興於虞時，《元首》之詩是也。四言廣於夏年，《洛汭》之歌是也。五言見於周代，《行露》之章是也。六言七言，雜出《詩》《騷》，而雜體之篇，成於西漢，情數運周，隨時代用矣。

孔穎達《毛詩正義》探討了《詩》句的字數：“句者，聯字以為言，則一字不制也。以詩者申志，一字則言而不會。故詩之見句，少不減二，即‘祈父’、‘肇禋’之類也。三者‘綏萬邦，婁豐年’之類也。四字者，‘關關雎鳩’、‘窈窕淑女’之類也。五字者，‘誰謂雀無角，何以穿我屋’之類也。六字者，‘昔者先王受命，有如召公之臣’之類也。七字者，‘如彼築室於道謀’、‘尚之以瓊華乎而’之類也。八字者，‘十月蟋蟀入我牀下’、‘我不敢傚我友自逸’是也。其外更不見九字十字者。摯虞《流別論》云：《詩》有九言者，‘泂酌彼行潦挹彼注兹’是也。徧諸本，皆云《泂酌》三章，章五句，則以為二句也……字句之數，四言為多。唯以二、三、七、八者，將由言以中情，唯變所適，播之樂器，俱得成文故也。”

顧炎武認為《詩》有一字句。《鄭風·緇衣》：“緇衣之宜兮，敝予又改為兮，適子之館兮，還予授子之餐兮。”顧氏《詩本音》説：“《緇衣》舊作三章，章四句，今詳‘敝’字當作一句，‘還’字當作一句，雖屬下文。當作三章六句。”① 現代學者都同意顧炎武的看法，《詩》有一字句。

散文中有的句子字數更多。朱熹《朱子語類》説：“《尚書》句讀有長者，如‘皇天既付中國越厥疆土於先王’是一句。”② 宋陳騤《文則》卷下：“《春秋》文句，長者逾三十餘言，短者止於一言。如‘季孫行父臧孫許叔孫僑如公孫嬰齊帥師會晉郤克衛孫良夫曹公子首及齊侯戰於鞌’之類，是長句也。如‘螽’，是短句也。”③

斷句不一 陸德明《經典釋文序録》云：“（漢）承秦焚書，口相傳授，一經之學，數家競爽。章句既異，踳駁非一。”楊樹達先生説：“句讀不易，故前人往往誤讀。”④

有當讀而未讀者。《禮記·曲禮上》：“百年曰期頤。”鄭玄《注》：“期猶要也，頤，養也。不知衣服食味，孝子要盡養道而已。”“期頤”二字連讀。王念孫《廣雅疏證》卷一上：“按期之言極也。《詩》言‘思無期’、‘萬壽無期’，《左傳》言‘貪惏無厭，忿纇無期’，皆是究極之義。百年為年數之極，故曰百年曰期。當此之時，事事皆待於養，故曰頤。‘期頤’二字不連讀。……朱子云：‘十年曰幼’為句，‘學’字自為句；下至‘百年曰期’皆

① （清）顧炎武：《音學五書》，北京：中華書局，1982年，第82頁。
② 《朱子語類》，北京：中華書局，1986年，第2057頁。
③ （宋）陳騤：《文則》，《四庫全書·集部·詩文評類》。
④ 楊樹達：《古書句讀釋例》，北京：中華書局，1983年，第3頁。

然。此説是也。”《左傳·哀公十六年》：“衛侯占夢嬖人求酒于太叔僖子，不得，與卜人比而告公曰……”杜預《注》：“以能占夢見愛。”以“占夢嬖人”連文。武億《經讀考異》：“‘衛侯占夢’直絶句。‘嬖人’下屬‘求酒于太叔僖子’為一句，‘不得’為一句。與卜人比而告公云云，情事自見，杜曲解，不可從。”① 楊樹達《古書句讀釋例》：“樹達按：武説是也。”《淮南子·説山訓》：“文棄荏席，後黴黑，咎犯辭歸。”高誘注：“晉文公棄其臥席之下黴黑者。”王念孫《讀書雜志》卷十四引王引之曰：“高讀‘棄荏席後黴黑’為一句，非也。‘棄荏席’為句，‘後黴黑’為句。謂於荏席則棄之，人之黴黑者則後之也。《韓子外儲説左篇》云：‘文公反國至河，令籩豆捐之，席蓐捐之，手足胼胝面目黧黑者後之。咎犯聞之，再拜而辭。’是其證。”

有不當讀而讀者。《左傳·僖公二十三年》“夫有大功而無貴仕，其人能靖者與，有幾。”陸德明釋文：“‘其人能靖者與’絶句。”② “有幾”二字别為一句。王引之《經傳釋詞》卷一：“與語助也。‘與有幾’三字連續。《釋文》曰：‘其人能靖與，音餘，絶句。’失之。”今人楊伯峻《春秋左傳注》：“《馬氏文通》謂‘與’本在句末，倒在前。是也。”《荀子·儒效》：“法後王，一制度，隆禮義而殺《詩》《書》，其言行已有大法矣。然而明不能齊法教之所不及聞見之所未至，則知不能類也。”楊倞注：“雖有大體，其所見之明猶未能齊言行，使無纖芥之差。”楊氏在“齊”字下斷句，俞樾認為是錯誤的。《諸子平議》：“此楊失其讀也。齊讀為濟，‘然而’以下十八字作一句讀，言法教所及，聞見所至，則明足以及之，而不能濟其法教所未及聞見所未至也。《韓詩外傳》正作‘明不能濟法教所不及聞見所未至’，無‘知不能類’句。”楊樹達《古書句讀釋例》：“樹達按，俞説是也。”

有字當屬上句而誤歸下句者。《書·君奭》：“弗昂，天降喪于殷。”③ 清武億《群經義證》卷一：“傳言‘殷道不至，故天下喪亡于殷’。按此當以‘弗弔天’為句，‘降喪于殷’為讀，若云‘天弗弔’也。”今人周秉鈞《尚書易解》云：“言紂王不善乎天，降喪于殷。”④ 又《酒誥》：“矧惟若疇圻父，薄違農父，若保宏父，定辟。”⑤ 朱熹《朱子語類》卷七十九：“人説荆公穿鑿，衹是好處亦用還他。且如‘矧惟若疇圻父薄違，農父若保，宏父定辟’。古注從‘父’字斷句，荆公則就‘違’‘保’‘辟’斷句，夐出諸人之表。”《荀子·榮辱》：“（詩書禮樂）以治情則利，以為名則榮，以群則和，以獨則足，樂意者其是耶?”唐楊倞注：“知詩書禮樂，群居則和同，獨居則自足也。樂意莫過於此。”王念孫指出“樂”字當屬上句。《讀書雜志》卷十：“念孫按，此當讀以‘獨則足樂’為句，言獨居則悦禮樂，敦

---

① （清）武億：《經讀考異》，《皇清經解》，上海：上海書局石印本。

② 《十三經注疏》，第1814頁。

③ 孔安國《傳》：“殷道不至，故天下喪亡於殷。”《十三經注疏》，第223頁。

④ 周秉鈞：《尚書易解》，長沙：嶽麓書社，1984年，第43頁。

⑤ 《十三經注疏》，第207頁。

詩書則致足樂也。以群則和，以獨則足樂，樂與和義正相承，則樂字屬上句明矣。”

有當屬下句而誤歸上句者。《書·盤庚上》：“盤庚五遷，將治亳殷，民盜胥怨。”孔傳：“自湯至盤庚凡五遷都，盤庚治亳殷。民不欲徙，乃咨嗟憂整，相與怨上。”① 於“殷”字斷句，宋蔡沈《書集傳》同。《史記》以“殷”字屬下句。楊樹達《古書句讀釋例》云：“今按《史記·夏本紀》云：‘殷民咨胥皆怨，不欲走。’又云：‘乃遂涉河，南治亳。’是以‘治亳’為句，以‘殷’字屬下。《史記》讀是也。”《淮南子·俶真訓》：“孔墨之弟子，皆以仁義之術教導於世，然而不免於儡身，猶不能行也，又況所教乎。”高誘注：“儡身，身不見用，儡儡然也。”“儡身”連用，屬上句。王念孫《讀書雜志》卷十二：“念孫按：高説非也。‘儡’字上屬為句，不免於儡，謂躬行仁義，而不免於疲也。‘身’字下屬為句。《吕氏春秋·有度》篇曰：‘孔墨之弟子徒屬，充滿天下，皆以仁義之術教導於天下，然無所行教者，術猶不能行，又況乎所教?’句法正與此同。”《論語·八佾》：“夏禮吾能言之，杞不足徵也。殷禮吾能言之，宋不足徵也。”句中兩“之”字為動詞賓語。宋王楙《野客叢書》卷三：“《禮》云：‘吾欲觀夏道，是故之杞，而不足徵也，吾得夏時焉。吾欲觀殷道，是故之宋，而不足徵也，吾得坤乾焉。’讀此，知《論語》‘夏禮吾能言，之杞不足徵也。殷禮吾能言，之宋不足徵也。’蓋於‘之’字上點句。”② “之”的位置變了，而且由代詞賓語變成了動詞。

句字衍脱 古書中往往有錯增加的文字，叫做衍文，簡稱衍。也有錯誤脱落的文字，叫脱文，簡稱脱或奪。無論衍文還是脱文，都會影響對句意的理解，所以訓詁學者十分注意。

衍字之例。《左傳·文公十六年》：“道之以禮，則失毋失其土宜。”③ 唐石經作“道之禮則”。惠棟《左傳補注》云：“道之以禮則，按唐石經無‘以’字，俗儒所加，後人遂以‘則’字屬下句。”④ 今人楊伯峻《春秋左傳注》改為“道之禮則”，云：“此‘道’謂教導之。”

《墨子·號令》：“鄉黨者，又老豪傑之親戚父母妻子，必尊寵之。”“及勇士父母親戚妻子，皆時酒肉。”王念孫《讀書雜志》卷十：“引之曰：‘父母’二字，皆後人所加也。古者謂父母為親戚。故言親戚，則不言父母。後人不達，故又加父母二字耳。篇内言父母妻子者多矣，皆不言親戚，下文有親戚妻子，則但言親戚而不言父母，是親戚即父母也。”

《荀子·成相篇》：“己無郵人，我獨自美，豈獨無故。”楊倞注：“或曰：‘下無獨字。’

① 《十三經注疏》，第168頁。
② （宋）王楙：《野客叢書》，北京：中華書局，1987年。
③ 《十三經注疏》，第1844頁。
④ （清）惠棟：《左傳補注》，《四庫全書·經部·春秋類》。

盧文弨曰：‘無獨字，則與全篇句法合。’”

《淮南子·修務》：“禹沐浴霪雨，櫛扶風。”高誘注：“禹勞力天下，不避風雨，以久雨為沐浴。”王念孫《讀書雜志》卷十五：“按沐下本無浴字，此涉高注沐浴而誤衍也。‘沐霪雨，櫛扶風’，相對為文，多一浴字，則句法參差矣。《藝文類聚·帝王部一》、《太平御覽·皇王部七》、《文選·謝朓·和王著作八公山詩》注引此皆無浴字。《莊子·天下篇》：‘禹沐甚雨，櫛疾風。’此即《淮南》所本。”

《漢書·高帝紀》：“由所殺蛇白帝子，所殺者赤帝子故也。”王念孫《讀書雜志》卷三：“下所字，涉上所字而衍。殺者謂殺蛇者也。則殺者上不當有所字。《文選·王命論》注，引此無所字。《史記》同。《郊祀志》曰：‘蛇，白帝子，而殺者赤帝子也。’‘殺者’上亦無所字。”

脱字之例。《管子·輕重戊》：“則是魯梁不賦於民，財用足也。”王念孫《讀書雜志》卷八：“按‘財用’上脱‘而’字，下文云：‘則是楚不賦於民而財用足也。’是其證。”

《晏子春秋·内篇雜下》：“晏子相齊，衣十升之布，脱粟之食。”王念孫《讀書雜志》卷九：“‘脱粟’上當有‘食’字。後第二十六云：‘食脱粟之食’即其證。今本脱‘食’字，則文義不明，且與上句不對。”

《荀子·王霸》：“若是則一天下，名配堯舜。”王念孫《讀書雜志》卷十一：“引之曰：‘一天下’上有‘功’字，而今本脱之，則與下句不對。下文‘功壹天下，名配舜禹’，是其證。”

《淮南子·主術》：“故民之化也，不從其所言，而從其所行。”王念孫《讀書雜志》卷十三：“按‘民之化也’，本作‘民之化上也’。下句‘其’字，正指‘上’而言，脱‘上’字則義不相屬。《文子·精誠篇》正作‘民之化上’。”

《淮南子·泰族》：“故大人者，與天地合德，日月合明，鬼神合靈，與四時合信。”王念孫《讀書雜志》卷十五：“按此用《乾·文言》語也。‘日月’、‘鬼神’上並脱‘與’字。《文子·精誠篇》正作‘與日月合明’，‘與鬼神合靈’。”

《淮南子·天文》：“戊子受制，則養老鰥寡。行稃鬻，施恩澤。”王念孫《讀書雜志》卷十二：“念孫按：‘養老鰥寡’，當作‘養長老，存鰥寡’，今本脱‘長’‘存’二字，則句法與上下文不合。《時節篇》曰：‘季夏，存視長老，行稃鬻，仲秋，養長老，行稃鬻飲食。’《開元占經填星占篇》引巫咸曰：‘填星受制，則養（長）老，存鰥寡，行饘粥，施恩澤。’皆其證。”

《漢書·徐樂傳》：“身非王公大人，名族之後，鄉曲之譽。”王念孫《讀書雜志》卷六：“念孫按：《史記·主父傳》作‘無鄉曲之譽’是也。此脱‘無’字，則文義不明。”

《漢書·佞幸傳》：“文帝嘗夢欲上天不能。有一黄頭郎推上天。”王念孫《讀書雜志》

卷六："念孫按：'推'下有'之'字，而今本脱之，則文義不暢。《太平御覽·人事部》十七及四十引此並作'推之上天'，《史記》《漢紀》同。"

九、倒句倒文

漢語的詞序，一般是主語在前，謂語在後，動詞在前，賓語或補語在後；介詞在前，賓語在後；定語在前，中心詞在後。也有詞序倒置的。主謂、動賓、介賓、動補、偏正及其他詞語結構都有倒置的。如此者，或古人約定俗成，習以為常；或為詩歌押韻需要；或為突出重點、修辭需要。傳統訓詁著作中，多有注釋研究。

主謂倒裝，謂語置於主語之前。

《詩·小雅·無羊》："三十維物。"毛傳："異毛色者三十也。"孔穎達《疏》："謂青赤黄白黑毛色別異者各三十也。祭祀之物，當用五方之色。"① "三十"，謂語前置。

《小雅·節南山》："有實其猗。"王引之《經義述聞》卷六："猗，疑當讀為阿……有實其阿者，言南山之阿實然廣大也。"《爾雅·釋地》："大陵曰阿。""有實"為謂語。

《大雅·桑柔》："多我覯痻，孔棘我圉。"孔穎達《疏》："言遇貧困之病多也。"……言己守邊之勞甚也。② "多"與"孔棘"為謂語前置。

《大雅·桑柔》："大風有隧，有空大谷。"王引之《經義述聞》卷七："言大風之狀則有隧矣，大谷之狀則有空矣。"俞樾《古書疑義舉例》卷一："今作有空大谷，乃倒句也。"

《大雅·雲漢》："何辜今之人？"孔穎達《疏》："我何罪乎？我今時之人何罪而為天所罰？"③ 蘇轍《集傳》："今之人何罪而罹此禍？"④ "何辜"，謂語前置。

《大雅·崧高》："往近王舅。"陳奂《傳疏》："往近王舅，言王舅往耳。""往"，謂語前置。

《左傳·昭公二十七年》："王可弑也。母老子弱，是無若我何。"杜預《注》："猶言我無若是何。"孔穎達《正義》："古人言有顛倒。故杜以為'是無若我何'猶言我無若是何。"⑤ 楊伯峻注："杜注甚合文意。然此種句法，經傳中實罕見。""我"，主語後置。

《禮記·檀弓上》："伯魚之母死，期而猶哭。孔子曰：'誰與？哭者。'"清姜宸英《湛

---

① 《十三經注疏》，第438頁。
② 同上，第559頁。
③ 同上，第561頁。
④ （宋）蘇轍：《詩集傳》，《三蘇全書》第2册，北京：語文出版社，2001年。
⑤ 《十三經注疏》，第2166頁。

園札記》:“先問誰與，後云哭者，倒裝文法，恰似驚問情狀。”① “哭者”，主語後置。

《孟子·盡心下》:“若崩，厥角稽首。”俞樾《古書疑義舉例》卷一:“‘若崩’二字乃形容‘厥角稽首’之狀。蓋紂衆聞武王之言，一時頓首至地，若山冢之崒崩也。當云‘厥角稽首若崩’，今云‘若崩厥角稽首’，亦倒句耳。”“若崩”，謂語前置。

動賓倒裝 傳統訓詁著作已指明古代漢語代詞否定賓語大都置於動詞之前。

《詩·召南·行露》:“雖速我訟，亦不女從。”毛傳:“終不棄禮而從此强暴之男。”“女”，賓語前置。

《周南·汝墳》:“既見君子，不我遐棄。”孔穎達《疏》:“不我遐棄，猶云不遐棄我。古之人語多倒，《詩》之此類衆矣。”② 朱熹集傳:“善其不遠棄我也。”“我”，賓語前置。

《小雅·巷伯》:“豈不爾受，既其女遷。”鄭玄《箋》:“王倉卒豈不受爾言乎？已則亦將復訕誹女。”③ 王先謙集疏:“言倉卒之間豈不受爾之譖言而增惡他人，既而知女言不誠，亦將遷憎惡他人之心轉而增惡女矣。”“爾”“女”，賓語前置。

《小雅·正月》:“天之抓我，如不我克。”鄭玄《箋》:“天以風雨動搖我，如將不勝我。”④ “我克”即克我，賓語前置。

《大雅·雲漢》:“群公先正，則不我聞。”鄭玄《箋》:“不我聞者，忽然不聽我之所言也。”⑤ “我”，賓語前置。

《大雅·瞻卬》:“瞻卬昊天，則不我惠。”鄭玄《箋》:“仰視幽王為政，則不愛我下民。”⑥ “我”者，下民，賓語前置。

《文選·陸機·辨亡論下》:“不恤人之我欺。”吕向注:“我欺，猶欺我也。”我，賓語前置。

傳統訓詁學指出，名詞賓語也有前置的。

《詩·邶風·日月》:“乃如之人兮，德音無良。”鄭玄《箋》:“無善恩意之聲於我也。”吴樹聲《詩小學》:“此為倒句法，猶言無甚德音也。必用無良者，趁韻耳。”⑦ “德音”，賓語前置。

《小雅·節南山》:“武夷式已，無小人殆。”孔穎達《正義》:“無小人之近，猶言無近小人。”俞樾《群經平議》卷十一“無小人殆，與上句‘無罔君子’義同，猶言無殆小人，

---

① （清）姜宸英:《湛園札記》,《皇清經解》，上海：上海書局石印本。
② 《十三經注疏》，第282頁。
③ 同上，第456頁。
④ 同上，第443頁。
⑤ 同上，第562頁。
⑥ 同上，第577頁。
⑦ （清）吴樹聲:《詩小學》，同治七年壽光官廨刊本。

倒其文以協韻耳。”“小人”，賓語前置。

《商頌·長發》：“帝命不違，至于湯齊。”馬瑞辰通釋：“帝命不違，即不違帝命之倒文。詩總括相土以下諸君，謂商之先君不違帝命，至湯皆齊一。”“帝命”，賓語前置。

有在前置賓語與動詞之間加助詞“焉、之、是、實、來、於、云”的。

《左傳·隱公六年》：“我周之東遷，晉鄭焉依。”杜預《注》：“平王東遷，晉文侯鄭武公左右王室，故曰晉鄭焉依。”清朱亦棟《十三經雜記·左傳上》：“芹按：晉鄭焉依，猶云依晉鄭焉。”[①] 又《襄公三十年》：“安定國家，必大焉先。”杜預《注》：“先和大族，而後國家安。”楊伯峻注：“必大焉先，必先大之倒裝句，焉是語中助詞，用於倒裝。”[②]

《詩·邶風·燕燕》：“先君之思，以勖寡人。”鄭玄《箋》：“莊姜思先君莊公之故。”“先君”，賓語前置。孔穎達《疏》：“思先君之故，勸勉寡人以禮義也。”又《小雅·大東》：“維北有斗，西柄之揭。”朱熹集傳：“斗西揭其柄。”柄，賓語前置。

《小雅·小旻》：“哀哉為猶，匪先民是程 ，匪大猶是經。”鄭玄《箋》：“哀哉今之君臣，謀事不用古人之法，不猶大道之常。”“先民”“大猷”，賓語前置。《魯頌·閟宮》：“戎敵是膺，荆舒是懲。”鄭玄《箋》：“僖公與齊桓北當戎與狄，南艾（討伐）荆及群舒。”“戎敵”、“荆舒”，賓語前置。

《左傳·僖公五年》：“鬼神非人實親，唯德是依。”楊伯峻注：“鬼神非親人之倒裝結構。”[③]“人”，賓語前置。

《詩·大雅·江漢》：“匪安匪舒，淮夷來鋪。”鄭玄《箋》：“不自安，不舒行者，主為來討罰淮夷也。”“淮夷”，賓語前置。王引之《經傳釋詞》卷七：“來，詞之是也。《詩·谷風》曰：‘不念昔者，伊予來塈。’言君子不念昔日之情，而惟我是怒也。《桑柔》曰：‘既之阴女，反予來赫。’言我以善言蔭覆汝，而汝反於我是赫怒也。”

《詩·小雅·出車》：“玁狁于襄。玁狁于夷。”毛傳：“襄，除也。夷，平也。”孔穎達《正義》：“征玁狁于是而平除之。……赫赫顯盛之南仲，伐玁狁而平除之。”王引之《經傳釋詞》卷一：“于猶是也。‘玁狁于襄’、‘ 玁狁于夷’，言玁狁是攘，玁狁是夷也。”“玁狁”，賓語前置。

《詩·小雅·正月》：“有皇上帝，伊誰云憎？”鄭箋：“使王暴虐如此，是憎惡誰乎？”又《何人斯》：“伊誰云從？維暴之云。”鄭玄《箋》：“是言從誰生乎？乃暴公之所言也 。”王引之《經傳釋詞》卷二：“云猶是也。……言伊誰是增……伊誰是從也。”“誰”，賓語前置。

---

① （清）朱亦棟：《十三經雜記》，光緒四年武林竹簡齋重刻本。

② 楊伯峻：《春秋左傳注》，北京：中華書局，1981 年，第 1180 頁。

③ 同上，第 309 頁。

有用“唯（惟）……是（之）……動”句式表示賓語前置者。

《書·盤庚中》：“古我先後，罔不惟民之承保。”清江聲《尚書集注音疏》：“保，安也。言前後無不承安其民也。”[①]“民”，賓語前置。

《詩·小雅·斯干》：“無非無儀，唯酒食是議。”鄭玄《箋》：“婦人之事，惟議酒食耳。”“酒食”，賓語前置。又《小旻》：“維邇言是聽，維邇言是爭。”鄭玄《箋》：“徒聽順近言之從者，爭言之異者。”“邇言”，賓語前置。

先秦典籍中，此類格式的句子甚多。例如《左傳》就有“唯力是視”（僖公二十四年）、“民不見德，而唯戮是聞”（僖公二十三年）、“唯吾子之怨”（文公七年）、“唯好是求”（成公十三年）、“唯吾子戎車是利”（成公二年）、“不唯衛國之敗”（成公十四年）、“余唯利是視”（成公十三年）、“唯敵是求”（宣公十二年）、“唯命是聽”（宣公十五年）、“唯具是視”（宣公三年）、“唯予馬首是瞻”（襄公十四年）、“唯其宗族是暴”（襄公十七年）、“唯無咎與偃是從”（襄公二十七年）、“唯鄰是卜”（昭公三年）、“唯躬是瘁”（昭公八年）、“唯命是從”（昭公十二年）、“唯子是聽”（定公元年）、“唯子是從”（哀公六年）等二十多處。直到現在，“唯……是……”的句式仍經常使用。訓詁學著作不必再作解釋了。

動補倒裝 介賓詞組作補語，有時可以倒置於動詞之前。

《書·酒誥》：“人無於水監，當於民監。”徐幹《中論·貴驗》：《周書》有言：‘人毋鑒於水，鑒於人也。’[②]劉寶楠《今文尚書經説考》：“民鑒之言，自古有之。”《國語·吴語》申胥諫吴王曰：‘王盍亦監於人，毋監於水。’《戰國策》蔡侯説應侯曰：‘監於水者，見面之容，監於人者，知吉與凶。’皆本於此誥之文也。”[③]王引之《經傳釋詞》卷一：“猶言無監於水，當監於民也。”

《詩·大雅·文王》：“上帝既命，侯于周服。”王引之《經傳釋詞》卷四：“言商子孫甚衆，而上帝玩命於文王之後，乃臣服於周也。”曾運乾《毛詩説》：“此倒文取韻例，順文當作‘侯服于周’。”[④]

介賓倒裝 介賓詞組通常是介詞在前，名詞在後；也有介詞在後，名詞賓語置於前面的。如《左傳·昭公十三年》：“我之不共，魯故之以。”杜預《注》：“不共晉貢，以魯故也。”[⑤]“魯故”置於介詞“以”之前。這種倒置的介賓詞組又常常置於動詞之前，形成一種雙重倒裝的結構。傳統訓詁學没有介詞的名稱，通常就稱之為語詞或助語詞。如劉淇《助字辨略》卷一：“《廣韻》云：‘於，語詞也。’《書·舜典》‘肆類於上帝，禮於六宗’，《論

---

① （清）江聲：《尚書集注音疏》，《皇清經解》。

② （漢）徐幹：《中論》，《百子全書》，上海：掃葉山房，1919年，第5頁。

③ （清）劉寶楠：《今文尚書統説考》，《皇清經解續編》，第1098頁。

④ 曾運乾：《毛詩説》，長沙：嶽麓書社，1990年。

⑤ 《十三經注疏》，第2072頁。

語》'子禽問於子貢曰：夫子至於是邦也'，《孟子》'王如知此，則無望民之多於鄰國也'。此'於'字並為助語詞，不為義也。"儘管如此，傳統訓詁學對於介賓倒裝的結構特點，通常都作了注釋和説明。如：

《詩·大雅·崧高》："申伯還南，謝于誠歸。"鄭玄《箋》："謝於誠歸，誠歸於謝。"孔穎達《正義》："言謝於誠歸，正是誠心歸於謝國。古人之語多倒，故申明之。"[①]"謝于"是介賓詞組倒裝，這一詞組置於"誠歸"之前又是動詞結構的倒裝。同詩一章："四國于蕃，四方于宣。"王引之《經傳釋詞》卷一："言蕃於四國，宣於四方也。"結構分析同上。

《左傳·僖公九年》："人而能民，土于何有?"杜預《注》："能得民，不患無土。"楊伯峻《春秋左傳注》："地于何有，何有于土之倒裝句。又《昭公十九年》："其一二父兄懼隊（墜）宗主，私族于謀，而立長親。"又"諺所謂室于怒，市于色者，楚之謂矣。"杜預《注》："言靈王怒吴子而搶其弟，猶人忿於室家而作色於市人。"王引之《經義述聞》卷十九："私族於謀而立長親者，私謀於族而立長親也。倒言之則曰私族於謀矣。諺所謂室於怒、市於色者，言怒於室、色於市也。"又《昭公十一年傳》："王貪而無信，惟蔡于感。"杜預《注》："蔡近楚之大國，故楚常恨其不服。"王引之《經義述聞》卷十九："惟蔡於感，言唯憾於蔡也。"楊伯峻《春秋左傳注》："感為憾之省，故杜以恨字解之。此句猶云'唯恨於蔡。'"以上"土于何有"、"私族于謀"、"宣于怒，市于色"、"唯蔡于感"，其句法結構都與"謝于誠歸"相同。

《墨子·非樂上》："啓乃淫溢康樂，野於飲食。"[②]孫詒讓注："'野於飲食'，即下文所謂'渝食於野'也。與《左傳》'室于怒，市于色'文法正同。"

《大戴禮·用兵篇》："古之於兵，何世安起。"[③]王引之《經義述聞》卷十三："家大人曰：安猶於也。此倒句也。何世於起，猶言起於何也。《墨子·非命篇》'何書焉存'，文義與此同。"

詞語倒文 或複音詞語，古今異序，或語氣詞位置有異，傳統訓詁著作也能注意指出。

有方位詞置於名詞之前的。《詩·周南·葛覃》："葛之覃兮，施于中谷。"孔穎達《正義》："中谷，谷中。倒其言者，古人之語皆然。詩文多此類也。"[④]《國語·吴語》："乃命左軍右軍涉江，鳴鼓中水以須。"韋昭注："中水，水中央也。"[⑤]

有偏正詞語的修飾成分與中心成分倒置的。《書·禹貢》："雲土夢作乂。"孔安國《傳》："雲夢之澤在江南，其中有平土丘，水去可耕作畎畝之治。"又"厥篚玄纖縞。"孔安

① 《十三經注疏》，第 567 頁。
② （清）孫詒讓：《墨子間詁》，《諸子集成》，北京：中華書局，1986 年，第 161 頁。
③ （清）王聘珍：《大戴禮記解詁》，北京：中華書局，1983 年，第 209 頁。
④ 《十三經注疏》，第 276 頁。
⑤ 《國語·吴語》，《國學基本叢書》，上海：商務印書館，1935 年，第 227 頁。

國《傳》："玄，黑繒。縞，白繒。纖，細也。"① "雲土夢"即雲夢之土。"玄纖縞"即纖玄縞，纖細的黑繒、白縞。宋陳騤《文則上》："用纖字不在玄上，土字不在夢下，亦一倒法也。"②

有名詞與動詞倒置的。《史記·伯夷列傳》："盜跖日殺不辜，肝人之肉。"唐司馬貞索隱："《莊子》云：'盜跖方休卒太山之陽膾人肝而食之。'"清朱亦棟《群書札記》卷一："此乃古人倒字法，猶云肉人之肝，謂以人肝當肉吃耳。"③ 句中"肝"與"肉"位置互移。

有句中物名與地名互置的。《史記·樂毅列傳》："薊丘之植，植於汶篁。"唐司馬貞索隱："薊丘，燕所都之地也。言燕之薊丘所植，皆植齊王汶上之竹也。"俞樾《古書疑義舉例》卷一二"此亦倒句。若順言之，當云：'汶上之竹，植於薊丘'耳。"

有並列詞語位置顛倒使用的。"雖然"可以說成"然雖"。清袁枚《隨園隨記》卷二："《晉書·八王傳序》：'然雖克天權逼，尤足維翰王基'，是倒'雖然'二字而用之。"陸敬安（以湉）《冷廬雜識》卷四："《漢書》又多倒字，如妃后、子父、論議、失得、貴富、舊故、病利、病疾、併兼、悦喜、苦勤、懼震、柔寬、思心、候伺、激詭、諱忌、藁草之類。"④

有句末語氣詞置於句中的。《左傳·僖公二十三年》："其人能靖者與有幾？"⑤ 語氣詞"與"在句中。劉淇《助字辨略》卷一引顧炎武《左傳杜解補正》："鄒氏云：'此倒語也。若曰：其有幾人能靖者與！'"俞樾《古書疑義舉例》卷一："古人有倒成文者，順讀之則失其解矣。"亦舉此例。

十、句子歧義

古書没有標點，斷句不易。古書中某些語句，訓詁學者往往有不同的句讀和理解，產生歧義。

1. 句讀不同，產生歧義。《禮記·大學》："大學之教也時教必有正業退息必有居學不學操縵不能安弦。"這段話有兩種斷句。《十三經注疏》本依宋衛湜《禮記集説》標點為："大學之教也，時教必有正業，退息必有居學。不學操縵，不能安弦。"今人姚淦銘譯成現

① 《十三經注疏》，第148—149頁。
② （宋）陳騤：《文則》，有正書店石印文學津梁本。
③ （清）朱亦棟：《群書札記》，光緒四年武林竹簡齋重刊本。
④ （清）陸以湉：《冷廬雜識》，上海：掃葉山房石印本。
⑤ 《十三經注疏》，第1814頁。

代漢語："大學的教學，依照時序進行（如春夏教學禮樂，秋教學詩書等），而且要正規的課業。退下來休息時，還要在學繼續鑽研。不學調琴的基本動作，就不能調好琴弦。"① 看起來文從字順。但是鄭玄《注》："有居，有常居也。"孔穎達《正義》："大學三教也時者，言教學之道，當以時學習之。退息必有居者，退息謂學者疲倦而暫休息。有居謂學者退息必有常居之處。學，不學操縵，不能安弦者，此以下並正業積漸之事也。"這樣原文的標點當是："大學之教也時，教必有正業，退息必有居。學，不學操縵，不能安弦。"清人張志祖《讀書脞録》評論說："'學'字自為一句，該總下諸目也。《集說》則以'時'字屬下句，'學'字屬上句。然解'居學'為燕居之學，說究牽强，不如舊讀為安。"② 孫氏顯然不同意《禮記集説》的斷句。

《左傳·僖公二十五年》："昔趙衰以壺飧從徑餒而弗食"，短短十一個字，有三種斷句解釋。杜預《注》："言其不忘君也。徑，猶行也。"《十三經注疏》本依此於"徑"字下斷句："昔趙衰以壺飧從徑，餒而弗食。"從徑就是隨行，連動結構。陸德明釋文："一讀'以壺飧從'絶句，讀'徑'為'經'。"孔穎達《正義》："劉炫改'徑'為'經'，謂經歷饑餓，下屬為句。""昔趙衰以壺從，徑餒而弗食。""徑餒"，經歷饑餓，也是連動結構。楊伯峻《春秋左傳注》斷為三句。"昔趙衰以壺從，徑，餒而弗食。"徑，獨行小道也。楊先生說："此謂趙衰為晉文攜帶飯食，隨之而行，有時晉文行大道，趙衰行小道，趙衰雖餓，亦弗食。"這是很有道理的。

《詩·魏風·陟岵》一章："父曰嗟予子行役夙夜無已"十一個字，諸家訓詁無異義，卻有五種不同的斷句。孔穎達《正義》斷為兩句："父曰嗟予子行役，夙夜無已。"③ 朱熹集傳斷為三句："父曰嗟，予子行役，夙夜無已。"姚際恒《詩經通論》也斷為三句，但與朱熹不同，於"曰"及"子"字後點斷："父曰：嗟予子，行役夙夜無已。"方玉潤《詩經原始》子"曰""嗟""役"後點斷，分為四句："父曰：嗟！予子行役，夙夜無已。"吴運闓《詩義會通》斷為兩句，但在"於"字後點斷，與《正義》本不同："父曰嗟予子，行役夙夜無已。"以上五種斷句，《詩義會通》分為兩句，與"《陟岵》三章章六句"的要求合。從韻律上看，一章"子、已、哉、止"押之部韻，二章"季、寐、棄"質物合韻，三章"弟、偕、死"押脂部韻，都很和諧。"役"是錫部字，《正義》本於"役"字斷句，不合韻律和諧的要求。

2. 對句法結構認識不同，產生歧義。

《詩·齊風·雞鳴》三章："會且歸矣，無庶予子憎。""無庶予子憎"一句，訓詁學者

---

① 姚金銘：《禮記注釋》，《白話十三經》，第164—166頁。

② （清）張志祖：《讀書脞録》，嘉慶己未刊本。

③ 《十三經注疏》，第358頁。

有五種不同的分析解釋。(1)《毛傳》:“無庶予子嘆,無見惡於夫人。”陳奐《傳疏》:“古本當作‘無庶予子憎’。予,我也,夫人自謂也。庶,衆也,衆卿大夫也。言無使衆卿大夫見憎于我。”“庶”是主語,“予子”是倒裝的受事補語。意為莫使卿大夫討厭我。(2)鄭玄《箋》:“庶,衆也。無使衆臣以我故,憎惡於子。”“庶”是主語,“予子憎”,因我而憎子,是倒裝的複雜謂語。“於子”是受事補語。(3)孔穎達《正義》:“予子憎”定本作“與子憎”。馬瑞辰通釋:“‘無庶’即‘庶無’之倒裝。’‘庶無予子憎’即‘庶無貽子憎’。”“庶無”是狀語,‘予子憎’是動賓關係,“子憎”是雙賓語。(4)嚴粲《詩緝》:“無庶,猶庶無,古人辭彙倒用也。予子,吾子也,稱其所昵也。庶無為吾子所憎也。”是一個被動結構。“予子”是偏正詞組。(5)姚際恒《詩經通論》:“無庶予子憎,猶庶幾無使人憎予與子也。”“予子”是並列詞組作前置賓語。

《詩·豳風·鴟鴞》一章:“恩斯勤斯,鬻子之閔斯。”① 訓詁學者至少有四種不同的分析解釋。(1)鄭玄《箋》:鴟鴞意殷勤於此,稚子當哀閔子。以喻諸侯之先臣亦殷勤於此,成王亦宜哀閔之。”依鄭說,這是一個承接複句,斯,此也,指周王室。(2)朱熹集傳:“以我情愛之心,篤厚之意,鬻養此子,誠可憐憫。”依此這是一個單句。“恩斯勤斯鬻子”是複雜主語,“閔”是謂語,“斯”是語氣詞。(3)馬瑞辰通釋:“公自言恩勤於王室,皆惟稚子是閔恤也。”依此,這是一個申說式的複句,前一分句敘事,後一分句申說原因。(4)程俊英《詩經注析》:“這二句意為雖我辛辛苦苦撫養孩子,可這孩子還是遭到病困。”依程說,這是一個讓步複句,雖然自己付出了辛苦,孩子還是受到病困。我個人認為馬瑞辰的觀點最為合理。

3. 對單詞的意義認識不同,影響到句意的分析。

《易·震·六二》:“震來厲,億喪貝。”② 王弼注:“億喪貝,億,辭也,貝,資貨糧用之屬也。”孔穎達《正義》:“億喪貝,喪其資財。”“億喪貝”衹是一個動賓結構,“億”是助詞,不算句子成分。陸德明《釋文》引鄭玄曰:“十萬曰億。”清王懋竑《讀書記疑》卷一:“億喪貝,十萬曰億,此言喪億貝也。億字在上,偶倒文耳。”“億”是數詞定語。今人黃壽祺、張善文《周易注譯》:“億喪貝,大失貨貝。億,大也。”③“億”是狀語。

《詩·唐風·葛生》:“予美亡此,誰與獨處?”④ 鄭玄《箋》:“吾誰與居乎?獨處家耳。”嚴粲《詩緝》:“我其誰與乎?獨處而已。”陳奐《傳疏》:“誰與即獨處。”“與”是動詞,作“和……在一起講。戴震《毛鄭詩考證》:“與當音餘。誰與,自問也。‘誰與獨處’與《檀

① 《十三經注疏》,第 394 頁。
② 同上,第 62 頁。
③ 張善文:《周易注譯》,《白話十三經》,第 51 頁。
④ 《十三經注疏》,第 366 頁。

弓》'誰與哭者'語同。"馬瑞辰通釋："誰與説為自問之詞，與，語辭也。與《檀弓》'誰與哭者'句法正同。""誰"是謂語，"與"是疑問語氣詞。

《韓非子·外儲説左下》："哀公問於孔子曰：'吾聞夔一足，信乎？'曰：'夔人也，何故一足？彼其無他異，而獨通於聲。堯曰：'夔一而足，非一足也。'楊樹達《古書句讀釋例》卷一："如孔子所言，則'夔有一足'本當作二句讀'夔有一'為一讀，'足'字一字為一讀也，而哀公之所問，則直讀四字為一句，故疑夔衹有一足之意，句讀關係於文義者如此。"也是因為没有注意'足'在句子裏的特定意義而産生的錯覺。"

十一、其　他

訓詁學討論過的語法問題，還有量詞、介詞、副詞、被動句等方面的内容。

量詞　有表示度量衡的。如《説文·尺部》："尺，十寸也。人手卻十分動脈為寸口，十寸為尺。周制寸、尺、咫、尋、常、仞諸度量，皆以人之體為法。"《禮記·月令》："角斗甬。"鄭玄《注》："丈尺曰度，斗斛曰量。甬，今斛也。"孔穎達《正義》引《漢書·律曆志》："十合為升，十升為斗，十斗為斛。"① 《儀禮·既夕禮》："朝一溢米，夕一溢米。"鄭玄《注》："二十兩曰溢。"賈公彦《疏》："斤為十六兩。"② 有表示個體單位的。如《儀禮·士虞禮》："俎釋三個。"鄭玄《注》："個，猶枚也。個，俗或名枚曰個，音相近。"③ 《玉篇·木部》："枚，個也。"又《竹部》："個，數之一枚也。"《詩·齊風·南山》："葛屨五兩。"孔穎達《疏》："屨必兩隻相配，故以一兩為一物。"顔師古《匡謬正俗》卷七："古者謂車一乘亦曰一兩。"《小雅·瓠葉》："有兔斯首。"朱熹集傳："有兔斯首，一兔也。猶數魚以尾也。"王質《詩總聞》卷十五："兔以首言，猶今言一頭兩頭也。"郝懿行《證俗文》卷七列舉量詞甚多，如："地曰弓，三百弓為一里。""畝曰步，六尺曰步，步百曰畝。""人曰頭，又曰口，又曰個。""布帛曰幅，布帛廣二尺二寸為幅，長四丈為匹。""馬曰蹏，又曰匹。""牛羊曰足。""錢曰貫。""禽曰隻，亦曰乘；魚曰尾；豬曰口；羊曰腔。""笔曰床，或曰枝，或曰隻，亦曰管。""紙曰番，亦曰張。""衣曰裁，又曰襲，亦曰稱；袈曰緣。"等等。

介詞　介詞及其賓語合起來表示對象、方位、時間、處所、關係等。訓詁學中没有介詞之名，多以同義詞轉相訓釋。如《爾雅·釋詁》："由、以，自也。"郭璞注："自，猶從

---

① 《十三經注疏》，第1362頁。
② 同上，第1161頁。
③ 同上，第1169頁。

也。”邢昺《疏》：“自亦從也，轉相訓也。”《詩・齊風・東方未明》：“自公召之。”毛傳：“自，從也。”《大雅・文王有聲》：“自西自東，自南自北。”鄭玄《箋》：“自，由也。”《孟子・梁惠王》：“何由知吾可也。“劉淇《助字辨略》卷二：“諸由字，並訓從也。”《春秋・隱公元年》：“公及邾儀父盟于蔑。”《公羊傳》云：“及者何？與也。”《漢書・賈誼傳》：“陛下雖賢，誰與領此？”劉淇《助字辨略》卷三：“此與字，猶共也。”也有把介詞解釋為助語辭的。《廣韻・魚韻》：“於，語辭也。”又《虞韻》：“于，於也。”《書・舜典》：“肆類於上帝，禋於六宗。”《論語・學而》：“子禽問于子貢曰：‘夫子至於是邦也。’”劉淇《助字辨略》卷一：“此于（於）字，並語助辭，不為義也。”以上以同義詞互釋介詞，没有觸及介詞的語法特點；將介詞稱為不為義的助詞，也是錯誤的。

副詞 傳統訓詁學也多用同義詞進行解釋。如《爾雅・釋詁》：“僉、咸、胥，皆也。”《釋言》：“孔，甚也。”《廣韻・泰韻》：“最，極也。”《廣韻・寢韻》：“甚，劇過也。”劉淇《助字辨略》卷二：“休，方言莫也。”卷三：“愈，益也。”卷四：“便，即也。更，復也，再也。”也有用“××之辭”表示副詞詞義所屬範圍的。如《禮記・檀弓》“壹似重有憂者。”孔穎達《正義》：“壹者，決定之辭也。”《廣韻・虞韻》：“毋，止之辭。”《皆韻》：“皆，俱辭也。”王夫之《説文講義》卷三：“勿，借為禁止之辭，與毋、弗相通。”魏維新《助語辭補》：“勿，毋也，莫也。禁止之辭。”劉淇《助字辨略》卷一：“初者，追原之辭也。”卷二：“多，凡言多如何者，强半之辭也。”卷三：“並，並者，同時相比之辭也。”卷四：“較，比量之辭。”卷五：“決，必辭也。必，決定之辭。煞，方言極也，太甚之辭。益，加甚之辭也。”這樣的解釋，能够較好地揭示不同副詞的語義特點。

被動關係 古代漢語有多種表達被動關係的表達方式，傳統訓詁學有所解釋，但不用主動、被動的名稱。“于（於）”字式。《詩・邶風・柏舟》：“憂心悄悄，愠于群小。”朱熹集傳：“言見怒於衆妾也。”《論語・公冶長》：“御人以口給，屢憎於人。”孔安國《傳》：“佞人口辭捷給，數為人所憎惡。”① “見”字式。如《論語・陽貨》：“言四十而見惡焉，其終也已。”鄭玄《注》：“年在不惑而為人所惡，終無善行。”②《史記・蘇秦列傳》：“夫破人之與見破於人也，臣人之與見臣於人也，豈可同日而論哉？”張守節正義：“破人，謂破前敵也；破於人，為被前敵破。臣人，謂已得人為臣；臣於人，謂已事他人。”劉淇《助字辨略》卷四：“凡云見者，加於我之辭也。”“為”字式。《詐語・子罕》：“不為酒困。”孔穎達《疏》：“未嘗為酒亂其性也。”《漢書・趙充國傳》：“趙王武臣，為其將所殺。”劉淇《助字辨略》卷一：“此為字，猶云被也。”白居易《編集拙詩成一十五卷因題卷末戲贈元九李二

---

① 《十三經注疏》，第 2473 頁。

② 同上，第 2326 頁。

十詩》："每被老元偷格律，苦教短李伏歌行。"[①] 劉淇《助字辨略》卷四："被者，為其所如何也。""所"字用在動詞前，表示動作所及的對象。《漢書·高帝紀》："由所殺蛇白帝子，所殺者赤帝子也。"王念孫《讀書雜志》卷三指出："'殺者'上不當有'所'字"，因為"殺者"赤帝子是主動者，不是行為所及的對象，所以不應用"所"字。

小結 19 世紀以前，中國還沒有漢語語法體系的概念。傳統訓詁學的主要任務是從語義角度對古代文獻進行研究，其中也涉及語法問題。語法概念不太明確，系統性不太強是很自然的。儘管這樣，許多著名的訓詁學者在學術研究上用功極深，熟讀經史典籍，通曉約定俗成的古代漢語句讀規則。他們通過分析比較相關內容，能揭示古代漢語的虛詞用法和句法特點，很不容易。他們的著作是寶貴的學術遺產，後人應當認真學習體會，在前輩學者研究的基礎上做得更好一些。這就是我撰寫本文的初衷。

（作者單位：四川大學文學與新聞學院）

---

① 《白居易集》卷十六，第 349 頁。

哈佛燕京圖書館簡史及其中國典籍收藏概况

吴文津

19世紀美國“中國貿易”（China Trade）的中心是在波士頓。當時有一位做中國貿易的商人鼐德（Francis P. Knight）在1877年（光緒三年）提倡中文教學，發起募捐，籌措基金，一共募到8,750美元，在當時是相當大的一筆數目。他於1879年（光緒五年）托人在中國請了一位秀才戈鯤化先生（寧波人）到哈佛大學教授中文，這是哈佛大學中文教學的開始。戈鯤化先生到美國的時候，帶來了一批書籍，包括他自己的著作，後來他都捐給了哈佛學院圖書館（Harvard College Library），同時他也替哈佛大學買了另外一些書籍，以作教學之用。這就是哈佛大學收集中文典籍的開始。

戈鯤化先生於1879年的秋天帶著他的家人到哈佛大學開始中文教學的工作，但不幸兩年後患肺炎，於1882年逝世。他逝世後，哈佛大學中文數學後繼無人，已經是非常有限的書籍採購工作也就停止了。

1914年，東京帝國大學的兩位教授——姉崎正治和服部宇之吉，來到哈佛大學講學。姉崎教授專治佛學與東方哲學，服部教授則是當時的漢學權威。他們到哈佛的時候送了一批關於佛教與漢學的日文書籍給哈佛學院圖書館，是哈佛大學收藏日文典籍的開始。

1921年，趙元任先生應聘至哈佛大學教中文，1924年辭職，後由南京東南大學（中央大學的前身）梅光迪先生接任。這兩位教授從1921到1926年替哈佛大學蒐集了一些中文方面的書籍，也放置在哈佛學院圖書館，但無人管理。1925年，裘開明先生到哈佛大學研究院就讀。裘先生原在廈門大學任圖書館館長，後來被送到美國進修，到紐約公共圖書館所辦的圖書館訓練班（後來哥倫比亞大學的圖書館學校）受訓。結業後，他到哈佛大學研究院攻讀農業經濟。因為裘先生是圖書館方面的專業人員，所以他到哈佛大學後，就到哈佛學院圖書館當義工，希望能獲得一些實際的經驗。1927 年，他得到農業經濟的碩士學位後，又開始念博士班的課程。當時哈佛學院圖書館館長柯立芝（Archibald C. Coolidge）教授問他是否願意在圖書館正式工作，替他們整理館藏的中文、日文書籍。裘先生因為從未在美國圖書館工作過，所以有些猶豫。但是柯立芝教授告訴他："你不用擔心，你在中國怎麽做，在這裏就怎麽做，不用管在美國有没有經驗。"於是他就接受了這個任務，當時他的職稱是哈佛學院圖書館中日文書籍總管（Custodian of Chineseand Japanese Books，Harvard College Library）。就這樣，開始了他在哈佛大學從 1927 到 1965 年總共 38 年的有聲有色的圖書館事業。

裘開明（1898－1977），字合輝，浙江鎮海人。先生啓蒙的時候，念的是《三字經》《千字文》《百家姓》與四書五經等，後來他被送到漢口文明書局（中華書局的前身）做學徒。他在那裏工作了一年半的時間，對中國古籍産生了極大的興趣，同時也約略地知道了一些商業管理方面的基本知識。1911 年辛亥革命，先生被送到湖南長沙一間教會學校學習西學，之後他又到湖北武昌文華大學（Boone College）圖書科第一屆就讀，1922 年卒業，全班共六人。

文華學院圖書科為美籍教師韋棣華（Mary Elizabeth Wood）女士於 1920 年所創辦，為中國第一間圖書館專業學校。1929 年獨立設校，稱為"文華圖書館專科學校"（1953 年該校併入武漢大學，1984 年擴充為武漢大學圖書館情報學院）。裘先生在校時多利用暑假時間在當時頗有名氣、由商務印書館主辦的涵芬樓（後改名為東方圖書館）做見習工作。期間耳聞目睹，在專業知識方面頗有進益。

裘先生畢業之後，廈門大學延聘他為該校圖書館館長。當時日本在廈門的勢力很大，日語非常流行，所以裘先生遂學習日文。在校時並結識當時在該校執教的歐洲漢學泰斗戴密微（PaulDemieville），中國名人作家魯迅、林語堂，及廣雅書局經理徐信符先生等。廣雅書局以其刻本著名。先生謂自徐信符先生處學到不少關於版本和目録學的知識，對他後來的工作有極大的幫助。

1924 年廈門大學送裘先生赴美深造。1925 年他從紐約公共圖書館（New York Public Library）主辦的圖書館訓練班結業後，去哈佛大學研究院就讀，主修農業經濟學，1927 年獲得碩士學位，1933 年獲得博士學位。從 1927 年裘先生接掌哈佛學院圖書館中日文書籍總管的職務，一直到 1965 年他在哈佛燕京圖書館館長的職務上榮退，前後共 38 年，創北美東亞圖書館館長任期的紀録。先生是北美東亞圖書館的開路先鋒，在 1930 年代初期曾為很多大學圖書館擔任有關東亞圖書的採購和編目的顧問工作。第二次世界大戰後，胡佛研究院成立中文部，也邀請他去協助籌備的事宜。先生退休後，應聘到明尼蘇達大學設立東亞圖書館；之後香港中文大學又邀請他擔任首任圖書館館長。返美後，他任哈佛燕京圖書館顧問，於1977年逝世，享年79歲。裘先生博學多才，平易近人，有高度的服務精神，被東亞學術界深深敬重。誠如他榮休時哈佛燕京學社董事會所言："開明先生，為一位例證中西傳統之精華及成就的儒者（A scholar whoexemplifies the best in the traditions andaccomplishments of both Eastand West）。"

説到裘先生的成就，就必須介紹一下他和哈佛燕京學社的關係。哈佛燕京學社成立於1928年，是一個私人的基金會。它設立於哈佛大學，但與哈佛大學無行政上的關係，衹有工作上的關係，其基金來自一位叫查理斯·馬丁·霍爾（Charles Martin Hall）的先生的遺產。霍爾先生是一位工程師，他發明了將鋁從鋁礦中抽取出來的技術，創辦了美國鋁業公司（Aluminum Company of America），非常富有。他於1914年去世。他在世時，對於教會在亞洲的高等教育事業頗有興趣。為繼承其遺志，他的遺產管理人得到哈佛大學與中國燕京大學的同意和支援，於1928年在波士頓以美金兩百萬元成立一個基金會，成立時就採用這兩個大學的聯名稱為"哈佛燕京學社"（哈燕社）。

此學社成立的目的有二：一是協助當時在東亞特別是在中國的教會大學，發展當地的高等教育，並且提升東亞各國對於該國歷史與文化的教學研究；二是協助哈佛大學發展關於東亞的研究和數學。由於第二專案的關係，哈佛燕京學社成立後就接管了哈佛學院圖書館已經收藏的中日文書籍6,194册，計中文4,526册、日文1,668册。裘先生留任，仍稱"哈佛學院圖書館中日文書籍總管"。1931年哈燕社正式成立"哈佛燕京學社漢和圖書館"（Chinese－Japanese Library ofthe Harvard－Yenching lnstitute）。

漢和圖書館在1965年改名為"哈佛燕京圖書館"（Harvard－Yenching Library）。因為當時圖書館收集的書籍已經超過了中日文的範圍，還包括韓文和與東亞有關的西方文字的書籍。1976年哈佛燕京圖書館由哈佛燕京學社轉屬哈佛學院圖書館。它的經費不再由哈佛燕京學社全部負擔，而由哈佛學院圖書館負大部分的責任。但是哈佛燕京學社每年仍然提供相當大的一筆經費供哈佛燕京圖書館使用。從1928到1976年這麽長一段時間裏，如果没有哈佛燕京學社在經費上的支持，哈佛燕京圖書館不可能有今天這樣的發展。

哈佛燕京圖書館成立以後，需要解決的問題很多。在1931年，東亞圖書館在美國就像是一塊没有被開墾的處女地。中日文圖書分類法及編目規則全付闕如，也無法從中國或日本引進，因為當時在中國與日本也還未有一套被大家公認為標準的分類法和編目規則。所以裘先生的第一個工作就是要編出一套中日文書籍的分類法，這個分類法一方面要滿足美國圖書館的需要，另一方面也要顧慮到東亞目録學最基本的要求和法則。裘先生最後推出的《漢和圖書分類法》，基本上是依據四庫的分類，然後再加以擴充，一共分為九類，每一號碼以下再加上阿拉伯數字，依此類推可作無限制的擴充；而作者的號碼就用四角號碼。這是一個非常實用的折中辦法。1943年，全美學術團體委員會（AmericanCouncilOrLearnedSocieties）管轄下的遠東學會（CommitteeOn FarEasternStudies，AssociationforA-sianStudies，亞洲學會的前身）出版了這部分類法，書名“漢和圖書分類法”（A Classification System for Chinese and Japanese Books），後通稱為“哈佛燕京分類法”（Harvard—Yenching Scheme）。這部劃時代的巨著不單是裘先生對哈佛燕京圖書館的貢獻，也是對北美東亞圖書館的貢獻，是北美東亞圖書館發展的重要里程碑。自此以後一直到1970年代中期這40多年的時間，美國所有的東亞圖書館（國會圖書館除外）都採用這個分類法，同時在加拿大、英國、荷蘭和澳洲一些主要的圖書館也用它來做中日文書籍的編目工作。

裘先生另一個重要的貢獻就是在編目卡片上加上作者與書名的羅馬拼音，以便於卡片的排列。這個辦法在美國已經通用，而且早已為美國全國編目的標準。同時，裘先生決定把這些卡片目録用語言分開，分為中文目録、日文目録（後又加上韓文目録），以便查詢；書籍在書庫書架上的排列也是依語言而分。因為當時東亞館還没有主題編目（subjectcataloging），裘先生乃建立分類目録。這一系列的措施大多被東亞館效法並沿用至今。

所以裘先生在東亞館，如我所説的，是開路先鋒，做了很多事情，是大家仿效的對象。還有，為了讓在哈佛大學以外的人便於查詢哈佛燕京圖書館的藏書，裘先生開始哈佛燕京圖書館書目的編纂與出版工作，這在美國東亞館中也是首創之舉。1936年，裘先生到北平與燕京大學引得出版社洽商出版哈佛燕京圖書館中文藏書目録的事宜。從1938到1940年，這套目録的前三册——經學、哲學宗教、歷史科學一一問世，其餘的部分也有了校樣本。但是“珍珠港事變”以後，日本人在北平大肆破壞與美國有關的機構。燕京大學是美國教會學校，引得出版社因之被毁。已經印就的其餘目録的校樣本，也都付之一炬，以後也無法再行印刷出版了。已出的這三本目録，還有一個非常重要的副産品，就是裘先生要求引得出版社把這三本目録中的單筆的卡片分印出來，以供其他東亞圖書館使用。這是東亞館館際合作的序幕。後來裘先生在這方面還有很多貢獻，比如在抗戰末期到戰後的幾年間，中國内地不僅出版圖書不易，在内地買書也很困難，因為當時國内外的交通都很不方便。因此，美國圖書館協會成立了一個“中國書籍合作購買項目”（ALA China Cooperative Book Purchasing Program），主要是在重慶和其他的地方買書後，空運回美國，由哈佛燕京圖書館負責編目，然後再把編目卡片分送到其他東亞圖書館使用。從1944到1948年這四年當中，由哈佛燕京圖書館編製並由哈佛大學印刷部代印分發到各圖書館的書目卡片一共有19,000張，是東亞圖書館合作編目的先聲。再者，從1949到1958年，國會圖書館成立了一個東亞語文卡片複印專案，前後總共複印了各個東亞圖書館送去的45,000張編目卡片，再行分發各館以供其編目之用。在這45,000張卡片中哈佛燕京圖書館的就佔了28,000張，接近全部書卡總數的三分之二，所以哈佛燕京圖書館在裘先生領導之下對於館際合作有很大的貢獻。

剛剛提到哈佛燕京圖書館無法在北平完成出版中文書本目録的事，裘先生對此一直引以為憾。因此在1980年代，我們決定將圖書館的全部中日文卡片目録印成書本目録，以了其願。之後我們仿照有些東亞圖書館的辦法將單筆目録卡片用照相、影印的方式出版。這項工作前後花了四年的工夫，包括整理、審訂全部的卡片目録，並終於在1985和1986兩年當中，影印出版了72大册中日文書本目録。韓文書籍的目録我們已在1962、1966與1980年出版了三本，因此没有包括在内。

書本目録出版以後，頗受歐美東亞學術界的歡迎。之後，為更進一步便利學者的查詢，哈佛燕京圖書館決定開始做回溯建檔的工作。但是從卡片格式轉換到機讀格式的費用較大，每一筆需要美金6元，所需預算是220萬美元，是相當龐大的一筆經費。後來，哈佛燕京學社捐贈110萬，哈佛大學也提供110萬。從1997年開始到2001年10月為止，由連綫電腦圖書館中心（Online Computer Library Center，簡稱 OCLC）承包的全部回溯建檔工作結束。哈佛燕京圖書館成為北美主要東亞圖書館中第一個館藏目録全部上網的圖書館（網址是：http：//hcl. harvard. edu/harvard－Venching）。

圖書館最重要的任務就是藏書建設。哈佛燕京圖書館最初從哈佛學院圖書館接收過來的幾千册書基本上還是相當淩亂，因為它們並不是系統蒐集而來的。所幸的是漢和圖書館開館時得到了燕京大學圖書館的大力協助。從1928到1941年這十幾年間，燕京大學圖書館在採購書籍時大都購買兩本，一本自留，一本給哈佛燕京圖書館。因為這樣，那個時期出版的有研究價值的著作大都有所收藏。當時在燕京大學圖書館任職的顧廷龍先生（著名的目録學家，1949年後任上海圖書館館長）和當時燕京大學的文學院院長洪業教授，也替哈佛燕京圖書館選購了不少的古籍善本。同時，裘先生自己也直接從上海中華書局或商務印書館等處買了不少當時出版的圖書。在日文書籍方面，大部分都從東京伊勢堂購買。因此，哈佛燕京圖書館的藏書建設工作就上了軌道，開始進行有系統的採購。在1930年代，哈佛燕京圖書館每年購書的經費是美金一萬元，這在當時是一筆很可觀的數字。

“盧溝橋事變”以後，日本全面侵華，華北有名望因不願與日人合作而隱居者，多出讓私藏古籍，以維持生計。其時，北平琉璃廠、福隆寺書肆善本充溢，在華日人多購之。裘先生當時在北平監督圖書館書本目録出版的事，他也就大量地收購了中文善本古籍。目前哈佛燕京圖書館很多的善本書籍就是當時裘先生購入的。珍珠港事變以後，燕京大學受到日軍的騷擾，漢和圖書館與燕京大學圖書館的合作採購工作，遂告結束。館方旋轉中國西南各省自美國直接採購。現哈佛燕京圖書館所藏的多種中國西南地區的方志，就是當時購入的。第二次世界大戰以後，日本經濟崩潰、民不聊生，不少私人收藏的中國古籍流於坊間書肆。裘先生遂赴日，後來又委托他人，採購了若干善本書籍，其中有明刻本百餘部。

哈佛燕京圖書館開辦後20年間，採購的範圍限於中日文的典籍文獻，而其重點是在人文科學方面。但是由於哈佛大學對於東亞教學研究的擴展，圖書館蒐集圖書的範圍也隨之擴大，藏文、滿文、蒙文的典籍也開始蒐集，西文關於東亞方面的書籍、參考工具，報紙、雜志、學報，也大量的增加。1951年韓戰時，成立韓文部。1975年又成立越南文部（哈佛燕京圖書館並不收集東南亞語文書籍，越南是例外。因為當時哈佛大學歷史系設立一中越歷史講座，圖書館有提供資料文獻的責任，而且哈佛燕京圖書館中已經藏有若干安南時期用漢文出版的官方歷史文獻，如《阮朝實録》之類等)。1965年我接任裘先生的職務之後，開始加强近代及當代中國、日本、韓國在社會科學方面的圖書資料。數十年來，一所當年是以人文科學資料為主的圖書館，就逐步轉變成一所包容所有學科的研究圖書館，甚至包括一些關於自然科學與應用科學方面的文獻。

哈佛燕京圖書館除了蒐集工作外，還有出版的工作，主要是《哈佛燕京圖書館書目叢刊》。現已出版下列九種：

1. 余秉權（Ping－KuenYu）編《中國史學論文引得》（*ChineseHiswry*：*Index oL-earnedArticles*，VolumeⅡ1905—1964)。麻州劍橋：哈佛燕京圖書館，1970年。

2. 《哈佛大學哈佛燕京圖書館韓籍簡目三編》（*A Classified Catalogue of Korean Books in the Harvard－YenchingLibrary*，Harvard University，VolumeⅢ)。麻州劍橋：哈佛燕京圖書館，1980年。

3. 吴天威（Tien－weiWu）編《江西蘇維埃共和國，1931—1934——陳誠特藏文件選輯解題書目》(*The Kiangsi Soviet Republic*，1931－1934：*A Selected and Annotated Bibliograp Ay Of the ChenCheng Collection*)。麻州劍橋：哈佛燕京圖書館，1981年。

4. 岡雅彦（MasahikoOka)、青木利行（Toshiyuki Aoki）合編《哈佛大學燕京圖書館和書目録》(*Eary Japanese Books in the Harvard－YenchingLibrary*，Harvard University)。東京：書房（Yumani Shobo，Publisher lnc)，1994年。

5. 朱寶田（Zhu Baotian）編《哈佛燕京圖書館藏中國納西族象形文經典分類目録》。麻州劍橋：哈佛燕京圖書館，1997年。

6. 宋永毅（Yongyi Song)、孫大進（Daijn Sun）合編《文化大革命書目，1966—1996》(*The Cultural Revolution*：*A Bibliography*，1966－1996)。麻州劍橋：哈佛燕京圖書館，1998年。

7. 沈津（Chun Shum）編《美國哈佛大學哈佛燕京圖書館中文善本書志》(*An Annotated Catalog Of Chinese Rare Books in the Harvard－Yenching Library*)（中文)。上海：上海辭書出版社，1999年。

8. 尹忠男（Choong Nam Yoon)《哈佛大學韓國研究之搖籃：紀念哈佛燕京圖書館韓文部成立五十周年》(*The Cradle Of Korean Studies at HarvardUniversity*：*Commemora-*

tion kf the 50 *Anniversary of theKorean Collection at Harvard*－*Yenching Library*)。首爾：乙酉文化社（Eulyoo Publishing Company），2001年。

哈佛燕京圖書館迄2001年6月底，圖書館藏書總量為1,018,500餘册，其中中文書籍約577,000册，佔總藏量的57%；日文書籍260,750册，佔總藏量的25.6%；韓文書籍106,170册，佔總藏量的10.5%；西文書籍43,310册，佔總藏量的4%；越南文11,335册，佔總藏量的1%；滿蒙藏文合計8,211册，佔總藏量的0.8%。

館藏新舊期刊總數14,000餘種。現行期刊5,784種，其中中文2,859種，佔49%；日文1,513種，佔26%；韓文924種，佔1.6%；西文440種，佔0.7%；越南文48種，佔0.08%。現行報紙85種，其中中文60種，佔70%；日文4種，0.4%；韓文7種，0.8%；西文8種，0.9%；越南文6種，0.7%。

哈佛燕京圖書館收藏的縮微膠卷，共63,192卷，其中中文31,784卷，佔50%；日文23,060卷，佔36%；韓文5,129卷，佔8%；西文2,775卷，佔4%；越南文444卷，佔0.7%。微片共18,304片，中文佔絶大多數，有17,611片，96%；其餘就是西文，有693片，佔4%。除此以外還有録影帶200多種，照片60,000餘張，幻燈片3,000多張，CDROM94種。

2000—2001年會計年度，哈佛燕京圖書館總預算是3,516,000多元，其中人事費用2,078,000多元，佔59%；採購經費972,000元，佔28%；還有其他的費用466,000元，佔13%。中文圖書採購經費共364,330元，佔全部採購經費的38%；日文圖書採購經費378,390元，佔39%；韓文圖書採購經費179,240元，佔18%；西文圖書採購經費30,236元，佔3%；越南文圖書採購經費8,910元，佔0.9%；藏文圖書採購經費6,260元，佔0.6%。

從這些數字來看，日文圖書的採購經費比中文多，但是日文圖書每年的入藏量遠不如中文，這是因為日文圖書的價格比中文圖書要貴得多。比如2000—2001年，哈佛燕京圖書館入藏的書大概總共有31,380册，其中中文圖書有21,365册，佔68%；日文圖書祇有4,645册，佔15%，但是所花的經費比中文還要高些；韓文圖書的入藏數是4,102册，佔13%，這與日文的入藏量差不了很多，但是日文採購的經費比韓文多一倍。

關於收藏方面，哈佛燕京圖書館各部門的藏書有很多類似的地方，有很多共同點，那就是不論是中文部、日文部、韓文部還是越南文部，它們所收集的典籍文獻都是分別有關中國、日本、韓國、越南的歷史、語言、文學、哲學、宗教、美術以及近代和當代的社會科學方面的資料。但是除了這些共同點之外，每一個部門都有它特殊的收藏，譬如説中文部的方志、叢書、文集、别集、善本或當代的一些文獻都很豐富，這個我在後文會做詳細的説明。現在先介紹一些關於其他部門收藏的概況。

日文部關於日本近代史，特別是明治維新時代、近代文學、二次世界大戰後的日本政治、經濟、社會發展的資料收藏都非常豐富，日本學者所撰關於漢學的著作收集也相當完整。另外，圖書館中還有布魯諾·佩佐爾德（BrunoPetzold）先生的藏書 6,500 餘册。佩佐爾德先生是奥地利人，在日本居住多年，專佛學。他收集的書籍多為關於佛教的典籍，其中江户時代的刻本居多，並有 200 多本手抄本。

關於明治維新時代，館藏最特別、最珍貴的資料，是一套 15,000 卷的縮微膠卷。這一套縮微膠卷是東京丸善書店與日本國會圖書館合作為紀念明治維新 200 周年而製作的。這批縮微膠卷包括日本國會圖書館所藏全部明治時代出版的書籍，約 120,000 種，為日本現存明治時期出版書籍全部的 75%。這 15,000 卷縮微膠卷數量龐大，售價非常昂貴。當時除日本本國圖書館購買以外，國外圖書館均未採購。因為如是，東京日光證券股份有限公司出資購買一部，贈送哈佛燕京圖書館，是為全美唯一的全套。

韓文部所藏的資料中，韓國文集非常豐富，大概有 2,600 多種。這些都是韓國文人從 13 世紀到 19 世紀末期（元明清時代）用漢文撰寫的著作。另外韓文部收藏的在朝鮮時代“李氏王朝”（1392—1910）的“榜目”與“族譜”也非常珍貴。“榜目”就是當時朝鮮模仿中國科舉制度所放的榜。這兩種資料都是研究朝鮮時代韓國社會史不可或缺的文獻。故哈佛大學韓國史教授愛德華·瓦格納（Edward W. Wagner）先生根據這兩種資料，整理出了 14,607 位在朝鮮時代曾經在文科、武科中舉的人的名單，並且將每一位中舉人的家世資料整理得清清楚楚，建立檔案，成為研究李氏王朝非常重要的原始資料，備受韓國歷史界推崇，並準備公諸網絡以供學術界使用。

越南文部所藏的資料不多，但其中亦不乏重要者。如 19 世紀用漢文編撰的當時稱為安南的歷史、法政和佛教方面的典籍。現代和當代越南的典籍和出版物也在蒐集範圍之內。

西文部的藏書都是關於中國、日本、韓國和越南的西文專著、學報、期刊和報紙，其中大部分為英文出版物。哈佛燕京圖書館收集西文資料的政策與其他東亞圖書館有異。其他東亞館收集的西文資料大多限於參考工具書及部分書籍或期刊。哈佛燕京圖書館除了參考工具書之外，還收集一般的專著、期刊，因為哈佛燕京圖書館是哈佛大學有關東亞課程的西文指定課外讀物圖書館之一。但這並不是說哈佛燕京圖書館是在收集所有有關東亞的西文出版物，那是哈佛學院圖書館（Harvard College Library）所屬最大的懷德納圖書館（Widener Library）和拉蒙德大學部圖書館（LamontUndergraduateLibrary）的責任。哈佛燕京圖書館衹是收藏其中大部分比較重要的而已。

在這裏可以附帶補充一句。哈佛大學是一所行政非常不集中的大學，各個學院的自主權很高。因此，哈佛大學大大小小的圖書館差不多有一百個，所以收集的資料有時難免重複。就中國資料方面來講，雖然哈佛燕京圖書館是哈佛大學蒐集中國資料的主要圖書館，但是也有其他的圖書館同時在收集中文資料，而且他們所蒐集的是比較專業的。比如説，費正清東亞研究中心（John King Fairbank Center for East Asian Research）有一個圖書室，他們蒐集的都是當代内地出版的資料。還有法學院圖書館，他們也蒐集中國内地和臺灣出版的關於法律、司法行政方面的中文資料。

下面我就哈佛燕京圖書館的中國典藏作一個比較詳細的報告。剛纔我已經提到哈佛燕京圖書館的中文收藏包括書籍 577,000 多册、新舊期刊 14,000 多種、新舊報紙 500 多種、縮微膠卷 31,700 多卷等。這些資料加起來佔圖書館總藏量的一半以上，在北美洲的東亞館中，也僅次於國會圖書館。所以哈佛燕京圖書館的中文典籍是非常豐富的。因此，要做一份有意義的報告比較困難。我想最好的辦法也許就是按文獻的種類分别介紹一些特别有代表性的典籍。這樣大家就可以舉一反三，也許能對哈佛燕京圖書館所收藏的中文典籍有一個比較清楚的概念。

我首先介紹哈佛燕京圖書館所藏的中文古籍近二十萬册，其中善本有宋元刻本 30 種，明刻本 1,400 多種，清代順治、康熙、雍正、乾隆四朝刻本 2,000 多部，抄本、稿本 1,200 多種，搨 500 多張，法帖 36 種。在刻本當中又有彩色套版、五色套印，還有明代的銅活字與清代木活字的版本。

圖書館的善本有書志，名為“美國哈佛大學哈佛燕京圖書館中文善本書志”，沈津編著，1999 年由上海辭書出版社出版。沈先生跟隨顧廷龍先生二十餘年，精通目録學及版本學，現任哈佛燕京圖書館善本室主任。書志著録從南宋末至明末的所有館藏刻本，共 1,433 種，約一百餘萬字，按經、史、子、集、叢五部排列，同時附有分類書名目録，以及書名、作者、刻工、刻書鋪的索引，非常精細，得到學術界一致的肯定。臺灣元智大學中文系的吴銘能教授在《圖書館館刊》1999 年第 2 期發表《沈津〈美國哈佛大學哈佛燕京圖書館中文善本書志〉校讀書後》一文，頗多贊譽。

現在我再分别介紹一些具有代表性的中文藏書。第一種就是地方志，我們都知道，地方志是研究中國歷史、政治、經濟和社會史不可缺少的資料。據統計，内地現存的方志共 8,343 種，館藏量最多的是北京圖書館，大約有 6,066 種；臺灣的收藏計 4,530 種。哈佛燕京圖書館有 3,858 種，其中原版有 3,241 種，複印本與縮微膠卷 617 種。如僅以原版計算，哈佛燕京圖書館的館藏量佔内地總藏量的 39%，佔臺灣總藏量的 72%；若與北京圖書館比較，哈佛燕京圖書館的館藏量有其 53%。

哈佛燕京圖書館館藏方志以縣志為最多。内地收藏的縣志計 5,441 種，其中北京圖書館有 4,111 種；臺灣藏縣志有 3,155 種；哈佛燕京圖書館有 2,911 種。在比例上，哈佛燕京圖書館的館藏量佔内地的 54%、北圖的 71%、臺灣的 92%。館藏方志最多的是山東、山西、河南、陝西、江蘇、浙江各省。以浙江一省為例，我們知道現存所有的浙江方志有 599

種，在北圖有 398 種，浙江圖書館有 370 種，哈佛燕京圖書館有 300 種。

以方志原版刊行年代計，哈佛燕京圖書館有明刻本 31 種、清刻本 2,473 種、民國出版者 737 種；館藏最早的刻本是明正德元年（1506）刊行的《姑蘇志》六十卷，最近者是 1996 年臺北中一出版社出版的《臺灣鄉土全志》12 冊。哈佛燕京圖書館所藏《潞城縣志》（八卷，[明] 馮惟賢修，[明] 王溥增修，明萬曆十九年 [1591] 刻，天啓五年 [1625] 增修，崇禎年間再增修本）及《江陰縣志》（八卷，[明] 馮士仁修，[明] 徐遵湯、[明] 周高超纂，明崇禎十三年 [1640] 刻本）或均係存世孤本，因内地所藏均為清代或民國時代的抄本。明嘉靖年間《廣西通志》（六十卷，[明] 林富、[明] 黃佐纂修，藍印本）亦值得一提。這本方志是廣西方志中最早的版本，世間所存不多，除哈佛燕京圖書館外，僅北京圖書館與日本内閣文庫有收藏。

關於哈佛燕京圖書館方志藏書的詳盡介紹，可以參考拙著《哈佛燕京圖書館中國方志及其有關資料存藏現況》，載《漢學研究》第三卷第二期《"方志學國際研討會"論文集》專號第一册（1985 年 12 月）。

在此，特別需要提到的是新方志的出版。從 1980 年代以來，中國内地出版了大量的新方志，與舊的方志在體例上有一些相同，但在内容上有很大的差異。因為在這些省、市及其他各級地方行政機構都有的新方志中，他們主要蒐羅記載 1949 年以後的地方史實，但是也包括在 1949 年以前各地共産黨的地下組織及其活動。這類資料在旁的地方很少能看見，所以這些新方志對研究中共黨史也有很大的用處。據估計，現已出版的新方志約 18,000 種，哈佛燕京圖書館收藏有 14,000 種左右。與新方志有關的是内地近二十年出版的各省、市、縣、自治區，和各種專業的年鑒，估計有 1,800 多種，哈佛燕京圖書館現藏約 1,700 種。

除了新舊方志、新舊年鑒以外，哈佛燕京圖書館尚藏有和它們有關的一些地方性的資料，比如山水志、寺廟志、輿圖、地方載記、土地文書、官書統計等。在這些地方資料中，輿圖及土地文書特別值得一提。輿圖有明版輿圖十餘種，其中有明嘉靖三十六年（1557）刻、明張天復撰《皇輿考》，嘉靖四十五年（1566）刻、元朱思本撰《廣輿圖》，以及崇禎年間刻的《今古輿地圖》朱墨套印本。館藏的清代輿圖中，有康熙内府刊《康熙内府分省分府圖》，為摺裝本，乾隆四十六年（1781）初版，清嘉慶年間廣幅藍色印本；乾隆十五年（1750）黃澄孫繪製之《大清萬年一統地理全圖》；另有乾隆十五年（1750）繪製、1940 年敵偽時代北京興亞院華北聯絡部複印的《乾隆京城全圖》，以及清初的彩繪本《湖南全省圖》15 幅，1 册。其他尚有光緒年間彩繪的 40 餘幅江蘇、浙江、江西的里厘卡圖，其中除大卡、小卡、旱卡、水卡的位置以外，還注明各卡間的距離及各卡與其附近城鎮間之距離，是研究清代經濟史很有用的一套資料。

關於土地文書方面，館藏中最具有研究價值的，有同治七年到光緒三年江蘇吴縣有關佃農正副租簿，共19册；乾隆二十七年到五十八年間的少數田契；光緒三十年到民國十八年間，江蘇21縣同浙江1縣縣長移交的田賦、漕運以及其他税收的清單並公費賑災的收支帳目，這些都是非常重要的研究資料。土地文書當中尚有臺北成文出版社出版的《民國二十—三十年代中國經濟、農業、土地、水利問題資料》，是當時内地地政研究所所長蕭錚先生編輯的，一共收羅26,000餘件，有從報刊選輯而來的，也有實際調查的資料，分五大類65個細類，用縮微膠片發行。另外一種也是蕭錚先生編輯的，即《民國二十年代中國大陸土地問題資料——1932—1941年間未刊行土地問題調查資料》，也是成文出版社出版，其中包括各地168項的實際調查以及176種報告，總共200册，是很大的一套資料。

臺灣的土地文書為史語所張偉仁、王世慶合編的《臺灣公私藏古文書影本》，共10輯，收集有5,600餘件從17世紀到20世紀間臺灣各地地契、土地田賦收據、借約、合同、土地買賣、田地訴訟等各種原始資料檔案，内容極豐富，有極高的研究價值。

除與方志有關的資料以外，哈佛燕京圖書館的中文特藏比較可觀的就是叢書，約1,400種左右，共60,000餘册，這是《中國叢書綜目》中所著録的一半。哈佛館藏的明刻叢書有34種，其餘大部分都是清刻的，還有一些民國出版的。館藏中最早的一部叢書是《百川學海》，100種，一百七十九卷，20册，宋左圭編，明弘治十四年（1501）刻本。此書次於南宋俞鼎孫之《儒學警悟》，是中國第二部叢書。哈佛燕京圖書館最著名的叢書還是《武英殿聚珍版叢書》。這部叢書是乾隆時代武英殿木活字印本，收録138種，八百一十二卷，是規模最大的木活字本。據統計，本叢書現存僅十餘部，其中内地有九部，哈佛燕京圖書館、普林斯頓大學葛思德圖書館、美國國會圖書館、大英圖書館、臺北博物院各有一套。

其次就是類書。哈佛燕京圖書館所收藏的明清類書有350種。據《中國古籍善本書目》著録，明人所刻類書（不包括叢書）現存約三百數十種，其中北京圖書館有110種，臺北圖書館有102種，美國國會圖書館有55種，哈佛燕京圖書館有75種。哈佛館藏明代類書中，除《永樂大典》與其他聞名的如《三才圖繪》《山堂肆考》《唐類函》等之外，還有一些規模較小但非常實用的小型類書，其中有十餘種是其他圖書館所没有收藏的，如《新刻增補音易四書五經志考萬花谷》（明崇禎余開明刻的巾箱本）、《新刻增校切用正音鄉談雜字大全》（明末刻本）。關於哈佛燕京圖書館所藏一部分明代類書著録，可參考裘開明先生撰《哈佛大學哈佛燕京學社圖書館明代類書概述（上）》，載《清華學報》新編第二卷第二期（1961年6月）。

清代的類書則以雍正六年内府銅活字印本《古今圖書集成》最為著名，共一萬卷，目録四十卷，共5,020册，裝訂為503函。哈佛燕京圖書館所藏，每册的扉頁有乾隆的“皇華宫寶”同“五福五代堂古稀天子寶”的璽印，每册的末頁也有“皇華宫寶”“八徵耄念之寶”的璽印，所以這一套也是非常珍貴的文物。

其次講到禁書。哈佛燕京圖書館所藏的禁書大部分為乾隆年間編纂《四庫全書》時以“違礙”之名而遭禁毁的書籍。館藏以明刻本的禁書最多，有 74 部。其中特别珍貴的是《新鍥李卓吾先生增補批點皇明正續合併通紀統宗》（十二卷，卷首一卷，附録一卷，明陳建撰，袁黄、卜大有補輯，李贄批點，明末刻本）。是書現僅存兩部，另一部在臺北圖書館。内地有藏，但為殘本。其他稀見的禁書還有《周忠毅公奏議》四卷，明宋建撰；《行實》一卷，明周廷祚撰；天啓刻本《撫津疏草》四卷，明畢自嚴撰；《皇明資治通紀》三十卷，明陳建撰，明刻本，有明末定西伯張名振的批點。這些都是好書。

禁書中除了牽涉到違礙政治嫌疑的書之外，還有内容較為穢褻的小説。哈佛燕京圖書館於 1960 年代從戲劇大師齊如山先生哲嗣處購得十餘種，包括《兩肉緣》《妖狐豔史》《載花船》《覓蓮記》等作品。從齊如山先生處購得的戲曲小説善本共 72 種。除上述禁書外，尚有明刻本如明金陵唐氏刻本《新刊全像漢劉秀雲臺記》《長命鏤傳奇》、明吴郡書業堂刻本《邯鄲記》等。中國小説戲曲專家吴曉鈴教授曾至哈佛燕京圖書館閱讀這批書籍，並録出小説中 23 種有齊如山手筆跋尾者，後發表《哈佛大學所藏高陽齊氏白舍齋善本小説跋尾》一文，載《明清小説論叢》第一輯，瀋陽春風文藝出版社 1984 年出版，有較高學術價值，可供參考。

再其次，就是抄本與稿本。哈佛燕京圖書館所藏的中文抄本是美國之冠，共 1,200 多種，分訂為 4,560 册。除《永樂大典》兩卷以外，還有明朝黑格抄本《明文記類》《南城召對》（後者為《四庫》底本），明藍格抄本《觀象玩占》（董其昌舊藏，有翰林院大方印）；還有清初毛氏汲古閣抄《離騷草木疏》（為全美僅有之“毛抄”）、清東武劉氏（喜海）《宋明賢五百家播方大全文粹》（40 册，道光二十八年抄）、嘉靖三年朱絲欄精抄《鑲黄旗滿洲鈕古禄氏弘毅公家譜》（15 册）、《八旗叢書》清恩豐光緒年間抄本（35 種、28 册，為恩豐私藏，其中有愛新覺羅・敦敏撰《懋齋詩抄》。敦敏為曹雪芹至友，《懋齋詩抄》中多收其與曹雪芹唱和詩，為研究曹雪芹生平罕見之資料）。或許更為珍貴的是文瀾閣《四庫全書》中駱賓王的《駱丞集注》四卷與《熬波圖》二卷（後者是製造海鹽的繪册）。

在稿本當中，最珍貴的就是《楊繼盛彈劾嚴嵩稿》。楊繼盛（1516－1555），字仲芳，號椒山，因彈劾嚴嵩而下獄被斬。稿本是他的親筆，是特别重要的一種文獻。另一本是丁日昌的《炮録》，也非常珍貴。滿洲皇室敬徵（1785－1851）的《敬徵日記》，也是罕見的資料。

稿本中尚有尺牘。哈佛燕京圖書館所藏尺牘中以《明諸名家尺牘》為最，共 753 封（其中 102 封僅存封無函），都是明嘉靖、隆慶、萬曆年間名人及其他人士致徽州方太古的信劄。方氏是當時徽州的一位般商，交游甚廣，信劄來往至二百餘人，其中不乏當時名人，如書法家周天球、文人王世貞、戲曲家汪道昆，甚至戚繼光、臧懋循等人，有如此數量的明人手劄想或舉世無雙。這批尺牘已由北京社會科學院研究員陳智超教授（陳垣先生哲嗣）考證著録，撰寫為《哈佛燕京圖書館藏明代徽州方氏親友手劄七百通考釋》，將被列為《哈佛燕京圖書館書目叢刊》第八種。

館藏文集以明清最多。館藏明刻本兩百餘種，其中罕見者不少，如明陳敬宗撰《重刻澹然先生文集》三卷、詩集三卷（明萬曆、崇禎年間遞刻），明侯一麟撰《龍門集》二十卷（隆慶刻本），明江百椿撰《清蘿館集》五卷（崇禎元年江氏自刻本）等，這些都是在内地的全國聯合目録《中國古籍善本目録》中没有著録的。館藏清刻詩文集在 1,600 種左右。其中《中國古籍善本書目》中没有著録的也有不少，如鍾大源撰《東海半人詩抄》（二十四卷，嘉慶刻本），清王浚撰《紅鵝館詩抄》（二卷，乾隆吴益高刻本），以及清宋廷桓撰《漱石詩抄》（七卷，乾隆刻本），清潘松竹撰《梅軒遺草》（一卷，乾隆十四年［1776］張裕昆刻本）等。

剛纔已經講到兩部最著名的活字本：雍正六年銅活字本《古今圖書集成》和乾隆時期木活字本《武英殿聚珍版叢書》。哈佛燕京圖書館還有一部最早的銅活字本，即《會通館校正宋諸臣奏議》（一百五十卷，［宋］趙汝愚輯，明弘治三年［1490］華燧會通館銅活字本，120 册）。據沈津先生的調查，現存内地、臺灣者均為殘卷，哈佛燕京圖書館所藏應為孤本。館藏清代木活字本亦有 110 餘種。

哈佛燕京圖書館藏套印本甚夥，有朱墨套印、三色套印、四色套印及五色的套印本。朱墨套印本中，乾隆五十三年（1788）曹溶聽雨齋朱熹《楚辭集注》（八卷，且為活字本）極為出色。三色套印中有明天啓二年（1622）吴興閔氏刊朱墨緑三色套印梁蕭統編《文選尤》（八卷）。四色套印中有淩濛初萬曆間刻朱墨藍黄四色套印劉義慶撰《世説新語》（八卷，4 册。館藏本書口有彩繪。第一册繪仇英《秋江待渡圖》，第二册繪王紱《秋江泛艇圖》，第三册繪唐寅《山路松聲圖》，第四册繪文徵明《雪景圖》。所繪極為細緻，一筆不苟，且彩色鮮明，為世所罕見者）。五色套印中，乾隆間内府朱墨藍緑黄五色套印《勸善金科》（二十卷，卷首一卷）亦不多見。

套印本中，尚有畫譜，其中《十竹齋書畫譜》及《芥子園畫傳》為代表作。館藏《十竹齋書畫譜》6 部，有康熙五十四年（1715）、嘉慶二十二年（1817）及日本明治十五年（1882）復刻明崇禎六年（1633）原刊包背裝本等。《芥子園畫傳》館藏 8 部，有康熙十八年（1679）、乾隆四十七年（1782）、嘉慶二十二年（1817）、民國十年（1921）及日本寬延元年（1748）翻印本等。

館藏法帖共 36 種，其中以《戲鴻堂帖》與《三希堂法帖》最為知名。

除上述外，哈佛燕京圖書館還有一些比較獨特的資料，現舉兩種為例。一種是基督教傳教士先後在南洋與中國內地的出版物，一種是中國傳統皮影戲的唱本。前者是在南洋、廣州、澳門、福州、上海等地出版的關於基督教和神學方面的著作，例如教會史、人物傳記與《聖經》，還有介紹西方文化的書籍，包括西方歷史、地理、人文科學、社會科學的經典，以及科學技術、生理學、醫學方面的資料。就《聖經》一種而言，就有各種不同方言的翻譯版本，有上海話的，有廈門話的，有寧波話的，有廣東話的。這些出版物是從西文翻譯成中文，或是傳教士的中文著作，撰者都是當時很知名的傳教士，包括林樂知（John-YoungAllen，1836－1907）、李提摩太（TimothyRichard，1845－1919）、丁韙良（William Alexander Parsons Martin，1827—1916）、艾約瑟（JosephEdkins，1823－1905）等。其中也有少數作者不是傳教士，像昨天我已經提過的傅蘭雅（John Fryer）。這些著作出版的時間大部分是從清道光初年（1820）到宣統末年（1911），也有一些民國時代的。資料共 700 多種，其中以《聖經》的全部（新舊約）和新約單獨的部分如《馬太福音》《約翰福音》等類最多，計 169 種，其餘就是一般介紹基督教的著作。這批資料由前哈佛燕京圖書館副館長賴永祥教授編目後，由波士頓霍爾出版公司（G. K. Hall）1980 年出版書目，名為“哈佛燕京圖書館藏傳教士中文著作目録”（*Catalogof Of Protestant Missionary Works in Chinese*）。同時，這批資料本身也由荷蘭的國際文獻公司（Inter Documentation Center）攝製縮微膠片發行，稱為“哈佛燕京圖書館藏傳教士中文著作膠片”（*ProtestantMissionary Works at the Harvard－Yenching Library on Microfiche*）。

另外一種就是中國民間傳統皮影戲的唱本。這批唱本共 118 種，都是手抄。1930 年代由哈佛大學方志彤教授從北京吉順班處購得，後由方教授遺孀轉讓給哈佛燕京圖書館。全部 118 種唱本戲曲名稱可參見哈佛燕京圖書館綫上目録《皮影戲劇本》書名項下。

最後，我介紹一些哈佛燕京圖館所藏相當特別的關於近代和當代中國的資料文獻。首先要介紹的是胡漢民先生的檔案。胡先生（1879－1936）是國民黨的元老，這批檔案是民國二十到二十五年間他私人往來的函稿，有 2,500 多件，包括他自己所發函電的底稿與他收到從各方來的原件。收件人和寄件人包括當時所有重要人物，諸如蔣中正、汪精衛、閻錫山、馮玉祥、張學良、孔祥熙、李宗仁、鄒魯、白崇禧、陳濟棠、居正、宋哲元、韓復榘、龍雲、劉湘、楊虎城、杜月笙等人，還有胡漢民與日本首相犬養毅和軍事領袖松井石根“當時臺灣日本皇軍司令官”來往的信件。

胡漢民當時因與蔣中正意見不合，1931 年 2 月辭去立法院院長之職，旋被軟禁在南京湯山。當年獲釋後，各省軍政人士均欲與其聯盟反蔣，同時南京中央亦竭力邀請他返寧。這是這些函件的時代和政治背景。函件中討論的內容非常廣泛，是研究民國政治史、當時國民黨分裂問題、反蔣問題、福建事件等非常重要的一批文獻。（此項檔案已複印出版為《胡漢民未刊往來函電稿》15 册，陳紅民輯注，廣西師範大學出版社，2005 年，《哈佛燕京圖書館學術叢刊》第 4 種。)

其次，哈佛燕京圖書館藏有魯迅與茅盾的親筆信件手稿。昨天我講到史丹佛大學胡佛研究所時曾經提到一位美國人伊羅生（HaroldR. Issacs）先生。1930 年代他在中國時，曾蒐集若干中共地下刊物，後來轉讓給胡佛研究所。他在上海的時候，準備挑選一些有代表性的中國年輕“左”翼作家的作品，翻譯成英文嚮西方介紹，並取了一個書名叫“*Straw-Sandals*：*ChineseShortStories*，1918－1933”（《草鞋腳：英譯中國短篇小説集，1918－1933》）。為了這個緣故，他請教於魯迅先生和茅盾先生，請他們推薦一些作家與小説。這些信件和手稿就是當時魯迅和茅盾給他的。這是 1930 年代的事，但是伊羅生要翻譯的小説，在 40 年後的 1974 年纔由麻省理工學院出版部出版。翻譯出版後，伊羅生問我哈佛燕京圖書館是否願意收集這批資料（他當時在麻省理工學院做研究工作），我當然欣然接受了。

這批資料包括：(1) 魯迅和茅盾給伊羅生的書信手稿 6 封（魯迅 3 封，茅盾起草，茅盾和魯迅共同署名的 3 封）；(2) 魯迅、茅盾自傳手稿各一件（魯迅的是由别人代抄的，茅盾的是他的親筆）；(3) 茅盾親筆擬的《草鞋腳》選題目録及對巴金、冰心、吴組緗、歐陽山、草明、張瓴、東平、漣清等人的作品及生平簡介手稿一份；(4) 茅盾親筆擬的介紹 29 種《中國“左”翼文藝定期刊編目》手稿一份；(5) 魯迅辭 1935 年 9 月紐約《説雜志》(StoryMagazine) 譯載他的小説《風波》的稿費致伊羅生的英文信一封。在這些資料中，除魯迅的《草鞋腳小引》收入他的《且介亭雜文》和《魯迅全集》第六卷，《魯迅自傳》收入《魯迅全集》第七卷外，其餘都未收入 1976 年出版的《魯迅書信集》。1979 年我為美國圖書館訪問中國代表團成員，順便將這批文獻的影印本分别贈送北京圖書館與上海圖書館。他們喜出望外，没有想到還有這批他們不知道的文獻。當年 12 月，北京圖書館出版的《文獻叢刊》中，把這一批資料全部複印並加以注釋出版，公諸於世。

除了這兩批重要的中文稿件外，還有對於研究民國時期西方教會在中國發展高等教育和社會事業非常珍貴的文獻，即廣州嶺南大學從 1884 年（當時叫 Canton Christian College）建校到 1952 年停校這一段相當長的時間的該校董事會的紀録。這批檔案不但對研究嶺南大學的校史是不可或缺的第一手資料，對於研究教會在中國發展高等教育的歷史也有很高的參考價值。從這批檔案中也可以看到一些當時廣東的社會、政治、經濟情形，以及當時中國政府一般的高等教育政策，特别是有關教會學校的措施。

哈佛燕京圖書館所藏電子資料中有兩種是比較特别的：一種是漢籍資料庫的《二十五史全文檢索資料庫》，這個大家都很熟悉，不必多講。它之所以特别，是因為它是在美國僅有的兩部之一，另一部在西雅圖華盛頓大學東亞圖書館。館藏另一種特别的電子資料是一個數位資料庫。這個資料庫的內容是 4,790 多張黑白照片，這些照片是一位享有國際盛譽的德國女攝影家赫達·莫里遜（Hedda Morrison，1908—1991）從 1933—1946 年在中國各地所拍的，裏面包括建築、街頭景象、服飾、宗教儀式、手工藝等。這批照片不但技術高超，而且非常有歷史價值。數位庫可以上網察看：http：//hcl. harvard，edu/harvard－yenching。

（作者單位：美國哈佛大學）

著名美國川籍學者吴文津先生和哈佛大學燕京圖書館

龍達瑞

《國學》集刊準備刊登哈佛大學燕京圖書館長吴文津先生的論文，介紹美國東亞圖書館發展史及哈佛大學燕京圖書館，以饗國内讀者，請我寫一篇介紹。一方面感到很難：我並没有在哈佛讀過書，僅在哈佛大學世界宗教研究中心和哈佛燕京學社各作過一學期的訪問學者，時間不到一年。嚴格地説，我對哈佛的瞭解是很少的。另一方面我感到很榮幸，吴先生的大作《美國東亞圖書館發展史及其他》是我從海外帶回成都。《國學》年刊編輯部看了吴先生的大作後認為很好，於是通過我徵得吴先生的同意，與聯經出版事業有限公司商量，選部分發表，讓國内學界和四川人認識吴先生。於是不揣冒昧，撰寫此文，求證於吴先生和專家。拙文寫好後，又承吴先生指謬，使拙文避免了常識錯誤，感激之餘，謹此志謝。

吴先生是成都人，1922 年出生於四川成都。我認識吴先生是通過家父龍晦教授的小學同學吴文錦女士認識的，吴文錦女士是吴先生的妹妹。第一次見到吴先生是 1990 年 4 月在芝加哥舉行的美國亞洲研究的年會上。1996 年 7 月，我在中國社會科學院研究生院博士畢業的同時，獲得了哈佛世界宗教研究中心的 Senior Fellowship 獎學金，於 10 月 5 日來到位於康橋的哈佛大學。

抵達哈佛的當天，我辦完注册手續後，即刻去哈佛燕京圖書館，首先拜訪吴文津先生。吴先生獲悉我的來意後，十分高興我能來到哈佛大學作研究。他立即找了他的助手中文部主任胡嘉陽女士，教我如何利用計算機檢索哈佛大學圖書館的藏書。後來我嚮吴先生表示希望能多在哈佛待一段時間，更好地利用哈佛的有利圖書和學術條件。吴先生表示這個想法很好，並願意幫我爭取機會延長進修時間。1996 年 12 月 15 日，哈佛燕京學社主任杜維明教授的秘書通知我，哈佛燕京學社將資助我再作一學期的研究，於是我的家人獲得赴美簽證，來到了波士頓。我們有機會在他的辦公室見面，親聆教誨，受益匪淺，終身難忘。

一、早期生涯：從軍—斯坦福大學

吳先生於1942年進入中央大學外文系學習，一年後，因抗戰需要，青年從軍。由於他主修英文，被派當翻譯，前後服役於昆明及桂林步兵訓練團。1944年秋，日軍佔領柳州，直迫桂林。吳先生隨桂林步兵訓練團美軍官兵自桂林撤返昆明。途中在貴州黄果樹附近遇匪搶劫軍車，不幸中彈受傷，被遣返貴陽中央醫院養傷。1944年底返昆明，派任參謀幹部學校首席翻譯官。1945年4月被派至美國協助中國空軍在美國接受訓練人員的翻譯工作。二戰結束後就讀西雅圖華盛頓大學歷史系及該校圖書館學院，復在斯坦福大學博士班攻讀中國近代史。畢業後旋任斯坦福大學胡佛研究所東亞圖館館長。

自1959年擔任斯坦福大學胡佛研究所東亞圖書館長後，吳先生對資料的蒐集，傾注了大量心血。他以一種“究天人之際，通古今之變，成一家之言”的精神，完善圖書館的研究功能，這就是盡一切可能收集資料。《美國東亞圖書館發展史及其他》一书的序言曾這樣評價吳先生：“借用傅斯年先生的名言：‘上窮碧落下黄泉，動手動腳找東西。’事實上，無論是傅先生或文津先生，所發揚的都是中國史學的原始精神，即司馬遷最早揭出的所謂‘網羅天下，放失舊聞’。文津先生衹要聽説任何地方有中國現代研究所不可缺少的重要史料，他便不顧一切困難，全力以赴地去爭取。”①

斯坦福大學胡佛研究所的中文收藏是有傳統的。首任中文圖書館長芮瑪麗以研究晚清同治中興和辛亥革命著稱②。在她的任內，現代中國史料的收藏包括1946—1947年她從延安蒐集的各種陝甘寧邊區的報刊，伊羅生（Harold Isaacs）收集的中國共産黨從1922年至1929年出版的早期地下刊物，還有海倫·福斯特·斯諾（Helen Foster Snow，1907—1997，

① 引自吳文津：《美國東亞圖書館發展史及其他·序》，臺北：聯經出版事業股份有限公司，2016年，第6頁。

② 芮瑪麗（Mary Clabaugh Wright，1917—1970），哈佛大學費正清教授最有才華的學生之一。費正清教授贊揚她是“知心朋友……雖然名義上幾乎可以説是我的第一位學生，事實上更像是我的一名晚輩同事”。見［美］費正清著，閻亞婷、熊文霞譯：《費正清中國回憶録》（*China Bound：A Fifty—Year Memoir*），北京：中信出版社，2013年，第361頁。中國讀者熟悉她的著作有：《同治中興：中國保守主义的最後抵抗》（*The Last Stand of Chinese Conservatism：The T'ung—Chih Restoration，1862—1874*．Stanford University Press；1957），是書由中國社會科學出版社2002年翻譯出版。芮瑪麗畢業後即在大學歷史系任教。先在斯坦福大學任職，後為耶魯大學歷史學副教授、教授，兼大學圖書館遠東文獻部顧問。她是著名的美國女漢學家和歷史學家，专職从事中國近代史和中國革命研究。她是第一位在耶魯大學文理學院任職的女性，隨後成為第一位被任命為耶魯大學文理學院教授的女性。其丈夫是著名的學者芮沃壽（1913—1976），美国漢學家、耶魯大學教授，美國漢學研究的奠基人之一，著有《中國歷史中的佛教》（*Buddhism in Chinese History*，1959），由北京大學出版社於2009年翻譯出版。

筆名尼姆·威爾斯)[①] 和她的前夫埃德加·斯諾（Edgar Snow，1905－1972）[②] 於1930年代中期和末期訪問中國西北（包括西安和延安）時收集的中國工農紅軍和八路軍出版的原始資料。伊羅生和尼姆·威爾斯兩大特藏奠定了日後世界各地學者研究中國共産黨歷史的資料基礎。

芮瑪麗轉到耶魯大學執教後，吴先生繼任館長。1961年胡佛研究所決定將中、日文部合成"東亞圖書館"(East Asian Collection)，吴先生成為第一任館長。在他的領導下，斯坦福東亞圖書館的藏書轉變為美國收藏現代中、日資料的一個主要中心。就現代中國資料而言，館中所藏之富除中國内地和臺灣之外，更是屈指可數。其中最著名的是吴先生收集的"陳誠特藏"。陳誠（1898－1965）曾於1930年代率軍進攻江西中國工農紅軍根據地，獲得大批原始資料。這些資料後來稱為"陳誠特藏"，全部都是1931－1934年江西蘇維埃共和國的資料。中國江西檔案館的鄧東燕曾到斯坦福大學胡佛研究所的東亞圖書館訪問。鄧先生閱讀了"陳誠特藏"後指出，它們多是"黨、政、軍、群文件、刊物、傳單及課本，約1500份。這些資料大部分是形成於1930至1934年的……主要是中國共产党早期在江西井岡山革命根據地、瑞金中華蘇维埃共和國時期形成的珍貴史料。这部分資料对研究中共黨史具有很重要的史料價值。"[③] 陳誠獲得這些資料後，將它們運到了臺灣。吴先生獲悉這些資料的去嚮後，通過各種人事關係，包括時任臺灣研究院院長胡適先生，將陳誠特藏複製成微縮膠片，並得到陳誠的許可，將這批資料再作拷貝以成本供應美國各大學圖書館、西歐及日本諸多大學圖書館以作研究之用。

---

① 美籍駐華戰地記者埃德加·斯諾（Edgar Snow）的前夫人。抗戰前後，她曾深入陝甘寧邊區做長時間採訪、調查，搜集有中國共産黨及邊區政府經濟社會的大量原始資料，1941－1945年曾任美國援助中國工業合作委員會主席。其檔案主要包括關於1936年中共中央發起中國工業合作，學生、勞工等運動，西安事變，中日戰爭，中國文學藝術等方面的信件、訪談稿、報告、備忘録、著作、新聞稿件、機構記録、演講稿等。

② 埃德加·斯諾是毛泽東主席和周恩來總理的朋友。他們的友誼始於延安。他是第一个採訪毛澤東主席的西方記者。1937年撰寫《西行漫記》(又稱《紅星照耀中國》，*Red Star Over China*)，是書最為著名。在冷戰期間斯諾先生曾數次來華訪問。1970年8月至1971年2月，斯諾最後一次訪問中國，並參加國慶21周年的活動，受到毛澤東和周恩來的單獨接見並談話。他最早獲悉中國歡迎美國總統尼克松正式或非正式訪問中國。1971年4月在美國《生活》雜志上發表與毛的重要談話，嚮美國政府發出重要訊息。1972年2月15日，斯諾病逝於瑞士日内瓦，終年66歲。一周後，1972年2月21日至28日，美國總統尼克松訪問了中國。斯諾未能活到兩國關係正常化，依照其遺囑，一部分骨灰葬於原燕京大學（現北京大學）未名湖畔。斯諾曾於1933年4月－1935年6月在燕京大學新聞系執教。

③ 鄧東燕：《尋找失去的記憶——江西省檔案館赴美國徵集複製檔案紀實》，原載《中國檔案報》，網址 http://www.da.dl.gov.cn/MainPageServlet?ctrl=xxxxPublic&id=9818，2017年4月29日下載。江西省檔案館十分重視這部分蘇區資料。中間省略號部分係作者記載的時間有誤，承蒙吴文津先生來信指出，謹致謝意。

吴先生還用真誠的學術精神打動了國民政府元老胡漢民[①]（1879—1936）的後人。胡漢民先生在1930年代與中國各政要的私人手札，係吴先生通過認識胡漢民先生的女兒胡木蘭女士及其夫婿的友人，經過數年的交往，得木蘭女士之信任，允考慮將胡漢民先生的信札寄存胡佛研究所，後來建議將胡漢民先生的信札轉存哈佛燕京圖書館，由吴先生保管。“於是這批2700餘件遂寄存哈佛燕京圖書館。這一批極為珍貴的原始資料，是研究民國史所不可缺的；後經陳紅民教授編注，並得胡木蘭女士家屬的許可，於2005年由廣西師範大學出版社出版，名為《胡漢民未刊來函電稿》15大册，以惠士林。”[②]

1964—1965年期間，吴先生花了整整一年的時間在全世界進行調查工作。他走訪了西歐、東歐、北歐、蘇聯、印度、日本、中國臺灣、中國香港的重要中國研究和圖書中心，還有美國本土圖書館。吴先生提出一個建議，即成立一個全國性的東亞圖書館服務中心來確定、獲取（通過館際互借和交换）以及複製那些無法獲取的當代中國書刊和祇有少數美國圖書館纔能擁有的稀缺研究資料。1968年，成立了“中國研究資料中心”（Center for Chinese Research Materials）。這個中心複製了無數難得的資料，不但遍及全美，而且流傳世界各地。如果没有這個資料中心，“各地圖書館現在是不可能擁有那麽多中文書刊的”[③]。

由於有了芮瑪麗和吴文津兩位館長的努力，奠定了斯坦福大學東亞圖書館的領先地位。難怪後來國民黨要人的日記、檔案、信件紛紛以各種方式由斯坦福大學東亞圖書館保存，其中有蔣介石和蔣經國先生的日記，宋子文和孔祥熙文書，中國共産黨文件，中國國民黨文件，等等。重慶圖書館唐伯友和任競於2012年來到斯坦福大學做了詳細考察。他們指出：

> 胡佛研究所檔案館典藏全部檔案，約4500個全宗，6000萬件，而直接或間接涉及中國近現代史的，共有522個全宗，約300萬件，其中，涉及中國抗日戰爭的，則有150個全宗，2933盒及1796個縮微膠卷。這批抗戰檔案，絶大部分是戰時中美兩國政要、軍事將領、使（領）館官員、參戰官兵及在華社團、記者、外籍僑民、傳教士等人士的個人文書，因此，它以日記、信函、電稿、備忘録、著作及回憶録等為主要載體，以中國戰時政治、經濟、軍事、外交和社會生活等為基本内容。
>
> ……

① 胡漢民（1879—1936），本名衍鴻，字展堂，號不匱室主，廣東省廣州府番禺縣（今廣州市區）人。自稱漢民，意為不做清朝臣民，做大漢之民。中國國民黨元老和早期主要領導人之一，被稱為孫中山先生的右膀，也是國民黨前期的右派代表人物之一。1928年任國民政府立法院院長，1930年主持編成《總理全集》。1935年12月在國民黨五届一中全會上，被選為中國國民黨中央常務委員會主席。胡漢民一貫反對蔣介石，曾被蔣軟禁於南京湯山，1936年5月在廣州因下棋突發腦溢血去世。前四川大學中文系教授任中敏（又名任二北、任半塘，1896—1991），曾為胡漢民的秘書。

② 引自吴文津：《美國東亞圖書館發展史及其他》，第8頁。

③ 吴文津：《美國東亞圖書館發展史及其他·序》，第8—9頁。

胡佛研究所典藏的抗戰檔案文獻是以相關個人的私人文書為主體，間雜少量相關機構或組織的檔案文件。儘管其本體數量及文本質量，均與中美兩國國家檔案機構典藏的政府文件不可同日而語，但是，這批檔案文獻絶大多數形成於抗戰期間，是戰時中美兩國各階層人士的前后一貫、系統完整和鮮明活潑的個人“抗戰史”，既有宏觀的理性思維，也有主觀情緒的宣泄，與嚴肅冷峻的政府文件相比，具有特殊的歷史價值。第一，從私人文獻角度看，能為抗戰期間諸多中美政策和重大事件的研究，提供全面翔實的佐証史料，既能糾正過往不太全面的史觀，又能拓展、深化新領域。第二，從文本内容角度看，能擺脱歷史現象迷惑，深入決策層人物内心世界去暸解關於戰時政治、經濟、軍事、外交等重大政策製訂和重大事件應對的背景和過程；深入社會底層，暸解戰時民衆真實生存狀態和心理世界。第三，能引發新研究方嚮和研究課題等[①]。

研究近現代史，檔案和原始資料是最重要的資源。吴先生大力收集的這些資料，在兩岸三地乃至世界各地産生了巨大影響。他在大學圖書館事業上的突出成就，奠定了他在美國乃至世界中國研究的資料蒐集方面的獨特地位；也鑒於此，哈佛大學燕京圖書館聘請他繼任第二任館長。

二、哈佛大學燕京圖書館

這裏有必要稍介紹一下哈佛大學燕京圖書館和第一任館長裘開明先生。1928年，哈佛燕京學社成立，以推動國際漢學為其主要宗旨，並創立“哈佛燕京學社和漢圖書館”，接收了哈佛所藏的四千五百餘册中文書、一千六百餘册日文書，請正做整理工作的農業經濟研究所學者裘開明博士擔任館長。裘開明是第一位被聘為美國東亞圖書館館長的中國人，到目前為止，也是任期最長的一位。創館初期，裘館長致力於漢學典籍的蒐集，並得北京燕京大學的洪業（煨蓮）教授及顧廷龍先生之助，在古都北京書肆代為購選中國古籍經年，中頗多善本。二戰結束後，中文善本屢見於日本坊肆，裘先生托人代購，頗有所獲；旋嚮日本書商直接郵購者，亦復不少。館藏中文善本遂蔚為大觀，現藏中文善本四千餘部，始於南宋，迄至清代，均為裘館長之功績[②]。裘館長辛勤地為館務操勞約四十年，草創基業功不可没，所創裘氏漢和圖書分類法，曾為其他國家25所圖書館使用。先生於1965年退休。

---

① 唐伯友、任競：《斯坦福大學胡佛研究所抗戰檔案分類研究——基於斯坦福大學胡佛研究所抗戰檔案典藏現狀的調查》，《西華大學學報》2015年第1期。

② 見沈津：《美國哈佛大學哈佛燕京圖書館中文善本書志》吳文津序，上海：上海古籍出版社，1999年，第1頁。

据沈津先生的記録：哈佛燕京收藏的善本書中，有宋槧元刻本三十餘種，明刻本一千四百餘部，清初刻本二千餘部，稿本、抄本約一千餘部，此外又有唐人寫經、明清學者尺牘、民國名人手札、輿圖以及各種特藏資料，其中明人尺牘達七百餘通。這個數字較之中國内地的大專院校圖書館來説，或僅次於北京大學圖書館，其他大學圖書館多莫能望其項背。就是内地的一些省市圖書館，除北京、上海、南京、浙江、天津、遼寧、重慶館之外，也不比它多。僅以明刻本中不見於中國内地、中國臺灣、中國香港以及美國、日本等重要圖書館收藏者而論，就在一百七十種以上。又如清乾隆年間因編輯《四庫全書》而被禁毁的明刻本，即有七十餘種。其他難得之帙、精雕之本比比皆是。可以説，哈佛燕京中文善本書的收藏，在歐美或東南亞地區的大學圖書館中是獨佔鰲頭的。同時，其館藏質量，完全可以同美國國會圖書館的收藏相頡頏①。

還在裘館長退休前的 20 世紀 50—60 年代，“中國研究”在美國開始了劃時代的轉嚮：一是美國政府和學界對中國的現狀研究的重視；二是人文與社會科學各專業的交叉研究。此時，裘開明館長面臨退休，哈佛燕京圖書館面臨接班人的問題。哈佛選擇了吴文津先生。吴先生是最理想的人選，因為他領導的斯坦福大學胡佛研究所及圖書館，其收藏的資料在美國，甚至整個西方，處於遥遥領先的地位。而吴先生的卓越領導則是有口皆碑的②。

吴先生於 1965 年接掌哈佛大學燕京圖書館後，大力採購中國現代圖書，强調近現代史料的收集，特别是社會科學書刊的採購。燕京圖書館中文部的典藏以中國語言、文學、歷史以及社會科學的書刊為主體。中國經典、哲學、宗教、美術、善本和選集的數量非常可觀，且具有特殊價值，其中重要典籍均有專室珍藏③。吴先生在哈佛燕京圖書館工作了 32 年，直至 1997 年 12 月方退休。從 1928 年到 1997 年長達 70 年中，“哈佛燕京”僅有館長兩任，由於他們的努力，哈佛燕京圖書館的中、日、韓文獻享譽歐美地區，尤其是中國古籍善本的收藏，更可與美國國會圖書館相媲美，同時也延續了全館的總體發展策略。

哈佛燕京圖書館是西方世界規模最大的大學東亞圖書館。燕京圖書館不但有一百多萬册書的館藏，包含中、日、韓、越、蒙、滿、藏、納西文等資料和西文東方學研究資料，還有新舊期刊一萬四千餘種，報紙近七百種，微縮製品六萬餘件，復有照片、名人檔案及電子資料等。据臺大歷史系顧力仁教授截至 2013 年 6 月底的統計，全美 55 所東亞圖書館中、日、韓文館藏總量為 19,754,544 册，中文資料没有列出單獨統計，約佔六至七成，13,000,000 册，其中以國會圖書館最多，有 1,128,643 册，哈佛燕京圖書館其次，但居全美大學之首，有 815,532 册。關於哈佛燕京圖書館藏書狀況，吴先生的大作中有《哈佛燕

① 沈津：《美國哈佛大學哈佛燕京圖書館中文善本書志》，第 925—926 頁。

② 引自吴文津：《美國東亞圖書館發展史及其他·序》，第 5 頁。

③ 汪雁秋主編：《海外漢學資源調查録》，臺北：漢學研究資料暨服務中心，1982 年，第 262 頁。

京圖書館中國方志及其他有關資料存藏現狀》一文。舉方志為例，燕京圖書館藏中國方志3858種，計70553卷[①]。

哈佛燕京圖書館自1928年建立以來，一直本着“學術為天下公器”的精神，以推動東亞人文學的研究為目標，凡是有幸獲得收藏的文物精品都必然以最簡易、最節省的方法公諸於世，為學人服務。据燕京圖書館現任館長鄭炯文先生於2014年的訪談[②]，哈佛燕京圖書館目前藏书將近150萬册，其中中文文獻超过80萬册，日文文獻將近35萬册，韓文文獻將近20萬册，每年的增量不小，大概有3萬万到4萬册左右[③]。

吴先生在哈佛燕京圖書館工作勤奮認真，他以服務心態和開放精神管理圖書館，使燕京圖書館一直保持西方學術研究的領先地位。吴先生努力發展燕京圖書館館藏特色，大致有下面幾點：

1. 除善本書收藏外，請雲南省博物館朱寶田先生協助整理中國納西族象形文經典分類。美國哈佛大學燕京學社圖書館收藏有598册東巴經，這批經書的收集者是美籍奥地利人約瑟夫・洛克和美國總統羅斯福的孫子昆亭・羅斯福。洛克在西方被稱為“納西學研究之父”，從1921年至1949年長期居留在麗江，先受美國農業部之托採集植物標本，接觸到東巴文化後就醉心於此，潛心研究。在美國農業部、美國地理學會、哈佛大學等單位的資助下，洛克購買了大量的東巴經，這些數以萬計的東巴經後來由他贈送或賣給各國的一些圖書館、研究機構及個人收藏。哈佛藏的東巴經就是洛克所收購的東巴經的一部分。羅斯福是1944年在麗江收集到1861册東巴經，其中有很多珍貴的占卜書。他把其中的1073册經書賣給美國國會圖書館，88册賣給哈佛燕京學社。在這將近600册的東巴經中，有很多珍本和孤本。此項資料是中國域外獨一無二的收藏。

2. 當代中國資料收藏，包括文革資料和紅衛兵刊物。

3. 非書資料，包括録音帶、録像帶、照片、紀録片等非書收藏。

4. 圖書館自動化。吴先生多方募款推動哈佛燕京圖書館電腦化，全館資料可以經電腦查出，加入OCLC網絡，OCLC即“在綫計算機圖書館中心”（Online Computer Library Center）。燕京圖書館成為第一個可以上網查詢數據化書籍的東亞圖書館。

吴先生推動此項工作不遺餘力。鑒於吴文津先生的這些矚目成就，他獲得了各種獎項：

1. 1974年華盛頓大學圖書館與資訊科學研究所“傑出校友獎”。

2. 1996年紐英崙華人歷史協會頒給“先驅獎”，感謝他將大額籌款觀念帶給華人社區，

---

① 吴文津：《美國東亞圖書館發展史及其他》，第209頁。

② 鄭炯文，畢業於香港中文大學新亞書院，随後到芝加哥大學研究院學習東亞研究和圖書館學。歷任芝加哥大學東亞圖書館館長、加州大學学洛杉磯分校東亞圖書館館長，1998年起任哈佛燕京圖書館館長。

③ 見于淑娟：《鄭炯文館長訪談》，2014年9月18日。網址 http://www.thepaper.cn/newsDetail_forward_1266337，2017年5月6日下載。

協助促成中華頤養院的順利完成。

3. 1998 年亞洲學會頒給“傑出服務獎”，表彰他擔任胡佛研究所圖書館和哈佛燕京圖書館館長對當代中國資料的收藏以及推動當代中國研究的貢獻。

4. 1997 年哈佛大學校長 Rudenstine 致信吳文津先生，表彰他三十二年來收集東亞資料的努力：協助東亞研究，促成成立中文資料中心，使哈佛燕京圖書館成為全美最優良的圖書館，吳先生的貢獻良多。

5. 1998 年全美東亞圖書館協會頒給“傑出服務獎”。

6. 1998 年在綫計算機圖書館中心（OCLC Online Computer Library Center）頒給“促進中、日、韓目録計劃使用者貢獻獎”。

7. 2001 華人圖書館員協會（CALA — Chinese American Librarians Association）頒給“傑出服務獎”①。

此外，吳先生於 1946 年獲美國總統杜魯門（Harry S. Truman）於該年 7 月頒發之“自由勳章”（Medal of Freedom）。當年 5 月 14 日美軍駐華總部發佈命令稱：“奉總統指示，依據總通行政命令 9586 號（1945 年 7 月 6 日）為協助美國對敵作戰立功之下列人員頒發自由勳章（銅棕葉）。”（“By direction of the President，under the provision of Executive Order 9586 [July 6，1945]，a Medal of Freedom [Bronze Palm] for meritorious service which has aided the United States in the prosecution of a war against the enemy is awarded to the following named individuals.）命令中列 26 名中國將官，56 名翻譯獲獎。

吳先生獲得的這些榮譽，説明他是最優秀的軍人，也是最優秀、最忠於職守的學者和行政官員。

三、圖書館管理經驗

吳先生總結了自己半個多世紀在美國大學圖書館作為有創新能力的館長的工作要求。他對圖書館工作提出的下面幾點看法，值得國內圖書館參考：

一流圖書館館長的任務，可分幾個層次來看：

1. 一個大學的研究圖書館必須要有一批不但具備圖書館專業知識，而且對於該館未來所想發展的每一學術領域（如本館的中日韓歷史文化）較有研究的精英人才，從事館藏發

① 以上内容引自汪雁秋：《吳文津》，載《圖書館人物志》（一），臺北：中國圖書館學會編印，2003 年，第 145 頁。文字根據吳先生來信，略有調整。

展工作。因此館長的首要任務是羅致一流人才。

2. 館長務必要做好圖書館的公共服務、讀者服務與讀者諮詢工作。如果使用者無法有效地利用圖書館，就是圖書館未盡其責，雖然這種工作不容易做得好，但仍要以盡善盡美的心意去做。

3. 館長應該把主要的時間花在策劃和解決問題上，把日常業務全權交由他人處理。

4. 館長要與外界保持最大幅度的接觸，尤其應和學校的教授、行政人員保持融洽關係；明瞭其他學校的圖書館在做什麽，並且要有遠見，掌握未來幾年學者的研究動嚮。所以我經常鼓勵本館的各部主任去聽演講、開學術會議。

5. 館長和各部的負責人應儘可能地從事研究出版工作，因為不做研究，就很難明瞭"使用者"的需求。這種研究，不論專著或論文，也不管與圖書館專業有關與否，都能令人深切體會圖書館資訊服務的複雜化，從而得到許多改進圖書館的啓示。

6. 私立大學的館長要額外擔負募款任務。

吴先生秉著這些理念及哲學來經營哈佛燕京圖書館，使該館在哈佛的九十九個圖書館[①]中排名第三，也是全美全國性和國際性的圖書館[②]。

吴先生治民國史，十分重視當代史料的重要性。他説：

> 我們圖書館三樓有個"善本書室"，蒐集的古籍善本，册册稀有珍貴。我們收集當代圖書也用同樣的心情，選擇好書，希望它們未來都成為"善本"。
>
> 做資料蒐集工作的人，頭上的天綫要放高一點，我們要為今天及後世的研究者留住瞭解這個時代的依據。而且，有很多東西如果今天不蒐集的話，以後就找不到了。……
>
> 此外，美國的圖書館目前都有一個迫切的需要——蒐集"非書"的資料，包括録音帶、録影帶、照片、紀録影片等。以這些形式保存的資料一直没有受到跟書一樣的重視，但隨著視聽技術的進步及應用的普及，已成為不可忽視的資料來源。
>
> 基本上，我是以研究者的立場經營圖書館；事實上，我也曾經直接應用自己的圖書館做學術研究，真正體會一下使用者的感覺。

吴先生不僅做管理工作，自己也要做研究。他説：

---

① 哈佛大學圖書館（體系）是世界上最大的大學圖書館，拥有1500多萬册圖書，包括90多個同專業的學術分館，分别設立在波士頓地區、華盛頓特區、意大利的佛羅倫薩市及世界其他一些城市，僅在哈佛大學校本部就有49所分館。其中 Widener Library 是哈佛大學校本部最大的圖書館，拥有十層藏書庫的館舍宏偉壯觀。

② 汪雁秋：《吴文津》，載《圖書館人物志》(一)，第143－144頁。

我主持的圖書館，不管是以前的胡佛研究所，或現在的哈佛燕京，都屬於研究圖書館，與一般圖書館不同，專門以學術界為服務對象。所以除了管理能力外，還要有做研究的興趣及經驗，纔能瞭解“顧客”的需要。

事實上，不衹是館長，研究圖書館的主要幹部都應該對學術有所認知。就以採購來說，必須掌握政治、經濟、社會……每個範疇的方嚮，知道哪個題目有發展潛力，哪個學者的著作值得注意。這方面燕京可以說得天獨厚，因為哈佛的東亞研究很强，教授們的研究走嚮與建議就可以提供很好的參考。來自東亞的訪問學者，也是我們“挖”綫索的目標。

圖書館的工作有繁瑣細膩的一面，也有活潑前瞻的一面，因為它除了要滿足現在使用者的需要，還得預期到未來的需要。我自己研究民國史，深深知道：愈是近代、當代的資料愈難找，除了因為有些資料還未公開外，也因為它是動的，還在變，不像明史、宋史，已發展出一個架構，大家都知道哪些是最重要、最基本的參考文獻①。

吴先生身體力行，他自己也有重要著作問世，其中有：

1. *Leaders of Twentieth — Century China: An Annotated Bibliography of Selected Chinese Biographical Works in the Hoover Library*. (Stanford: Stanford University Press, 1956)

2. *Contemporary China: A Research Guide* (with Peter Berton). (Stanford: Hoover Institution, 1967)

3. *The Secret Speeches of Chairman Mao, From the Hundred Flowers to the Great Leap Forward* (with Roderick MacFarquhar and TimothyCheek). (Cambridge, MA: Harvard University, Council on East Asian Studies, 1989)②

吴文津館長曾經為哈佛燕京圖書館物色過許多人才，其中以賴永祥先生和沈津先生最著名。由於哈佛燕京圖書館藏書以中、日、韓及英文為主，1972 年他敦邀賴永祥先生來館，當時賴先生任臺灣大學圖書館學系教授兼系主任，精通中、日及英文。賴先生在哈佛燕京圖書館服務 24 年，後任副館長，提出統合全館編目的構想，主編《哈佛燕京圖書館中日文典藏目録》，1986 年出版，多達 72 册。另一位沈津先生，受教於内地版本學權輿顧廷龍先生，曾任上海圖書館特藏部副主任。1991 年沈津先生應邀到館，兩年後完成《美國哈佛大學哈佛燕京圖書館中文善本書志》，並於 1999 年由上海辭書出版社出版。兹書將哈佛

① 盧惠芬：《無常人生，不變職志——專訪哈佛燕京圖書館長吴文津》，《光華雜志》1992 年 12 月。

② 淡江大學中文系編：《書林攬勝：臺灣與美國存藏中國典籍文獻概況—— 吴文津先生講座演講録》，臺北：學生書局，2003 年。

燕京圖書館所藏宋、元、明代刻本 1433 种詳盡著録。一編在手，即可不勞遠涉，且考核精詳，索引完備，凡研究中國傳統文化者，皆因此而受益[①]。同年從該館千餘册善本之中，精選了 67 種罕見善本，同時又出版了《哈佛燕京圖書館藏中文善本彙刊》，共 37 册[②]。吴文津館長為哈佛燕京圖書館尋覓良材，賴永祥及沈津兩位先進得以貢獻智慮，成就佳業；而哈佛燕京圖書館也藉此兩部重要的書目巨構服務國際學界，嘉惠使用者[③]。

“哈佛燕京”，作為一個美國大學内的研究性質的東亞圖書館，本着“學術乃天下之公器”之理念，敞开大門，面嚮研究者，而絶不是“奇貨可居，秘不示人”。燕京圖書館有這麽多的中國古籍善本收藏，除對哈佛師生服務外，還歡迎來自世界各地的學者，不少中國内地學者在燕京圖書館受益匪淺，燕京圖書館的藏書和優質服務大大促進了他們的學術研究。

四、吴先生大作介紹

吴文津先生的《美國東亞圖書館發展史及其他》，皇皇巨著，656 頁。有下面幾個章節：

1.《美國東亞圖書館發展史》包括 7 篇文章：《美國東亞圖書館蒐藏中國典籍之緣起與現狀》《美國中文資料書目管理的現狀與前景》《美國東亞圖書館裹的破損資料：對成立全國性東亞資料保存與維護中心的芻議》《北美圖書館中文文獻收藏的現狀與前景》《出版品國際交流：國立中央圖書館與海外中文文獻的收藏》《美國東亞圖書館協會的歷史沿革》《超越科技》。

2.《哈佛燕京圖書館館史及館藏概括》包括 4 篇文章：《哈佛燕京圖書館簡史》《裘開明館長》《哈佛燕京圖書館中國古籍》《哈佛燕京圖書館中國方志及其他有關資料存藏現況》。

3.《人物懷念》包括 11 篇文章，其中重要的内容有：芮瑪麗與史丹福大學胡佛研究所中文圖書館、余秉權教授、費正清教授、中華人民共和國文化部圖書司司長和北京圖書館副館長杜克先生、韋棣華與近代中國圖書館發展、盧國邦、前北平圖書館館長袁同禮先生、前哈佛燕京學社主任韓南教授以及錢存訓先生。

---

① 杜維明：《哈佛燕京圖書館藏中文善本彙刊》序，見《文匯讀書報》，網址 http：//www. china. com. cn/chinese/archive/410177. htm，2017 年 5 月 4 日下載。

② 是書由廣西師範大學出版社 2003 年出版。

③ 顧力仁：《吴文津館長與美國東亞圖書館吴著〈美國東亞圖書館發展史及其他〉讀後》，《全國新書資訊月刊》第 216 期（2016 / 12 / 01），第 44—49 頁。

4.《圖書評論及序言》包括 14 篇文章，它們是：安・本威克《英國圖書館中的亞洲和非洲文獻收藏：問題與展望》書評，倫敦大學亞非學院當代中國研究所編《歐洲圖書館收藏的中文報刊目録》書評，錢存訓編《中國：書目提要》，《哈佛大學哈佛燕京圖書館韓籍簡目》三編序，吴天威編《江西蘇維埃共和國・1931－1934 ——陳誠特藏文件選輯解題書目》前言，《哈佛燕京圖書館中日文典藏目録》緒言，岡雅彦、青木利行編《哈佛大學哈佛燕京圖書館和書目録》序，李天民著《評周恩來》序，朱寶田編《哈佛大學哈佛燕京圖書館藏中國納西族象形文經典分類目録》序，宋永毅、孫大進合編《文化大革命書目・1966－1996》序，周原編《新編紅衛兵資料》序，《美國哈佛大學哈佛燕京圖書館中文善本書志》序，沈寧著《嗩吶烟塵》序，沈寧著《百世門風—— 歷史變革中的沈陶家族》序。

5.《當代中國研究及研究資料問題》包括 4 篇文章：《當代中國研究在美國的資料問題》《美國對中國大陸的研究》《中國出版業近況》《當代中國研究的圖書館資源》。

6.《國民黨早期政治史：第一次國共合作》包括 3 篇文章：《戰略上至分歧：民國十二年蔣中正先生赴俄報聘之研討》《聯盟政治：國民黨 1924 年黨章之分析》《異議處理：國民黨改組後黨内早期反共暗潮》。

由於是書的文章不少是用英文撰寫的，多由哈佛大學燕京圖書館中文部主任胡嘉陽女士翻譯。其主要内容大約 350 頁，總結了吴先生服務於斯坦福和哈佛圖書館的半個多世紀的輝煌經歷。四川省社會科學院《國學》年刊準備從中選出若干論文，以饗讀者。

五、中美學術交流的使者

吴先生曾多次回到祖國和家鄉四川訪問。早在 1979 年，他是美國國會圖書館副館長 Welsh 率領的美國國會圖書館訪華團成員之一，曾訪問中國主要圖書館。他於 1982 年曾到四川大學、山西師範大學、北京大學、中國科學院、上海華東師範大學以及 1987 年到鄭州大學和四川大學做圖書館管理的講演，促進國内外圖書館學的交流。

吴先生關心祖國圖書館學的建設，為中國讀圖書館學以及資訊科學的學生成立韋棣華基金會獎學金，請中國圖書館學會代為辦理。韋棣華為美國教育家。1929 年在武昌成立中國第一家圖書館學校——文華圖書館專科學校[①]。1996 年 11 月，吴文津先生与中華人民共和國文化部圖書館司司長杜克先生分别代表韋棣華基金會和中國圖書館學會就韋棣華獎學金在中國内地的實施簽署了《諒解備忘録》[②]。从 1997 年至 2007 年，韋棣華獎學金計劃已在中國内地實施了 11 年。11 年来，韋棣華基金會共嚮中國圖書館學會提供獎學金 92097.5 美元，合 754826.15 元人民幣；中國圖書館學會共評審出 383 位韋棣華獎學金獲得者，發放獎學金 673000 元人民幣。韋棣華獎學金對圖書館學、情報學專業品學兼優、生活貧困的學生給予的資助，使該專業的學生和教師感受到了關懷和鼓舞。對此善舉，學生和教師紛紛來信表示感謝。中國圖書館學會對韋棣華基金會和吴文津先生除表示感激外，还將不辜負韋棣華基金會的委托，繼續做好韋棣華獎學金的評審與發放工作，把基金會的關懷和鼓励送給學子們，以完成韋棣華女士的愿望，促进中國圖書館事業的發展[③]。

十多年前，父親曾撰聯："瀛海蘭臺世難二，雨僧白屋鼎足三。"[④] 待到父親去世後三年，我在家中整理父親的遺物時纔發現。我將之裝裱後寄給吴先生，以表示對他的尊敬和感激之情。

後記 本文承吴文津先生審閲，避免了若干錯誤，謹致以衷心感謝。洛杉磯西來大學圖書館郭玲玲館長惠借多種資料，四川師範大學同窗桑宜川鼓勵我將拙文交北美華人刊物發表，敬致謝忱。

（作者單位：美國洛杉磯西來大學宗教系）

---

① 韋棣華女士（Mary Elizabeth Wood，1861—1930），1899 年來華，在武昌當英文教師。1906 年回美國為武昌文華書院籌募經費創辦圖書館。1909 年武昌文華書院圖書館建築動工，次年完工。圖書館命名為"文華公書林"，為中國開創的第一所現代新型圖書館。鑒於專業人才對圖書館發展的重要性，她在美國友人的贊助下，送沈祖榮（1883—1976/1977）和胡慶生赴美在紐約公共圖書館學校攻讀。沈、胡二位先生學成後歸國，籌劃圖書館學校的建立。沈祖榮被譽為"中國圖書館學教育之父"。當時創辦的圖書館學校簡稱為"文華圖書科"，後來更名為"私立武昌文華圖書館專科學校"，哈佛大學燕京圖書館前任館長裘開明先生為第一班學生之一。1953 年，文華圖專轉屬武漢大學"圖書館學專修科"，1984 年經教育部批準成立"圖書情報學院"。2001 年，又更名為信息管理學院。見吴文津：《美國東亞圖書館發展史及其他》，第 268—271 頁。

② 杜克先生（1938—2003），山西萬榮縣人，對新中國圖書館事業的發展，特别是對公共圖書館事業的發展做出了傑出貢獻。曾為北京圖書館（即後來的國家圖書館）常務副館長。杜先生的事跡見吴文津：《美國東亞圖書館發展史及其他》，第 251—256 頁。

③ 1930 年，韋棣華女士為資助中國圖書館事業的發展積極募捐，並以捐款為基礎成立了韋棣華基金會。見"韋棣華基金會"詞條，網址 http：//baike. baidu. com/item/%E9%9F%A6%E6%A3%A3%E5%8D%8E%E5%A5%96%E5%AD%A6%E9，2017 年 5 月 6 日下載。

④ 蘭臺最早是漢代宫内藏書之處，中央檔案典籍庫，稱為蘭臺，由御史中丞管轄，置蘭臺令史，史官在此修史。雨僧指吴宓（1894—1978），陕西涇陽人，比較文學家、歐洲文學史家。曾就讀於哈佛大學，回國後在多所大學任教授，其中有東南大學、清華大學、燕京大學、四川大學、西南師範學院等。1925 年任清華學校研究院籌備主任，聘王國維、陳寅恪、梁啓超和趙元任四位國學大師為清華研究院導師。吴宓先生於 1950 年以後定居重慶，執教於西南師範學院（現為西南大學）。"文革"中受盡凌辱，1978 年去世於陝西涇陽老家。白屋指吴芳吉（1896—1932），重慶江津人，著名作家，自號白屋吴生，世稱白屋詩人。吴芳吉結識吴宓，成莫逆之交。

趙呂甫先生的學術人生及其學術成就[①]

劉朋樂

趙呂甫先生（1919—1999），當代知名學人，唐史學界頗具影響力的學者。在改革開放後的新時期裏，其先後校對出版了《史通新校注》《雲南志校釋》等高水準論著，發表了《唐代吐魯番文書"部田""常田"名義釋疑》《從敦煌、吐魯番文書看唐代"鄉"的職權地位》《整理〈史通〉的體會》等一批學術論文，對史學史研究、唐史研究、西南史地研究、少數民族史等領域的革新與發展做出了積極的貢獻。然而目前學界對趙呂甫學術人生、學術成就的關注還較為單薄，尚未有專文述評其學術成就。有鑑於此，本文將以趙呂甫已出版的論著（文）為基礎，總結概括其主要學術成就，對其學術成就做一初步的探討，以就教於學界。

一、趙呂甫的學術人生

趙呂甫，本名趙岡，1919 年出生於四川成都一個世代書香之家。其父趙少咸（1884－1966）乃民國時期著名語言學家，與時賢章太炎、黃侃等先生頗有往還，曾先後任教於成都高等師範、成都大學、四川大學、華西大學、中央大學等高校，1949 年後任四川大學教授。

受家庭環境的影響，趙呂甫自幼便喜愛文史，亦時常從事寫作。1937 年，趙呂甫從成都私立成公中學畢業，時值日本侵略中國，趙呂甫遂與同學洪潤芳、吴庚密、趙爾宏、楊

---

① 項目來源：教育部重點人文社科研究基地重大項目《古代巴蜀與南方絲綢之路區域的政治互動》（編號：16JJD770035）、國家級大學生創新訓練計劃項目《李有明先生及其時代之學術研究探微》（編號：201610636001）。

生環等人創辦《怒潮》不定期刊，疾呼抗敵，並以“紅嬰”筆名發表《蘇聯婦女的生活》一文，“揭露當時蘇聯婦女生活之實際”①。1939 年春，由於其父趙少咸調任中央大學教授，舉家遷渝，吕甫遂赴渝補習，其年秋考入復旦大學中國文學系。1940 年秋，因患病，返蓉就醫，請假休學一年。1944 年，趙吕甫畢業於復旦大學，但由於中學畢業會考尚有一門需要補考，以至並未如期取得大學文憑，其大學文憑直至 1951 年纔獲得。

1945 年春，由復旦大學史地系同學孫道遠介紹，趙吕甫來到合川國立第二中學任教。1946 年，攜家眷由合川返回成都，但由於抵蓉時已是舊曆臘月二十四，學校人事安排已就緒，不得已由杜仲陵介紹到眉山中學擔任訓導主任兼國文教員。1947 年，趙吕甫長兄幼文赴西北大學任教，遂將華陽縣中、建國中學兩校國文課程交與吕甫。之後，趙吕甫還先後任教於省立女子職業學校、南薰中學、榮昌縣中等中學。1949 年，由其姐夫殷孟倫介紹，改任成都石室中學國文教員、歷史教員②。

1956 年至 1964 年，趙吕甫任四川師範學院歷史系講師，先後講授中國通史、隋唐五代及金元史、歷史典籍介紹及選讀等課程，並以高要求嚴格要求自己，勤勤懇懇從事教學工作，“期望能以嚴肅的備課和科學研究態度影響學生，使學生能够得到啓發”③。在此期間，趙吕甫寫成了《唐代初期的屯防軍制》《對〈關於武則天評價的問題〉一文的兩點意見》《歐陽修史學初探》等多篇學術論文，逐步確立起了其嚴謹的治史風格。1964 年，趙吕甫轉任南充師範學院歷史系講師，但隨著極“左”思想的影響和“文革”的爆發，趙吕甫和廣大舊知識分子一樣“受到了不少不公正待遇”④，其歷史研究遂陷入停滯狀態。

改革開放後，趙吕甫在“文革”中被下的錯誤結論得到了徹底的糾正，因而“趙老師精神更加旺盛，不計前嫌……一面為本科生開設《校讎學》，一面帶研究生”⑤。趙吕甫進入其學術生涯的蓬發期，先後發表了《唐代的實録》《牛僧孺、李德裕史事辨誤》《唐代吐魯番文書“部田”“常田”名義釋疑》《整理〈史通〉的體會》《從敦煌、吐魯番文書看唐代“鄉”的職權地位》等一系列高水準論文；出版了《雲南志校釋》《〈史通〉新校注》等多部巨著；擔任了四川史學會理事、唐史學會理事等社會職務，為唐代財政史、史學史、西南史地等領域做了積極的貢獻。進入 90 年代後，趙吕甫著力於整理其父趙少咸的遺作，與其父的學生余行達、易雲秋共同完成整理其父的遺留著作《廣韻疏證》，同時單獨整理完成了其父的大量遺留論文。1999 年，趙吕甫逝世，享年 80 歲。

---

① 趙吕甫：《成都四中教職員登記表》(1955 年)，見西華師範大學人事處藏《趙吕甫檔案》，四川省南充市。

② 以上生平，均參見趙吕甫：《成都四中教職員登記表》及“個人自傳”(1955 年)，見西華師範大學人事處藏《趙吕甫檔案》，四川省南充市。

③ 趙吕甫：《1985 年教授任職資格申報表本人總結》，見西華師範大學人事處藏《趙吕甫檔案》，四川省南充市。

④ 趙吕甫：《南充師範學院獎勵登記表》(1985 年 4 月)，見西華師範大學人事處藏《趙吕甫檔案》，四川省南充市。

⑤ 同上。

二、趙呂甫的主要學術成就

趙呂甫長期對唐史的相關問題有著深入的研究，在唐代史學史、西南少數民族史、校讎學等領域有著自己獨特的貢獻，其學術上的成就令人驚嘆。作為晚生，余難以通識，在此僅談點個人體會，管窺所及。

（一）趙呂甫的主要著作

趙呂甫的主要著作之一是《雲南志校釋》。唐人樊綽所撰的《雲南志》又稱《蠻書》《南蠻記》等，為“著述雲南史地之專著僅存於世者，亦為考究南詔史事最重要之典籍”[①]。自清代的學者從《永樂大典》中輯録付印以後，學人紛紛進行校對。是書詳細介紹了雲南界內的山川江源、風俗習慣、交通狀況等多方面的內容，是研究西南歷史地理以及南詔國歷史極為珍貴的史料。因此，對該書的整理、校對也受到當代史家極大地重視。20 世紀 60 年代，著名歷史學家向達便“收羅版本，拾遺補缺”[②]，寫成《蠻書校注》。與此同時，趙呂甫也經三十餘年之考究，於 1985 年出版了《雲南志校釋》一書。趙版《雲南志校釋》有如下兩特點：

第一，旁徵博引，為原書中的內容增加了詳細的材料。

校訂古書首先必須掌握豐富的材料，正如趙氏在是書的《序言》中的夫子自況：“凡此拙撰並擇善而從”[③]，趙呂甫在校釋《雲南志》的過程中，以校語最完備、訛誤較少的《琳琅密室叢書》本為底本，旁徵博引，廣泛參照《華陽國志》《太平寰宇記》《唐書》《唐會要》《資治通鑑》等二百餘種書籍，吸收前人校釋的可取之處，對《雲南志》做了精確詳盡的點校注釋，校釋後的雲南志由原來的二萬餘字，擴充至約三十七萬字之規模，內容更為精詳。

比如，《雲南志・蒙舍詔》在介紹蒙舍的地理位置時僅有“蒙舍，一詔也。居蒙舍川，在諸部落之南，故稱南詔也”[④]，寥寥數語，晦澀難讀。而趙呂甫《雲南志校釋》中則引用了《新唐書・南詔傳》“蒙舍詔在諸部南，故稱南詔”、《桂海虞衡志》“蒙舍詔在諸部最强，

---

① 方國瑜：《樊綽〈雲南志〉考説》，《思想戰綫》1981 年第 1 期。

② 木芹：《雲南志校補序》，《思想戰綫》1980 年第 5 期。

③ （唐）樊綽著，趙呂甫校釋：《雲南志校釋》，北京：中國社會科學出版社，1985 年，第 5 頁。

④ 同上，第 110 頁。

故號南詔”、《滇史略》“唐始稱南詔，因蒙氏吞五詔，居永昌、姚州之間，地在五詔之南，故曰南詔”① 等三種不同的史料進行對比，大大擴充了原書的可讀性，易於理解。再如，在緊接著介紹蒙舍詔族群歸屬時，《雲南志·蒙舍詔》僅有“姓蒙”二字，理解難度很大。趙吕甫於是將所有能見的介紹南詔族群歸屬的著述一一列舉，如是説道：

> 蒙氏家族究屬何種民族，自來論説紛紜，莫衷一是。兩《唐書·南詔傳》、《唐會要》卷九九、《册府元龜》卷九五六俱謂烏蠻之别種。曹樹翹《滇南雜志》謂：“蓋哀牢之蒲種也。”馮甦《滇考》又謂：“不過苗獠一種耳……”中國科學院民族研究所雲南少數民族社會歷史調查組《白族簡史簡志合編》謂是白族。惟淩純聲《唐代雲南的烏蠻與白蠻》、馬長壽《南詔國内的部族組成和奴隸制度》、劉堯漢《南詔統治者蒙氏家族屬於彝族之新證》、方國瑜《彝族簡史長編》、李紹明《巍山文物與南詔歷史》等則皆謂為彝族，亦以此説最有理據，讀者可自參覽②。

此種列舉不僅使讀者對南詔族群研究現狀有了直觀的認識，而且大大豐富了對《雲南志》的解釋，減小了閲讀的難度。

第二，考證細緻，訂正舊説，益以新知。

除了對《雲南志》的内容進行補充解釋外，趙吕甫還考證出了該書許多訛誤之處，並進行了修訂，糾正了先前版本的一些不當之處。

比如，《雲南志》卷一介紹雲南界内的途程開篇便説道：“安寧城，後漢元鼎二年，伏波將軍馬援立銅柱定疆界之所。去交阯城池四十八日程。”③ 趙吕甫經過自己細緻的考證後，認為：“卷一第一段話在總述交阯與安寧之間的里程，而安寧城在前，交阯城在後，則與下文伏波將軍馬援立銅柱定疆界之説法不相符合。”④ 同時，趙吕甫借鑒木芹先生《雲南志校補序》一文“衹有安寧城與交阯城互改，纔能與文意”的説法⑤。此外，趙吕甫還依據《後漢書·馬援傳》及《南蠻傳》認為“後漢元鼎二年”是版本的訛誤，應改為“後漢建武十九年”。在這一番考證之後，遂將原文校對為：“交阯城，後漢建武十九年，伏波將軍馬援立銅柱定疆界之所。去安寧城池四十八日程。”⑥ 諸如此類的考證與修改，使得樊書中的許多訛誤得到糾正，為該領域的研究起到了積極的推動作用。著名歷史學家、文獻學家來新

---

① 趙吕甫：《唐樊綽〈雲南志·蒙舍詔〉校釋》，《西華師範大學學報》（哲學社會科學版）1979 年第 2 期。

② 同上。

③ （唐）樊綽撰：《蠻書》，北京：中國書店，1992 年，第 1 頁。

④ 參見（唐）樊綽著，趙吕甫校釋：《雲南志校釋》，北京：中國社會科學出版社，1985 年，第 1 頁。

⑤ 木芹：《雲南志校補序》，《思想戰綫》1980 年第 5 期。

⑥ （唐）樊綽著，趙吕甫校釋：《雲南志校釋》，北京：中國社會科學出版社，1985 年，第 1、2 頁。

夏在其論著《中國近代史述叢》中寫道："在專題研究方面也有一定的成績……趙吕甫的《唐樊綽〈雲南志·蒙舍詔〉校釋》等，都是專門性的學術研究論文。"[①] 當代著名民族學家余宏模在回顧彝族研究歷程時亦如此評論道："南詔史是彝族史的一重要部分，也取得相當進展。在史料方面……有趙吕甫《雲南志校釋》等書，根據調查史料，為探討南詔歷史問題，開闢了研究的新途徑。"[②]

趙吕甫學術研究主要的著作之二是史學史領域的《史通新校注》。

從 1947 年起，趙吕甫便著手開始其《史通》的校勘工作，歷時 40 餘年，參考相關專著、論文 200 餘種，終於在 1990 年由重慶出版社出版。該書是研究《史通》的集大成專著，全書按照内容、體系，將《史通》分為八組進行校勘，總共注釋達 6300 餘條，其中校勘約 2200 餘事。全書行文力求通俗易懂，契合一般讀者的需要。在校釋方面，對時賢的有關評論"悉擇善而從"[③]。

為了修訂後世對《史通》隨意纂改之處，趙吕甫以浦起龍的《史通通釋》為底本，繼而廣泛收集評論《史通》的相關資料。趙吕甫對照陸深、張鼎思、張之象、王惟儉等人的刻本進行校對，基本解決了浦起龍的《史通通釋》許多錯字、纂改的地方。但《史通》這部巨著包含了許多史實，再加上劉知幾行文多用駢文，如不加以進一步解釋，理解《史通》也是非常困難的。因此，趙吕甫還採取當代史家陳漢章、楊明照、彭仲鐸等人的注解，從而使閱讀《史通》的難度進一步降低。除此之外，《史通》還包含了劉知幾獨到的史學見解，但也有其歷史的局限性。因而，趙吕甫還收集洪邁、王應麟、王夫之、顧炎武、趙翼、魏源等人對《史通》的評價，將這些評價摘抄下來，付於文中相應部分，同時還收集了當代學者朱希祖、金毓黻等人的評論，一併摘抄於文内[④]。

通過上述工作，趙吕甫便將《史通》這本史學巨著進行了綜合性的整理，不僅使《史通》中的謬誤之處得以改正，還讓讀者更易把握《史通》的内容與思想。難怪乎著名歷史學家、古文獻學家張舜徽教授贊其"彌嘆功力深厚，非數十年精誠所聚，殆不足以臻此。求之當世，未可多見也"[⑤]，當代著名學者程千帆也評論其"大著《史通新校注》甚佩，蓋自有此書之注以來，無有如尊著之博洽者"[⑥]。白壽彝主編的《中國史學史》教材上也評論道："今人趙吕甫作《史通新校注》，反映了《史通》研究的新成果。"[⑦]

---

① 來新夏：《中國近代史述叢》，濟南：齊魯書社，1983 年，第 383 頁。

② 余宏模：《余宏模彝學研究文集》，貴陽：貴州大學出版社，2010 年，第 5 頁。

③ 參見（唐）劉知幾撰，趙吕甫校注：《史通新校注》，重慶：重慶出版社，1990 年，第 6 頁。

④ 參見趙吕甫：《整理〈史通〉的體會》，《史學史研究》1985 年第 2 期。

⑤ 《書訊》，《西華師範大學學報》（哲學社會科學版）1991 年第 1 期。

⑥ 同上。

⑦ 白壽彝主編：《新世紀高等學校教材　面嚮 21 世紀課程教材　北京市高等教育精品教材　歷史學專業基礎課程系列教材　中國史學史》（第二版），北京：北京師範大學出版社，2004 年，第 2 版，第 126 頁。

（二）唐代史事的研究

除了上述兩本專著外，從 20 世紀 50 年代起，趙呂甫在各類雜志上發表了論文 20 餘篇，其中大部分是關於唐代史事的研究與考訂。如：《唐代使館考》《唐代初期的屯防軍制》《唐代的〈實録〉》《牛僧孺・李德裕史事辨誤》《唐代吐魯番文書“部田”“常田”名義釋疑》《從敦煌、吐魯番文書看唐代“鄉”的職權地位》《〈新唐書・宰相世系表〉訂補》等，對唐代的史事進行了廣泛而深入的研究。

以《唐代的〈實録〉》一文為例，是文首先系統地介紹了唐代《實録》編撰體制以及歷史沿革，指出就編寫體制來説，實録屬於編年史的一種，而六朝則為《實録》的創立時期，唐代為其茁壯成長的時期。然後，趙文對唐代實録的特點進行了歸納，認為有“每一項事件，都必須綜述其較詳的原委”“記載詔誥敕册的全文”“人物傳編寫詳細”[①] 三個重要特點，這些特點是唐代《國史》所不具備的，可與國史相互印證，為後世研究唐史提供重要的史料。緊接著，趙文還廣泛論證了《實録》的重要史料價值，認為《實録》的内容包括整個國家的軍國大事，又有中央權力的支援，資料來源非常廣泛，六部、太史局、鴻臚寺等機構均需按規定定時報送，“取材的方面和數量是極其廣闊和繁富的”[②]。另外，唐朝統治者對史官的甄選是相當注意的，編寫《實録》的大多數史官屬於德才兼備的“績學之士”，因此所記載的事情可信度較高。《實録》的記事也較為翔實，在編纂過程中，史官對民間傳聞、野史這些内容進行了謹慎的選擇，相比於其他野史雜文更令人信服。最後，趙文還著重評論了《實録》的不足之處，認為存在“隱惡飾非”“詳略互異”“紀事混亂”“殘缺散佚”“浮詞虚美”“訛脱舛誤”這六弊，告誡後人在史料選取時還應去粗取精、去僞存真[③]。在趙呂甫之前，學界還尚未有人對唐代《實録》的價值作專門探討，趙氏開創性地對唐代《實録》的歷史沿革、史料價值、優點弊端等做了詳細的介紹，無疑對唐《實録》的研究起到了積極的推動作用。

再如趙呂甫 1984 年發表在《中國史研究》上的《唐代吐魯番文書“部田”“常田”名義釋疑》一文，就提出了自己對“部田”與“常田”的獨到理解。

20 世紀七八十年代，伴隨著吐魯番文書的發現，學界掀起了一股研究吐魯番文書的熱潮，以至有“吐魯番學”之興起。日本學者在其研究上，取得了不少成就。如具體到唐代土地制度方面，西村元佑在其《中國經濟史研究——均田制度篇》一文中，將“部田”解

① 趙呂甫：《唐代的〈實録〉》，《西華師範大學學報》（哲學社會科學版）1981 年第 1 期。
② 同上。
③ 同上。

釋為“劣等的土地”，將“常田”理解為“良質的土地”；我國學者馬雍則認為“部田是需要輪休的土地，常田乃是常年耕作，不需休耕的農田”①；楊際平對這兩家的觀點進行評述，認為西村元佑與馬雍二人的觀點“根據都不够充分”，提出“部田”是某州、某縣的屯田土地，也是唐代屯田的土地，而“常田”就是民田②。

趙吕甫通過自己對吐魯番文書的研讀認為“部田”不是籠統的州、縣境内的農田，也不是屯田，而是具有特殊意義的田地。

趙吕甫指出，第一，“部田”的主管不是隸屬屯田的官府。趙吕甫引用了《敦煌資料》一三八的一件文書，上面記載有“當鄉剥籍”③ 的字樣，由此認為部田的主管應為鄉一級的主管部門，而非屯田官員。第二，部田可以出租。趙吕甫又引用另一段史料載“天授元年壹月……海多邊租取棗樹渠部田畝，麥小壹斗就中交付三畝價訖”④，由此可見，部田是允許民間租賃的，而唐代的法律規定屯田絶對不允許農民私自交易，因此部田與屯田性質是有明顯差别的。第三，部田有“剩退”“死退”的規定。趙吕甫通過自己對吐魯番文書的整理，發現了大量關於“部田”退田的記載，如“開元廿九年死及剩”、“剩退一段壹部田”、“死退貳畝部田城南五里”⑤ 等，而屯田的土地為國家所有，不存在“有剩追收”的情況，這些不同點都表明了部田與屯田有著明顯差别。第四，部田内分永業、口分兩類，其性質是私有的土地。通過以上論證，趙吕甫斷定“部田”必定不是屯田，楊際平所言部田是唐代屯田的説法缺乏依據。在論證何為常田時，趙吕甫認為楊際平“常田是民田”的説法也是缺乏根據的，而認同西村元祐“常田是良質的土地”與馬雍“常田是常年耕種不需要休耕的土地”的説法⑥。

趙吕甫關於“部田”“常田”的討論在當時的學界引起了積極的響應，楊際平先生也於1988年在《中國史研究》上發表了《再談麴氏高昌與唐代西州“部田”的歷史淵源》一文與趙吕甫進行再探討，極大地促進了相關領域的學術研究。著名唐史專家金實祥教授評價趙文稱：“作者根據大量文獻資料，對國内外學者對吐魯番文書中有關‘部田’‘常田’的解釋提出了新的看法……是很有見地的。”⑦

---

① 馬雍：《麴斌造寺碑所反映的高昌土地問題》，《文物》1976年第12期。

② 楊際平：《試考唐代吐魯番地區“部田”的歷史淵源》，《中國經濟史研究》1982年第1期。

③ 趙吕甫：《唐代吐魯番文書“部田”“常田”名義釋疑》，《中國史研究》1984年第4期。

④ 同上。

⑤ 同上。

⑥ 同上。

⑦ 金寶祥等：《趙吕甫同志教授任職資格申報表專家鑒定意見》（1985年），見見西華師範大學人事處藏《趙吕甫檔案》，四川省南充市。

（三）其他相關問題的研究

趙呂甫是當代著名的唐史專家，但其治史的廣度遠非如此，現僅將趙呂甫其他方面的研究作一鋪衍堆砌，以供讀者參考。

第一，較早地研究了歐陽修史學的貢獻。1963 年，趙呂甫在《歷史教學》雜志上發表了《歐陽修史學初探》一文，較早對歐陽修的史學貢獻做了全面的評述。在此之前，學界對歐陽修的關注主要在其文學成就上，還未有專文對其史學成就做研究，因此，趙呂甫《歐陽修史學初探》一文無疑開啓了 60 年代對歐陽修史學研究的先河。

趙呂甫從“歐陽修的重要史學著述”、“歐陽修對歷史編纂學的貢獻”以及“金石考據學和古籍辨僞”[①] 三個方面評價歐陽修的史學貢獻，認為“歐陽修是我國古代著作豐富、貢獻偉大的傑出史學家，是第一個繼承和具體運用了王充、劉知幾的史學思想和歷史編纂學的優良傳統來編纂正史的優秀史學家”[②]，並且“歐陽修以反神學的疑古精神積極從事金石考據和古籍辨僞，這又對宋代疑古求實新學風的樹立和發展曾起過巨大的促進作用”[③]。由當代著名歷史學家陳高華主編的《中國古代史研究概述》中如此評價趙文：“60 年代，趙呂甫《歐陽修史學初探》全面、高度地評介了歐陽修的史學成就。”[④] 應該説，在 60 年代初期文化氛圍較為保守的時候，趙呂甫能對歐陽修的史學成就作比較中肯的評述，是難能可貴的。

第二，在文學、藝術方面有著獨到研究。除了上述史學研究外，趙呂甫在 40 年代，曾撰《南宋的移民文學》《近代成都兩詩家》《關於亂彈名義的商榷》[⑤]《新津觀音寺的明代佛教藝術》等文，在文學、藝術方面提出自己獨到的見解。以《新津觀音寺的明代佛教藝術》一文為例，趙呂甫在 1951 年“土改”中偶然發現新津永商鄉九蓮村保存一座明代古刹，遂多次造訪，記録該寺廟裏廟宇建築、佛龕造像等藝術風格，發現該寺廟第八殿的建築風格與其他殿的風格迥然不同，寺廟裏的和尚稱其為“魯班所造”。趙遂詳細記録第八殿的建造風格，發現該殿雖然是明代修建，但其風格是模仿唐、五代的舊制而建造的，並且此種風格在國内並不多見，在國外也衹有日本尚存少數類似的寺廟。因而，趙將自己所見之景詳細記録下來，並期望考古界予以重視[⑥]。如今，新津的觀音寺已成成都周邊著名的景點，而

① 趙呂甫：《歐陽修史學初探》，《歷史教學》1963 年第 1 期。
② 同上。
③ 同上。
④ 中國史研究編輯部：《中國古代史研究概述》，南京：江蘇古籍出版社，1987 年，第 493 頁。
⑤ 以上三文分别發表於上海《宇宙風：乙刊》，1940 年第 34 期、1940 年第 35 期、1941 年第 36 期。
⑥ 參見趙岡：《新津觀音寺的明代佛教藝術》，《旅行雜志》1952 年第 3 期。

趙吕甫對觀音寺的記載與傳播，則逐漸被人淡忘。

第三，對先秦典籍中某些城池位置進行考證。為更好地瞭解桂陵之戰齊、魏兩軍交戰的路綫，趙吕甫曾撰《〈孫臏兵法·擒龐涓〉中幾個城邑問題的探討》《再論〈孫臏兵法·擒龐涓〉篇中幾個城邑的位置》兩文，對文中城池的位置做了深入討論。趙文認為《擒龐涓》開篇“梁軍將攻邯鄲，使將軍龐涓帶甲八萬至於茬丘”中的“茬丘”並不等於人們所説的距衛國首都濮陽城西南十五里的“沮丘”；魏、衛、趙三國並没有同時佔有東陽的一隅，東陽實為趙國一城邑；桂林之戰平陵、平陸、平丘三城分屬宋、齊、鄭三國，其間無任何關係①。這些觀點的提出不僅充分證明了《孫臏兵法·擒龐涓》重要的史料價值，而且可與一些先秦典籍相互印證，糾正人們的常用史料如《漢書》《水經》等注釋上的不當之處，很具有參考價值。

除此之外，趙吕甫還撰有《顧愷之〈畫雲臺山記〉考證》(重慶《時文新報》，《學燈》周刊第 274 期)、《世説新語劉注義例考》(上海《圖文月刊》第 82 期)、《對〈關於武則天評價的問題〉一文的兩點意見》(《四川日報》1961 年 8 月 12 日）等文，趙氏治史之廣度由此可見一斑，在此便不贅述。

三、趙吕甫學術成就之地位

在談及自己的治史態度時，趙吕甫如是説道：“我欽佩胡適、董作賓、錢穆、張西曼、吕振羽諸人考史論文的内容是旁徵博引，方法也甚為科學，但我對他們分析史實的觀點卻極不同意。我認為學術必須獨立而無所依附，文學作品衹宜抒寫一己的性靈，論史也應就事論事，絶不該受某一派社會學家的學説去批評問題。”② 的確，“獨立而無所依附”是趙吕甫治史最大之特點，趙吕甫所寫的大部分文章是以考證、校讎為基礎，通過廣泛的閲讀史料、對比史料得出結論，並且趙氏堅信“以成見研究歷史，猶如戴上墨鏡看事物，難乎免於歪曲史實”③。於是乎，以考證為主要手段，寫出不帶主觀色彩的文章便是他畢生所追求的真理。

在評論趙吕甫的著作《雲南志校釋》時，山東大學著名歷史學家王仲犖稱贊説：“在抗戰期間，北京大學向達教授著有《蠻書校注》，《雲南志》就是《蠻書》的别名。趙吕甫同

---

① 參見趙吕甫：《再論〈孫臏兵法·擒龐涓〉篇中幾個城邑的位置》，《西南師範大學學報》(哲學社會科學版) 1989 年第 1 期。

② 趙吕甫：《思想彙報》(1957 年)，見南充西華師範大學人事處藏《趙吕甫檔案》。

③ 同上。

志在前人整理的基礎上，又大大提高了一步，注成此書，注釋得非常細緻，大部分結論都切實可靠，為人們所能接受。是一部很出色的著作。”[①] 著名歷史教育家吴景賢也贊其：“就中惟以《琳琅密室叢書》搜訪最完備，趙吕甫同志用作底本，依據舊籍文獻，參照時人新解，亦予逐一訂正。堪稱樊書之功臣，諸家之諍友，亦當代研究西南歷史之巨著也。”[②] 而對於趙吕甫另一本著作《史通新校注》，當代史學史學者周文玖如此說道：“對劉知幾的研究，趙吕甫的《史通新校注》是一個重要成果。在版本上，該書以蒲起龍的《史通通釋》為底本，利用明清兩朝的多種版本，對通釋本進行校勘，糾正了通釋本的一些錯誤。作者充分吸收了前人對《史通》的評論和近人對《史通》的研究成果，注釋更加翔實，並對劉知幾的史學思想做了細緻的評述。”[③]

在科研教學方面，趙吕甫也得到同行的認可，知名的秦漢史、宗教史、巴蜀史研究專家龍顯昭稱贊：“他在科研方面的成績特别突出，他的學識廣博、功力深厚，對唐代的一些重大問題進行了深入的研究，發表了一批高品質的論文。他對唐代的史學史、財政史和幾部重要的典籍都有深入的研究。”[④] 據趙吕甫指導的碩士畢業生、四川師範大學三級教授黄修明回憶稱：“趙老師每日總是獨來獨往，生活習慣很好，每晚看完‘新聞聯播’後必須入睡，早上四點左右便起床工作，勤勤懇懇，數十年如一日，從不間斷。”[⑤] 上海大學教授陳勇在其《唐代長江下游經濟發展研究》一書中也表達了對趙吕甫老師的敬意：趙吕甫師是我大學時期的老師，1986 年我本科畢業後留校任教，隨趙師學習隋唐史。在趙師的家中，我和他的研究生一道聽他講授“唐代經濟史”“唐代財政史”等課程，所記筆記至今猶存，我研究唐代經濟史的興趣，實由趙師開啓[⑥]。這些評論字裏行間流露出對趙吕甫教學、科研的肯定及欽佩。

縱觀趙吕甫的學術人生，他以考證作為自己研究的主要方法，對唐代史學史、財政史、西南史地、少數民族史等領域進行了深入的研究，是一位出色的唐史研究專家。然而，趙吕甫的研究也非盡善盡美。處在改革開放初期的歷史背景下，其雖然提出了一些在當時看來比較新穎的論述，但這些論述大多是對古籍、書本的研讀，缺乏實地的考察瞭解，因而其結論往往會與實際情況相左。作為新時代的學人，學界對此不必苛求。

---

① 金實祥等：《趙吕甫同志教授任職資格申報表專家鑒定意見》（1985 年），見西華師範大學人事處藏《趙吕甫檔案》，四川省南充市。

② 同上。

③ 周文玖：《中國史學史學科的產生和發展》，北京：北京師範大學出版社，2002 年，第 183 頁。

④ 金實祥等：《趙吕甫同志教授任職資格申報表專家鑒定意見》（1985 年），見南充西華師範大學人事處藏《趙吕甫檔案》。

⑤ 黄修明教授（趙吕甫先生指導的碩士生）口述：《趙吕甫先生之學術》，筆者採訪整理，四川師範大學第六教學樓内，2016 年 11 月 16 日 12 時。

⑥ 陳勇：《唐代長江下游經濟發展研究》，上海：上海人民出版社，2006 年，第 411 頁。

附：

趙呂甫先生主要論著（文）目録

一、論著：

1. （唐）樊綽著，趙呂甫校釋：《雲南志校釋》，北京：中國社會科學出版社，1985 年。

2. （唐）劉知幾撰，趙呂甫校注：《史通新校注》，重慶：重慶出版社，1990 年。

3. 中國歷史大辭典・史學史卷編纂委員會①編：《中國歷史大辭典・史學史卷》，上海：上海辭書出版社，1983 年。

二、論文：

1.《南宋的遺民文學》，《宇宙風：乙刊》1940 年第 34 期，第 7—12 頁。

2.《近代成都兩詩家》，《宇宙風：乙刊》1940 年第 35 期，第 9—12 頁。

3.《關於"亂彈"名義的商榷》，《宇宙風：乙刊》1941 年第 36 期，第 11—12 頁。

4.《亂彈名義詮真》，《平劇旬刊》1943 年第 10 期，第 5 頁。

5.《唐代使館考》，《文化先鋒》1948 年第 10 期，第 17—21、8 頁。

6.《〈世説新語〉劉注義例考：〈世説新語〉叢考之一》，《國文月刊》1949 年第 82 期，第 20—26 頁。

7.《新津觀音寺的明代佛教藝術》，上海《旅行雜志》1951 年第 3 期，第 47—49 頁。

8.《初中課本〈中國歷史〉第三册一些問題的商榷》，《歷史教學》1954 年第 11 期。

9.《唐代初期的屯防軍制》，《文史哲》1957 年第 4 期（總 56 期），第 26—32 頁。

10.《對〈關於武則天評價的問題〉一文的兩點意見》，《四川日報》1961 年第 8、12 卷，第 3 頁。

11.《試談我國封建社會内部分段問題》，劉靜夫、趙呂甫（著），《四川日報》，1961 年，第 6、8 卷，第 3 頁。

12.《歐陽修史學初探》，《歷史教學》1963 年第 1 期，第 2—14 頁。

13.《〈孫臏兵法・擒龐涓〉中幾個城邑問題的探討》，《文物》1976 年第 10 期，第 51—56 頁。

14.《唐樊綽〈雲南志・蒙舍詔〉校釋》，《西華師範大學學報》（哲學社會科學版）1979 年第 2 期，第 13—25 頁。

15.《唐代的〈實録〉》，《西華師範大學學報》（哲學社會科學版）1981 年第 1 期，第 1—16 頁。

16.《唐樊綽〈雲南志・六詔〉校記》，《中國古代史論叢》1981 年第 1 輯，第 270—291 頁。

17.《敦煌發現隋大業三年記帳殘卷考釋》，《四川省史學會史學論文集》，1982 年，第 121—139 頁。

18.《牛僧孺・李德裕史事辨誤》，《西華師範大學學報》（哲學社會科學版）1983 年第 1 期，第 52—59 頁。

19.《唐代吐魯番文書"部田""常田"名義釋疑》，《中國史研究》1984 年第 4 期，第 105—113 頁。

---

① 趙呂甫擔任編輯，並作隋唐部分辭條編寫。

20.《整理〈史通〉的體會》,《史學史研究》1985年第2期，第67—72頁。

21.《讀金毓黻〈敦煌寫本唐天寶官品令考釋〉書後》,《西北史地》1985年第1期，第67頁。

22.《金文識小録》,《中華文史論叢・語言文字專輯》,1985年，第204頁。

23.《再論〈孫臏兵法・擒龐涓〉篇中幾個城邑的位置》,《西南師範大學學報》（哲學社會科學版）1989年第1期，第89—95頁。

24.《從敦煌、吐魯番文書看唐代“鄉”的職權地位》,《中國史研究》1989年第2期，第9—19頁。

25.《讀〈新唐書・樊興傳〉書後》,《西華師範大學學報》（哲學社會科學版）,1989年第2期，第1—2頁。

26.《關於唐代前期軍屯田經營管理的幾個問題》,《西華師範大學學報》（哲學社會科學版）1989年第4期，第42—48頁。

27.《〈新唐書・地理志〉考異》,《西華師範大學學報》（哲學社會科學版）1990年第2期，第1—7頁。

28.《敦煌寫本唐乾元〈水部式〉殘卷補釋》,《西華師範大學學報》（哲學社會科學版）1991年第2期，第1—7頁。

29.《〈雲南志校釋〉中之地名考證》，載《唐至清代有關維西史料輯録》,1992年，第368—369頁。

30.《〈新唐書・宰相世系表〉訂補》,《西華師範大學學報》（哲學社會科學版）1995年第1期，第21—27頁。

（作者單位：四川師範大學歷史文化學院）

徐无聞先生學述

何　麗

徐无聞（1931—1993），諱永年，字嘉齡，三十歲後因耳疾更名无聞。著名學者型書法家、中國古典文學研究專家、文字學家、書法教育家。生前為西南師範大學中文系教授兼古典文學研究室主任，唐末文學、書法篆刻兩個專業碩士生導師。中國作家協會會員、西泠印社社員、四川省書法家協會副主席、四川省文史研究館館員、《漢語大字典》編委。

先生1931年農曆十月五日生於成都通順街一個書香世家。曾祖父、祖父做過四川布政使署書吏，祖父曾兼做私塾先生。父徐壽，字益生，號鴻冥，其博學，金石書畫皆研貫，工考古，善詩文、書法、篆刻。母崔端卿，為安徽望族。徐母生南京，幼隨父母入川。其祖父曾任貴州綏陽知縣。其父清末留學日本法政大學，曾任四川鄰水知縣。上任一年遇革命，逃成都，置田三十餘畝為生。先生三歲從母學識字。七歲入成都實驗小學，父授書法，能書三四寸大字。十二歲從漢印入手，兩三年摹刻數百方。十三歲，父授《詩經》。十四歲，父授《書目答問》；寫《石鼓文》、《嶧山碑》、《九成宫》。十五歲，與易均室偶識於成都一舊書店，納為弟子，學習篆書並印學史；讀《資治通鑑》；從周菊吾學詩詞、書法、篆刻。十六歲，初中畢業，讀《史記》一通，唯於刻印頗好之：操筆為文《墨池銘》，緬懷揚雄，用典恰和，發出"曷天生斯人，乃豐其才而吝其遇乎？徒使後之君子為之煩冤偉傺、慨然太息，不其哀哉"的人生之思。十七歲，隸書《跋櫓園論畫絶句》文采燦然，手搨並跋《漢畫像磚》，記獲得漢畫像磚為天賜的"狂喜"；十九歲，以滿分作文，總分第一考入成華大學（今四川大學）。青少年時代的徐先生，培養了廣泛的藝術興趣，奠定了深厚的古典文化根基。

先生求學四川大學期間，開始走上學術研究之路。1954年"五四青年節"撰成《評胡鑾（祜曼）著〈中國美術史〉》。1955 年，調入西南師範學院中文系古典文學研究室，成為吴虞教授助教。1963 年從郭紹虞先生學古代文論，謁沈尹默和潘伯鷹兩先生請教書法。1966 年 8 月，北碚寓所被抄掠。1967 年暑假返蓉，為易均室先鈐拓印章三部，署名《櫓園印鯖》。先生於文字學用工尤勤。一是以蠅頭小楷批閱校勘《説文》七遍。二是摹寫甲骨文小篆文字二十多萬字。1976 年參與《漢語大字典》編寫。1979 年，任西南師範學院古典文學教研室主任，國家重大專案《漢語大字典》編委兼字形工作組長。1984 年，招收第一屆唐末文學專業碩士研究生。1985 年，招收第一屆書法篆刻專業碩士研究生。從 20 世紀 80 年代到 1993 年 6 月 20 日先生辭世，先後主持《漢語古文字字形表》編寫工作，主編《秦漢魏晉篆隸字形表》《甲金篆隸大字典》《殷墟甲骨書法選》等一系列古文字學方面的大型工具書。先生治學四十餘年，不懈晨夕，成果豐碩。有《東坡選集》《徐无聞論文集》《徐无聞書法集》《二十世紀四川書法名家研究叢書・徐无聞卷》《徐无聞印存》《玉局郕印存》《徐无聞臨中山王厝鼎》《徐无聞藏金石集拓》等出版。有《唐末文學要籍題解》《无聞詩存》待刊。啓功先生評價徐无聞先生："吾友徐无聞先生博通訓詁及金石文字之學，執教於蜀中高等學校，誨人不俗，學人共仰之……著述甚富。於古文字之考辨，造詣尤邃。暇則揮毫作書，古、篆、楷、行，罔不精工。"①

一

50年代初，先生就涉足敦煌文學研究，並一直關注敦煌學發展。80 年代初，先生還就怎樣"使敦煌文學作品從古董裏走出來，成為民間大衆的讀物，發揮固有的文學作用"② 提出自己的建議：一是要有相當數量的研究者，二是要趕快拿出第一手資料。這兩項建議經過二十多年各界的努力皆成為現實。當下，從事敦煌學研究的學者已成梯隊，敦煌資料通過國家古籍再造工程等途徑進入全國各大圖書館。

（一）先生認為："變文"演唱形式上的創新，從宗教題材到歷史題材、現實生活題材轉變，是人民群衆的創造。這從"變文"的發展和演變過程中可以看出來。"俗講"是唐朝僧人為了宣傳佛教教義而運用的一種藝術形式。"變文"就是這種"俗講"的話本。"變文"源於佛教中的"唱導"。因唐朝統治階級為了鞏固自己的政權而提倡佛教，更因唐代社會經

① 啓功：《徐无聞書法集・序》，《徐无聞書法集》，成都：四川美術出版社，1996 年。

② 徐无聞：《也談敦煌文學研究》，《光明日報》1984 年 12 月 11 日。

濟繁榮和與西域、印度的商業、宗教方面的密切往來，佛教得到新發展，“變文”應運而生。唐代衆多寺院成為“俗講”場所，“俗講”生動感人的文學性吸引了廣大的聽衆。寺院就成了擁有衆多游人的娛樂場所。這樣，六朝的“唱導”便轉化為唐代盛況空前的“俗講”。從一些歷史文獻考察，到中唐，非宗教題材的“變文”演唱已經非常流行，講唱技巧已很高，演唱者出現了民間婦女。唐末“變文”中就有伍子胥、季布、王昭君等的歷史故事，張義潮等現實生活題材。因此，先生指出：“‘變文’開始時儘管為宗教服務，但它經過與人民群衆接觸後，人民就按照自己的意見和要求，把它掌握在自己手裏……創造了自己所喜聞樂見的歷史故事和不少現實生活為題材的‘變文’，從而豐富和發展了祖國的文學。”[①] 對於“變文”在唐以後衰微，直到敦煌文物發現之前再沒人提到的現象，先生認為：“變文”並没有真正消失，而是以另外一種面目出現在宋代的娛樂場所。因為兩宋城市商業的興起與繁榮，講唱内容的佛經題材便被歷史故事和現實生活題材所代替。“俗講”這種講唱的形式便從寺院搬到汴都、臨安的瓦子裏。

先生充分肯定反應現實生活題材和歷史題材的“變文”。因為，這類“變文”符合人民的要求和願望。例如，以目連救母為題材的“變文”，在宗教的外衣下，透露出强烈的人間氣息，彌漫著真摯偉大的人類情感，具有深厚的人民性。《秋胡變文》是對得了高官厚禄後背叛愛情的秋胡的譴責。《王昭君變文》裏洋溢著愛國主義和人道主義感情。《張義潮變文》《張淮深變文》取唐大中五年張義潮起義的社會題材，謳歌人民勇敢抵抗異族侵略的精神。這類變文之所以受到人民的喜愛，是因為這些作品符合人民的要求和願望，因此能在文學領域生根。

（二）先生在《試談〈琵琶記〉》一文中認為《琵琶記》故事從宋代開始在民間流傳數百年，趙五娘的形象家喻户曉，也是因為這樣的作品符合人民的願望。先生通過將宋代流傳的“趙貞女”“王魁”的形象與明代高則誠《琵琶記》中的“趙五娘”和“蔡伯喈”形象對比指出：宋元民間流傳的“琵琶記”故事與明代高則誠本相異，高則誠以前的“琵琶記”是一齣悲劇。宋元舊篇裏的男主人公王魁“棄親背婦”被“暴雷震死”。高則誠《琵琶記》中男主人公蔡伯喈“逼試登程”、“全忠全孝”、“一門旌表”，發生了巨大變化。怎樣評價這種巨大的改變？高則誠對《琵琶記》故事的貢獻是什麽？先生通過對《琵琶記》故事變遷的梳理指出：宋元舊篇《琵琶記》的流行，給宋元統治階級帶來了極大的不安和畏懼，有强烈的人民性和現實主義精神。高則誠改編的《琵琶記》把揭發和控訴統治者改為歌頌統治者。朱元璋把這部作品的地位與四書五經並列。恰恰是改編者不得不保留宋元本的基本内容，在相當程度上反應客觀現實，從而使《琵琶記》仍然成為一部傑出的古典劇作。它

① 徐无聞：《我對變文的幾點初步認識》，《光明日報》1956年9月16日。

的傑出就在於塑造了趙五娘這個具備中國勞動婦女的勤勞、善良、多情、寬厚、勇敢承擔一切苦難的自我犧牲的精神和性格的形象。這個形象的塑造在藝術上最顯著的特色就是，用對比手法塑造趙五娘在家鄉身處困厄“祝髮買葬”的苦難典型形象與蔡伯喈在京城温香軟玉、花團錦簇的貴族形象。因此，“趙五娘是正面人物的典型，而《琵琶記》的人民性主要就體現在這個典型化”[①]。趙五娘和蔡伯喈大團圓的結局，降低了戲劇中所包含的重大社會意義，套上了積善終有善報的宿命思想，對觀衆起到的作用是麻痺與忘記痛苦和稱頌統治者恩德的作用。

（三）先生指出：“胡蠻在他著的《中國美術史》中，對中國各個歷史時期的美術没有正確的評價，對於具有人民性和現實主義的作品没有深入闡述……作者在全書中，從來没有明確地肯定某一個時代或者某一作家的作品是現實主義的。”[②] 胡蠻認為，漢代的美術是“宗教的附庸”，這種結論是不全面的。比如，在漢代美術中，四川出土的畫像磚，漁獵、收穫、煮鹽等就是勞動人民生活的描寫。梁武祠中的“荆軻刺秦王”畫，是敘事詩傑作。連綴起來長達25公里的敦煌壁畫，構成了中古美術史的主要内容，它是古代勞動人民的偉大創造，在世界美術史上也是不朽的。南北朝隋唐的美術，印度中亞等外來藝術的傳入，形成了新的民族風格。這是研究我們古代藝人如何創造性地吸收外來影響發展民族美術的重要課題。因此，建議作者寫中國古代美術史應該把勞動人民創造的反應生活願望的作品視為主流，正確闡揚祖國優秀的藝術傳統。

先生50年代的代表性文章把文藝的人民性和現實主義作為評價古代作品優劣的標準和尺度。我們現在來肯定這一點是因為這是思想意識領域的重大問題。提出這個問題，一是尊重歷史，二是破除某些學者的歷史虚無主義，三是確立正確的學術史觀。這個問題不能得到客觀正確的認識，就没有可能客觀地評價青年徐无聞的學術成就，也不可能對那個時代的文藝批評有正確的認識。

（四）1983年，先生指出：“東坡是偉大的文學家、藝術家，首先在於他是一個進步的政治家。進步的標準主要看他對人民的態度……憑他的政治實績，他也不愧為進步的政治家。”[③] 蘇軾是一位實幹家，有民胞物與的精神。每到一處任職，都儘量做對人民有益的事情。比如，在徐州指揮防洪，保衛徐州城；在杭州，疏浚西湖、整治運河；在黄州拯救遺棄女嬰；在儋耳發展文教。在分析蘇軾的思想意識時，先生指出：“他的本體論有唯心主義傾嚮，但涉及歷史和現實問題，又常常表現為唯物主義，並帶有一些符合辯證法的思想。”[④]

---

① 徐无聞：《試談〈琵琶記〉》，《文學遺産增刊》第二輯，北京：作家出版社，1956年。
② 徐无聞：《評胡蠻（祜曼）著〈中國美術史〉》，《美術》1956年第10期。
③ 徐无聞：《東坡選集》，成都：四川人民出版社，1987年。
④ 同上。

評價褚遂良書法，先生指出：“論褚書的獨特成就，不得不首先歸功於刻工的精妙。褚遂良書法刻字的刻工萬文韶最能心領神會並忠實再現晚年褚書變化豐富的筆法，不愧為傑出的刻字藝術家。”先生在他的各種文章中對那些為中國藝術傳承作出貢獻的工匠們的價值，都給予充分的肯定。他的《敦煌莫高窟雜詠》贊揚“莫恨畫工忘姓氏，無名往往是英才”，“先民不枉修來世，賜福今日未有涯”。應當説先生是一位有濃郁人文關懷情感的正直學者。

綜上所述，徐先生是一位馬克思主義辯證唯物論者。在中國20世紀運用馬克思主義文學批評理論卓有成效地進行文學研究的學者隊伍中，徐先生是成就卓著、影響恒久的一位代表人物。

二

《漢語大字典》由徐中舒先生主編。第一版共8卷，收楷書單字54678個，從1986年10月起陸續出版，至1990年出齊。該書對漢字的形、音、義作了系統的解釋。每個字分“形、音、義”三部，先生主編字形。1975年，由國家出版事業管理局統一規劃，經周恩來、鄧小平同志批准的國家重大專案《漢語大字典》工程正式啓動。1976年，先生參加《漢語大字典》的編纂工作，1979年以《漢語大字典》編委的身份擔任字形工作組組長，主持《漢語大字典》字形確定工作。《漢語大字典》的字形確定是先生在當代古文字研究上取得的最重要的學術成果。如《漢語大字典・前言》所説：“在字形方面，於楷書單字條目下收列了能够反映形體演變關係的、有代表性的甲骨文、金文、小篆和隸書形體，並簡要説明其結構的演變。”《漢語大字典・凡例》第七條：“有古文字的單字，在字頭後面選列能够反映字形源流演變的古文字體。並根據闡明形音義關係的需要，酌附字形解説。”比如，在楷書“克”字之後就附有18個“克”的古字形，它們依次排列在那裏，清晰地展示著“克”字的字形發展演變過程。這18個字分别來自：“掇二・四六八，甲一二四九，前八・九・二，利簋、井矦簋，曾伯簋，者沪鐘，公克錞，詛楚文，説文古文，説文・克部，老子乙前四二上，孫臏二一二，春秋事語三，熹・論語・顔淵，華山廟碑，魏王基殘碑。”（《漢語大字典》1986年版269頁）引號中的文字表示的是每一個篩選出的“克”字的字形來源及形態的演變過程。要使《漢語大字典》呈現出這種字形面貌，首先就必須對各類文字資料進行收集整理。一是對傳世的資料儘可能地去僞存真，積極利用。二是儘可能利用中華人民共和國成立後出土的大量極其寶貴有關漢字演變的新資料。三是選用前人纂集的字形書中，取材嚴謹、摹寫正確的，如容庚《金文續編》等。其次，系統梳理研究這些文字演變的歷史。這十年間，關於《漢語大字典》字形的確定有三項工作值得重點提出。

（一）1976 年至 1979 年，先生遍歷群書，歷時三年，梳理出《現存秦漢魏晉篆隸石刻表》①。該表《説明》所録篆隸石刻"從秦統一六國時起，至西晉為止；以原石現存或原石雖忘但有原石可據者為限；偽刻一概不録；翻刻之能存真者，酌録少量；本表分為'編年部分'和'未編年部分'"。從《説明》可以看出先生對能成為之後確定字形重要依據之一的篆隸刻石資料的篩選非常嚴格。該表編年部分收録 206 條，未編年部分收集 86 條。每條分年代、碑名、所在地、備注四欄。備注言簡意賅，二三十個字就將書體、存亡、摹刻、搨片情況交代得一目瞭然。從編製該表的參考書目看，使用的書籍從宋代洪适《隸釋》到近代馬衡《凡將齋金石論稿》28 種，查閱了解放初至 1979 年 5 月的《考古學報》《文物》，1955 年至 1979 年的《考古》。至今，這張表仍然是研治文字學學者可資利用的那個階段的最完善最系統的資料索引。

（二）徐先生是一位優秀的學術團隊的組織者。《漢語大字典》的字形確定是非常浩大的工程。1979 年至 1981 年，先生領導的字形工作組聚集了多省高校、科研機構和民間的專家定期不定期地集體工作。"參加本表編寫人員和編寫過程如下：《漢語大字典》主編徐中舒教授審閱本表；《漢語大字典》編委徐永年主持並參加本表編寫工作；庾國群負責編務工作。《漢語大字典》各編寫組參加本表編寫人員：四川大學編寫組陳剛、李崇智、李玫，四川師範學院編寫組庾國群、帥初陽……荆州地區編寫組楊德超。本表從 1979 年開始資料準備工作，徐永年、諶貽祝、王大炎參加。1980 年 5 月至 6 月，劉以剛、李法舜、杜佐華、楊德超初步編排了部分資料……本表字形臨摹者：重慶文史館黃笑芸臨摹了大部分的秦漢帛書、竹簡、木簡，其餘部分字形的臨摹者為本表編寫人員。"②《序言》尤其單獨提到臨摹者黃笑芸，這是一個在正式出版的《漢語大字典》所列幾百位各類有功人員表中找不到名字的一位。徐先生的記録彌補了這個遺憾。

（三）1981 年至 1992 年，主編文字類專業詞典。由《漢語大字典》字形的篩選和確定工作產生的應用成果主要有：先生主持的《漢語古文字字形表》（四川人民出版社，1981 年）；主編的《秦漢魏晉篆隸字形表》（四川人民出版社，1985 年；1986 年獲四川省政府二等獎）、《甲金篆隸大字典》（四川辭書出版社，1991 年）、《殷墟甲骨書法選》（貴州人民出版社，1992 年）等。《漢語古文字字形表》收集的是殷代至戰國各器物文字。《秦漢魏晉篆隸字形表》是《漢語古文字字形表》的續編，收集的是秦漢人手寫的古籍文字，對於現今古籍校勘整理，研究古代哲學、軍事、法律、政治、醫學、語言文字等，都非常實用。尤其是對帛書竹簡木簡的研究，本表整理的字形是為嚆矢。《漢語古文字字形表》已經成為

---

① 徐无聞：《現存秦漢魏晉篆隸石刻表》，《詞典研究叢刊》1981 年 8 月。

② 徐无聞：《秦漢魏晉篆隸字形表·序》，《秦漢魏晉篆隸字形表》，成都：四川人民出版社，1985 年。

1999 年新版《中國大百科全書》“漢字、漢字的演變、漢字學”等條目下的推薦書目。《甲金篆隸大字典》獲國家新聞出版總署優秀圖書“金鑰匙獎”。該書大量採用 1949 年以後考古的新成果，收列從殷代到西晉大約一千五百年各類器物文字；字體從甲骨文到隸書，基本反映了現代漢字以前的演變過程。全書共收字頭 6930 個，形體 40527 個。仔細辯僞，剔除可疑僞造的古文字。儘可能對文字進行斷代分期，對甲金篆隸中的異體字進行歸納，方便掌握和正確使用。該書是文字學研究者和從事歷史、考古、語文、書法藝術等方面的學者所需要的工具書。

（四）創立“小篆為戰國文字説”是先生對中國文化發展的重要貢獻。先生創立的“小篆為戰國文字説”，“認定小篆是戰國時期秦國通行的文字，在秦始皇統一全國以前，至少已經通行了 120 餘年”①。這個論斷歷史地正確地反映了文字發展的自然規律，推翻了幾百年來“小篆是秦始皇統一天下後所創製而通行”② 的定說。先生涉及“小篆為戰國文字説”的論文有《小篆為戰國文字説》、《秦漢魏晉篆隸字形表・序》等幾篇，計有幾萬字，没法細説，評述如下：

1. 探究小篆產生的時代是“文字學乃至文化史上的一個重要問題，不可不辨”③。因為，迄今為止，影響很大的詞典、流行很廣的教材、中學課本和普及語文知識的書，甚至好些著名文字學家、秦史專家的著作裏占主流的説法是“小篆為秦國統一後產生的文字”。先生列舉了 8 種，例如《辭源》：“小篆，書體名。相傳秦相李斯將籀文簡化為秦篆，又稱小篆。”中學《語文》：“秦始皇滅六國，實現統一後，整理了各國不同的字體，加以簡化，規定了一種標準的字體，就是小篆。”④

2. 應用出土文物做直接證據。中華人民共和國成立之後，出土的大量文物在史學界可以補正傳世文獻，在文字學領域可探求古文字的發展變化規律。先生充分利用了這些最直接的證據來證明“小篆為戰國文字説”。主要實物證據：一是秦孝公十八年（前 344）的《商鞅方升》，有銘文 34 字已經是規範的小篆，下距秦始皇統一六國還有 120 餘年。二是這 120 餘年的秦國器物還有《秦杜虎符》《詛楚文》《高奴權》《新郪兵符》以及有明確紀年的大約二十件兵器。這些器物的銘文基本上也是小篆，衹有少數形體是古籀的孑遺，個別的字已是隸書的寫法。先生對每一件列出的實物證據是否為小篆都從字形上進行了分析比對。例如《商鞅方升》“升”字寫法與今本《説文》略異，但與漢代金文全同；“大夫”二字合文與秦統一後的《琅琊臺刻石》全同；至於秦武王羽陽宮瓦當三種“不但是小篆，而且還

① 徐无聞：《小篆為戰國文字説》，《西南師範學院學報》1984 年第 2 期。
② 同上。
③ 同上。
④ 同上。

有減損筆畫的字，至於形制與書法已和漢代的瓦當没有多少區别”[1]。先生對秦武王羽陽宮瓦當文字的結論的審慎與確定關注終生。在這篇文章的末尾有《作者附記》：“寫此文時尚未得見陝西師大所藏秦封宗邑瓦當，乃秦惠文王時物，全文一百四十餘字幾全為小篆。至1986年余乃得見，益信此文所論不謬。无聞記，1991年10月。”先生一生研治文字學，非常重視新的考古發掘物的證據價值，認為這些纔是“鐵證”[2]。

3. 通過理清“籀文與小篆的關係”進一步證明“小篆為戰國文字説”。王國維《史籀篇梳證序》指出：“文字之形與勢皆以漸變，凡既有文字之國，未有能以一人之力而創造一體者。”[3] 先生充分肯定王國維文字發展“漸變説”。同時，指出王氏不承認篆文和小篆標志了先後不同的歷史階段的不足。據此提出“文字發展階段性”的觀點發展王氏“漸變説”，方法是把《史籀篇》和《説文》中的字行進行比對；挑出西周金文與籀文和小篆比對；將春秋秦器如《秦公簋》《秦公鐘》上的銘文與西周金文比對。結論：在三百年中，籀文逐漸地簡化和改換，到商鞅執政的時代，已經成普遍通行的小篆。

4. 因“小篆為戰國文字説”的確立，順理成章地産生了一系列新認識，解決了一系列問題。新認識一：秦國自商鞅變法後，建立地方政權，施行律令，文字趨嚮簡易，‘促使小篆逐漸變為隸書。新認識二：秦在統一全國以前，就推行“書同文”的政策，到始皇二十六年，是在全國範圍重申。新認識三：從文字學上，把兩漢通行的隸書勉强區分為隸書和八分是没有必要的。隸書發展到很成熟的時候，楷書在民間形成。新認識四：研究字形、字意的發展，不能墨守《説文》，在文物鑒定和古籍校理時，也不能僅據《説文》論斷是非。

5. “小篆為戰國文字説”的意義。一是正確認識漢字的演變史。先生勾勒出清晰的古文字演變史：殷周古文—籀文—小篆—古隸書。二是有助於正確認識鑒定相關的古文字。三是有助於正確認識《説文解字》的價值。先生認為：許慎的歷史地位完全可以和司馬遷並列，他們都對兩千年來中國文化的發展作出了不朽的貢獻。綜上所述，“小篆為戰國文字説”是1949年以來古文字學研究的重要成果之一。這一重要學説糾正了“小篆為秦國統一文字説”的定説，為中國文字發展史做出了創新貢獻。

---

① 徐无聞：《小篆為戰國文字説》，《西南師範學院學報》1984年第2期。

② 同上。

③ 同上。

三

勤於古籍校勘考釋並使之廣泛傳播，正所謂為往聖繼絶學，徐先生就是其中最勤奮的一員。先生一生校勘整理的家藏古籍有：《白石道人歌曲》（四川人民出版社，1987年）、《寰宇貞石圖》（湖北人民出版社，1996年）、《廛間之藝》（四川人民出版社，1985年）、《沈尹默先生入蜀詞墨蹟》（巴蜀書社，1985年）、《管窺集》（待刊）等。

（一）清鮑廷博手校張奕樞本《白石道人歌曲》的校勘整理。

詞是應樂而生的文學樣式，由詞樂和詞文兩大部分組成。詞與音樂關係的起源研究，必須仰仗第一手資料。徐先生家藏的清鮑廷博手校張奕樞本《白石道人歌曲》（簡稱“張本”）最能體現姜詞的本來面目。“張本”收84首詞，最為完備，姜夔的自度曲17首，都載有完備的旁譜。在現存大約二萬一千多首宋詞中，有旁譜的僅存姜夔這17首，是流傳至今的唯一的宋詞音樂文獻。

校勘《白石道人歌曲》從調查版本開始。為了調查《白石道人歌曲》今存版本情況，先生在考察了上海圖書館、四川圖書館、西南師範大學圖書館等處善本圖書後，歸納出版本的源流，並將確定的底本和主要校對本進行一對一仔細校勘。先生在校對“張本”中有兩項貢獻：一是“堪稱詞林珍秘”的“張本”，按照先生舅父崔氏“能流傳印行，有助於學術研究”的遺志，已化身百千，供後學研究欣賞。二是先生撰寫的《跋鮑廷博手校張奕樞本〈白石道人歌曲〉》堪稱校勘學的典範，值得後學認真研讀。

先生在注釋中認為：沈本即張本的影印本。但有兩點令人置疑，其中之一是“沈本中有17個字和張本不同”。先生在反復審視崔藏鮑校張本後指出：“崔氏此本紙質細潤，刷墨也不重濁，很少有模糊之處，版片上刊刻痕跡顯露得清楚。凡是與沈氏不同的字，都是剜去了原來的字，再嵌進木釘改刻的。最明顯的如《淡黃柳》‘小喬宅’，沈本作‘橋’，張本‘喬’字兩行綫，上下具有斷痕，與喬字四角對應，剜改之跡甚明。”[①] 由此得出沈本就是張本。由於從崔氏此本印刷墨色不一和版本斷缺處看出了張、沈兩本的不同原因，先生建議在影印出版時，一概保持原刻，不做任何描飾加工。古籍在影印製版中，稍不慎就造成新錯誤。這個專業的建議讓1987年版鮑廷博手校張奕樞本《白石道人歌曲》成為學者稱道的版本。

謹慎校理，不妄改字。先生指出，“張本”的改字，並不高明。雖然有得，畢竟是失多

---

① 徐无聞：《跋鮑廷博手校張奕樞本〈白石道人歌曲〉》，《白石道人歌曲》，成都：四川人民出版社，1987年。

得少。例如，《石湖仙》“也學綸巾攲雨”，“雨”改成“羽”反而改壞了。這個實例在《也談敦煌文學研究》中有體現。比如，羅氏珂羅版《唐寫本唐人詩選》，即伯二五六號殘卷中，李白《飛龍引》：“鼎湖水，清且閑”。上海古籍出版社《唐人選唐詩（十種）》誤為“鼎河水”。羅氏珂羅版李白詩“呼兒拂机霜刀揮”，上海古籍版改為“呼兒拂機霜刀揮”。“机”改為“機”就錯了。這個”机”在唐以前是几案的“几”的通假字。因此，先生提倡古籍校勘應恪守不妄改字的校勘學優良傳統。

結論源於求實的態度。鮑氏不很通音律，校勘旁譜，衹要符號稍有差異，都仔細臨寫。先生説自己對音律是外行，校對旁譜，曾請教古琴家李墦。李老在進行專業考證和按譜試彈後，回復他。先生認為李老的鑒定是可信的，還是申明有待做進一步辨析。又如，“完全可以肯定鮑氏所用的馬氏底本並非杭大藏本，而是優於杭大藏本的另一個馬氏所藏抄本”①。為得出這個結論，先生於 1981 年 10 月，帶上鮑校張本和其他幾種姜詞本子赴杭州，用杭大藏抄本與鮑氏本對校。

（二）《寰宇貞石圖》的整理及對碑刻研究的貢獻。

清末著名學者楊守敬選編《寰宇貞石圖》，是研究古代碑刻的重要圖録。1881 年，他隨日本公使黎庶昌到日本。1882 年，他整理的《寰宇貞石圖》，用先進技術縮影在日本出版。日本版《寰宇貞石圖》由日本大藏省印刷局承印，稱為初印本。1909 年，有上海印本，稱為重印本。初印本是先生家傳的一部重要的金石著作，收録搨片二百七十餘種。先生自少年代，玩索此書，得益匪淺。1985 年 5 月，國務院“八五”古籍整理出版規劃成立專案《楊守敬全集》，先生受邀整理《寰宇貞石圖》。《楊守敬全集卷九·寰宇貞石圖》獲國家新聞出版署“特殊獎”。

為做好此書的整理工作，先生研究了楊守敬從事碑刻收集研究的艱辛過程，撰寫了《激素飛清閣評碑記、評帖記·序》《〈寰宇貞石圖〉淺説》兩篇論文。先生推崇楊守敬“集帖之於碑碣，合之兩美，離之兩傷”② 的觀點，對其治學精神尤為激賞。先生指出楊氏治學令人佩服的有三點：一是逐件評述碑帖，將不同時代碑帖進行比較，指出用筆、結體、風格繼承和演變的軌跡。二是誠實做學問，不淹没前人論書成果。三是將品評書法藝術與學術考據相結合，華實相輔，信而有徵，勇於改正自己的錯誤。比如，“對《高陽令楊碑》的辯偽，先確認為真品傑作，在發現新的證據後，果是偽作，又增記一段”③。先生所表彰的楊氏的治學態度，正是先生自己一貫堅守的學術態度。

《寰宇貞石圖》不論是初印本還是重印本都不完善。具體表現有：一是不重視宋元碑

① 徐无聞：《跋鮑廷博手校張奕樞本〈白石道人歌曲〉》，《白石道人歌曲》，成都：四川人民出版社，1987 年。
② 徐无聞：《激素飛清閣評碑記、評帖記·序》，《楊守敬評碑評帖記》，北京：文物出版社，1990 年。
③ 同上。

刻。二是收録有少數翻刻僞刻，部分碑刻缺碑額、碑側、碑陰等。三是印刷不精，初版縮印過小，再放大就會失真；重版印刷差，字跡模糊，甚至黑墨成片。四是没有序跋目録。這些問題，先生“在保持楊氏本來面目，顯現楊氏編選精神的原則”下①，都一一增補、糾正。比如，對原書模糊不清楚的搨片，一方面用自己收集珍藏的清晰的搨片來置换，另一方面從圖書館和朋友處拍照，務求彌補原書缺陷，將碑刻清晰的面貌呈現於閲者。這部金石專著的整理折射了先生數十年來研究碑刻的學術精華。先生終其一生收集的金石搨片有2500多件。2013年，由中華書局出版。

（三）《沈尹默先生入蜀詞墨蹟》的整理出版成為以專業精神尊師的典範。

《沈尹默先生入蜀詞墨蹟》是沈先生應抗戰時期任四川省教育廳長的郭子傑的請求而寫的，計44首。1959年，徐先生得於重慶。這本墨蹟有兩方面的價值：一是信筆揮灑，彌見沈先生“一筆書”真趣，值得後人學習借鑒。二是彰顯沈先生詞學成就。沈尹默作為五四時期新詩的宣導者之一，他的舊體詩詞為書法家之名所掩。程千帆説：“尹默先生極意於詞。”夏敬觀評沈先生“小令造詣至深，能寫前人未盡之意，兼採南北宋長。慢詞雖澀，亦出之自然，不覺艱苦”②。三是彌補《沈尹默詩詞集》中重慶期間的44首全部缺的遺憾。徐先生整理的沈先生墨蹟立足讀者。沈先生“一筆書”墨蹟認讀的困難會影響一般愛好者從内容和形式結合上理解欣賞沈先生的詞作。因此，徐先生將沈先生的44首詞依原書次序，全部楷書斷句，付印於書後。

先生把每一部古籍的校勘與印行都當成傳承祖國文化遺産的“無量功德”。經他校勘的古籍都成為後世稱頌的精品，嘉惠學林，蔭及子孫。

四

作為文字學家和書法學篆刻學家，先生運用訓詁學、字形學、書法篆刻學從事文字考占、碑刻、搨片辨僞、書法鑒定等，取得了令人矚目的成績。先生評歐陽修《集古録》跋尾：“不愧為大文學家的手筆，他不光注意考史，還要論文章、評書法、有議論、有抒情，在他的筆下，千卷碑刻並非枯燥無味的資料，而是足以怡情的珍物。”③ 徐先生考據、辯僞文章就有這樣的特點。其文章主要有：《高適詩文繫年稿》《唐詩輯夫十三首》《〈成都西樓

① 徐无聞：《〈寰宇貞石圖〉淺説》，《江漢考古》1988年第1期。

② 徐无聞：《沈尹默先生入蜀詞墨蹟·跋》，《沈尹默先生入蜀詞墨蹟》，成都：巴蜀書社，1985年。

③ 徐无聞：《關於宋代書法史的研究》，《國際宋代文化討論會論文集》，成都：四川大學出版社，1993年。

蘇帖〉初箋》《黄庭堅卒年可以無疑》《釋"鋅"字》:《〈顔真卿書竹山連句〉辨偽》《〈秦蟬山刻石、泰山刻石〉考辨》《褚遂良書法試論》等。

(一)從《〈成都西樓蘇帖〉初箋》看文史兼備的考證智慧。

《成都西樓蘇帖》(又稱《西樓帖》)是宋人汪應辰集刻的蘇軾墨跡,30卷全本失傳,現存宋揚殘本約占三分之一,上海文明書局影印本裝為六册。從影印六册本看,有詩27首,文18首,書簡41首,臨古帖2種,書杜甫詩2首,殘缺者以一首計,總計90件。先生認為:《西樓帖》對於研究蘇軾的書法藝術和詩文、考證蘇軾事跡有重要價值。《〈成都西樓蘇帖〉初箋》作於1990年。先生晚年學識進入化境。該文足以代表先生考證文章理論與實踐水準,堪稱匯通史、詩、文、書、藝諸多方法考辯的範本。

從《西樓帖》看蘇軾的書法藝術發展軌跡:《西樓帖》的書體楷、行、草兼有,完整包含了蘇軾早中晚三個時期的墨跡。先生對蘇軾書法風格的評價是:蘇軾早年的字,結體端正,筆姿秀潤,行筆熟而不滯,功底厚實,但尚未形成自己的風格;三四十歲的字,就很有蘭亭味道;貶黄州後的書跡,大筆淋漓、氣勢豪宕,健而和,肥而秀,到達成熟境界,充分表現他獨特的風格;老年所書,與中年基本一致,但筆力愈沉厚。

(二)《高適詩文繫年稿》對研究高適生平的新貢獻。此稿於1962年完成,1979年修訂,發表在《西南師範學院學報》1980年第2期上,歷時近20年。該文被列入《大陸五十年來唐代文學研究論文要目(1949—2000)》。先生對高適生平研究的貢獻:一是補正高適生於公元702年説。二是認為高適於天寶八年冬,送兵去青夷軍。三是認為高適在天寶九年因不堪拜迎長官,鞭打百姓,遂賦詩辭封丘尉入河西幕。

(三)《唐詩輯佚十三首》豐富了《全唐詩》的内容。先生晚年"教學有隙,弋鉤群書",得《全唐詩》《全唐詩外編》未收録之詩十三首,並一一校勘考訂。計有:武則天二首《五言過棲巖寺》《賜姚元崇按決鹽池詩》;姚崇二首《五言過棲巖寺》《答御賜按決鹽池詩》;韋元旦一首《五言奉和前(姚元崇過棲巖寺)》;張循憲一首《五言歲隙登棲巖寺》;張敬之一首《賦城上烏、勒歸飛二字》;李棲筠一首《平泉郊居即事奉寄侍郎大尹》;王師閔73頁《題□□(瀑布)三首》;僧無德一首《贊寧國寺鄉畫》;無名氏一首《詠鏡》[1]。

(四)《黄庭堅卒年可以無疑》,兼用歷史文獻和黄庭堅真跡對比的方式辯出真偽。多年來學術界對黄庭堅的生卒年基本無疑。于景祥説:"關於黄庭堅卒於宋徽宗崇寧四年的記載是有疑問的,應該引起學術界同仁對這一問題進行更深入的研究和探討,以便徹底澄清是非。"[2] 于先生提出探討的證據一是《三希堂法帖》中《洛陽雨霽詩》,認為這是黄庭堅的手

---

① 徐无聞:《唐詩輯夫十三首》,《古籍整理出版情況簡報》第253期,1991年。

② 徐无聞:《黄庭堅卒年質疑》,《文學遺産》1991年3期。引用于景祥:《黄庭堅卒年質疑》,《文學遺産》1990年第3期。

跡，大致可信。徐先生指出這件欽定的東西“恰好是一件拙劣的絶不可信的僞作”。于先生提出探討的證據二是《揮麈録》，認為《揮麈録》為記載宋人政事、制度、人事等的筆記，被當時史書所採用，是比較可信的。針對筆記一類的證據，徐先生認為：某條史實是否可信，經過實事求是的辨析之後，纔能判斷，並條分縷析、引經據典地證明《范寥告張懷素變》不可採信，張懷素謀反與范寥没有關係。黄山谷不可能顛倒日月“縱臾”范寥謀反。崇寧年間，元祐黨人遭受打擊迫害，范寥不遠數千里尋訪山谷，正表明他的品格和政治傾嚮。該文一是從書跡流傳、書法風格辯别真僞，再次肯定黄庭堅卒年可以無疑，二是援引史傳糾正野史筆記對范寥的污蔑。

（五）碑刻辯僞，顯示出徐先生深厚的文物鑒定底蕴。鑒别真僞，是研究藝術作品的前提。先生碑刻辯僞文章主要有《〈顔真卿書竹山連句〉辯僞》《〈秦嶧山刻石、泰山刻石〉考辨》《褚遂良書法試論》等，其議論精確，悉有證據，真贋瞭然。對碑刻的辯僞，先生採用的方法既有前人使用的一般方法，更有别人不能為而先生最擅長的方法。先生不僅論斷某貼、某碑為僞，更指明其僞之所在，根據避諱字、古今字、行文格式和使用詞語等來鑒别某代某家的書風文風。其見識之精敏，引證之該恰，行文之簡潔有味，都給人以啓發。

徐先生享年62歲，辭世之時，正是通會之際，令人十分惋惜。回顧先生的學術歷程，感到有以下幾點值得後學借鑒：一是少年力學，暮齒勤修。先生回憶兒時學習的情景：“童年摹印更學書，油燈欲盡四更初。”二是善於從各類文獻中獲取“新知”。正如他的甲骨文字集聯：“唐宋高文可傳舊學，商周古史更獲新知。”三是無證不信的治學精神，對每個結論都表現出加倍的審慎。四是啓發智慧，示後學以途徑。例如，關於宋代書法史的撰述。後學衹要按照他的指嚮勤奮踏實行動，一本具有高學術水準的宋代書法史就一定能誕生。五是敬誠的明道問學精神。先生詩《嘉祥范氏墓所出銅印》：“我之重此印，直是敬其人。寄予後來人，人生貴誠信。”先生常言：人品很重要。弘一法師人品高，從字上體現出來，就形成了自己的風格。六是善於在研讀中得樂。先生在三十歲、五十三歲分别治“欣然忘食”印。《管窺集・跋》展現出久思不得其解，豁然開朗的瞬間擊案稱快之情狀。七是批評很富有理性與激情。上世紀80年代初，先生在文章中為杜甫、蘇軾、劉光第等翻案，理直氣壯地還原他們的歷史地位。八是在藝術實踐中，善於自我鞭策，摒棄終南成名路徑。在《記從沈尹默老人學書法》中説自己近五十之年，學殖荒落，唯有振作精神，不斷地學習纔能抬起頭來瞻前後顧。以上八條是我研讀先生論文集的體會，放在文尾自勉。

（作者單位：中國聯通成都市分公司）

裴斐先生的生平及其學術成就

何春環

“人生兩件大事，一是瞭解世界，再就是要讓世界瞭解自己。”（《〈論語〉講評·學而第一》）裴斐先生曾如此説，亦終身如此去做。他的傳奇人生正是瞭解世界的艱苦歷練，他的學術成就正是讓世界瞭解自己的巍峨豐碑。他生前令人十分敬重，他身後令人永遠懷念……

傳奇人生

裴斐（1933—1997），原名家麟，筆名裴斐。他經歷了一個坎坷不平而百折不撓的傳奇人生，他滿懷壯志而風雨兼程地走過了六十四個不平凡的春秋歲月。1933 年農曆八月二十七日，裴斐出生於四川省成都市。他幼承庭訓，勤奮好學，能詩善文，早有“神童”之稱。從小學讀書開始，他就很有上進心，初小唯讀了兩年就跳讀上高小，初中没畢業便提前考上高中，原本比他早三年上學的大哥裴家勤，竟然成了他的同班同學。父親裴慯生曾經有過這樣的預言：“家麟兒是一個能咬斷鐵釘子的人，我的四個孩子中很可能是他將來最有出息！”

1947 年，裴斐考入華西協合高級中學讀書，當時受到盧梭啓蒙運動思潮的影響，並對文學産生了濃厚的興趣。15 歲就與人合作創辦文學月刊《青年文藝》，自任主編。由於經費拮据，為了減少開支，凡審稿、編排、校對等事務，都由自己一人學餘時間操辦。此時他即以裴斐作為筆名，發表了大量詩歌、散文、小説，年紀輕輕便開始了對社會人生的觀察與思考，並揮舞手中的筆，揭露黑暗，鞭笞壓迫，憧憬光明，展露了超群出衆的進步思想與文學才華。當時成都地區學校不少高材生都是《青年文藝》月刊的支持者，身為中學生的流沙河（名余勳坦，當代著名詩人）也成為該刊撰稿人。1948年，裴斐將他創作的《除夕》《懺悔》《新婚別》《女瘋子》《母與子》《善人與善事》等小説，匯集成一本小册子，以其中《母與子》題為書名，交付青年文藝出版社刊行，在當時產生了批判現實、喚醒民衆的社會效應。

1950年，裴斐考入華西大學中文系。迎新晚會上，他曾經登臺獨演諧劇《阿Q正傳》，赢得了全場長時間熱烈的掌聲。隨後，他加入了華西大學戲劇社，不僅參與每場演出，而且還創作了大量反映社會現實的廣播劇、話劇等，供報刊雜志刊載，供省市廣播電臺廣播，供學校演出。特别是他編導並參加演出的話劇《丁佑君》，歌頌川西剿匪鬥爭中革命女青年捨身就義的英雄事跡，當時赢得了極大的社會反響，在成都地區大中學校連續上演數十場，受到觀衆的普遍歡迎與贊評。他又曾主演曹禺話劇《雷雨》而轟動一時，這部名劇就是職業演員也不敢輕易擔當角色，而他在舞臺上卻能把重要角色塑造得栩栩如生，令人鼓掌叫好。裴斐不足18歲之時，便加入了中國文學工作者協會（中國作家協會前身），被人們稱為“蜀中才子”，受到老作家、四川作協主席陳翔鶴（後任中國社科院研究員）的格外賞識。

一年後，裴斐被當時的川西教育廳推薦去北京報考電影學校（後更名電影學院）。他依靠同學捐助行李路費，長途跋涉，離蓉赴京，考取了電影學校編劇班。同時，他又報考了北京大學中文專業並被録取，最後選擇就讀於北京大學中文系，由此確立了終身從事文學研究的學術生涯。在北大讀書期間，裴斐全靠助學金和勤工儉學來完成學業。他在學習上刻苦用功，發奮自强，同時積極參加業餘文藝活動，還擔任北大戲劇社的領導成員，曾經編寫並演出多部話劇，頗得廣大師生好評，充分展示了他天資聰穎、才華横溢的青春風采。

1952年，裴斐尚未大學畢業，便與華西大學畢業的戀人李蜀熙正式結婚。這在當時確是一件非同尋常的事情，他不顧同學們的議論紛紜，毅然於北大校園内臨湖軒舉行婚禮，拜請中文系主任楊晦教授證婚。楊先生致辭祝賀，又特别説了一些不要因兒女情長影響學習的勉勵語，裴斐當場作了保證。繼後兑現承諾，以優異成績圓滿完成了學業。

1954年，裴斐於北京大學畢業留校，擔任著名學者王瑶先生的助手，成為當時北大青年才俊之一。他初臨教席雖是講授現代文學，但其科研興趣卻在古典文學，尤其是唐代文學，又特别鍾情李白，曾經撰寫《李白》電影劇本。1955 — 1956年，他先後在《光明日報》的《文學遺産》副刊上發表了《什麼是李白詩歌的主要精神》《談李白的詩歌（上、下）》《談李白詩歌討論中的一些分歧意見》等學術論文，大膽質疑業師林庚教授“盛唐氣象”説，公開挑戰當下關於李白評價的主流觀點，由此引起學術界曠日持久的熱烈爭鳴。

其時，他還衹是一個年僅二十二歲、涉世未深的青年助教，卻表現出一種“氣劘屈賈壘，目短曹劉牆”（杜甫《壯游》）的英氣與膽識，預示了他獻身學術研究的光輝前景，實在令人刮目相看。

誰知天有不測風雲，1958 年因與本系青年教師樂黛雲、褚斌傑等合作籌辦同人刊物《當代英雄》，裴斐竟然蒙受不白之冤，被錯劃為右派，開除公職，勞教三年，淪落為北京城裏無户口、無職業的“游民”。他蹬過三輪，拉過板車，繼後長期在北京第二汽車廠當工人，什麽苦活、髒活都曾做過，如此沉淪二十年。他從不灰心氣餒，堅信“天生我材必有用”，始終自强不息，精研技術，成為八級技工，還指導了一大批學徒。當時廠裏凡是遇到技術過硬的活兒，往往安排他親手去解決；凡是遇到大的維修工程，也常常請他擔綱組織實施。他是出色的泥瓦匠，在技術上練就了一手“絶活”，北京城大街小巷四合院裏的老太太，大多喜歡他砌的土炕、竈臺，因為通風好，燃燒好，既省工，又省料，口碑特好。

平時在工作之餘，裴斐仍舊手不釋卷，爭分奪秒，堅持從事中國古代文學尤其是李杜詩歌的研究。他曾自題小像曰：“圬者筋骨，書生意氣，酒徒情懷。”1972 年，他寫過一首感懷詩，題為《壬子四十小照，自頌》：“歲月崢嶸照鏡空，青春枉自露華濃。未遂翰墨平生快，已忍風塵濁酒中。夢裏悲歡殊恍惚，人間否泰更朦朧。伶俜不惑圬人淚，死水何妨映驚鴻。”此詩直抒胸臆，正是他受挫沉淪期間個人心境的真實寫照。從詩中可知他深陷政治和生活的極度困境之中，但是年届四十的圬人（泥瓦匠）書生，眼看歲月流逝、青春消磨，雖然難免産生“悲歡恍惚”“否泰朦朧”的感慨，卻不甘屈服於偃蹇的命運，也並未看透嚴酷的人生，仍然期盼美好明天的到來。他是一個歷經磨難而未被磨難壓倒的强者，對挫折堅忍不拔，對人生滿懷信心，對事業執著追求，對學術潛心探索，以至最終取得為人矚目的傑出成就。

1979 年，裴斐的歷史錯案得以糾正。他寫了一首《詠楓贈友人》：“凜冽霜天初露魄，紅妝姹紫濃於血。回目相望空相知，衰朽叢中有絶色。”借詠楓以詠人，回顧以往崎嶇不平的人生歷程，贊美曾經有過的美好理想，嘆息青春年華的蹉跎流逝，肯定過去的艱難困苦孕育了今天無與倫比的生命之美！裴斐經常對友人説道：淪落二十年雖然失去了很多，但獲得的人生歷練之特殊價值，還是大大超過了失去的一切。這句話既是對自身挫折的辯證認識，也是此詩贊揚霜楓“衰朽叢中有絶色”的最好注腳。後來裴斐重返講壇，以晝夜不捨的艱辛工作實現了自己的人生願望，在生命“衰朽”中鑄就了“紅於二月花”的霜楓“絶色”。

同年，由於著名語言學家馬學良教授的特别舉薦，裴斐被調入中央民族大學任教，最初講授古代漢語課程，繼後一直從事古典文學的教學與研究。裴斐教學循循善誘，深入淺出，語言簡練，論斷精闢，旁徵博引，妙趣横生，深受學子歡迎，就連校外的一些師生都慕名趕往民族大學來聽他講課。他的課往往是在可以容納二三百人的大階梯教室講授，而又常常是人滿為患，很多學生衹能站在窗外或走廊裏傾耳聆聽。馬學良老先生曾經親臨課堂聽了一次裴斐的講課後，不禁拍案激賞地說："講得好！憑這樣的水準，就可以當教授！"此時，裴斐還是在北大擔任助教的初級職稱，又經二十年荒廢教席，但依舊不失良師風采。

自重返大學講臺以來，裴斐夙興夜寐，忘我工作。他常說：一天等於兩天用，一定要把失去的二十年時間補回來！他住在北大蔚秀園 29 樓 301 號將近 40 平方米的單元房裏(夫人的居所)，以臥室兼書齋與會客廳，每天寢饋書堆，潛心研究長達十多個小時，往往堅持到深夜一兩點鐘，周末和節假日也不休息。他先後為本科生和研究生開設古漢語文選、中國古代文學史、《論語》選講、《莊子》選講、唐詩格律、杜詩研究、李白研究、文學原理等十多門課程，還利用課餘時間舉辦了數十場專題學術講座。為了滿足全校學生修課的要求，他的課總是安排在晚上。無論酷暑嚴寒還是颳風下雨，他都騎著自行車從北大趕往民族大學，從不因故而耽誤教課。即使是在他肝部發生病變期間，依然堅持不變。其執著的敬業精神、深厚的文史功底、嚴謹的學術作風和高超的講課藝術，深得校內外師生的由衷欽佩與高度評價。

在教學中，裴斐善於言傳身教，在治學精神、治學原則、治學方法以及立身處世、待人接物等方面，正確引導學生，並極力鼓勵學生嚮偉大科學家牛頓學習，要善於站在大師肩上去摘取科學天空中的璀璨明星。他反對學生機械地照搬老師所傳授的知識本領，特別欣賞國畫大師齊白石化用佛祖釋迦牟尼的那句名言："像我者死，學我者活！"他經常諄諄告誡學生："不在學術上、事業上力圖超過老師、超過前人的學生，不是真正的好學生！"由此，他披肝瀝膽地為國家培養了大量優秀人才，對教育事業可謂"鞠躬盡瘁，死而後已"。與此同時，裴斐注重教學與科研的緊密結合，以教學促進科研，又以科研深化教學。他善於將許多授課講義轉化為學術成果，在《文學評論》《文學遺產》《中國李白研究》《光明日報》等雜志報刊發表了近百篇論文，又在人民文學出版社、中華書局、北京燕山出版社、民族出版社、巴蜀書社等出版了十餘部著作，隨之引起學術界的廣泛關注並產生了巨大影響。

由於裴斐教學和科研業績突出，1983 年被評為副教授，1986 年晉升為教授，擔任中央民族大學學術委員會常委、職稱評審委員會委員兼漢語言文學學科評審組組長。與此同時，1985 年榮獲北京市勞動模範稱號，1987 年榮獲北京市教書育人先進工作者稱號，1991 年榮獲北京市優秀教師稱號，並被國務院評為有突出貢獻的專家，1993 年又被評為全國教育系統勞動模範。其著作《詩緣情辨》《李白十論》分別榮獲 1987 年北京市社科優秀成果二等獎和 1989 年國家民委社科優秀成果一等獎。此外，裴斐更多次被評為中央民族大學先進教師，多次獲得教學科研優秀成果獎。他在學術界聲名卓著，曾任中國李白研究會副會長、中國杜甫研究會副會長、唐代文學研究會理事、四川江油李白研究會名譽會長、李白紀念館高級學術顧問、《中國古典文學賞析叢書》副主編、《文學遺產》編委、《國學集刊》編委、《中國李白研究》編委等。他也曾在1985年舉行的中日詩詞研討會上作中心發言，代表中方學者作總結報告；在1990年11月舉行的國際唐代文學研討會上，被推舉為中方召集人之一；1991年7月至8月連續出席在安徽馬鞍山舉行的“李白研究國際學術討論會”和在成都舉行的“國際宋代文化討論會”，均被選入主席團或被推選為中方召集人之一，深受衆多學者的擁戴。

1995年，裴斐因積勞成疾，身患肺癌，後又轉移腦部，先後做了兩次大手術，病情十分危重。但他堅韌不拔，每日與病魔頑强抗爭。哪怕躺在病榻之上，仍然念念不忘教學與科研。第一次手術後，他不顧病體羸弱，堅持參加了研究生畢業論文答辯；第二次手術後，他還精心計劃病癒出院，至少再完成三部著作：一部是《杜詩十論》，一部是關於魏晉思想與文學的專著，一部是深刻反映社會與人生的自傳體小説《坧人傳》。嗚呼！可惜天不假年，英才早逝！裴斐懷著莫大的人生遺憾，於1997年1月9日齎志以歿，享年64歲。

臨終數月之前，他在病室中曾留下一首絶筆詩，寫於一張漏光的自照背面，題曰《病榻夢牽魂繞，時在丙子季春》：“不見驚鴻（典出陸游《沈園》）良可哀，揮兵百萬（注：文字之役）是庸才。傷心榻上霜楓落，何處佛光照影來？”裴斐多麽不甘心就此撒手人寰，他多麽懷念生死與共的愛妻李蜀熙，回顧自己雖然著述多種，但終究未能實現人生宏願——成為文學研究大家，現在也不過屬於“庸才”一類，實在愧對愛妻，愧對自我，也愧對友人；眼看今日身陷病榻將如霜楓一樣凋落，忽然似有佛光照影，或許是上天還有心讓我去完成人生終極目標吧！可見，即使在生命垂危之際，他仍然渴望著新的生機，殷切期盼“佛光”能重新照亮他的生命之光！他始終惦記著自己尚未完成的學術研究，惦記著近期規劃急欲寫成的那三本著作！如果償其所願，天假以年，憑著他的智慧與才能，肯定會取得更多更好更加卓越的學術成就。正如他的同窗好友、北大知名教授樂黛雲所説：“生活曾為他鋪開千百種可能：他可能成為偉大的詩人，成為劃時代的文學史家，成為新興文學理論的創建者，也可能成為真正不朽的文壇戰士。”（《悼老友裴家麟》）他的過早逝世，無疑是我國學術界難以彌補的重大損失。

中國李白研究會代表學術界廣大同仁悲痛挽之，曰：“得太白三分傲骨三分逸情三分才氣；留世間一品風標一品人望一品文章！”簡要概括了裴斐的人格魅力與學術風範，充分肯定了他在李白研究以及中國古代文學研究領域的傑出成就和崇高聲譽。

北京大學中文系同仁敬挽之，曰：“少年頭角崢嶸，正待沖霄傷鎩翮；晚節聲名卓著，未甘伏櫪痛停驂。”感傷英才早逝，深刻揭示了裴斐少年早慧而大器晚成的坎坷人生。

中央民族大學中文系全體師生敬挽之，曰：“大雅云亡，光明正大，文章遺世功千古；

哲人其萎，磊落清白，教誨銘心傳百年!”高度評價了裴斐的道德文章及其對後世的垂範意義。

人民文學出版社著名編審杜維沫有《紀念裴斐先生逝世一周年》詩云：“北大精英，裴家麒麟。好學深思，卓爾不群。千年浩劫，歷盡艱辛。厚積薄發，貫通古今。李白功臣，莊子知音。探賾索隱，透徹入神。妙語宏論，推陳出新。道德文章，世所共欽。奈何早逝，壯志未伸。嗚呼裴公，永勵後人!”熱烈贊頌了裴斐“卓爾不群”“世所共欽”的輝煌人生，對其“千年浩劫，歷盡艱辛”、“奈何早逝，壯志未伸”，則表示深沉的感慨。

裴斐辭世後，其親人、朋友、同道、弟子等皆為之哀悼不已，紛紛沉吟釋悲、揮筆抒慨，寫下一篇篇傷逝與懷念的至情詩文。為此，中央民族大學中文系專門編輯了一部《裴斐先生紀念集》，特聘裴斐的同窗好友、北京大學中文系資深教授、著名古典文學研究家褚斌傑擔任主編，又恭請中國唐代文學學會顧問、中國李白研究會會長、年逾九十高齡的詹鍈先生為本書親筆題簽，交付民族出版社於 1998 年刊行，以饗廣大讀者。2013 年 10 月，中國李白研究會第十六届年會期間，隆重舉行了《裴斐文集》發行儀式暨紀念活動。與會學者深情懷念裴斐先生，高度評價了他的學術個性、品格與成就。繼後，在《中國李白研究——2013 年集》卷首特闢《紀念裴斐先生八十周年誕辰》專欄，選録了部分學者的紀念發言稿及相關研究論文 12 篇。由此可見，裴斐其人在學術界的地位之重要和影響之深巨。

治學成就

功崇惟志，業廣惟勤。裴斐先生的一生，勵志勤勉而成就偉業。他著述甚豐，澤被學界。諸如李白研究、杜甫研究、文學理論、古代文學史和古代思想文化研究等方面皆卓有建樹，對當今以及後世學人必然都會沾溉良深。其傳世論著有《李白十論》《詩緣情辨》《文學原理》《看不透的人生——裴斐學術論文集》《〈論語〉講評》《李白選集》《裴斐文集》(六卷)、《李白資料彙編·金元明清之部》(與劉善良合編)、《李白詩歌賞析集》(主編)、《中國語言文學》(第 1 輯，主編)、《中國語言文學》(第 2 輯，主編)、《中國古代文學史》(主編) 等，同時發表了單篇學術論文近百篇。

總觀裴斐先生的治學成就，最為突出者在於李白、杜甫、白居易與元稹，以及文學理論的研究等幾個方面。就此逐一進行簡要評述，以昭示其對我國學術事業的巨大貢獻。

(一) 李白研究

裴斐先生始自 1955 年，便連續兩年撰文與林庚教授對李白與盛唐氣象展開學術論爭，聲稱李白並不代表盛唐氣象，而是一個深刻反映盛唐由盛轉衰的黑暗時代社會矛盾的悲劇詩人，他不是充滿了“樂觀情緒”“少年的解放精神”“青春奮發的情感”的“盛世”歌唱者，而是“那黑暗社會的無情揭露者”。繼後，裴先生在《李白十論》以及《李杜卮言》《李白選集》等論著中，仍然堅持這種看法，並且作了進一步的深化闡述。由於他的見解與當時學術界的權威觀點大相徑庭，因而產生了“石破天驚”的轟動效應。

對於李白詩歌的時代精神和藝術風格，裴先生根據李白所處時期是唐代社會“由盛轉衰”的準確定位，重新發表了顛覆主流觀點的獨特見解。他認為李白的詩歌是唐代“由盛轉衰”時期“極為尖銳的社會矛盾的集中反映”，而絕不是唐代上升時期的“盛唐之音”，懷才不遇和人生如夢是其兩個基本主題，其感情基調不是樂觀、豪邁，而是憂鬱和憤怒。因此，李白詩歌的主導風格也絕不僅是前人的所謂“英駿雄邁”“豪放飄逸”和“豪邁俊逸”，而“豪”中見“悲”纔是李白詩歌的真正實質。裴先生將李白詩歌分為兩大類：一類是那些表現理想與現實衝突的政治抒情詩和七古樂府長篇，諸如《梁甫吟》《遠別離》《答王十二寒夜獨酌有懷》《將進酒》《廬山遙寄盧侍御虛舟》等，無不是以豪語表達悲感，給讀者的主要印象是“笑傲王侯”“佯狂放誕”，對上層社會充滿反叛激情，而同時又心情複雜，憂憤深廣。“豪”是出於李白強烈的自我意識和人格力量，而“悲”則是其主客觀雙重矛盾（入世出世“兩無從”）所引起的痛苦，“豪中見悲”纔是李白典型的藝術個性。而從審美的角度來看，李白詩歌往往是悲感至極而以豪語出之，自然是主客觀激烈衝突的表現，故呈現為壯美。另一類則是大量社會色彩十分淡薄的短小篇章，諸如《靜夜思》《山中答俗人問》《越女詞》《長干行》《子夜吳歌》等，主要表達詩人在自然界、日常生活和同下層社會接觸時所產生的奇情異趣與審美感受，表現了詩人對生活的熱愛，對大自然的熱愛，給讀者的主要印象是清新樸素，自然天成，可謂“清水出芙蓉，天然去雕飾”，表現的是主客觀的和諧，在藝術上呈現為柔美。壯美是李白詩歌的主導風格，顯示李詩的鮮明個性；柔美則顯示李詩風格的多樣性，在李詩中佔次要地位。兩類作品、兩種風格不僅彼此輝映，有時又相互交織，從而展現了李詩的全部魅力和光輝。

對於李白的思想個性，裴先生也別有新見。他認為，李白固然深受古代文化尤其是儒、釋、道三家的影響，但又不能將其歸結為某家或某幾家的糅合。李白與衆不同之處在於：他既想見用於世又不願喪失人格的獨立，既要保持人格獨立又不肯真的棄世歸隱，因此一生始終處於非仕非隱的特殊地位。其思想上的矛盾並非入世與出世的衝突，而是入世與出世都沒有出路的雙重矛盾。這種無法克服的雙重矛盾和雙重痛苦，既是他一生不幸的根源，也是他創作激情的主要源泉。從其言行所顯示的性格來看，李白思想最鮮明的特色就是反中庸，強烈的自我意識和保持人格的獨立是其思想的核心，既不願同流合污又不願獨善一身是其思想的基本框架。李白是歷代以狂狷著稱的作家中最輝煌的代表，他既是最狂放的詩人，也是社會感受最敏鋭的詩人，狂人與普通人構成了李白性格的兩面。正因為狂人的李白是那樣驕傲狂放、目空一切，我們纔更加喜愛他在自然界、日常生活和同下層社會接觸中表現出來的平民性格；正因為普通人的李白是那樣温和平易、熱愛生活並富於情趣，我們就更加同情他在上層社會表現出來的叛逆性格。裴先生指出：李白的人格意識與其所要實現的自我價值，永遠同强烈的社會使命感緊緊連在一起，因而李白更是一位個性最鮮明、最富於創造性的詩人。如果不是從唐代歷史，而是從整個古代文化背景上看，李白無愧為自我意識和個體人格的先覺者，他的出現猶如漫漫長夜升起的一盞明燈、一顆巨星，確實具有非同凡響的意義。在我們這種因封建專制造成個體人格意識十分淡薄的民族，似乎誰也没有達到李白那樣的高度，没有表現得像他那樣完美。

關於李白的出生地，唐宋以來直至清代的有關文獻記載皆認為生於蜀中，為歷代學人普遍接受。自 1974 年郭沫若撰文提出李白生於碎葉的觀點，《辭海》《辭源》和一些教科書都改用此説。裴先生依據信實可徵的文獻史料，特撰《評李白出生碎葉説兼及其籍貫問題》《李白出生地辨》《"神龍之年號乃神功之訛"補證》《李白生於蜀中補證》等系列論文，明確指出"碎葉"説的諸多疏漏，認為李白"幼年入蜀説"不可信，在李家先世流徙碎葉到入蜀之前，李白父親也可能先還隴西，爾後遷蜀。唐人魏顥《李翰林集序》和李陽冰《草堂集序》都説李父入蜀後生白，劉全白《唐故翰林李君碣記》、范傳正《翰林學士李公新墓碑序》亦都説李白生於蜀中或為蜀人，這種一致性，充分説明李白生於蜀中之可信無疑。而歷史上關於李白生地的爭論，實為籍貫之爭而非生地之爭。1993 年，裴先生又撰寫了《李白的傳奇與史實》一文，就李白生平研究中"誤將傳奇當史實"的幾種觀點加以評述，重點澄清了近世出現而在近年來影響較大的"生於碎葉"説和"開元十八年進京"説。他認為關於李白的出生地和家世的討論其實是可以分開的，至於近世李白家世討論中的聚訟紛紜，"均屬推論或猜想，事出有因而查無實據"。針對"開元十八年進京"説，則就其立論的依據逐一加以辯駁，指明"其主要論據無不是出於對李白詩文及有關文獻之誤解、附會與臆測"。由此，當《中國大百科全書》編輯部特邀撰寫"李白"辭條時，裴先生鄭重地將李白出生於蜀的觀點寫進了這部權威工具書。其後出版的中學歷史課本也將原來的"碎葉"説，改為"李白，彰明（今四川江油）人"；《英國簡明不列顛百科全書》中的"李白"辭條，也標明李白是四川江油人。可見，通過裴先生精心考辨，清源正本，使李白出生於蜀的觀點終於確立並得到舉世公認。

（二）杜甫研究

裴斐先生的杜甫研究，也取得了令人矚目的學術成就，這主要體現於他的《杜詩分期研究》《李杜卮言》等著述。根據杜甫的社會經歷對其詩歌創作的影響和杜詩發展呈現出的階段性，裴先生將杜詩創作以秦州劃綫分為前後兩期，又從中具體細分為八期。他認為，壯游時期（35歲以前）是杜詩風格尚未形成的懵懂期，從其詩中看到的是少年氣盛的杜甫，與後來作品中所見杜甫大不相同，還不具備我們所熟悉的杜詩風格；長安十年是杜詩風格的形成期，自嘆身世與憂國傷時兩大基本內容都已出現，而這一時期的最後一首詩《自京赴奉先縣詠懷五百字》即是杜詩創作的分水嶺，其詩史的性質即自此始；輾轉兵燹（三年半）是杜詩既成風格的發展期，此時側重紀實的古體詩最大特色便是自身經歷與社會現實、身世自嘆與憂國傷時渾然相融為一體，普遍呈現出沉鬱頓挫的風格，而杜詩紀實多用古體、抒情多用近體的傾嚮在此時期也明顯地表現出來；奔逃隴蜀（半年）是杜甫創作發生重大變化的時期，此期杜詩淡化社會時事，詩人自己已成為其所描繪和詠嘆的社會悲劇的主角，自然景象在詩中也佔據了很大的份量；棲息草堂（兩年半）則是杜詩新風格的形成期，寫景詠物和瑣事成吟的近體抒情性作品大增，詩人所抒之情以閑適和疏放為主，風格蕭淡婉麗；流離兩川（三年半）是杜詩風格的再變期，此期近體詩呈現出迥別於草堂風格的意境雄渾的悲壯美，令人從中獲得更多的審美愉悦和哲理性啓迪；羈留夔州（兩年半）是杜詩雄渾悲壯與蕭淡婉麗這兩類風格全面發展和登峰造極的時期，夔州詩數量最多，體裁最全，題材最廣，可謂包羅萬象，渾涵汪茫，具有集杜詩之大成的性質；落魄荆湘（兩年半）是杜詩發展的落潮和光輝的結束期，此期成就總的看來大不如前，但也有空前傑出的名篇，屬於壯美者首推五律《登高》，次如《泊岳陽城下》，屬於柔美者可推《燕子來舟中作》《小寒食舟中作》，均為杜甫告別人世之前留下的最後珍品。裴先生的“杜詩八期論”，宏觀地描繪了杜詩風格形成和演變的軌跡，深入地闡明了杜甫生活經歷與其詩歌風格的辯證關係，從而論定杜詩的主要成就：在抒情而不在紀實，在近體而不在古體，在後期而不在前期，其高峰在夔州，擅場為七律，七律更能體現後期杜詩的普遍特色。裴先生又以“老”“大”“神”概括杜詩後期的風格特徵：“老”，意謂杜詩老而益精，到了夔州則登峰造極，其思想閱歷老成深化，藝術上爐火純青；“大”，意謂杜詩意境與詩人胸襟之大，其筆底波瀾自闊，闊大到一詩一聯即足以概括一生和整個時代，並以其真切意境和渾涵汪茫的氣勢震撼千載之下讀者的心；“神”，意謂杜詩老而大之，大而化之，神來境詣，渾然無跡，錯綜幻化，不可端倪，既為抒情，亦為寫史，其後期近體尤其是律詩達到了出神入化的藝術境界。“老”“大”“神”三者，正深刻揭示出杜詩三昧之真諦。

衆所周知，宋人以“忠君”“詩史”論杜，强調杜詩的教化價值，重視杜詩中的紀實性作品，今人亦大多推崇杜詩反映現實之作與詩史價值。裴先生則一反古今主流之論，轉而推重杜詩抒情篇章，認為杜甫固然忠君愛國、憂國憂民，但這不足以概括杜詩的豐富個性，而杜詩與歷史的深刻聯繫主要不是通過直陳時事，而是通過詩人的自我抒情來實現。他明確指出，杜甫古體詩的基本特點為紀實，近體律詩的基本特點則是情景交融的意境創造，而杜詩以“三吏三别”為代表的紀實性作品在成就上低於抒情詩。其原因在於：對於文學來説，衹有憂患意識是不行的，還須有超越現實的審美意識，方能將現實中的痛感轉化為審美中的快感；而“三吏三别”缺少的正是這種審美快感，我們從中感受到的是尚未轉化的痛感本身。裴先生進而作出精闢的論斷：杜詩思想與藝術上的成熟以至登峰造極，乃取决於詩人對現實人生始終不渝的執著與超越；而杜甫之所以成為偉大詩人的關鍵，即在於其一己之窮通與天下之治亂渾融為一；而杜詩的卓越成就，即在於其作品的社會意義與審美價值的高度統一。

裴先生還從杜甫與李白比較的視角，著力探討了唐宋以來關於杜詩學的四大代表性觀點，就李杜抑揚及杜詩評價發表了自己的獨到見解。其《唐宋杜學四大觀點述評》認為：杜甫的寶貴價值，是在他去世四十年以後，到了中唐元和年間纔被充分認識。當時既出現了以元稹、白居易為代表的抑李揚杜論，又出現了以韓愈為代表的李杜並重論。元和以後約二百八十年間都是並尊李杜，杜甫地位在上升，李的地位並未因此下降；直到北宋中期，經蘇軾、黄庭堅等詩家的推崇，杜甫詩名纔真正超過李白，被奉為古今詩人之冠、詩家之祖。從並尊李杜到獨尊杜甫，其論據主要有四，即教化説、詩史説、集大成説、無一字無來處説。為此，他對盛行於兩宋並對後世産生了深遠影響的這四大觀點進行了尋源溯流的梳理和闡述，指出集大成説與詩史説淵源於元稹和孟棨，普遍流行卻在兩宋；教化説與無一字無來處説，則分别由蘇軾、黄庭堅始倡，又在諸家評説中不斷地被引申、發揮和重複。而教化説與詩史説側重於思想内容，將杜詩視同經史；集大成説與無一字無來處説則側重於藝術。對於這四大觀點，今人不能不加分析地接受，應當既要繼承，更要突破，從而建立具有現代特色的杜詩學。

通過梳理唐宋杜詩學的四大觀點，裴先生發現並破解了宋人對杜詩評價與賞讀的反差問題。其《略論兩宋杜詩學中存在的一種傾嚮》認為，宋人將杜詩視同經史，盛贊其忠君愛國與史筆森嚴；而實際欣賞的卻是那些無關忠愛、無關現實的寫景詠物之作，即理學家程頤所譏的“閑言語”之類。這種思想評價與審美偏好相背的反差傾嚮，無關個人品格，主要决定於時代環境。處於儒學再興、中央集權空前加强和屢興文字獄（蘇、黄等人均身罹其禍）的社會環境，宋人難免説些言不由衷的過頭話。杜詩並非“每飯不忘君”，並非“一一干教化”，亦並非“唐實録”，宋人可以説得煞有介事甚至慷慨激昂，實在是時代的悲劇。而他們實際喜好的杜詩則又偏於雍容和緩而非沉著痛快一類，其中確有佳制但並非杜詩主要風格之所在。今人若不瞭解宋人的局限，在杜詩研究中便很難真正突破因襲成見而取得實質性創獲。

（三）元白研究

長期以來，在元稹與白居易的評價上，學者大多認為白優元劣；同時也都肯定中唐詩壇上確實存在過一個以白居易為領袖，有綱領、有組織的“新樂府運動”。1984 年 12 月 18 日，裴斐先生在《光明日報》上發表《白居易詩歌理論與實踐之再認識》一文，又引起了一場熱烈的學術爭鳴，從而打破了元白評價和新樂府研究的僵化狀態。

關於元白的詩歌理論與新樂府運動，裴先生針對長期以來不少人對文學思想性的狹隘理解，不合實際地評價元白的詩歌理論和創作，繼前文之後，又在《光明日報》上接連發表了《元稹簡論》《元白雌黄》《再論關於元白的評價》等幾篇論文，勾稽史料加以論證，闡明以政教言詩並非什麽“現實主義詩論”，白居易《與元九書》算不得“新樂府運動”的宣言或綱領，當時也並不存在一個有領導有綱領的“新樂府運動”。所謂“新樂府運動”實是後人杜撰，將李紳、元稹、張籍、王建置於白氏的麾下，是不符合歷史事實的。裴先生指出，白居易論詩舉《詩經》為圭臬，他的詩歌理論是漢儒《詩大序》的翻版。白氏在創作論上，强調“文章合為時而著，歌詩合為事而作”，目的則是“聞於上”，這和漢儒“採詩觀風”説是一致的，認為真正有價值的詩歌都應該是寫給皇帝看的，這就導致了他對詩歌社會功能之認識的狹隘。孔子的“興、觀、群、怨”説，他衹承認“觀”。他還主張寫詩要“質而徑，直而切，核而實，順而肆”，比漢儒更加無視詩歌本身的藝術規律，抛棄了詩貴宛轉含蓄的傳統，把詩歌完全看作為政治服務的工具。但是，白氏的詩歌理論與實踐存在著明顯的矛盾。他重視諷諭，而創作的諷諭詩僅一百餘首，大量寫作的卻是閑適詩、感傷詩、雜律詩。按照他自己的説法，諷諭詩表現“兼濟”之志，閑適詩表現“獨善”之義。他就用“志在兼濟，行在獨善”的雙重人格來解釋自己的生平創作，為自己的詩歌理論與實踐之間的矛盾自圓其説。

裴先生認為，從作品實際和當時發生的社會影響來看，元白並非以樂府諷喻得名，而是以次韻酬唱的日常抒情尤其是豔情詩為世矚目。他們的主要成就都不在新樂府，而在題材廣泛的抒情詩。白居易前期創作了不少諷喻詩，如《秦中吟》《新樂府》確有不少佳作，但其詩歌理論與實踐自相矛盾，他雖然具有進步的政治觀點，亦有不凡的藝術才能，但往往站在社會外邊去反映社會，永遠無法達到李白和杜甫的高度，其根源就在於他“志在兼濟，行在獨善”的雙重人格。後期趨於消極，人品亦並不“清高”，所奉行的“中隱”哲學係將禪、道、酒、色集於一身，既有蟬蜕塵埃之名，又有人間享樂之實。這種腐敗的“中隱”哲學對後世文人影響很大，危害很深。元稹的代表詩作，主要是以哀豔纏綿之筆寫生離死別之情的豔詩和悼亡詩，其悼亡固然是千古絶唱，其豔體在歷史上唯李商隱之無題足與方駕；再就是與摯友白居易的大量酬唱詩，也頗有值得肯定的佳作。至於其新樂府詩的創作，衹是一種失敗的嘗試。

關於元白齊名的評價問題，首先涉及"元白"並稱的由來。裴先生認為之所以稱"元白"而不稱"白元"，是有其歷史原因的。元白在當時所以得名，在於他們那些大量的從形式上講是唱酬，而從內容上講是"淫言媟語"的"元和體"。唱酬詩的關鍵在次韻，而次韻的發明權在元稹而不在白居易，且為元氏所長，白氏是遜色於元氏的。今人論元白多强調他們受杜甫影響，原是不錯的，但這種影響並不限於新樂府。杜甫的日常抒情之作很多，他對元白的影響不僅是長篇排律，也不僅是"三吏""三別"之類，還有"瑣事成吟"的抒情之作。但杜詩這些作品中没有豔情，而在元白詩中豔情的比重卻很大，元詩尤為顯著。從李肇《國史補》"學淫靡於元稹"（"淫靡"同於"淫言媟語"）的話來看，當時尤以元氏的豔詩影響更大。由此可見，酬唱次韻和豔詩影響，正是時人稱"元白"而不是"白元"的兩個原因。

其次是對於"元白"優劣的爭論，後世文人大多抑元而揚白者，主要根據不在文品，而在人品。普遍認為白氏人品清高，元氏人品卑下，而元氏所以卑下，一以仕宦，一以男女。時至今日，論元白者大抵仍主此説。裴先生指出，這種看法其實帶有極大偏見。他認為，從仕宦來看，元稹執著於用世，終生一以貫之；而白居易早年曾為改革弊政上書直諫，一旦遭貶即棄"兼濟"而行"獨善"，從此遠禍避害，以"中隱"終其天年。與這種不特消極並且是極其虚偽的"中隱"哲學相比，元稹之積極用世雖不無劣跡，就人生態度整體而言實勝一籌。再從男女來看，元稹於男女一往情深，如對鶯鶯、韋叢即是如此；白居易愛妓如馬，對待女性顯得殘忍與僞善，有其豔情詩可以佐證，即便是對最心愛的姬妾樊素也無真實感情。同這種對待女性之殘忍與僞善相比，元稹之於鶯鶯雖不無可議之處，但究竟要高尚一些。

至於文品問題，裴先生認為，元白的文學創作，往往是元氏行之於前，白氏效之於後，而在成就上又遠遠超過元氏。白居易《秦中吟》《新樂府》《長恨歌》《琵琶行》均作於元和年間，此後三十年間作品數量雖多，卻再未出現傑作，蓋"中隱’哲學終於形成故也。元氏除豔詩與悼亡自有獨特成就外，並没有可與白氏相媲之傑作，卻也不存在白氏那種蜕變，其後期與白氏的唱酬詩雖然格調不高，但卻不存在白氏"中隱"哲學導致作品那種令人反感的消極性和虚僞性，我們讀起來會覺得親切些。裴先生同時還指出：從藝術品格上説，白居易比鋒芒畢露的元才子深刻得多，他是真正的大器之材！然而正是他所奉行的"中隱"哲學，使他終於無法達到原可指望的高度，這實在是文學史上一件很大的憾事。明確認識這一點，不僅對研究白居易是必要的，亦有助於認識後世許多在思想上受其"中隱"哲學影響的詩人。

儘管有些論家自持不同意見，但由裴先生發起的這場學術爭鳴，無疑推進了學術界對於元白的研究，深化了人們對元白的認識。而在這場爭鳴中，由裴先生率先提出的“並不存在一個有組織有綱領的‘新樂府運動’”的觀點，至今已經被學術界廣泛認同與接受。

（四）文學理論研究

裴斐先生不僅是傑出的古代文學研究家，而且還是一位頗有建樹的文學理論家。他的文學理論吸收了中外古今百家之言，又主要得力於對中國文學發展規律的深入探索與作家創作經驗的精深總結，以及自己飽經社會與生活歷練的人生感悟。其文學理論特別是中國古代文論研究，取得了諸多新創獲，這主要體現於他的《文學原理》《詩緣情辨》以及《文苑雌黄》等論著。玆從以下四點，簡述其引人關注的突出成就。

1. 主張以文學實踐經驗為檢驗標準，來判斷古今中外文學理論的是非曲直。裴斐先生認為，文學的實踐決定文學的理論，大凡理論觀點的形成，雖然需要汲取、借鑒他人的成果，但更重要的還是要依靠對實踐經驗的總結。文學理論主要應該建立在對文學實踐經驗總結的基礎之上，而不是從概念到概念，從理論到理論。對於任何理論，不管表示贊同，或加以修正，或進行批駁，都要看它是否符合文學實踐經驗，從而判定其是非曲直。比如古往今來學者們大多將佔據統治地位的言志論作為中國詩論的主流，而裴先生《詩緣情辨》通過梳理總結歷代詩歌創作與理論批評的實踐經驗，斷然否定了這一傳統的詩學觀點，重新論定過去視為非正統的緣情論纔是中國詩論的主流，對歷代詩歌創作的實際影響最大。他明確指出：言志論是政治家和經史家的詩論，緣情論是詩家的詩論。經史家論詩主要在於解《詩》，目的是説明詩與政教的關係，因此重視詩的言志作用，把詩歌視作為儒家政治服務的工具，未能確立正確的創作原則和批評標準。漢魏以後，文人創作大量湧現，六朝文人論詩即為總結實踐經驗，建立理論和批評體系並用以指導寫詩，因此重視詩歌本身的緣情特徵及其藝術規律，這纔是詩家的詩論。對於緣情派詩論的發展，裴先生勾勒出一個清晰的輪廓：從創作論角度看，六朝是想象論，唐宋至明清是意境論（又可析為唐、宋、明清三個階段），意境論是想象論的深入和具體化；從本源論角度看，唐宋是社會決定論，明清是個性論，個性論是社會決定論的深入和具體化。由此，緣情論的基本觀點可用一句話概括：强調主觀感情（個性）表達和意境創造。

當代有的論家提出“情理中和”説，認為整個中國古代文學的創作與批評都受著“情理中和”的原則的規範。針對這種觀點，裴先生撰寫了《情理中和説質疑》《論作家品格和個性的實現》二文，認為情理中和的準則，衹是儒家以政教言詩的經學準則，儘管歷史上一直享有崇高地位，但對文學發展並没有發生實際影響，至少没有發生積極影響，更談不到起規範作用。就其實質而言，作為《詩》論核心的情理中和，即以理節情的經學原則，是違反文學自身規律的，具體講就是違反個性化的根本規律，扼殺作家的藝術個性。它不但不能體現我們民族文學的特徵，相反我們文學史上的優秀成果，包括創作和批評，都是突破了它的限定纔取得的。情理中和，如果用其規範文學創作，則要求作家必須奉行中庸之道，成為中行通達之士，這與中國文學實踐經驗極不相符。裴先生指出，對於創作，如果一定要加以規範的話，與其説為中和，毋寧説是與之相反的狂狷。中國古代的作家，從屈原到龔自珍，凡成就卓著者都不是中行之士，而是狂狷之徒。屈原以降，嵇、阮、陶、謝、李、杜、韓、柳、蘇、辛，以至吴敬梓、曹雪芹等，幾無不狂，非狂即狷，或亦狂亦狷，狂狷難分，要之均非中行通達之士。中行通達，勢必阿曲求同，苟合取容，意味著圓；與之相反，狂狷意味著方。方，即方正，固然指人品的正直，其反面便是圓滑世故，苟合取容。裴先生通過對歷代作家的認真考察後明確論定：中國優秀作家都是方的，不是圓的。歷來優秀的作家，雖然個性千差萬别，而方的品格則一，這種共同品格正是各自個性實現的前提；無論入世派與出世派，亦無論豪放派還是婉約派，無論詩人詞客還是小説戲曲作家，都不同程度地體現了一種不肯苟合於世的狂狷精神。

2. 强調文學創作與批評的審美特徵，論定審美超越功利而又不脱離功利。《文學原理·本體論》明確指出：文學藝術的本質特徵在於“審美”。所謂審美，要點有二：第一，審美是主客體的相互作用，審美固然離不開客體，同樣離不開主體，而且主體方面更重要，因為審美活動畢竟是在主體即在人的頭腦中進行的。這是針對現代反映論所謂“文學反映生活”的命題，强調文學研究必須重視主體，即人的精神世界。第二，審美是超功利的精神愉悦。就文學創作的目的和動機而言，“超功利”不僅是指克服一己私利，更包括超越特定政治目的和教育意義等。這是針對“文學為政治服務”的説法，一方面强調作家、批評家應從具體的審美感受而不是從概念、思想出發；另一方面强調文學自有崇高使命，不必附庸於政治。《文學原理》之《創作論》和《批評論》，在具體闡述中也貫穿了這一觀點和主張。裴先生認為，文學作品所反映的並非生活本身，而是作家對生活的審美認識。没有審美客體（生活）便没有審美，這道理是極簡單的；文學理論尤其是創作論的任務不是要反復説明這個簡單的道理，而是要注重研究審美主體（作家），從而揭示審美的規律。由此須知，文學理論首先必須要研究文學自身的審美特徵及其有關規律，衹有符合文學自身特徵及其審美規律的作品纔能實現文學的各種功能——包括為政治服務的功能。而文學批評作為一門研究藝術即審美的科學，其任務在於總結文學創作的客觀規律（含審美規律），提供對文學作品的審美意識，既要揭示作家的性格和智慧，也要表現批評家的性格和智慧，其中包括人生追求和審美追求。

在闡釋審美的同時，《文學原理》第八章又指出：審美超功利而又不離功利。這可以歸納為兩方面的內涵：一是文學創作目的一般可以而且應該超功利，但文學作品卻必然具有功利的功能；二是超越個人功利而對天下功利難以忘懷、超越世間苦惱卻對現實人生飽含激情的作品，特別值得推崇。在裴先生看來，一個傑出的作家，必然是既尊重藝術本身的審美規律，同時他的創作又是出於某種人生目的，即要表達自己對於人生的某種獨特的感受和信念，將藝術的追求與人生的追求融為一體，這樣纔可能寫出真正傑出的作品。所謂人生的追求，可以是明確的功利目的，但也不必是。即使是有明確功利目的，比如追求某種社會理想的作家，他的創作也必須從具體的審美感受出發，而不能從功利目的出發。衹有從審美感受出發，功利目的纔可能達到。文學作為一門藝術，其本質特徵是非功利的審美；作為一種社會意識形態，又必然反作用於社會，所以又是有功利的。大致可以這樣説：就文學的客觀性質而言是有功利的，就其創作和鑒賞過程本身而言又是非功利的。這一觀點，正是對審美與功利的辯證認識。

3. 强調文學創作與批評的個性特徵，論定個性化是必須遵循的客觀規律。審美的原則重視主體，强調超功利，自然就會引出文學的個性化原則。須知客觀世界衹有一個，主觀世界卻因人而異，反映兩個世界而又更重視主觀世界的文學，當然是以個性化為主要特徵。世俗功利的追求使人趨同，現實政治和道德規範又崇尚思想統一，文學家既不以私利為旨歸又不甘心附庸於政治，自然不能不超越這種“同一”而追求獨立品格。個性化原則既是審美原則的合符邏輯的引申，又是根據中外文學史上無數作家作品的實際經驗總結出來的，《文學原理》第六章專門以中外文學史實舉證來論述這一問題。裴先生認為，文學創作强調個性，個性是藝術的生命，個性化是必須遵循的客觀規律。如果一部文學作品缺乏個性，則這樣的作品是空洞乏味的，自然也無存在的價值。因為文學作品反映作家對生活的審美認識，反映作家獨特的的心靈世界，必然打上個性的烙印。而文學批評則要反映批評家對作家作品的個人評價與審美認識，也必然打上批評家個性的烙印。對同一部文學作品之評價與審美中的差異與偏好，正是批評家個性的體現，這也是文學批評的重要前提。誠然，批評家的個性必不可少，没有個性的批評衹能是公式化的批評；但批評的任務畢竟是揭示作家的個性，一個誠實的批評家總是竭力使自己的理解合乎作家個性的實際，自我個性的顯示則是不期其然而然的事。總之，在文學批評中，作家的個性與批評家的個性，是一種相互依存的關係。作家個性越鮮明，批評家越有顯示自身個性的廣闊天地；批評家在揭示作家個性的同時，也纔能顯示出自己的個性。

《文學原理》第七章又指出：無論從客體或從主體來看，文學都是一定社會存在的反映。文學作為一種特殊的意識形態，必然要受社會發展的歷史階段的制約。為此，文學創作與批評所顯示的個性，也必然要受社會性的制約。可見，個性離不開社會性。這一命題有兩個要點值得注意：一是個性的内涵主要是社會性，所謂個性，即是特殊的社會性。二是個性鮮明的作家作品，其社會性有强弱之别，而對社會性强的入世派作家，應當給予高度評價。《文學原理》第二章談到文學與人性（個性與社會性）的問題，裴先生認為，既然承認文學是人學，那就應該尊重人身上的兩個“性”（個性與社會性），既不能以社會性名義抹煞人的個性，亦不能以個性名義抹煞人的社會性（抹煞了人的社會性也就抹煞了人的個性）。因此，既重視人的個性，又重視人的社會性，這纔合乎人性（所謂人性就是個性與社會性的對立統一），衹有合乎人性的文學纔配稱為人學，也纔是真實的文學。要論中國古代文學的優良傳統，除了優秀作家都具有鮮明的個性之外，强烈的社會性恰恰又是其另一個顯著特色。

4. 靈活運用比較研究法，深入辨析古今中外文學理論觀點的異同與優劣。裴斐先生研究文學理論，善於融匯古今中外，比較優劣異同，從而提出一些發人深省的獨到見解。比如《文學原理》第三章論表現與再現，即反映主觀世界與反映客觀世界，認為古今中外一切藝術美的創造均離不開這兩個方面，這是共同的規律。裴先生通過考察中西文學史，發現中西方在文學實踐和理論上均存在相反的發展趨勢：中國是表現——再現，西方是再現——表現。在他看來，中國文學無論“言志”還是“緣情”，均强調主觀思想感情的表達，即强調表現。這是中國文論的基本特點，這一特點是由中國文學的抒情詩傳統決定的。與中國相反，西方文論由摹仿説發端，發展過程中雖然經過許多階段，出現過種種流派，但摹仿即再現的觀點始終居於統治地位，這一特點是由西方文學的實踐所決定。西方文學主要是史詩、戲劇和小説，這類敘事文學都必須有情節，由此決定了在這類體裁的實踐基礎上建立起來的理論必然更重視再現。裴先生明確指出：西方摹仿説屬於再現論，强調客觀；現代主義則屬於表現論，强調主觀。中國言志和緣情説屬於表現論，强調主觀；現代反映論則屬於再現論，强調客觀。西方的再現論與中國的表現論，都是建立在對文學實踐經驗的總結上，並且都經歷了兩千多年漫長歷史的考驗，可靠性較大。反之，西方的表現論與中國的再現論歷史都不長，又都缺乏實踐經驗的基礎，可靠性較小。表現論方面應重視中國的理論和實踐經驗，再現論方面則應重視西方的理論和實踐經驗。可見，裴先生注重以歷史見證和實踐經驗為尺規，來比較中外文論的優劣。

《文學原理》第四章論壯美與柔美，裴先生作出了全新的闡釋：主客觀的對立產生壯美，主客觀的和諧產生柔美。他聯繫中西方文藝思想史的實際，對審美中的兩大範疇加以論述。裴先生認為，中國文論從陸機《文賦》言陰陽，劉勰《文心雕龍》言剛柔，即能看出壯美與柔美之别。到了唐代，司空圖《二十四詩品》首舉“雄渾”與“沖淡”，即我們所謂壯美與柔美。其他各品如沉著、勁健、豪放、悲慨可概入“雄渾”，典雅、綺麗、飄逸、曠達可概入“沖淡”。前者屬陽剛之美即壯美，後者屬陰柔之美即柔美。宋代嚴羽《滄浪詩話・詩辨》論詩之品：“其大概有二：曰優游不迫，曰沉著痛快。”前者屬柔美，後者屬壯美。後世論詞分豪放與婉約兩大派，也是將審美分為壯美與柔美兩大範疇。西方文論中也存在兩大審美範疇，曰“崇高”與“滑稽”，或曰“崇高”與“優美”。古羅馬佚名《論崇高》，給“崇高”下的定義，從主體而言是“偉大心靈的回聲”，從客體而言則是“雄奇不凡”“驚心動魄”的事物。十八世紀英國人伯克（E. Burke）所著《論崇高與美兩種觀念的根源》，第一次明確提出審美的兩大範疇，在西方審美範疇學上具有劃時代的意義。後來康得所著《判斷力批判》一書及單篇論文《優美的感覺和崇高的感覺》，發揮了伯克的觀點而明確論定：美是單純的（直接的）快感，而崇高則是由痛感轉化而來的快感。從伯克和康得的論述可以看出，所謂崇高即壯美，乃主客觀對立的產物；所謂美（優美）即柔美，乃主客觀和諧的產物。裴先生指出：認為西方文論重再現而中國文論重表現是對的，認為西方重壯美而中國重柔美則不對。中國正統文論的確重柔美，但中國非正統文論更重壯美。從中西方的實踐經驗看，壯美都是最重要的範疇。就中外作家而言，不能没有李、杜亦不能没有王、孟，但李、杜比王、孟更重要；不能没有莎士比亞亦不能没有莫里哀，但莎士比亞比莫里哀更重要；不能没有托爾斯泰亦不能没有契珂夫，但托爾斯泰比契珂夫更重要。由此可見，壯美和柔美都不能缺少，而壯美更重於柔美。

總之，裴先生的文學理論，以創作與批評的實踐經驗為檢驗標準，以藝術審美與主體個性為兩大核心，以考察歷史與比較優劣為探討途徑，以補益社會與完善人生為研究宗旨，通古今之變，察中外之異，辨新舊之説，成一家之言，在文論界産生了振聾發聵的效應。

學術品格

裴斐先生品行方正，治學嚴謹，其為人與為學皆光明磊落，表裏如一。無論對工作、對學術、對社會、對個人，他始終追求與踐行實事求是、明辨是非的原則，不唯上，不信邪，不媚俗，不違心，充分表現了一個傑出學者為人欽仰的高風亮節。他曾經擔任中央民族大學職稱評審委員會委員兼漢語言文學學科組長，一貫堅持客觀公正的評審標準，就是認真審察申報材料，切實把握教學與科研水準，其他人事關係等一概不問。如果申報材料突出，即使素昧平生，同樣認可；如果材料不過硬，就是登門自薦，也決不做順水人情。遇到符合高職條件的教師，遭人特意設置障礙，他排除阻力也要給予評定；而領導要求特殊照顧個别不够水準的人評教授，他也決不放棄原則。如果對條件不合格者硬要强行通過，他則寧可此後不當評委和學科組長，也不在其申報表上簽名蓋章。1994 年，他最後一次參加評審工作，在校評委全體會議討論表決時，提到一位校級人員申報正高職稱而没有著作，當時某著名老教授以孔子“述而不作”來為之辯解，裴先生立即予以反駁，申言孔夫子雖説自己述而不作，但他創立了影響深遠的東方文化體系，有誰能與他相比？這一如雷貫耳的發言，為大會投票表決產生了積極影響，促使學校評委會堅持了“凡申報正教授者必須有公開出版的學術專著”這一評審條件。

裴斐先生剛直不阿、求是求真的為人品格，直接鑄就了他的學術品格，可謂治學如其為人，學品即其人品。裴先生是一位眼界宏闊、目光敏鋭、勇於批判創新、善於開拓進取的優秀學者，其高尚峻潔、光彩照人的學術品格，主要表現為以下幾個方面：

其一，富於批判意識與創新精神，敢於挑戰學術權威，大膽提出個人創見。裴斐先生視學術如生命，其學術研究的最高目標是追求真理，鍥而不捨。他從不迷信學術權威，也從不隨波逐流，敢於嚮一些權威學者已作的定論公開質疑，善於從那些似乎是不成問題的問題中發現問題，大膽提出獨異衆説的諸多新論。對於自己經過科學論證而提出的學術觀點則堅持到底，從不輕易更改，也不妥協退讓。即如他與業師林庚教授關於李白與盛唐氣象問題的爭論持續了幾十年，也從未改變自己的學術主張。有一次，他去拜望林庚老師，執弟子之禮甚恭。當時林教授對他説：“你和李澤厚都是我的學生，你看，現在連李澤厚都同意我的‘盛唐氣象’觀點了……”但裴先生並未因此產生動搖。（葛景春《裴斐先生的治學之道》）有同門學友對他説：你質疑的可是林老師對唐代文學繁榮的基本主張！他回答道：“吾愛吾師，吾更愛真理，這不是對林老師個人的意見。”（盧興基《憶家麟》）這種尊重學術、尊重真理而不讓於師的治學態度，則是更高層次的尊師，即尊崇老師所傳下來的追求真知真理的學術之道，並讓這種追求真知真理的師道薪火得以承傳，實在是裴先生學術品格的最可寶貴之處。

關於“形象思維”問題，裴斐先生力排衆議，從根本上否定了一度流行的“形象思維”説。在他看來，形象思維之説由俄國别林斯基提出，在世界文論中始終没有什麽影響，然而在中國卻特别走運，二十世紀五十年代以來經過三次廣泛討論，似乎已為理論界普遍接受，其實無論從理論上還是從實踐中看，這一説法都不能成立。其《文學原理》第十二章對此作了專題闡述，裴先生認為人的思維是以概念（詞）為基礎的，而概念便是對事物屬性的抽象，所以思維衹能是抽象的。文學創作主張形象化，意謂作家思想感情要通過塑造藝術形象來表達；但主張形象思維則不對，因為形象本身是無法用來思維的。有人把所謂形象思維吹得神乎其神，强調作家的思維始終離不開形象，一旦離開就成了概念化（或曰抽象思維）。其實，這種形象思維並不存在於人類，衹存在於動物界，動物對世界的感知便始終離不開具體形象，因此也就没有以概念為基礎的思維。人類脱離動物狀態就是從對事物進行抽象獲得概念開始的，概念是人類理性的開始，反概念的實質就是反理性。裴先生通過列舉中外名著進行了一番論證，然後指出：“文學創作主要是感情的傳達，它通常需要經過情景交融的想象，即塑造藝術形象來實現。但作家在創作中的思維活動，同樣離不開概念、判斷和推理。形象是無法用來思維的（除非動物），‘形象思維’之説與創作實際不符，在理論上則是反理性的。”

關於李杜的歷史定位與詩歌評價問題，近世論家和文學史家總是因襲前人，都將李杜稱為盛唐詩人，譽為盛唐詩壇上的雙子星座。而裴先生則不以為然，他的《唐代歷史轉折時期的李、杜及其詩歌》一文，分列前期李杜、後期李白、安史之亂中的李杜、晚年杜詩、李杜詩中的另一個領域等五個小題加以論述，然後作出迥異前人的結論，認定李杜與盛唐諸人迥然不同：他們創作反映的不是盛世，而是一個危機四伏和充滿災難的時代；他們作品的感情基調憂憤深廣，其所具有的鮮明社會政治色彩和抗議、揭露的性質，則更是盛唐諸人普遍缺乏的。當然，李杜創作表現出來的積極進取的人生理想，以及那種雄渾悲壯和氣魄宏偉的風格所顯示的精神力量，又使他們迥别於中唐詩人。李杜青壯年時代畢竟受過開元盛世欣欣嚮榮的時代氣氛的薰陶，這對他們人生理想的形成有決定性影響。但當他們思想創作趨於成熟時，唐帝國由於統治者的腐朽已日漸衰微，理想與現實之間出現了尖鋭的矛盾；他們能够成為劃時代的詩人，也正好是從覺察出這種矛盾開始的。李杜既不屬於初盛唐，也不屬於中晚唐，而是出現在從初盛到中晚的歷史轉折時期，他們正是在轉折時期急劇的社會變動中成為偉大詩人。

關於杜甫“詩史”的闡釋，學術界主流觀點往往偏重於“三吏”“三别”等紀事類的現實主義詩作。而裴先生則並不贊同，他在《唐代歷史轉折時期的李、杜及其詩歌》一文中分題論析晚年杜詩，深入闡述了杜甫詩史的豐富内涵。他認為，杜甫最後十年作詩千餘首，是他一生創作的豐收時期。安史之亂前期的杜詩以直接反映社會為主，晚年杜詩以自嘆身世為主又兼及時事，也反映出憂國憂民的情懷和世亂民貧的現實。如何認識晚年杜詩，對於全面評價杜甫至關重要。杜甫縱横萬里的逃難經歷既由特定歷史條件決定，其自身經歷也是社會動亂的一幅縮影，因而當我們把杜詩稱作詩史時，不能局限於直陳時事之作，而應將其以自嘆身世為主的作品也包括進去。事實上，杜詩大部分不是直陳時事，而是自嘆身世兼及時事（淒涼身世與動亂社會渾融一體）；杜甫詩史不是由社會時事而是由詩人個人身世獲得連貫性，從而成為一個整體。簡而言之，詩與人等身、人與社會等身，這就是杜甫詩史的全部奥秘。

其他諸如關於文學反映主觀心靈與客觀存在的“兩個世界”説，關於文學審美與功利的二律背反説，關於文學創作必須遵循的客觀規律之“個性化”説，關於文學批評的普遍標準之“真善美”説，關於“什麽人可以當作家”的“惡圓喜方”説，關於“想象論”“意境論”“社會決定論”“個性論”的探究，關於“以意逆志”“知人論世”“文窮而後工”的闡釋，關於李白的出生地、家世、思想個性、經濟來源、隱逸問題的新見，關於杜甫詩歌八期的劃分、杜甫七律兩種風格的論析，關於元白詩論與人品標新立異的評價等，無不凸顯出裴先生富於批判的意識，敢於開拓創新而堅韌不拔、敢於獨樹一幟而不落前人窠臼的學術品格。

其二，堅守無徵不信、嚴謹求實的治學原則，其論著全憑文獻與史實立言。裴斐先生的治學之道，根據他自己所説，大體是沿著由史到論的路數並採取史論結合的方法。從研究課題來看，是先有史（作家研究和專題研究）方面的論著，後有論（古代文論和普通文論）方面的論著；從具體論著來看，則又都是史（資料）與論（觀點）並重。他的學術研究，自始至終堅守無徵不信、嚴謹求實的治學原則，大凡著述立論，總是依據大量確鑿可靠的文獻資料與史實，發表令人信服的見解，絶不作從理論到理論的空泛之談。裴先生認為，“任何理論均須根據事實來説話，而不能顛倒”，從事學術研究，則必須以文獻資料為基礎，“資料必須是第一手的，觀點必須是自己的。觀點資料皆備，於是可以動筆”。（《勤奮與自尊》）

例如昔人論李杜，必曰祖述《詩》《騷》，萬口習誦，牢不可破；更加之李白《古風》詩云“自從建安來，綺麗不足珍”，致使後世學者多稱李白是反對六朝詩風的代表，論定李詩是淩跨八代而直承《風》《騷》。裴先生對此卻不以為然，他贊同朱熹“李太白始終學《選》詩，所以好”（《朱子語類》卷一百四十）的一家之説，認為李詩直接脱胎於魏晉六朝。他的《李白與魏晉六朝詩人》一文，從大量信而有徵的文獻資料出發，將曹植、阮籍、嵇康、傅玄、張華、陸機、潘岳、張協、左思、劉琨、郭璞、陶潛、謝靈運、顏延之、鮑照、謝朓、沈約、王融、吴均、徐陵、庾信等魏晉六朝詩人的諸多作品，與李白有關詩歌互相對照，逐一進行具體而細緻的比較論析，通過詳實而確鑿的例證考述，充分闡明了李詩與魏晉六朝詩具有毋容置疑的血緣關係，進而作出了明確的結論：陸機諸人之綺錯華美，陶淵明之沖淡簡遠，謝靈運之精工麗密而“詩雜仙心”，謝朓之自然幽秀等，固然都屬於陰柔之美；而阮籍之淵放，左思之慷慨，劉琨之豪蕩與鮑照之憤激，則屬於陽剛之美。曹植詩多“悲風”，被視為建安詩人的代表，而曹植之悲，實悲而不壯，每多怨思卻表達得婉曲委順，其風格大多屬於陰柔一類。陰柔與陽剛，魏晉六朝詩人具有的這兩類風格，都對李白發生過重要影響。大體上説，當他歌詠自然山水時多受前類詩人影響，當他感嘆人事和抒發政治憤懣時多受後類詩人影響；小篇（律、絶）多受前類詩人影響，大篇（樂府、古詩）多受後類詩人影響。裴先生還指出：李白也明顯受到莊子和屈原的影響，但這種影響又往往經過魏晉六朝的中介。而魏晉六朝四百年間，正是文人覺醒和詩歌空前繁榮的時代，李白廣泛汲取了這一時期的種種創作經驗，然後纔形成自己的語言和風格。不管他對這一時期評價如何，歷史注定的繼承關係是不可避免的，正如血緣關係之無法選擇。而李白對建安以來絢麗詩風的批判，衹能視為兒子對老子的批判，或者不如把這種關係叫做批判地繼承，説明他在繼承的基礎上大大超越了魏晉南北朝詩人。

又如對於孔子其人的認識代有不同，同一時代亦因人而異，這種情況自孔子死後即已出現，迄於近世始終如此。裴先生認為，孔子自有真實的面目，其思想、主張和生平事跡散見於先秦兩漢各種典籍，而最完備亦最可徵信者，無疑是根據孔門弟子記録編訂的《論語》。為此，裴先生專門撰寫《從〈論語〉看孔子其人》一文加以探討（隨後還開設《〈論語〉講評》課程並出版專著），力求揭示出這位“聖人”的歷史真貌。全文分列思想家的孔子、政治家的孔子、教育家的孔子三個專題，大量引用《論語》原著相關文本資料，全面、系統地進行了深透而精闢的論述：1. 闡明孔子的思想體系，指出其顯著特點在於它的實踐性，一切均為經世致用，孔子既是偉大的思想家，又是一個面對現實的社會實踐家；2. 闡明孔子的政治理想，指出孔子是一個胸懷抱負而屢遭挫折的殉道者，他那種以天下為己任、“捨我其誰”的積極人生態度，在失敗中堅持濟世、“死而後已”的頑强精神，正是儒家傳統的精髓所在，也是我們民族文化百世不衰的根本原因；3. 闡明孔子的教育成就，指出孔子雖然是一個失敗的政治家，卻是一個成功的教育家，他將自己的思想學説與人生經驗通過晚年講學來傳授弟子，因而得以流芳百世。文章以嚴謹而翔實的論證為基礎，最後得出令人信服的結論：“孔子作為思想家，其思想體系的核心是仁學；作為政治家，是個始終堅持仁政理想的‘知其不可為而為之者’；作為教育家，其最為成功之處在於身教言教結合和因材施教。三方面均貫穿平易近人的務實精神，這個‘實’，就是現實人生。孔于始終是一個面對現實人生的學者和實踐家，同時也是一個歷經坎坷，既有高尚理想卻又存在種種局限和弱點，儘管律己甚嚴但也常常要動感情的現實的人。雖然後世儒家和統治者竭力將孔子神化，但《論語》中的孔子決非泥塑木雕，而是極富人性的血肉之身。”裴先生如此知人論世以探本求真，從而突破了歷代把孔子奉之為神或視之為應予打倒的偶像等種種誤區，還原了我國第一位大知識分子的歷史本來面目。

其三，宣導為社會為人生的學術宗旨，其研究大都凸顯强烈的時代現實感。裴斐先生認為“文學的對象是人生，所謂人生即主要指人的社會生活，各人所經歷的千差萬别的社會生活，各人在自己經歷的生活中所産生的歡樂、痛苦、渴望，思索，等等”；而“一個偉大的作家，總是把人生意義同社會、時代以至整個人類的命運連在一起，中外古今無一例外”（《文學原理》第五章）。為此，他大力宣導為社會為人生的學術宗旨，無論是文學史及作家作品研究，還是文學理論乃至文化思想研究，大都體現了强烈的時代現實感。他曾經指出：“史的研究終須歸納出規律性的東西即上升為論，纔能有益於現實（中國以至世界）；研究古人畢竟是為了今人，也衹有這樣纔可能成為你所研究的古人的功臣。”（《勤奮與自尊》）如其所言，他將自己數十年坎坷經歷中關於社會人生的思索和主張，直接帶入其學術研究領域。因而他的學術研究始終與社會、人生緊密地聯繫在一起，充分體現出一位傑出學者志在兼濟、敢於擔當的時代責任心與歷史使命感。比如他開設文學理論課程，撰寫

《文學原理》專著，其主要緣由在於：過去相當長的一段時期，高校文藝理論課程一直是多年一貫制的封閉式教學，其理論體系基本上是傳承於蘇聯；改革開放以來，舊的機械反映論自然遭到厭棄，而流行一時的現代主義思潮又不免引起人們種種思想混亂。為此，文藝理論首先要面嚮文學的實際，以文學的實踐經驗去檢驗既有的各種觀點主張，同時又要解答當前文學界和學術界存在的各種疑難問題。面對這一嚴峻的現實，裴先生經過深入思考和充分準備之後，遂決定將平時積累的關於文學和人生的見解連綴起來開設一門普通文論課，後來又在講稿基礎上寫成文論專著。

尤其值得注意的是，《文學原理》中特別設立《文學的對象是人生》《從社會學角度看文學》兩個專章，具體闡述了社會與人生對於文學之重要。前章强調文學反映各色各樣的人生，而對人生採取積極態度還是消極態度，恰恰是一流作家與二三流作家區别的關鍵所在。從主觀方面説，對現實人生採取積極態度乃是偉大作家必具的基本條件。大凡文學巨人，都是積極面嚮現實人生，並與整個社會和時代共命運的人。後章强調文學是一種社會意識形態，一定的文學是一定的社會存在的反映，它必然受到社會發展的歷史階段的制約，因而文學的社會性永遠存在。而一個有志於文學事業的人，決不能將其看成單純的藝術追求，而應首先視之為人生的追求。要熱愛人生，熱愛生活，關心社會、國家以至全人類的命運。《文學的目的和作用》一章，又强調了文學社會功能的客觀存在，認為文學要受時代、階級和民族的制約，而優秀的文學又總是要超越時代、階級和民族的局限。從文學所具有的這種普遍和永恆的性質出發，文學的社會功能可以簡要概括為：按照正義與美的原則從感情上影響人的心靈，使人更加珍視自身的價值並更加熱愛人生，從而有助於建立起更富於人性的人間秩序。《什麽人能當作家》一章明確指出："真正傑出的作家是關心社會和面對現實人生的，無論經過多少曲折坎坷，胸中鬱積多少悲痛和激憤，都熄滅不了熱愛生活的美好激情。""衹有和社會共命運而又是用自己心靈歌唱的作家，他們發出的光和熱纔能照亮生活並温暖人心，纔能真正對社會有益"。《什麽人能當批評家》一章又明確指出："真正有出息的文學家（包括作家和批評家）應敢於面對現實人生，有所愛，有所恨，懂得什麽是真與善，什麽是僞與惡，由此形成自己的人生信念，並要有追求的勇氣和激情。""批評家的視野就要比作家更開闊，作家可以深入一點，像螻蛄一樣鑽進土裏也行，批評家則要把頭露在外邊綜觀全域，既要關心生活中的鬥爭，也要關心文學中的鬥爭，這樣纔能對發展方間有所預見，對具體作品的評論也纔能有時代感。"

正是基於這種高度關注社會與人生的思想理念，裴先生偏愛自屈原至李白、杜甫等入世派作家，認為這些作家的文學成就大多高於王維、孟浩然等出世派作家，從其作品中往往能够感覺到時代和社會生活的脈搏。他在《紀念李白逝世 1220 周年暨杜甫誕生 1270 周年》一文中，對李杜二人由於執著於現實人生而大器晚成作了這樣的評述：李杜成其為李杜，主要取決於他們始終面對現實的頑强精神和積極的人生態度。這兩個詩國巨人，思想性格很不相同，但在對現實人生的執著上卻如孿生兄弟一樣相似！長安從政失敗以後，雖然對現實已經感到絶望，但他們既不妥協也不逃避，相反由於覺察出社會的危機而憂心不已，並由此激起高昂的濟世熱忱，“濟時敢愛死”，窮也要兼濟天下！雖然事實上他們都不可能有所作為，但這種以天下之憂為憂和甘與國家人民共命運的精神，卻像火一樣照亮了他們的後半生，使他們的創作能够真實反映社會的劇烈動蕩，並且使他們的自我抒情也具有同樣深刻的性質。

也正是從為社會為人生的學術宗旨出發，裴先生開設了《〈論語〉講評》課程，密切結合現實人生來解讀這部經典著作，讓學生正確認識儒家聖經《論語》所述為人之道，教會學生如何做一個堂堂正正的現代中國人。試看《〈論語〉講評·述而第七》之十章，贊賞孔子執著追求人生理想，並就其行藏問題作了這樣的評述：捨之則藏，孔子自己並没有做到。他一生做官時間很短，絶大部分時間在野，但並未“藏”，而是東西南北奔走，尋找實現抱負的機會，雖不見用仍然嚮往著“行”，“藏”衹是偶有的一閃念。“知其不可為而為之”，這正是孔子的偉大處。孔子的悲劇現在已不可能發生，知識分子出路很多，不一定要當官。但孔子執著於用世的精神仍可繼承，無論在什麼情況下都要“行”不要“藏”，須知人生價值衹能在社會中實現。《〈論語〉講評·小結》又特別强調知識分子的責任與使命，裴先生明確指出：“中國和世界的未來寄托在平民百姓身上，尤其是其中的知識分子。不是有了專業知識就叫知識分子，還必須對現實採取批判的態度，關心自己民族以至人類的命運。”諸如此類，無不體現了裴先生為社會為人生的文學觀與學術觀，凸顯了其學術研究具有强烈的時代現實感。

其四，注重研究中自我感情的投入，其學術論著大都富於鮮明的感情色彩。裴斐先生的學術品格，又表現在他將自己的滿腔熱情傾注到學術研究之中，形成了不是“我注六經”而是“六經注我”的學術個性。裴先生認為，文學研究（整理考證之類除外）和創作一樣，也是一種審美活動，没有主體參與是不可思議的。因而做學問應當自我投入，要在深入領會作品原意和全面掌握有關歷史背景材料的基礎上，用自己的性靈情感去貼近、洞察作家的性情和行為心態。他始終堅持在研究中自我感情的投入，其學術論著中也自然滲入了强烈的感情色彩。他曾毫不諱言地説：“我青年時期開始研究李白，中年以後又開始研究杜甫，都是因為彼此感情有相投之處。”（《勤奮與自尊》）其情有獨鍾的李白研究，使他“得太白三分傲骨三分逸情三分才氣”（中國李白研究學會挽聯）。裴先生與李白可謂同聲相應，同氣相求，自大學畢業後便開始對李白及其詩歌進行探索，最終成為一位飲譽中外的李白研究專家，他也無愧為李白的異代知己。其《李白個性論》指出：“在中國封建專制文化背景上，李白的出現猶如漫漫長夜升起的一盞明燈、一顆巨星。他是那樣高傲狂放，目空一切，深知不為世所容，卻又全不把世人放在眼裏！他的人生抱負與經歷、思想上始終存在的雙重矛盾和痛苦、超塵拔俗的品格、混游漁商的作風、高舉遠遁的遐想以至藝術上或如天馬行空不可羈勒、或如芙蓉出水咳吐天然的神奇想象……處處顯得不同凡響，處處表現出衝破桎梏擺棄拘束的强大力量；而所有一切，又貫穿一個核心，那就是要實現自我價值的熱切願望。這種個體人格意識在歷史上雖不是絶無僅有，但似乎誰也没有達到李白那樣的高度，表現得像他那樣完美。”裴先生心中所體悟、所認識的李白，所揭示的李白形象，是既有詩仙李白，也包含著他自己的人格個性。裴先生自己也曾坦言：“在我的論著中確有自己的喜怒哀樂，寫作時還曾掉過淚。我研究李白，固然是想嚮世人揭示李白之真貌，但世人從中看見的祇能是我所認識的李白，分别而言則那裏邊既有李白也有我。”（《勤奮與自尊》）由此，學界同仁稱譽裴先生是一位具有李白氣質的詩人學者。

再看其杜甫研究，也同樣灌注了極大的熱情，堪稱用生命與性靈來解讀杜詩。裴先生曾經頗有感慨地説：“我很崇拜杜甫，可有時又覺得我站得比他高。總的説來我把他視為朋友，他用詩歌表達自己對人生的感覺與發現，我則通過研究他來表達自己對文學及對人生的感覺與發現。老杜注我，我注老杜，老杜與我相得益彰。”（《勤奮與自尊》）裴先生正是因為親身經歷過種種磨難，對杜甫坎坷曲折的八個人生階段儼然是感同身受，對杜詩雄渾悲壯與蕭瀹婉麗的不同風格儼然是莫逆於心，對杜詩作為一代詩史的發展演變也都是洞幽燭微。其專著《杜詩分期研究》以及相關系列論文，既可看作是詩聖杜甫的心靈史，又可看作是裴先生自己的心靈史！比如《貧病老醜話杜甫》一文認為，直陳時事的杜詩貫穿著憂國憂民的主題，自嘆身世的杜詩貫穿著貧病老醜的主題；這兩個主題在杜詩中是彼此輝映，並且經常是相互滲透的。以秦州詩為轉折的後期杜詩主要是自嘆身世，社會時事淡化為時隱時現的背景；但杜詩並不因此失去其詩史的性質，反而顯得更加全面深刻。道理很簡單：詩人的逃難經歷本身就是特定歷史條件造成的社會悲劇，而且他的悲劇比任何一個平民的悲劇都更能反映那個動亂的時代；杜甫晚年的淒涼身世不僅與時代完全一致，而且其本身便是世亂民貧和滿含瘡痍的社會的一幅縮影。裴先生對杜詩如此心靈相通的感悟與認知，無疑稱得上是詩聖杜甫的千古知音。

裴先生的論著，不僅作家評論富含感情，即便是文學理論研究也是如此。例如從他對“温柔敦厚”詩教的極力反對之中，分明看出對於儒家倫理綱常束縛作家個性的特别憎惡；從他對“不平則鳴”“窮而後工”這一類命題的傾心認同之中，也明顯看到對於坎坷文人的深切同情。又如他將白居易詩歌理論的缺陷歸結為白氏的“雙重人格”（即思想上“志在兼濟”而感情上傾嚮於“知足保和”）的表現，也使讀者感受到一種憎惡言行不一而嚮往崇高人格的情愫。不過，裴先生的學術研究雖然注重感情投入，但其前提首先是尊重科學，並不因情感因素而妨礙對學術問題的全面論析和公正判斷。比如他極力反對“温柔敦厚”的傳統詩教，尖銳地指出儒家提倡這一原則不是為了審美，而是為了政教目的，但同時也指出這種觀點强調主客觀的和諧，其審美理想屬於柔美，也具有一定的美學意義。又如對於白居易的諷喻詩論，一方面指責其狹隘，另一方面又肯定它在當時不失為進步的詩論。再如裴先生自稱“偏好入世派”，但這並不妨礙他作出公允的評價：“唐代詩論對創作規律的探索，主要成就不是出於入世派而是出自屬於出世派的皎然和司空圖。”（《詩緣情辨·意境論》）總之，裴先生的熾熱感情與科學態度相結合，使他的研究既能反映客觀規律，又凸顯一種感情色彩鮮明的學術個性。

其五，崇尚簡捷明快的質樸文風，摒棄故弄玄虛、假冒高深的學術界陋習。裴斐先生曾說：“我堅信真理本身永遠是樸素的，如果不能對它作出淺顯的表述，多半是自己還沒有認識清楚的緣故。”（《文學原理·後記》）。裴先生又說：大凡論文寫作，“每個觀點的表達都有一條最佳捷徑，往往需要先繞許多彎路然後纔能找到。所謂最佳，首先是準確、清楚、簡捷；兩點間以直綫為最近，寫作中要找到這條直綫可不易”；“我們寫論文也應不辭辛勞定要找出兩點間的直綫，不能因為偷懶滿足於曲綫，更不能為了炫博故意繞彎子”。同時他還强調指出：“不是把淺顯的道理講得高深，而是要把高深的道理講得淺顯，這纔叫功夫。不能做出淺顯表述多半是因為自己還沒有想清楚，而要想清楚就必須付出艱巨的勞動。”（《勤奮與自尊》）裴先生自己無論是給學生講課，還是撰寫學術論著，行文都力求簡捷明快，質樸自然，深入淺出，以少總多，堅決摒棄學術界某些人故弄玄虛、假冒高深的不良習氣。

裴先生的一部《文學原理》，誠如其《後記》所言，全書都是力圖從事實出發講常識，而無意把簡單的問題講得複雜，這就是著者的指導思想。諸如第一章談到美學問題，裴先生闡述道：“竊以為美學的任務應當是研究審美經驗本身，而不是回答美是什麽這種形而上的問題”，“在我看來，需要回答的問題不是‘美是什麽’，而是‘什麽是美’，即不是研究抽象的美而是研究具體的審美。那麽，很明顯，審美固然離不開客體，同樣離不開主體。我們説月亮美，必須有個月亮，還必須有欣賞月亮的人。如果没有作為審美主體的人，也就没有關於月亮的審美。而若是脱離審美去談美，那是永遠也談不清楚，並且是没有意義的。如果没有人，月亮本身無所謂美或不美”。如此闡釋問題單刀直入，舉例論證淺顯易懂，無須作純理論、經院式的繁瑣論析。第二章談到文學的審美，裴先生説：“文學的審美比别的藝術多了一個層次，繪畫的材料是綫條和色彩，音樂的材料是聲音（樂音），而文學的材料是語言。語言無論寫出來還是説出來，其形狀或聲音都不能直接引起美感（對文學審美來説）。形狀或聲音衹不過是語言的物質外殼（材料），對文學來説它就是材料的材料。也可以説，文學的審美比别的藝術高了一級。造型藝術訴諸人的視覺，音樂訴諸人的聽覺，而文學則是通過語言（思維）直接訴諸人的心靈。”為此，他給文學作了明確的定義：“文學是最高級、最普遍（社會性最强）、最重要的一門藝術，關鍵就在它是通過語言（思維）直接訴諸人的心靈，是和人生關係最密切的藝術門類。”如此將文學與其他藝術門類加以比較辨析，其表述淺近而深刻，簡明而中肯。

裴先生的一部《〈論語〉講評》，對原著文本逐一進行簡練而準確的疏解，並加以淺明而精要的評析，緊密結合社會現實與人生體驗，客觀公允地闡述《論語》存在的利弊得失，把高深的哲理講得淺顯明白，以便人們正確認知孔子及其學説，從而批判繼承儒家文化的精華。諸如《為政第二》之十五章談學與思的辯證關係，裴先生評曰：“為求得真知，學與思均不可偏廢。學與思的關係，即前邊所説温故與知新的關係。……學與思都是一輩子的事，二者分不開。相對而言，學為繼往，思為開來；思也是學，並且更苦。《莊子·養生主》開篇便説：‘吾生也有涯，而知也無涯；以有涯隨無涯，殆矣！’我常想起這話，但並不同意他的結論。莊子的結論，是什麽也不學，什麽也不做，於榮辱皆無動於衷，一切順乎自然，於是‘可以保身，可以全生，可以養親，可以盡年’。保身、全生、養親、盡年，最終不是也得死嗎，並不能解決‘有涯’與‘無涯’的矛盾呀！人生本是一個有限的過程，明知其有限仍然‘學而不厭’，在這方面我是完全同意孔子的。莊子雖然反對學，實際他也是一個很有學問的人，否則也不會有人研究他了，此亦不可不知。”這段評論，將孔子與莊子加以對照，淺切明瞭，啓人深思，使人懂得為學之道。《雍也第六》之二十九章談中庸之德，裴先生評曰：“中庸，即居中守常，意味著平衡與穩定，此人人之所嚮往。但無論就人的一生或社會發展而言，都既需要平衡穩定又必須不斷地加以突破，當然目的還是要達到新的平衡與穩定。孔子身處亂世，感嘆中庸之德‘民鮮久矣’，良有以也。後世歷代統治者宣揚中庸之德，則是為鞏固自己的統治，叫老百姓安分守己，這對文化和社會發展都是十分不利的。從哲學和社會終極理想的角度看，中庸之説至今仍自有其價值，是永遠無法廢棄的。但作為日常思想行為的規範來看，則須分人分事分時而論。比如對那些貪贓枉法和殺人越貨之徒，若能使其恪守中庸之道自然很好！搞研究做學問則應攻其尖端，敢於打破常規，而不能居中守常。就個人而言，物質追求宜於居中守常，精神追求則不能。尤其是年輕人，最不宜安分保守，而應敢於為天下先！”如此簡潔明晰的評論，既從政治哲學的層面闡釋了中庸之德，又從日常思想行為的規範來具體分析中庸之德的可行與不可行，令人加深了對中庸之德的辨證認識，遠勝一篇形而上的經院式論文。

諸如此類精言妙語，在裴先生著述中俯拾即是。正所謂“文如其人”，信然！

（作者單位：中央民族大學文學與新聞傳播學院）

稿　約

一、四川省社會科學院與四川省人民政府文史研究館為弘揚中華優秀傳統文化，承傳四川國學運動光輝傳統，決定聯合創辦《國學》集刊，以推動國學研究之發展。

二、本刊為國學研究之大型學術集刊，刊載有關中國傳統文化學術問題考證、文史公案評議、歷史文獻研究、國學運動史及國學家研究等研究論文，亦刊載國學運動重要史料及國學新著評論，由巴蜀書社出版。

三、本刊倡導以歷史唯物主義為指導的探求真知的學術態度、科學嚴謹的研究方法、遠大廣博的學術視野。鼓勵學術創新，要求來稿務必以審慎的態度對待持論及觀點，做到持之有故，言之有據。

四、來稿請嚴格遵守學術規範，杜絶抄襲與敷衍。文章篇幅長短不限，以不超過兩萬字為宜；行文風格亦不拘泥，文言與白話均可；文章標題要求平實準確地概括正文內容，一般不要另加副標題；引文除較為珍稀的資料外，力避二手轉引。注釋引文請作者在投稿前逐條核對明確。稿件中涉及版權部分（如圖片及較長之引文），請事先徵得原作者或出版者同意，本刊不負版權責任。

五、本刊注釋採用頁下注形式，每頁重新編號。具體參考格式如下：① ×××（作者）：《×××》（書名），×××（出版社）××××（年份）×××（版次），第×頁。② ×××（作者）：《×××》（文章名），《×××》（期刊名）××年第×期。③ ×××（作者）：《×××》（文章名），《×××》（報紙名）×年×月×日第×版。④［國籍］×××（作者）：《×××》（書名），×××譯，×××（出版社）×××（年份）×××（版次），第×頁。⑤ ×××（作者）：《×××》

（書名）卷×（漢字），×××版。（徵引綫裝書）⑥ ×××（作者）：《×××》（文章名），《×××》（書、刊名），×××出版社××××（年份）×××（版次）。徵引文獻，首次引用時標明版權即可。調查、訪談之類資料，可採取夾注、隨文注、圖表來源注等方式處理。

六、本刊為繁體横排本。請將稿件的繁體電子文本（尤請注意繁簡轉换之間容易産生的誤字）發往指定電子郵箱，並請注明作者姓名、單位、電話、電子郵箱、通訊地址等資料，以便聯絡；同時提供該稿件的紙質繁體文檔，並將電腦無法打印出來的文字在紙質文檔上標明，寄往我處。如來稿為手寫稿，請提供規範的繁體文本，以稿紙繕寫清楚，寄往我處，同時提供該稿件的繁體電子文本。

七、本刊對來稿有删改權，如不願删改，請於來稿中注明。

八、來稿刊出後，一律贈送樣刊兩本，並參照國家新稿酬標準，酌付稿酬（含相關網絡著作權使用費）。

九、歡迎海内外同仁賜稿。

投稿郵箱：guoxuejikan@126. com

聯 繫 人：趙海海

電　　話：18183288003

通訊地址：成都市一環路西一段 155 號四川省社會科學院辦公樓 C 區 112 室《國學》集刊編輯部